# Unternehmenskauf und Unternehmensumwandlung

Nadine Antonakopoulos ·
Benjamin Engel · Michael Gille
(Hrsg.)

# Unternehmenskauf und Unternehmensumwandlung

## Besteuerung, Rechnungslegung, Bewertung, Recht

Festschrift für Prof. Dr. Rainer Heurung

Springer Gabler

*Hrsg.*
Nadine Antonakopoulos
Oberursel, Deutschland

Benjamin Engel
Stuttgart, Deutschland

Michael Gille
Hamburg, Deutschland

ISBN 978-3-658-34137-4 ISBN 978-3-658-34138-1 (eBook)
https://doi.org/10.1007/978-3-658-34138-1

Die Deutsche Nationalbibliothek verzeichnet diese Publikation in der Deutschen Nationalbibliografie; detaillierte bibliografische Daten sind im Internet über http://dnb.d-nb.de abrufbar.



Lektorat: Anna Pietras
Springer Gabler ist ein Imprint der eingetragenen Gesellschaft Springer Fachmedien Wiesbaden GmbH und ist ein Teil von Springer Nature.
Die Anschrift der Gesellschaft ist: Abraham-Lincoln-Str. 46, 65189 Wiesbaden, Germany

**Prof. Dr. Rainer Heurung**

# Geleitwort

Rainer Heurungs beachtliche wissenschaftliche Leistungen werden in diesem Sammelband zu Recht detailliert gewürdigt. Als Sozio-Informatiker kann ich an dieser Stelle nur meinen Respekt aus fachferner Perspektive zollen.

Das Lebenswerk eines Professors gewinnt aber nicht nur Bedeutung durch die akademischen Beiträge zu seiner Fachdisziplin. Professoren, und das wird viel zu häufig vergessen, bestimmen auch die institutionelle Entwicklung der Fakultäten, in denen sie mit großem Engagement tätig sind. Rainer Heurung wurde im April 1998 zum Professor für allgemeine Betriebswirtschaftslehre, insbesondere Prüfungswesen und betriebswirtschaftliche Steuerlehre im damaligen Fachbereich 5 ernannt, der später in die Fakultät III für Wirtschaftswissenschaften, Wirtschaftsinformatik und Wirtschaftsrecht der Universität Siegen umbenannt wurde. Er hat während dieser langen Zeit wichtige Beiträge zur Entwicklung seiner Fakultät geleistet.

Die Universität Siegen wurde 1972 als Gesamthochschule (GH) gegründet. Als Rainer Heurung an die GH Siegen berufen wurde, fand er eine junge und im Vergleich zu etablierten Institutionen schlecht ausgestattete und Renommee erst aufbauende Institution vor. Der Fachbereich 5 litt seinerzeit unter vielfachen deutlich wahrnehmbaren Problemen, die an dieser Stelle nicht im Einzelnen sämtlich aufgeführt und erläutert werden sollen. Allen Beteiligten musste aber klar sein, dass gravierende Veränderungen erforderlich waren, um die Zukunftsfähigkeit des damaligen Fachbereichs 5 und der späteren Fakultät III zu gewährleisten, auszubauen und zu verstetigen. Für die Verwirklichung solcher anspruchsvollen Aufgaben sind engagierte und tatkräftige Persönlichkeiten vonnöten. Rainer Heurung war einer von ihnen; er hatte stets ein gutes Gefühl dafür, welche Veränderungen dringend erforderlich waren und hat diese tatkräftig angestoßen und aktiv mitgestaltet. Ich will das an zwei Beispielen verdeutlichen.

Ab Mitte der 90iger Jahre des letzten Jahrhunderts litt der damalige Fachbereich 5 aufgrund eines sehr deutlichen Einbruchs bei den Studierendenzahlen unter einer erheblichen Unterauslastung. Es stand daher die Überlegung im Raum, die Auslastungszahlen durch Einführung eines weiteren Studiengangs, des „Deutschen und europäischen Wirtschaftsrecht“ weiter anzuheben. Diese von dem damaligen Kanzler der Universität, Herrn Dr. Johann Schäfer, angestoßene Idee, stieß nicht bei allen betriebswirtschaftlichen und volkswirtschaftlichen Kolleginnen und Kollegen auf spontane Zustimmung. Rainer Heurung ließ sich aber in die Kommission zur Ausarbeitung eines entsprechenden Studiengangkonzeptes wählen und steuerte in dieser Kommission mit großer Sachkunde die erforderlichen Konzepte für die interdisziplinäre Ausgestaltung dieses Studiengangs bei. Desgleichen warb er bei seinen betriebswirtschaftlichen Kolleginnen und Kollegen um Akzeptanz für diesen Studiengang und bewies auch in der Folgezeit durchweg seine Unterstützung. Das Ergebnis kann sich sehen lassen: Der Studiengang Wirtschaftsrecht an der Universität Siegen ist seit 20 Jahren der größte aller vergleichbaren Studiengänge in der deutschen Hochschullandschaft, und er prägt die Fakultätsentwicklung bis zum heutigen Tage. Um das damalige vorsitzende Mitglied der Kommission zur Entwicklung dieses Studiengangs, meinen Kollegen, Prof. Dr. Torsten Schöne, zu zitieren: „Ohne die tatkräftige Mitwirkung von Rainer Heurung wäre dieser Studiengang nicht entstanden."

Ein Jahrzehnt später stand die Fakultät wiederum am Scheideweg. Ich war damals Dekan geworden und kam nach eingehender Analyse zu dem Ergebnis, dass eine Intensivierung der Forschung, eine klare thematische Profilierung und ein kultureller Wandel für die Zukunftsfähigkeit der Fakultät unabdingbar waren. Der daraus abgeleitete Handlungsbedarf wurde nicht von allen Kolleginnen und Kollegen geteilt. Die avisierte Fakultätsentwicklung durchlief schwierige Phasen und wurde letztendlich, wie an deutschen Universitäten nicht unüblich, in einer Folge von Abstimmungen und Wahlen entschieden.

Rainer Heurung hat sich bei diesen notwendigen Entwicklungsprozessen von Beginn an als ein zutiefst verlässlicher Unterstützer erwiesen, auch wenn diese, und das ist besonders bemerkenswert, nicht notwendigerweise immer in seinem persönlichen Interesse lagen. In all den fakultätspolitischen Entscheidungsprozessen war er unserem Dekanat ein kluger, kenntnisreicher und integrer Ratgeber. Ich erinnere mich noch an einen der wichtigeren Wahlgänge. Ich traf Rainer Heurung durch Zufall auf der Treppe zum Tagungsraum des Fakultätsrats und war etwas besorgt ob sich zu ändern scheinenden Mehrheitsverhältnissen. Ich fragte Rainer Heurung: „Wird es gleich knapp werden?" Rainer Heurung antwortete mir in seiner klaren Art: „Das glaube ich kaum!". Und genauso verlief der anstehende Wahlgang!

Die Entwicklung der Fakultät III der letzten 10 Jahre wäre ohne das Engagement von Rainer Heurung und seinem diplomatischen Geschick nicht möglich gewesen. Als langjähriges Mitglied des Fakultätsrats war Rainer Heurung auch bis zu seinem letzten Arbeitstag als Sprecher des betriebswirtschaftlichen Kollegiums für unsere Fakultät engagiert. Der Erfolg gibt ihm Recht. Mittlerweise ist die Fakultät III die einzige an unserer Universität, die in Forschung und Lehre deutlich oberhalb des Durchschnitts der anderen Universitäten des Landes NRW agiert. Im publikationsbezogenen Ranking der Wirtschaftswoche dürfte sie mittlerweile wohl zu den 30 führenden betriebswirtschaftlichen Fakultäten im deutschsprachigen Raum zählen.

Werter Kollege Heurung, lieber Rainer, Du hast Dich um unsere Fakultät verdient gemacht!

Siegen, 15. Januar 2021

Prof. Dr. Volker Wulf
Prorektor für Digitales und Regionales, Universität Siegen

# Vorwort

Rainer Heurung, Universitätsprofessor für Betriebswirtschaftslehre, insbesondere Prüfungswesen und Betriebswirtschaftliche Steuerlehre an der Universität Siegen, wird dieses Jahr 68. Mitarbeiter, Ehemalige und Freunde nehmen seine Emeritierung zum Anlass, sein wirtschaftswissenschaftliches Lebenswerk mit dieser Festschrift zu würdigen. Wir, die Herausgeber, möchten zugleich unserem Doktorvater für die persönliche Förderung und Unterstützung danken. Die Ehrung gilt einem allseits hoch geschätzten Wissenschaftler und Kollegen.

Der Jubilar wurde am 14.5.1952 in Frankfurt am Main geboren. Im Anschluss an seine Ausbildung zum Bankfachwirt an der Bankakademie in Mannheim von November 1973 bis Mai 1975 studierte Rainer Heurung bis Februar 1978 zunächst an der Fachhochschule für Wirtschaft in Frankfurt am Main zum Betriebswirt grad., um dann an der Johann Wolfgang Goethe-Universität in Frankfurt am Main von März 1978 bis Mai 1981 das Studium der Betriebswirtschaftslehre mit dem Grad eines Dipl.-Kfm. abzuschließen.

Seine Laufbahn nahm ihren Ausgang mit einer Tätigkeit als wissenschaftlicher Mitarbeiter bei seinem akademischen Lehrer, Prof. Dr. Winfried Mellwig am Lehrstuhl für Betriebswirtschaftliche Steuerlehre an der Universität Frankfurt am Main von Juni 1981 bis Januar 1987. Hier wurde er im April 1986 zum Dr. rer. pol. über das Thema: "Wirken Substanzsteuern investitionshemmend?" promoviert.

Frisch promoviert zog es den Jubilar nun zunächst in die Praxis. Die ersten zwei Jahre, von Februar 1987 bis Februar 1989, als Mitarbeiter in der Steuerabteilung einer großen Wirtschaftsprüfungsgesellschaft in Frankfurt am Main, von März 1989 bis Februar 1994 als Steuerberater bei einer großen Wirtschaftsprüfungsgesellschaft in Frankfurt am Main, schon bald als Prokurist. Dann, im Februar 1994, als Steuerberater und examinierter Wirtschaftsprüfer bei einer großen Wirtschaftsprüfungsgesellschaft in Frankfurt am Main.

Im Oktober 1995 erhielt Rainer Heurung einen Ruf nach Siegen, zunächst für Allgemeine Betriebswirtschaftslehre, insbesondere Betriebswirtschaftliches Prüfungswesen, ab April 1998 dann als Universitätsprofessor an der Universität Siegen für Allgemeine Betriebswirtschaftslehre, insbesondere Prüfungswesen und betriebswirtschaftliche Steuerlehre.

Für den Hochschullehrer Rainer Heurung war die Universität Siegen kein akademischer Elfenbeinturm. Seine Überlegungen zu Prüfungswesen, Steuerlehre und Steuerrecht waren immer getragen von einer Reflexion auf praktische Auswirkungen. Umgekehrt wurden praktische Sachverhalte immer streng auf ihre systematische Begründbarkeit zurückgeführt. Trotz seiner vielfältigen Aufgaben als Hochschullehrer und Forscher an der Universität Siegen war der Austausch, insbesondere mit der steuerberatenden Praxis, ein fortwährendes Anliegen, das mit Leidenschaft verfolgt wurde. Die gelebte Partnerschaft von Theorie und Praxis fand ihren Ausdruck in dem anwendungsorientierten Charakter vieler seiner wissenschaftlichen Tätigkeiten und zahlreichen Kooperationen mit der Beratungspraxis. Seine Tätigkeiten als Wirtschaftsprüfer und Steuerberater trugen ebenfalls dazu bei, dass Theorie und Praxis auf fruchtbarste Weise verbunden wurden.

Die Forschungsinteressen waren entsprechend vielfältig und der Gesetzgeber tat sein Übriges, um den Emeritus und so manchen Lehrstuhlmitarbeiter nicht zur Ruhe kommen zulassen. Anfangs galt Rainer Heurungs Augenmerk, darin ganz „Mellwig-Schüler", noch klassischen Gegenständen der Steuerwirkungslehre, namentlich den Auswirkungen steuerlicher Regelungen auf Investitionsentscheidungen in realitätsnahen Szenarien. Aber auch Herausforderungen der Unternehmensbewertung sowie grundlegende bilanzielle und prüfungsrechtliche Fragen wurden untersucht. Der anwendungsorientierte Charakter seiner Forschung trat bereits hier deutlich zu Tage.

Schon bald gewann das breitere Interesse an der Konzernbesteuerung im nationalen und internationalen Kontext die Oberhand und wurde mit Verve verfolgt. Rainer Heurung widmete sich dabei einer großen Bandbreite an unterschiedlichen Aspekten der Unternehmensbesteuerung und hat dabei in bestem interdisziplinärem Sinne sowohl die betriebswirtschaftliche Steuerehre als auch die Rechtswissenschaft, insbesondere das Steuer- und Europarecht mit seiner Forschung bereichert.

Der Bedeutung für die Praxis entsprechend wurden die steuerlichen Gestaltungsmöglichkeiten bei national und europaweit agierenden Konzernen, insbesondere ertragsteuerliche Organschafts- und Gruppenbesteuerungssysteme, besonders intensiv untersucht. Ausgesprochen fruchtbar waren Rainer Heurungs umfassende Analysen ertragsteuerlicher Wirkungen von Umstrukturierungen und organschaftlicher Gestaltungen. Stärken und Schwächen der dynamischen Gesetzgebung, der Rechtsprechung sowie steuerbehördlicher Verlautbarungen wurden über zwei Jahrzehnte hinweg unermüdlich mit gleichleibend scharfem Blick herausgearbeitet. Steuersystematische Grundsätze waren dabei ebenso Gegenstand der Auseinandersetzung wie das steuerjuristische Detail, ohne dass dabei das große Ganze aus den Augen verloren wurde.

Die Ergebnisse der Forschungsarbeit des Jubilars schlagen sich in einer beeindruckenden Zahl von Publikationen nieder (siehe Schriftenverzeichnis am Ende dieser Festschrift). Die Bandbreite der wissenschaftlichen Neigungen und anwendungsnahen Reflexionen ist beachtlich. Dabei ist Rainer Heurung in seinen weit über einhundert Publikationen stets auf Objektivität und Klarheit der

Argumentation bedacht, was ihn niemals daran hindert, klar Position zu beziehen.

Neben dem schriftlichen Wirken des Jubilars müssen auch seine Lehrleistungen Erwähnung finden. So versteht es der Jubilar, seinen Lehrstoff stets systematisch und didaktisch so aufzubereiten, dass komplexe Zusammenhänge ohne Verlust an wissenschaftlicher Genauigkeit einfach und verständlich vermittelt werden. Sein plastischer Vorlesungsstil trägt dazu bei, dass die Zuhörer den stets anspruchsvollen Inhalten folgen können. Im Rahmen seiner Tätigkeiten an der Universität Siegen war er nicht nur in der Lehre, sondern immer auch als Betreuer und Begleiter von Dissertationen, Diplom-, Master- und Bachelorarbeiten tätig. Sein besonderes Anliegen besteht darin, den Studierenden und Doktoranden die Herausforderungen des Steuerrechts, der Rechnungslegung und des Prüfungswesens meistern zu helfen und ihnen den Blick für die Praxis zu eröffnen. Bei den Studierenden erfreute sich der Jubilar durch seine praxisorientierte und zugleich wissenschaftlich anspruchsvolle Lehrtätigkeit großer Beliebtheit.

Bei all diesen Aktivitäten versäumte es der Jubilar nie, junge Nachwuchswissenschaftlerinnen und -wissenschaftler anzuspornen und sie zu unterstützen. So manche Abschlussarbeit wäre ohne dieses Engagement vorzeitig abgebrochen worden. Seinen Doktorandinnen und Doktoranden ist der Jubilar daher als im besten Sinn des Wortes fürsorglicher Doktorvater in bester Erinnerung.
An dieser Festschrift haben neben den drei Herausgebern 23 Autorinnen und Autoren mitgearbeitet. Zunächst wären die ehemaligen und teilweise noch aktiven Mitarbeiter am Lehrstuhl, aber auch externe Doktoranden zu nennen. Hinzu kommen ehemalige und aktuelle Kollegen, die mit dem Jubilar gemeinsam geforscht und gelehrt haben und ähnliche wissenschaftliche Interessen verfolgen. Redaktionsschluss dieser Festschrift war der 31.12.2020, wesentliche Gesetzesänderungen wurden bis Mai 2021 berücksichtigt.

Wir bedanken uns an dieser Stelle herzlich bei allen Autorinnen und Autoren, die für ihre Mitwirkung an der Festschrift, die in dieser durch die Corona-Pandemie so schweren Zeit und trotz intensiver beruflicher Belastung mit ihren Beiträgen zum Gelingen dieser Festschrift beigetragen haben.

Oberursel, Stuttgart und Hamburg, 6. Juli 2021

Nadine Antonakopoulos
Benjamin Engel
Michael Gille

# Inhaltsverzeichnis

## Rechnungslegung

## Bewertung



## Recht

# Abkürzungsverzeichnis

| | |
|---|---|
| a. A. | andere Auffassung |
| Abs. | Absatz |
| Abschn. | Abschnitt |
| AcP | Archiv für die civilistische Praxis (Zeitschrift) |
| AEAO | Anwendungserlass zur Abgabenordnung |
| AEErbSt | Koordinierter Anwendungserlass zu den geänderten Vorschriften des ErbStG |
| AEUV | Vertrag über die Arbeitsweise der Europäischen Union |
| AG | Aktiengesellschaft |
| AGB | Allgemeine Geschäftsbedingung(en) |
| AktG | Aktiengesetz |
| Anm. | Anmerkung(en) |
| AO | Abgabenordnung |
| AOA | Authorized OECD Approach |
| AStG | Außensteuergesetz |
| ATAD | Anti Tax Avoidance Directive |
| außerord. | außerordentlich |
| BB | Betriebsberater (Zeitschrift) |
| BBK | Buchführung, Bilanzierung, Kostenrechnung (Zeitschrift) |
| BEHG | Brennstoffemissionshandelsgesetz |
| BEPS | Base Erosion and Profit Shifting |
| BFH | Bundesfinanzhof |
| BFH/NV | Sammlung amtlich nicht veröffentlichter Entscheidungen des Bundesfinanzhofs (Zeitschrift) |
| BGB | Bürgerliches Gesetzbuch |
| BGBl. | Bundesgesetzblatt |
| BGH | Bundesgerichtshof |
| BGHZ | Entscheidungen des Bundesgerichtshof in Zivilsachen |
| BJR | Business Judgment Rule |

| | |
|---|---|
| BMF | Bundesministerium der Finanzen |
| BsGaV | Betriebsstättengewinnaufteilungsverordnung |
| BStBl. | Bundessteuerblatt |
| BT-Drs. | Bundestagsdrucksache |
| B.V. | Besloten Vennootschap met beperkte aansprakelijkheid |
| BVerfGE | Entscheidungen des Bundesverfassungsgerichts |
| ca. | circa |
| CGU | Cash Generating Unit |
| COVID | Coronavirus Disease |
| CSR | Corporate Social Responsibility |
| DB | Der Betrieb (Zeitschrift) |
| DBA | Doppelbesteuerungsabkommen |
| DCF-Verfahren | Discounted Cash Flow Verfahren |
| DStJG | Deutsche Steuerjuristische Gesellschaft |
| DStR | Deutsches Steuerrecht (Zeitschrift) |
| DStZ | Deutsche Steuer-Zeitung (Zeitschrift) |
| EEG | Gesetz für den Ausbau erneuerbarer Energien (Erneuerbare Energien-Gesetz) |
| EBITDA | Earnings Before Interest, Taxes, Depreciation and Amortization |
| eG | eingetragene Genossenschaft |
| EJIL | European Journal of International Law |
| ErbStG | Erbschaftsteuergesetz |
| ESG | Environment, Social, Governance |
| EStG | Einkommensteuergesetz |
| EU | Europäische Union |
| EuGH | Europäischer Gerichtshof |
| EuZW | Europäische Zeitschrift für Wirtschaftsrecht |
| EWR | Europäischer Wirtschaftsraum |
| EWS | Europäisches Wirtschafts- und Steuerrecht (Zeitschrift) |
| f. | folgende |
| ff. | fortfolgende |

| | |
|---|---|
| Fn. | Fußnote(n) |
| FR | Finanz Rundschau |
| FS | Festschrift |
| GAAP | Generally Accepted Accounting Principles |
| GbR | Gesellschaft bürgerlichen Rechts |
| gem. | gemäß |
| GenG | Genossenschaftsgesetz |
| GewStG | Gewerbesteuergesetz |
| GG | Grundgesetz |
| GmbHG | Gesetz betreffend die Gesellschaften mit beschränkter Haftung |
| GmbHR | GmbH Rundschau Zeitschrift für Gesellschafts-, Unternehmens- und Steuerrecht der GmbH und GmbH & Co. KG |
| GKKB | Gemeinsame Konsolidierte Körperschaftsteuer-Bemessungsgrundlage |
| Gl.A. | Gleicher Ansicht |
| GoF | Geschäfts- oder Firmenwert |
| GrEStG | Grunderwerbsteuergesetz |
| GuV | Gewinn- und Verlustrechnung |
| HB | Handelsbilanz |
| HGB | Handelsgesetzbuch |
| h.M. | herrschende Meinung |
| Hrsg. | Herausgeber |
| i. S. d. | im Sinne der/des |
| IAS | International Accounting Standards |
| IASB | International Accounting Standards Board |
| IBA | International Bar Association |
| ICLQ | International and Comparative Law Quaterly |
| IDW | Institut der Wirtschaftsprüfer |
| IDW RS HFA | Institut der Wirtschaftsprüfer: Stellungnahmen zur Rechnungslegung des Hauptfachausschusses |
| IFRS | International Financial Accounting Standards |

| | |
|---|---|
| ILO | International Labour Organization |
| IOA | Impairment-Only-Approach |
| IP | Intellectual Property |
| ISO | International Organisation for Standardization |
| IStR | Internationales Steuerrecht (Zeitschrift) |
| IWRZ | Zeitschrift für internationales Wirtschaftsrecht |
| Jg. | Jahrgang |
| k.A. | keine Angabe |
| KG | Kommanditgesellschaft |
| KGaA | Kommanditgesellschaft auf Aktien |
| KMU | Kleine und mittlere Unternehmen |
| KSt | Körperschaftsteuer |
| KStG | Körperschaftsteuergesetz |
| LG | Landgericht |
| lit. | Buchstabe |
| LStDV | Lohnsteuer-Durchführungsverordnung |
| LStR | Lohnsteuer-Richtlinien |
| MA | Musterabkommen |
| MAC | Material Adverse Change |
| M&A | Mergers and Acquisitions |
| Mio. | Million(en) |
| m.w.N. | mit weiteren Nachweisen |
| NAP | Nationaler Aktionsplan |
| NJW | Neue Juristische Wochenschrift |
| NKS | Nationale Kontaktstelle |
| Nr. | Nummer(n) |
| NVwZ | Neue Zeitschrift für Verwaltungsrecht |
| NZG | Neue Zeitschrift für Gesellschaftsrecht |
| OECD | Organisation für wirtschaftliche Zusammenarbeit und Entwicklung |
| OFD | Oberfinanzdirektion |

| | |
|---|---|
| oHG | Offene Handelsgesellschaft |
| öKStG | österreichisches Körperschaftsteuergesetz |
| OLG | Oberlandesgericht |
| PartGG | Partnerschaftsgesellschaftsgesetz |
| R&D | Research and Development |
| RGBl. | Reichsgesetzblatt |
| RGZ | Entscheidungen des Reichsgerichts in Zivilsachen |
| RiW | Recht der internationalen Wirtschaft (Zeitschrift) |
| Rn. | Randnummer |
| RT | Rechtsträger |
| Rz. | Randziffer(n) |
| s.; S. | siehe; Seite |
| S.A. | Société anonyme |
| S.à.r.l. | Société à responsabilité limitée |
| SE | Societas Europaea |
| Slg. | Sammlung |
| SteuK | Steuerrecht kurz gefasst (Zeitschrift) |
| StuB | Unternehmenssteuern und Bilanzen (Zeitschrift) |
| st. Rspr. | ständige Rechtsprechung |
| Tz. | Textziffer |
| übern. | übernehmender |
| übertr. | übertragender |
| UbG | Die Unternehmensbesteuerung (Zeitschrift) |
| unabh. | unabhängig |
| UK | United Kingdom |
| UmwG | Umwandlungsgesetz |
| UmwStG | Umwandlungssteuergesetz |
| UN | United Nations |
| UVR | Umsatzsteuer- und Verkehrssteuer-Recht (Zeitschrift) |
| Vfg. | Verfügung |
| VGA | Verdeckte Gewinnausschüttung |

| | |
|---|---|
| vgl. | vergleiche |
| VO | Verordnung |
| VUCA | Volatility, Uncertainty, Complexity, Abiguity |
| WPg | Die Wirtschaftsprüfung (Zeitschrift) |
| ZErb | Zeitschrift für die Steuer- und Erbrechtspraxis |
| ZGR | Zeitschrift für Unternehmens- und Gesellschaftsrecht |
| ZIP | Zeitschrift für Wirtschaftsrecht |
| ZPO | Zivilprozessordnung |

# Hinzurechnungsbesteuerung beim internationalen Unternehmenserwerb

*Dr. Benjamin Engel*[1]

*Keywords: Hinzurechnungsbesteuerung, ATAD-Umsetzungsgesetz, Unternehmenserwerb, Außensteuergesetz, Reform*

*Abstract*

*Der Beitrag gibt einen Überblick über Kernbereiche der Hinzurechnungsbesteuerung, die ein deutsches Industrieunternehmen beim internationalen Unternehmenserwerb in den verschiedenen Phasen einer Übernahme zu berücksichtigen hat. In diesem Zusammenhang wurden überschießende Tendenzen der Hinzurechnungsbesteuerung identifiziert. Auch wesentliche Aspekte der Reform der Hinzurechnungsbesteuerung nach dem ATAD-Umsetzungsgesetz werden angesprochen.*

---

1 StB Dr. Benjamin Engel | Stuttgart | Syndikus Steuerberater.


N. Antonakopoulos et al. (Hrsg.), *Unternehmenskauf und Unternehmensumwandlung*, https://doi.org/10.1007/978-3-658-34138-1_1

# 1 Problemstellung

Ein Festschriftbeitrag bietet die seltene Gelegenheit, sich abseits von spezifischen Anwendungsfragen grundlegend mit einem Thema – hier der Hinzurechnungsbesteuerung – zu beschäftigen. In diesem Sinne ist es Ziel des Beitrags, ganz grundsätzlich herauszuarbeiten, welche vielschichtigen Aspekte ein deutsches Unternehmen aufgrund der Hinzurechnungsbesteuerung berücksichtigen muss, wenn es ein international aufgestelltes Unternehmen im Wege des „Share Deals“ erwirbt. Der Autor hofft, damit seinem akademischen Lehrer, Rainer Heurung, eine Freude zu bereiten.

Es liegt im Wesen der Hinzurechnungsbesteuerung begründet[2], dass für deutsche Unternehmen neben der Gründung einer ausländischen Kapitalgesellschaft und Aufnahme einer zu Einkünften führenden Tätigkeit der unmittelbare oder mittelbare Erwerb von Anteilen an ausländischen Kapitalgesellschaften der wesentliche Anlass ist, etwaige Folgen der Hinzurechnungsbesteuerung nach den §§ 7-14 des Außensteuergesetzes (AStG) in den Blick zu nehmen. Exemplarisch und zur Veranschaulichung liegt den nachstehenden Ausführungen daher folgende Konstellation zugrunde:

*Die Deutschland AG mit Sitz und Ort der Geschäftsleitung in Deutschland ist die oberste Muttergesellschaft einer international operierenden Unternehmensgruppe. Sie verfügt über zahlreiche Tochterunternehmen im In- und Ausland. Tochtergesellschaften werden in allen relevanten Zielmärken in der Form von Vertriebsgesellschaften gehalten. In vielen Ländern wird auch durch lokale Tochtergesellschaften produziert.*

*Um sich in einer ihrer Sparten international noch besser am Markt positionieren zu können, will die Deutschland AG ein in UK ansässiges Konkurrenzunternehmen („UK Target“) übernehmen. Dieses ist ebenfalls in zahlreichen Ländern durch Tochtergesellschaften vertreten. Der Erwerb soll rechtlich als eine Übernahme der Anteile der UK Muttergesellschaft durch die Deutschland AG oder eine Tochtergesellschaft der Deutschland AG („Share Deal“) strukturiert werden.*

Die Bundesregierung hat am 19 April 2021 einen Referentenentwurf eines Gesetzes zur Umsetzung der Anti-Steuervermeidungsrichtlinie (ATAD-Umsetzungsgesetz bzw. ATADUmsG) verabschiedet.[3] Zum Zeitpunkt der redaktionellen Endbearbeitung dieses Beitrags hat der Bundestag dem Gesetzesentwurf unter Berücksichtigung verschiedener für diesen Beitrag nicht erheblichen Beschlussempfehlungen angenommen, sodass für den Abschluss des Gesetzge-

---

2 Siehe dazu sogleich unter 2.

3 BT-Drucks. 19/28652.

bungsverfahrens lediglich noch die Zustimmung des Bundesrates ausstand. Es ist nicht Ziel des vorliegenden Beitrags, die Änderungen aufgrund des ATADUmsG umfassend zu würdigen[4]. Vielmehr beziehen sich die nachstehenden Ausführungen auf das AStG in seiner Fassung vor Inkrafttreten des ATADUmsG wie es für vor dem 1.1.2022 endende Wirtschaftsjahre einer ausländischen Gesellschaft weiterhin Anwendung findet. Es wird jedoch auf ausgewählte, wesentliche Aspekte des ATADUmsG eingegangen.[5]

## 2 Systematische Einordnung der Hinzurechnungsbesteuerung

Das Rechtsinstitut der Hinzurechnungsbesteuerung wurde mit der Verabschiedung des Außensteuergesetzes (AStG) bereits im Jahre 1972 eingeführt. Gesetzgeberisches Ziel war es, zu verhindern, dass sich Steuerpflichtige durch die vom Gesetzgeber als missbräuchlich angesehene (künstliche) Verlagerung von bestimmten Tätigkeiten auf eine Kapitalgesellschaft in einem Niedrigsteuerland (sog. Zwischengesellschaft) ungerechtfertigte Steuervorteile verschaffen.[6]

Vor diesem Hintergrund besteht die Grundidee der Hinzurechnungsbesteuerung darin, solche als ungerechtfertigt empfundene Steuervorteile dadurch zu beseitigen, dass durch die Vorschriften der Hinzurechnungsbesteuerung eine Steuerbelastung hergestellt wird, wie sie sich ohne Zwischenschaltung der ausländischen Kapitalgesellschaft ergeben hätte.

Die deutsche Hinzurechnungsbesteuerung geht jedoch an vielen Stellen weit über dieses Ziel hinaus. Beispiele einer solchen überschießenden Wirkung sind etwa:

- Gewerbesteuer: Der Hinzurechnungsbetrag unterliegt seit einer entsprechenden „klarstellenden“ Gesetzesänderung[7] mit Wirkung ab Erhebungszeitraum 2016[8] der Gewerbesteuer (§ 7 Satz 7 Gewerbesteuergesetz – GewStG). Eine Anrechnung ausländischer Steuern auf die im In-

---

4 Vgl. zu Änderungen bei der sog. Wegzugsbesteuerung Heurung u.a. (2020), S. 90 ff.

5 Verweise auf das AStG de lege ferenda (AStG-E) beziehen sich auf den Gesetzesentwurf der Bundesregierung vom 19.4.2021 (siehe Fn. 1).

6 Vgl. BT-Drucks. 6/2883 S. 18 f.

7 Die Gesetzesänderung stellt eine Reaktion des Gesetzgebers auf eine unwillkommene Entscheidung des Bundesfinanzhofs (BFH) dar („Nichtanwendungsgesetzgebung“). Dieser hatte zuvor entschieden, dass der Hinzurechnungsbetrag nicht der Gewerbesteuer unterliegt, siehe BFH, Urteil vom 11.03.2015 – I R 10/14, BStBl. II 2015, S. 1049.

8 Eine rückwirkende Anwendung auf frühere Erhebungszeitraum erfolgt nicht, vgl. FG Baden-Württemberg, Urteil vom 8.05.2018 – 6 K 2814/16, IStR 2019 S. 113; FG Baden-Württemberg, Urteil vom 8.05.2018 – 6 K 1775/16, IStR 2019 S. 107; a.A. OFD Nordrhein-Westfalen, Kurzinformation vom 26.04.2017 - Kurzinformation Gewerbesteuer Nr. 03/2017, IStR 2017 S. 592.

land auf den Hinzurechnungsbetrag erhobene Gewerbesteuer ist jedoch nicht vorgesehen (§ 12 Abs. 1 Satz 1 AStG). Dadurch ergibt sich, soweit die ausländische Steuer den inländischen Körperschaftsteuersatz von 15% übersteigt, eine höhere Gesamtsteuerbelastung als im reinen Inlandsfall. Bei einer ausländischen Steuer von 24,9%[9] kann sich theoretisch eine um 9,9% höhere Belastung ergeben.[10] Weitere Verwerfungen ergeben sich nach aktuellem Recht in der Praxis dadurch, dass die ausländischen Steuern nur und erst dann angerechnet werden können, wenn sie bereits entrichtet wurden (§§ 12 Abs. 1 Satz 1, 10 Abs. 1 Satz 2 AStG). Durch diese „Phasenverschiebung" kann es sogar zu einer noch höheren Gesamtbelastung kommen. Das ATADUmsG sieht nun eine „phasengleiche" Anrechnung ausländischer Steuern vor und schafft zumindest diesbezüglich Abhilfe (§ 12 Abs. 1 AStG-E). Eine Anrechnung ausländischer Steuern auf die Gewerbesteuer wird dagegen auch nach neuem Recht nicht möglich sein.

- Keine Kongruenz zu körperschaftsteuerlichen Einkommensermittlungsvorschriften: Das AStG unterwirft nach geltendem Recht auch Vorgänge der Besteuerung, die im reinen Inlandsfall steuerfrei wären oder – was noch unsystematischer anmutet – im Rahmen einer beschränkten Steuerpflicht der ausländischen Gesellschaft steuerfrei *sind.* Wichtigstes Beispiel ist hier die Erfassung von Gewinnen aus der Veräußerung von Anteilen an einer Kapitalgesellschaft, welche aufgrund einer der in § 8 Abs. 1 Nr. 9 AStG enthaltenen Ausnahmen[11] ganz oder teilweise als passive Einkünfte qualifizieren, jedoch gem. § 8b Abs. 1 Körperschaftsteuergesetz (KStG) von der Körperschaftsteuer und über § 7 Satz 1 GewStG auch von der Gewerbesteuer befreit sind. Nach dem ATADUmsG wird insoweit nun ein „Gleichlauf" hergestellt, d.h. nur noch Veräußerungsgewinne, die bei einer im Inland steuerpflichtigen Körperschaft gem. § 8b Abs. 7 KStG steuerpflichtig wären, unterliegen als passive Einkünfte der Hinzurechnungsbesteuerung (§ 8 Abs. 1 Nr. 8 AStG-E).
- Weitere überschießende Tendenzen: Weitere überschießende Tendenzen ergeben sich in vielen Konstellationen durch den veralteten und teilwei-

9 Siehe z.B. Niederlande, die einen Regelkörperschaftsteuersatz von 25% aufweist, wobei jedoch die ersten 200.000 EUR einem reduzierten Steuersatz von 16.5% unterliegen. Dabei kann sich bei entsprechend hohen Einkünften ein Durchschnittssteuersatz von 24,9% ergeben.

10 Vgl. zu Rechenbeispielen auch Adrian u.a. (2017) S. 1461; umfassend zu den Belastungswirkungen vgl. auch Engel (2013) S. 48 ff.

11 Siehe hierzu Abschnitt 3.4.

se unpräzise formulierten Einkünftekatalog des § 8 Abs. 1 AStG und auch daraus, dass – außer der Exkulpation nach § 8 Abs. 2 AStG, welche grundsätzlich nur für EU /EWR-Gesellschaften Anwendung findet und durch das ATAD-UmsG weiter verschärft wird – keine praktisch relevanten Ausnahmetatbestände[12] vorgesehen sind.

Im Folgenden sollen zu den jeweils relevanten Aspekten auch solche überschießenden Tendenzen aufgezeigt werden.

# 3 Relevante Aspekte beim internationalen Unternehmenserwerb

## 3.1 Überblick

Der Erwerb eines Unternehmens kann wie folgt anhand des nachstehenden Zeitstrahls skizziert werden:

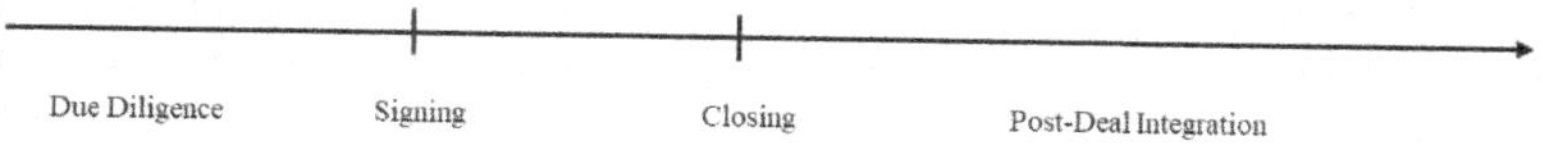


*Abbildung: Zeitstrahl*

Ein deutsches Unternehmen wird sich beim Erwerb eines ausländischen Unternehmens bereits in der *Due Diligence* Phase mit der Hinzurechnungsbesteuerung beschäftigen und – je nach potenzieller Betroffenheit – frühzeitig Strategien für die Zeit nach *Closing* erarbeiten. Weitere Aspekte können in der Integrationsphase (*Post-Deal Integration*) auftreten. Im Folgenden werden wesentliche Aspekte für die jeweiligen Phasen exemplarisch dargestellt.

## 3.2 Berücksichtigung in der Steuerlichen Due Diligence

### *3.2.1 Überblick*

Im Rahmen einer steuerlichen *Due Diligence* wird die Deutschland AG das UK *Target* und alle bzw. zumindest alle wesentlichen Tochtergesellschaften einer steuerlichen Prüfung unterziehen, um zu verstehen, ob die Konzerngesellschaften jeweils ihren steuerlichen Pflichten ordnungsgemäß nachgekommen sind und sich ggf. z.B. aufgrund von Steuergestaltungen des *Targets* oder anderen Sachverhalten aus der Übernahme steuerliche Risiken für die Deutschland AG als Erwerber ergeben.

---

[12] Die Freigrenze bei „gemischten Einkünften" (§ 9 GewStG) hat aufgrund der geringen absoluten Grenze von 80.000 EUR in der Praxis kaum eine Bedeutung.

Aufgrund der Hinzurechnungsbesteuerung muss die Deutschland AG jedoch nicht nur steuerliche Risiken aus Sicht des jeweiligen lokalen Steuerrechts prüfen, sondern auch berücksichtigen, ob sich aufgrund der Hinzurechnungsbesteuerung Risiken für die Deutschland AG ergeben. Denn mit der Übernahme der Anteile an dem UK *Target* sind sowohl das UK *Target* als auch alle vom UK *Target* ganz oder mehrheitlich gehaltenen Tochterunternehmen als „ausländische Gesellschaften" im Sinne des § 7 Abs. 1 AStG zu qualifizieren, sodass für diese die Regelungen der Hinzurechnungsbesteuerung Anwendung finden. Stichtag ist hierbei das Ende des Wirtschaftsjahres der ausländischen Gesellschaft (§ 7 Abs. 2 Satz 1 AStG). Dies bedeutet, dass bei kalenderjahrgleichem Wirtschaftsjahr und unterjährigen Erwerb bereits für das laufende Wirtschaftsjahr etwaige Konsequenzen der Hinzurechnungsbesteuerung zu beachten sind.

Beispiel:

Die Deutschland AG schließt im Februar 2021 einen Anteilskaufvertrag über die Anteile an dem UK *Target* ab (*Signing*). Nachdem die entsprechenden „*Closing Conditions*" erfüllt sind, übernimmt die Deutschland AG rechtlich die Anteile am UK *Target* am 30.06.2021. Das UK *Target* hat ein mit dem Kalenderjahr übereinstimmendes Wirtschaftsjahr.

Etwaige passive Einkünfte, welche das UK *Target* ab dem 01.01.2021 und damit vor (!) der Übernahme erzielt, unterliegen bei der Deutschland AG bereits der Hinzurechnungsbesteuerung (§ 7 Abs. 2 Satz 1 AStG). Entsprechendes gilt für unmittelbare oder mittelbare Tochtergesellschaften des UK *Targets* (sog. nachgeschaltete Gesellschaften, s. § 14 Abs. 1 Satz 1 AStG).[13]

Die Deutschland AG wird daher im Rahmen der steuerlichen *Due Diligence* prüfen, ob das UK *Target* oder deren Tochterunternehmen Einkünfte aufweisen, welche nicht in den Aktivitätskatalog des § 8 Abs. 1 AStG eingeordnet werden können und damit insoweit als Zwischengesellschaft qualifizieren.

Aufgrund dieses Aktivitätskatalogs wird die Deutschland AG dabei insbesondere Gesellschaften in den Blick nehmen, welche folgende Einkünfte erzielen:

- Zinseinkünfte,
- Lizenzeinkünfte sowie zukünftig,
- Dividendeneinkünfte

Ferner können sich auch aus dem *Supply-Chain-Model* bzw. dem Verrechnungspreissystem der Zielgesellschaft relevante Aspekte ergeben. Dies soll im Folgenden beispielhaft dargestellt werden.

13 Vgl. hierzu BMF, Schreiben vom 14.05.2004 – IV B 4-S 1340-11/04, BStBl. I Sondernummer 1/2004 S. 3, Tz. 14.01

### *3.2.2 Zinseinkünfte*

Bei Zinseinkünften ist zunächst zu prüfen, ob sich unter den Tochtergesellschaften der Zielgesellschaft Gesellschaften befinden, deren Hauptzweck in der Finanzierung anderer Konzerngesellschaften besteht (Finanzierungsgesellschaft). Ist dies der Fall, qualifizieren die Einkünfte als passiv, wenn nicht die sehr engen Voraussetzungen des § 8 Abs. 1 Nr. 7 AStG vorliegen, was in der Praxis selten gegeben ist. Für solche Finanzierungsgesellschaften ist dann zu prüfen ob:

- die Einkünfte einer niedrigen Besteuerung im Sinne des § 8 Abs. 3 AStG unterliegen oder
- im Falle einer in der EU oder im EWR ansässigen Gesellschaften die Voraussetzungen der Ausnahmevorschrift des § 8 Abs. 2 AStG gegeben sind.

Eine niedrige Besteuerung der Zinseinkünfte wird schon deshalb häufig gegeben sein, weil die in § 8 Abs. 3 AStG vorgesehene Schwelle von 25% im Vergleich zu den beobachtbaren Körperschaftsteuersätzen im Ausland sehr hoch angesetzt ist.[14] Eine in den UK (Regelsteuersatz: 20%) oder z.B. in Irland (Regelsteuersatz: 12,5%) ansässige Finanzierungsgesellschaft wäre damit z.B. regelmäßig „niedrig besteuert" im Sinne der Hinzurechnungsbesteuerung.

Ist die Finanzierungsgesellschaft in einem EU-/EWR Staat ansässig, bleibt noch die Prüfung, ob die Voraussetzungen des § 8 Abs. 2 AStG für eine Ausnahme der Gesellschaft von der Hinzurechnungsbesteuerung gegeben sind. Dabei ist insbesondere zu prüfen, ob die Gesellschaft einer „tatsächlichen wirtschaftlichen Tätigkeit" nachgeht.

Dafür ist nach Auffassung der Finanzverwaltung neben einer angemessenen personellen und sachlichen Ausstattung erforderlich, dass eine „gezielte Nutzziehung der Ressourcen im Aufnahmestaat vorliegt und die ausländische Gesellschaft ihre wirtschaftliche Kernfunktion selbst ausübt.[15] Ferner soll eine Exkulpation nur möglich sein, wenn der Steuerpflichtige den Nachweis erbringt, dass keiner der Hauptzwecke der Beteiligung die Erlangung eines steuerlichen Vorteils ist („*Principal Purpose Test*"). Damit nimmt die Finanzverwaltung die im ATADUmsG enthaltenen Konkretisierungen bzw. Verschärfungen (Einsatz der für die Ausübung der Tätigkeit erforderlichen sachlichen und personellen

[14] Das ATADUmsG sieht im veröffentlichten Referentenentwurf keine Änderung des Niedrigsteuergrenze vor. Dem Vernehmen nach ist eine Absenkung jedoch in der politischen Diskussion. Sachgerecht wäre m.E. – jedenfalls bei weiterhin nicht vorgesehener Anrechnungsmöglichkeit auf die Gewerbesteuer – eine Niedrigsteuergrenze in Höhe des Körperschaftsteuersatzes von 15%.

[15] Vgl. BMF, Schreiben vom 17.03-2021 – IV B 5-S 1351/19/100002 :001, BStBl. I 2021 S. 342; vgl. dazu kritisch Schnitger u.a. (2021) S. 344 ff.

Ausstattung in diesem Staat, selbständige und eigenverantwortliche Ausübung der Tätigkeit durch hinreichend qualifiziertes Personal, Schädlichkeit von sog. „*Outsourcing*")[16] vorweg und geht mit dem weder im aktuellen noch im ATADUmsG vorgesehenen zusätzlichen *Principal Purpose Test* über die gesetzlichen Voraussetzungen hinaus.[17]

Handelt es sich bei der niedrig besteuerten Finanzierungsgesellschaft um eine in einem Drittstaat (z.B. seit dem 01.01.2021 auch UK) ansässige Gesellschaft, kommt eine Ausnahme von der Hinzurechnungsbesteuerung nach § 8 Abs. 2 AStG nach dem Gesetzeswortlaut eigentlich nicht in Betracht. Nach der jüngsten Rechtsprechung des Europäischen Gerichtshofs (EuGH)[18] und des Bundesfinanzhofs (BFH)[19] verstößt die Hinzurechnungsbesteuerung jedoch im Verhältnis zu Drittstaaten gegen die Kapitalverkehrsfreiheit, sofern (i) ein Informationsaustausch durch zwischenstaatliche Abkommen gewährleistet ist und (ii) in der Zwischenschaltung der ausländischen Gesellschaft keine „künstliche Gestaltung" zu sehen ist.

Dem trägt die Finanzverwaltung dadurch Rechnung, dass sie auch im Verhältnis zu Drittstaaten eine Ausnahme von der Hinzurechnungsbesteuerung zulässt. Die Verwaltung verlangt hierfür jedoch über die durch EuGH und BFH formulierten Voraussetzungen hinaus, dass in Bezug auf die entsprechenden Einkünfte auch die bereits beschriebenen Erfordernisse des § 8 Abs. 2 AStG an Tätigkeit und „Substanz" der Gesellschaft erfüllt werden und wendet damit die vorstehend beschriebenen Urteilsgrundsätze nur unter diesem Vorbehalt an.

Für den Beispielssachverhalt bedeutet dies: hat das UK *Target* seine Finanzierungstätigkeit aus organisatorischen und finanzwirtschaftlichen Gründen in einer ebenfalls in den UK ansässigen Tochtergesellschaft separiert, wird darin keine „künstliche Gestaltung" zu sehen sein. Ferner enthält das Doppelbesteuerungsabkommen (DBA) zwischen Großbritannien und der Bundesrepublik Deutschland in dessen Art. 27 eine sog. „große Auskunftsklausel", d.h. ein Informationsaustausch ist nicht auf die zur Durchführung des DBA erforderlichen Auskünfte beschränkt[20], sodass auch ein Informationsaustausch gewährleistet ist.[21]

---

16 Vgl. hierzu Heinsen u.a. (2020) S. 729 ff.

17 Zu Recht kritisch Schnitger u.a. (2021) S. 353 f.

18 EuGH, Urteil vom 26.2.2019 – C-135/17 Rechtssache X-GmbH, IStR 2019 S. 347

19 BFH, Urteil vom 22.5.2019 – I R 11/19, BFH/NV 2019, S. 1376; BFH v. 18.12.2019 – I R 59/17, DStR 2020 S. 2182

20 Vgl. Beckmann in Wassermeyer (2020), Art. 27 DBA UK Rz. 8.

21 Zu beachten ist, dass die Finanzverwaltung in diesem Zusammenhang verlangt, dass auch „tatsächlich allgemein eine störungsfreie Zusammenarbeit gewährleistet ist", vgl. BMF, Schreiben vom 17.03-2021 – IV B 5-S 1351/19/100002 :001, BStBl. I 2021 S. 342. M.E. zu Recht ablehnend dazu Schnitger u.a. (2021) S. 357.

Daher wird sich nach hier vertretener Auffassung die Deutschland AG mit Verweis auf die o.g. Rechtsprechung gegen eine Anwendung der Hinzurechnungsbesteuerung auf Zinseinkünfte einer im Rahmen der Akquisition „mit übernommenen" UK Finanzierungsgesellschaft wenden können. Zu berücksichtigen ist jedoch, dass nach Verwaltungsauffassung hierzu auch die Erfordernisse des § 8 Abs. 2 AStG an Tätigkeit und „Substanz" der Gesellschaft erfüllt werden müssen. Ferner ist mit Blick auf das ATADUmsG zu berücksichtigen, dass infolge der Änderung des Beherrschungskonzepts (§ 7 Abs. 1 AStG-E) unsicher ist, ob eine Ausnahme von der (regulären) Hinzurechnungsbesteuerung für Drittstaatenkonstellationen auf Grundlage der Kapitalverkehrsfreiheit zukünftig weiterhin möglich sein wird.[22] Die Deutschland AG muss daher im Rahmen einer Risikoabwägung entscheiden, ob die Finanzierungstätigkeit aufrechterhalten werden kann (weil z.B. etwaige Folgen der Hinzurechnungsbesteuerung durch eine Anrechnung ausländischer Steuern abgemildert werden können) oder besser eingestellt werden sollte. Sofern eine Einstellung erfolgen soll, ist eine Strategie zu entwickeln, wann und in welcher Form die Finanzierungsfunktion abgewickelt werden kann.

Erzielt hingegen ein Unternehmen wie z.B. eine produzierende Gesellschaft Zinseinkünfte, ist zu prüfen, ob diese als Nebenerträge der zu „aktiven Einkünften" (§ 8 Abs. 1 Nr. 2 AStG) führenden Tätigkeit zu qualifizieren sind (sog. funktionale Betrachtungsweise[23]). Dies ist immer dann der Fall, wenn die Zinseinkünfte nicht aus einer eigenständigen Finanzierungstätigkeit stammen. Unschädlich sind damit insbesondere Zinserträge aus der Anlage von finanziellen Überschüssen aus einer aktiven Tätigkeit z.B. im *Cash Pool* bis zur Verwendung der Mittel für Investitionen oder für Ausschüttung an die Anteilseigner[24] oder bei Zinsen im Rahmen der Absatzfinanzierung[25].

### *3.2.3 Lizenzeinkünfte*

Für Lizenzeinkünfte ist ebenfalls in einem ersten Schritt zu prüfen, ob diese im Rahmen einer eigenständigen Lizenzierungstätigkeit erzielt werden oder als Nebenerträge einer aktiven Tätigkeit anfallen. Häufig nutzen produzierende Unternehmen bestimmtes *„Intellectual Property (IP)"* (z.B. Verfahren, Muster, etc.) nicht nur für die eigene Produktion, sondern überlassen es auch anderen Unternehmen – insbesondere anderen Konzerngesellschaften – gegen eine Li-

---

22 Vgl. hierzu Schnitger u.a. (2021) S. 357.

23 Vgl. hierzu BMF, Schreiben vom 14.05.2004 – IV B 4-S 1340-11/04, BStBl. I Sondernummer 1/2004 S. 3, Tz. 8.02; Wassermeyer/Schönfeld in Flick u.a. (2020), § 8 AStG Rz. 31 ff.

24 Vgl. z.B. Lehfeldt in Strunk u.a. (2020), § 8 AStG Rz. 139.

25 Vgl. Wassermeyer/Schönfeld in Flick u.a. (2020), § 8 AStG Rz. 36 zu Stundungszinsen.

zenzgebühr zur Nutzung. In solchen Fällen wird häufig eine Qualifikation als Nebenerträge der aktiven Produktionstätigkeit gegeben sein.[26]

Im Falle einer eigenständigen Qualifikation wäre dann zu prüfen, ob die Voraussetzungen aktiver Einkünfte erfüllt sind. Dafür muss der Nachweis erbracht werden können, dass:

- die ausländische Gesellschaft die Ergebnisse eigener Forschungs- oder Entwicklungsarbeit auswertet und
- die Forschungs- oder Entwicklungsarbeit ohne „schädliche Mitwirkung" unternommen worden ist.

In Bezug auf die erstgenannte Voraussetzung (eigene Forschungs- oder Entwicklungsarbeit) ist somit die Tätigkeit der ausländischen Gesellschaft und das den Einkünften zugrunde liegende *IP* in den Blick zu nehmen. Dabei ist m.E. insbesondere von folgenden Grundsätzen auszugehen:

- Bei der Auftragsforschung („*Contract R&D*") ist die Forschungs- oder Entwicklungsarbeit dem Auftraggeber als eigene Forschungs- oder Entwicklungsarbeit zuzurechnen[27].
- Es ist grundsätzlich auf die jeweiligen Lizenzströme abzustellen. Bezieht eine Gesellschaft z.B. Lizenzeinkünfte aus „eigenem" und „zugekauftem" *IP*, sind die Lizenzen aus eigenem *IP* aktiv und diejenigen aus zugekauftem *IP* passiv.[28]
- Bei der Einkünftequalifikation sind die Grundsätze der funktionalen Betrachtungsweise anzuwenden. Wird z.B. eine Lizenzvereinbarung für die Überlassung verschiedener Rechte abgeschlossen und wird die Lizenzgebühr ganz überwiegend für von der Gesellschaft selbst entwickeltes *IP* gezahlt, sind aber auch einzelne zugekaufte Patente; Muster o.ä. von der Lizenzvereinbarung erfasst, liegen m.E. in voller Höhe aktive Einkünfte vor.[29]
- Auch eine Gesellschaft, die *IP* von einem Dritten erworben hat und dieses wesentlich weiterentwickelt, erzielt Einkünfte aus einer „eigenen

---

26 Vgl. Lehfeldt in Strunk u.a. (2020), § 8 AStG Rz. 24.1, 115.

27 Vgl. Lehfeldt in Strunk u.a. (2020), § 8 AStG Rz. 120.

28 Vgl. hierzu auch Wassermeyer/Schönfeld in Flick u.a. (2020), § 8 AStG Rz. 219.

29 Vgl. allgemein BMF, Schreiben vom 14.05.2004 – IV B 4-S 1340-11/04, BStBl. I Sondernummer 1/2004 S. 3, Tz. 8.02 (Maßgeblichkeit der Tätigkeit, auf der das wirtschaftliche Schwergewicht liegt). Generell für eine Unschädlichkeit hinzuerworbener Patente von fremden Dritten und dem Steuerpflichtigen nicht nahestehenden ausländischen Personen spricht sich aus: Rödel in Kraft (2019), § 8 AStG Rz. 363. Zur Kritik an der überschießenden Wirkung der Regelung vgl. stellvertretend Wassermeyer/Schönfeld in Flick u.a. (2020), § 8 AStG Rz. 223 m.w.N.

Forschungs- oder Entwicklungsarbeit" im Sinne des AStG-Einkünftekatalogs.[30]

Eine „schädliche Mitwirkung" im Sinne des AStG kann stets nur von dem inländischen Steuerpflichtigen oder solchen nahestehenden Personen ausgehen, die mit der entsprechenden Tätigkeit im Inland der unbeschränkten oder beschränkten Steuerpflicht unterliegen. Da es dem Gesetzgeber nicht gelungen ist, dies im Wortlaut des Gesetzes im Aktivitätskatalog des § 8 Abs. 1 AStG konsistent zu formulieren, bedarf es insoweit einer einschränkenden Auslegung (teleologische Reduktion) des Gesetzeswortlauts. Denn der Mitwirkungstatbestand beruht auf dem Gedanken, dass Einkünfte die unter Mitwirkung inländischer Steuerpflichtiger erzielt werden „künstlich" auf die ausländische Gesellschaft „verlagert" wurden und daher der Hinzurechnungsbesteuerung unterworfen werden sollen. Daher kann nur bei einem solchen Inlandsbezug eine schädliche Mitwirkung vorliegen.[31]

Hinsichtlich des § 8 Abs. 2 AStG und der Europarechtswidrigkeit der Hinzurechnungsbesteuerung im Verhältnis zu Drittstaaten sei zur Vermeidung von Wiederholungen auf die Ausführungen zu Zinseinkünften (siehe oben Abschnitt 3.2.2) verwiesen.

### *3.2.4 Dividendeneinkünfte*

Nach der zur Verfassung dieses Beitrags gültigen Rechtslage sind Einkünfte aus Gewinnausschüttung stets als aktive Einkünfte zu qualifizieren (§ 8 Abs. 1 Nr. 8 AStG).

Im Rahmen des ATADUmsG ist hingegen vorgesehen, dass die in § 8b KStG vorgesehen Ausnahmen der Steuerbefreiung für Dividenden sinngemäß in den Aktivitätskatalog des § 8 AStG übernommen werden (§ 8 Abs. 1 Nr. 7 AStG-E). Demnach sollen insbesondere in folgenden Fällen Gewinnausschüttungen zukünftig grundsätzlich als passive Einkünfte qualifizieren und damit der Hinzurechnungsbesteuerung zu unterwerfen sein:

- der Anteilseigner hält eine Beteiligung am Nennkapital von weniger als 10% (Fall des § 8b Abs. 4 KStG)
- die Ausschüttung hat das Einkommen der leistenden Gesellschaft gemindert (Fall des sog. Korrespondenzprinzips gem. § 8b Abs. 1 Satz 2 KStG)

Dies zwingt den inländischen Steuerpflichtigen (Deutschland AG) insbesondere dazu, die Gruppenstruktur des *Targets* auf entsprechende Minderheits-

---

30 Vgl. Vogt in Blümich (2020), § 8 AStG Rz. 67.

31 Vgl. Lehfeldt in Struk u.a. (2020), § 8 AStG Rz. 123; Rödel in Kraft (2019), § 8 AStG Rz. 364.

beteiligungen zu untersuchen und Strategien zu entwickeln, diese zu konsolidieren (Anteilsübertragung auf den Mehrheitsgesellschafter, sofern es sich hierbei ebenfalls um eine konzernzugehörige Gesellschaft handelt, Aufstockung der Beteiligung durch Einlagen, etc.) um eine vollständige Besteuerung der Dividende im Rahmen der Hinzurechnungsbesteuerung zu vermeiden. Dabei sind auch zeitliche Aspekte zu berücksichtigen und die Dividendenplanung entsprechend daran auszurichten, um eine Hinzurechnungsbesteuerung von Dividenden zu vermeiden. Insbesondere ist zu berücksichtigen, dass bereits zu Beginn des Kalenderjahres, in dem die Dividendeneinkünfte erzielt werden, ein qualifizierter Anteil gehalten werden muss (§ 8b Abs. 4 Satz 1 KStG) und nur der Erwerb einer Beteiligung von mindestens 10% als zu Beginn des Kalenderjahres erfolgt gilt (Fiktion des § 8b Abs. 4 Satz 7 KStG).[32] So kann z.B. bei einer unterjährigen Aufstockung einer 5% Beteiligung durch Hinzuerwerb von weiteren 5% daher künftig erst eine im Folgejahr erzielte Dividende außensteuerlich als aktiv qualifizieren (§ 8 Abs. 1 Nr. 7 Buchst. b) AStG-E i.V.m. § 8b Abs. 4 Satz 1 KStG).

Auch etwaige Sachverhalte (insbesondere „Dauersachverhalte"), die nach deutschen steuerlichen Grundsätzen zu verdeckten Gewinnausschüttungen führen, sind in den Blick zu nehmen. Dies kann z.B. unentgeltliche Lizenzierungen von *IP* einer Tochtergesellschaft an die Muttergesellschaft oder eine Schwestergesellschaft betreffen, die – etwa aufgrund einer „Gruppenbesteuerung", welche sowohl Lizenzgeber als auch Lizenznehmer umfasst – aus der Perspektive des lokalen Steuerrechts nicht zwingend zu fremdüblichen Konditionen erfolgen müssen.

Solche Konstellationen können mithin künftig außensteuerrechtlich relevant werden. Es sei an dieser Stelle angemerkt, dass insbesondere die künftige außensteuerliche Erfassung von verdeckten Gewinnausschüttungen weit über das gesetzliche Ziel der Hinzurechnungsbesteuerung hinausgeht. Das Beispiel der unentgeltlichen Lizenzierung zwischen zwei Konzerngesellschaften innerhalb einer Gruppenbesteuerung ohne jeglichen Steuervorteil macht dies deutlich.

### *3.2.5 Supply-Chain Model*

Insbesondere bei produzierenden Unternehmen ergeben sich auch durch das *Supply-Chain Model* bzw. Verrechnungspreissystem Aspekte, die ggf. eine Relevanz aus Sicht der Hinzurechnungsbesteuerung haben können.

So ist etwa strittig, wie die Einkünfte einer Gesellschaft zu qualifizieren sind, die als „Prinzipal" oder „*Entrepreneur*" für die Produktion sowie vielfach

---

32 Vgl. hierzu OFD Frankfurt am Main, Verfügung vom 02. 12. 2013 - S 2750a A - 19 - St 52, DStR 2014 S. 427.

auch für die Steuerung der *Supply Chain* verantwortlich ist, die tatsächliche produzierende Tätigkeit jedoch nicht selbst ausübt, sondern ganz oder teilweise an sog. Auftragsfertiger („*Contract Manufacturing*") oder Lohnfertiger („*Toll Manufacturing*") ausgelagert hat.

Nach hier vertretener Auffassung ist jedenfalls bei der Lohnfertigung der Prinzipal oder *Entrepreneur* derjenige, dem die produzierende Tätigkeit für Zwecke der Hinzurechnungsbesteuerung zuzurechnen ist. Dieser erzielt damit aus dem Vertrieb der so erzeugten Produkte aktive Einkünfte i.S.d. § 8 Abs. 1 Nr. 2 AStG.[33] Der Lohnfertiger erbringt eine Dienstleistung an den Prinzipal[34] und erzielt daraus entsprechende Einkünfte aus Dienstleistungen (§ 8 Abs. 1 Nr. 5 AStG)[35], die jedenfalls bei Leistungserbringung an einen nicht im Inland steuerpflichtigen Prinzipal[36] grundsätzlich als aktive Einkünfte qualifizieren.

Im Falle von Auftragsfertigung kommt es m.E. auf die Ausgestaltung im Einzelfall an. Hier kommen beim *Entrepreneur* entweder ebenfalls Einkünfte aus industrieller Produktion oder – entsprechend der regelmäßigen bilanziellen Behandlung – Einkünfte aus Handel in Betracht. Der Auftragsfertiger wird je nach Ausgestaltung wie der Lohnfertiger eine Dienstleistung erbringen (siehe oben) oder selbst als „Produzent" anzusehen sein und damit Einkünfte aus industrieller Produktion (§ 8 Abs. 1 Nr. 2 AStG) erzielen.

## 3.3 Integration des „*Operating Models*" und der organisatorischen Strukturen

Vor einer Integration rechtlicher Legaleinheiten (siehe zur gesellschaftsrechtlichen Integration Abschnitt 3.4) steht zumeist eine Integration der operativen Prozesse und der organisatorischen Strukturen.

Dies kann ganz verschiedene Ausprägungen und Erscheinungsformen haben. Auch aus solchen Integrationsmaßnahmen können sich jedoch mit Blick auf die Hinzurechnungsbesteuerung relevante Aspekte ergeben. Dies kann etwa dann der Fall sein, wenn im Falle von Anpassungen der Lieferbeziehungen sich für ausländische Gesellschaften ein potenziell schädlicher Inlandsbezug ergibt.

---

33 Vgl. Lehfeldt in Strunk u.a. (2020), § 8 AStG Rz. 46; Reiche in Haase (2016), § 8 AStG Rz. 23, Mattern (2020), § 8 AStG Rz. 28; a.A. Rödel in Kraft (2019), § 8 AStG Rz. 87 f.; Vogt in Blümich (2020), § 8 AStG Rz. 20.

34 Vgl. etwa Ditz (2006) S. 1629.

35 Vgl. hierzu Lehfeldt in Strunk u.a. (2020) § 8 AStG Rz. 93; Wassermeyer/Schönfeld in Flick u.a. (2020), § 8 AStG Rz. 172 f.; Rödel in Kraft (2019), § 8 AStG Rz. 283 f.; Vogt in Blümich (2020), § 8 AStG Rz. 51.

36 Bei Umstellung auf einen im Inland ansässigen Entrepreneur wären die zusätzlichen Voraussetzungen des § 8 Abs. 1 Nr. 4 Buchst. b) AStG zu prüfen. Siehe hierzu auch das Beispiel im folgenden Abschnitt 3.3.

*Beispiel zur Anpassung des Operating Models:*

Eine Vertriebsgesellschaft des *Targets* in Österreich hat bisher die dort an österreichische Kunden vertriebenen Produkte aus UK bezogen. Aufgrund der geographischen Lage bezieht die Vertriebsgesellschaft die Produkte nunmehr von einer in Deutschland ansässigen Tochtergesellschaft der Deutschland AG.

Qualifizierten die Einkünfte der österreichischen Vertriebsgesellschaft vorbehaltslos als aktive Einkünfte, gilt dies nach der Umstellung der Lieferbeziehungen aufgrund der Belieferung durch eine deutsche Konzerngesellschaft nur, wenn nachgewiesen werden kann, dass die folgenden hierfür vorgesehenen Voraussetzungen der Rückausnahme in § 8 Abs. 1 Nr. 4 Buchst. a) AStG vorliegen, d.h. die Vertriebsgesellschaft:

- verfügt über einen in kaufmännischer Weise eingerichteten Geschäftsbetrieb;
- nimmt am allgemeinen wirtschaftlichen Verkehr teil und
- übt ihre Tätigkeit ohne schädliche Mitwirkung des inländischen Steuerpflichtigen oder einer inländischen[37] nahestehenden Person aus.

Im Falle passiver Einkünfte käme freilich stets auch der Ausnahmetatbestand des § 8 Abs. 2 AStG in Betracht.

Auch Anpassungen der organisatorischen Struktur können im Einzelfall für die Hinzurechnungsbesteuerung von Bedeutung sein, z.B. wenn durch Zentralisierung von Funktionen in Deutschland potenzielle Mitwirkungssachverhalte geschaffen werden:

*Beispiel zur Anpassung der Organisationsstruktur:*

Eine UK Gesellschaft erbringt Buchhaltungsdienstleistungen für sämtliche UK Gesellschaften. Nun ist angedacht, dass bei Zweifelsfragen ein bestehendes Expertengremium der Deutschland AG unentgeltlich die UK Gesellschaft beratend unterstützt.

Hier entsteht das Risiko einer schädlichen Mitwirkung, die zu einer Qualifikation der Einkünfte als passiv führen könnte. Es bietet sich daher an, diese beratende Leistung klar von der laufenden Buchhaltung abzugrenzen und etwaige Beratungsdienstleistungen aufgrund einer fremdüblich vergüteten vertraglichen Beziehung zu erbringen. Dies sollte nach m.E. zutreffender herrschender

---

37 „Inländisch" ist in dem Zusammenhang eine nahestehende Person, die mit den Leistungen im Inland unbeschränkt oder beschränkt steuerpflichtig ist.

Meinung im Schrifttum (sog. individualisierende Betrachtungsweise)[38] eine schädliche Mitwirkung ausschließen.[39]

Die weiteren in der Praxis vorstellbaren Konstellationen sind vielfältig und konnten daher hier auch nur exemplarisch dargestellt werden. Die beiden Beispiele zeigen jedoch, dass häufig keine steuerlich motivierte Zwischenschaltung von ausländischen Gesellschaften erfolgt oder Einkünfte auf ausländische Gesellschaften verlagert werden, sondern aufgrund von betriebswirtschaftlich sinnvollen Maßnahmen sich ein gewisser Inlandsbezug ergibt, der aufgrund der „Mechanik" des außensteuerlichen Einkünftekatalogs nun zu passiven Einkünften führen kann. Aus steuerpolitischer Sicht ist die Erfassung entsprechender Einkünfte im Rahmen der Hinzurechnungsbesteuerung überschießend. Bedauerlicherweise hat es der Gesetzgeber jedoch verpasst, die nicht mehr zeitgemäßen Mitwirkungstatbestände[40] im Rahmen des ATADUmsG abzuschaffen oder zumindest zu modernisieren.

## 3.4 Umwandlungen im Rahmen der „Post-Deal Integration"

Die Integration rechtlicher Legaleinheiten bildet einen Kern der *„Post-Deal Integration"*, also der Eingliederung des erworbenen Unternehmens in die Konzernstruktur des erwerbenden Unternehmens.

Dies wird häufig durch Umwandlungsmaßnahmen wie z.B. Verschmelzungen, Auf- oder Abspaltungen etc. erreicht.

*Beispiel zu Umwandlungen:*

Das UK *Target* verfügt über eine österreichische Vertriebsgesellschaft (Target GesmbH). Um innerhalb des durch den Zukauf erweiterten Konzerns einen einheitlichen Marktauftritt in Österreich zu erreichen, soll zukünftig der Vertrieb in Österreich in einer österreichischen Enkelgesellschaft der Deutschland AG (Erwerber GesmbH) gebündelt werden. Die Anteile an der Erwerber GesmbH werden von der niederländischen Erwerber Holding B.V. gehalten. Um die gesellschaftsrechtliche Integration zu erreichen, veräußert das UK *Target* nach *Closing* die Anteile an der Target GesmbH an die Erwerber Holding B.V. In einem zweiten Schritt wird dann die Target GesmbH auf die Erwerber GesmbH verschmolzen.

---

38 Vgl. stellvertretend Wassermeyer/Schönfeld in Flick u.a. (2020), § 8 AStG Rz. 144; Lehfeldt in Strunk u.a. (2020), § 8 AStG Rz. 38 m.w.N.

39 Von einer typisierenden Betrachtung ausgehend dagegen die Finanzverwaltung, vgl. BMF, Schreiben vom. 14.5.2004 - IV B 4 - S 1340 - 11/04, BStBl. I 2004, Sondernummer 1/2004 S. 3, Tz. 8.1.4.3.1.

40 Kritisch zu den Mitwirkungstatbeständen z.B. Becker/Loose (2018) S. 221; Haase (2019) S. 828.

Ein etwaiger Veräußerungsgewinn, den das UK *Target* aus der Veräußerung der Anteile an der Target GesmbH erzielt, qualifiziert grundsätzlich als aktive Einkünfte (§ 8 Abs. 1 Nr. 9 AStG). Die für die Praxis nicht unbedeutende Ausnahme für einen wirtschaftlich auf Wirtschaftsgüter, die Tätigkeiten im Sinne des § 7 Abs. 7a AStG (Einkünfte mit Kapitalanlagecharakter) dienen, wird durch das ATADUmsG aufgehoben (§ 8 Abs. 1 Nr. 8 AStG-E).

Auch Einkünfte, welche die an der Verschmelzung beteiligten Rechtsträger (Target GesmbH, Erwerber Holding B.V., ggf. auch Erwerber GesmbH[41]) außensteuerlich im Rahmen der Verschmelzung erzielen, qualifizieren unter den Voraussetzungen des § 8 Abs. 1 Nr. 10 AStG[42] als aktive Einkünfte. Voraussetzung ist hierbei, dass die Umwandlung „ungeachtet des § 1 Abs. 2 und 4 des UmwStG zu Buchwerten erfolgen könnte“[43]. Ohne auf sämtliche Anwendungs- und Zweifelsfragen eingehen zu wollen, sei hier erwähnt, dass dies insbesondere eine Vergleichbarkeit der ausländischen Umwandung (hier: Verschmelzung) mit einer entsprechenden inländischen Umwandlung voraussetzt.[44]

Für eine österreichische Verschmelzung wird eine Vergleichbarkeit bei entsprechender Ausgestaltung grundsätzlich vorliegen. Schwieriger kann dies jedoch bei ausländischen Formwechseln oder Formen der Abspaltung sein, etwa wenn das ausländische Recht beim Formwechsel eine Liquidation annimmt[45] oder bei einer Abspaltung keine direkte Anteilsausgabe an die Anteilseigner des übertragenden Rechtsträgers kennt[46]. Die Voraussetzungen des § 8 Abs. 1 Nr. 10 AStG sind daher stets für die im konkreten Fall geplante ausländische Umwandlung zu prüfen.

Es kann also durchaus sein, dass eine bestimmte Umwandlungsform in einer ausländischen Jurisdiktion A aufgrund des § 8 Abs. 1 Nr. 10 AStG zu aktiven Einkünften führt, während dies für dieselbe Umwandlungsmaßnahme in Jurisdiktion B aufgrund zivilrechtlicher Unterschiede nicht der Fall ist und insofern die Einkünfte nach den allgemeinen Vorschriften der § 8 Abs. 1 Nr. 1-9 AStG zu qualifizieren sind.

---

41 Auf Ebene des übernehmenden Rechtsträgers kann sich durch die Vereinigung von Forderungen und Verbindlichkeiten, die zum Umwandungsstichtag zwischen übertragendem und übernehmendem Rechtsträger bestanden haben, ein steuerlicher Übertragungsfolgegewinn ergeben, wenn Forderung und Verbindlichkeit nicht mit denselben Werten anzusetzen sind.

42 Künftig: § 8 Abs. 1 Nr. 9 AStG-E.

43 Künftig setzt die Qualifikation als aktive Einkünfte zusätzlich voraus, dass die Umwandlung auch im Ausland zu Buchwerten erfolgt ist (§ 8 Abs. 1 Nr. 9 AStG-E).

44 Zur Auffassung der Finanzverwaltung bezüglich der Vergleichskriterien siehe BMF, Schreiben vom 11.11.2011 - IV C 2 – S 1978 – b/08/10001, BStBl. I 2011 S. 1314, Tz. 01.20 ff.

45 Vgl. BMF, Schreiben vom 11.11.2011 - IV C 2 – S 1978 – b/08/10001, BStBl. I 2011 S. 1314, Tz. 01.39.

46 Vgl. BMF, Schreiben vom 11.11.2011 - IV C 2 – S 1978 – b/08/10001, BStBl. I 2011 S. 1314, Tz. 01.38 zum französischen „Apport partiel d'actif“.

Vor dem Hintergrund des Sinn und Zwecks der Hinzurechnungsbesteuerung ist dies ein unbefriedigendes Ergebnis, insbesondere da Umwandlungsmaßnahmen zumeist von betriebswirtschaftlichen Zielsetzungen (z.B. Erzielung von Synergien) und nicht von steuerlichen Erwägungen geleitet sind. Daher kann im Rahmen der Hinzurechnungsbesteuerung m.E. die Vergleichbarkeitsprüfung nicht zu „eng" ausgelegt werden. Aktive Einkünfte aus Umwandlungen sollten mithin m.E. auch dann angenommen werden, wenn zwar einzelne rechtliche Kriterien der ausländischen Umwandlung vom deutschen Rechtsverständnis abweichend ausgestaltet sind, die Umwandlung jedoch in einer „Gesamtschau" mit einer entsprechenden deutschen Umwandlung (Verschmelzung, Abspaltung, etc.) vergleichbar ist.

## 4 Zusammenfassung und Fazit

Der Beitrag gab einen Überblick über Kernbereiche der Hinzurechnungsbesteuerung, die ein deutsches Industrieunternehmen beim internationalen Unternehmenserwerb bereits in der *Due Diligence* Phase sowie später im Rahmen von Integrationsmaßnahmen in den Blick zu nehmen hat.

In diesem Zusammenhang wurden überschießende Tendenzen der Hinzurechnungsbesteuerung identifiziert und aufgezeigt. Auf Rechtsfolgenseite erscheint eine Anrechenbarkeit der Gewerbesteuer aus systematischen Gründen nach wie vor dringend erforderlich. Der Beitrag zeigte ferner, dass auch auf Tatbestandsseite – etwa mit Blick auf die veralteten Mitwirkungstatbestände – auch nach dem ATADUmsG weiterhin erheblicher Handlungsbedarf besteht.

## Literatur

Adrian, G., Rautenstrauch, G., Sterner, I. (2017), Gewerbesteuer bei der Hinzurechnungsbesteuerung, Deutsches Steuerrecht (DStR), 55. Jg., Heft 27, S. 1457-1463.

Becker, J.D., Loose, T. (2018), Hinzurechnungsbesteuerung nach der ATAD – ein Ausblick aus Sicht der Unternehmenspraxis, Betriebs-Berater (BB), 73, Jg., Heft 5, S. 215-221.

Beckmann T. (2020) in F. Wassermeyer u.a. (Hrsg.), Doppelbesteuerung, Kommentar. Beck Verlag.

Ditz X, (2006), Übertragung von Geschäftschancen bei Funktionsverlagerungen ins Ausland - Darstellung an ausgewählten Beispielen, Deutsches Steuerrecht (DStR), 44. Jg., Heft 37, S. 1625-1631.

Engel, B. (2013), Steueroptimale Strukturierung von Auslandsinvestitionen deutscher mittelständischer Unternehmen, Dissertation Universität Siegen, EUL Verlag.

Haase, F. (2019): Die neue Hinzurechnungsbesteuerung, Deutsches Steuerrecht (DStR), 57. Jg., Heft 16-17, S. 827-835.

Heinsen O., Gsödl, M., Dietrich, M. (2020), Reform der Hinzurechnungsbesteuerung – Zum geänderten Motivtest (§ 8 Abs. 2-4 AStG-RefE), Internationales Steuerrecht (IStR), 29. Jg., Heft 19, S. 729-735.

Heurung, R., Ferdinand, F., Kremer, K. (2020): Reform der Wegzugsbesteuerung, Die aktuelle Regelung des § AStG im Vergleich zur geplanten Neufassung nach dem Referentenentwurf zum ATADUmsG, Internationales Steuerrecht (IStR), 29. Jg., Heft 3, S. 90-95.

Lehfeldt C. (2020) in Strunk u.a. (Hrsg., Außensteuergesetz/Doppelbesteuerungsabkommen, Kommentar. Stotax.

Mattern O. (2020) in O. Mattern u.a. (Hrsg.), 360° AStG eKommentar, Stollfuß.

Reiche F. (2016) in F. Haase (Hrsg.), Außensteuergesetz/Doppelbesteuerungsabkommen, Kommentar, 3. Auflage 2016. CF Müller.

Rödel, S. (2019), in G. Kraft (Hrsg.), Außensteuergesetz, Kommentar, 2. Auflage 2019. Beck Verlag.

Schnitger, A., Gebhardt, R., Krüger, S. (2021), Hinzurechnungsbesteuerung und Unionsrecht – Anmerkungen zum BMF-Schreiben v. 17.3.2021 – IV B 5 – S 1351/19/10002 : 001, Internationale Wirtschaftsbriefe, 67. Jg., Heft 19, S. 344-358.

Vogt, G. (Blümich 2020) in B. Heuermann & P. Brandis (Hrsg.), Blümich EStG/KStG/GewStG, Kommentar. Beck-Verlag.

Wassermeyer F./Schönfeld J. (2020) in Flick u.a. (Hrsg.), Außensteuerrecht, Kommentar. Verlag Otto Schmidt.

# Entstrickungstatbestände bei internationalen Umwandlungsvorgängen

*Dr. Markus Gsödl*[1]

*Keywords: Verschmelzung, international, Verlust oder Beschränkung Besteuerungsrecht*

*Abstract*

*Verschmelzungen im internationalen Kontext können nur ertragsteuerneutral durchgeführt werden, wenn – neben weiteren Voraussetzungen – das Besteuerungsrecht Deutschlands an den betroffenen Wirtschaftsgütern nicht ausgeschlossen bzw. beschränkt wird. Der Beitrag analysiert praxisrelevante internationale Verschmelzungsvorgänge schwerpunktmäßig vor dem Hintergrund dieser Voraussetzungen und zeigt mitunter auf, dass fallabhängig die Komplexität aus dem Zusammenspiel von nationalen Vorschriften, Abkommensrecht und EU-Richtlinien resultieren kann.*

---

1 Dr. Markus Gsödl | KPMG AG Wirtschaftsprüfungsgesellschaft | mgsoedl@kpmg.com


N. Antonakopoulos et al. (Hrsg.), *Unternehmenskauf und Unternehmensumwandlung*, https://doi.org/10.1007/978-3-658-34138-1_2

# 1 Problemstellung

Der nachfolgende Beitrag beschäftigt sich mit ausgewählten praktischen Anwendungsfällen bei Umstrukturierungen unter Beteiligung von Kapitalgesellschaften. Der Schwerpunkt des Beitrags liegt dabei auf der Analyse des Tatbestandsmerkmals des Ausschlusses oder der Beschränkung des Besteuerungsrechts Deutschlands, als der im internationalen Kontext entscheidenden Voraussetzung für die Steuerneutralität aus ertragsteuerlicher Sicht. Wie die nachfolgenden Ausführungen zeigen werden, ist dabei fallabhängig das komplexe Zusammenspiel aus nationalen Regelungen, Abkommensrecht und EU-Richtlinien von besonderer Bedeutung. Behandelt werden die in der Beratungspraxis häufig anzutreffenden Fälle der Verschmelzung von Kapitalgesellschaften nach den § 11-13 UmwStG.

Die steuerrechtliche Behandlung der nachfolgend dargestellten Fälle steht im Vordergrund dieses Beitrages. Aus diesem Grund wird die gesellschaftsrechtliche Würdigung nur überblicksartig und nur insoweit als für die steuerrechtliche Würdigung notwendig, analysiert. Die relevanten Normen werden zudem nur insoweit auszugsweise beschrieben und analysiert, als es für die Untersuchung des Tatbestands des Ausschlusses oder der Beschränkung des Besteuerungsrechts notwendig ist.

# 2 Verschmelzung von Kapitalgesellschaften

## 2.1 Verschmelzung im internationalen Kontext

### *2.1.1 Eingrenzung der Fälle und Begriffsverständnis*

Nachfolgend werden die Fälle der Verschmelzung nach dem Recht eines (einzigen) ausländischen Staates und die grenzüberschreitende Hinausverschmelzung analysiert.

In der Literatur findet sich eine Vielzahl von Definitionen für eine grenzüberschreitende Verschmelzung. Deshalb wird zunächst das hier verwendete Begriffsverständnis dargestellt. Nach dem gesellschaftsrechtlichen Begriffsverständnis – welches für die Frage des sachlichen Anwendungsbereichs des UmwStG maßgeblich ist – liegt eine inländische Umwandlung gemäß UmwSt-Erlass vor, wenn auf dem übertragenden und den übernehmenden Rechtsträger das UmwG Anwendung findet. Dies ist dann der Fall, wenn beide Rechtsträger ihren statutarischen Sitz in Deutschland haben. Da auf den statutarischen Sitz abgestellt wird, bestimmt sich das maßgebende Recht jeweils nach dem Gesellschaftsstatut des Staats, in dem der jeweilige Rechtsträger in ein öffentliches

Register eingetragen ist.[2] Ausländische Umwandlungen sind hingegen solche Vorgänge, wo zumindest auf einen der beiden beteiligten Rechtsträger das UmwG kollisionsrechtlich keine Anwendung findet.[3] Entsprechend fallen unter den Begriff auch grenzüberschreitende Verschmelzungen.[4] Neben der Frage nach der Anwendbarkeit des UmwStG bzw. des maßgebenden Gesellschaftsstatuts gibt der gesellschaftsrechtliche Begriff jedoch keine Hinweise darauf, ob eine Verschmelzung Auswirkungen auf die Besteuerungsrechte Deutschlands hat.

Aus diesem Grund wird im Rahmen dieses Beitrags das steuerliche Begriffsverständnis zugrunde gelegt. Da sich Besteuerungsrechte an der steuerlichen Ansässigkeit i.S.d. § 1 Abs. 1 KStG einer Körperschaft ergeben, beziehen sich die nachfolgenden Fälle daher auf Körperschaften, die entweder in Deutschland mit ihrem Sitz (gemäß § 11 AO) und/oder ihrer Geschäftsleitung (gemäß § 10 AO) unbeschränkt körperschaftsteuerpflichtig sind oder entsprechende ausländische Rechtsträger, die dort aufgrund einer äquivalenten Norm unbeschränkt steuerpflichtig sind. Ebenso erfasst sind doppelt ansässige Kapitalgesellschaften mit statutarischem Sitz im Ausland und Ort der Geschäftsleitung (i.S.d. § 10 AO) im Inland, da aufgrund der häufig in von Deutschland abgeschlossenen DBA vorzufindenden Tie-Breaker-Rule des Art. 4 Abs. 3 OECD-MA diese als in Deutschland unbeschränkt körperschaftsteuerpflichtig anzusehen sind.[5] Inlandsumwandlungen sind daher Verschmelzungen zwischen zwei im Inland unbeschränkt körperschaftsteuerpflichtigen Rechtsträgern. Auslandsumwandlungen erfassen entsprechend zwei im Ausland unbeschränkt steuerpflichtige Rechtssubjekte. Eine grenzüberschreitende Verschmelzung erfasst die Übertragung von einer in Deutschland unbeschränkt körperschaftsteuerpflichtigen auf eine entsprechend im Ausland unbeschränkt (körperschaft-) steuerpflichtige Kapitalgesellschaft.

### *2.1.2 Umwandlung in Deutschland mit ausländischem Anteilseigner*

#### *2.1.2.1 Seitwärtsverschmelzung*

Eine luxemburgische Kapitalgesellschaft in der Rechtsform der S.à r.l. hat zwei 100%ige Beteiligungen an zwei deutschen Tochterkapitalgesellschaften (GmbH 1 und GmbH 2). GmbH 1 ist eine Immobiliengesellschaft i.S.d. § 13 Abs. 2

---

2 Vgl. BMF 2011, Rz. 1.03, 1.20.

3 Vgl. BMF 2011, Rz. 1.20.

4 Vgl. BMF 2011, Rz. 1.21.

5 Hieran sollte auch die Umsetzung des Multilateral Instrument (MLI) nichts ändern, weil Deutschland in dieser Hinsicht herausoptiert hat. Vgl. Artikel 4 deutschen MLI Position, abrufbar unter: http://www.oecd.org/tax/treaties/beps-mli-position-germany.pdf

DBA Deutschland-Luxemburg,[6] d.h. sie weist ein Immobilienvermögen von mehr als 50% ihres Wertes auf, so dass Deutschland für die Veräußerung der Anteile an der GmbH 1 ein entsprechendes Quellenbesteuerungsrecht hat. GmbH 1 wird seitwärts auf ihre Schwestergesellschaft GmbH 2 gegen Gewährung von neuen Anteilen (entsprechend § 54 UmwG und § 68 Abs. 1 UmwG)[7] verschmolzen. Durch die Verschmelzung bleibt GmbH 2 (inklusive der Wirtschaftsgüter der GmbH 1) eine Immobiliengesellschaft i.S.d. DBA Luxemburg.

Gemäß § 11 Abs. 2 Satz 1 UmwStG kann auf Antrag der Buch- oder ein Zwischenwert angesetzt werden, weil das Besteuerungsrecht Deutschlands hinsichtlich der Veräußerung der übertragenen Wirtschaftsgüter nicht ausgeschlossen oder beschränkt wird und die Wirtschaftsgüter bei der übernehmenden GmbH 2 der Besteuerung mit Körperschaftssteuer unterliegen. Zudem werden keine Gegenleistungen neben der Ausgabe von neuen Anteilen gewährt.

Auf der Ebene der S.à r.l. ergibt sich im Grundfall keine Veränderung des Besteuerungsrechts Deutschlands, weil Deutschland gemäß § 13 Abs. 2 DBA Deutschland-Luxemburg – vor wie nach der Verschmelzung – ein Quellenbesteuerungsrecht hat.[8] Entsprechend kann ebenfalls auf Antrag gemäß § 13 Abs. 2 Satz 1 Nr. 1 UmwStG der Buchwert oder ein Zwischenwert angesetzt werden.

Das steuerliche Ergebnis ändert sich jedoch, wenn die GmbH 2 durch die Verschmelzung unter die obige Grenze von 50% hinsichtlich ihres Immobilienvermögens fällt und daher keine Immobiliengesellschaft mehr ist. Deutschland verliert dadurch sein Quellenbesteuerungsrecht, so dass die Voraussetzungen des § 13 Abs. 2 Satz 1 Nr. 1 UmwStG nicht (mehr) erfüllt und die stillen Reserven in den Anteilen aufzudecken sind. Dabei ist es im Übrigen irrelevant, dass Deutschland nach jüngerer BFH-Rechtsprechung[9] nur dann ein Besteuerungsrecht wahrnehmen kann, wenn die luxemburgische S.à r.l. eine Betriebsstätte in Deutschland hat. Denn entscheidend ist, dass hier das Besteuerungsrecht Deutschlands abstrakt verloren geht bzw. gehen könnte.[10]

---

6 Abkommen zwischen der Bundesrepublik Deutschland und dem Großherzogtum Luxemburg zur Vermeidung der Doppelbesteuerung und Verhinderung der Steuerhinterziehung auf dem Gebiet der Steuern vom Einkommen und vom Vermögen vom 23. April 2012, BGBl. 2012 II, S. 1403.

7 Vgl. Schlösser/Reichl/Rapp 2017, § 11 Rn. 245 f.

8 Gemäß BMF 2011, Rz. 13.01, findet auf den vorliegen Fall § 13 UmwStG Anwendung, weil es sich um Anteile im Betriebsvermögen handelt. Gleiches gälte für Anteile von natürlichen Personen i.S.d. § 17 EStG. § 20 Abs. 4a EStG findet keine Anwendung.

9 Vgl. BFH 2017, S. 144.

10 Vgl. Benecke/Staats 2019, § 12 KStG Rn. 342; Hackemann 2020, § 12 KStG Rn. 30.

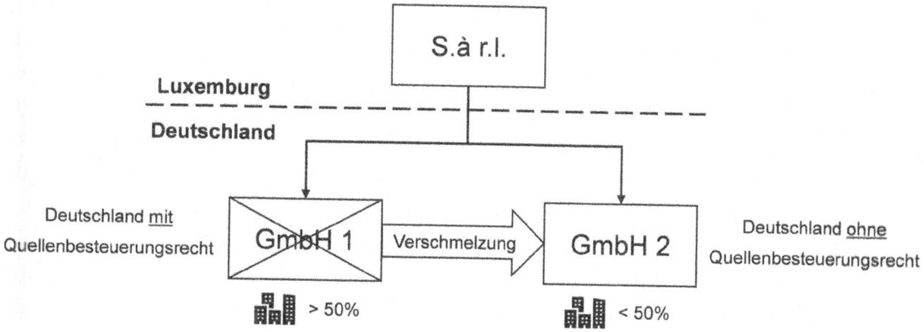


Abb. 1: Seitwärtsverschmelzung einer deutschen Immobilien-GmbH mit luxemburgischem Anteilseigner auf eine deutsche Nicht-Immobilien-GmbH

Sollte bei der obigen Inlands-Verschmelzung ausländisches Vermögen in Form einer Betriebsstätte der GmbH 1 vorliegen, sollte sich durch die diskutierten inländischen Vermögen keine Entstrickung dieses Auslandsvermögens ergeben, weil sich – ceteris paribus – an dem Besteuerungsrecht Deutschlands nichts geändert haben sollte.[11]

### 2.1.2.2 *Abwärts- und Aufwärtsverschmelzung*

In Abwandlung zur obigen Seitwärtsverschmelzung unter 2.1.2.1 soll nunmehr der Fall betrachtet werden, bei dem die luxemburgische S.à r.l. zu 100% an der inländischen GmbH 1 und diese wiederum zu 100% an der inländischen GmbH 2 beteiligt ist. GmbH 1 wird nunmehr abwärts auf GmbH 2 verschmolzen.

In diesem Zusammenhang hatten die Finanzverwaltung und die Steuerpflichtigen eine abweichende Auffassung dazu, ob hinsichtlich der Anteile an der GmbH 2, die nach gefestigter Rechtsprechung[12] durch die Verschmelzung direkt (und nicht im Wege des Durchgangserwerbs eigener Anteile durch die GmbH 2) an die S.à r.l. ausgekehrt werden, der Buchwert angesetzt werden kann. Aus Sicht der Finanzverwaltung gehören die Anteile an der GmbH 2 zu den „übergehenden Wirtschaftsgütern", die gemäß § 11 Abs. 1 und Abs. 2 Satz 1 UmwStG nur zu Buch- oder Zwischenwerten übergehen können, wenn die Voraussetzungen der Rn. 11.19 des Umwandlungssteuererlasses erfüllt sind.[13]

---

11 Jedoch werden in der Literatur zwei Fälle der Entstrickung diskutiert, die eine Änderung der Besteuerungssituation nach sich ziehen sollen. In beiden Fällen handelt es sich jedoch um aktive Handlungen des Steuerpflichtigen, die zeitlich im Zusammenhang mit bzw. nach der Verschmelzung durchgeführt werden, so dass gerade keine ceteris paribus Betrachtung mehr gegeben ist. Vgl. die Nachweise bei Beinert/Scheifele 2013, Rz. 8.105.

12 Vgl. BFH 2009, S. 315, worauf die Finanzverwaltung verweist, vgl. BMF 2011, Rz. 11.18.

13 Vgl. FG Rheinland-Pfalz 2016, S. 1309 Tz. 25; FG Düsseldorf 2016, S. 951 Tz. 15.

Hierbei sei statt auf die übernehmende Körperschaft (hier GmbH 2) auf den die Anteile an der Tochtergesellschaft (hier die GmbH 2) übernehmenden Anteilseigner (hier die S.à r.l.) abzustellen.[14] Zudem sei die Norm des § 11 Abs. 2 Satz 2 UmwStG – die isoliert betrachtet nicht auf den Verlust oder die Beschränkung des Besteuerungsrechts Deutschlands abstellt – keine eigenständige Bewertungsregelung, sondern könne nur im Zusammenhang mit dem Vorliegen der übrigen Voraussetzungen eines Buch- bzw. Zwischenwertansatzes nach § 11 Abs. 2 Satz 1 Nr. 2 und Nr. 3 UmwStG Anwendung finden.[15]

Entgegen der herrschenden Auffassung in der Literatur[16] sieht die Finanzverwaltung das Besteuerungsrecht hinsichtlich der Anteile der GmbH 1 an der übernehmenden Tochtergesellschaft (hier der GmbH 2) als beschränkt an, weil das Besteuerungsrecht im Grundfall (d.h. GmbH 2 ist keine Immobiliengesellschaft) gemäß Art. 13 Abs. 2 DBA Luxemburg ausschließlich bei Luxemburg liegt. Diese Auffassung hat der BFH in jüngster Zeit zu Ungunsten der Steuerpflichtigen bestätigt.[17] Hingegen sollte der Buch- oder Zwischenwertansatz dann möglich sein, wenn GmbH 2 nach der Verschmelzung als Immobiliengesellschaft i.S.d. Art. 13 Abs. 2 DBA Luxemburg gilt. Denn dann hat Deutschland ein Quellenbesteuerungsrecht und das Besteuerungsrecht wird gerade nicht ausgeschlossen bzw. beschränkt.

Hinsichtlich der Besteuerungskonsequenzen auf Ebene der luxemburgischen S.à r.l. als Anteilseigner ist § 13 UmwStG zu prüfen, da es sich um eine wesentliche Beteiligung i.S.d. § 17 EStG handelt.[18] § 20 Abs. 4a EStG findet gemäß § 20 Abs. 8 Satz 2 EStG keine Anwendung. Sofern Luxemburg nach der Abwärtsverschmelzung das ausschließliche Besteuerungsrecht an den Anteilen an der GmbH 2 gemäß Art. 13 Abs. 5 DBA Luxemburg innehat, ist kein Buch- oder Zwischenwertansatz möglich. Dies wäre der Fall, wenn GmbH 2 nach der Verschmelzung keine Immobiliengesellschaft ist. Im Umkehrschluss sollte daher die Aufdeckung der stillen Reserven (nur) dann vermieden werden können, wenn GmbH 2 nach der Verschmelzung als Immobiliengesellschaft qualifiziert.

Sollte bei der obigen Inlands-Verschmelzung ausländisches Vermögen in Form einer Betriebsstätte der GmbH 1 vorliegen, sollte sich keine Entstrickung dieses Auslandsvermögens ergeben, weil sich – ceteris paribus – an dem Be-

---

14 Vgl. BMF 2011, Rz. 11.19.

15 Vgl. FG Rheinland-Pfalz 2016, S. 1309 Tz. 25; FG Düsseldorf 2016, S. 951 Tz. 15.

16 Für eine entsprechende weitergehende Analyse der Finanzverwaltungsauffassung und herrschenden Meinung in der Literatur vgl. bspw. Gsödl/Wuttke 2016, S. 2326, m.w.N. und Beinert/Scheifele 2013, Rz. 8.52 ff.

17 Vgl. BFH 2018, S. 136.

18 Vgl. BMF 2011, Rz. 11.19, 13.01.

steuerungsrecht Deutschlands am Auslandsvermögen nichts geändert haben sollte.[19]

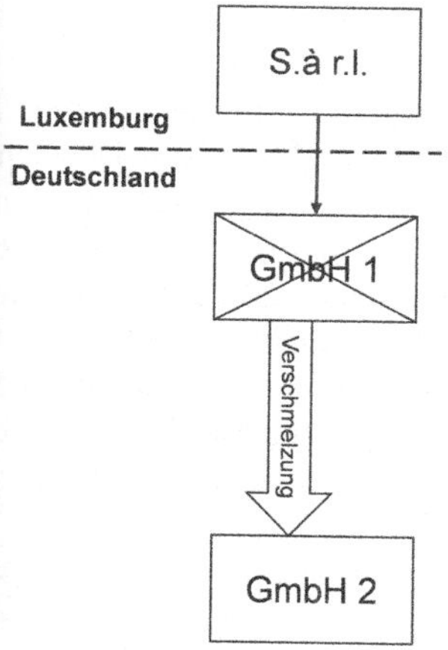


Abb. 2: Abwärtsverschmelzung einer deutschen GmbH mit luxemburgischem Anteilseigner auf ihre deutsche Tochter-GmbH

Im Fall der Aufwärtsverschmelzung von GmbH 2 auf GmbH 1 ist analog zum Fall der Seitwärtsverschmelzung § 11 Abs. 2 Satz 1 UmwStG anwendbar, d.h. auf Antrag können die Wirtschaftsgüter der GmbH 2 mit dem Buch- oder einem Zwischenwert angesetzt werden. Hinsichtlich der Anteile der S.à r.l. an der GmbH 1 ist § 13 UmwStG gemäß Verwaltungsauffassung[20] nicht anwendbar, so dass es irrelevant ist, ob die obige Grenze von 50% im Hinblick auf das Immobilienvermögen unterschritten wird oder nicht.

Sollte bei der obigen Inlands-Verschmelzung ausländisches Vermögen in Form einer Betriebsstätte der GmbH 2 vorliegen, sollte sich auch hier keine Entstrickung hinsichtlich des Auslandsvermögens ergeben, weil sich – ceteris

---

19 Jedoch werden in der Literatur zwei Fälle der Entstrickung diskutiert, die eine Änderung der Besteuerungssituation nach sich ziehen sollen. In beiden Fällen handelt es sich jedoch um aktive Handlungen des Steuerpflichtigen, die zeitlich im Zusammenhang mit bzw. nach der Verschmelzung durchgeführt werden, so dass gerade keine ceteris paribus Betrachtung mehr gegeben ist. Vgl. die Nachweise bei Beinert/Scheifele 2013, Rz. 8.105.

20 Vgl. BMF 2011, Rz. 13.01.

paribus – an dem Besteuerungsrecht Deutschlands nichts geändert haben sollte.[21]

### *2.1.3 Auslandsverschmelzung mit inländischem Anteilseigner*

#### *2.1.3.1 Seitwärtsverschmelzung*

Bei einer Auslandsverschmelzung kann sich der Bezug zu Deutschland dadurch ergeben, dass die Anteile an der ausländischen Kapitalgesellschaft in Deutschland steuerverstrickt sind. Deutschland hat als Wohnsitzstaat des Anteilseigners gemäß § 1 Abs. 1 Satz 1 EStG bzw. § 1 Abs. 1 Nr. 1 KStG das unbeschränkte Besteuerungsrecht auf das Welteinkommen. Im internationalen Kontext kann das deutsche Besteuerungsrecht bspw. bei ausländischen Immobiliengesellschaften i.S.d. Art. 13 Abs. 4 OECD-MA durch ein entsprechendes ausländisches Quellenbesteuerungsrecht mit Anrechnungsverpflichtung für Deutschland beschränkt sein. Gleiches kann auftreten, wenn kein DBA mit dem ausländischen Staat vereinbart ist.

In Anlehnung an das Beispiel unter 2.1.2.1 wo zwei deutsche Kapitalgesellschaften mit luxemburger Anteilseigner seitwärts verschmolzen wurden, soll nunmehr der Fall betrachtet werden, dass eine luxemburgische S.à r.l. 1 auf ihre ebenfalls luxemburgische Schwestergesellschaft S.à r.l. 2 seitwärts verschmolzen wird. Der jeweilige 100%ige Anteilseigner ist die deutsche GmbH. Die Besteuerungskonsequenzen für den Anteilseigner ergeben sich aus § 13 UmwStG. Sofern Deutschland vor wie nach der Verschmelzung das alleinige Besteuerungsrecht an den Anteilen gemäß Art. 13 Abs. 5 DBA Luxemburg inne hat, können die Anteile an der übernehmenden S.à r.l. 2 auf Antrag mit dem Buch- oder Zwischenwert angesetzt werden, § 13 Abs. 2 Satz 1 Nr. 1 UmwStG. Sofern die S.à r.l. 2 nach der Verschmelzung als Immobiliengesellschaft gemäß Art. 13 Abs. 2 DBA Luxemburg gilt, kommt es zur Beschränkung des Besteuerungsrechts Deutschlands, weil Deutschland gemäß Art. 13 Abs. 2 und 22 Abs. 1 Buchst. b Doppelbuchst. cc DBA Luxemburg zur Anrechnung etwaiger luxemburgischer Steuern verpflichtet ist.[22] Entsprechend ist ein Buch- oder Zwischenwertansatz nicht möglich. Daran ändert im vorliegenden Fall auch § 13 Abs. 2 Satz 1 Nr. 2 UmwStG nichts, wonach bei einer Verschmelzung, die unter Art. 8 der Fusionsrichtlinie (2009/133/EG) fällt, eine rückwirkende Besteuerung

---

21 Jedoch werden in der Literatur zwei Fälle der Entstrickung diskutiert, die eine Änderung der Besteuerungssituation nach sich ziehen sollen. In beiden Fällen handelt es sich jedoch um aktive Handlungen des Steuerpflichtigen, die zeitlich im Zusammenhang mit bzw. nach der Verschmelzung durchgeführt werden, so dass gerade keine ceteris paribus Betrachtung mehr gegeben ist. Vgl. Die Nachweise bei Beinert/Scheifele 2013, Rz. 8.105.

22 Die abstrakte Verpflichtung zur Anrechnung genügt. Vgl. Benecke/Staats 2019, § 12 KStG Rn. 342; Hackemann 2020, § 12 KStG Rn. 30.

in dem Zeitpunkt angeordnet wird, in dem die erworbenen Anteile (tatsächlich) veräußert werden. Dies liegt daran, dass die Anwendung von Art. 8 der Fusionsrichtlinie gemäß Art. 1 lit a) dieser Richtlinie nur dann Anwendung findet, wenn die Verschmelzung Gesellschaften aus zwei oder mehr Mitgliedstaaten betrifft, d.h. grenzüberschreitend ist.

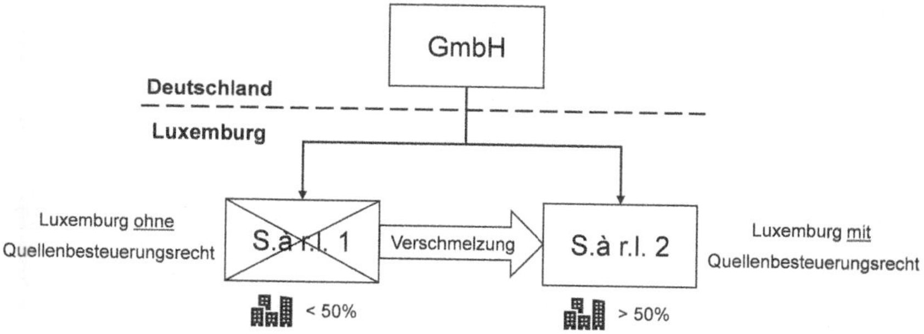


Abb. 3: Seitwärtsverschmelzung einer Nicht-Immobilien-S.à r.l. mit deutschem Anteilseigner auf eine Immobilien-S.à r.l.

In Abwandlung des obigen Beispiels zur Nicht-Anwendung von § 13 Abs. 2 Satz 1 Nr. 2 UmwStG i.V.m. Art. 8 der Fusionsrichtlinie stellt nachfolgender Fall ein für den Steuerpflichtigen positives Anwendungsbeispiel dar:

Die deutsche GmbH hält wiederum zwei 100%ige Kapitalgesellschaftsanteile, diesmal an einer luxemburgischen S.à r.l. und einer tschechischen s.r.o. Die S.à r.l. wird grenzüberscheitend und annahmegemäß vergleichbar einer Umwandlung i.S.d. § 2 UmwG auf die s.r.o. verschmolzen. Die S.à r.l. gilt nicht als Immobiliengesellschaft i.S.d. Art. 13 Abs. 2 DBA Luxemburg.

Deutschland hat gemäß Art. 13 Abs. 5 DBA Luxemburg vor der Verschmelzung das alleinige Besteuerungsrecht an den Anteilen an der S.à r.l. Durch die Verschmelzung wird das Besteuerungsrecht Deutschlands hinsichtlich des Gewinns aus der Veräußerung der Anteile an der s.r.o. gemäß § 13 Abs. 2 Satz 1 Nr. 1 UmwStG beschränkt, weil nunmehr Tschechien gemäß Art. 13 Abs. 3 DBA Tschechien ein Quellenbesteuerungsrecht innehat und Deutschland gemäß Art. 23 Abs. 1 Buchst. b Nr. 3 DBA Tschechien zur Anrechnung verpflichtet ist. Insoweit käme es zur Entstrickung. Jedoch greift vorliegend § 13 Abs. 2 Satz 1 Nr. 2 UmwStG i.V.m. Art. 8 der Fusionsrichtlinie ein, weil es sich um eine grenzüberschreitende Verschmelzung handelt. Allerdings enthält § 13 Abs. 2 Satz 1 Nr. 2, 2. Halbsatz UmwStG einen diesbezüglichen treaty override. Danach kann Deutschland den Gewinn aus einer späteren Veräußerung der Anteile an der s.r.o. wie den ursprünglich vermiedenen Entstrickungsgewinn besteuern, d.h. ohne die abstrakte[23] Verpflichtung, die tschechische Steuer anrechnen zu müssen.

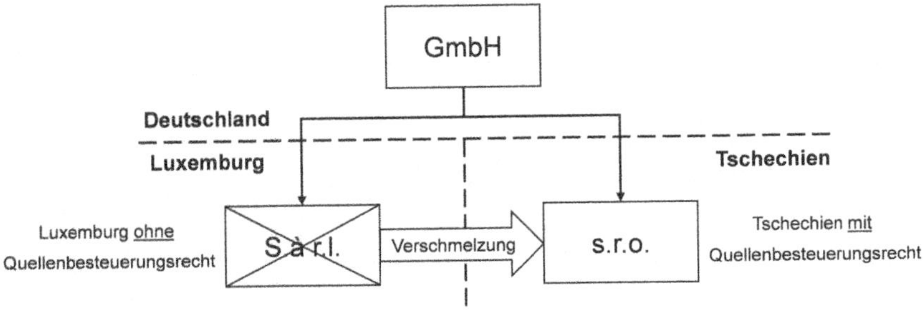


Abb. 4: Seitwärtsverschmelzung einer luxemburgischen S.à r.l. mit deutschem Anteilseigner auf eine tschechische s.r.o.

### *2.1.4 Grenzüberschreitende Hinaus-Verschmelzungen*

#### *2.1.4.1 Grundsätzliche Erwägungen*

Die nachfolgenden Fälle behandeln jeweils den Fall einer deutschen GmbH 1, die grenzüberscheitend auf ihre jeweilige EU/EWR-Schwestergesellschaft (eine luxemburgische S.à r.l.) und damit seitwärts verschmolzen wird. Es handelt sich dabei annahmegemäß jeweils um eine gemäß 122a ff. UmwG zulässige grenzüberschreitende Umwandlung, so dass der Anwendungsbereich des § 11 UmwStG (für die Ebene des übertragenden Rechtsträgers) gemäß § 1 Abs. 1 Satz 1 Nr. 1 i.V.m. Abs. 2 Satz 1 Nr. 1 UmwStG eröffnet sein sollte.[24] Da § 11 Abs. 2 Satz 1 Nr. 2 UmwStG für den Ansatz des Buch- oder Zwischenwerts auf das Fortbestehen des Besteuerungsrechts Deutschlands an den Wirtschaftsgütern der GmbH abstellt, kann eine Entstrickung nur vermieden werden, indem alle Wirtschaftsgüter einer im Inland zurückbleibenden Betriebsstätte der GmbH 1 zugeordnet werden und nicht dem dann im Ausland ansässigen Stammhaus. In diesem Zusammenhang sind die nachfolgenden Grundsätze zur Allokation der Wirtschaftsgüter zu beachten:

---

23 Deutschland stellt nach nationalem Recht Dividenden gemäß § 8b Abs. 1 KStG frei, so dass tatsächlich keine Anrechnung erfolgen würde.

24 Vgl. BMF 2011, Rz. 1.21.

Nach den Betriebsstätten-Verwaltungsgrundsätzen können Wirtschaftsgüter grundsätzlich nur entweder dem Stammhaus oder der Betriebsstätte zugeordnet werden.[25] Dabei sind die Wirtschaftsgüter nach dem Prinzip der wirtschaftlichen Zugehörigkeit und die Betriebseinnahmen und -ausgaben nach Veranlassungsgesichtspunkten zuzuteilen.[26] Bestimmte Wirtschaftsgüter, die der Ausübung zentraler Funktionen dienen (wie etwa dem Gesamtunternehmen dienende Finanzmittel), sollen gemäß der von der Finanzverwaltung angewandten Zentralfunktion des Stammhauses vorrangig dem Stammhaus zugerechnet werden.[27]

Die Überführung des so genannten Authorized OECD Approach (AOA)[28] in nationales Recht (§ 1 Abs. 5 AStG) und in Art 7 Abs. 2 OECD-MA 2010,[29] hat dazu geführt, dass die Gewinnabgrenzung – in beiden Rechtskreisen – nunmehr nach der Selbstständigkeitsfiktion der Betriebsstätte durchzuführen ist. Dies bedeutet, dass die Betriebsstätte für diesen Zweck als – für steuerliche Zwecke – eigenständiges Unternehmen behandelt wird. Laut Gesetzesbegründung zum Jahressteuergesetz 2013 war Art. 7 OECD-MA und die entsprechende Musterkommentierung in nationales Recht umzusetzen.[30] Entsprechend sollte von einer weitestgehenden Übereinstimmung der Gewinnabgrenzung nach § 1 Abs. 5 AStG und Art. 7 Abs. 2 OECD-MA auszugehen sein,[31] so dass die zu § 1 Abs. 5 StG ergangenen Verwaltungsanweisungen, d.h. die BSGaV[32] und die VwG BsGa[33] für die abkommensrechtliche Auslegung heranzuziehen sein sollten.[34]

Für den hier zu diskutierenden Fall der Entstrickung ist bisher ungeklärt, ob die Zuordnung von Wirtschaftsgütern nach den §§ 5-8 der BSGaV erfolgen kann. Die Finanzverwaltung[35] ist der Auffassung, dass § 1 Abs. 5 AStG zumindest in den Grundzügen mit der Rechtsprechung[36] zum funktionalen Zusam-

25 Vgl. BMF 1999, Tz. 2.4.

26 Vgl. BMF 1999, Tz. 2.2.

27 Vgl. BMF 1999, Tz. 2.4.

28 Vgl. OECD 2008.

29 Für eine Übersicht der von Deutschland abgeschlossenen DBA, die die Neufassung des Art. 7 Abs. 2 OECD-MA bereits umgesetzt haben, vgl. Leonhardt/Tcherveniachki 2020, § 1 Rn. 2815.

30 Vgl. BT-Ds. 2012, S. 61.

31 Vgl. Neumann-Tomm 2015, S. 907; Schnitger 2012, S. 633.

32 Verordnung zur Anwendung des Fremdvergleichsgrundsatzes auf Betriebsstätten nach § 1 Abs. 5 des Außensteuergesetzes (Betriebsstättengewinnaufteilungsverordnung – BsGaV) v. 13.10.2014, BGBl. 2014 I, S. 1603, zuletzt geändert durch Art. 5 Vierte VO zur Änd. Steuerlicher Verordnungen vom 12.7.2017, BGBl. 2017 I, S. 2360.

33 BMF 2017, S. 182.

34 Vgl. Leonhardt/Tcherveniachki 2020, § 1 AStG Rn. 2815.

35 Vgl. BMF 2014, Tz. 2.2.4.1.; BMF 1999, Tz. 2.4.

36 Vgl. BFH 1995, S. 563; BFH 2008, S. 414.

menhang übereinstimmt. Die Literatur sieht dies kritisch, weil die Entstrickungsvorschriften keine Zuordnung anhand der beim AOA vorgesehenen Personalfunktionen („significant people functions“) vorsieht.[37] Allerdings ist davon auszugehen, dass die BsGaV – mangels entsprechender Zuordnungsvorschriften in den Entstrickungsnormen – auch als Basis für die Zuordnung von Wirtschaftsgütern herangezogen wird.[38]

Die nachfolgenden Fälle konzentrieren sich daher im Rahmen der grenzüberschreitenden Verschmelzung auf Entstrickungstatbestände im Hinblick auf die Anteile am übertragenden Rechtsträger sowie ausländisches Betriebsvermögen, das der übertragende Rechtsträger besitzt.

#### *2.1.4.2 Verschmelzung mit deutschem Anteilseigner*

Sofern die Anteile an der deutschen GmbH 1 von einer 100%igen deutschen GmbH 2 gehalten werden, stellt sich Frage, ob das vor der Verschmelzung bestehende Besteuerungsrecht Deutschlands an den Anteilen an der GmbH 1 durch die Umwandlung ausgeschlossen oder beschränkt wird. Einschlägig ist § 13 Abs. 2 Satz 1 Nr. 1 UmwStG. Deutschland als Wohnsitzstaat hat gemäß Art. 13 Abs. 5 DBA Luxemburg im Regelfall das unbeschränkte Besteuerungsrecht an den Anteilen an der S.à r.l. nach Verschmelzung. Sofern es sich nach der Verschmelzung jedoch bei der S.à r.l. um eine Immobiliengesellschaft gemäß Art. 13 Abs. 2 DBA Luxemburg handelt, ist Deutschland gemäß Art. 22 Abs. 1 Buchst. b Doppelbuchst. cc DBA Luxemburg (entsprechend § 26 Abs. 1 Satz 1 Nr. 1 KStG i.V.m. § 34c Abs. 6 EStG) zur Anrechnung verpflichtet, so dass das Besteuerungsrecht Deutschlands eingeschränkt wird. Entsprechend ist gemäß § 13 Abs. 1 UmwStG der gemeine Wert für die Anteile an der GmbH 1 anzusetzen. Die gleiche Rechtsfolge gilt für den Fall, dass Deutschland mit dem Staat des aufnehmenden Rechtsträgers kein DBA vereinbart hat, da Deutschland auch hier – unter bestimmten Voraussetzungen – zur Anrechnung verpflichtet ist, § 26 Abs. 1 Satz 1 Nr. 1 KStG i.V.m. § 34c Abs. 1 bis 3, 4 und 7 EStG.

#### *2.1.4.3 Verschmelzung mit ausländischem Anteilseigner*

In Abwandlung zum unter 2.1.4.2 diskutierten Fall wird nunmehr eine grenzüberscheitende Verschmelzung unter Berücksichtigung eines im Ausland ansässigen Anteilseigners besprochen. Angenommen sei, dass eine luxemburgische Kapitalgesellschaft in der Rechtsform der S.à r.l. 100% der Anteile an der deut-

---

[37] Vgl. Ditz 2013, S. 261; Ditz/Luckhaupt 2015, S. 1.

[38] Vgl. Neumann-Tomm 2015, S. 907; Leonhardt/Tcherveniachki 2020, § 1 AStG Rn. 2815.

schen GmbH 1 besitzt. Gemäß Art. 13 Abs. 5 DBA Deutschland-Luxemburg[39] hat Luxemburg als Wohnsitzstaat vor der Verschmelzung grundsätzlich das alleinige Besteuerungsrecht an den Anteilen an der GmbH 1, so dass im Grundfall durch die Verschmelzung kein deutsches Besteuerungsrecht ausgeschlossen oder beschränkt werden kann. Dies ändert sich jedoch, wenn die GmbH 1 vor der Verschmelzung eine Immobiliengesellschaft i.S.d. Art. 13 Abs. 2 DBA Luxemburg ist und Deutschland dadurch ein Besteuerungsrecht hatte.[40] Dieses Besteuerungsrecht wird nach der Verschmelzung der GmbH 1 auf die S.à r.l. ausgeschlossen, weil GmbH 1 aufhört, als eigenständiger in Deutschland steuerlich ansässiger Rechtsträger zu existieren.

#### 2.1.4.4 *Verschmelzung unter Berücksichtigung einer ausländischen Betriebsstätte*

In Abwandlung des obigen Grundfalls unter 2.1.4.2 wird nunmehr der Fall betrachtet, wenn die GmbH 1 grenzüberschreitend auf die luxemburgische S.à r.l. verschmolzen wird und die GmbH 1 eine ausländische Betriebsstätte besitzt.

Sofern Deutschland kein DBA mit dem Betriebsstättenstaat vereinbart hat, wie bspw. mit Senegal, hat Deutschland vor der Verschmelzung ein unbeschränktes Besteuerungsrecht im Rahmen der Anrechnungsmethode gemäß § 26 KStG i.V.m. § 34c EStG. Nach der Verschmelzung geht dieses Recht verloren, so dass hinsichtlich der Wirtschaftsgüter der Betriebsstätte gemäß § 11 Abs. 1 Satz 1 i.V.m. Abs. 2 Satz 1 Nr. 2 UmwStG der gemeine Wert anzusetzen ist.

In der Abwandlung hierzu sei nunmehr angenommen, dass sich die Betriebsstätte statt in Senegal auf Zypern befindet.[41] Nach Art. 7 Abs. 1 i.V.m. Art. 22 Abs. 1 DBA Deutschland-Zypern,[42] ist Deutschland zur Anrechnung verpflichtet. Analog zum Fall ohne DBA entfällt das Besteuerungsrecht nach der Verschmelzung, so dass es zur Entstrickung und damit zur Aufdeckung der stillen Reserven kommt. Sofern Zypern sein Besteuerungsrecht auf den Übertragungsgewinn ausübt, müsste Deutschland gemäß § 26 KStG i.V.m.

---

39 Abkommen zwischen der Bundesrepublik Deutschland und dem Großherzogtum Luxemburg zur Vermeidung der Doppelbesteuerung und Verhinderung der Steuerhinterziehung auf dem Gebiet der Steuern vom Einkommen und vom Vermögen vom 23. April 2012, BGBl. 2012 II, S. 1403.

40 Die abstrakte Verpflichtung zur Anrechnung genügt. Vgl. Benecke/Staats 2019, § 12 KStG Rn. 342.

41 In Anlehnung an Beinert/Scheifele 2013, Rz. 8.277, 8.279.

42 Vgl. Abkommen zwischen der Bundesrepublik Deutschland und der Republik Zypern zur Vermeidung der Doppelbesteuerung und zur Verhinderung der Steuerverkürzung auf dem Gebiet der Steuern vom Einkommen und vom Vermögen vom 18. Februar 2011, BGBl. 2011 II, S. 1069.

§ 34c EStG eine Anrechnung vornehmen.[43] Sollte Zypern sein Besteuerungsrecht nicht wahrnehmen, ist bei der hier vorliegenden grenzüberschreitenden Verschmelzung zwischen zwei EU-Staaten mit Betriebsstätte in einem EU-Staat § 11 Abs. 3 i.V.m. § 3 Abs. 3 UmwStG zu beachten, wonach eine Anrechnung der fiktiven zypriotischen Steuer nach Maßgabe der § 26 KStG und § 34c EStG vorzunehmen ist, entsprechend der Steuer, die erhoben worden wäre, wenn die übertragenden Wirtschaftsgüter zum gemeinen Wert veräußert worden wären. Für die Ermittlung des Anrechnungsbetrags nach § 3 Abs. 3 UmwStG ist ein entsprechendes Auskunftsersuchen nach § 117 AO an Zypern erforderlich.[44]

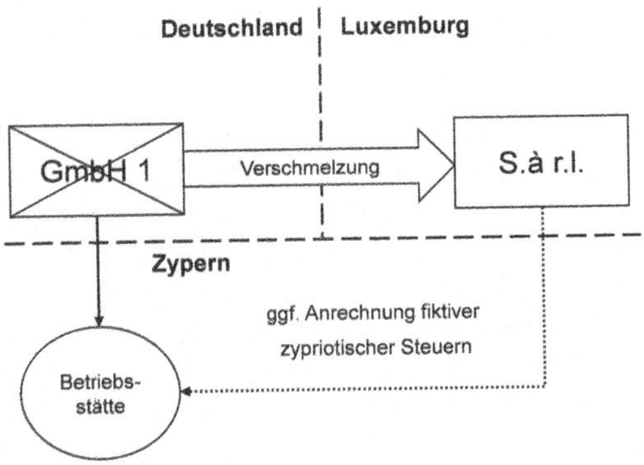


Abb. 5: Verschmelzung einer deutschen GmbH mit zypriotischer Betriebsstätte auf eine luxemburgische S.à r.l.

# 3 Zusammenfassung

Die Untersuchung hat – basierend auf diversen praxisrelevanten Fallbeispielen – gezeigt, dass die Analyse des zentralen Tatbestandsmerkmals des Verlusts oder der Beschränkung des Besteuerungsrechts Deutschlands mitunter eine vielschichtige Prüfung unter Einbezug von nationalen und verschiedenen internationalen Rechtsvorschriften erfordert.

Interessant sind dabei insbesondere die Fälle der – aus deutscher Sicht – grenzüberschreitenden Verschmelzung, weil hier gleich drei Ebenen tangiert sein können, die des Anteilseigners, des übertragenden Rechtsträgers selbst und ggf. ausländisches Betriebsvermögen des übertragenden Rechtsträgers. Die Norm des § 3 Abs. 3 UmwStG mit dem Verweis auf die entsprechende Ausnah-

43 Vgl. Dötsch/Stimpel 2020, § 11 UmwStG Rn. 123; Rödder 2019, § 11 UmwStG Rn. 417 ff; Schmitt 2018, § 11 UmwStG Rn. 157; Schell 2012, S. 101.

44 Vgl. BMF 2011, Rz. 11.13 i.V.m. 3.31 und 3.32.

mevorschrift in der Fusionsrichtlinie kann in bestimmten Konstellationen der (zumindest vorläufige) „Rettungsanker" im Hinblick auf den Erhalt des Besteuerungsrechts Deutschlands und damit die Steuerneutralität des Umwandlungsvorgangs sein.

# Literatur

## Monographien, Beiträge in Handbüchern und anderen Sammelwerken sowie Artikel in Periodika

Beinert, S./Scheifele, M. (2013). In Prinz, U. (Hrsg.), Umwandlungen im Internationalen Steuerrecht (Rz. 8.105, 8.52 ff., 8.277, 8.279). Dr. Otto Schmidt Köln.

Benecke, A./Staats, W. (2019). In Dötsch, E./Pung, A./Möhlenbrock, R. (Hrsg.), Die Körperschaftsteuer (§ 12 KStG Rn. 342). Schäffer Poeschel Stuttgart.

Ditz, X. (2013). Der „Authorized OECD-Approach" wird Wirklichkeit – Kritische Analyse des § 1 Abs. 5 AStG i.d.F. AmtshilfeRLUmsG. In ISR 2013, S. 261

Ditz X./Luckhaupt, H. (2015). Betriebsstättengewinnaufteilungsverordnung – Neues Gewinnermittlungsrecht für Betriebsstätten. In ISR 2015, S. 1.

Dötsch, E./Stimpel, T (2019). In Dötsch, E./Pung, A./Möhlenbrock, R. (Hrsg.), Die Körperschaftsteuer (§11 UmwStG Rn. 123). Schäffer Poeschel Stuttgart.

Gsödl, M./Wuttke, S. (2016). Ertragsteuerliche Neutralität der (grenzüberschreitenden) Abwärtsverschmelzung bei Kapitalgesellschaften. DStR, S. 2326.

Hackemann; T. (2020). In: Bott, H./Walter, W. (Hrsg., vormals Ernst & Young GmbH), Körperschaftsteuer (§ 12 KStG Rn. 30). Stollfuß Bonn.

Leonhardt, A./Tcherveniachki, V. (2020). In: Flick, H./Wassermeyer, F./Baumhoff, H./Schönfeld, J. (Hrsg.), Außensteuerrecht (§ 1 Rn. 2815, 2816). Dr. Otto Schmidt Köln.

Neumann-Tomm, A. (2015), Die bloße Einkünftekorrekturfunktion des § 1 Abs. 5 AStG. IStR 2015, S. 907.

Rödder, T. (2019). In Rödder, T./Herlinghaus, A./van Lishaut, I., UmwStG, 3. Aufl. 2019 (§ 11 UmwStG Rn. 417 ff.). Dr. Otto Schmidt Köln.

Schell, M. (2012). Internationale Bezüge bei Verschmelzungen zwischen Körperschaften – Fragestellungen im Lichte des neuen Umwandlungssteuererlasses. In FR 2012, S. 101.

Schlösser, J./Reichl, A./Rapp, B. (2017). In Sagasser/Bula/Brünger (Hrsg.), Umwandlungen, 5. Aufl. 3. Teil (§ 11 Rn. 245 f.). C.H. Beck München

Schmitt, J. (2020). In Schmitt, J./Hörtnagl, R./Stratz, R., UmwG und UmwStG, 9. Aufl. 2020 (§ 11 Rn. 157). C.H. Beck München.

Schnitger, A. (2012). Änderungen des § 1 AStG und Umsetzung des AOA durch das JStG 2013. IStR 2012, S. 633.

## Gerichtsentscheidungen

BFH, Urteil v. 20.8.1995, I R 112/94, BStBl. 1996, II, S. 563.

BFH, Urteil vom 13.2.2008, I R 63/06, BStBl. 2009 II, S. 414

BFH, Urteil v. 28.10.2009, I R 4/09, BStBl. 2011 II, S. 315.

BFH, Urteil v. 31.5.2017, I R 37/15, BStBl. 2018 II, S. 144.

BFH, Urteil v. 30.5.2018, I R 31/16, BStBl. 2019 II, S. 136.

FG Düsseldorf, Urteil vom 22.04.2016, 6 K 1947/14 K, G, EFG 2016, S. 951, Tz. 15.

FG Rheinland-Pfalz, Urteil vom 12.04.2016, 1 K 1001/14, EFG 2016, S. 1309, Tz. 25.

## Verwaltungsanweisungen

BMF, Schreiben v. 24.12.1999, IV B 4 – S-1300 – 111/99, BStBl. 1999 I, S. 1076, Tz. 2.4.

BMF, Schreiben v. 11.11.2011 – IV C 2 – S 1978-b/08/10001, BStBl. 2011 I S. 1314, Rz. 1.03, 1.20, 1.21, 3.31, 3.32, 11.13, 11.18, 11.19, 13.01

BMF, Schreiben v. 26.9.2014, IV B 5 – S – 1300/09/10003, BStBl. 2014 I, 1258, Tz. 2.2.4.1.

BMF, Schreiben betr. Grundsätze für die Anwendung des Fremdvergleichsgrundsatzes auf die Aufteilung der Einkünfte zwischen einem inländischen Unternehmen und seiner ausländischen Betriebsstätte und auf die Ermittlung der Einkünfte der inländischen Betriebsstätte eines ausländischen Unternehmens nach § 1 Abs. 5 des Außensteuergesetzes und der Betriebsstättengewinnaufteilungsverordnung (Verwaltungsgrundsätze Betriebsstättengewinnaufteilung – VWG BsGa) v. 22.12.2016, IV B 5 – S 1341/12/10001 – 03, BStBl. 2017 I, S. 182.

## Bundestags-Drucksachen

Vgl. BT-Ds. 17/10000 vom 19.6.2012, S. 61.

## Online-Quellen

OECD (2008). *Report on the Attribution of Profits to Permanent Establishments* v. 17.7.2008. http://www.oecd.org/ctp/transferpricing/41031455.pdf. Zugegriffen: 23. Juli 2020.

# Aktuelle Praxisfragen des Umwandlungssteuerrechts

*Prof. Dr. Hubertus Baumhoff / Dr. Martin Cordes*[1]

*Keywords: Kapitalertragsteuer bei grenzüberschreitendem Formwechsel, Sperrfristregelung nach § 24 Abs. 5 UmwStG, Zeitpunkt der Einlagendotierung nach § 23 UmwStG, Einlagefiktion bei Formwechsel in eine Personengesellschaft, Zurückbehalt wesentlicher Betriebsgrundlage bei doppelstöckiger Personengesellschaft*

*Abstract*

*Seit dem Jahr 1995 lehrt und forscht der Jubilar an der Universität Siegen auf dem Gebiet der Betriebswirtschaftlichen Steuerlehre und dem Betriebswirtschaftlichen Prüfungswesen. Seit diesem Zeitpunkt und bis heute hatten die Verfasser entweder als Honorarprofessor oder als Absolvent/Lehrbeauftragter das Vergnügen, mit Rainer Heurung entweder wissenschaftlich zusammenzuarbeiten und/oder einzelne wichtige Ausbildungsabschnitte (Studium/Promotion) mit seiner Unterstützung zu absolvieren. Insbesondere die Herstellung des Praxisbezugs zu Forschung und Lehre war und ist heute noch ein großes Anliegen von Rainer Heurung.*

*Der folgende Beitrag widmet sich dem Umwandlungssteuerrecht, das zusammen mit dem Körperschaftsteuerrecht stets Schwerpunkt der wissenschaftlichen und praktischen Tätigkeit von Rainer Heurung war. Rainer Heurung hat hierzu umfassend und prägend publiziert. Die heutige Fassung des Umwandlungssteuergesetzes stammt aus 2006 und ist seitdem weitgehend unverändert geblieben. Wesentlichen Bedeutung für die Praxis hatte das in 2011 zum Umwandlungssteuergesetz ergangene BMF-Schreiben vom 11.11.2011 (BStBl. I 2011, 1314 „Umwandlungssteuererlass"). Der folgende Beitrag greift daher aus dem Forschungsgebiet „Umwandlungssteuerrecht" von Rainer Heurung praktisch bedeutsame Einzelfragen zur wissenschaftlichen Diskussion auf.*

---

1 Prof. Dr. Hubertus Baumhoff | Flick Gocke Schaumburg Bonn | hubertus.baumhoff@fgs.de
Dr. Martin Cordes | Flick Gocke Schaumburg Bonn | martin.cordes@fgs.de


N. Antonakopoulos et al. (Hrsg.), *Unternehmenskauf und Unternehmensumwandlung*, https://doi.org/10.1007/978-3-658-34138-1_3

## 1 Kapitalertragsteuer bei Sitzverlegung und grenzüberschreitenden Formwechsel

Es ist allgemein anerkannt, dass ein Formwechsel einer Kapitalgesellschaft in eine Kapitalgesellschaft anderer Rechtsform (z.B. Formwechsel einer GmbH in eine AG) keine steuerlichen Konsequenzen hat, da dieselbe Gesellschaft lediglich in einem neuen Rechtskleid fortgeführt wird.[2] Zivilrechtlich möglich ist neben dem inländischen Formwechsel auch der grenzüberschreitende Formwechsel einer inländischen Kapitalgesellschaft in eine Kapitalgesellschaft nach dem Recht eines EU-Mitgliedsstaats mit gleichzeitiger Sitzverlegung in diesen Mitgliedsstaat. Der EuGH hat zuletzt mit Urteil vom 25.10.2017 entschieden, dass es aufgrund der **Niederlassungsfreiheit** der Kapitalgesellschaft eines EU-Mitgliedsstaats unbenommen ist, ihren satzungsmäßigen Sitz in einen anderen Mitgliedsstaat zu verlegen. Die Kapitalgesellschaft kann insofern grenzüberschreitend die Gesellschaftsform wechseln.[3] Insoweit wird jedoch vereinzelt diskutiert, ob der grenzüberschreitende Formwechsel/Sitzverlagerung zu einer Kapitalertragsteuerpflicht mit Blick auf die offenen Gewinnrücklagen und/oder Gewinnvorträge bei der inländischen Kapitalgesellschaft führen kann („fingierte Gewinnausschüttung"). Dies soll im Nachfolgenden untersucht werden.

Die grenzüberschreitende Sitzverlegung innerhalb der EU/des EWR verbunden mit einem Formwechsel führt nicht zur Liquidation im Inland und zur Neugründung im Ausland, sondern zu einer **Fortführung derselben Gesellschaft** in anderem Rechtskleid, d.h. unter Bewahrung ihrer Rechtspersönlichkeit.[4] Der formwechselnde Rechtsträger führt die Handelsbilanz als umgewandelter Rechtsträger unter Beachtung der spezifischen Besonderheiten der neuen Rechtsform fort.[5] Wegen der fortbestehenden Identität der Gesellschaft ist der Formwechsel auf Gesellschaftsebene grundsätzlich steuerneutral. Ein Entstrickungsgewinn kann jedoch nach **§ 12 Abs. 1 KStG** entstehen, soweit das deutsche Besteuerungsrecht an Wirtschaftsgütern der formwechselnden Gesellschaft beschränkt oder ausgeschlossen wird, d.h. insbesondere wenn eine inländische Betriebsstätte aufgegeben wird.[6] Der Ausschluss bzw. die Beschränkung des deutschen Besteuerungsrechts an Gewinnausschüttungen, die nach dem Form-

---

2 Vgl. Cordes 2018, § 50 Rn. 23.

3 Vgl. EuGH, v. 25.10.2017 – C-106/16, Polbud Wykonawstwo sp.z.o.o., DStR 2017, 2684; vgl. auch EuGH v. 9.3.1999 – C-212/97, Centros, BeckRS 2004, 75124; v. 5.11.2002 – C-208/00, Überseering, IStR 2002, 809; v. 30.9.2003 – C-167/01, Inspire Art, IStR 2003, 849; sowie BGH v. 29.1.2003 – VIII ZR 155/02, BeckRS 2003, 02726.

4 Vgl. EuGH, v. 25.10.2017 – C-106/16, Polbud Wykonawstwo sp.z.o.o., DStR 2017, 2684, Rn. 49, 65.

5 Vgl. Demuth 2017, § 25 UmwStG Rn. 28.

6 Vgl. Kolbe 2017, § 12 KStG Rn. 31.

wechsel beschlossen werden, führt jedoch nicht zu einer Entstrickung. Gegenstand der Entstrickung nach § 12 Abs. 1 KStG ist allein die Besteuerung von stillen Reserven in den der Kapitalgesellschaft zuordenbaren Wirtschaftsgütern.[7] Gewinnrücklagen und Gewinnvorträge sind hiervon nicht erfasst.

Der Formwechsel führt insofern **nicht zur Kapitalertragsbesteuerung** nach § 43 Abs. 1 S. 1 Nr. 1 EStG. Er ist identitätswahrend und ist nicht mit einem **Zufluss beim Gesellschafter** verbunden. Nach § 44 Abs. 1 S. 2 EStG entsteht die Kapitalertragsteuer grundsätzlich im Zeitpunkt des Zuflusses bei dem bezugsberechtigten Gesellschafter. Das ist erst dann der Fall, wenn die Bezugsberechtigten wirtschaftlich über die Einnahmen verfügen können.[8] Da sich dieser Zeitpunkt nach den tatsächlichen Verhältnissen richtet, kann der Zufluss grds. nicht fingiert werden, es sei denn, es existiert eine entsprechende gesetzliche Fiktion (s.u.).[9] Der bloße Formwechsel führt nicht dazu, dass die Gesellschafter ohne Weiteres über die Gewinne verfügen können. Vielmehr bleiben die Gewinne solange in der Gesellschaft verhaftet, bis die Ausschüttung beschlossen und umgesetzt wird.[10] Erst dann findet ein Wechsel in die Vermögenssphäre und mithin der Zufluss bei den Gesellschaftern statt.

Auch aus dem **Umwandlungssteuergesetz** ergibt sich keine Sonderregelung, die zu einer (fiktiven) Ausschüttung der Gewinnrücklagen in den Sachverhalten des grenzüberschreitenden Formwechsels verbunden mit der Sitzverlegung ins EU-Ausland führt. Formwechsel sind im Umwandlungssteuerrecht nur für die Falle des sog. „heterogenen“ Formwechsels geregelt (Kapitalgesellschaften in Personengesellschaften bzw. Personengesellschaften in Kapitalgesellschaften). Hier erfolgt ein Übergang vom Besteuerungssystem für Kapitalgesellschaften auf das Besteuerungssystem für Personengesellschaften bzw. umgekehrt, der spezielle steuergesetzliche Regelungen erforderlich macht. § 9 UmwStG bzw. § 25 UmwStG enthalten jeweils Übertragungsfiktionen für die vorgenannten Fälle, abweichend vom Gesellschafts-/Umwandlungsrecht. Für den homogenen Formwechsel zwischen Kapitalgesellschaften existieren keine Steuerregelungen. Insofern folgt das Steuerrecht dem Gesellschafts-/Umwandlungsrecht.[11] Nur für den Fall des Formwechsels einer Kapitalgesellschaft in eine Personengesellschaft wird über § 9 UmwStG in Verbindung mit § 7 UmwStG eine Kapitalertragsteuerpflicht auf offene Rücklagen definiert (s.o.). Die Vorschriften sind vorliegend aber nicht einschlägig, weil es sich um einen Fall des

---

7 Sofern Beteiligungen aus der deutschen Steuerverhaftung ausscheiden, ist der Entstrickungsgewinn unter den Voraussetzungen des § 8b Abs. 2 KStG steuerfrei vgl. Förster 2020, S. 873; zur Steuerbefreiung nach § 8b KStG vgl. Heurung 2010, Kapitel 1 Rn. 200 ff.

8 Vgl. Krüger 2020, § 11 EStG Rn. 15 m.w.N. aus Lit. und Rspr.

9 Vgl. BFH v. 15.3.2013 – VI R 24/12, BStBl. II 2014, 495.

10 Vgl. BFH v. 20.12.2006 – I R 13/06, BStBl. II 2007, 616.

11 Vgl. Cordes 2018, § 47 Rn. 17 und § 50, Rn. 22 f.; Graw 2019, § 1 Rn. 11.

homogenen Formwechsels zwischen zwei Kapitalgesellschaftsformen handelt. Damit bleibt es bei der allgemeinen Zuflussregelung nach § 44 Abs. 1 EStG.

Auch die Sonderregelung nach **§ 12 Abs. 5 UmwStG** (analog) führt nicht zu einem anderen Ergebnis. Nach dieser Vorschrift wird für den Fall der Verschmelzung einer Körperschaft auf eine steuerbefreite Körperschaft eine Vollausschüttung aller offenen Rücklagen der übertragenen Körperschaft fingiert.[12] Die Regelung ist allerdings nicht anwendbar. Im Einzelnen:

- Die Regelung findet nach § 12 Abs. 1 S. 1 i.V.m. § 11 Abs. 1 S. 1 UmwStG ausschließlich auf Verschmelzungen Anwendung.[13] Das ergibt sich bereits aus dem Wortlaut der Vorschrift und wird von der Finanzverwaltung im Umwandlungssteuererlass bestätigt.[14]

- Für eine analoge Anwendung fehlt es an einer planwidrigen Regelungslücke. Der Anwendungsbereich von § 12 Abs. 5 UmwStG ist klar definiert und lässt keinen Raum für eine extensive Auslegung. In sachlicher Hinsicht beschränkt sich der Anwendungsbereich schon aufgrund der systematischen Stellung im Dritten Teil des Umwandlungssteuergesetzes auf Verschmelzungsvorgänge. Darüber hinaus ist der persönliche Anwendungsbereich der Regelung eng gefasst.[15] Die Ausschüttungsfiktion gemäß § 12 Abs. 5 UmwStG erfasst ausschließlich nach § 5 Abs. 1 KStG steuerbefreite Betriebe gewerblicher Art (nachfolgend „BgA").[16] Dafür spricht, dass die Regelung auf steuerfreie *„Bereiche"* abstellt, die es gesetzessystematisch nur bei BgAs geben kann. Privatwirtschaftliche Körperschaften haben keine steuerfreien Bereiche.[17] Das entspricht auch dem gesetzgeberischen Willen, der bei BgAs gerade den Übergang in die Steuerbefreiung (insgesamt oder in *„Bereichen"*) im Auge hatte.[18] Nach ihrem Sinn und Zweck und dem eindeutigen Wortlaut kann die Regelung also nicht auf Falle des grenzüberschreitenden Formwechsels übertragen werden.

- Des Weiteren würde die (analoge) Anwendung von § 12 Abs. 5 UmwStG auf Fälle des grenzüberschreitenden Formwechsels über den

---

12 Vgl. Klingberg 2020, § 12 UmwStG Rn. 65.
13 Vgl. Knöller 2019, § 12 UmwStG Rn. 8.
14 Vgl. BMF v. 11.11.2011 – IV C 2 - S 1978-b/08/10001, BStBl. I 2011, 1314, Rn. 11.01-11.19.
15 Vgl. Schaumburg und Häck 2017, Rn. 20.88.
16 Vgl. Cordes 2018, § 48 Tz. 65 m.w.N.
17 Vgl. Herbort und Schwenke 2016, S. 568; Schell 2008, S. 398.
18 Vgl. BRDrucks. 542/06, 66; Schell 2008, S. 398.

Wortlaut der Regelung hinausgehen. Der Wortlaut bildet zugleich die äußerste Grenze der Auslegung.[19] In jedem Fall würde eine dahingehende weite Gesetzesauslegung diskriminierend wirken und wäre mithin a priori europarechtswidrig, weil ein inländischer Formwechsel unstreitig nicht von der Regelung erfasst werden soll. Dies hätte einen Verstoß gegen die Niederlassungsfreiheit zur Folge, so dass sich eine weite Auslegung von vornherein verbietet.[20]

Der grenzüberschreitende Formwechsel einer inländischen Kapitalgesellschaft in eine Kapitalgesellschaft nach dem Recht eines EU-Mitgliedsstaats mit gleichzeitiger Sitzverlegung in diesen Mitgliedsstaat führt mithin nicht zu einer Kapitalertragsteuerpflicht auf offene Gewinnrücklagen und/oder Gewinnvorträge im Zeitpunkt der Sitzverlegung.

Demgegenüber wird steuerlich bei einer grenzüberschreitenden Sitzverlegung in einen **Nicht-EU-/EWR Staat** nach § 12 Abs. 3 i.V.m. § 11 KStG die Auflösung der Gesellschaft fingiert mit der Folge, dass (i) stille Reserven aufgedeckt werden müssen und (ii) das Vermögen der Gesellschaft der Kapitalertragsteuer unterworfen wird. Dies betrifft nach dem stark kritisierten Wortlaut der Norm auch Vermögensteile, die in einer inländischen Betriebsstätte verbleiben.[21] Im EU/EWR-Fall findet § 12 Abs. 3 KStG keine Anwendung, es sei denn aufgrund der Ansässigkeitszuordnung nach einem DBA besteht keine Ansässigkeit außerhalb der EU und des EWR.[22]

## 2 Sperrfristregelung nach § 24 Abs. 5 UmwStG

Bei Einbringungen in Kapitalgesellschaften gelten nach § 22 Abs. 1 bzw. Abs. 2 UmwStG 7-jährige Sperrfristen, da es zu sog. „Statusverbesserungen“ kommt. Die „Statusverbesserung“ ergibt sich nach Auffassung des Gesetzgebers daraus, dass die Veräußerung eines Betriebs, Teilbetriebs oder Mitunternehmeranteils durch eine natürliche Person grundsätzlich der regulären Einkommensteuerbelastung unterliegt (Ausnahme: „halber“ Steuersatz nach § 34 Abs. 3 EStG), während die Veräußerung eines Anteils an einer Kapitalgesellschaft nur dem Teileinkünfteverfahren (§ 3 Nr. 40 EStG) unterliegt.[23] Konsequenz ist in diesen

---

19 Vgl. Drüen 2020, § 4 AO Rn. 340.

20 Siehe auch Herbort und Schwenke 2016, S. 569 ff. vor dem Hintergrund europarechtlicher Sekundarregelungen.

21 Vgl. Kolbe 2017, § 12 KStG Rn. 53; von Freeden 2015, § 12 KStG Rn. 131.

22 Vgl. Pfirrmann 2020, § 12 KStG Rn. 94 f.

23 Vgl. Cordes 2018, § 48 Rn. 106; im Bereich der Körperschaftsteuer ist die Betriebsveräußerung nach den regulären Regelungen steuerpflichtig während Gewinne aus Anteilsveräußerungen grundsätzlich der Steuerbefreiung nach § 8b KStG unterliegen.

Sachverhalten die Sperrfrist nach § 22 Abs. 1 UmwStG. Für Anteilseinbringungen in Kapitalgesellschaften ergibt sich die „Statusverbesserung“ nach Auffassung des Gesetzgebers durch die „Verschiebung“ aus der unter das Teileinkünfteverfahren fallenden Anteilsveräußerung durch die natürliche Person in die Steuerbefreiung nach § 8b KStG bei Anteilsveräußerung durch die übernehmende Kapitalgesellschaft nach Einbringung. Diesen Sachverhalt bildet der Gesetzgeber über die Sperrfrist in § 22 UmwStG ab.

Für den Bereich der Einbringungen in Personengesellschaften hat der Gesetzgeber mit § 24 Abs. 5 UmwStG Auffangbestimmungen geregelt, damit die Regelungen in § 22 Abs. 2 UmwStG nicht durch Personengesellschaftskonstellationen umgangen werden können. Allerdings ist die Formulierung von § 24 Abs. 5 nicht eindeutig, so dass in der Praxis gelegentlich Diskussionen/Zweifelsfragen zu dem konkreten Anwendungsbereich der Norm aufkommen. Dieser soll im Folgenden untersucht werden.

Die Anwendung des § 24 Abs. 5 UmwStG setzt zunächst eine **Statusverbesserung** voraus. Durch die Einbringung von Betriebsvermögen nach § 24 UmwStG, zu dem auch Anteile an Kapitalgesellschaften gehören müssen, muss eine günstigere Besteuerung der späteren Veräußerung der miteingebrachten Anteile an Kapitalgesellschaften vergleichbar der in § 22 Abs. 2 UmwStG geregelten Fälle möglich werden (Kausalität).[24] Voraussetzung hierfür ist, dass beim Einbringenden der Gewinn aus der Veräußerung der eingelegten Anteile im Einbringungszeitpunkt steuerpflichtig nach § 3 Nr. 40 EStG gewesen sein muss und die Steuerbefreiung nach § 8b Abs. 2 KStG noch nicht zur Anwendung kommt. Dies setzt eine unmittelbar oder über Personengesellschaften beteiligte natürliche Person als einbringender Rechtsträger im Rahmen des § 24 UmwStG voraus. Für eine Statusverbesserung ist zudem erforderlich, dass bei Veräußerung der Anteile eine von § 8b Abs. 2 KStG begünstigte Körperschaft an der Personengesellschaft beteiligt ist und der Veräußerungsgewinn bei Veräußerung zumindest teilweise der Steuerbefreiung nach § 8b Abs. 2 KStG unterliegt. Rechtsfolge/Konsequenz ist dann, dass § 22 UmwStG mit Sperrfrist und Nachweispflichten sinngemäß gilt.

Die Einbringung in die Personengesellschaft, die in einer der o.g. Konstellationen die Sperrfrist begründet, löst noch keine Besteuerung aus. Eine Besteuerung wird nur ausgelöst, wenn in der Zukunft innerhalb der siebenjährigen Frist eine **Anteilsveräußerung** konkret unter Anwendung einer Steuerfreistellung nach § 8b Abs. 2 KStG erfolgt. D.h. es muss eine Transaktion geben, bei der die im Einbringungszeitpunkt vorhandenen stillen Reserven konkret in den Anwendungsbereich der Steuerfreistellung nach § 8b Abs. 2 KStG gelangen. In der Praxis kommt es jedoch – z.B. wenn Ergänzungsbilanzen erstellt werden –

[24] Vgl. BMF v. 11.11.2011 – IV C 2 - S 1978-b/08/10001, BStBl. I 2011, 1314, Rn. 24.21.

regelmäßig nicht zu einer Zurechnung der vorhandenen stillen Reserven an begünstigte Körperschaften.[25] Das gleiche gilt bei Gewinnverteilungsabreden, die einen etwaigen Veräußerungsgewinn dem früheren Einbringenden zuordnen.[26]

**Beispiel:**
*A bringt in 01 einen Betrieb einschließlich der Beteiligung an der Z-GmbH nach § 24 UmwStG zum Buchwert von 20 (gemeiner Wert 100) in die AB-OHG ein. In der Gesamthandsbilanz der OHG wird die Beteiligung zum gemeinen Wert von 100 angesetzt. In der Ergänzungsbilanz des A wird ein Minderkapital von 80 ausgewiesen.*

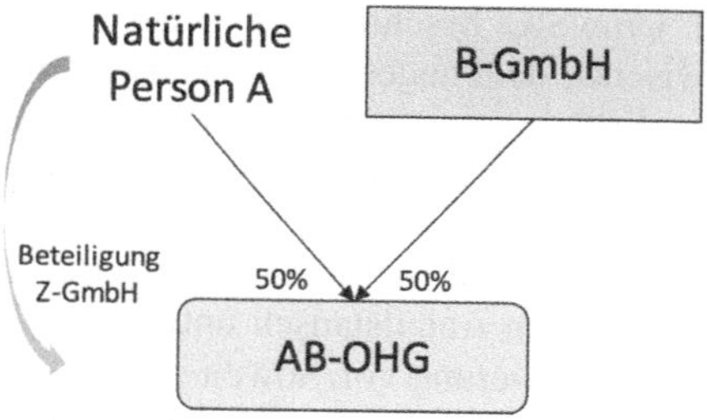


*In 02 kommt es dann zum Verkauf der Beteiligung an der Z-GmbH durch die AB-OHG zum Verkehrswert von 100. Hieraus ergeben sich folgende Auswirkungen:*

| | *OHG* | *A* | *B-GmbH* |
|---|---|---|---|
| *Veräußerungserlös* | *100* | | |
| *Gewinn Gesamthand* | *0* | *0* | *0* |
| *Auflösung Ergänzungsbilanz* | *80* | *80* | |
| *Veräußerungsgewinn* | *80* | *80* | *0* |

*Eine Sperrfrist nach § 24 Abs. 5 UmwStG wurde nicht begründet, da die vorhandenen stillen Reserven nicht in den Anwendungsbereich der Steuerfreistellung nach § 8b Abs. 2 KStG fallen und es mithin nicht zu einer Statusverbesserung gekommen ist.*

Entgegen des Wortlauts des § 24 Abs. 5 UmwStG sind zudem die **nach dem Einbringungszeitpunkt** entstandenen stillen Reserven bei der Berechnung

25 Vgl. Rasche, 2019, § 24 UmwStG Rn. 174.
26 Vgl. Fuhrmann 2017, § 24 UmwStG Rn. 1543.

des Einbringungsgewinns II außer Betracht zu lassen.[27] Stille Reserven, die nach dem Einbringungszeitpunkt entstehen, sind allen Mitunternehmern zuzurechnen, sodass es zu keiner Statusverbesserung durch die vorherige Einbringung kommt. Die nach der Einbringung entstehenden stillen Reserven werden insoweit nicht durch § 24 Abs. 5 UmwStG erfasst.

## 3 Zeitpunkt der Dotierung des Einlagekontos nach § 27 KStG in Fällen des Anteilstauschs

In Fällen der Einlage von Anteilen an einer Kapitalgesellschaft in eine andere Kapitalgesellschaft gegen Gewährung von Gesellschaftsrechten kommt es regelmäßig auch zu einer Dotierung des Einlagekontos nach § 27 KStG. Im Fall des Buchwertansatzes nach § 21 UmwStG beschränkt sich der Zugang zum Einlagekonto auf die Differenz zwischen dem angesetzten Buchwert des eingebrachten Anteils und dem für die Einbringung neu ausgegebenen Nennkapitals.[28] Im Fall des Verkehrswertansatzes ist der Zugang zum Einlagekonto entsprechend höher, da die Differenz zwischen dem Verkehrswert und dem für die Einbringung neu ausgegebenen Nennkapital dem Einlagekonto zugeschrieben wird. § 22 Abs. 2 UmwStG sieht bei einem Anteilstausch unter dem Verkehrswert ein Konzept der nachträglichen Besteuerung vor. Soweit sperrfristverhaftete Anteile durch den übernehmenden Rechtsträger veräußert werden, wird ein Einbringungsgewinn II ausgelöst, der rückwirkend auf den Einbringungszeitpunkt auf Ebene des Einbringenden zu versteuern.[29] Insofern ist zu fragen, ob es im Falle der Sperrfristverletzung und der rückwirkenden Besteuerung auch zu einer rückwirkenden Dotierung des Einlagekontos kommt. Dies ist nicht abschließend geklärt.

§ 22 Abs. 2 UmwStG fingiert eine steuerpflichtige Veräußerung rückwirkend auf den Einbringungszeitpunkt. Fiktiv wird daher ein Zustand hergestellt, als ob die Einbringung in 2017 nicht (vollständig) steuerneutral erfolgt ist. Technisch stellt die Veräußerung ein rückwirkendes Ereignis i.S.v. § 175 Abs. 1 Nr. 2

---

27 Vgl. BMF v. 11.11.2011 – IV C 2 - S 1978-b/08/10001, BStBl. I 2011, 1314, Rn. 24.21; Patt 2019, § 24 UmwStG Rn. 257; Schmitt 2018, § 24 UmwStG Rn. 286; Fuhrmann 2017, § 24 UmwStG Rn. 1488.

28 Vgl. Nitzschke 2020, § 21 UmwStG Rn. 32.

29 Vgl. zum Einbringungsgewinn II auch Heurung und Engel 2013, Rn. 5.42; wird z.B. in 2020 der zum 1.1.2017 steuerneutral nach § 21 UmwStG in die X-GmbH eingebrachte Anteil an der A-GmbH durch die X-GmbH veräußert. Dies führt zu einer rückwirkenden Besteuerung eines Einbringungsgewinns in 2017. Besteuert werden 4/7tel der stillen Reserven im Einbringungszeitpunkt (Verkehrswert der eingebrachten Anteile per 1.1.2017 abzgl. Wertansatz bei Einbringung, d.h. in der Regel Buchwert bzw. Anschaffungskosten).

AO dar, so dass auch ein materiell bestandskräftiger Steuerbescheid nachträglich noch geändert werden kann.[30]

Weiterer Reflex der rückwirkenden Besteuerung nach § 22 UmwStG ist die Aufstockung der **Anschaffungskosten** der eingebrachten Anteile auf Ebene des übernehmenden Rechtsträgers nach § 23 Abs. 2 Satz 3 UmwStG um den Einbringungsgewinn II (sogenannter „Erhöhungsbetrag“).[31] Die Regelung folgt der entsprechenden Regelung zur Aufstockung von Anschaffungskosten bei einem Einbringungsgewinn I. Der Erhöhungsbetrag ist für den Fall des Einbringungsgewinn I im Wirtschaftsjahr der Veräußerung der Anteile anzusetzen, soweit die Entrichtung der auf den Einbringungsgewinn I entfallenden Steuer nachgewiesen wird. Die Regelung zum Einbringungsgewinn II verweist in § 23 Abs. 2 Satz 3 Halbsatz 2 UmwStG insoweit auf die Regelung zum Einbringungsgewinn I.

Folgerichtig kommt es durch den Sperrfristverstoß und damit dem Entstehen eines Einbringungsgewinns auch zu einer Erhöhung des steuerlichen Einlagekontos der übernehmenden Gesellschaft.[32] Nicht gesetzlich geregelt ist, wann dieser Zugang zu erfassen ist. § 23 Abs. 3 beinhaltet dazu keine Regelung. Es wird im Schrifttum verschiedentlich argumentiert, dass die Wertaufstockung erst im Jahr der schädlichen Veräußerung bewirkt wird.[33] Auch der UmwSt-Erlass mag in diesem Sinne verstanden werden.[34] Die Argumentation stützt sich im Wesentlichen auf § 23 Abs. 3 S. 1 und 2 UmwStG, die insbesondere für Zwecke der Abschreibung bestimmen, dass an die Stelle des Zeitpunkts der Einbringung der Beginn des Wirtschaftsjahres tritt, in welches die Anteilsveräußerung fällt. Diese Ausnahmeregelung vom Rückwirkungsgrundsatz kann aber nur insoweit gelten, wie dies im Gesetz eindeutig definiert ist. Eine Ausdehnung auf andere, eigenständige Regelungen, wie z.B. die Frage der Dotierung / Aufstockung des Einlagekontos nach § 27 KStG, ist ohne weitere, explizite Regelung nicht zulässig. Auf Basis der gesetzlichen Grundregelung in § 22 UmwstG wird eine steuerpflichtige Veräußerung bzw. ein Zwischenwertansatz zum Einbringungszeitpunkt fingiert. Systematisch ist die Erhöhung des Einlagekontos daher nach hier vertretener Auffassung ebenfalls auf den Einbringungsstichtag zu beziehen. Für bestandskräftige Bescheide über die Feststellung des Einlagekontos sind analog § 22 UmwStG nach § 175 Abs. 1 Nr. 2 AO zu ändern (rückwirkendes Ereignis; s.o.).

---

30 Vgl. Stangl 2019, § 22 UmwStG Rn. 458.
31 Vgl. BMF v. 11.11.2011 – IV C 2 - S 1978-b/08/10001, BStBl. I 2011, 1314, Rn. 23.07.
32 Vgl. BMF v. 11.11.2011 – IV C 2 - S 1978-b/08/10001, BStBl. I 2011, 1314, Rn. 23.07.
33 Vgl. Nitzschke 2020, § 23 UmwStG Rn. 91.
34 Vgl. BMF v. 11.11.2011 – IV C 2 - S 1978-b/08/10001, BStBl. I 2011, 1314, Rn. 23.07.

Der Zeitpunkt der Dotierung des Einlagekontos und damit die obenstehende Frage hat insbesondere Bedeutung, wenn die übernehmende Kapitalgesellschaft den Gewinn aus der Veräußerung der eingebrachten Anteile im Jahr der Veräußerung ausschüttet. Eine entsprechende Notwendigkeit kann sich z.B. dadurch ergeben, dass der einbringende Gesellschafter Liquidität für die Entrichtung der Einkommensteuer auf den Einbringungsgewinn benötigt. Die nach – hier vertretener Auffassung zutreffende – rückwirkende Aufstockung des Einlagekontos auf das Ende des Wirtschaftsjahres der Einbringung, kann dann ggf. dazu führen, dass bei Anwendung der Verwendungsreihenfolge in § 27 Abs. 1 Satz 3 KStG eine Rückzahlung aus dem Einlagekonto anzunehmen ist, die nicht kapitalertragsteuerpflichtig ist und nicht zu den Einkünften aus Kapitalvermögen zählt (§ 20 Abs. 1 Satz 3 EStG). Dogmatisch trifft dies zu, da in Höhe des Einbringungsgewinns eine Besteuerung im Veranlagungszeitraum der Einbringung erfolgt ist und damit in Höhe des Einbringungsgewinns „versteuertes Kapital" eingelegt wurde. Erfolgt eine Aufstockung des Einlagekontos dagegen erst zum Ende des Wirtschaftsjahres, in das die Veräußerung der eingebrachten Anteile fällt, steht das Einlagekonto im Jahr der Veräußerung noch nicht für eine (ggf. mögliche) Verrechnung zur Verfügung. Im Folgejahr geht das Einlagekonto dann in die Ermittlung der Verwendungsreihenfolge ein. Allerdings ist für dieses Wirtschaftsjahr auch ein etwaiger, über den Einbringungsgewinn hinausgehender Veräußerungsgewinn der übernehmenden Kapitalgesellschaft aus den eingebrachten Anteilen zu berücksichtigen, der dazu führt, dass durch die verwendungsreihenfolge zunächst Gewinne für eine Leistung als verwendet gelten, bevor auf das „erhöhte" Einlagekonto zugegriffen werden kann. Für eine Finanzierung der Einkommensteuerzahlung aus dem Einbringungsgewinn II wird damit eine deutlich höhere Ausschüttung benötigt, da für die Zahlung nur die um die Kapitalertragsteuer geminderte Ausschüttung zur Verfügung steht.

**Beispiel:**
*Einbringung nach § 21 UmwStG am 1. April 2018; Anschaffungskosten der eingebrachten Anteile 125, die über das Wahlrecht in § 21 Abs. 2 UmwStG auch angesetzt wurden; Verkehrswert im Einbringungszeitpunkt: 825; in Höhe von 25 ist seinerzeit eine Kapitalerhöhung erfolgt und 100 wurden im Einlagekonto eingestellt; Veräußerung durch die übernehmende Kapitalgesellschaft zum 1. Mai 2020 für 1.000; Gewinne übernehmende Kapitalgesellschaft im übrigen 0; Zahlung Einkommensteuer auf Einbringungsgewinn ist im August 2020 erfolgt (darlehensfinanziert); Ausschüttung von 400 am 1. Oktober 2020.*

*Lösung: Im Veranlagungszeitraum 2018 ist ein Einbringungsgewinn nach § 22 Abs. 2 UmwStG in Höhe von 500 (= [825-125] x 5/7tel) einkommensteuerpflichtig bei dem einbringenden Gesellschafter im Rahmen des Teileinkünfteverfah-*

*rens. Zum 31.12.2018 wurde aus der Einbringung zudem das Einlagekonto mit 100 dotiert (= Anschaffungskosten 125 abzgl. 25 Kapitalerhöhung). Auf Basis der hier vertretenen Auffassung ist das Einlagekonto (rückwirkend) per 31.12.2018 um 500 auf 600 aufzustocken. Es würde dann auch per 31.12.2019 600 betragen. Für die Ausschüttung im Oktober 2020 ist nach § 27 Abs. 1 KStG auf die Verhältnisse zum 31.12.2019 abzustellen. Auf Basis eines Einlagekontos von 600 und mangels ausschüttbarem Gewinn nach § 27 KStG wird für die Ausschüttung in 2020 eine Verwendung des Einlagekontos fingiert. Bei gegenteiliger Auffassung würde eine Aufstockung des Einlagekontos erst per 31.12.2020 erfolgen. Die Ausschüttung in 2020 wäre zu 100 mit dem Einlagekonto zu verrechnen und wäre im Übrigen steuerpflichtig. Eine alternative Ausschüttung in 2021 wäre bis zur Höhe des steuerbilanziellen Gewinns 2020 (375 = 1.000 abzgl. Anschaffungskosten 125 abzgl. Erhöhungsbetrag 500) steuerpflichtig und nur über den steuerpflichtigen Betrag hinaus würde Einlagekonto verwendet.*

## 4 BFH-Urteil zur Einlagenfiktion bei Formwechsel in eine Personengesellschaft

Der Formwechsel einer Kapitalgesellschaft in eine Personengesellschaft stellt eine klassische und in der Praxis oft anzutreffende Umwandlungsmaßnahme dar. Seit 2006 gelten die offenen Rücklagen der formwechselnden Kapitalgesellschaft nach § 7 UmwStG als fiktiv ausgeschüttet und dem Anteilseigener als Einkünfte aus Kapitalvermögen zugerechnet. Trotz des umfangreichen Anwendungsschreibens sind diverse Einzelfragen ungeklärt. Nicht abschließend geklärt ist unter anderem die Frage, ob und inwieweit für die Ermittlung und Besteuerung der Bezüge nach § 7 UmwStG auch die Einlagefiktion des § 5 Abs. 2 UmwStG gilt. Mit Urteil v. 11.4.2019 hat der BFH[35] nunmehr die vorherrschende Literaturmeinung bestätigt, dass die Einlagefiktion auch für Zwecke der fiktiven Ausschüttung nach § 7 UmwStG anzuwenden ist.[36]

Bei Anwendung der **Einlagefiktion des § 5 Abs. 2 (oder Abs. 3) UmwStG** werden die Einkünfte nach § 7 UmwStG der – zivilrechtlich noch nicht existenten aber steuerrechtlich kraft Fiktion bereits entstehender – übernehmenden Personengesellschaft zugerechnet.[37] Im Privatvermögen gehaltene Anteile i.S.d. § 17 EStG stellen bei Anwendung der Einlagefiktion wegen § 20 Abs. 8 S. 1

35 Vgl. BFH v. 11.4.2019 - IV R 1/17, BStBl. II. 2019, 501.

36 Vgl. Cordes 2018, § 50 Rn. 12; van Lishaut und Heinemann, 2019, § 5 UmwStG Rn. 39 ff.; Pung und Werner 2019, § 7 Rn. 22; Cordes et al. 2011, S. 216 f.

37 Vgl. zur Einlagefiktion Heurung et. al. 2016, S. 527; ausführlich zu Besteuerungsunterschieden: Dremel 2020, Rn. 11.95 ff.; Cordes et al. 2011, S. 217.

EStG betriebliche Einkünfte dar. Die Bezüge nach § 7 UmwStG werden somit nicht abgeltend (vgl. § 32d Abs. 1 S. 1 EStG i.V.m. § 43 Abs. 5 EStG), sondern mit dem persönlichen Steuersatz in Rahmen des Teileinkünfteverfahrens (vgl. § 3 Abs. 40 S. 1 Buchst. d) besteuert. Für Anteile, die von einer Kapitalgesellschaft gehalten werden, kommt im Ergebnis die 95%ige Steuerbefreiung des § 8b Abs. 2 KStG in Betracht. Die Bezüge nach § 7 UmwStG unterliegen zwar grundsätzlich der Gewerbesteuer. In Fällen der Einlagefiktion des § 5 Abs. 2 UmwStG ist ein Gewinn jedoch nicht für gewerbesteuerliche Zwecke zu erfassen (vgl. § 18 Abs. 2 S. 2 UmwStG). Die Einkünfte unterliegen außerdem dem Kapitalertragsteuerabzug nach § 43 Abs. 1 S. 1 Nr. 1 EStG. Die einbehaltene Kapitalertragsteuer wird im Rahmen der Veranlagung wiederum angerechnet (vgl. § 36 Abs. 2 Nr. 2 EStG).

Besondere Relevanz hat die Einlagefiktion im Hinblick auf in Deutschland **beschränkt steuerpflichtige Anteilseigner**. Die Kapitalertragsteuer hat für diese, soweit keine Einkünfte aus einer inländischen Betriebsstätte vorliegen, grundsätzlich abgeltende Wirkung. Die im Inland einbehaltene Quellensteuer stellt somit eine Definitivbelastung dar, es sei denn es kann über die Regelungen eines Doppelbesteuerungsabkommens oder § 43b EStG als Umsetzungsvorschrift der Mutter-/Tochter-Richtlinie in inländisches Recht eine Herabsetzung auf 0% erreicht werden.[38] Dies führt zu einer Ungleichbehandlung von in- und ausländischen Anteilseignern. Eine inländische Kapitalgesellschaft als Anteilseignerin kann die Bezüge nach § 7 UmwStG unter den Voraussetzungen des § 8b KStG steuerfrei vereinnahmen, während eine ausländische Kapitalgesellschaft einer Definitivbelastung mit Quellensteuern unterliegt. Bei durch die Rechtsprechung festgestellter Anwendung der Einlagenfiktion nach § 5 Abs. 2 UmwStG unterfallen die Bezüge jedoch § 49 Abs. 1 Nr. 2 Buchst. a) EStG und sind nach den allgemeinen Regeln in die deutsche Veranlagung einzubeziehen. Die einbehaltene Kapitalertragsteuer wird entsprechend nach § 36 Abs. 2 Nr. 2 EStG, § 31 Abs. 1 KStG auf die festgesetzte Einkommen- bzw. Körperschaftsteuer angerechnet. Im Rahmen der so eröffneten Veranlagung kann eine beschränkt steuerpflichtige Kapitalgesellschaft als Anteilseignerin die Bezüge nach § 7 UmwStG ebenfalls unter den Voraussetzungen des § 8b Abs. 2 KStG

---

[38] In Zusammenhang mit der Freistellung von Dividenden von der deutschen Kapitalertragsteuer ist zudem die kritikwürdige Vorschrift § 50d Abs. 3 EStG zu beachten. Zwar wurde § 50d Abs. 3 EStG – zu Recht – als nicht europarechtskonform eingestuft (vgl. FG Köln, v. 30.6.2020 – 2 K 140/18, IStR 2020, 807; EuGH v. 20.12.2017 – C-504/16, C-613/16, Deister Holding und Juhler Holding, DStR 2018, 119; v. 16.6.2018 – C-440/17, GS, DStR 2018, 1479; Klein und Hagena 2019, § 50d EStG Rn. 51). Allerdings wird die Vorschrift bei Ausschüttungen an im Drittland ansässige Dividendenempfänger weiter angewendet.

zu 95% steuerfrei vereinnahmen. Die ausländische Anteilseignerin wird insofern wirtschaftlich nicht mit Quellensteuern belastet.[39]

Relevanz ergibt sich auch für den Formwechsel einer EU-Kapitalgesellschaft in eine EU-Personengesellschaft bei deutschem Anteilseigner. Auch insofern gilt die Einlagefiktion, d.h. die Anteile an der EU-Kapitalgesellschaft gelten als zum steuerlichen Stichtag des Formwechsels in die neu entstehende EU-Personengesellschaft eingelegt. Unmittelbar anschließend fließt eine etwaige fiktive Gewinnausschüttung in Höhe der offenen Rücklagen der Auslandsgesellschaft zu und ggf. unmittelbar anschließend entsteht ein Übernahmegewinn.[40] Sofern wegen eines möglichen abkommensrechtlichen Besteuerungsrechts überhaupt deutsches Besteuerungsrecht an einer Ausschüttung besteht, unterliegt diese jedenfalls nicht der Gewerbesteuer. Die Ausschüttung wird gewerbesteuerlich bereits der ausländischen Personengesellschaft und nicht mehr dem inländischen Gesellschafter zugerechnet.[41] Insoweit fällt die Ausschüttung / der Gewinn regelmäßig nicht in einer inländischen, der Gewerbesteuer unterliegenden Betriebsstätte an. Gewerbesteuerlich greift auf Ebene des deutschen Anteilseigners – soweit der Anteilseigner gewerbesteuerpflichtig ist – die Kürzung nach § 9 Nr. 2 GewStG ein.[42]

# 5 Zurückbehalt wesentlicher Betriebsgrundlagen bei doppelstöckiger Personengesellschaft

Die steuerneutrale Einbringung von Betriebsvermögen in eine Kapitalgesellschaft setzt nach § 20 UmwStG als ungeschriebenes Tatbestandsmerkmal voraus, dass alle funktional wesentlichen Betriebsgrundlagen mit auf die aufnehmende Gesellschaft übertragen werden müssen.[43] Als funktional wesentlich gelten alle Wirtschaftsgüter, die für die Funktion des Betriebs von Bedeutung

39 Vgl. Cordes et al. 2011, S. 217.

40 Auf die besondere Bewertungsregelung in § 4 Abs. 4 Satz 2 UmwStG zum Verkehrswertansatz bei ausländischen Betriebsvermögen wird hingewiesen; zu Einzelheiten vgl. Cordes et al. 2019, 747.

41 Vgl. Cordes et al. 2019, 748.

42 Vgl. Cordes et al. 2019, 748.

43 Vgl. BMF v. 11.11.2011 – IV C 2 - S 1978-b/08/10001, BStBl. I 2011, 1314, Rn. 20.07; es ist dabei nicht abschließend geklärt, inwieweit eine vor der Einbringung erfolgte steuerneutrale Übertragung wesentlicher Betriebsgrundlagen in ein anderes Betriebsvermögen die Steuerneutralität nach § 20 UmwStG gefährdet (sog. „Gesamtplanrechtsprechung"). Im Hinblick auf Übertragungen nach § 6 Abs. 3 EStG wurde die Gesamtplanrechtsprechung aufgegeben (vgl. BMF-Schreiben v. 20.11.2019, Anwendungsschreiben § 6 Abs. 3 EStG, BStBl. I 2019, 1291; Kotzenberg und Riedel 2020, S. 14. Ob die Finanzverwaltung die Gesamtplanbetrachtung für Zwecke des §§ 20 UmwStG weiter anwendet, bleibt abzuwarten (vgl. Binder und Riedel 2020).

sind (unabhängig vom Vorhandensein und Höhe stiller Reserven).[44] Allerdings kommt es neben der Frage der funktionalen Wesentlichkeit auch auf die Zuordnung der Wirtschaftsgüter und die Betrachtungsperspektive an. So kann – wenn es um die Einbringung von Betrieben oder Mitunternehmeranteilen geht – eine wesentliche Betriebsgrundlage stets nur einem Betriebsvermögen oder Mitunternehmeranteil zugeordnet werden. Insoweit ist bei mehreren Betrieben / Mitunternehmeranteilen eines Einbringenden zu prüfen, ob in dem „bewegten" Betrieb oder Mitunternehmeranteil wesentliche Betriebsgrundlagen enthalten sind oder ob diese ggf. einem anderen Mitunternehmeranteil zuzurechnen sind.

Besonderheiten können sich in diesem Zusammenhang z.B. bei der Einbringung mit **doppelstöckigen Personengesellschaften** ergeben. Wird der Anteil einer Personengesellschaft, die wiederum Anteile an einer anderen Personengesellschaft hält, eingebracht, liegt ein einheitlich zu beurteilender Einbringungsvorgang des Anteils der Obergesellschaft vor.[45] Gleiches gilt für den Formwechsel, der ebenfalls als Einbringung von Mitunternehmeranteilen zu behandeln ist.[46]

Überlässt der Einbringende z.B. ihm gehörenden Grundbesitz nicht an die Obergesellschaft, sondern unmittelbar an die Untergesellschaft definiert § 15 Abs. 2 Satz 2 EStG einen zusätzlichen Mitunternehmeranteil des Einbringenden an der Untergesellschaft, dem das unmittelbar überlassene Vermögen zuzuordnen ist. Die entsprechenden Wirtschaftsgüter zählen also nicht zum Sonderbetriebsvermögen des Einbringenden bei der Obergesellschaft.

Wird nunmehr der Mitunternehmeranteil an der Obergesellschaft eingebracht oder führt die Obergesellschaft einen Formwechsel[47] durch, kommt es für die Beurteilung der Anwendung von § 20 UmwStG ausschließlich auf den Mitunternehmeranteil der Obergesellschaft sowie die dieser zugeordneten wesentlichen Betriebsgrundlagen an. Der danebenstehende Mitunternehmeranteil nach § 15 Abs. 2 Satz 2 EStG für die mittelbare Beteiligung an der Untergesellschaft und das insoweit überlassene Sonderbetriebsvermögen ist **separat** zu betrachten. Mithin ist in einem solchen Fall der Verbleib der wesentlichen Betriebsgrundlage bei dem Einbringenden unschädlich für die Durchführung einer steuerneutralen Einbringung bzw. Formwechsels. Dies gilt auch, wenn naturgemäß mittelbar eine Verknüpfung dahingehend besteht, dass die Überlassung von

44 Vgl. Mutscher 2019, § 20 UmwStG Rn. 76.

45 Vgl. BMF v. 11.11.2011 – IV C 2 - S 1978-b/08/10001, BStBl. I 2011, 1314, Rn. 20.12.

46 Vgl. Patt 2019, § 25 UmwStG Rn. 28; Rabback 2019, § 25 UmwStG Rn. 43; Stangl 2012, S. 261.

47 Aktuell (Redaktionsschluss dieses Werks im Mai 2021) läuft ein Gesetzgebungsverfahren zur Modernisierung des Körperschaftsteuerrechts (vgl. BT-Drucksache 19/29843). Danach soll Personengesellschaften ein Wahlrecht eingeräumt werden, zu einer Besteuerung mit Körperschaftsteuer zu optieren (zu Einzelheiten vgl. Cordes und Kraft, S. 401 ff.

Wirtschaftsgütern an die Untergesellschaft auch im Interesse der Obergesellschaft erfolgen dürfte. Der eigene Mitunternehmeranteil nach § 15 Abs. 2 Satz 2 EStG geht insoweit vor. Der Mitunternehmeranteil an der Untergesellschaft wird im Zuge der Einbringung bzw. des Formwechsels nicht bewegt. Insofern sind hier die Voraussetzungen nach § 20 UmwStG nicht separat zu prüfen.[48]

Die Einbringung des Mitunternehmeranteils an der Obergesellschaft in eine Kapitalgesellschaft bzw. dem Formwechsel der Obergesellschaft in eine Kapitalgesellschaft führt dazu, dass die mittelbare Mitunternehmerstellung des Einbringenden an der Untergesellschaft verloren geht. Die neu entstandene Kapitalgesellschaft schirmt insoweit ab. Insofern fällt das Sonderbetriebsvermögen zurück in das Betriebsvermögen des Einbringenden bzw. – soweit Einbringender eine Personengesellschaft ist in deren Gesamthandsvermögen (vgl. § 15 Abs. 1 Nr. 2 S. 2 EStG). Der Übergang erfolgt gemäß § 6 Abs. 5 S. 2 i.V.m. S. 1 EStG zwingend zu Buchwerten, ohne dass eine Sperrfrist ausgelöst wird.[49] Sofern bisher kein separates Betriebsvermögen bestand, entsteht dieses nach Betriebsaufspaltungsgrundsätzen, da die Zwischenschaltung einer Kapitalgesellschaft einer Betriebsaufspaltung nicht entgegensteht.[50] Auch dies steht der Anwendbarkeit von § 20 UmwStG auf die Einbringung bzw. den Formwechsel nicht entgegen.

**Beispiel**

*Die OG-KG soll in eine Kapitalgesellschaft formgewechselt werden. Der Zurückbehalt des von der MU-KG an die UG-KG überlassenen Grundbesitz ist aus o.g. Gründen unschädlich für die Durchführung eines steuerneutralen Formwechsels. Der Grundbesitz ist wesentliche Betriebsgrundlage ausschließlich im (mittelbaren) Mitunternehmeranteil der MU-KG an bei der UG-KG.*

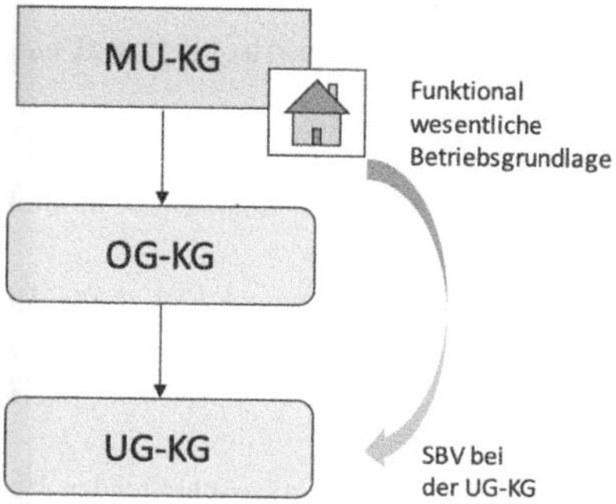


48 Vgl. Stangl 2012, S. 261.
49 Vgl. Patt 2000, S. 237 f.; Neumann/Stimpel 2008, S. 67.
50 Vgl. Gluth 2017, § 15 EStG Rn. 801.

## 6 Fazit

Der vorliegende Beitrag hat gezeigt, dass auch im inzwischen knapp 15 Jahre alten Umwandlungssteuergesetz diverse praxisrelevante Einzelfragen offen geblieben sind. Das Umwandlungssteuerrecht ist daher nach wie vor eine wissenschaftlich interessante und weiter zu ergründende Materie. Insoweit freuen sich die Verfasser auf die Fortsetzung des wissenschaftlichen Engagements von Rainer Heurung in diesem Bereich und den fachlichen Austausch zwischen Rainer Heurung und den Verfassern.

## Literatur


Binder, S., & Riedel, L. (2020). Aufgabe des Gesamtplans im BMF-Schreiben zu § 6 Abs. 3 EStG - jedoch keine Erleichterung für Einbringungen nach dem UmwStG? *Der Betrieb, 31, 1587.*

Cordes, M. (2018). Besonderer Teil 2. Kapitel Steuerrecht. In J. Lieder, C. Wilk & N. Ghassemi-Tabar (Hrsg.), *Münchener Handbuch des Gesellschaftsrechts VIII.* Beck-Verlag.

Cordes, M., Dremel, R., & Carstens, P. (2011). Besteuerung offener Rücklagen (§ 7 UmwStG). In T. Rödder, M. Rogall & I. Stangl (Hrsg.), *Der Umwandlungssteuer-Erlass 2011 - Erläuterung aus Unternehmens- und Beratungspraxis.* Stollfuß Medien.

Cordes, M., Geißler, A. & Leonhardt A. (2019). Deutsch-steuerliche Implikationen der Umwandlung einer österreichischen GmbH in eine Personengesellschaft. *Internationales Steuerrecht, 18, 744.*

Cordes, M., Kraft, M. (2021). Regierungsentwurf zum Optionsmodell – Körperschaft-steuer ab 2022 auch für Personengesellschaften?, *FinanzRundschau, 9, 401.*

Demuth, R. (2017). In T. Eisgruber (Hrsg.), *Umwandlungssteuergesetz Kommentar Online.* NWB-Verlag.

Dremel, R. (2020). Umstrukturierungen. In T. Mueller-Thuns (Hrsg.), *Hesselmann/Tillmann/Mueller-Thuns Handbuch GmbH & Co. KG.* Dr. Otto Schmidt.

Drüen, K. (2020). In R. Seer, P. Brandis, K. Drüen, M. Loose & M. Krumm (Hrsg.), *Tipke/Kruse, AO/FGO.* Dr. Otto Schmidt.

Förster, G. (2020). Grenzüberschreitende Umstrukturierungen. *Deutsches Steuerrecht, 17, 865.*

Fuhrmann, S. (2017). In S. Widmann & D. Mayer (Hrsg.), *Umwandlungsrecht Kommentar.* Stollfuß Medien.

Gluth, R. (2017). In J. Hey, U. Prinz & M. Wendt (Hrsg.), *Hermann/Heuer/Raupach EStG/KStG.* Dr. Otto Schmidt.

Graw, C. (2019). In T. Rödder, A. Herlinghaus & I. Lishaut (Hrsg.), *Umwandlungssteuergesetz: UmwStG.* Dr. Otto Schmidt.

Herbort, M., & Schwenke, M. (2016). „Kapitalertragsteuerfalle" beim grenzüberschreitenden Upstream-Merger? *Internationales Steuerrecht, 14, 567.*

Heurung, R., Kollmann, S. & Schmidt, S. (2016). Übernahmeverlust bei Umwandlung einer Kapitalgesellschaft in eine Personengesellschaft durch Formwechsel – Darstellung verschiedener Gestaltungsvarianten. *Unternehmensteuern und Bilanzen, 13, 527.*

Heurung, R. & Engel B. (2013). Kapitel 5 Abkommensrechtliche Grundfragen bei internationalen Umstrukturierungen. In U. Prinz (Hrsg.), *Umwandlungen im Internationalen Steuerrecht* (S. 226-274). Dr. Otto Schmidt.

Heurung, R. (2010). Einführung zum Körperschaftsteuergesetz. In. B. Erle & T. Sauter (Hrsg.), *Heidelberger Kommentar zum Körperschaftsteuergesetz* (S. 3-84). C. F. Müller.

Klein, M. & Hagena A. (2019), In J. Hey, U. Prinz & M. Wendt (Hrsg.), *Hermann/Heuer/Raupach EStG/KStG*. Dr. Otto Schmidt.

Klingberg, D. (2020). In B. Heuermann & P. Brandis (Hrsg.), *Blümich Umwandlungssteuergesetz 2006*. Beck-Verlag.

Knöller, C. (2019). In T. Eisgruber (Hrsg.), *Umwandlungssteuergesetz Kommentar Online*. NWB-Verlag.

Kolbe, S. (2017). In J. Hey, U. Prinz & M. Wendt (Hrsg.), *Hermann/Heuer/Raupach EStG/KStG*. Dr. Otto Schmidt.

Kotzenberg, R., & Riedel, L. (2020). Gestaltungswege und offene Fragen nach dem neuen BMF-Schreiben zu § 6 Abs. 3 EStG. *Deutsches Steuerrecht, 1, 13.*

Krüger, R. (2020). In H. Weber-Grellet (Hrsg.), *Schmidt Einkommensteuergesetz: EStG*. Beck-Verlag.

Lishaut, I. & Heinemann, P. (2019). In T. Rödder, A. Herlinghaus & I. Lishaut (Hrsg.), *Umwandlungssteuergesetz: UmwStG*. Dr. Otto Schmidt.

Mutscher, A. (2019). In G. Frotscher & K. Drüen (Hrsg.), *Kommentar zum Körperschaft-, Gewerbe- und Umwandlungssteuergesetz*. Haufe.

Neumann, R., & Stimpel T. (2008). Wesentliche Änderungen für Kapitalgesellschaften und deren Gesellschafter durch das JStG 2008. *GmbH-Rundschau, 2, 57.*

Nitzschke, D. (2020). In B. Heuermann & P. Brandis (Hrsg.), *Blümich Umwandlungssteuergesetz 2006*. Beck-Verlag

Patt, J. (2019). In E. Dötsch, A. Pung & R. Möhlenbrock (Hrsg.), *Kommentar zum KStG und EStG*. Schäffer-Poeschel.

Patt, J, (2000). Neues Feststellungsverfahren bei steuerverstrickten Anteilen an Kapitalgesellschaften. *Ertrag-Steuerberater, 7, 62.*

Pfirrmann, V. (2020). In B. Heuermann & P. Brandis (Hrsg.), *Blümich KStG*. Beck-Verlag.

Pung, A., & Werner, T. (2019). In E. Dötsch, A. Pung & R. Möhlenbrock (Hrsg.), *Kommentar zum KStG und EStG*. Schäffer-Poeschel.

Rabback, D. (2019). In T. Rödder, A. Herlinghaus & I. Lishaut (Hrsg.), *Umwandlungssteuergesetz: UmwStG*. Dr. Otto Schmidt.

Rasche, R. (2019). In T. Rödder, A. Herlinghaus & I. Lishaut (Hrsg.), *Umwandlungssteuergesetz: UmwStG*. Dr. Otto Schmidt.

Schaumburg, H. & Häck, N. (2017). Kapitel 20 Internationales Umwandlungssteuerrecht. In H. Schaumburg (Hrsg.), *Internationales Steuerrecht*. Dr. Otto Schmidt.

Schell, M. (2008). Kapitalertragsteuerpflicht bei grenzüberschreitender Verschmelzung einer deutschen Kapitalgesellschaft auf eine EU/EWR-Kapitalgesellschaft? *Internationales Steuerrecht, 11, 397.*

Schmitt, J (2018). In J. Schmitt, R. Hörtnagel & R. Stratz (Hrsg.), *Umwandlungsgesetz Umwandlungssteuergesetz*. Beck-Verlag.

Stangl, I. (2019). In T. Rödder, A. Herlinghaus & I. Lishaut (Hrsg.), *Umwandlungssteuergesetz: UmwStG*. Dr. Otto Schmidt.

Stangl, I. (2012). Ausgewählte Zweifels- und Praxisfragen zur Einbringung nach dem UmwSt-Erlass 2011. *GmbH-Rundschau, 5, 253.*

von Freeden, A. (2015). In T. Rödder, A. Herlinghaus & Neumann, R. (Hrsg.), *Körperschaftsteuergesetz - KStG*. Dr. Otto Schmidt.

# Ertragsteuerliche Fragen bei Umwandlung einer atypisch stillen Beteiligung

*Dr. Franziska Peters, Richterin am Finanzgericht Münster*[1]

*Keywords: Stille Gesellschaft, Mitunternehmerschaft, gesonderte und einheitliche Gewinnfeststellung, Umwandlung, Vertragsgestaltung, Buchwertfortführung*

*Abstract*

*Eine atypisch stille Beteiligung als (mittelbare) Beteiligung an einer Personen- oder Kapitalgesellschaft kann in eine (unmittelbare) Hauptbeteiligung an einer solchen umgewandelt werden. Die Gründe hierfür können vielfältig sein. Ertragsteuerlich stellt sich die Frage, ob eine solche Umwandlung erfolgsneutral möglich ist.*

---

1 Dr. Franziska Peters | Finanzgericht Münster | Franziskapeters24@googlemail.com


N. Antonakopoulos et al. (Hrsg.), *Unternehmenskauf und Unternehmensumwandlung*, https://doi.org/10.1007/978-3-658-34138-1_4

# 1 Einführung

Die stille Gesellschaft ist in zivilrechtlicher Hinsicht dadurch gekennzeichnet, dass es sich um eine sog. Innengesellschaft handelt, die keine eigene Rechtspersönlichkeit hat, nicht Trägerin von Rechten und Pflichten sein kann und im Rechtsverkehr nicht als solche nicht in Erscheinung tritt. Grundsätzlich erfolgt auch keine Eintragung in das Handelsregister. Der stille Gesellschafter ist nach der gesetzlichen Konzeption ein Kapitalgeber, der zwar am wirtschaftlichen Erfolg des Unternehmens teilhat, in die Geschäftsführung aber nicht eingebunden ist und auch nicht sein will.

In der Rechtspraxis erfolgt die Ausgestaltung dieses Gesellschaftsverhältnisses allerdings häufig weniger „still". Die Gründe für eine stärkere Einbringung des stillen Gesellschafters in das Unternehmen können vielfältig sein. Durch entsprechende gesellschaftsvertragliche Regelungen können die Rechte des stillen Gesellschafters nach Art einer „virtuellen Kommanditgesellschaft"[2] denen eines Außengesellschafters wie bspw. eines Kommanditisten angeglichen werden. Bei der vor allem durch die Möglichkeit der steuerlichen Verlustnutzung motivierten „GmbH & atypisch Still" ist der GmbH-Gesellschafter in aller Regel auch Geschäftsführer und Inhaber einer stillen Beteiligung an „seiner" GmbH und „beherrscht" damit die gesamte Unternehmensführung.

Gerade in den genannten Fällen einer starken rechtlichen Stellung des stillen Gesellschafters kann in der Praxis das Bedürfnis bestehen, dem Stillen nicht nur wirtschaftlich, sondern auch formal die Position eines Unternehmensinhabers einzuräumen und die stillen Beteiligung in eine Hauptbeteiligung umzuwandeln. Die insofern bestehenden rechtlichen Möglichkeiten und steuerlichen Rahmenbedingungen sind Gegenstand des folgenden Beitrags. Dabei bedarf es vorab einer rechtlichen und steuerlichen Einordnung der stillen Beteiligung, um die steuerlichen Folgen einer Umwandlung zutreffend bestimmen zu können.

# 2 Abgrenzungsfragen

## 2.1 Zivilrechtliche Grundlagen

### *2.1.1 Die stille Gesellschaft als Innengesellschaft*

Die stille Gesellschaft ist eine Innengesellschaft bürgerlichen Rechts zwischen dem Inhaber eines Handelsgewerbes und dem stillen Gesellschafter, die am Rechtsverkehr nicht teilnimmt und in der Regel nicht über eine besondere Organisation verfügt. Gesetzlich geregelt ist diese Beteiligungsform in den §§ 230 ff.

---

2 MüKoHGB/*K. Schmidt*, HGB, § 230, Rn. 81.

HGB. Die Eigenschaft als Innengesellschaft schließt es aus, dass die stille Gesellschaft ein ihr „dinglich“ zugewiesenes Gesellschaftsvermögen bildet.[3] Die stille Gesellschaft ist auch im Übrigen nicht fähig, Trägerin von Rechten und Pflichten zu sein.[4] Allein der Geschäftsinhaber ist zivilrechtlich Eigentümer der Gegenstände des Geschäftsvermögens. Hierin liegt der grundlegende zivilrechtliche Unterschied zur BGB-Außengesellschaft und den Handelsgesellschaften KG und OHG. Steuerlich wird die stille Gesellschaft in ihrer atypischen Ausprägung demgegenüber ebenso wie die die genannten Außengesellschaften als Mitunternehmerschaft behandelt.

### *2.1.2 Die Gründung der stillen Gesellschaft*

Die stille Gesellschaft kommt durch einen Vertragsschluss zwischen dem Unternehmensinhaber und stillem Gesellschafter sowie Leistung der stillen Einlage zustande (§ 230 Abs. 1 HGB). Die stille Beteiligung kann an jedem Handelsgewerbe unabhängig von dessen Rechtform bestehen, also an einem Einzelunternehmen, einer Personen- oder einer Kapitalgesellschaft. Auch stille Beteiligungen an Unternehmen, die kein Handelsgewerbe iSd HGB betreiben, bspw. freiberufliche oder land- und forstwirtschaftliche Unternehmen, sind in analoger Anwendung der §§ 230 ff. HGB möglich.[5]

Der Vertrag über die Gründung der stillen Gesellschaft bedarf grundsätzlich keiner besonderen Form. Nur ausnahmsweise ist eine notarielle Beurkundung erforderlich, wenn die stille Beteiligung schenkweise eingeräumt wird oder eine beurkundungspflichtige Sacheinlage wie bspw. eine Grundstücksübertragung erfolgt. Auch eine Handelsregistereintragung sieht das Gesetz grds. nicht vor. Eine Ausnahme besteht, wenn die stille Beteiligung an einer Aktiengesellschaft bestehen soll. In diesem Fall ist der stille Gesellschaftsvertrag als Teilgewinnabführungsvertrag iSv § 292 Abs. 1 Alt. 2 AktG anzusehen[6] und wird aufgrund dessen gemäß § 294 AktG erst mit der Eintragung in das Handelsregister wirksam.

Bei Minderjährigkeit des stillen Gesellschafters ist für den Abschluss des Schenkungsvertrages und des stillen Gesellschaftsvertrages gemäß §§ 1909, 1629 Abs.2, 1795 BGB die Bestellung eines Ergänzungspflegers erforderlich.[7] Mit Ausnahme von Verträgen, in denen eine Verlustbeteiligung des stillen Gesellschafters ausgeschlossen ist, bedarf der stille Gesellschaftsvertrag gemäß

---

3 MüKoHGB/*Schmidt, K.*, HGB, § 230, Rn. 7.
4 MüKoHGB/*Schmidt, K.*, HGB, § 230, Rn. 8.
5 *Hopt* in: Baumbach/Hopt, HGB, § 230, Rn. 1.
6 Vgl. Langenbucher in: Schmidt, K./Lutter, AktG, 4. Aufl. 2020, § 292 AktG, Rn. 15 m.w.N.
7 Vgl. auch BFH v. 12.05.2016 IV R 27/13, BFH/NV 2016, 1559.

§§ 1643 Abs. 1, 1822 Nr. 2 BGB außerdem der Genehmigung durch das Familiengericht.

In steuerlicher Hinsicht sind bei der Gründung die Grundsätze über die Anerkennung von Verträgen zwischen nahen Angehörigen zu beachten.[8] Hierzu gehört, dass die Vereinbarung fremdüblich, klar und eindeutig sowie zivilrechtlich wirksam sein und tatsächlich durchgeführt werden muss.

### *2.1.3 Rechtsstellung des stillen Gesellschafters*

Auch nach Gründung der stillen Gesellschaft bleibt der Geschäftsinhaber alleiniger Träger des Unternehmens und führt Geschäfte ausschließlich im eigenen Namen. Nach der gesetzlichen Konzeption liegt die Geschäftsführungskompetenz allein beim Unternehmensinhaber und die Rechte des stillen Gesellschafters sind gemäß § 233 HGB auf Informations- und Kontrollrechte beschränkt. Seine Ansprüche dem Geschäftsinhaber gegenüber sind rein schuldrechtlicher Natur. Eine Außenhaftung des stillen Gesellschafters besteht nicht. Dies gilt auch bei atypischer Ausgestaltung des stillen Gesellschaftsverhältnisses.[9]

## 2.2 Abgrenzung zwischen typisch und atypisch stiller Beteiligung

Die gesetzlichen Regelungen der §§ 230 ff. HGB sind weitgehend dispositiv. Die Vertragsparteien können daher bei der Errichtung der stillen Gesellschaft die jeweiligen Rechte und Pflichten des Geschäftsinhabers und des stillen Gesellschafters weitgehend frei und abweichend von den gesetzlichen Regelungen festlegen.[10] Weichen die vertraglich vereinbarten Rechte und Pflichten des stillen Gesellschafters von strukturbildenden gesetzlichen Tatbestandsmerkmalen ab, handelt es sich um eine im zivilrechtlichen Sinn atypisch stille Gesellschaft.[11]

Nach hergebrachter Auffassung entspricht dem gesetzlichen Leitbild eine rein kapitalistische Beteiligung ohne Einflussnahme des Stillen auf das betriebliche Geschehen und ohne verbandsmäßige Organisation, bei der eine Verlustbeteiligung des stillen Gesellschafters nicht zwingend ist und dieser während des Bestehens der Gesellschaft an den laufenden Erträgen beteiligt ist.[12] Nach herrschender Auffassung soll eine Beteiligung des stillen Gesellschafters am gesam-

---

[8] Vgl. BFH v. 17.7.2013 X R 31/12, BStBl. II 2013, 1015; BFH v. 17.7.2014, IV R 52/11, BFH/NV 2014, 1949.

[9] MüKoHGB/*K. Schmidt*, HGB, § 230, Rn. 13 m.w.N.

[10] Vgl. auch MüKoHGB/K. Schmidt, HGB, § 230, Rn. 72 m.w.N.

[11] Vgl. MüKoHGB/K. Schmidt, HGB, § 230, Rn. 74.

[12] Vgl. MüKoHGB/K. Schmidt, HGB, § 230, Rn. 70.

ten Unternehmensgewinn und den stillen Reserven des Unternehmensvermögens einer ausdrücklichen Vereinbarung bedürfen.[13]

Eine zivilrechtlich atypische Gestaltung liegt dementsprechend vor, wenn der stille Gesellschafter über Mitwirkungsrechte zumindest vergleichbar denen eines Kommanditisten verfügt und/oder er am gesamten Unternehmensgewinn und im Auflösungsfall unter Abgeltung seines Anteils am Verkehrswert des Unternehmens unter Aufdeckung der stillen Reserven abgefunden wird. Eine zivilrechtlich atypische Gestaltung liegt darüber hinaus bei mehrgliedrigen stillen Gesellschaften, insbesondere Publikumsgesellschaften, vor.

Der letztgenannte atypische Gestaltungsansatz zeigt bereits, dass eine zivilrechtlich atypisch stille Gesellschaft nicht zwingend auch eine atypisch stille Gesellschaft im steuerlichen Sinn sein muss. In steuerlicher Hinsicht liegt eine typisch stille Gesellschaft vor, wenn der stille Gesellschafter gemäß § 20 Abs. 1 Nr. 4 EStG Einkünfte aus Kapitalvermögen erzielt, während eine atypisch stille Gesellschaft eine solche ist, bei der der stille Gesellschafter als Mitunternehmer anzusehen ist und gemäß § 15 Abs. 1 S. 1 Nr. 2 EStG Einkünfte aus Gewerbebetrieb erzielt (vgl. hierzu unter 3.).[14]

Um insbesondere sicherzustellen, dass die beabsichtigte Gestaltung steuerlich anerkannt wird, aber auch zur Vermeidung von Gesellschafterstreit im Einzelfall sollte bei der vertraglichen Ausgestaltung des stillen Gesellschaftsverhältnisses besonderes Augenmerk auf die Regelungen über die Mitwirkungs- und die Vermögensrechte des stillen Gesellschafters gelegt werden.

## 2.3 Abgrenzung der stillen Gesellschaft zur Unterbeteiligung

Eng mit der stillen Beteiligung rechtlich verwandt, aber nicht identisch ist die Unterbeteiligung. In der Praxis wird die Unterscheidung zwischen einer stillen Beteiligung und einer Unterbeteiligung nicht immer mit der erforderlichen Deutlichkeit gezogen. Die stille Beteiligung besteht am Unternehmen selbst, während die Unterbeteiligung an einer Beteiligung an einem Unternehmen besteht. Am Beispiel einer GmbH & Co. KG als Unternehmensinhaberin bedeutet dies, dass der Vertrag über die Errichtung einer stillen Gesellschaft zwischen dem stillen Gesellschafter und der GmbH & Co. KG geschlossen wird, während ein Unterbeteiligungsvertrag zwischen dem Unterbeteiligten und einem Gesell-

---

13 Vgl. etwa RG; Urteil vom 20. Dezember 1929 – II 66/29, RGZ 126, 386; BGH, Urteil vom 29. November 1952 – II ZR 15/52 –, BGHZ 8, 157; MüKoHGB/*K. Schmidt*, § 230, Rn. 79; Heymann/*Horn*, HGB, § 230, Rn. 51; Roth in: Baumbach/Hopt, HGB, § 230, Rn. 3; *Blaurock* in: Blaurock, Handbuch stille Gesellschaft, 2020, Rn. 4.28; a. A. – der stille Gesellschafter ist bereits von Gesetzes wegen am Gesamtgewinn und an den stillen Reserven des geschäftsvermögens beteiligt – etwa *Schulze-Osterloh*, FS Kruse, 2001, S. 377, 387; *Lasa* (jetzt Peters), Der Gewinnanteil des stillen Gesellschafters, Diss. Bonn 2007, S.43 ff.

14 Vgl. MüKoHGB/*K. Schmidt*, HGB, § 230, Rn. 75.

schafter der GmbH & Co. KG zustande kommt, wie die folgenden Abbildungen verdeutlichen:

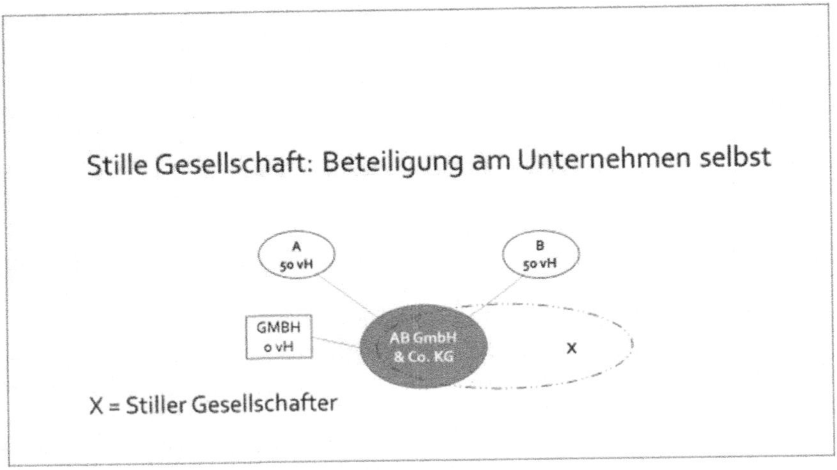


Abbildung 1: Stille Gesellschaft

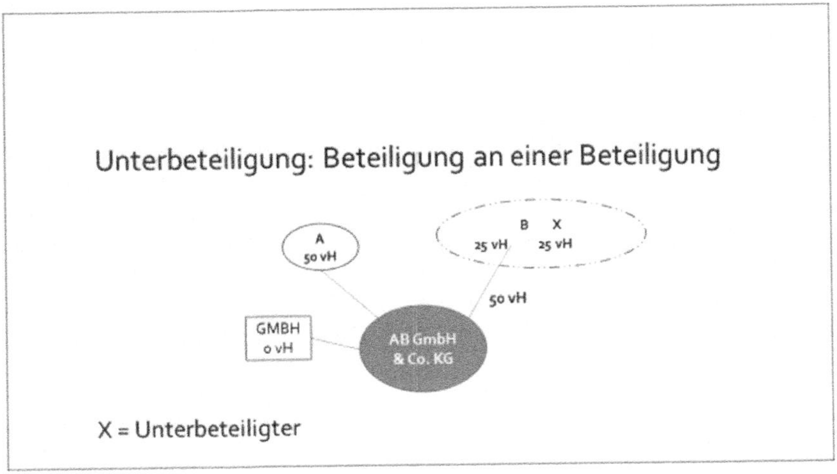


Abbildung 2: Unterbeteiligung

Die Unterscheidung ist nicht nur von akademischem Interesse. Sie ist vor allem von Bedeutung für die Einkünftequalifikation. Während ein typisch Unterbeteiligter ebenso wie der typisch stille Gesellschafter gemäß § 20 Abs. 1 Nr. 4 EStG Einkünfte aus Kapitalvermögen erzielt, erzielt der atypisch Unterbeteiligte nicht zwingend Einkünfte aus Gewerbebetrieb. Besteht die atypische Unterbeteiligung bspw. an einem GmbH-Anteil, erzielt auch der atypisch Unterbeteiligte grundsätzlich Einkünfte aus Kapitalvermögen, sofern er wirtschaftlicher Inhaber der Beteiligung ist.[15]

# 3 Die atypisch stille Gesellschaft als Mitunternehmerschaft

## 3.1 Begriff der Mitunternehmerschaft

Nach ständiger Rechtsprechung des Bundesfinanzhofs ist Mitunternehmer derjenige Gesellschafter, der kumulativ Mitunternehmerinitiative entfalten kann und Mitunternehmerrisiko trägt.[16]

Mitunternehmerinitiative bedeutet dabei vor allem Teilnahme an unternehmerischen Entscheidungen, wie sie z.B. Gesellschaftern oder diesen vergleichbaren Personen als Geschäftsführern, Prokuristen oder anderen leitenden Angestellten obliegen. Ausreichend ist indes schon die Möglichkeit zur Ausübung von Gesellschafterrechten, die wenigstens den Stimm-, Kontroll- und Widerspruchsrechten angenähert sind, die einem Kommanditisten nach dem HGB zustehen oder die den gesellschaftsrechtlichen Kontrollrechten nach § 716 Abs. 1 BGB entsprechen.

Mitunternehmerrisiko trägt, wer gesellschaftsrechtlich oder diesem Status wirtschaftlich vergleichbar am Erfolg oder Misserfolg eines gewerblichen Unternehmens teilnimmt. Dieses Risiko wird regelmäßig durch Beteiligung am Gewinn und Verlust sowie an den stillen Reserven des Anlagevermögens einschließlich eines Geschäftswerts vermittelt.

Die angesprochenen Merkmale können im Einzelfall mehr oder weniger ausgeprägt sein und ein geringeres mitunternehmerisches Risiko kann durch eine besonders starke Ausprägung des Initiativrechts ausgeglichen werden und umgekehrt. Beide Merkmale müssen jedoch vorliegen. Ob dies der Fall ist, ist unter Berücksichtigung aller die rechtliche und wirtschaftliche Stellung einer Person insgesamt bestimmenden Umstände zu würdigen.[17]

---

15 BFH, Urteil vom 18. Mai 2005 – VIII R 34/01 –, BStBl. II 2005, 857.

16 Vgl. nur BFH-Urteile vom 25.6.1981 IV R 61/78, BStBl. II 1982, 59; vom 22.8.2002 IV R 6/01, BFH/NV 2003, 36; vom 17.7.2014 IV R 52/11 , BFH/NV 2014, 1949; vom 13.07.2017 IV R 41/14, BStBl. II 2017, 1133; vom 28.11.2019 – IV R 54/16 –, BFHE 266, 250.

17 Vgl. nur BFH-Urteile vom 25.6.1981 IV R 61/78, BStBl. II 1982, 59; vom 22.8.2002 IV R 6/01, BFH/NV 2003, 36; vom 17.7.2014 IV R 52/11, BFH/NV 2014, 1949; vom 13.07.2017 IV R 41/14, BStBl. II 2017, 1133; vom 28.11.2019 – IV R 54/16 –, BFHE 266, 250.

## 3.2 Anforderungen an die Mitunternehmerstellung des stillen Gesellschafters

Für die Prüfung, ob eine stille Beteiligung im steuerlichen Sinn typisch oder atypisch ist, sind auf der Grundlage der dargestellten Rechtsprechungsgrundsätze des Bundesfinanzhofs die Gesamtumstände, insbesondere die (gesellschafts)vertraglichen Abreden im Einzelfall maßgeblich. Die Vertragsparteien haben hier grundsätzlich einen weiten Gestaltungsspielraum. Auch bei der Frage nach einer Mitunternehmerstellung eines stillen Gesellschafters kann ein geringer ausgeprägtes Mitunternehmerrisiko durch eine besonders starke Ausprägung der Mitunternehmerinitiative kompensiert werden und umgekehrt.

Diese Möglichkeit der Kompensation reicht so weit, dass auch dann eine Mitunternehmerstellung des stillen Gesellschafters zu bejahen ist, wenn dieser zwar neben einer Gewinnbeteiligung und einer auf seine Einlage beschränkten Verlustbeteiligung im Fall des Ausscheidens und der Liquidation an den stillen Reserven des Betriebsvermögens einschließlich des Zuwachses am Firmenwert beteiligt ist, seine Initiativrechte aber auf die des § 233 HGB beschränkt sind.[18]

Fehlt es umgekehrt an ausgeprägten Vermögensrechten, also bspw. an einer Beteiligung des Stillen an den stillen Reserven des Betriebsvermögens oder ist die Verlustbeteiligung ausgeschlossen, müssen dem stillen Gesellschafter – bspw. als Geschäftsführer, Prokurist oder leitendem Angestellten – Aufgaben mit nicht unerheblichem Entscheidungsspielraum zur selbständigen Ausübung vertraglich übertragen werden.[19]

In der Praxis sollte auf eine präzise vertragliche Ausgestaltung der wechselseitigen Vermögens- und Mitwirkungsrechte des stillen Gesellschafters und des Unternehmensinhabers geachtet werden, um das Risiko zu minimieren, dass die beabsichtigte Gestaltung steuerlich nicht anerkannt wird.[20]

## 3.3 Steuerliche Folgen

Die atypisch stille Gesellschaft ist – obwohl zivilrechtlich eine Innengesellschaft – steuerlich ein eigenes Subjekt der Einkünftequalifizierung und Gewinnermittlung.[21]

---

18 BFH v. 19.07.2018, IV R 10/17, BFH/NV 2018, 1228. Auf der Grundlage dieses Ansatzes wäre nach den Vertretern der Gegenauffassung (vgl. oben unter 2.2.) ohne besondere vertragliche Regelung jeder stille Gesellschafter Mitunternehmer.

19 Sächsisches FG, Urteil v. 07.03.2018, 8 K 900/17, juris.

20 Vgl. zu Formulierungsbeispielen bspw. *Peters*, in: Hannes, Formularbuch Vermögens- und Unternehmensnachfolge, A. 1.21 und A 2.61.

21 BFH, Urteil vom 26.11.1996 – VIII R 42/94 –, BFHE 182, 101; BFH, Urteil vom 15. Dezember 1998 – VIII R 62/97 –, BFH/NV 1999, 773; BFH, Urteil vom 21.10.2015 – IV R 43/12 –, BStBl. II 2016, 517.

Im Übrigen gelten die allgemeinen Regelungen der Einkünfteermittlung bei Mitunternehmerschaften. Überlässt der atypisch stille Gesellschafter dem Unternehmensinhaber Wirtschaftsgüter entgeltlich zur betrieblichen Nutzung oder erhält er eine Tätigkeitsvergütung, liegen Sonderbetriebseinnahmen vor. Hat der atypisch stille Gesellschafter seine Beteiligung fremdfinanziert, führen die Fremdkapitalzinsen zu Sonderbetriebsausgaben.

Besteht die stille Beteiligung am Betrieb einer anderen Mitunternehmerschaft, entsteht doppelstöckige Personengesellschaft gemäß § 15 Abs. 1 Satz 1 Nr. 2 Satz 2 EStG, bei der die atypisch stille Gesellschaft ist Untergesellschaft bildet.

In verfahrensrechtlicher Hinsicht sind die Einkünfte des atypisch stillen Gesellschafters und des Unternehmensinhabers als Mitunternehmer gemäß §§ 179, 180 Abs. 1 Nr. 2a AO einheitlich und gesondert festzustellen. Besteht die atypisch stille Beteiligung am Betrieb einer anderen Mitunternehmerschaft, bedarf es jeweils einer selbständigen gesonderten und einheitlichen Feststellung für Unter- und Obergesellschaft.[22]

# 4 Umwandlung einer stillen Beteiligung in eine Hauptbeteiligung

## 4.1 Ausgangslage

Während des Bestehens der atypisch stillen Gesellschaft kann das Bedürfnis entstehen, die stille Beteiligung als solche „umzuwandeln" in der Weise, dass sie in eine Hauptbeteiligung umgestaltet und der stille Gesellschafter auch dinglich zum Mitinhaber des Unternehmens gemacht wird. Als Gründe hierfür kommen bspw. der Vollzug des Generationenwechsels im Unternehmen, die Stärkung der Mitgliedschaftsrechte des (ehemals) stillen Gesellschafters im Unternehmen oder die Stärkung des Haftungskapitals des Unternehmens in Betracht.

Im Folgenden werden die zivilrechtlichen und steuerlichen Rahmenbedingungen für die Umwandlung der atypisch stillen in eine unmittelbare Beteiligung am Beispiel der GmbH & atypisch still – stellvertretend für Kapitalgesellschaften – und der GmbH & Co. KG & atypisch still – stellvertretend für Personenunternehmen – dargestellt. Dabei ist für beide Fallgestaltungen hervorzuheben, dass sich durch die Umwandlungsvorgänge an der zivilrechtlichen Zuordnung des Betriebsvermögens nichts ändert. Der Geschäftsinhaber – in den Beispielsfällen die GmbH und die GmbH & Co. KG – ist während des Bestehens

---

[22] BFH, Urteil vom 07. November 2019 – IV R 9/18 –, BFH/NV 2020, 338. Demgegenüber ist bei der Unterbeteiligung mit Einverständnis aller Beteiligten eine Einbeziehung des Unterbeteiligten in das Feststellungsverfahren der Hauptgesellschaft möglich, vgl. BFH, Urteil vom 21. Oktober 2015 – IV R 43/12 –, BStBl. II 2016, 517.

der atypisch stillen Gesellschaft alleiniger Eigentümer des Betriebsvermögens und bleibt dies auch nach der Umwandlung der stillen Beteiligung in eine Hauptbeteiligung.

## 4.2 Einführende Beispiele

### *4.2.1 Beispiel 1*

A ist als atypisch stiller Gesellschafter an der X-GmbH beteiligt.[23] A ist gleichzeitig auch Gesellschafter der GmbH (sog. „GmbH & atypisch still") und überlässt „seiner" GmbH ein Grundstück zur betrieblichen Nutzung, das Sonderbetriebsvermögen bei der GmbH & atypisch still darstellt.[24] Die atypisch stille Gesellschaft soll in der Weise beendet werden, dass das stille Gesellschaftsverhältnis gekündigt wird, A an einer Kapitalerhöhung der X-GmbH teilnimmt und seinen Anspruch auf Rückzahlung seiner stillen Einlage einbringt.

### *4.2.2 Beispiel 2*

C ist als atypisch stille Gesellschafterin an der T-GmbH & Co. KG beteiligt (sog. „GmbH & Co. KG & atypisch still"). Die atypisch stille Gesellschaft soll in der Weise beendet werden, dass das stille Gesellschaftsverhältnis gekündigt wird, C an einer Erhöhung des Kommanditkapitals der T-GmbH & Co. KG teilnimmt und ihren Anspruch auf Rückzahlung ihrer stillen Einlage als Einlage in die KG leistet.

## 4.3 Zivilrechtliche Gestaltung

### *4.3.1 GmbH & atypisch Still*

Die Umwandlung einer atypisch stillen Beteiligung an einer GmbH in eine Hauptbeteiligung an dieser erfolgt zivilrechtlich in der Weise, dass die stille Gesellschaft aufgelöst wird und der ehemalige stille Gesellschafter in Höhe des Werts seiner stillen Beteiligung eine Sacheinlage gegen Gewährung von Gesellschaftsrechten im Rahmen einer Kapitalerhöhung tätigt.[25] Eine atypisch stille Beteiligung begründet aufgrund der starken Rechtsstellung des stillen Gesellschafters gesellschaftsrechtliche Mitgliedschaftsrechte und ist als eigenständiges Wirtschaftsgut anzusehen.[26] Als solches kann die stille Beteiligung durch Kün-

---

23 Beispiel angelehnt an *Schulze zur Wiesche*, DStZ 2012, 227, 241.

24 Die Zuordnung zum Sonderbetriebsvermögen hat Vorrang vor einer Zuordnung zu einem eigenen Betriebsvermögen des Gesellschafters bspw. aufgrund einer Betriebsaufspaltung, sog. „Subsidiaritätsthese, vgl. Schmidt/*Wacker*, EStG, § 15, Rn. 534; BFH, Urteil vom 24. März 1999 – I R 114/97 –, BStBl. II 2000, 339; BFH, Urteil vom 18. August 2005 – IV R 59/04 –, BStBl. II 2005, 830.

25 Vgl. *Levedag* in: Blaurock, Handbuch Stille Gesellschaft, 2020, Rn. 26.91.

26 BGH, Urteil vom 03.11.2015 II ZR 13/14, NZG 2015, 1396.

digung mit allen Rechten und Pflichten zum Gegenstand einer Sacheinlage gemäß § 53 ff. GmbHG gemacht werden.[27] Durch Vereinigung der Gesellschaftsanteile auf Ebene der GmbH fällt die stille Beteiligung liquidationslos weg.[28]

#### *4.3.2 GmbH & Co. KG & atypisch Still*

Die Ausführungen zur GmbH & atypisch still gelten für die Umwandlung der GmbH & Co. KG & atypisch still entsprechend. Die atypisch stille Beteiligung begründet Mitgliedschaftsrechte und ist als eigenständiges Wirtschaftsgut anzusehen,[29] die zum Gegenstand einer Kapitalerhöhung auf Ebene der GmbH & Co. KG gemacht werden kann. Die stille Gesellschaft wird aufgelöst, ohne dass gemäß § 235 HGB eine Auflösung stattfindet.[30] Die Vermögenseinlage des stillen Gesellschafters wird zu seiner Gesellschaftereinlage bei der Kommanditgesellschaft oder offenen Handelsgesellschaft. Vollzogen wird dies durch eine interne Umbuchung, bei der das Guthaben des Stillen auf sein Kapitalkonto umgebucht wird.[31]

### 4.4 Ertragsteuerliche Folgen

#### *4.4.1 GmbH & atypisch Still*

Die Sacheinlage in die GmbH bei Ausgabe neuer Geschäftsanteile ist ertragsteuerlich als Einbringung eines Mitunternehmeranteils in eine Kapitalgesellschaft gemäß § 20 UmwStG zu beurteilen. Der atypisch stille Gesellschafter als Einbringender bringt als Einbringungsgegenstand seinen Mitunternehmeranteil an der atypischen stillen Gesellschaft in die GmbH ein.[32] Grundsätzlich damit kann das Bewertungswahlrecht des § 20 Abs. 2 S. 3 UmwStG zur Anwendung kommen und die Einbringung zum Buchwert ohne Aufdeckung stiller Reserven durchgeführt werden.

Besonderheiten bestehen hierbei dann, wenn der atypisch stille Gesellschafter über Sonderbetriebsvermögen verfügt. Bei einer GmbH & atypisch still wie im Beispielsfall gehören die GmbH-Anteile als funktional wesentliche Betriebsgrundlagen zum Sonderbetriebsvermögen des Mitunternehmeranteils des stillen Gesellschafters.[33] Ebenso gehören, wie im Beispielsfall das an die X-

---

27 BGH, Urteil vom 03.11.2015 II ZR 13/14, NZG 2015, 1396.
28 BGH, Urteil vom 03.11.2015 II ZR 13/14, NZG 2015, 1396.
29 BGH, Urteil vom 03.11.2015 II ZR 13/14, NZG 2015, 1396.
30 Vgl. *Levedag* in: Blaurock, Handbuch Stille Gesellschaft, 2020, Rn. 26.98.
31 Vgl. *Levedag* in: Blaurock, Handbuch Stille Gesellschaft, 2020, Rn. 26.98; Koch/Ott, nwb 2018, S. 2501, 2504.
32 *Herlinghaus* in: Rödder/Herlinghaus/van Lishaut, UmwStG, § 20, Rn. 97; *Levedag* in: Blaurock, Handbuch Stille Gesellschaft, 2020, Rn. 26.92.
33 Vgl. *Levedag* in: Blaurock, Handbuch Stille Gesellschaft, 2020, Rn. 22.42 ff.

GmbH vermietete Grundstück, Wirtschaftsgüter dazu, die dem Geschäftsbetrieb der Mitunternehmerschaft zur Nutzung überlassen wurden. Nach Auffassung der Finanzverwaltung[34] besteht das Bewertungswahlrecht des § 20 Abs. 2 S. 3 UmwStG für das in die GmbH eingebrachte Betriebsvermögen nur dann, wenn funktional wesentliches Sonderbetriebsvermögen in die Kapitalgesellschaft eingebracht wird, da sonst kein „Mitunternehmeranteil" iSv § 20 UmwStG auf die Kapitalgesellschaft übergeht. Während die Umsetzung mit Blick auf Sonderbetriebsvermögen, das der Gesellschaft zur Nutzung überlassen wurde, durch zivilrechtliche Übereignung möglich ist, müsste die Einbringung der GmbH-Anteile als eigene Anteile erfolgen, was aufgrund der gesetzlichen Vorgaben zur Bildung eigener Anteile gemäß § 33 GmbHG problematisch ist.[35]

Die Auflösung dieser Problematik ermöglicht die Billigkeitsregelung, welche die Finanzverwaltung in Tz. 20.09 UmStE 2011 vorsieht. Der Einbringende, also der atypisch stille Gesellschafter, muss danach unwiderruflich beantragten, die Anteile an der Kapitalgesellschaft nicht miteinzubringen. Er muss sich außerdem damit einverstanden erklären, dass die zurückbehaltenen Anteile an der übernehmenden Gesellschaft künftig in vollem Umfang als Anteile zu behandeln sind, die durch eine Sacheinlage erworben worden sind und für die dementsprechend § 22 Abs. 1 UmwStG anzuwenden ist. Als Anschaffungskosten der Neu- und Altanteile, die zusammen die erhaltenen Anteile bilden, sollen nach Verwaltungsauffassung der Wertansatz des eingebrachten Vermögens zuzüglich des Buchwerts der zurückbehaltenen Anteile gelten.

Nimmt der stille Gesellschafter die Billigkeitsregelung in Anspruch, unterliegen danach sowohl die im Rahmen der Kapitalerhöhung erhaltenen Neuanteile, als auch die zurückbehaltenen Altanteile den Rechtfolgen des § 22 UmwStG.[36] Neben der Buchwertfortführung auf Ebene der GmbH ermöglicht es die dargestellte Billigkeitsregelung in Tz. 20.09 UmwStE 2011 also, die im Sonderbetriebsvermögen befindlichen Kapitalgesellschaftsanteile trotz der Zurückbehaltung in steuerverstrickte Anteile im Privatvermögen zu transformieren, ohne die stillen Reserven in den vorhandenen Altanteilen – die im Beispielsfall den gesamten Unternehmenswert der X-GmbH umfassen – aufzudecken.[37] Dabei ist der Antrag, Anteile zurückzubehalten, vom atypisch stillen Gesellschafter als Einbringendem bei dem Finanzamt zu stellen, bei dem die Kapitalgesellschaft den Antrag auf Buchwert- oder Zwischenwertansatz gemäß § 20 Abs. 2 S. 3 UmwStG zu stellen hat.[38]

34 Vgl. UmwStE 2011, BStBl. I 2011, 1314, Tz. 20.05 und 20.06.
35 Vgl. *Levedag* in: Blaurock, Handbuch Stille Gesellschaft, 2020, Rn. 26.92.
36 Vgl. *Levedag* in: Blaurock, Handbuch Stille Gesellschaft, 2020, Rn. 26.93.
37 Vgl. *Levedag* in: Blaurock, Handbuch Stille Gesellschaft, 2020, Rn. 26.97.
38 Vgl. *Levedag* in: Blaurock, Handbuch Stille Gesellschaft, 2020, Rn. 26.94.

### *4.4.2 GmbH & Co. KG & atypisch Still*

Steuerlich wird bei der Umwandlung einer atypisch stillen Beteiligung in eine Hauptbeteiligung an einer Personengesellschaft eine mitunternehmerische Beteiligung durch eine andere ersetzt. Nach ständiger Rechtsprechung des Bundesfinanzhofs führt die „Umwandlung“ einer Mitunternehmerschaft in eine Mitunternehmerschaft anderer Rechtsform nicht zu einer Aufdeckung von stillen Reserven.[39] Dies soll auch bei Umwandlungen von Außengesellschaften in Innengesellschaften, insbesondere atypisch stille Gesellschaften, gelten.[40] Für den umgekehrten Fall, die Umwandlung einer Innen- in eine Außengesellschaft, dürfe dies ebenfalls gelten.

Zur Begründung der Erfolgsneutralität der Umwandlung sind zwei Ansätze denkbar. Zum einen kann der Umwandlungsvorgang als ununterbrochene mitunternehmerische Beteiligung im Sinne einer „formwechselnden Umwandlung angesehen werden. Zum anderen könnte eine tauschähnliche Einbringung in die neue Gesellschaft gegen Gewährung von Gesellschaftsrechten iSv § 24 UmwStG angenommen werden,[41] da die atypisch stille Gesellschaft im Zuge des Vorgangs aufgelöst wird und der stille Gesellschafter Einbringender seines ganzen Mitunternehmeranteils ist.[42] Für das steuerliche Ergebnis – die Erfolgsneutralität – kann offen bleiben, welcher Begründungsansatz als zutreffend angesehen wird.[43] Im Zweifel sollte die Außen-Personengesellschaft, im Beispielsfall die T-GmbH & Co. KG, im Jahr der Auflösung der atypisch stillen Beteiligung den Antrag auf Buch- oder Zwischenwertansatz gemäß § 24 Abs. 2 S. 2 UmwStG stellen.

In verfahrensrechtlicher Hinsicht hat die Umwandlung der stillen Beteiligung in eine Hauptbeteiligung zur Folge, dass zukünftig auf eine zweite einheitliche und gesonderte Gewinnfeststellung für die atypisch stille Gesellschaft verzichtet werden[44] und der ehemals stille Gesellschafter als neuer Kommanditist in das Gewinnfeststellungsverfahren der KG einbezogen werden kann.

---

39 BFH-Urteile vom 20. September 2007 IV R 10/07, BStBl II 2008, 118 und vom 28. November 1989 VIII R 40/84, BFHE 159, 410, BStBl II 1990, 561; BFH, Beschluss vom 16. April 2010 – IV B 94/09 –, BFH/NV 2010, 1272.

40 BFH-Urteile vom 20. September 2007 IV R 10/07, BStBl II 2008, 118 und vom 28. November 1989 VIII R 40/84, BFHE 159, 410, BStBl II 1990, 561; BFH, Beschluss vom 16. April 2010 – IV B 94/09 –, BFH/NV 2010, 1272.

41 Vgl. Widmann in Widmann/Mayer, Umwandlungsrecht, § 24 UmwStG, Rn. 61.

42 So Tz. 24.01 iVm Tz. 20.02 UmwStE (BStBl. I 2011, 1314); Herlinghaus in: Rödder/Herlinghaus/van Lishaut, UmStG, § 20 UmwStG, Rn. 89, 93, 97; Schmitt in: Schmitt/Hörtnagl, UmwStG, § 24, Rn. 67.

43 Offen gelassen bspw. von BFH, Beschluss vom 16. April 2010 – IV B 94/09 –, BFH/NV 2010, 1272.

44 Vgl. hierzu oben unter 3.3.

## 5 Exkurs: Umwandlungsvorgänge auf Ebene des Unternehmensinhabers

Die stille Beteiligung besteht gemäß § 230 Abs. 1 HGB an dem Betrieb eines Handelsgewerbes. Dieses kann in unterschiedlicher Rechtsform betrieben werden, welche sich auch während des Bestehens der stillen Gesellschaft ändern kann. Im Grundsatz haben Umwandlungsvorgänge auf Ebene des Geschäftsinhabers keinen Einfluss auf das Bestehen der (atypisch) stillen Gesellschaft.

Ein Formwechsel nach § 191 ff. UmwG lässt den vorhandenen Rechtsträger gemäß § 202 UmwG in neuer Rechtsform fortbestehen. Das stille Gesellschaftsverhältnis setzt sich dementsprechend fort.[45]

Auch Verschmelzungsvorgänge lassen die stille Beteiligung unberührt. Bei Verschmelzung einer GmbH als Geschäftsinhaberin auf einen übernehmenden Rechtsträger bleibt die stille Gesellschaft bestehen und wird mit dem übernehmenden Rechtsträger fortgesetzt. Bei Buchwertfortführung kommt es auch auf Ebene des stillen Gesellschafters nicht zu einer Aufdeckung stiller Reserven, da sich die Buchwertfortführung auch auf den Mitunternehmeranteil an der atypisch stillen Beteiligung bezieht.[46]

Bei Verschmelzung einer Außen-Personengesellschafterin als Geschäftsinhaberin auf eine andere Personengesellschaft unterfällt der Vorgang § 24 UmwStG. Auch hier ist bei entsprechender Antragstellung durch die aufnehmende Personengesellschaft eine Buchwertfortführung möglich. In diesem Fall geht auch der Mitunternehmeranteil der verschmolzenen Personengesellschaft an der atypisch stillen Gesellschaft zum Buchwert über.[47]

Im Fall einer Spaltung nach §§ 123 ff. UmwG entscheidet der Spaltungsvertrag bzw. der Spaltungsplan über den Übergang der Rechte und Pflichten aus dem stillen Gesellschaftsverhältnis auf den übernehmenden Rechtsträger.[48]

## 6 Ausblick: Optionsmodell

Auf politischer Ebene wird seit einiger Zeit eine Modernisierung des Körperschaftsteuerrechts diskutiert. Kernstück der Reformüberlegungen ist zwecks Schaffung von Rechtsformneutralität und zur Verbesserung der Wettbewerbsbedingungen für Unternehmen ein Optionsmodell, nach dem sich Personenhandelsgesellschaften auf Antrag ertragsteuerlich als Körperschaftsteuersubjekte

45 MüKoHGB/*K. Schmidt*, HGB, § 234, Rn. 31.

46 Vgl. *Levedag* in: Blaurock, Handbuch Stille Gesellschaft, 2020, Rn. 26.101; *Koch/Ott*, nwb 2018, S. 2501, 2506.

47 Vgl. *Levedag* in: Blaurock, Handbuch Stille Gesellschaft, 2020, Rn. 26.102; *Rennar*, nwb 2018, 3333, 3340.

48 MüKoHGB/*K. Schmidt*, HGB, § 234, Rn. 37.

behandeln lassen können. Im Entwurf des Gesetzes zur Modernisierung des Körperschaftsteuerrechts (KöMoG) der Bundesregierung vom 24. März 2021[49] ist in § 1a KStG-E die Einführung einer Option zur Körperschaftsbesteuerung vorgesehen. Der Bundestag hat das Gesetz – nach einigen Änderungen im Finanzausschuss[50] – am 21. Mai 2021 beschlossen. Ziel ist es, das Gesetzgebungsvorhaben bis zum Ende der Legislaturperiode abzuschließen.

Das KöMoG sieht eine Wahlrechtsausübung erstmals zum 1. Januar 2022 vor. Nach § 1a Abs. 1 KStG-E[51] soll eine Personenhandelsgesellschaft (oder Partnerschaftsgesellschaft) auf unwiderruflichen Antrag für Zwecke der Besteuerung nach dem Einkommen wie eine Kapitalgesellschaft und ihre Gesellschafter wie die nicht persönlich haftenden Gesellschafter einer Kapitalgesellschaft zu behandeln sein. Der Übergang zur Körperschaftsbesteuerung soll gemäß § 1a Abs. 2 KStG-E[52] als fiktiver Formwechsel iSv § 25 UmwStG gelten.

In Bezug auf die hier dargestellten Umwandlungsfragen sind erste vorsichtige Aussagen in Bezug auf das Optionsmodell möglich. Für den Fortbestand einer atypisch stillen Beteiligung an einer Personengesellschaften dürfte eine Option zur Körperschaftsteuer als solche zunächst keine rechtlichen Auswirkungen haben, da auch ein Formwechsel von der Personen- zur Kapitalgesellschaft die stille Beteiligung unberührt lässt.[53]

Sollte die stille Beteiligung nach der Option der Personengesellschaft zur Körperschaftsteuer in eine Hauptbeteiligung umgewandelt werden sollen, dürfte dies eine „hybrides" Betrachtung erfordern: Zivilrechtlich dürfte sich keine Änderung ergeben und die „Umwandlung" nach den unter 4.3.2. dargestellten Grundsätzen erfolgen. Ertragsteuerlich dürfte die stille Beteiligung infolge der Option am Unternehmen einer Kapitalgesellschaft bestehen, ertragsteuerlich also eine „Kapitalgesellschaft & atypisch still" vorliegen. Die Umwandlung in eine unmittelbare Beteiligung dürfte sich nach den oben unter 4.4.1. dargestellten Grundsätzen vollziehen und unter Anwendung des § 20 UmwStG im Grundsatz erfolgsneutral möglich sein. Die wesentliche Problematik dürfte auch hier im Umgang mit dem Sonderbetriebsvermögen des atypisch stillen Gesellschafters bestehen.[54]

---

49 BT-Drs. 19/28656, 19/29642.
50 Vgl. BT-Drs. 19/29843.
51 Vgl. BT-Drs. 19/29843.
52 Vgl. BT-Drs. 19/29843.
53 Vgl. hierzu unter 4.
54 Vgl. zur Behandlung des Sonderbetriebsvermögens auch Frage 10 der kleinen Anfrage vom 25.09.2020, BT-Drucks. 19/22845.

# 7 Zusammenfassung

Die Umwandlung einer atypisch stillen Beteiligung an einer Personen- oder Kapitalgesellschaft in eine Hauptbeteiligung an einer solchen kann in der Praxis verschiedene Gründe haben. Häufiger Anwendungsfall dürfte die Gestaltung einer Unternehmensnachfolge sein. Ertragsteuerlich sind sowohl die Umwandlung in eine GmbH-Beteiligung, als auch die Umwandlung in eine Personengesellschaftsbeteiligung im Ergebnis erfolgsneutral möglich.

# Literatur

Schmidt, K. (2019). *Münchner Kommentar zum Handelsgesetzbuch – Band 3*. 4. Auflage. München: Beck.

Hopt, K. J. et al. (2020). *Handelsgesetzbuch, Kommentar*. 39. Auflage. München: Beck.

Rödder, T., Herlinghaus, A. & van Lishaut, Ingo (2019). *Umwandlungssteuergesetz: Kommentar*. 3. Auflage. München: Beck.

Schmitt, J. & Hörtnagl, R. (2020). *Umwandlungsgesetz, Umwandlungssteuergesetz*. 9. Auflage. München: Beck.

Widmann, S. & Mayer, D. (2015). *Umwandlungsrecht: Kommentar*. Bonn: Stollfuß.

Blaurock, U. et al. (2020). *Handbuch Stille Gesellschaft*. 9. Auflage. München: Beck..

Hannes, F. et al. (2017). *Formularbuch Vermögens- und Unternehmensnachfolge*. 2. Auflage. München: Beck.

Lasa, F. (2006). *Der Gewinnanteil des stillen Gesellschafters*. Berlin, Münster, London, Wien Zürich: LIT Verlag.

Schulze zur Wiesche, D. (2012). Einbringung des Betriebs einer Personengesellschaft in eine Kapitalgesellschaft unter Berücksichtigung des UmwSt-Erlasses 2011. *DStZ*, S. 227.

Koch, C. & Ott, S. (2018). Die Umwandlung einer (a)typisch stillen in eine Hauptbeteiligung, *NWB*, S. 2501.

Rennar, T. (2018). Ertragsteuerliche Implikationen bei atypisch stiller Beteiligung an einer Personengesellschaft. *NWB*, S. 33.

# Die steuerliche Relevanz der Konzernrechnungslegung unter besonderer Berücksichtigung der Bestimmung des Konsolidierungskreises für den Eigenkapitalquotenvergleich bei der Zinsschranke

*Prof. Dr. Markus Oblau*[1]

*Keywords: Konzernrechnungslegung, Konzernbesteuerung, Zinsschranke, Gemeinsame konsolidierte Körperschaftsteuer Bemessungsgrundlage, länderbezogener Bericht multinationaler Unternehmensgruppen*

*Abstract*

*Die Konzernrechnungslegung ist eigentlich ein rein handelsrechtliches Thema. Zunächst hat sie für die Besteuerung keine originäre Funktion in Deutschland. Für die steuerliche Belastung ist die Einzelbilanz (genauer: die Steuerbilanz) jeder einzelnen Konzerngesellschaft relevant. Lediglich im Rahmen der ertragsteuerlichen Organschaft kann eine Verlagerung von Besteuerungssubstrat im Rahmen einer Konzernorganisation stattfinden.*
*Dennoch hat der Gesetzgeber in den letzten Jahren durch neue gesetzliche Regelungen der Konzernrechnungslegung eine Bedeutung im Steuersystem verschafft. Zur Verrechnungspreiskontrolle müssen Konzerne einen länderbezogenen Bericht erstellen. Im Rahmen der Zinsschranke können Konzerne die Anwendung über einen Eigenkapitalquotenvergleich vermeiden. Latente Steuern bilden im Konzernabschluss steuerliche Auswirkungen in der Rechnungslegung ab. Auf EU-Ebene ist ein Projekt für eine gemeinsame konsolidierte Körperschaftsteuer Bemessungsgrundlage entstanden. Der Beitrag zeigt die Interdependenzen zwischen Konzernrechnungslegung und Besteuerung auf.*

---

1 Prof. Dr. Markus Oblau | Hochschule Niederrhein Mönchengladbach/Krefeld | markus.oblau@hs-niederrhein.de


N. Antonakopoulos et al. (Hrsg.), *Unternehmenskauf und Unternehmensumwandlung*, https://doi.org/10.1007/978-3-658-34138-1_5

# 1 Problemstellung

Die Konzernrechnungslegung ist eigentlich ein Thema des Handelsrechts. In Deutschland existiert eine Besteuerung des Konzerns als wirtschaftliche Einheit nicht. Steuerpflichtig ist vielmehr die einzelne Konzerngesellschaft. Die Höhe der (Ertrags-)Besteuerung bemisst sich nach der einzelnen (Steuer-)Bilanz der jeweiligen Gesellschaft. In mehreren gesetzlichen Neuregelungen der letzten Zeit hat der Gesetzgeber jedoch der Konzernrechnungslegung eine Bedeutung für das Steuerrecht gegeben. Dabei hat der Gesetzgeber darauf verzichtet, ein eigenes steuerliches Konzernrechnungslegungssystem zu schaffen. Stattdessen nutzt der steuerliche Gesetzgeber den Verweis auf das Handelsrecht, damit erspart er sich eigene steuerliche Regelungen.

Die Abbildung latenter Steuern im Konzernabschluss ist das bilanziell auffälligste Verbindungselement zwischen Konzernrechnungslegung und Besteuerung. Um Verrechnungspreise besser kontrollieren zu können, müssen Konzerne einen länderbezogenen Bericht erstellen und der Finanzverwaltung übermitteln. Die EU versucht seit Jahren, eine europaweite Besteuerung zu schaffen. Allerdings sind bislang lediglich Richtlinienentwürfe zu einer gemeinsamen konsolidierten Körperschaftsteuer Bemessungsgrundlage beschlossen worden. Eine Belastungswirkung entfaltet jedoch die Zinsschranke, bei der Konzerne durch Anwendung der Eigenkapitalvergleichsklausel die negativen Folgen der Begrenzung des Zinsabzuges vermeiden können. Hierbei ist eine besondere Problematik, wie in Abhängigkeit von unterschiedlichen Rechnungslegungssystemen der Konsolidierungskreis bestimmt werden kann.

Ziel dieses Beitrages ist es, die wesentlichen Interdependenzen zwischen handelsrechtlicher Konzernrechnungslegung und der Besteuerung in Deutschland herauszuarbeiten. Dabei gibt das 2. Kapitel einen Überblick über die relevanten steuerrechtlichen Teilbereiche, die einen Bezug zur Konzernrechnungslegung aufweisen. Ausgehend von der Systematik der Konzernbesteuerung werden die Abbildung der latenten Steuern und der länderbezogene Bericht für multinationale Unternehmensgruppen behandelt.

Diese haben allerdings eher informatorische Bedeutung und wirken sich nicht unmittelbar auf die steuerliche Belastung aus. Allerdings kommt dem Eigenkapitalvergleich im Rahmen der Zinsschranke für Konzerne durchaus eine materielle Bedeutung zu. Hier kann die Anwendung der Zinsabzugsbeschränkung vermieden werden. Im 3. Kapitel wird die Grundproblematik der Zinsschranke analysiert. Das 4. Kapitel vertieft im Anschluss die Regelungen der Eigenkapitalquoten-Vergleichsklausel. Das 5. Kapitel untersucht den Problemkreis der Bestimmung des Konsolidierungskreises in Abhängigkeit des verwendeten Rechnungslegungssystems und als letztes Kapitel werden die wesentlichen Erkenntnisse zusammengefasst und ein perspektivischer Ausblick in die Zukunft unternommen.

# 2 Steuerliche Relevanz der Konzernrechnungslegung

## 2.1 Generelles zur Konzernbesteuerung

Der Konzern selbst ist im deutschen Steuerrecht kein Steuersubjekt. Insofern gibt es also keine Konzernbesteuerung an sich. Besteuert wird im deutschen Steuersystem jede konzernangehörige Gesellschaft, nach dem für diese Gesellschaft geltenden Besteuerungssystem. Der Konzern ist daher in seinem Ursprung ein handels- und gesellschaftsrechtlicher Begriff.[2]

Die grundlegende handelsrechtliche Definition erfolgt in § 290 HGB. Danach sind Kapitalgesellschaften mit Sitz im Inland zur Aufstellung eines Konzernabschlusses verpflichtet, wenn sie mindestens über ein anderes Unternehmen unmittelbar oder mittelbar beherrschenden Einfluss ausüben können. § 290 Abs. 2 HGB enthält die wesentlichen Kriterien für das Vorliegen des beherrschenden Einflusses: Mehrheit der Stimmrechte (Nr. 1), Recht die Mitglieder der Geschäftsführungsorgane zu bestimmen (Nr. 2), Vorliegen eines Beherrschungsvertrages (Nr. 3), das Tragen der Mehrheit der Chancen und Risiken (Nr. 4).[3]

Im Aktienrecht enthält § 18 AktG eine eigenständige Konzernvorschrift. Danach sind AG (und analog andere Kapitalgesellschaften) mit Sitz im Inland zur Aufstellung eines Konzernabschlusses verpflichtet, wenn sie die einheitliche Leitung über die Geschäftspolitik mind. einer weiteren Gesellschaft ausüben. Dies ist eine traditionelle Konzeption des deutschen Gesetzgebers, während das Kontrollkonzept des § 290 HGB dem vergleichbaren Ansatz von IFRS 10 bzw. früher IAS 27 folgt. Die einheitliche Leitung setzt eine Unternehmensführung durch eine zentrale Willensbildungseinheit des Leitungsunternehmens voraus. Es handelt sich um eine Tatsachenfrage, während die Konzeption des § 290 HGB eine abstrakte systemische Rechtsfrage ist.[4]

Während durch die ersten beiden Varianten ausschließlich Kapitalgesellschaften zur Aufstellung eines Konzernabschlusses verpflichtet werden (die Rechtsform der abhängigen Konzerngesellschaften sind ebenso wie die Frage ob ein inländischer oder ausländischer Sitz vorliegt unerheblich), enthält § 11 des Publizitätsgesetzes (PublG) eine Rechtsform-unabhängige Verpflichtung zur Aufstellung eines Konzernabschlusses. Damit können z.B. auch Personengesell-

---

[2] Vgl. Wacker, Seibold und Oblau (2005), S. 213.
[3] Vgl. Merkt in Baumbach und Hopt (2020), Tz. 7ff.
[4] Vgl- Busse von Colbe et. al. (2010), S. 57ff.

schaften Muttergesellschaft eines Konzerns sein.[5] Das Gesetz definiert Größenkriterien, die bei Überschreiten die Aufstellungspflicht auslösen: Wenn zwei der drei folgenden Kriterien an drei aufeinanderfolgenden Bilanzstichtagen einer Konzernbilanz überschritten werden:

1. die Bilanzsumme beträgt mehr als 65 Mio. €,
2. der Jahresumsatz beträgt mehr als 130 Mio. € pro Jahr oder
3. es werden durchschnittlich mehr als 5.000 Arbeitnehmer beschäftigt.

Die Rechtsfolge der Aufstellungspflicht ist die Erstellung einer Konzernbilanz (mit zusätzlicher Konzerngewinn- und Verlustrechnung, Konzernanhang, Lagebericht und Nebenrechnungen wie z.B. Eigenkapitalspiegel). Technisch geschieht dies durch Konsolidierung der Bilanzen und GuV's der einzelnen Konzerngesellschaften.[6]

Das deutsche Steuerrecht kennt hingegen keinen eigenen Konzernbegriff. Der Konzern ist auch kein eigenes Steuerrechtssubjekt. Daher gewinnt die Konzernbilanz auch keine Steuerbemessungsfunktion. Sie hat lediglich handelsrechtliche Informationsfunktionen.

Steuersubjekt sind im Steuerrecht die einzelnen konzernangehörigen Gesellschaften. Für die Steuerpflicht der einzelnen Gesellschaft ist es unerheblich, ob es sich um eine Konzernobergesellschaft (z.B. die Muttergesellschaft), eine Gesellschaft in der Mitte der Konzernstruktur (z.B. eine Zwischenholding) oder eine Gesellschaft am Ende der Konzernstruktur handelt.[7] Maßgebend für die Besteuerung ist vielmehr die Rechtsform der einzelnen Gesellschaft sowie der Sitz bzw. der Ort der Geschäftsleitung. Zusätzlich muss geprüft werden, welche Art der Einkünfte vorliegt.

Konzerngesellschaften, die Kapitalgesellschaften sind, können der deutschen Körperschaftsteuerpflicht unterliegen. Die unbeschränkte Körperschaftsteuerpflicht (§ 1 Abs. 1 KStG) ist gegeben, wenn entweder der statuarische Sitz oder der Ort der Geschäftsleitung in Deutschland belegen sind. Rechtsfolge ist die Besteuerung des Welteinkommens der Kapitalgesellschaft. Sofern sowohl der Sitz als auch die Geschäftsleitung im Ausland sind, kann noch die beschränkte Steuerpflicht des § 2 KStG in Betracht kommen. Hierbei werden die aus deutscher Sicht inländischen Einkünfte der Besteuerung unterworfen.[8]

Sofern eine Personengesellschaft einem Konzern angehört, wird Sie nach dem Transparenzprinzip des § 15 Abs. 1 Satz 1 Nr. 2 EStG besteuert. Dabei wird

---

[5] Vgl. Möller et. al. (2018), S. 60f.
[6] Vgl. Busse von Colbe et. al. (2010), S. 60ff.
[7] Vgl. Sauter, Heurung und Oblau (2002), S. 1676.
[8] Vgl. Wacker, Seibold und Oblau (2005), S. 213.

nicht die Personengesellschaft selbst besteuert, sondert die Einkünfte werden auf der Gesellschaftsebene einheitlich festgestellt und den Gesellschaftern entsprechend ihrer Beteiligung gesondert zugerechnet.[9] Je nach Gesellschafter kommt es dann bspw. zur Belastung mit Körperschaftsteuer, wenn eine Kapitalgesellschaft an der Personengesellschaft beteiligt ist. Lediglich für die Gewerbesteuer ist die Personengesellschaft selbst Besteuerungssubjekt. Kapitalgesellschaften sind immer gewerblich tätig und unterliegen damit der Gewerbesteuer.[10]

Rein ausländische Konzerngesellschaften, die keine inländischen Einkünfte erzielen, lösen keine deutsche Steuerpflicht aus und sind ggf. nur in ausländischen Staaten steuerpflichtig. Die Steuerpflicht und die Einkünfte sind für jede einzelne Gesellschaft zu prüfen. Daher hat der Konzernabschluss für die Besteuerung als Bemessungsgrundlage keinerlei Bedeutung. Die Besteuerung erfolgt auf der Ebene jeder einzelnen konzernangehörigen Gesellschaft und dort muss auch die steuerliche Bemessungsgrundlage ermittelt werden.

### 2.2 Handelsrechtliche Konzernrechnungslegung und steuerliche Ge winnermittlung

Da der Konzern kein Steuersubjekt ist und daher auch keine Steuerpflicht in seiner Eigenschaft als Konzern im deutschen Steuerrecht auslösen kann, kommt der Konzernrechnungslegung auch zunächst nur handelsrechtliche Bedeutung zu.[11] Als wichtigste Funktion wird die Informationsfunktion für den Kapitalmarkt, die Anteilseigner, Mitarbeiter und staatliche Aufsichts- und Lenkungsinstitutionen angesehen.[12] Durch globalisierte Kapitalmärkte gewinnen daher auch die IAS/IFRS-Normen erhöhte Bedeutung und der deutsche Gesetzgeber verpflichtet kapitalmarktorientierte Unternehmen ihre Konzernbilanzen und Konzern-GuV nach internationalen Rechnungslegungsnormen aufzustellen (§ 315e HGB).[13]

Handels- und gesellschaftsrechtlich kann der Konzernabschluss auch nicht für die Bemessung der Gewinnausschüttungen an die Anteilseigner genutzt werden. Er hat keine Ausschüttungsbemessungsfunktion. Die Höhe der Gewinnausschüttung und der Gewinnausschüttungsbeschluss kann nur auf der Grundlage einer handelsrechtlichen Einzelbilanz der ausschüttenden Gesellschaft festgelegt werden und erfolgen.

---

[9] Vgl. Wacker in Schmidt (2020), § 15 EStG, Tz. 250ff.
[10] Vgl. Seibold-Freund und Oblau (2019), S. 31ff.
[11] Vgl. Sauter, Heurung und Oblau (2002), S. 202ff.
[12] Vgl. Busse von Colbe et. al (2010), S. 26ff.
[13] Vgl. Möller et. al. (2018), S. 75ff.

Insofern hat die Konzernbilanz eine Ergänzungsfunktion. Handelsrechtlich tritt sie zum Einzelabschluss hinzu. Bei Betrachtung der technischen Erstellung einer Konzernbilanz wird aus der ursprünglichen Handelsbilanz (der sog. HB I) der Konzernabschluss aus den jeweiligen HB I / GuV I aller im Konsolidierungskreis befindlichen Gesellschaften gebildet. Dabei werden zunächst die Bilanzen im Konzern vereinheitlicht (Handelsbilanz II bzw. GuV II) und ggf. die Bilanz- bzw. GuV-Werte neu bewertet (HB III). Die Zusammenfassung aller Einzelbilanzen in der Summenbilanz führt nach Durchführung der Konsolidierungsmaßnahmen zur Konzernbilanz (bzw. Konzern-GuV).[14]

Demgegenüber bleibt das Steuersystem für die Steuerbemessung auf der Ebene der Einzelbilanz (bzw. Einzel-GuV). Jede steuerpflichtige Gesellschaft ermittelt bilanziell ihren Gewinn. Dabei verwendet das deutsche Steuerrecht allerdings nicht die originäre Handelsbilanz.[15] Im Rahmen des sog. Maßgeblichkeitsprinzips des § 5 Abs. 1 Satz 1 EStG bildet die Handelsbilanz zwar den Ausgangspunkt auch der steuerlichen Gewinnermittlung, allerdings verändern die §§ 5 ff. EStG die Ermittlung des steuerlichen Gewinns erheblich. Besondere steuerliche Einkommensermittlungsvorschriften in weiteren Steuergesetzen wie z.B. § 8b KStG oder die §§ 8 und 9 GewStG greifen zusätzlich in die Gewinnermittlung ein.[16] Die Organschaftsvorschriften der §§ 14ff. KStG ermöglichen innerhalb einer Konzernstruktur die Einkommenszurechnung von Organgesellschaften zu Organträgern.[17] Ohne eine Konsolidierung erfolgt damit wirtschaftlich eine Saldierung der ökonomischen Ergebnisse der beteiligten Gesellschaften.[18] Für Auslandsgesellschaften im Konzern gelten die jeweiligen Gewinnermittlungsvorschriften in denjenigen Staaten, in denen sie die unbeschränkte oder beschränkte Steuerpflicht auslösen.

Die Steuerbelastung des Gesamtkonzerns setzt sich dann aus der additiven Betrachtung aller Steuerbelastungen der konzernangehörigen Gesellschaften zusammen. Aus steuerlicher Sicht findet also gerade keine Konsolidierung statt. Eine Zusammenfassung der einzelnen Bilanzen der Konzerngesellschaften wird nicht vorgenommen. Aus betriebswirtschaftlicher Sicht erfolgt die Besteuerung eines Konzerns daher auf Grundlage einer „Stand-Alone-Betrachtung" des steuerlichen wirtschaftlichen Ergebnisses der einzelnen Konzerngesellschaft in der jeweiligen Jurisdiktion, in der eine Steuerpflicht ausgelöst wurde.

---

[14] Vgl. Möller et.al. (2018), S. 117ff.

[15] Vgl. Wacker, Seibold und Oblau (2005), S. 213.

[16] Vgl. Binnewies in Streck (2018), § 8b KStG Tz. 32ff.

[17] Vgl. Sauter, Heurung und Oblau (2001), S. 2448.

[18] Vgl. Heurung, Oblau und Röker (2002), S. 620ff.

## 2.3 Latente Steuern im Konzernabschluss

Der auffälligste Punkt bei der Untersuchung der Interdependenzen zwischen Konzernrechnungslegung und Steuern ist sicherlich die Bilanzposition latente Steuern in der Konzernbilanz und die Steuerpositionen in der Konzern-GuV. Im handelsrechtlichen Konzernrechnungswesen wird dabei allerdings nur die steuerliche Belastung des Konzerns abgebildet sowie Abweichungen zwischen handelsrechtlicher und steuerlicher Gewinnermittlung. Eine materielle steuerliche Bedeutung entwickelt die Konzernbilanz daraus nicht und sie dient auch nicht der Ermittlung der Bemessungsgrundlage.[19]

Bereits der Einzelabschluss(Handelsbilanz oder „HB" I) der konzernangehörigen Gesellschaften kann gem. § 274 Abs. 1 HGB latente Steuern enthalten. Über die im Rahmen der Konsolidierung erstellten HB II und HB III können diese in die Summenbilanz eingehen und letztendlich auch in der Konzernbilanz erscheinen. Aus der Sicht des Konzerns werden diese Positionen auch als sog. primäre latente Steuern bezeichnet. Sie entstehen insbesondere, wenn zwischen handelsrechtlichen und steuerlichen Wertansätzen Differenzen bestehen, die sich in den Folgejahren voraussichtlich ausgleichen. Auch Verlustsituationen einzelner Gesellschaften, die in den Folgejahren voraussichtlich mit Gewinnen verrechnet werden können, führen zu latenten Steuern. Die latenten Steuern können je nach Auswirkung eine Aktiv- oder Passivposition sein.[20]

Neben den primären latenten Steuern können aus Konzernsicht aber auch durch die Konsolidierung nach den Konzernrechnungslegungsvorschriften zusätzliche latente Steuern entstehen. Dies werden als sog. sekundäre latente Steuern bezeichnet. § 306 Satz 1 HGB lässt auf der Konzernebene diejenigen latenten Steuern ausweisen, die durch Konsolidierungsmaßnahmen zu einer Differenz zwischen handelsrechtlichen und steuerlichen Wertansatz führen, die in Folgeperioden wieder umgekehrt werden. Die primären und sekundären latenten Steuern können in der Konzernbilanz saldiert oder unsaldiert ausgewiesen werden (§ 306 S. 6 HGB).[21]

In der Einzelbilanz besteht für die latenten Steuern eine Passivierungspflicht und ein Aktivierungswahlrecht (§ 274 Abs. 1 S. 1 und 2 HGB). Der Ausweis latenter Steuern in der Einzelbilanz kann saldiert oder unsaldiert erfolgen (§ 274 Abs.1 S.3 HGB).[22] In der Konzernbilanz besteht hingegen sowohl für die Aktivierung als auch die Passivierung der latenten Steuern eine Pflicht. In

[19] Vgl. von Eitzen und Dahlke (2008), S. 25ff.
[20] Vgl. Merkt in Baumbach und Hopt (2020), § 274 HGB. Tz. 1ff.
[21] Vgl. Möller et. al. (2018), S. 393ff.
[22] Vgl. Merkt in Baumbach und Hopt (2020), § 274 HGB Tz. 5.

der Konzernbilanz können aktive und passive latente Steuern saldiert oder unsaldiert ausgewiesen werden (§ 306 Satz 2 HGB).[23]

Eine materielle Belastungswirkung für die Besteuerung entfalten diese Vorschriften des HGB jedoch nicht. Die Belastungswirkung wird durch die Steuergesetze der jeweiligen Jurisdiktionen erzeugt, in denen der Konzern wirtschaftlich tätig ist.

## 2.4 EU-Projekt der Gemeinsamen konsolidierten Körperschaftsteuer-Bemessungsgrundlage (GKKB)

Die Grundfreiheiten in der Europäischen Union haben in Verbindung mit dem Steuerwettbewerb zwischen den EU-Mitgliedstaaten dazu geführt, dass internationale Konzerne das Steuersatzgefälle und unterschiedliche Gewinnermittlungsvorschriften bzw. steuerliche Sonderregelungen nutzen, um Gewinne in Staaten zu versteuern, die die günstigste Besteuerung ermöglichen.

Die EU-Kommission und einige Mitgliedstaaten sehen diese Steuerverlagerungsmöglichkeit als schädlich für das Steueraufkommen und für die Marktchancen kleinerer Unternehmen an, die diese Gestaltungsmöglichkeiten nicht haben. Erste Überlegungen auf Konzernbesteuerungssystem gehen in der EU bis in die 1970er Jahre zurück.[24] Da eine europaweite Besteuerung von Konzernen angesichts des fehlenden Harmonisierungsauftrags für die direkten Steuern in den Europäischen Verträgen und divergierende Interessen der Mitgliedstaaten eine europäische Konzernsteuer derzeit unwahrscheinlich erscheinen lassen, hat die EU-Kommission einen weiteren Ansatz erarbeitet.[25]

Die Kommission hat eine gemeinsame konsolidierte Körperschaftsteuer-Bemessungsgrundlage erarbeitet und als Richtlinienentwurf den Mitgliedstaaten vorgestellt. Auf der Grundlage eines ersten Entwurfs im Jahr 2011[26] wurden 2016 zwei Richtlinienentwürfe verabschiedet.[27] Der Ansatz der Kommission zielt darauf ab, dass Konzerne eine Gewinnermittlung für europäische Zwecke nach einheitlichen Standards vornehmen. Daran anschließend soll auf die europäischen Mitgliedstaaten der Gewinn formelhaft aufgeteilt werden. Im jeweiligen Land kann dann nach nationalem Recht ein Steuersatz angewendet werden.

Einige ausgewählte inhaltliche Punkte sollen den Ansatz der Kommission verdeutlichen. Verpflichtet werden Konzerne, die einen europäischen Jahresumsatz von mind. 750 Mio. € erzielen. Hier erfolgt also ein Rückgriff auf den Kon-

[23] Vgl. Möller et. al. (2018), S. 404f.
[24] Vgl. Wacker, Seibold und Oblau (2005), S. 213.
[25] Vgl. Seibold-Freund und Oblau (2019), S. 26.
[26] Vgl. Rautenstrauch (2011), S. 161ff.
[27] Vgl. COM (2016) 685 final, 25.10.2016; ebenso COM (2016) 683 final, 25.10.2016

zernbegriff. Es wird aber nicht ein eigenes Rechnungslegungssystem definiert, sondern es sollen einzelne (steuerliche) Gewinnermittlungsvorschriften eingeführt werden. Eine „Übernahme" der Konzernbilanz erfolgt also gerade nicht. So sollen bspw. Verluste grenzüberschreitend verrechnet werden können, kalkulatorische Zinsen auf das Eigenkapital abgezogen werden können, erhöhte FuE-Kosten als Betriebsausgaben abgezogen werden können und die Bewertung generell marktpreisorientiert erfolgen.[28]

Angesichts der jahrzehntelangen Diskussion um die GKKB und divergierenden Interessenlage der EU-Staaten ist die Frage derzeit offen, ob und wann eine solche konsolidierte Bemessungsgrundlage eingeführt werden kann. Sie wäre ein Schritt in Richtung einer Konzernbesteuerung und einer steuerlichen Konzernbilanz. Derzeit entfaltet sie keine materielle steuerliche Wirkung.

## 2.5 Länderbezogener Bericht multinationaler Unternehmensgruppen

Die EU und die OECD haben im Rahmen der sog. BEPS-Initiative (Base Erosion and Profit Shifting) eine Reihe von Maßnahmen beschlossen, mit der Gewinnverlagerungen insbesondere durch Konzerne erschwert werden sollen. Eine dieser Maßnahmen ist das sog. Country-by-Country Reporting.[29] Der deutsche steuerliche Gesetzgeber hat diese Vorgaben in § 138a AO als länderbezogener Bericht multinationaler Unternehmensgruppen in das Steuerrecht integriert.[30] Hierbei erfolgt ein Bezug auf die Konzernrechnungslegung, da der Gesetzgeber es vermieden hat, einen eigenständigen steuerlichen Konzernbegriff zu definieren.

§ 138a Abs. 1 Satz 1 AO verpflichtet Unternehmen, die einen Konzernabschluss aufstellen (also die Mutterunternehmung), wenn sie ihren Sitz oder ihre Geschäftsleitung im Inland haben, einen länderbezogenen Bericht aufzustellen.[31] Voraussetzung ist, das die Umsatzerlöse im Jahr mindestens 750 Mio. € betragen (§ 138a Abs. 1 Satz 1 Nr 2 AO) und mind. ein Unternehmen im Konzern mit Sitz und Geschäftsleitung im Ausland vorhanden ist, oder eine ausländische Betriebsstätte unterhalten wird.[32]

Rechtsfolge der Aufstellungspflicht ist das Verfassen eines Berichtes. Der Bericht muss eine nach Staaten gegliederte Aufstellung enthalten, mit welchen Gesellschaften oder Betriebsstätten der Konzern jeweils tätig ist. Dazu müssen je Staat u.a. gesondert ausgewiesen werden (vgl. § 138a Abs. 2 AO): Umsatzer-

[28] Vgl. Krauß (2017), S. 480ff.
[29] Vgl. Kraft und Heider (2017), S. 1353ff.
[30] Vgl. Rätke in Klein (2020), § 138a Tz. 3ff.
[31] Vgl. Spengel und Oestreicher (2009), S. 773ff.
[32] Vgl. Engelen und Heider (2018), S. 1737ff.

löse, Ergebnis vor Ertragsteuern, Ertragsteuern, Eigenkapital, Anzahl der Beschäftigten, materielle Vermögenswerte.[33]

Zielsetzung des Gesetzgebers ist es, der Finanzverwaltung einen besseren Einblick in die wirtschaftliche Geschäftstätigkeit des Konzerns zu geben. Insbesondere sollen Hinweise für Gewinnverlagerungen gefunden werden können, wenn z.B. besonders hohe Gewinne in Staaten ausgewiesen werden, in denen kaum Umsätze generiert werden und kaum Personal beschäftigt wird.[34]

In Deutschland muss dieser Bericht allerdings nicht veröffentlicht werden – im Gegensatz zu einigen anderen EU-Staaten. Der Gesetzgeber ordnet lediglich an, dass der Bericht an das Bundeszentralamt für Steuern zu übermitteln ist. Damit unterliegt es dem Steuergeheimnis.[35]

Eine steuerliche Belastungswirkung entfaltet ein solcher Bericht natürlich nicht. Er verursacht zusätzliche Steuerverwaltungskosten und ist eine formale steuerliche Zusatzbelastung. Betriebswirtschaftlich beinhaltet er allerdings das Risiko, dass neben der Finanzverwaltung auch Konkurrenzunternehmen einen vertieften Einblick in die Konzernstruktur erhalten.

## 2.6 Zinsschranke

Die bislang diskutierten Punkte weisen zwar Interdependenzen zwischen Konzernrechnungslegung und Besteuerung auf, sind aber eher formale Aspekte oder betreffen Ausweisfragen. Eine materielle steuerliche Belastungswirkung entfalten sie nicht. Es werden allerdings zusätzliche steuerliche Verwaltungskosten generiert.

Eine Belastungswirkung der Ertragsteuern entsteht für Konzerne allerdings mit der Zinsschranke. Hier nimmt der Gesetzgeber direkt auf Konzerne Bezug. Und in der Rechtsfolge versagt er im Ergebnis den Abzug bestimmter Zinsaufwendungen als steuerliche Betriebsausgaben, wenn bestimmte Voraussetzungen erfüllt sind. Dies führt zu einer erhöhten Ertragsbesteuerung und damit zu einer materiellen Belastungswirkung.[36]

Der deutsche Gesetzgeber verzichtet dabei auf die Einführung oder Definition eines eigenen steuerlichen Konzernbegriffs. Er rekurriert dabei auf die handelsrechtlichen Definitionen eines Konzernbegriffs, indem er auf die Aufstellungspflichten von Konzernabschlüssen Bezug nimmt. Dadurch entsteht natürlich kein eigenes Konzernsteuerrecht oder -system, aber ein eigenständiges

[33] Vgl. Rätke in Klein (2020), § 138a AO Tz. 12ff.
[34] Vgl. Grotherr (2016), S. 991ff.
[35] Vgl. Engelshoven und Tomson (2019), S. 242ff.
[36] Vgl. Seibold-Freund und Oblau (2019), S. 55f.

Entscheidungsfeld der betrieblichen Steuerpolitik, das im Folgenden untersucht wird.

# 3 Grundproblematik der Zinsschranke

## 3.1 Ziel und Methodik der Zinsschranke

Der Gesetzgeber sieht das Besteuerungssubstrat bei der Besteuerung von Unternehmen gefährdet, wenn der Unternehmensgewinn durch den Abzug von Zinszahlungen gemindert wird. Dies ist insbesondere bei der Finanzierung von inländischen Kapitalgesellschaften durch beschränkt steuerpflichtige ausländische Anteilseigner ein Jahrzehnte altes Problem.[37] Der Zinsabzug mindert – sofern keine spezielle Schutzregel dagegen steht - den Gewinn der Kapitalgesellschaft und die Zinszahlung an den ausländischen Anteilseigner unterliegt nicht der deutschen Besteuerung (da Zinsen gem. § 49 EStG nur in bestimmten Sonderfällen der beschränkten Steuerpflicht unterliegen).

Bis 2008 hat § 8a KStG a.F. bestimmte Zinszahlungen in verdeckte Gewinnausschüttungen umqualifiziert.[38] Aus Gründen des Europarechts hat Deutschland im Rahmen der Unternehmenssteuerreform 2008 ein neues System der Zinsschranke eingeführt. Zielsetzung ist dabei insbesondere, die Verminderung von Unternehmensgewinnen durch Zinszahlungen zu verhindern. Um einen möglichen Verstoß gegen das Europarecht zu vermeiden, werden dabei inländische und ausländische Sachverhalte gleichbehandelt.

Rechtssystematisch wurde die Vorschrift bei den Gewinnermittlungsvorschriften des Einkommensteuergesetzes eingeordnet. § 4h EStG regelt jetzt das Grundprinzip der Zinsabzugsbeschränkung.[39] Durch die Stellung im EStG gilt die Vorschrift für alle Unternehmen, egal ob Kapitalgesellschaft, Personengesellschaft oder Einzelunternehmen. Zudem gilt die Vorschrift für alle Gewinnsteuerarten, d.h. die Einkommen-, Körperschaft- und Gewerbesteuer. Zusätzlich enthält eine Neufassung des § 8a KStG ergänzende Nachweisvorschriften für bestimmte Kapitalgesellschaften.[40]

## 3.2 Wirkungsweise der Zinsschranke

Die Zinsschranke des § 4h EStG begrenzt den Zinsabzug von Unternehmen in einem dreistufigen Verfahren. Zinsaufwendungen sind zunächst in Höhe des Zinsertrages abziehbar (§ 4h Abs. 1 S. 1 1. HS EStG). Darüber hinaus gehende

---

[37] Vgl. Heurung in Erle und Sauter (2010) Einführung KStG, Tz. 79ff.
[38] Vgl. Köplin in Erle und Sauter (2010), § 8a KStG a.F., Tz. 40ff.
[39] Vgl. Adrian (2020), Tz. 4ff.
[40] Vgl. Dörfler in Erle und Sauter (2010), § 8a KStG Tz. 15ff.

Zinsaufwendungen dürfen bis zur Höhe von 30% des steuerlichen EBITDA[41] abgezogen werden (§ 4h Abs. 1 S. 1 2. HS. EStG). Sofern die Zinsen auf den ersten beiden Stufen nicht abgezogen werden konnten, können sie vorgetragen werden (Zinsvortrag) und in den folgenden Jahren – derzeit ohne zeitliche Begrenzung – abgezogen werden, sofern sich die Finanzierungssituation des Unternehmens verbessert (§ 4h Abs. 1 S. 5 EStG).[42] Sofern EBITDA nicht genutzt wurde, ist ein Vortrag für fünf Jahre möglich (§ 4h Abs. 1 S. 3 EStG).

Da eine Fremdfinanzierung – besonders angesichts der wirtschaftlichen Effekte des Leverage-Effektes – eine übliche Finanzierungsart ist, stellt die Zinsschranke einen erheblichen Eingriff in unternehmerische Finanzierungsentscheidungen dar. Da bei der Kreditaufnahme üblicherweise höhere Zinsen zu zahlen sind als bei der Geldanlage zu erhalten sind, ist die Stufe 1 für die meisten Unternehmen wirtschaftlich wenig relevant; im Konzern kann die Stufe 1 allerdings bei der konzerninternen Finanzierung hilfreich sein. Die Begrenzung des weiteren Abzugs auf 30% des EBITDA stellt eine erhebliche Einschränkung dar. Insbesondere auch für Unternehmen, die Verluste erwirtschaften und deshalb über kein positives EBITDA verfügen. Der Zinsvortrag aus Stufe 3 nutzt einem Unternehmen in den folgenden Jahren nur, wenn die Finanzierungsstruktur geändert werden kann, um wirtschaftliche Spielräume für den Zinsabzug zu schaffen.

Besonders kritisch ist zu sehen, dass gem. § 4h Abs. 3 S. 2 EStG der Zinsaufwendungsbegriff sehr weit gefasst wird. Vor 2008 waren im Wesentlichen nur Gesellschafterdarlehen von einer Umqualifizierung bedroht.[43] Derzeit sind sämtliche Vergütungen für Fremdkapital vom Abzugsverbot umfasst, die den maßgeblichen Gewinn gemindert haben. Dies bedeutet, dass neben Gesellschafterdarlehen z.B. auch Bankkredite, Lieferantenkredite und unverzinsliche Darlehen schädlich sind.

Dem Gesetzgeber ist wohl bei Einführung der Zinsschranke schon bewusst gewesen, dass er eine sehr weitgehende Regelung einführt. Er hat daher von Anfang an drei Ausnahmetatbestände definiert, die die Anwendung der Schranke ausschließen, welche in den folgenden Abschnitten behandelt werden.

---

41 Earnings before Interest, Taxes, Depreciation and Amortization, siehe auch § 4h Abs. 1 S.2 EStG.

42 Vgl. Dörfler in Erle und Sauter (2010), § 4h EStG, Tz. 7ff.

43 Vgl. Heurung, Oblau und Röker (2002), S. 620ff.

## 3.3 Ausnahmen von der Anwendung der Zinsschranke

Seit Beginn der Zinsschrankenregelung enthält § 4h Abs. 2 EStG drei Ausnahmetatbestände, die den Zinsausgabenabzug in voller Höhe ermöglichen.[44] Es ist daher für alle Unternehmen sinnvoll, möglichst in den Anwendungsbereich der Ausnahmetatbestände zu gelangen.

Ein Freibetrag von 3 Mio. € gem. § 4h Abs. 2 S.1 a) EStG nutzt vor allem kleineren Unternehmen.[45] Die hier interessierenden zur Konzernrechnungslegung verpflichteten Konzerne haben davon grundsätzlich wegen der Höhe der Zinszahlungen im Regelfall nichts. Allenfalls kleinere Konzerne können von dieser Regelung profitieren, da der Freibetrag grundsätzlich pro Betrieb gilt. Bei entsprechender Verteilung der Kredite auf verschiedene Konzerngesellschaften im Konzern kann der Freibetrag mehrfach genutzt werden. Allerdings muss beachtet werden, dass Organschaften als ein Betrieb gelten und demnach die Freigrenze nur einmal (auf Ebene des Organträgers) in Anspruch nehmen können (§ 15 S. 1 Nr. 3 S. 2 KStG).[46]

Betriebe, die nicht zu einem Konzern gehören oder die nur anteilsmäßig zu einem Konzern gehören, sind gem. § 4h Abs. 2 S. 1 b) EStG ebenfalls von der Anwendung des § 4h Abs. 1 EStG ausgenommen. Anteilsmäßig gehören gem. § 310 HGB Gemeinschaftsunternehmen zum Konzern und werden quotal konsolidiert.[47] Diese sog. Joint Venture Gesellschaften kommen in jedem Konzern vor, allerdings typischerweise in geringer Zahl. Die Mehrzahl der Konzernunternehmen kann diese Ausnahme daher nicht nutzen, da sie voll konsolidiert werden. Einzelunternehmen interessieren in diesem Beitrag natürlich nicht weiter, da sie keinen Bezug zur Konzernrechnungslegung haben.

Relevant für konzernangehörige Unternehmen ist daher die dritte Ausnahmeregelung: Betriebe, die zu einem Konzern gehören und nachweisen können, dass die Eigenkapitalquote des Betriebs genauso hoch oder höher als die Eigenkapitalquote des Konzerns ist, können den vollen Zinsabzug geltend machen (§ 4h Abs. 2 S. 1 c) EStG).[48] Dabei stellen sich eine Reihe von Problemen, die nachfolgend analysiert werden.

---

[44] Vgl. Loschelder in Schmidt (2020), § 4h EStG Tz. 14ff.
[45] Vgl. Dörfler in: Erle und Sauter (2010), § 4h EStG Tz. 71ff.
[46] Vgl. Erle und Heurung in: Erle und Sauter (2010), § 15 KStG Tz. 62ff.
[47] Vgl. Schwedhelm in Streck (2018), § 8a KStG Tz. 49.
[48] Vgl. Weber-Grellet (2009), S. 557ff.

# 4 Die Eigenkapitalvergleichsklausel der Zinsschranke

## 4.1 Grundprinzip des Eigenkapitalquotenvergleichs bei der Zinsschranke

Die gesetzliche Regelung des § 4h Abs. 2 S. 1 c) EStG geht von dem Grundgedanken aus, dass die Fremdfinanzierungsquote bei den Konzerngesellschaften ungefähr gleich verteilt ist. Die Verlagerung von Gewinnen aus Deutschland heraus wäre bspw. möglich, wenn die deutsche Tochtergesellschaft eines internationalen Konzerns überproportional viel Fremdkapital erhält und dann Zinszahlungen ins Ausland leistet, die den inländischen Gewinn mindern. Betriebswirtschaftlich ist eine gleichmäßige Verteilung der Fremdfinanzierung auf alle Konzernunternehmen allerdings kein sinnvolles Entscheidungskriterium. Hier wäre eher nach Unternehmenstätigkeit, Risiken und Haftungsfragen ein betriebswirtschaftlich optimales Verhältnis zu suchen.[49]

Um die Gleichverteilung zu überprüfen, sollen die Eigenkapitalquote des Unternehmens, das den Zinsabzug begehrt und die Eigenkapitalquote des Konzerns berechnet werden. Gem. § 4h Abs. 2 S. 1 c) S.1 EStG ist die Konzerngesellschaft von der Anwendung der Zinsschranke ausgenommen, wenn die Eigenkapitalquote gleich hoch oder höher als die Konzerneigenkapitalquote ist. Es gibt eine geringe Toleranzschwelle von zwei Prozentpunkten, die beim Unterschreiten der Konzernquote unerheblich ist (§ 4h Abs. 2 S.1 c) S.2 EStG). Wenn bspw. die Konzerneigenkapitalquote bei 25% liegt und die Konzerngesellschaft, die den Zinsabzug geltend macht hat eine Eigenkapitalquote von a) 27% b) 23,5% und c) 22%, dann kann die Konzerngesellschaft in den Fällen a) und b) die vollen Zinsaufwendungen abziehen, während sie in Fall c) nur im Rahmen der Zinsschranke (d.h. in Anwendung von § 4h Abs. 1 EStG) die Zinsaufwendungen abziehen kann.

## 4.2 Konzernbegriff und zulässige Rechnungslegungsstandards

Der Gesetzgeber hat es bei Einführung der Zinsschranke vermieden, einen eigenen steuerlichen Konzernbegriff in die steuerrechtliche Systematik einzuführen. Stattdessenn rekurriert der Gesetzestext des § 4h EStG auf die Begriffe Konzern und Konzernabschluss und verweist damit auf die handelsrechtliche Konzernrechnungslegung.[50] Für die Anwendung der Begriffe muss der Rechtsanwender daher auf die handelsrechtliche Systematik und damit auf deren Grundsätze zu Aufstellungspflichten, Form, Inhalt und Konsolidierungstechnik zurückgreifen. Hier wird die Vernetzung zwischen Steuerrecht und handelsrechtlicher Konzern-

---

[49] Vgl. Heurung, Kollmann und Hofacker (2017), S. 20ff.
[50] Vgl. Mensching und Rosseburg (2008), S. 1224ff.

rechnungslegung am deutlichsten und hat wegen der Rechtsfolge der Versagung des Zinsabzugs auch eine steuerliche Belastungswirkung.

Die Frage, was unter einem Konzern zu verstehen ist, wen die Aufstellungspflicht trifft, welche Unternehmen zum Konsolidierungskreis gehören und wie zu konsolidieren ist, kann also nicht aus dem Steuerrecht abgeleitet werden. Hierzu sind die handelsrechtlichen Rechnungslegungsstandards heranzuziehen.

Der Gesetzgeber nimmt eine Wertung der Reihenfolge der zulässigen Rechnungslegungsstandards vor. So legt er in § 4h Abs. 2 S. 8 EStG fest, dass die maßgeblichen Abschlüsse einheitlich nach den International Financial Reporting Standards (IFRS) zu erstellen sind. Damit ist bereits ein praktisches Problem verbunden. Sowohl das zinsabziehende Konzernunternehmen muss einen Einzelabschluss nach IFRS aufstellen, als auch der Konzern den Konzernabschluss nach IFRS (§ 4h Abs. 2 S. 11 EStG).[51] Während kapitalmarktorientierte Konzerne gem. § 315e HGB zwar eine Verpflichtung zu einem IFRS Konzernabschluss haben, gibt es eine Pflicht zum IFRS Einzelabschluss derzeit nicht. Er müsste also eigens erstellt werden.

Sofern kein IFRS-Abschluss vorhanden ist und auch in den letzten fünf Jahren nicht erstellt wurde, können auch die Rechnungslegungssysteme aller EU-Mitgliedstaaten verwendet werden. Damit kommen derzeitig 27 Rechnungslegungssysteme in Frage (§ 4h Abs. 2 S. 9 1. HS. EStG).

Wenn von diesen 28 Systemen keines verwendet wurde, kann als weiteres System das Rechnungslegungssystem der USA verwendet werden (Generally Accepted Accounting Principles / US-GAAP). Bei Anwendung jedes dieser Systeme müssen dabei Abschlüsse die Voraussetzungen eines befreienden Konzernabschlusses i.S.d. §§ 291, 292 HGB erfüllen (§ 4h Abs. 2 S. 10 EStG).[52] Damit kommen theoretisch für die Anwendung dieser Vorschrift 29 verschiedene Konzernrechnungslegungssysteme in Frage. Wie verwaltungstechnisch hier die Rechtsanwendung seitens der Finanzverwaltung erfolgen soll, bleibt unklar, insbesondere was die Überprüfung der Angaben angeht.

## 4.3 Ermittlung von Eigenkapital und Eigenkapitalquoten

Grundsätzlich erfolgt die Ermittlung des Eigenkapitals nach dem jeweiligen Rechnungslegungsstandard. Es ist also zunächst in der Einzelbilanz des den Zinsabzug durchführenden Konzernunternehmens das Eigenkapital zu ermitteln und dann das Eigenkapital des Konzerns. Sowohl in Einzel- als auch in Konzernbilanz ist dasselbe Rechnungslegungssystem zu verwenden. Wahlrechte

---

[51] Vgl. Lüdenbach und Hoffmann (2007), S. 636ff.
[52] Vgl. Thurow (2009), S. 425ff.

sind in Einzel- und Konzernbilanz einheitlich auszuüben (§ 4h Abs. 2 S.4 EStG).[53]

Die Eigenkapitalquote wird in beiden Bilanzen dann als Verhältnis des Eigenkapitals zur Bilanzsumme errechnet (§ 4h Abs. 2 S. 3 EStG). Sie wird jeweils in einem Prozentsatz ausgedrückt. Beim Vergleich muss die Eigenkapitalquote aus der Einzelbilanz mindestens so hoch sein, wie die Konzerneigenkapitalquote. Ein Unterschreiten um 2%-Punkte ist unerheblich.[54]

Der Gesetzeswortlaut erfordert gem. § 4h Abs. 2 S. 5 bis 7 EStG noch eine Reihe von Korrekturrechnungen in der Einzelbilanz, um Bilanzoptimierung seitens der Steuerpflichtigen zu verhindern.[55] So müssen z.B. dem Eigenkapital im Einzelabschluss der Firmenwert aus dem Konzernabschluss hinzugerechnet werden, soweit er auf diesen Betrieb entfällt. Ebenso werden 50% der Sonderposten mit Rücklageanteil hinzugerechnet.[56]

Abgezogen werden müssen vom Eigenkapital im Einzelabschluss die Anteile an anderen Konzernkapitalgesellschaften, stimmrechtsloses Eigenkapital sowie Einlagen der letzten 6 Monate vor Abschlussstichtag, sofern in gleicher Höhe Entnahmen in den 6 Monaten nach Abschlussstichtag erfolgen. Maßgebender Abschlussstichtag ist der Stichtag des vorangegangenen Wirtschaftsjahres.

# 5 Bestimmung des Konsolidierungskreises bei der Zinsschranke

## 5.1 Grundproblematik und Beispielfall

Für die Anwendung der Zinsschrankenvorschrift ist es von elementarer Bedeutung, dass der Konzern mit seinem Konsolidierungskreis bestimmt wird. Dies setzt voraus, dass ein aufstellungspflichtiges Mutterunternehmen vorliegt, dem ein Konsolidierungskreis zugeordnet werden kann. Da das Steuerrecht keinen eigenen Konzernbegriff und damit weder einen Aufstellungsverpflichteten noch einen Konsolidierungskreis regelt, kann dies nur aus dem Handelsrecht gewonnen werden.

Der Gesetzgeber hat sich aber aus europarechtlichen Gründen dazu entschieden, 29 unterschiedliche Rechnungslegungssysteme für anwendbar zu erklären. Daraus resultiert eine Anwendungsproblematik. Einen Aufstellungsverpflichteten kann nur ein nationales Recht definieren. Dazu müsste aber ein

[53] Vgl. Dörfler in Erle und Sauter (2010), § 4h EStG, Tz. 85ff.
[54] Vgl. Brunsbach (2010), S. 746f.
[55] Vgl. BMF (2008), Tz. 75f.
[56] Vgl. Mensching und Rosseburg (2008), S. 1224ff.

Rechnungslegungssystem vorliegen. Dazu ein Beispiel in der nachfolgenden Abbildung:

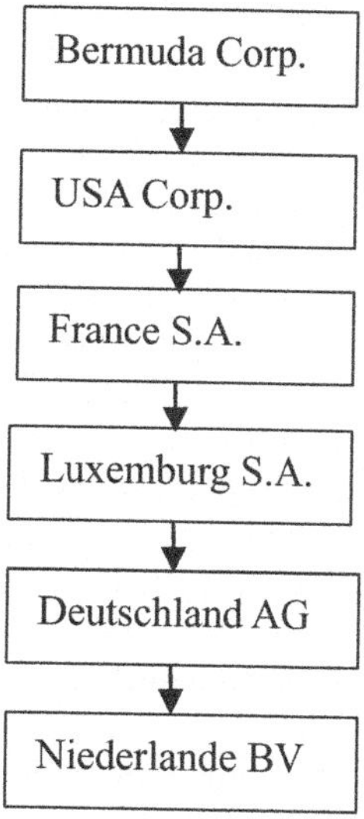


*Abb.1: Beispiel einer Konzernstruktur*

Unterstellt wird, dass alle im Konzern befindlichen Gesellschaften Kapitalgesellschaften sind, die Beteiligungen 100% betragen und die Gesellschaften sowohl Sitz als auch Geschäftsleitung im angegeben Land haben. Einen Konzernabschluss hat die Gruppe bislang zulässiger Weise nicht aufgestellt (z.B. relevante Größenkriterien analog § 293 Abs. 1 dt. HGB nicht überschritten bzw. keine Konzernrechnungslegungsgesetzgebung). Weitere mögliche Tochtergesellschaften links und rechts in der Struktur bleiben unberücksichtigt.

Für die Bestimmung von Aufstellungsverpflichteten und Konsolidierungskreis besteht nun die Frage, wie dieses vorgenommen werden soll. Soll nun zunächst das Rechnungslegungssystem gewählt werden und nach diesem dann der Aufstellungsverpflichtete und der Konsolidierungskreis gesucht werden (Variante A)? Oder soll erst abstrakt – losgelöst von einem möglichen Rechnungslegungssystem – ein Aufstellungsverpflichteter ermittelt werden, und dann ein „passendes“ Rechnungslegungssystem ermittelt werden (Variante B)?

## 5.2 Zulässige Rechnungslegungsstandards und Konsolidierungskreis

Der Gesetzgeber hat durch die Gesetzessystematik eine klare Priorität für die IFRS Standards, gefolgt von den EU-Mitgliedstaaten-Rechnungslegungssystemen und anschließend den US-GAAP gebildet (§ 4h Abs. 2 S. 8 bis 11 EStG).[57] Da im Beispielfall kein Konzernabschluss aufgestellt wurde, kommen allerdings alle 29 zulässigen Rechnungslegungsstandards in Betracht.[58] Nehmen wir einmal an wir untersuchen Variante A und der Konzern würde sich für französische Rechnungslegungsstandards entscheiden. Die französische Konzernrechnungslegung verpflichtet Kapitalgesellschaften mit Sitz in Frankreich einen Konzernabschluss aufzustellen, soweit sie Tochtergesellschaften haben. Im Ergebnis müsste die France S.A. einen Konzernabschluss aufstellen, der neben der Muttergesellschaft die Gesellschaften: Luxemburg S.A., Deutschland AG und Niederlande BV umfasst.

Würde Variante B gewählt, müsste zunächst die oberste Muttergesellschaft identifiziert werden. Dies könnte die Bermuda Corp. sein. Die Bermudas kennen jedoch keine Konzernrechnungslegungspflicht, so dass sich die Frage stellt, was daraus folgt. Wäre dann die USA Corp. als Muttergesellschaft aufstellungspflichtig, denn die US-GAAP kennen natürlich eine Konzernrechnungslegung und das System wäre auch zulässig?

Oder wäre doch die Bermuda Corp. aufstellungspflichtig (abstrakt gesehen) und könnte dann eines der 29 Rechnungslegungssysteme auswählen? Es könnte dann z.B. ein Konzernabschluss nach polnischen Rechnungslegungsnormen aufgestellt werden. Je nach Entscheidung wäre dann die Bermuda Corp. oder die USA Corp. die Muttergesellschaft, und die jeweils nachgeordneten Gesellschaften wären in den Konsolidierungskreis einzubeziehen.

Es handelt sich um eine Art „Henne-Ei"-Problem: Ohne konkrete Aufstellungsverpflichtung lässt sich das aufstellungspflichtige Mutterunternehmen nicht identifizieren und ohne dieses nicht das Rechnungslegungssystem und umgekehrt. Nur bei Vorliegen eines aufstellungspflichtigen Unternehmens und eines Rechnungslegungssystems lässt sich der zugehörige Konsolidierungskreis bestimmen. Zusätzliche Probleme entstehen noch, wenn in der Kette in einzelnen Staaten gesetzliche Aufstellungspflichten für Teilkonzerne bestehen, aber nicht in allen Staaten (z.B. unterschiedliche Befreiungsnormen).

Es ist schnell erkennbar, dass die Bildung des Konsolidierungskreises einen entscheidenden Einfluss auf die Berechnung der Eigenkapitalquote des Konzerns hat. Diese Quote bestimmt dann die Höhe der notwendigen Eigenkapital-

---

[57] Vgl. Mensching und Rosseburg (2008), S. 1224ff.
[58] Vgl. BMF (2008), Tz. 69ff.

quote für das Einzelunternehmen, das in Deutschland den Abzug von Zinsaufwendungen als Betriebsausgaben durchführen will.[59]

Von besonderer Bedeutung ist diese Thematik für Konzerne, deren oberste Muttergesellschaft („Top Unit") in einem Staat ansässig ist, der keines der 29 zulässigen Rechnungslegungssysteme verwendet. Ein japanischer Konzern mit Muttergesellschaft in Tokio verwendet typischerweise keines der Rechnungslegungssysteme der EU.

Nur weil eine deutsche Gesellschaft in der Konzernstruktur den Zinsausgabenabzug gelten machen will, ist damit ein gigantischer organisatorischer Aufwand für einen japanischen Konzern verbunden, wenn er die Eigenkapitalvergleichsklausel erfüllen will. Er müsste sein weltweites Rechnungswesen auf eines der aus deutscher Sicht zulässigen Rechnungslegungssysteme umstellen.[60]

Zudem kommt für die Konzerngesellschaften in Deutschland das Problem hinzu, dass auch die Einzelbilanz nach dem jeweiligen Rechnungslegungsstandard des Konzerns gebildet werden muss, um die Eigenkapitalquote des Betriebes zu berechnen.[61] Sofern also z.B. die USA Corp. oder die Bermuda Corp. einen US-GAAP Konzernabschluss erstellt, muss zudem die Deutschland AG einen US-GAAP Einzelabschluss erstellen.

## 5.3 Pragmatische Lösungsansätze und Verwaltungsmeinung

Der Gesetzestext allein ermöglicht keine Lösung des Problems. Wenn neben dem Gesetzeswortlaut auch die Gesetzesbegründung herangezogen wird, so soll „der größtmögliche Konsolidierungskreis mit dem sich für diesen Konsolidierungskreis ergebenden obersten Rechtsträger" verwendet werden.[62] Diese Formulierung ist abstrakt. Die Finanzverwaltung legt im BMF-Schreiben Tz. 59 den Wortlaut wie folgt aus: „ein Betrieb gehört danach zu einem Konzern, wenn er nach dem einschlägigen Rechnungslegungsstandard in einen Konzernabschluss einzubeziehen ist oder einbezogen werden könnte".[63]

Dies hilft insofern ebenfalls nicht weiter, da sich ohne Rechnungslegungssystem weder der Aufstellungsverpflichtete noch der Konsolidierungskreis bestimmen lässt und die Wahl verschiedener Rechnungslegungssysteme zu unterschiedlichen Ergebnissen führt.

Der letzte Halbsatz „konsolidiert werden könnte" erzeugt noch ein weiteres Problem. In der Praxis machen die meisten Konzerne vom Wahlrecht des § 296 HGB Gebrauch (bzw. vergleichbarer ausländischer Normen), der eine Einbezie-

[59] Vgl. Lüdenbach und Hoffmann (2007), S. 636ff.
[60] Vgl. Mensching und Rossebrug (2008), S. 1224ff.
[61] Vgl. BMF (2008), Tz. 73ff.
[62] Vgl. BR-Drs. 220/07, S. 79.
[63] Vgl. BMF (2008), Tz. 59.

hung von bestimmten Tochterunternehmen nicht notwendig macht. Bspw. wenn die Anteile am Tochterunternehmen nur zur Veräußerung gehalten werden oder die Ausübung der Gesellschafterrechte beschränkt ist. Damit müsste nur für steuerliche Zwecke ein neuer, erweiterter Konzernabschluss erstellt werden.

Um eine pragmatische Lösung wird in der Praxis kein Weg vorbeiführen. Sofern „Top Unit" ein kapitalmarktorientiertes Unternehmen der EU oder USA steht, wird wohl ein IFRS oder US-GAAP-Abschluss die Rechnungslegungsgrundlage bilden können. Bei nicht IFRS-rechnungslegungspflichtigen Top Units besteht grundsätzlich die Einsatzmöglichkeit aller 29 zulässigen Rechnungslegungsstandards. Aufgrund von § 4h Abs. 2 Satz 8 und der Gesetzesbegründung zum Unternehmenssteuerreformgesetz 2008 ist die Top Unit dabei allerdings abstrakt zu bestimmen.[64] Bei der Frage, welche Anforderungen an den Nachweis gestellt werden, welche Einheit Top Unit ist, müssen bei ausländischen Konzernobergesellschaften Gesellschaftererklärungen akzeptiert werden. Aus Praktikabilitätsgründen sollten für den Konsolidierungskreis für steuerliche Zwecke testierte Konzernabschlüsse herangezogen werden, da bei Einbeziehung handelsrechtlich zulässigerweise nicht konsolidierter Unternehmen unangemessene Steuerverwaltungskosten ausgelöst werden.

Das derzeit niedrige Zinsniveau in Europa macht die Frage des Zinsabzuges derzeit für viele Unternehmen weniger bedeutsam. Es würde der Finanzverwaltung die Möglichkeit der Klarstellung im BMF-Schreiben[65] bieten und die Konzerne könnten sich darauf einstellen. Bei wieder steigenden Zinssätzen in der Zukunft könnte diese Problematik ansonsten zu Anwendungsproblemen und zusätzlichen steuerlichen Belastungen führen.

# 6 Zusammenfassung und Entwicklungstendenzen

Ein Konzernsteuersystem besteht in Deutschland nicht. Daher existiert auch kein steuerliches Konzernrechnungswesen mit einer „Konzernsteuerbilanz". Die Steuerbelastung ergibt sich für einen Konzern jeweils für jedes einzelne Konzernunternehmen nach dessen steuerlicher Einzelbilanz. Die Gesamtsteuerbelastung eines Konzerns setzt sich aus den einzelnen Steuerbelastungen aller konzernangehörigen Unternehmen aus denjenigen Steuerjurisdiktionen zusammen, in denen eine Steuerpflicht ausgelöst wurde. Dennoch weisen das Konzernrechnungswesen und das Steuersystem eine Reihe von Interdependenzen auf.

Die periodengerechte Abgrenzung des Steueraufwands im Konzern führt zum Ausweis von primären und sekundären latenten Steuern im Konzernab-

[64] Vgl. Brunsbach (2010), S. 745ff.
[65] Vgl. BMF (2008), Tz. 59ff.

schluss. Dies ist die augenfälligste Vernetzung beider Rechtsbereiche. Neuere Entwicklungen seitens der EU und des Gesetzgebers führen zu weiteren Mitwirkungs- und Mitteilungspflichten der Konzerne. Dabei wird auf die handelsrechtliche Konzerndefinition zurückgegriffen. Ein länderbezogener Bericht multinationaler Unternehmensgruppen soll die steuerliche Struktur und steuerliche Gestaltung von Konzernen transparenter machen. Eine gemeinsame konsolidierte Bemessungsgrundlage für die Körperschaftsteuer ist seit Jahren in der Konzeptionsphase seitens der EU und wird zwischen den EU-Mitgliedstaaten diskutiert.

Während diese Themenbereiche in erste Linie formale Aspekte umfassen, hat das Konzernrechnungswesen bei der Zinsschranke auch materielle Auswirkungen. Ein Zinsabzug ist im Konzern nur unter bestimmten Voraussetzungen voll umfänglich möglich.

In der Zukunft bleibt abzuwarten, ob die Entwicklung in Richtung eines Konzernsteuersystems führt. Die EU-Initiative der GKKB ist ein erster Schritt in diese Richtung. Die zuletzt eingeführten Mitteilungspflichten wie der länderbezogene Bericht erhöhen die Steuerverwaltungskosten und gefährden die Wettbewerbsfähigkeit europäischer Konzerne im Vergleich zu asiatischen und amerikanischen Konzernen. Bei der Zinsschranke müssen einzelne Regelungen klarer strukturiert werden, um sie rechtssicher anwenden zu können. Die Weiterentwicklung des Steuerrechts und der Konzernrechnungslegung bleibt spannend.

## Literatur

Adrian, G. (2020). § 4h EStG Betriebsausgabenabzug für Zinsaufwendungen (Zinsschranke). In: Beck'scher Onlinekommentar EStG. München 2020: Verlag C.H. Beck.

Baumbach, K. & Hopt (2020). *HGB. Handelsgesetzbuch Kommentar.* München 39. Aufl. 2020: Verlag C.H. Beck.

Bundesministerium der Finanzen (BMF) (2008). BMF-Schreiben vom 04.07.2008 Zinsschranke (§ 4h EStG; § 8a KStG). IV C 7 – S 2742-a/07/10001-2008/0336202. *BStBl. I 2008* S. 718.

Bundesrat (BR) (2007). Entwurf eines Unternehmensteuerreformgesetzes 2008. BR-Drs. 220/07 vom 30.03.2007.

Busse von Colbe, Ordelheite, D., Gebhardt, G. & Pellens, B. (2010). *Konzernabschlüsse. Rechnungslegung nach betriebswirtschaftlichen Grundsätzen sowie nach Vorschriften des HGB und der IAS/IFRS.* Wiesbaden 9. Aufl. 2010: Verlag Gabler.

Brunsbach, S. (2010). Eigenkapitalvergleich im Rahmen der Zinsschranke – Bestimmung des relevanten Konzerns. *IStR 2010*, S. 745.

Eigelshoven, A. & Tomson, Susanne (2019). Country by Country Reporting – Zweifelsfragen und erste Praxiserfahrungen. *IStR 2019*, S. 242.

Erle, B. & Sauter, T. (Hrsg.) (2010). *Körperschaftsteuergesetz. Die Besteuerung der Kapitalgesellschaft und ihrer Anteilseigner*. Heidelberg 3. Aufl.: C.F. Müller Verlag.

Engelen, C. & Heider, C. (2018). Der länderbezogene Bericht nach § 138a AO. Zweifelsfragen im Zusammenhang mit Restrukturierungsmaßnahmen. *DStR 2018*, S. 1737.

Europäische Kommission: Richtlinienvorschläge zur GKKB: COM (2016) 685 final und COM (2016) 683 final vom 25.10.2016

Glaser, A. (2011). Auf dem Weg zu einer sachgerechten Konzernbesteuerung – die GKKB als Leitbild? *DStR 2011*, S. 2317.

Grotherr, S. (2016). Anwendungsfragen bei der länderbezogenen Berichterstattung – Country by Country Reporting. *IStR 2016*, S. 991.

Heurung, R., Kollmann, S. & Hofacker, K. (2017). Konzernfinanzierung in der steuerlichen Betrachtung. Konzept zur Bestimmung eines angemessenen Finanzierungszinssatzes. *IStR 2017*, S. 20.

Heurung, R., Oblau. M- & Röker, J. (2002). Neufassung der Tatbestandsvoraussetzungen der ertragsteuerlichen Organschaft durch das UntStFG und das StVBG. *GmbHR 2002*, S. 620.

Ismer, R. (2012). Gruppenbesteuerung statt Organschaft im Ertragsteuerrecht? *DStR 2012*, S. 821.

Klein, F. (Hrsg.) (2020). *AO. Abgabenordnung Kommentar*. München 15. Aufl. 2020: C.H. Beck Verlag.

Kraft, G. & Heider, C. (2017). Das Country by Country Reporting und seine innerstaatliche Umsetzung im Rahmen des „Anti-BEPS-Umsetzungsgesetzes". *DStR 2017*, S. 1353.

Krauß, S. (2017). Richtlinienvorschlag zur Gemeinsamen Körperschaftsteuer-Bemessungsgrundlage vom 25.10.2016. *IStR 2017*, S. 479.

Lüdenbach, N. & Hoffmann, W.-D. (2007). Der IFRS-Konzernabschluss als Bestandteil der Steuerbemessungsgrundlage für die Zinsschranke nach § 4h EStG-E. *DStR 2007*, S. 636.

Mensching, O. & Rosseburg, J. (2008). Ein Konzern ist ein Konzern ist ein Konzern – Zur Auslegung des Konzernbegriffs durch die herrschende Meinung. Zugleich Anregung für eine praxisgerechte Auslegung durch die Finanzverwaltung. *DStR 2008*, S. 1224.

Möller, H.P. , Hüfner, B., Keller, E., Ketteniß, H. & Viethen, H. (2018). *Konzern-Finanzberichte. Ökonomische Grundlagen, regulatorische Vorgaben und Informationskonsequenzen*. Berlin 3. Aufl.: Springer Gabler Verlag.

Rautenstrauch, G. (2011). Gruppenbesteuerung nach dem Richtlinienentwurf einer Gemeinsamen konsolidierten Körperschaftsteuer-Bemessungsgrundlage (GKKB). *EWS 2011*, S. 161.

Sauter, T., Heurung, R. & Oblau, M. (2001). Anwendungs- und Zweifelsfragen zum Gesetzentwurf zur Fortentwicklung des Unternehmenssteuerrechts. *BB 2001*, S. 2448.

Sauter, T., Heurung, R. & Oblau, M. (2002). Umsetzung des Gesetzentwurfs zur Fortentwicklung des Unternehmenssteuerrechts. *StB 2002*, S. 202.

Sauter, T., Heurung, R. & Oblau, M. (2002). Fortsetzung der Unternehmenssteuerreform durch das 5. Gesetz zur Änderung des Steuerbeamten-Ausbildungsgesetzes? *BB 2002*, S. 1674.

Schmidt (Hrsg.) (2020). *EStG. Einkommensteuergesetz Kommentar*. München 39. Aufl.: C.H. Beck Verlag.

Scheffler, W. & Krebs, C. (2011). Richtlinienvorschlag zur CCCTB: Bestimmung der Steuerbemessungsgrundlage im Vergleich zur Steuerbilanz nach EStG. *DStR 2011* Beihefter, S. 13.

Seibold-Freund, S. & Oblau, M. (2019). *Steuerrecht für Betriebswirte*. Berlin 2. Aufl.: Erich Schmidt Verlag.

Spengel, C. & Oestreicher, A. (2009). Gemeinsame (konsolidierte) Körperschaftsteuerbemessungsgrundlage in der EU und Umsetzungsfragen. *DStR 2009*, S. 773

Streck, M. (Hrsg.) (2018). *KStG. Körperschaftsteuergesetz Kommentar*. München 9. Aufl.: C.H. Beck Verlag.

Thurow, C. (2009). Zinsschranke gemäß § 4h EStG: Auswirkungen der IFRS-Bilanzierung auf den Vergleich der Eigenkapitalquote. *BC 2009*, S. 425.

Vögele, A., Borstell, T. & Bernhardt, L. (2020). *Verrechnungspreise. Handbuch*. München 5. Aufl.: C.H. Beck Verlag.

von Eitzen, B. & Dahlke, J. (2008). *Die Bilanzierung von latenten Steuerpositionen nach IFRS. Latente Steuern im Einzel- und Konzernabschluss*. Stuttgart 2008: Verlag Schaeffer-Poeschel.

Wacker, W.H. , Seibold, S. & Oblau, M. (2005). *Lexikon der Steuern*. München 2. Aufl.: C.H. Beck Verlag.

Weber-Grellet, H. (2009). Der Konzernbegriff des § 4h EStG. *DStR 2009*, S. 557.

# Zweifelsfragen im Zusammenhang mit § 4j EStG

*Prof. Dr. Inga Hardeck*[1] *und Marvin Kraft*[2]

*Keywords: Lizenzschranke, Gewinnverlagerung, Steuerwettbewerb, Präferenzregime, Regelbesteuerung*

*Abstract*

*Weltweit haben diverse Rechtsysteme steuerliche Vergünstigungen für Einnahmen aus geistigem Eigentum, sogenannte Lizenz-, Patent- oder IP-Boxen, mit dem Ziel der Schaffung von Standortvorteilen statuiert. Diese Präferenzregime führten jedoch in Teilen zu einem schädlichen zwischenstaatlichen Steuerwettbewerb, der grenzüberschreitend agierenden Unternehmensgruppen ermöglichte, ihre Gewinne über Lizenzierungsgestaltungen in Niedrigsteuerländer zu verlagern. Eine Ursache hierfür ist, dass immaterielle Wirtschaftsgüter mobil sind und sich sehr leicht über Staatsgrenzen hinweg auf andere Rechtsträger übertragen lassen. Vor diesem Hintergrund erhielt die in § 4j EStG geregelte Lizenzschranke Einzug in die deutsche Steuergesetzgebung, welche den Betriebsausgabenabzug für Lizenzzahlungen beschränkt und dementsprechend der Verlagerung von Steuersubstrat entgegenwirkt. Der folgende Beitrag setzt sich mit zwei Bereichen auseinander, bei denen erhebliche steuerrechtliche Zweifelsfragen vorliegen: Die Bestimmung einer nahestehenden Person sowie die Voraussetzung einer von der Regelbesteuerung abweichenden, niedrigen Besteuerung (Präferenzregelung) beim nahestehenden Lizenzzahlungsempfänger.*

1 Prof. Dr. Inga Hardeck | Universität Regensburg | inga.hardeck@ur.de
2 Marvin Kraft | Universität Regensburg | marvin.kraft@ur.de


N. Antonakopoulos et al. (Hrsg.), *Unternehmenskauf und Unternehmensumwandlung*, https://doi.org/10.1007/978-3-658-34138-1_6

# 1 Problemstellung

Immaterielle Wirtschaftsgüter lassen sich vergleichsweise leicht über Staatsgrenzen hinweg auf andere Rechtsträger übertragen.[3] Diverse ausländische Steuerrechtssysteme sehen eine begünstigte Besteuerung für Einnahmen aus geistigem Eigentum vor, um sich Standortvorteile zu verschaffen.[4] Dies führt in Teilen zu einem schädlichen Steuerwettbewerb zwischen den Staaten, welcher multinationalen Unternehmensgruppen ermöglicht, ihre Gesamtsteuerlast mittels Gewinnverlagerungen unter Ausnutzung dieser präferenziellen Steuerrechtsregelungen zu senken.[5] Charakteristisch für eine solche steuerliche Vergünstigungsregelung ist die niedrigere Besteuerung von Einnahmen aus geistigem Eigentum im Verhältnis zu den übrigen Einkünften.[6] Dabei variiert die Ausgestaltung solcher Lizenz-, Patent- oder IP-Boxen von Staat zu Staat.[7] Exemplarisch normieren einige präferenzielle Besteuerungsregime die Anwendung eines besonderen Steuersatzes, während andere die Lizenzeinnahmen anteilig oder vollständig von der Besteuerung befreien.[8] Gemein ist den meisten dieser Regelungen die fehlende Anknüpfung an eine tatsächliche Geschäftstätigkeit.

Um den sog. schädlichen Steuerpraktiken im Zusammenhang mit Rechteüberlassungen entgegenzuwirken,[9] erhielt § 4j EStG[10] Einzug in die deutsche Steuergesetzgebung. Prinzipiell versagt bzw. beschränkt § 4j EStG den inländischen Betriebsausgabenabzug von Lizenzaufwendungen, wenn die korrespondierenden Lizenzeinnahmen auf Ebene des nahestehenden Zahlungsempfängers einer von der Regelbesteuerung abweichenden und niedrigen Besteuerung unterliegen.

---

3 Vgl. Kraft 2020, § 4j EStG Rn. 1; Pohl 2020, § 4j EStG Rn. 7.

4 Vgl. Frase 2018, § 4j EStG Rn. 27; BMF 2020, 214; Moritz und Baumgartner 2018, 2140.

5 Vgl. BT-Drs. 18/11233, 1; Gosch 2020, § 4j EStG Rn. 1 f.; Pohl 2020, § 4j EStG Rn. 7; Kraft 2020, § 4j EStG Rn. 1 f.; Geurts und Staccioli 2017, 514; Heil und Pupeter 2017, 795; Schneider und Junior 2017, 417; Max und Thiede 2017, 176; Frase 2017, 20498.

6 Vgl. Pross und Radmanesh 2015, 580; Schneider und Junior 2017, 417 f.; Schlie und Stetzelberger 2008, 273; Thiede 2016, 284.

7 Vgl. Gosch 2020, § 4j EStG Rn. 1; Kraft 2020, § 4j EStG Rn. 57. So lässt sich nach Geurts und Staccioli 2017, 514 und Schneider und Junior 2017, 418 zwischen ausgabenorientierten (*front end tax regimes*) und einnahmenorientierten (*back end tax regimes*) Lizenzboxen differenzieren. Für weiterführende Erläuterungen über die Ausgestaltung von Präferenzregimen wird an dieser Stelle auf Pross und Radmanesh 2015, 579 ff. verwiesen.

8 Vgl. Kraft 2020, § 4j EStG Rn. 57; BT-Drs. 18/11233, 1; Hofer und Weidlich 2016, 753.

9 Vgl. BT-Drs. 18/11233, 1.

10 Auch bekannt unter dem Namen Lizenzschranke.

Als Inspirationsquelle für die Rechtsnorm diente der Abschlussbericht des 5. Aktionspunkts des OECD Base Erosion and Profit Shifting (BEPS)-Projektes. Dieser hat einen wettbewerbsneutralen und an die wesentliche Geschäftstätigkeit anknüpfenden Ansatz (Nexus-Ansatz) zur steuerlichen Begünstigung von Einnahmen aus Rechteüberlassungen entwickelt.[11]

Vor dem Hintergrund erheblicher steuerrechtlicher Zweifelsfragen verfolgen die vorliegenden Ausführungen das Ziel die Tatbestandsmerkmale einer nahestehenden Person sowie einer abweichenden und niedrigen präferenziellen Besteuerung im Rahmen der Lizenzschranke zu beleuchten.

## 2 Steuerliche Auswirkungen der Lizenzschranke

§ 4j Abs. 1 S. 1 EStG versagt grundsätzlich den steuerlichen Betriebsausgabenabzug von Lizenzzahlungen auf Ebene eines inländischen Schuldners, wenn die korrespondierenden Einnahmen beim nahestehenden Gläubiger unter einer von der Regelbesteuerung abweichenden, niedrigen Präferenzregelung besteuert werden.[12] Allerdings gestattet § 4j Abs. 3 EStG dennoch die Berücksichtigung eines Teils der Lizenzaufwendungen als Betriebsausgaben gem. einer festgelegten Formel.[13] Gleicht die Präferenzregelung dem Nexus-Ansatz, findet die Lizenzschranke gem. § 4j Abs. 1 S. 4 EStG keine Anwendung. Demnach bestraft § 4j EStG einen Schuldner von Lizenzzahlungen, wenn der Ansässigkeitsstaat des nahestehenden Gläubigers auf Lizenzeinnahmen steuerliche Vergünstigungen gewährt, die nicht auf einem Nexus-konformen System basieren.[14] Dies gilt selbst dann, wenn sich die durch das Unternehmen implementierte Struktur auch bei einem Nexus-konformen Regime für eine präferenzielle Besteuerung von Lizenzeinnahmen qualifizieren würde.

Mündet die Anwendung des § 4j EStG in einer vollständigen oder anteiligen Abzugsbeschränkung, so wirkt diese reduzierend auf die gewerbesteuerlichen Hinzurechnungen. Denn § 8 Nr. 1 lit. f GewStG wird nur insoweit angewandt, als § 4j Abs. 1 S. 4 EStG oder § 4j Abs. 3 EStG den steuerlichen Abzug der Lizenzaufwendungen bewilligen. Im Übrigen findet keine Hinzurechnung

[11] Vgl. OECD 2015, 25; Schönhaus 2017, 95. Exemplarisch ersetzt Belgien die bisherige Patentbox durch eine wohl Nexus-konforme Innovationsbox, vgl. hierzu De Wolf 2017, 638 ff.

[12] Die Lizenzschranke erfasst auch Lizenzgestaltungen zwischen mehreren nahestehenden Personen. Für Berechnungsbeispiele empfiehlt sich die Publikation von Grotherr 2017, 236 f.

[13] § 4j Abs. 3 S. 2 EStG normiert für die Berechnung des nicht abziehbaren Teils der Lizenzaufwendungen folgende Berechnungsformel: $\frac{25\,\% - \textit{Belastung durch Ertragsteuern in } \%}{25\,\%}$

[14] Vgl. Gosch 2020, § 4j EStG Rn. 2.

statt, da sich die entsprechenden Zahlungen nicht gewinnmindernd ausgewirkt haben.[15]

# 3 Kriterium der nahestehenden Personen

## 3.1 Begriffsbestimmung

Zur Konkretisierung einer dem Schuldner nahestehenden Person verweist § 4j Abs. 1 S. 1 EStG explizit auf die außensteuerrechtliche abschließende Begriffsspezifizierung des § 1 Abs. 2 AStG.[16] Ausreichend sind demnach indirekte oder direkte Kapitalverflechtungen von mindestens 25 %, beherrschender Einfluss oder sonstige fremdunübliche Einflussnahmemöglichkeiten innerhalb oder außerhalb der Geschäftsbeziehung.[17] Für die Anwendung der Lizenzschranke muss das Näheverhältnis im Zeitpunkt des Entstehens der Aufwendungen vorliegen.[18]

Im Umkehrschluss sind sämtliche vertragliche Lizenzgestaltungen zwischen fremden Dritten von den Rechtsfolgen des § 4j EStG ausgenommen.[19] Dies ist sachgerecht, da zwischen zwei voneinander unabhängigen Unternehmen eine Interessendivergenz besteht.[20] Dadurch sind aus betriebswirtschaftlicher Perspektive Lizensierungsgestaltungen zwischen fremden Dritten bevorteilt.[21]

## 3.2 Personengesellschaften und Mitunternehmerschaften

Ausdrücklich nimmt § 4j Abs. 1 S. 1 EStG keine Einschränkung hinsichtlich nahestehender Personen vor.[22] Allerdings divergieren in der Literatur die Ansichten, ob § 4j EStG auch Beteiligungen von Personengesellschaften und Mit-

15 Vgl. Grotherr 2017, 245; Holle und Weiss 2017, 222; Benz und Böhmer 2017, 210; Schneider und Junior 2017, 423.

16 Vgl. Pohl 2020, § 1 AStG Rn. 57.

17 Vgl. Frase 2018, § 4j EStG Rn. 25; Loschelder 2019, § 4j EStG Rn. 10. Für eine detaillierte Aufschlüsselung der Tatbestandsmerkmale von nahestehenden Personen sei an dieser Stelle auf Pohl 2020, § 1 AStG Rn. 60 ff., Wassermeyer 2019, § 1 AStG Rn. 513 ff., Kraft 2019, § 1 AStG Rn. 167 ff. oder Kaminski 2010, 287 ff. verwiesen.

18 Vgl. Loschelder 2019, § 4j EStG Rn. 10; Pohl 2020, § 1 AStG Rn. 59.

19 Vgl. Loose 2017, 660; Heil und Pupeter 2017, 796; Loschelder 2019, § 4j EStG Rn. 10; BT-Drs. 18/11233, 13; Ditz und Quilitzsch 2017, 1563; Hagemann und Kahlenberg 2020, § 4j EStG Rn. 21; Höreth und Stelzer 2017, 272; Geurts und Staccioli 2017, 516; Grotherr 2017, 234.

20 Vgl. Kraft 2019, § 1 AStG Rn. 160.

21 Siehe hierzu Geurts und Staccioli 2017, 516.

22 Vgl. Kraft 2020, § 4j EStG Rn. 41; Höreth und Stelzer 2017, 271.

unternehmerschaften erfasst. Voraussetzung ist, dass diese eine nahestehende Person i. S. d. § 1 Abs. 2 AStG darstellen.[23]

§ 4j Abs. 1 S. 1 EStG verweist ausschließlich auf § 1 Abs. 2 AStG, nicht aber auf § 1 Abs. 1 S. 2 AStG. Daher könnte davon ausgegangen werden, dass einzig natürliche und juristische Personen als nahestehende Personen infrage kämen, denn § 1 Abs. 1 S. 2 AStG normiert für den gesamten Anwendungsbereich des § 1 AStG, dass auch Personengesellschaften und Mitunternehmerschaften nahestehende Personen i. S. d. § 1 Abs. 2 AStG sein können, wenn diese die Tatbestandsmerkmale des § 1 Abs. 2 AStG erfüllen.[24] Allerdings erfolgte die Einführung des § 1 Abs. 1 S. 2 AStG ausschließlich zur Klarstellung der Rechtslage.[25] Zuvor war der Anwendungsbereich des § 1 Abs. 2 AStG geprägt von beträchtlichen Rechtsunsicherheiten.[26] Deswegen stellte die Finanzverwaltung mittels BMF-Schreiben bereits 1983 klar, dass auch Personengesellschaften, Gemeinschaften und ähnliche Gebilde als nahestehende Personen i. S. d. § 1 Abs. 2 AStG anzusehen sein.[27] Ein Ausnahme bildeten lediglich vermögensverwaltende Personengesellschaften, die erst seit der Einfügung des § 1 Abs. 1 S. 2 AStG als nahestehende Personen gelten.[28] Somit fallen mit der Verabschiedung des § 1 Abs. 1 S. 2 AStG Personengesellschaften und Mitunternehmerschaften explizit unter § 1 Abs. 2 AStG.[29]

Für den Anwendungsbereich des § 4j Abs. 1 S. 1 EStG lässt sich abschließend konstatieren, dass auch Personengesellschaften und Mitunternehmerschaften, mit Ausnahme von vermögensverwaltenden Personengesellschaften, als nahestehende Personen i. S. d. § 4j Abs. 1 S. 1 EStG, § 1 Abs. 2 AStG gelten sollten.

---

23 Zustimmend: Ditz und Quilitzsch 2017, 1563; Pohl 2020, § 1 AStG Rn. 58; Nientimp 2017, § 1 AStG Rn. 98; Kramer 2020, § 1 AStG Rn. 59; Weigel und Schega 2018, 669. Wohl ablehnend: Frase 2018, § 4j EStG Rn. 25; Heil und Pupeter 2017, 796.

24 Vgl. Kraft 2019, § 1 AStG Rn. 81; Kramer 2020, § 1 AStG Rn. 59; Nientimp 2017, § 1 AStG Rn. 60. Für kritische Anmerkungen zur Erweiterungsvorschrift des § 1 Abs. 1 S. 2 AStG, siehe Adrian und Franz 2013, 1879 f.

25 Vgl. BT-Drs. 17/13033, 83; Schnitger 2012, 636; Ditz und Quilitzsch 2017, 1563.

26 Vgl. Ditz und Quilitzsch 2013, 1917; Heil und Pupeter 2017, 797.

27 Vgl. BMF 1983, 218 Rn. 1.3.2.2.

28 Vgl. Ditz und Quilitzsch 2013, 1918.

29 Vgl. Kramer 2020, § 1 AStG Rn. 59; Dorner 2015, § 1 AStG Rn. 62; Ditz und Quilitzsch 2017, 1563.

### 3.3 Betriebsstätten

Betriebsstätten gelten nicht als nahestehende Personen i. S. d. § 1 Abs. 2 AStG.[30] Per Fiktion dehnt § 4j Abs. 1 S. 3 EStG jedoch den Betroffenenkreis konkret auf Betriebsstätten aus, sodass auch diese als Schuldner oder Gläubiger fungieren können.[31] Entsprechend verhindert dieser gesetzliche Passus die Umgehung des Abzugsverbots durch die Errichtung von Betriebsstätten.[32]

## 4 Kriterium der abweichenden, niedrigen Besteuerung

### 4.1 Unabhängigkeit der Tatbestandsmerkmale

Die in der Norm gewählte Formulierung der abweichenden, niedrigen Besteuerung definiert zwei unabhängige Tatbestandsmerkmale, die kumulativ erfüllt sein müssen.[33] Bei der Voraussetzung der niedrigen Besteuerung handelt es sich um ein rein quantitatives Kriterium,[34] bei der Feststellung der abweichenden Besteuerung um ein qualitativ zu beurteilendes.[35]

### 4.2 Das quantitative Kriterium der Niedrigbesteuerung

#### *4.2.1 Einnahmen und Ertragsteuern*

§ 4j Abs. 2 EStG stellt nicht auf die Belastung der Einkünfte, sondern auf die der Einnahmen als Bruttogröße ab,[36] deren Begriffsverständnis sich wohl nach den deutschen Besteuerungsvorschriften richtet.[37] Dies ist systemkonform, denn auch die Ermittlung der ausländischen Einkünfte gem. § 34d EStG richtet sich ausschließlich nach inländischen Kriterien.[38] Steuerrechtlich sind Einnahmen i.

---

30 Vgl. Hagemann und Kahlenberg 2020, § 4j EStG Rn. 21; Kraft 2020, § 4j EStG Rn. 42; Pohl 2020, § 1 AStG Rn. 58.

31 Vgl. Gosch 2020, § 4j EStG Rn. 12; Kraft 2020, § 4j EStG Rn. 42.

32 Vgl. Grotherr 2017, 235.

33 Vgl. Loschelder 2019, § 4j EStG Rn. 9; Pohl 2020, § 4j EStG Rn. 85; Ritzer et al. 2017b, 72; Richter und John 2017, 1093.

34 Vgl. Pohl 2020, § 4j EStG Rn. 85; Hagemann und Kahlenberg 2020, § 4j EStG Rn. 45; Link und Süßmann 2017, 152; Ritzer et al. 2017b, 72 f.; Ritzer et al. 2017a, 401.

35 Vgl. Pohl 2020, § 4j EStG Rn. 85; Ritzer et al. 2017a, 401; Link und Süßmann 2017, 152; Ritzer et al. 2017b, 72

36 Vgl. Kraft 2020, § 4j EStG Rn. 57; Pohl 2020, § 4j EStG Rn. 88; Link und Süßmann 2017, 152; Adrian und Tigges 2017, 231; Höreth und Stelzer 2017, 272; Loschelder 2019, § 4j EStG Rn. 9; Grotherr 2017, 242.

37 Vgl. Benz und Böhmer 2017, 207; Pohl 2020, § 4j EStG Rn. 89.

38 Vgl. Kraft 2020, § 34d EStG Rn. 6; Gosch 2020, § 34d EStG Rn. 5.

S. d. § 8 Abs. 1 EStG Güter, die in Geld oder Geldeswert bestehen und dem Steuerpflichtigen im Rahmen einer der Einkunftsarten des § 2 Abs. 1 S. 1 Nr. 4 bis 7 EStG zufließen.

Durch die Anlehnung der Ertragsteuerbelastung an § 8 Abs. 3 AStG,[39] dürfte sich auch die Definition der Ertragsteuern nach den Grundsätzen des § 8 Abs. 3 AStG richten.[40] Insofern fallen hierunter alle an den Ertrag anknüpfenden Steuern.[41]

### *4.2.2 Höhe der Steuerbelastung*

Den quantitativen Anknüpfungspunkt für die niedrige Besteuerung bildet gem. § 4j Abs. 2 EStG eine den Wert von 25 % tatsächlich unterschreitende Ertragsteuerbelastung der Einnahmen aus geistigem Eigentum auf Ebene des nahestehenden Zahlungsempfängers.[42] Die Höhe der prozentualen Steuerbelastung ist wohl angelehnt an die Hinzurechnungsbesteuerung aus § 8 Abs. 3 AStG.[43] Dem Umstand, dass der Gesetzgeber bereits das Unterschreiten einer 25 %-igen Steuerbelastung als niedrige Besteuerung klassifiziert, steht die Literatur kritisch gegenüber.[44] Teilweise wird daraufhin gewiesen, dass eine steuerliche Belastung von weniger als 15 % - dem deutschen Körperschaftsteuersatz - angemessen wäre.[45] So lag der weltweite durchschnittliche Unternehmenssteuersatz im Jahr 2018 bei 23.03 %.[46] Die österreichische Lizenzzahlungsabzugsbeschränkung greift beispielsweise gem. § 12 Nr. 10 lit. c öKStG sogar erst bei einem Steuersatz von weniger als 10 %.

---

39 Vgl. Grotherr 2017, 241; siehe hierzu Unterpunkt 4.2.2.

40 Vgl. Benz und Böhmer 2017, 207.

41 Vgl. Wassermeyer und Schönfeld 2019, § 8 AStG Rn. 728.

42 Vgl. Grotherr 2017, 241; Loschelder 2019, § 4j EStG Rn. 9, 22. Eine Bagatellgrenze existiert nicht.

43 Vgl. Grotherr 2017, 241; Schneider und Junior 2017, 421; Hagemann und Kahlenberg 2020, § 4j EStG Rn. 45; Geurts und Staccioli 2017, 515; Ritzer et al. 2017b, 72; Holle und Weiss 2017, 221.

44 Vgl. Loschelder 2019, § 4j EStG Rn. 9; Kraft 2020, § 4j EStG Rn. 59; Schneider und Junior 2017, 421; Schnitger 2017, 223; Max und Thiede 2017, 179; Ritzer et al. 2017a, 402 f.; Ditz und Quilitzsch 2017, 1564; Burwitz und Rüll 2017, 416; Heidecke und Holst 2017, 136; Ritzer et al. 2017b, 73; Richter und John 2017, 1093. Link 2017, 2376 hingegen verteidigt das Niedrigbesteuerungslevel i. H. v. 25 %. Allgemeine Kritik am Steuersatz aus § 8 Abs. 3 AStG: Wassermeyer und Schönfeld 2008, 496 ff; Haas 2011, 360; Quilitzsch 2011, 947; Kraft 2016, 129 f.; Bannes und Cloer 2016, 1566 f.; Linn 2016, 648 f.

45 Vgl. Schneider und Junior 2017, 421; Kraft 2010, 378; Haas 2011, 360; Quilitzsch 2011, 947; Ritzer et al. 2017b, 73. Die Bundestagsfraktion der Grünen forderte in ihrem Antrag BT-Drs. 18/9043, 2 das Festmachen einer niedrigen Besteuerung an einem Steuersatz von weniger als 15 %.

46 Vgl. Bunn 2018, 1.

Im europäischen Vergleich lag die effektive Steuerbelastung für Lizenzeinkünfte im Jahr 2016 in Belgien, Irland, Liechtenstein, Luxemburg, Malta, den Niederlanden, Portugal, der Schweiz (Kanton Nidwalden), Spanien, Ungarn, dem Vereinigten Königreich und Zypern bei unter 15 %. In Zypern und Malta gar bei 0 %.[47] Die auf Grundlage der OECD fußende Einschätzung der Finanzverwaltung über die weltweiten steuerschädlichen Präferenzregime im Jahr 2018 verdeutlicht, dass ein Großteil der Begünstigungsvorschriften eine vollständige Steuerbefreiung oder einen niedrigen einstelligen (effektiven) Steuersatz für Einkünfte aus immateriellen Werten vorsieht.[48] Ein Herabsetzen des Niedrigbesteuerungsniveaus auf beispielsweise 15 % hätte somit auf den Anwendungsbereich der Lizenzschranke eher geringen Einfluss.[49]

Im Einzelfall würde sogar Deutschland als Niedrigsteuerland klassifiziert werden. Betrüge der gewerbesteuerliche Hebesatz 262 % oder weniger, so ergäbe sich bei Körperschaften eine Unternehmenssteuerbelastung von unter 25 %.[50] Eine Erhebung des Statistischen Bundesamts über die Realsteuerhebesätze im Jahr 2018 offenbart, dass immerhin 41 Gemeinden in Deutschland einen Hebesatz von 262 % oder weniger erhoben hatten.[51]

## 4.3 Das qualitative Merkmal der abweichenden Besteuerung

### *4.3.1 Charakteristika der abweichenden Besteuerung*

Zur Erfüllung des qualitativen Merkmals der abweichenden Besteuerung müssen die Einnahmen aus Rechteüberlassungen unter ein besonderes Steuerregime fallen, welches im Verhältnis zur Regelbesteuerung zu einer niedrigeren steuerlichen Belastung führt.[52] Dahingehend bestraft § 4j EStG nicht per se eine Niedrigbesteuerung, sondern ausschließlich präferenzielle Steuerregelungen für Li-

---

47 Vgl. Frase 2018, § 4j EStG Rn. 27.

48 Vgl. BMF 2020.

49 Siehe auch Holle und Weiss 2017, 221; Hagemann und Kahlenberg 2017, 416. Nach Frase 2018, § 4j EStG Rn. 27 liegt lediglich das Lizenzertragsbesteuerungsniveau in Italien und Frankreich knapp oberhalb der 15 %, sodass Lizenzgestaltungskonstrukte mit in diesen Ländern ansässigen Unternehmen bei einer Herabsenkung des Steuersatzes auf 15 % von der Anwendung der Lizenzschranke ausgenommen sein würden.

50 Ein Hebesatz von 262 % ergibt sich unter Berücksichtigung des Solidaritätszuschlags. $(15\,\% * 1{,}055) + (3{,}5\,\% * [Hebesatz]) < 25\% \triangleq [Hebesatz] = 262{,}14\,\% \triangleq [Hebesatz] = 262\%$. Ebenso Linn 2016, 648 f.

51 Vgl. Statistisches Bundesamt 2019.

52 Vgl. Loschelder 2019, § 4j EStG Rn. 9. Loose 2017, 657 zufolge könnte die Lizenzschranke auch bei einem abweichend höheren Besteuerungsniveau der Lizenzeinnahmen greifen – für die Besteuerungspraxis ist dieses Konstrukt jedoch irrelevant.

zenzeinnahmen.[53] Dies bestätigt ebenfalls der Gesetzgeber im Regierungsentwurf zu § 4j EStG. Demnach soll die Lizenzschranke gerade nicht auf Fälle Anwendung finden, bei denen auch die übrigen Einkünfte des Empfängers denselben niedrigen Regelsteuersatz unterliegen.[54]

Weder § 4j EStG noch die im Regierungsentwurf enthaltenen Begründungen klären ausdrücklich über die Bestimmung der Regelbesteuerung sowie der Präferenzregelung auf.[55] Spezifiziert sind in § 4j Abs. 2 EStG lediglich Charakteristika der niedrigen Besteuerung. Wesentlicher Beurteilungsmaßstab ist, dass die steuerlichen Vergünstigungen für Einnahmen aus geistigem Eigentum nicht generell auf alle Einnahmen gewährt werden.[56] Die Praxis würde somit mit der entscheidenden Problematik konfrontiert sein, die Regelbesteuerung und die von der Regelbesteuerung abweichenden Besteuerungsmerkmale für Einnahmen aus geistigem Eigentum im ausländischen Steuerrecht zu identifizieren.[57] Jedoch hat die Finanzverwaltung am 19.2.2020 eine Auflistung über die weltweiten Präferenzsysteme in einem BMF-Schreiben veröffentlicht, welche Steuerpflichtigen und Beratern Hilfestellung leistet.[58]

### *4.3.2 Charakteristika der Regelbesteuerung*

Um eine Abweichung von der Regelbesteuerung feststellen zu können, ist zunächst das Regelbesteuerungsniveau zu ermitteln. Aufgrund des Mangels einer Legaldefinition ist fraglich, welche Elemente der ausländischen Steuergesetzgebung Bestandteil der Regelbesteuerung sind und welche nicht.[59] Gewährt nun exemplarisch ein ausländischer Staat steuerliche Vergünstigungen für bestimmte Unternehmensbranchen bzw. Wirtschaftszweige, die nicht auf eine bestimmte Einkunftsart bezogen sind, so ist offen, was nun genau die Regelbesteuerung darstellt. Unter der Regelbesteuerung könnte demnach die generelle nominale, die effektive oder die abstrakte branchen- bzw. wirtschaftszweigspezifische Ertragsteuerbelastung verstanden werden. Ist letzteres der Fall, so ist ungewiss,

---

53 Vgl. Hagemann und Kahlenberg 2020, § 4j EStG Rn. 47; Grotherr 2017, 234.

54 Vgl. BT-Drs. 18/11233, 13.

55 Vgl. Schneider und Junior 2017, 420; Jochimsen et al. 2017, 595 f.; Loose 2017, 656 f.; ähnlich auch Gosch 2020, § 4j EStG Rn. 27b; Ritzer et al. 2017b, 72; Max und Thiede 2017. Im Ergebnis auch Heidecke und Holst 2017, 136, die sich eine Präzisierung der Begriffe wünschen. Aus dem Regierungsentwurf kann jedoch ein implizites Verständnis der Regelbesteuerung und der abweichenden Besteuerung herausgelesen werden. Siehe hierzu BT-Drs. 18/11233, 13.

56 Vgl. Grotherr 2017, 237; Ritzer et al. 2017a, 402.

57 Vgl. Pohl 2020, § 4j EStG Rn. 87.

58 Vgl. BMF (2020).

59 Vgl. Jochimsen et al. 2017, 595.

ob, und wenn ja, inwieweit branchenspezifische steuerliche Vergünstigungen Teil der Regelbesteuerung sein können.[60]

Die Literatur plädiert für eine möglichst enge Auslegung,[61] bei der die reguläre Besteuerung in Abhängigkeit von der Unternehmensbranche bzw. dem Wirtschaftszweig des betroffenen Unternehmen festzustellen wäre. So sollten auch andere branchenspezifische steuerliche Vergünstigungen, die sich aus volkswirtschaftlichen Lenkungszwecken ergeben, bei der Bestimmung des Regelsteuersatzes berücksichtigt werden. Diese Herangehensweise stimmt auch mit der im Gesetzentwurf enthaltenen Erläuterung zur Feststellung des Regelsteuersatzes überein. Denn dort wird auf Einkünfte verwiesen, die „[…] beim Empfänger aufgrund eines auch für die übrigen Einkünfte anzuwendenden Regelsteuersatzes niedrig besteuert werden“[62]. Folglich liegt der Fokus bei der Feststellung der Regelbesteuerung auf den Besteuerungscharakteristika des Empfängers, weshalb nur solche Abweichungen die Rechtsfolgen des § 4j EStG auslösen dürften, die als steuerliche Privilegien auf Einnahmen aus Rechteüberlassungen gewährt werden.[63] Eine andere Auffassung vertritt wohl die Finanzverwaltung. Denn deren Auflistung der schädlichen präferenziellen Steuerregime umfasst auch Begünstigungsvorschriften, die sich auf sämtliche Einkünfte von Unternehmen einer bestimmten Branche beziehen. Konsequenterweise werden unter diesen branchenspezifischen Regelungen letztlich auch Einkünfte aus immateriellen Werten niedriger besteuert. Exemplarisch sei hier die als schädlich bewertete malaysische Regelungen für Unternehmen aus der Biotechnologiebranche genannt.[64]

<u>Beispiel:</u>

Die A-GmbH führt Lizenzgebühren an das ihr nahestehende, in Malaysia ansässige, Biotechnologie-Unternehmen B ab. Im Jahr 2018 betrug der dortige nominale Körperschaftsteuertarif 24 %, wobei das dortige Steuerrecht eine vollständige Steuerbefreiung für alle Einkünfte von Unternehmen aus der Biotechnologie statuierte.

Die Finanzverwaltung führt die Regelung als schädliches Regime im BMF-Schreiben zur Lizenzschranke auf, was eine Anwendung derselben auf Ebene der A-GmbH implizieren könnte. Der Literaturmeinung zufolge dürften die

60 Vgl. Ritzer et al. 2017b, 72; Adrian und Tigges 2017, 231.

61 Vgl. Adrian und Tigges 2017, 231; Gosch 2020, § 4j EStG Rn. 27b.

62 BT-Drs. 18/11233, 13.

63 Vgl. Gosch 2020, § 4j EStG Rn. 27b.

64 Vgl. BMF 2020. Die zeitliche Befristung der steuerlichen Befreiung betrifft die gesamte Biotechnologiebranche. Dies lässt einen volkswirtschaftlichen Lenkungszweck erkennen.

branchenspezifischen Begünstigung bei der Berechnung des Regelbesteuerungsniveaus von Unternehmen B zu berücksichtigen sein, sodass dieses bei 0 % läge. Dieser vollständigen Steuerbefreiung würden auch die Einkünfte aus Lizenzgebühren unterliegen. Daher ergäbe sich zwar eine niedrige, jedoch keine von der Regelbesteuerung abweichende Besteuerung, sodass die Lizenzschranke auf Ebene der A-GmbH nicht greifen würde.

### *4.3.3 Ermittlung der Regelbesteuerung und des abweichenden, niedrigen Besteuerungsniveaus*

Es ist anzunehmen, dass § 4j EStG durch die Verwendung des Einnahmenbegriffs zunächst auf einem abstrakten Nominalsteuerniveaukonzept aufbaut.[65] Allerdings existiert keine gesetzlich kodifizierte Methode zur Ermittlung einer Einnahmenbemessungsgrundlage.[66]

Zunächst sollte die Berechnung des Regelbesteuerungsniveaus auf den abstrakt ermittelten Einnahmen basieren, die durch eine ebenfalls abstrakt ermittelte Nominalsteuer belastet werden. Die tatsächliche Steuerbelastung sollte an dieser Stelle unberücksichtigt bleiben.[67] Anschließend kommt bei der Feststellung des von der Regelbesteuerung abweichenden, niedrigen präferenziellen Besteuerungsniveaus nun punktuell die Ermittlung einer Effektivsteuerbelastung zur Anwendung.[68] Dies indiziert § 4j Abs. 2 S. 2 EStG,[69] denn für die Ermittlung der niedrigen Besteuerung sollten jegliche Begünstigungsvorschriften berücksichtigt werden, die sich auf das Besteuerungsniveau der Einnahmen aus Rechteüberlassungen auswirken. Dies umfasst gem. § 4j Abs. 2 S. 2 EStG Kürzungen, Befreiungen, Gutschriften und andere Ermäßigungen. Durch die Nutzung des Terms „insbesondere" ist die gesetzliche Auflistung nicht abschließend, sodass jede potentielle steuerliche Begünstigung bei der Ermittlung Beachtung finden muss.[70] Dementsprechend ist irrelevant, durch welche steuerli-

---

65 Vgl. Hagemann und Kahlenberg 2020, § 4j EStG Rn. 50; Holle und Weiss 2017, 221; Schnitger 2017, 223; Hagemann und Kahlenberg 2017, 416.

66 Vgl. Hagemann und Kahlenberg, 2017, 415 f.; Hagemann und Kahlenberg 2020, § 4j EStG Rn. 50.

67 Vgl. Schneider und Junior 2017, 420; Ritzer et al. 2017b, 73 f.; Hagemann und Kahlenberg 2020, § 4j EStG Rn. 46; Link und Süßmann 2017, 152; Ditz und Quilitzsch 2017, 1564; Holle und Weiss 2017, 221; a. A. wohl Max und Thiede 2017, 177.

68 Vgl. Hagemann und Kahlenberg 2020, § 4j EStG Rn. 50; Hagemann und Kahlenberg 2017, 416.

69 Vgl. Hagemann und Kahlenberg 2017, 416; Hagemann und Kahlenberg 2020, § 4j EStG Rn. 50.

70 Vgl. Pohl in Blümich, EStG, § 4j Rn. 93.

chen Regelungsinhalte das Präferenzregime geformt wird.[71] Indes stellen die an die tatsächlich entstandenen Aufwendungen anknüpfenden Begünstigungen – exemplarisch steuerliche Forschungsprämien – keine der von § 4j EStG erfasste Steuervergünstigungen dar.[72] Auch bei den tatsächlich entstandenen Aufwendungen und eventuellen Verlustvorträgen handelt es sich nicht um steuerliche Vergünstigungen.[73] Anderenfalls bestünde das Risiko, dass steuerunschädliche Steuerregime als steuerschädlich einordnet würden.[74] Ebenfalls nicht inkludiert sind Begünstigungen, die auch für die übrigen Einkünfte gewährt werden.[75]

Schlussendlich kann festgehalten werden, dass sich grundlegend an einer abstrakten Nominalsteuerbelastung orientiert werden sollte, jedoch bei der Berechnung der Abweichung auf effektive Steuerbelastungsbestandteile zurückgegriffen werden muss.

### *4.3.4 Besonderheiten bei progressiven Steuertarifen und transparent besteuerten Kapitalgesellschaften*

Fraglich ist die Feststellung einer niedrigen Besteuerung bei progressiven Steuertarifen.[76] Aus pragmatischer Sicht könnte auf einen Durchschnittssteuersatz abgestellt werden.[77] Bei einer Durchschnittssteuersatzbetrachtung sind jedoch nur objektive Bemessungsgrundlageneffekte zu berücksichtigen.[78]

Ist der ausländische Gläubiger eine Personengesellschaft oder eine aufgrund einer „Check-the-box-Election" transparent besteuerte Kapitalgesellschaft, wird auf die Steuerbelastung bei den Gesellschaftern abgestellt.[79]

### *4.3.5 Kritische Würdigung der abweichenden Besteuerung*

Die Voraussetzung der abweichenden Besteuerung kann zu schwer nachvollziehbaren Ergebnissen führen. Beträgt exemplarisch die Unternehmenssteuerbelastung in einem ausländischen Staat für alle Einnahmen einheitlich weniger als

---

71 Ebenso Hagemann und Kahlenberg 2017, 416.

72 Vgl. Hagemann und Kahlenberg 2020, § 4j EStG Rn. 50; BT-Drs. 18/11233, 12 ff.

73 Vgl. Loose 2017, 657; Ditz und Quilitzsch 2017, 1561; Heil und Pupeter 2017, 796 f.; Ritzer et al. 2017b, 74; Schneider und Junior 2017, 420; Hagemann und Kahlenberg 2020, § 4j EStG Rn. 46; Adrian und Tigges 2017, 231; Grotherr 2017, 242.

74 Ähnlich Adrian und Tigges 2017, 231.

75 Vgl. BT-Drs. 18/11233, 12 f.

76 Vgl. Hagemann und Kahlenberg 2020, § 4j EStG Rn. 47.

77 Vgl. Grotherr 2017, 242; Hagemann und Kahlenberg 2020, § 4j EStG Rn. 47; Schnitger 2017, 226; Hagemann und Kahlenberg 2017, 416.

78 Vgl. Hagemann und Kahlenberg 2020, § 4j EStG Rn. 47.

79 Vgl. Grotherr 2017, 242; BT-Drs. 18/12128, S. 28.

25 %, so würden die Rechtsfolgen des § 4j EStG nicht ausgelöst. Denn das Tatbestandsmerkmal der abweichenden präferenziellen Lizenzertragsbesteuerung wäre nicht erfüllt. Selbiges gilt für Staaten ohne jegliche Ertragsbesteuerung.

Demnach wären Lizenzzahlungen, die eine deutschlandansässige Gesellschaft an Unternehmen transferiert, die in solchen Niedrigsteuerländern belegen sind, vollumfänglich als Betriebsausgaben abzugsfähig.[80] Somit bestraft § 4j EStG zwar Gewinnverlagerungen in nicht-Nexus-konforme Präferenzregime, nicht aber Gewinnverschiebungen in Niedrig- bzw. Nullsteuerländer, die alle Einnahmen einheitlich sehr gering oder gar nicht besteuern.

## 5 Praktische Implikationen

Es kann festgehalten werden, dass die Bestimmung der Regelbesteuerung stets eine Einzelfallentscheidung darstellt.[81] Diese birgt durch die notwendige Analyse der einzelnen ausländischen Steuergesetze für betroffene Akteure große Herausforderungen, verbunden mit beträchtlichen Rechtsunsicherheiten für Unternehmen, Berater und die Finanzverwaltung.[82] Umfassende und kostspielige Diskussionen mit den lokalen Finanzbehörden wären in der Folge vorprogrammiert.[83] Daher wurden Hilfestellungen von der Finanzverwaltung verlangt,[84] beispielsweise eine Aufstellung der als schädlich eingestuften Präferenzregime.[85] Am 19.2.2020 entsprach die Finanzverwaltung dem Wunsch und veröffentlichte eine Auflistung über die weltweiten Präferenzsysteme. Die Erstellung der Übersicht fußt auf den Einschätzungen der OECD.[86]

Für die Bestimmung des qualitativen Kriteriums des abweichenden niedrigen Besteuerungsniveaus stellt das BMF-Schreiben zu § 4j EStG eine grundsätzlich geeignete Arbeitshilfe dar. Grundsatzdiskussionen mit den lokalen Finanzämtern werden auf diese Weise zunächst obsolet. Allerdings bezieht sich das BMF-Schreiben auf den Veranlagungszeitraum 2018, sodass Unsicherheiten bei sich verändernden Regelungen im Ausland entstehen. Zudem wird zu der in

---

[80] Vgl. Heil und Pupeter 2017, 796.

[81] Ebenso Loose 2017, 660.

[82] Vgl. Schneider und Junior 2017, 421; Loose 2019, 689; nach Jochimsen et al. 2017, 596 ist eine überschießende Anwendung durch die Finanzverwaltung schon vorprogrammiert, wobei Rechtssicherheit lediglich über verbindliche Auskünfte oder die Rechtsprechungen geschaffen werden kann.

[83] Vgl. Moritz und Baumgartner 2018, 2136 f.; Heil und Pupeter 2017, 798; Loose 2017, 660.

[84] Vgl. Link und Süßmann 2017, 152; Loose 2019, 689; Heil und Pupeter 2017, 798.

[85] Vgl. Heil und Pupeter 2017, 798; Moritz und Baumgartner 2018, 2136 f.

[86] Vgl. BMF 2020, 214.

der Praxis sehr bedeutenden FDII-Regelung in den USA bisher keine Einschätzung gegeben, was zu weiteren Unklarheiten führt. Diskussionspotential besteht ferner noch hinsichtlich der individuellen Umstände der einzelnen betroffenen Unternehmen, beispielsweise bei Vorliegen von branchen- oder wirtschaftszweigspezifischen Steuervorteilen in einem ausländischen Staat.

## 6 Resümee

§ 4j EStG wirkt nicht vollumfänglich dem steuerschädlichen zwischenstaatlichen Wettbewerb entgegen.[87] Präferenzielle steuerliche Systeme für Einnahmen aus Rechteüberlassungen sind durch die Lizenzschranke nur dann erfasst, wenn es sich um ein von der Regelbesteuerung abweichendes Begünstigungsregime handelt. Nicht inkludiert sind hingegen Gewinnverlagerungen mittels Lizenzzahlungen in Staaten, in denen per se eine für alle Einnahmen einheitliche niedrige Besteuerung existiert. Problematisch stellt sich die Annahme einer niedrigen Besteuerung bei der Unterschreitung eines effektiven Steuersatzes von 25 % dar. Diese sollte abgesenkt werden. Als Orientierungsmaßstab könnte auf die österreichische Regelung zurückgegriffen werden, welche eine Niedrigbesteuerung bei einem Besteuerungsniveau von weniger als 10 % annimmt. Positiv zu werten ist die Auflistung der steuerschädlichen Präferenzregime durch die Finanzverwaltung, welche Rechtssicherheit für Unternehmen und Berater schafft und Befolgungskosten mildert. Es ist davon auszugehen, dass nur noch hinsichtlich besonderer Einzelfälle Unklarheiten fortbestehen.

## Literatur

Adrian, G. & Franz, O. (2013). Änderungen der Unternehmensbesteuerung durch das Amthilferichtlinien-Umsetzungsgesetz. *Betriebs-Berater (BB)*, 32, 1879-1890.

Adrian, G. & Tigges, C. (2017). Die geplante Lizenzschranke nach § 4j EStG-E: Anmerkungen zum Regierungsentwurf vom 25.1.2017. *Unternehmensteuern und Bilanzen (StuB)*, 6, 228-233.

Anzinger, H. M., Bergkemper, W., Clausen, U., Kanzler, H.-J., Musil, A., Stapperfend, T., Tiedchen, S. & Witt, S.-C. (Hrsg.). (2020). *Einkommensteuer- und Körperschaftsteuergesetz.* Köln. Otto Schmidt Verlag.

Bannes, M. & Cloer, A. (2016). BEPS Aktionsplan 3: Stärkung der Hinzurechnungsbesteuerung, *Betriebs-Berater (BB)*, 26, 1565-1567.

Benz, S. & Böhmer, J. (2017). Der RegE eines § 4j EStG zur Beschränkung der Abziehbarkeit von Lizenzzahlungen (Lizenzschranke). *Der Betrieb (DB)*, 5, 206-211.

---

87 So auch Grotherr 2017, 245.

BMF (2020). BMF-Schreiben v. 19.2.2020 IV C 2 – S 2144-g/17/10002. Anwendungsregelungen zu § 4j EStG; Nicht Nexus-konforme Präferenzregelungen im Veranlagungszeitraum 2018. *Bundessteuerblatt I (BStBl. I)*, 214.

BMF (1983). BMF-Schreiben v. 23.2.1983 IV C 5 –S 1341 – 4/83. Grundsätze für die Prüfung der Einkunftsabgrenzung bei international verbundenen Unternehmen (Verwaltungsgrundsätze). *Bundessteuerblatt I (BStBl. I)* 1983, 218.

BT-Drs. 18/12128. (2017). *Beschlussempfehlung und Bericht des Finanzausschusses (7. Ausschuss) zu den Gesetzentwürfen der Bundesregierung – Drucksachen 18/11233, 18/11531, 18/11683 Nr. 8 – Entwurf eines Gesetzes gegen schädliche Steuerpraktiken im Zusammenhang mit Rechteüberlassungen*. Köln. Bundesanzeiger Verlag.

BT-Drs. 18/11233. (2017). *Gesetzesentwurf der Bundesregierung: Entwurf eines Gesetzes gegen schädliche Steuerpraktiken im Zusammenhang mit Rechteüberlassungen*. Köln. Bundesanzeiger Verlag.

BT-Drs. 18/9043. (2016). *Antrag der Abgeordneten Dr. Thomas Gambke, Kerstin Andreae, Britta Haßelmann, Lisa Paus, Dr. Gerhard Schick, Anja Hajduk, Beate Müller-Gemmeke, Brigitte Pothmer, Corinna Rüffer und der Fraktion BÜNDNIS 90/DIE GRÜNEN: Steuerschlupflöcher schließen – Gewinnverlagerung durch Lizenzzahlungen einschränken*. Köln. Bundesanzeiger Verlag.

BT-Drs. 17/13033. (2013). *Gesetzentwurf des Bundesrates: Entwurf eines Jahressteuergesetzes 2013*. Köln. Bundesanzeiger Verlag.

Bunn, D. (2018). *Corporate Income Tax Rates around the World, 2018*. Washington DC: Tax Foundation.

Burwitz, G. & Rüll, D. (2017). Neuere Entwicklungen im Steuerrecht: Gesetzentwurf zur Einführung einer Lizenzschranke. *Neue Zeitschrift für Gesellschaftsrecht (NGZ)*, 11, 414-416.

De Wolf, D. (2017). In Belgien ersetzt die Innovationsbox die bisherige Patentbox: Der neue Steuerabzug für Innovationseinkünfte bei Investitionen. *Internationales Steuer- und Wirtschaftsrecht (IWB)*, 17, 638-643.

Ditz, X. & Quilitzsch, C. (2017). Gesetz gegen schädliche Steuerpraktiken im Zusammenhang mit Rechteüberlassungen – die Einführung einer Lizenzschranke in § 4j EStG. *Deutsches Steuerrecht (DStR)*, 29, 1561-1568.

Ditz, X. & Quilitzsch, C. (2013). Die Änderungen im AStG durch das AmtshilfeRLUmsG – Quo vadis Außensteuergesetz?. *Deutsches Steuerrecht (DStR)*, 37, 1917-1923.

Dorner, K. (2015). § 1 AStG Berichtigung von Einkünften. In O. Mattern, D. Mohr, M. Schütz & S. Waldens (Hrsg.), *AStG - eKommentar*. Bonn. Stollfuß Medien Verlag.

Frase, H. (2018). § 4j EStG Aufwendungen für Rechteüberlassungen. In C. Fuhrmann, J. Kraeusel & J. Schiffers (Hrsg.), *EStG - eKommentar* (§ 4j EStG Rn. 1–35). Bonn. Stollfuß Medien Verlag.

Frase, H. (2017). Die „Lizenzschranke" (§ 4j EStG) – Einordnung und Anwendungsbereich. *Kölner Steuerdialog (kösdi)*, 10, 20497-20502.

Fuhrmann, C., Kraeusel, J. & Schiffers, J. (Hrsg.). (2018). *EStG - eKommentar*. Bonn. Stollfuß Medien Verlag.

Fuhrmann, S. (Hrsg.). (2017). *Außensteuergesetz Kommentar*. Herne. nwb-Verlag.

Geurts, M. & Staccioli, G. (2017). § 4j EStG-E – das neue Abzugsverbot für Lizenzaufwendungen. *Internationales Steuerrecht (IStR)*, 13, S. 514-522.

Gosch, D. (2020). § 4j EStG Aufwendungen für Rechteüberlassungen. In P. Kirchhof & R. Seer (Hrsg.), *Einkommensteuergesetz* (§ 4j EStG Rn. 1–31). Köln: Otto Schmidt Verlag.

Gosch, D. (2020). § 34d EStG Ausländische Einkünfte. In P. Kirchhof & R. Seer (Hrsg.), *Einkommensteuergesetz* (§ 34d EStG Rn. 1–16). Köln: Otto Schmidt Verlag.

Grotherr, S. (2017). Abzugsverbot für Lizenzzahlungen an nahestehende Unternehmen bei Nutzung von steuerschädlichen IP-Boxen („Lizenzschranke“). *Die Unternehmensbesteuerung (Ubg)*, 5, 233-246.

Grotherr, S., Herfort, C., Strunk, G., Kaminski, B. & Rundshagen, H. (Hrsg.). (2010). *Internationales Steuerrecht.* 3. Auflage. Hamm, Erich Fleischer Verlag, Achim.

Haas, W. (2011). Reformbedarf im deutschen internationalen Steuerrecht. *Internationales Steuerrecht (IStR)*, 10, 353-361.

Hagemann, T. & Kahlenberg, C. (2020). § 4j EStG Aufwendungen für Rechteüberlassungen. In H. M. Anzinger, W. Bergkemper, U. Clausen, H.-J. Kanzler, A. Musil, T. Stapperfend, S. Tiedchen & S.-C. Witt (Hrsg.), *Einkommensteuer- und Körperschaftsteuergesetz* (§ 4j EStG Rn. 1-66). Köln. Otto Schmidt Verlag.

Hagemann, T. & Kahlenberg, C. (2017). Grenzüberschreitende Lizenzschranke: (Teil-)Abzugsbegrenzung von Aufwendungen für Rechteüberlassung durch § 4j EStG. *Internationale Steuer-Rundschau (ISR)*, 11, 413-419.

Heidecke, B. & Holst, R. (2017). Begrenzung der Abzugsfähigkeit von Lizenzaufwendungen: Zusammenfassung und Problemanzeigen zum Regierungsentwurf vom 25.1.2017. *Internationales Steuer- und Wirtschaftsrecht (IWB)*, 4, 128-137.

Heil, S. & Pupeter, A. (2017). Lizenzschranke – Gesetzesentwurf eines neuen § 4j EStG. *Betriebs-Berater (BB)*, 14, S. 795-801.

Heuermann, B. & Brandis, P. (Hrsg.). (2020). *Einkommensteuergesetz Körperschaftsteuergesetz Gewerbesteuergesetz.* München. Vahlen Verlag.

Hofer, J. & Weidlich, I. (2016). Steuerplanung durch IP-Box-Regime in Europa: Förderungsmöglichkeiten für Forschung und Entwicklung in ausgewählten Staaten. *Internationales Steuer- und Wirtschaftsrecht (IWB)*, 20, 753-764.

Holle, F. & Weiss, M. (2017). Einschränkung des Abzugs für Aufwendungen aus einer Rechteüberlassung: Erste Anmerkungen zum Regierungsentwurf eines § 4j EStG. *Finanz-Rundschau (FR)*, 5, 217-223.

Höreth, U. & Stelzer, B. (2017). Entwurf einer Lizenzschranke – Einschränkung des Betriebsausgabenabzugs. *Deutsche Steuer-Zeitung (DStZ)*, 8, 270-275.

Jochimsen, C., Zinowsky, T. & Schraud, A. (2017). Die Lizenzschranke nach § 4j EStG – Ein Gesellenstück des deutschen Gesetzgebers. *Internationales Steuerrecht (IStR)*, 15, 593-601.

Kaminski, B. (2010). Berichtigung von Einkünften zwischen international verbunden Unternehmen gem. § 1 AStG. In. S. Grotherr, C. Herfort, G. Strunk, B. Kaminski & H. Rundshagen (Hrsg.), *Internationales Steuerrecht* (S. 287-291). 3. Auflage. Hamm, Erich Fleischer Verlag, Achim.

Kanzler, H.-J., Kraft, G., Bäuml, S. O., Marx, F. & Hechtner, F. (Hrsg.). (2020). *Einkommensteuergesetz.* Herne, nwb-Verlag.

Kirchhof, P. & Seer, R. (Hrsg.). (2020). *Einkommensteuergesetz.* Köln. Otto Schmidt Verlag.

Kraft, G. (2020). § 34d EStG Ausländische Einkünfte. In H.-J. Kanzler, G. Kraft, S. O. Bäuml, F. Marx & F. Hechtner (Hrsg.), *Einkommensteuergesetz* (§ 34d EStG Rn. 1–30). Herne. nwb-Verlag.

Kraft, G. (2020). § 4j EStG Aufwendungen für Rechteüberlassungen. In H.-J. Kanzler, G. Kraft, S. O. Bäuml, F. Marx & F. Hechtner (Hrsg.), *Einkommensteuergesetz* (§ 4j EStG Rn. 1–73). Herne. nwb-Verlag.

Kraft, G. (Hrsg.). (2019). *Außensteuergesetz*. München. C. H. Beck Verlag.

Kraft, G. (2019). § 1 AStG Berichtigung von Einkünften. In G. Kraft (Hrsg.), *Außensteuergesetz* (§ 1 AStG Rn. 1–913). München. C. H. Beck Verlag.

Kraft, G. (2016). Strukturen der Niedrigbesteuerung im System der Hinzurechnungsbesteuerung bei identischen Gewinnermittlungskonventionen im Aus- und Inland – illustriert anhand von Fallstudien. *Internationales Steuerrecht (IStR)*, 4, 129-134.

Kraft, G. (2010). Konzeptionelle und strukturelle Defizite der Hinzurechnungsbesteuerung – Reformbedarf und Reformnotwendigkeit. *Internationales Steuerrecht (IStR)*, 11, S. 377-383.

Kramer, J.-D. (2020). § 1 AStG Berichtigung von Einkünften. In O.-G. Lippross & W. Seibel (Hrsg.), *Basiskommentar Steuerrecht* (§ 1 AStG Rn. 1–179). Köln. Otto Schmidt Verlag.

Link, C. (2017). Die Lizenzschranke – Legitime Reaktion des Gesetzgebers auf schädliche Präferenzregime. *Der Betrieb (DB)*, 41, 2372-2377.

Link, M. & Süßmann, B. (2017). Die deutsche „Lizenzschranke" – Entwicklung, gesetzliche Umsetzung, weitere offenen Fragen. *Steueranwaltsmagazin (SAM)*, 4, 149-155.

Linn, A. (2016). Die Anti-Tax-Avoidance-Richtlinie der EU – Anpassungsbedarf in der Hinzurechnungsbesteuerung?. *Internationales Steuerrecht (IStR)*, 16, 645-652.

Lippross, O.-G. & Seibel, W. (Hrsg.). (2020). *Basiskommentar Steuerrecht*. Köln. Otto Schmidt Verlag.

Loschelder. F. (2019). § 4j EStG Aufwendungen für Rechteüberlassungen. In H. Weber-Grellet (Hrsg.), *Einkommensteuergesetz* (§ 4j EStG Rn. 1-25). München. C. H. Beck Verlag.

Loose, T. (2019). Status quo und Zukunft der Lizenzschranke: Was folgt noch aus Aktionspunkt 5 des BEPS-Projekts?. *Internationales Steuer- und Wirtschaftsrecht (IWB)*, 17, 681-690.

Loose, T. (2017). Die neue gesetzliche Regelung zur sog. Lizenzschranke: Ein sinnvolles Instrument zur Vermeidung von Gewinnverlagerungen ins Ausland?. *Recht der internationalen Wirtschaft (RIW)*, 10, 655-660.

Mattern, O., Mohr, D., Schütz, M. & Waldens, S. (Hrsg.). (2015). *AStG - eKommentar*. Bonn. Stollfuß Medien Verlag.

Max, M. & Thiede, J. (2017). Der Gesetzesentwurf zur Einführung einer Abzugsbeschränkung für Lizenzaufwendungen – „Lizenzschranke". *Der Steuerberater (StB)*, 6, 175-182.

Moritz, J. & Baumgartner, E. (2018). Ausgewählte Praxisfragen bei Erstanwendung der Lizenzschranke gem. § 4j EStG. *Der Betrieb (DB)*, 36, 2135-2140.

Nientimp, A. (2017). § 1 AStG Berichtigung von Einkünften. In S. Fuhrmann (Hrsg.), *Außensteuergesetz Kommentar*. Herne. nwb-Verlag.

OECD (2015). *Wirksame Bekämpfung schädlicher Steuerpraktiken unter Berücksichtigung von Transparenz und Substanz: Aktionspunkt 5 – Abschlussbericht 2015*. Paris.

Pohl, C. (2020). § 4j EStG Aufwendungen für Rechteüberlassungen. In B. Heuermann & P. Brandis (Hrsg.), *Einkommensteuergesetz Körperschaftsteuergesetz Gewerbesteuergesetz* (§ 4j EStG Rn. 1–107). München. Vahlen Verlag.

Pohl, C. (2020). § 1 AStG Berichtigung von Einkünften. In B. Heuermann & P. Brandis (Hrsg.), *Einkommensteuergesetz Körperschaftsteuergesetz Gewerbesteuergesetz* (§ 4j EStG Rn. 1–107). München. Vahlen Verlag.

Pross, A. & Radmanesh, S. (2015). Seminar A: „Patentboxen". *Internationales Steuerrecht (IStR)*, 16, S. 579-584.

Quilitzsch, C. (2011). Die Hinzurechnungsbesteuerung als Instrumentarium zur Missbrauchsbekämpfung – Defizite der §§ 7-14 AStG de lege lata und Reformüberlegungen. *Die Unternehmensbesteuerung (Ubg)*, 12,942-948.

Richter, S. & John, D. (2017). Was bewirkt und erfordert die neu eingeführte Lizenzschranke nach § 4j EStG?. *Die Wirtschaftsprüfung (WPg)*, 18, 1090-1096.

Ritzer, C., Stangl, I. & Karnath, S. (2017a). Update zur Lizenzschranke. *Der Konzern (DK)*, 9, 401-406.

Ritzer, C., Stangl, I. & Karnath, S. (2017b). Zur geplanten Lizenzschranke. *Der Konzern (DK)*, 2, 68-78.

Schlie, I. & Stetzelberger, A. (2008). Steuerliche Förderung von Forschung und Entwicklung. *Internationales Steuerrecht (IStR)*, 8, 269-275.

Schneider, N. & Junior, B. (2017). Die Lizenzschranke – Überblick über den Regierungsentwurf zu § 4j EStG. *Deutsches Steuerrecht (DStR)*, 8, 417-425.

Schnitger, A. (2017). Weitere Maßnahmen zur BEPS-Gesetzgebung in Deutschland. *Internationales Steuerrecht (IStR)*, 6, S. 214-226.

Schnitger, A. (2012). Änderungen des § 1 AStG und Umsetzung des AOA durch das JStG 2013. *Internationales Steuerrecht (IStR)*, 17, 633-645.

Schönhaus, M. (2017). Gesetzesentwurf zur Lizenzschranke: Begrenzung steuereffizienter IP-Strukturen. *Praxis im Immaterialgüter- und Wettbewerbsrecht (GRUR-Prax)*, 4, 93-95.

Statistisches Bundesamt. (2019). Hebesätze der Realsteuern - Ausgabe 2018 - Gemeinschaftsveröffentlichung. https://www.destatis.de/DE/Themen/Staat/Steuern/Steuereinnahmen/Publikationen/Downloads-Realsteuern/hebesaetze-realsteuern-8148001187005.xls?__blob=publicationFile. Zugegriffen: 10. März 2020.

Thiede, J. (2016). Besitzen Patentboxregime eine Zukunft? – Eine beihilferechtliche Untersuchung. *Internationales Steuerrecht (IStR)*, 7, S. 283-290.

Wassermeyer, F. (2019). § 1 AStG Berichtigung von Einkünften. In F. Wassermeyer, H. Baumhoff & J. Schönfeld (Hrsg.), *Außensteuerrecht Kommentar* (§ 1 AStG Rn. 513-535). Köln. Otto Schmidt Verlag.

Wassermeyer, F., Baumhoff, H. & Schönfeld, J. (Hrsg.). (2019). Außensteuerrecht Kommentar. Köln. Otto Schmidt Verlag.

Wassermeyer, F. & Schönfeld, J. (2019). § 8 AStG Einkünfte von Zwischengesellschaften. In F. Wassermeyer, H. Baumhoff & J. Schönfeld (Hrsg.), *Außensteuerrecht Kommentar* (§ 8 AStG Rn. 706-735). Köln. Otto Schmidt Verlag.

Wassermeyer, F. & Schönfeld, J. (2008). Die Niedrigbesteuerung i. S. des § 8 Abs. 3 AStG vor dem Hintergrund eines inländischen KSt-Satzes von 15 %. *Internationales Steuerrecht (IStR)*, 14, S. 496-499.

Weber-Grellet, H. (Hrsg.) (2019). *Einkommensteuergesetz*. München. C. H. Beck Verlag.

Weigel, C. & Schega, A. (2018). Nexus-Ansatz und Lizenzschranke: Darstellung und Analyse des Außenverweises. *Unternehmensteuern und Bilanzen (StuB)*, 18, 668-674.

# Ertragsteuerliche Anforderungen an den Ergebnisabführungsvertrag

*Prof. Dr. Gerrit Adrian*[1]

*Keywords: Organschaft, Ergebnisabführungsvertrag, Verlustübernahme, Gewinnabführung, Ausgleichszahlungen*

*Abstract*

*Zur Begründung einer ertragsteuerlichen Organschaft ist eine tatbestandliche Voraussetzung der Abschluss eines Ergebnisabführungsvertrags im Sinne des § 291 AktG zwischen dem Organträger und der abhängigen Organgesellschaft. Im nachfolgenden Beitrag werden die ertragsteuerlichen Anforderungen an den Ergebnisabführungsvertrag analysiert.*

---

[1] StB Prof. Dr. Gerrit Adrian | KPMG AG, Universität Siegen | gadrian@kpmg.com


N. Antonakopoulos et al. (Hrsg.), *Unternehmenskauf und Unternehmensumwandlung*, https://doi.org/10.1007/978-3-658-34138-1_7

# 1 Einleitung

Professor Heurung hat sich in zahlreichen wissenschaftlichen Beiträgen mit unterschiedlichen Aspekten der ertragsteuerlichen Organschaft beschäftigt. Hervorzuheben sind die jährlichen Rückblicke zur ertragsteuerlichen Organschaft, die über viele Jahre traditionell im Betriebs-Berater erschienen,[2] sowie die Kommentierungen der einschlägigen Paragrafen 14 bis 19 des KStG im KSt-Kommentar von Erle/Sauter über mehrere Auflagen, die beliebtes Nachschlagewerk sind und klare Lösungen für vielfältige organschaftliche Fragestellungen bieten.[3] Bei zumindest zwei Aufsätzen der zahlreichen weiteren organschaftlichen Veröffentlichungen[4] hatte auch der Verfasser dieses Beitrags, Gelegenheit und Freude, gemeinsam mit Professor Heurung zu einem organschaftlichen Thema zu forschen und die Ergebnisse zu veröffentlichen.[5]

Vor diesem Hintergrund soll im nachfolgenden Beitrag mit dem Ergebnisabführungsvertrag ebenfalls ein Thema im Bereich der ertragsteuerlichen Organschaft untersucht werden. Nachfolgend werden zunächst allgemein die Tatbestandsvoraussetzungen und Rechtsfolgen der ertragsteuerlichen Organschaft skizziert bevor auf die aktuell geltenden ertragsteuerlichen Anforderungen an einen Ergebnisabführungsvertrag im Einzelnen eingegangen wird. Im Sinne von Professor Heurung wird dabei versucht, nicht nur die steuerrechtlichen Anforderungen darzustellen, sondern auch steuerpraktische Erwägungen einfließen zu lassen.

# 2 Tatbestandsvoraussetzungen und Rechtsfolgen der ertragsteuerlichen Organschaft

Die ertragsteuerliche Organschaft setzt die finanzielle Eingliederung (Mehrheit der Stimmrechte) des Organträgers an der Organgesellschaft sowie den Abschluss eines Ergebnisabführungsvertrags auf mindestens fünf Zeitjahre voraus (§ 14 Abs. 1 Satz 1 Nr. 1, 3 KStG). Wenngleich der Gesetzeswortlaut des § 14 Abs. 1 Satz 1 KStG vom notwendigen Abschluss eines „Gewinnabführungsvertrags“ spricht, ist die Bezeichnung als „Ergebnisabführungsvertrag“ sachgerechter. Denn mit Abschluss des Gewinnabführungsvertrags verpflichtet sich die abhängige Gesellschaft (Organgesellschaft) zwar zur Abführung ihres ganzen

---

2 Vgl. BB-Rechtsprechungsreport, zuletzt *Heurung/Schmidt/Kraft*, BB 2018, 470-476

3 Vgl. *Heurung/Erle*, § 14 – 19 KStG, in: Erle/Sauter, KSt-Kommentar, 1. bis 3. Auflage.

4 Vgl. z.B. *Heurung/Seidel* BB 2009, S. 1786; *Heurung/Fröhr/Schmidt* BB 2016, S. 727; *Heurung/Engel/Müller-Thomczik* GmbHR 2012, S. 1227; *Heurung/Oblau/Röker* GmbHR 2002, S. 620; *Heurung/Klübenspies/Sauter* BB 2005, S. 1304;

5 Zur Bruttomethode vgl. *Heurung/Wehrheim/Adrian* BB 2004, S. 465-467; zu einer Vorteilshaftigkeitsanalyse der Organschaft vgl. *Heurung/Wehrheim/Adrian* StuB 2004, S. 200-203.

(handelsrechtlichen) Gewinns an den Organträger.[6] Umgekehrt muss der Organträger jedoch während der gesamten vertraglichen Geltungsdauer entstehende Verluste der Organgesellschaft ausgleichen. Insoweit deckt der „Gewinnabführungsvertrag" sowohl den Gewinn- als auch den Verlustfall ab.

Als Organgesellschaft kommt eine SE, AG, KGaA (§ 14 Abs. 1 Satz 1 KStG) oder eine andere Kapitalgesellschaft mit inländischer Geschäftsleitung und Sitz in der EU oder in einem EWR-Staat in Betracht (§ 17 KStG). Diese Unterscheidung ist ebenfalls mit Blick auf den Ergebnisabführungsvertrag wichtig, da für Fälle des § 17 KStG strengere Anforderungen, insbesondere an die Formulierung der Verlustübernahme, zu beachten sind. Andere Rechtsformen, insbesondere eine Personengesellschaft, können hingegen nicht Organgesellschaft sein. Organträger muss eine natürliche Person, eine nicht von der Körperschaftsteuer befreite Körperschaft oder eine gewerblich tätige Personengesellschaft sein (§ 14 Abs. 1 Satz 1 Nr. 2 KStG).

Rechtsfolge der ertragsteuerlichen Organschaft ist die Zurechnung des Einkommens der Organgesellschaft zum Organträger (§ 14 Abs. 1 Satz 1 KStG). Das Einkommen der Organgesellschaft ist dem Organträger erstmals für das Kalenderjahr zuzurechnen, in dem das Wirtschaftsjahr der Organgesellschaft endet, in dem der Gewinnabführungsvertrag wirksam wird (§ 14 Abs. 1 Satz 2 KStG). Für Zwecke der Gewerbesteuer gilt die Organgesellschaft als Betriebsstätte des Organträgers (§ 2 Abs. 2 Satz 2 GewStG). Damit gelingt eine ertragsteuerlich häufig vorteilhafte „Konsolidierung" der Ergebnisse von Organgesellschaft und Organträger.[7] Das Einkommen der Organgesellschaft unterliegt auf Ebene des Organträgers der Ertragsbesteuerung.

## 3 Anforderungen an die Laufzeit

Der Ergebnisabführungsvertrag muss nach § 14 Abs. 1 Satz 1 Nr. 3 Satz 1 KStG auf mindestens fünf Jahre abgeschlossen und während seiner gesamten Geltungsdauer durchgeführt werden. Bei der notwendigen Mindestlaufzeit von fünf Jahren handelt es sich um Zeitjahre, nicht um Wirtschaftsjahre. Dies ist übereinstimmende Auffassung von Rechtsprechung[8] und Finanzverwaltung.[9] Im Ergebnisabführungsvertrag kann die Mindestvertragslaufzeit durch konkrete Angabe von Zeitjahren oder aber auch durch eine abstrakte fünfjährige Laufzeit geregelt werden. In er Praxis häufig anzutreffen sind Ergebnisabführungsverträge, die eine unbestimmte Laufzeit haben. In diesen Fällen wird die erstmalige ordentli-

---

6 Zur der Formulierung von Gewinnabführungsverträgen vgl. *Adrian* StuB 2019, S. 482.
7 Vgl. *Heurung/Wehrheim/Adrian* StuB 2004, S. 200-203.
8 Vgl. BFH, Urteil vom 12.01.2011, I R 3/10, BStBl. II 2011, S. 727.
9 Vgl. R 14.5 Abs. 2 KStR.

che Kündigungsmöglichkeit frühestens nach fünf Zeitjahren vereinbart, um der steuerlichen Mindestlaufzeit zu genügen.

Bei unterjährigem Abschluss des Ergebnisabführungsvertrags wird typischerweise eine Rückwirkung zu Beginn des Wirtschaftsjahres der Organgesellschaft vereinbart. Damit wird der Ergebnisabführungsvertrag mit der Regelung des § 14 Abs. 1 Satz 2 KStG abgestimmt, nach der das Einkommen der Organgesellschaft dem Organträger erstmals für das Kalenderjahr zuzurechnen ist, in dem das Wirtschaftsjahr der Organgesellschaft endet, in dem der Gewinnabführungsvertrag wirksam wird. Wirksam wird der Ergebnisabführungsvertrag mit Eintragung in das Handelsregister.

Eine vorzeitige Beendigung des Ergebnisabführungsvertrags, d.h. eine Beendigung vor Ablauf der fünfjährigen Mindestlaufzeit, ist nur dann für die Anerkennung der ertragsteuerlichen Organschaft unschädlich, wenn ein wichtiger Grund die Kündigung rechtfertigt (§ 14 Abs. 1 Satz 1 Nr. 3 Satz 2 KStG). Bei einer Kündigung oder Aufhebung ohne wichtigen Grund innerhalb der fünfjährigen Mindestlaufzeit droht eine sog. „verunglückte Organschaft".

Wenngleich gemäß BFH der „wichtige Grund" steuerlich auszulegen ist und es diesbezüglich auch im Einzelfall Unsicherheiten gibt, wann ein „wichtiger Grund" vorliegt,[10] empfiehlt es sich, im Ergebnisabführungsvertrag beispielhaft „wichtige Gründe" für eine außerordentliche Kündigung aufzunehmen. Die geregelten wichtigen Gründe orientieren sich typischerweise an den in R 14.5 (6) Satz 2 KStR aufgeführten Sachverhalten, die jeweils ein wichtiger Grund sein „können". Stand bereits im Zeitpunkt des Vertragsabschlusses fest, dass der Ergebnisabführungsvertrag vor Ablauf der Mindestlaufzeit beendet werden wird, ist ein wichtiger Grund nicht anzunehmen.[11] Ob tatsächlich ein wichtiger Grund im steuerrechtlichen Sinne vorliegt, ist nach den Umständen des Einzelfalls zu prüfen.

## 4 Anforderungen an die Gewinnabführung

Ein Teilgewinnabführungsvertrag ist für die Begründung einer ertragsteuerlichen Organschaft nicht ausreichend. Steuerrechtlich ist erforderlich, dass sich die Organgesellschaft mit dem Abschluss eines Ergebnisabführungsvertrags verpflichtet, ihren ganzen (handelsrechtlichen) Gewinn nach § 301 AktG an den Organträger abzuführen (§ 14 Abs. 1 Satz 1 KStG).

---

10 Vgl. BFH, Urteil vom 13.11.2013, I R 45/12, BStBl. II 2014, S. 486. Zivilrechtlich liegt ein wichtiger Grund vor, wenn der andere Vertragsteil voraussichtlich nicht in der Lage sein wird, seine auf Grund des Vertrags bestehenden Verpflichtungen zu erfüllen (§ 297 Abs. 1 Satz 2 AktG).

11 Vgl. R 14.5 (6) Satz 3 KStR.

Häufig ist in der Praxis in Ergebnisabführungsverträgen ein dynamischer Verweis auf § 301 AktG „in der jeweils gültigen Fassung“ vorgesehen. Steuerlich ist ein solcher dynamischer Verweis auf § 301 AktG hingegen nicht verpflichtend. Denn § 17 Satz 2 Nr. 1 KStG fordert lediglich für andere Organgesellschaften (insb. GmbHs), dass die Gewinnabführung den in § 301 AktG genannten Betrag nicht überschreitet. Obgleich keine Verpflichtung für eine bestimmte Regelung der Gewinnabführung im Ergebnisabführungsvertrag besteht, sind die jeweils geltenden Regelungen bei der tatsächlichen Gewinnabführung zu beachten.[12] Sie müssen jedoch nicht im Vertrag aufgenommen werden.[13]

# 5 Anforderungen an die Verlustübernahme

## 5.1 Dynamischer Verweis auf § 302 AktG

Bei den Anforderungen an die Formulierung des Verlustausgleichs im Ergebnisabführungsvertrag ist nach der Rechtsform der Organgesellschaft zu differenzieren. Während für Organgesellschaften der Rechtsformen der SE, AG und KGaA keine Besonderheiten gelten, sind für Organgesellschaften anderer Rechtsformen die Vorschriften des § 17 Abs. 1 Satz 2 Nr. 2 KStG zu beachten. Danach muss eine Verlustübernahme durch Verweis auf die Vorschriften des § 302 AktG in seiner jeweils gültigen Fassung vereinbart werden (sog. dynamischer Verweis).

Aus Gründen der Rechtssicherheit ist es empfehlenswert, die Verpflichtung zur Verlustübernahme als einfachen dynamischen Verweis auf § 302 AktG ohne weitere Wortlautwiedergabe im Ergebnisabführungsvertrag zu formulieren. Ein solcher „einfacher“ dynamischer Verweis könnte z.B. wie folgt lauten:

***„§ 2 Verlustübernahme***

*Die Vorschriften des § 302 AktG in seiner jeweils gültigen Fassung gelten entsprechend.“*

Statische Formulierungen, die neben dem dynamischen Verweis auf § 302 AktG zusätzlich den Wortlaut des § 302 AktG oder Teile davon enthalten, beinhalten das Risiko einer steuerlich nicht wirksamen Vereinbarung der Verlustübernahme. Das KStG enthält zwar keine ausdrückliche Vorgabe, wie der dynamische Verweis zu formulieren ist. Allerdings könnte der statische Verweis als Einschränkung des dynamischen Verweises eingestuft werden. Nach einer Arbeitshilfe der OFD Karlsruhe gelten die allgemeinen Auslegungsgrundsätze.[14]

---

12 Vgl. dazu auch BMF-Schreiben vom 27.11.2003, BStBl. I 2003, S. 647.
13 Vgl. BMF-Schreiben vom 14.1.2010, BStBl. I 2010, S. 65.
14 Vgl. OFD Karlsruhe v. 16.1.2014, S. 12, abrufbar in beck-online unter „BeckVerw 281800“.

Insbesondere seien etwaige Zusätze über den dynamischen Verweis hinaus unschädlich, wenn diese den Verweis nicht in Frage stellen.

Die Wortlautwiedergabe des § 302 AktG bzw. von Teilen der Norm sollte somit unschädlich sein, solange kein inhaltlicher Widerspruch zu § 302 AktG besteht.[15] Wenn eine derartige Statik gewählt wird, verbleibt jedoch ein Risiko, dass durch künftige Gesetzesänderungen des § 302 AktG eine vormals nicht widersprüchliche Regelung zu einer solchen wird. Diese Problematik kann mit der Wahl eines einfachen dynamischen Verweises auf § 302 AktG vermieden werden.

## 5.2 Verwendung von Rücklagen

Häufig sind in Ergebnisabführungsverträgen Regelungen zur Bildung und zur Auflösung von Rücklagen zu finden, wenngleich derartige Regelungen aus steuerlicher Sicht nicht aufgenommen werden müssten. Steuerlich gibt § 14 Abs. 1 Satz 1 Nr. 4 KStG vor, dass die Organgesellschaft Beträge aus dem Jahresüberschuss nur insoweit in die Gewinnrücklagen (§ 272 Abs. 3 HGB) mit Ausnahme der gesetzlichen Rücklagen einstellen darf, als dies bei vernünftiger kaufmännischer Beurteilung wirtschaftlich begründet ist. Diese Regelung wird häufig in den Ergebnisabführungsvertrag aufgenommen.

Im Übrigen müssen die Beschränkungen des § 301 AktG (für die Gewinnabführung) und des § 302 AktG für die Verlustübernahme beachtet werden. Werden z.B. Teile des Wortlauts des § 302 AktG diesbezüglich übernommen, ist darauf zu achten, dass kein Widerspruch zum steuerrechtlichen Erfordernis des dynamischen Verweises auf § 302 AktG entsteht. Eine derart typische Regelung ist, dass während der Vertragsdauer gebildete andere Gewinnrücklagen nach § 272 Abs. 3 HGB aufgelöst und zum Verlustausgleich genutzt werden können.

Ein Ausgleich des Verlusts mit anderen Rücklagen – seien es Kapitalrücklagen oder sonstige freie Rücklagen außerhalb von anderen Gewinnrücklagen nach § 272 Abs. 3 HGB – ist nicht zulässig. So hat bereits der BFH mit Urteil vom 8.8.2001 entgegen der damaligen Verwaltungsauffassung (R 55 Abs. 3 Satz 4 Nr. 2 Satz 2 KStR 1995) entschieden, dass eine in organschaftlicher Zeit gebildete und aufgelöste Kapitalrücklage nur ausgeschüttet werden kann.[16] Sie unterliegt damit nicht der Gewinnabführung und darf auch nicht zum Zwecke des Verlustausgleichs aufgelöst werden. Denn nach § 302 Abs. 1 AktG hat der Organträger einen Jahresfehlbetrag auszugleichen, ohne dass dieser zuvor mit dem Ertrag aus der Auflösung der Kapitalrücklage zu verrechnen ist. Eine an-

---

[15] So auch *Dötsch* in D/P/M § 17 KStG, Rn. 28, 93. EL, Juni 2018; a. A. *Benecke/Schnitger* IStR 2013, S. 143.

[16] Vgl. BFH, Urteil vom 08.08.2001, I R 25/00, BStBl. 2003 II S. 923. Vgl. dazu auch BMF-Schreiben vom 27.11.2003, BStBl. I 2003, S. 647.

derslautende vertragliche Vereinbarung verstößt gegen den Wortlaut des § 302 Abs. 1 AktG.[17]

### 5.3 Alt-Ergebnisabführungsverträge

Nach § 17 Abs. 2 KStG muss ein dynamischer Verweis auf § 302 AktG in Ergebnisabführungsverträge aufgenommen werden, die nach dem 26.2.2013 abgeschlossen wurden bzw. werden (sog. „kleine Organschaftsreform“).[18] Allerdings gilt nach Auffassung des BFH auch für Verträge, die vor diesem Zeitpunkt abgeschlossen wurden, dass die Verlustübernahme entsprechend § 302 AktG in allen seinen Bestandteilen und in den jeweiligen Regelungsfassungen vereinbart worden sein muss.[19] Dies beziehe sich auch auf solche Regelungsbestandteile des § 302 AktG, die zum Zeitpunkt des Abschlusses des Ergebnisabführungsvertrags noch nicht in Kraft getreten waren (im Urteilsfall war dies bezüglich § 302 Abs. 4 AktG der Fall). Ein derartiger Alt-Vertrag muss danach zwar keinen dynamischen Verweis auf § 302 AktG enthalten, im Falle der Änderung des § 302 AktG sei aber eine dieser Vorschrift entsprechende Vereinbarung – durch Anpassung des ursprünglichen Ergebnisabführungsvertrags – zu treffen.

Die Finanzverwaltung wendet das BFH-Urteil über den entschiedenen Einzelfall hinaus an, gewährt dabei jedoch eine Übergangsfrist bis zum 31.12.2019.[20] Danach steht es der Anerkennung der steuerlichen Organschaft nicht entgegen, wenn Ergebnisabführungsverträge, die vor dem 01.01.2006 abgeschlossen wurden, keinen Verweis auf die entsprechende Anwendung von § 302 Abs. 4 AktG enthalten, wenn die Organschaft entweder vor dem 01.01.2020 beendet oder der Ergebnisabführungsvertrag bis zum Ablauf des 31.12.2019 an die neuen Regelungen des § 17 Abs. 1 Satz 2 Nr. 2 KStG (dynamischer Verweis) angepasst wurde. Eine Vertragsanpassung im zuvor genannten Sinne stellt nach Auffassung der Finanzverwaltung keinen Neuabschluss dar, nach dem die Mindestlaufzeit des § 14 Abs. 1 Satz 1 Nr. 3 Satz 1 KStG erneut zu laufen beginnen würde.

Eine unzureichende Verlustübernahmeregelung in alten Ergebnisabführungsverträgen (Abschluss vor dem 27.2.2013) konnte im Rahmen der Übergangsregelung zur kleinen Organschaftsreform (§ 17 Abs. 2 KStG) mit Wirkung für die Vergangenheit geheilt werden, wenn ein dynamischer Verweis auf § 302 AktG bis zum 31.12.2014 wirksam vereinbart wurde oder wenn die steuerliche

---

17 Vgl. auch FG Düsseldorf, Urteil vom 17.04.2018, 6 K 2507/17 K, rkr.; OFD NRW, Verfügung vom 11.7.2018, DStR 2018, S. 1869 zu einem Ergebnisabführungsvertrag, der vor dem 27.2.2013 abgeschlossen wurden. Vgl. dazu *Brühl/Weiss* DStR 2018, S. 2368.

18 Vgl. z.B. *Wiese/Mayer* DStR 2013, S. 629; *Dötsch/Pung* DB 2013, S. 2169.

19 Vgl. BFH, Urteil vom 10.5.2017, I R 93/15, BStBl. II 2019, S. 278.

20 Vgl. BMF-Schreiben vom 03. April 2019, BStBl. I 2019, 467.

Organschaft vor dem 1.1.2015 beendet wurde.[21] Für alte Ergebnisabführungsverträge bestand keine Verpflichtung zur Anpassung, wenn der Vertrag den Anforderungen des § 17 KStG a.F. (vollumfänglicher Verweis auf § 302 AktG) entsprach.

## 6 Anforderungen an die Verzinsung

Für den gesetzlichen Anspruch nach §§ 352, 353 HGB auf die Verzinsung der Gewinnabführung und die Verlustübernahme wird in Ergebnisabführungsverträgen typischerweise keine Regelung aufgenommen. Hintergrund ist, dass sich bei einer ausdrücklichen Verzinsungsregelung ein Risiko hinsichtlich der tatsächlichen Durchführung des Ergebnisabführungsvertrags ergeben könnte, wenn eine Verzinsung tatsächlich nicht erfolgt.[22]

Zwar steht nach dem BMF-Schreiben vom 15.10.2007 „die unterlassene oder unzutreffende Verzinsung eines Verlustausgleichsanspruchs einer tatsächlichen Durchführung des Gewinnabführungsvertrags nicht entgegen. Im Falle einer unterlassenen Verzinsung oder eines unzulässigen Verzichts verletzen die Beteiligten lediglich eine vertragliche Nebenpflicht.“[23] Ob diese Auffassung jedoch nach der neuen Regelung zu handelsbilanziellen Fehlern (§ 14 Abs. 1 Satz 1 Nr. 3 Satz 4 KStG) noch gilt, ist unklar.[24] Dieses Risiko lässt sich durch tatsächlich durchgeführte Verzinsung vermeiden.

## 7 Anforderungen an Ausgleichszahlungen

Wenn außenstehende Gesellschafter an der Organgesellschaft beteiligt sind, ist nach § 304 AktG diesen Gesellschaftern ein angemessener Ausgleich zu zahlen. Dabei ist noch nicht höchstrichterlich entschieden, ob auch GmbHs als Organgesellschaften eine Pflicht trifft, Ausgleichszahlungen im Sinne von § 304 AktG zu leisten. Wenn sie jedoch vereinbart werden, müssen die Rahmenbedingungen des § 304 AktG beachtet werden.[25] Dabei gewährt § 304 AktG eine Alternative: entweder darf ein fixer Ausgleich oder ein variabler Ausgleich vereinbart werden (§ 304 Abs. 2 Satz 1 und 2 AktG).

Durch das Jahressteuergesetz 2018 wurde nun erstmals die Höhe der Ausgleichszahlung für steuerliche Zwecke in einem neuen § 14 Abs. 2 KStG geregelt.[26] Nach § 14 Abs. 2 Satz 1 KStG gilt der ganze Gewinn auch dann als abge-

---

21 Vgl. *Lenz/Adrian/Handwerker* BB 2012, S. 2851.

22 Vgl. *Dötsch*, in: D/P/M, § 14 KStG Tz. 364, 95. EL, Feb. 2019.

23 Vgl. BMF-Schreiben vom 15.10.2007, BStBl. I 2007, S. 765.

24 Vgl. auch FinMin Schleswig-Holstein vom 22.2.2016, GmbHR 2016, S. 560.

25 Vgl. BFH-Urteil vom 10.05.2017, I R 93/15, BFH/NV 2018, S. 144.

26 Vgl. *Adrian/Fey/Yilmaz* StuB 2019, S. 57.

führt, „wenn über den mindestens zugesicherten Betrag im Sinne des § 304 Absatz 2 Satz 1 des Aktiengesetzes hinausgehende Ausgleichszahlungen vereinbart und geleistet werden." Die Norm regelt insoweit ausschließlich den Fall einer fixen Ausgleichszahlung nach § 304 Abs. 2 Satz 1 AktG mit weiterem Zahlungsbestandteil.[27]

§ 14 Abs. 2 KStG ist auf alle offenen Fälle anzuwenden (§ 34 Abs. 6b Satz 1 KStG). Für bestimmte Altfälle ist jedoch eine Übergangsregelung vorgesehen (§ 34 Abs. 6b Sätze 2 bis 4 KStG). Wurde eine vor dem 1.8.2018 bestehende Organschaft unter Berücksichtigung von Ausgleichszahlungen nach anderen Grundsätzen als denen des § 14 Abs. 2 KStG anerkannt, sind diese Grundsätze insoweit letztmals für den Veranlagungszeitraum 2021 maßgebend.

# 8 Thesenförmige Zusammenfassung

- Bei der Formulierung des Ergebnisabführungsvertrags sind mehrere steuerrechtliche Anforderungen zu beachten, die teils sehr formalistisch sind. Die Nichtbeachtung kann zu einer verunglückten Organschaft führen.
- Der Ergebnisabführungsvertrag muss nach § 14 Abs. 1 Satz 1 Nr. 3 Satz 1 KStG auf mindestens fünf Jahre abgeschlossen und während seiner gesamten Geltungsdauer durchgeführt werden. Bei der notwendigen Mindestlaufzeit von fünf Jahren handelt es sich um Zeitjahre, nicht um Wirtschaftsjahre. Nur wenn ein wichtiger Grund vorliegt, darf eine steuerunschädliche Kündigung innerhalb der Mindestvertragslaufzeit vorgenommen werden.
- Ein Teilgewinnabführungsvertrag ist für die Begründung einer ertragsteuerlichen Organschaft nicht ausreichend. Steuerrechtlich ist erforderlich, dass sich die Organgesellschaft mit dem Abschluss eines Ergebnisabführungsvertrags verpflichtet, ihren ganzen (handelsrechtlichen) Gewinn nach § 301 AktG an den Organträger abzuführen (§ 14 Abs. 1 Satz 1 KStG).
- Bei den steuerrechtlichen Anforderungen an die Formulierung des Verlustausgleichs im Ergebnisabführungsvertrag ist nach der Rechtsform der Organgesellschaft zu differenzieren. Während für Organgesellschaften der Rechtsformen der SE, AG und KGaA keine Besonderheiten gelten, sind für Organgesellschaften anderer Rechtsformen die Vorschriften des § 17 Abs. 1 Satz 2 Nr. 2 KStG zu beachten. Danach muss eine Verlustübernahme durch Verweis auf die Vorschriften des § 302 AktG in seiner jeweils gültigen Fassung vereinbart werden (sog. dynamischer Verweis).

---

27 Ausführlich zu den einzelnen Tatbestandsvoraussetzungen *Adrian/Fey/Yilmaz* StuB 2019, S. 57. Rein variable Ausgleichszahlungen bemessen in einem Vomhundertsatz des Gewinns der Organgesellschaft werden steuerlich nicht anerkannt, siehe BMF-Schreiben v. 13.9.1991, StEd 1991, S. 348.

- Für den gesetzlichen Anspruch nach §§ 352, 353 HGB auf die Verzinsung der Gewinnabführung und die Verlustübernahme wird in Ergebnisabführungsverträgen typischerweise keine Regelung aufgenommen, um die tatsächliche Durchführung des Vertrags nicht zu gefährden.
- Wenn außenstehende Gesellschafter an der Organgesellschaft beteiligt sind, ist nach § 304 AktG diesen Gesellschaftern ein angemessener Ausgleich zu zahlen. Werden fixe Ausgleichszahlung mit weiterem Zahlungsbestandteilen vereinbart, sind die steuerlichen Voraussetzungen des § 14 Abs. 2 KStG zu beachten.

## Literatur

Adrian, G. (2019). Formulierung der Verlustübernahme in Ergebnisabführungsverträgen, StuB 2019, S. 482 f

Adrian, G./Fey, J./Yilmaz, I. (2019). Jahressteuergesetz 2018 verabschiedet, StuB 2019, S. 57ff.

Heurung, R./Erle, B. (2010). § 14 – 19 KStG, in: Erle/Sauter, KSt-Kommentar, 3. Auflage, Heidelberg.

Lenz, M./Adrian, G./Handwerker E. (2012). Geplante Neuregelung der ertragsteuerlichen Organschaft, BB 2012, S. 2851

# Steuerrechtliche Konsequenzen aus der unterschiedlichen buchhalterischen Abbildung der Übertragung von Wirtschaftsgütern des Privatvermögens in eine Personengesellschaft

*Dr. Sinja Kollmann[1], Dr. Sebastian Schmidt[2] und Dr. Henrik Sundheimer[3]*

*Keywords: Übertragung von Wirtschaftsgütern des Privatvermögens; Gesellschafterkonten in der Personengesellschaft; Abgrenzungskriterien von Gesellschafterkonten; Buchtechnische Erfassung von Übertragungsvorgängen; Entgeltlichkeit vs. Unentgeltlichkeit; steuerliche Gestaltungsmöglichkeiten*

*Abstract*

*Die Übertragung eines Wirtschaftsguts durch den Gesellschafter auf die Personengesellschaft kann aus unterschiedlichen Beweggründen erfolgen. Im Mittelpunkt steht neben der Generierung von Abschreibungsvolumen häufig die Stärkung der Kapitalbasis des Unternehmens. In Abhängigkeit davon, ob ein steuerverstricktes oder nicht steuerverstricktes Wirtschaftsgut übertragen werden soll, ist entweder eine Einlage oder eine Einbringung erforderlich, um das gewünschte Steueroptimum zu erreichen. Entscheidend für die Zuordnung eines Übertragungsvorgangs zum unentgeltlichen oder entgeltlichen Bereich ist, ob als Gegenleistung für die Übertragung Gesellschaftsrechte gewährt werden. Im Fokus des Beitrags steht insbesondere die kritische Auseinandersetzung mit den Möglichkeiten der buchtechnischen Erfassung von Übertragungsvorgängen aus dem Privatvermögen eines Gesellschafters in das Gesamthandsvermögen einer Personengesellschaft sowie die sich hieraus ergebenden steuerlichen Handlungsoptionen für die Praxis.*

---

1 Dr. Sinja Kollmann | Universität Siegen | kollmann@bwl.uni-siegen.de

2 Dr. Sebastian Schmidt | Universität Siegen | schmidt@bwl.uni-siegen.de

3 Dr. Henrik Sundheimer | Ebner Stolz Wirtschaftsprüfungsgesellschaft Steuerberatungsgesellschaft | Henrik.Sundheimer@ebnerstolz.de


N. Antonakopoulos et al. (Hrsg.), *Unternehmenskauf und Unternehmensumwandlung*, https://doi.org/10.1007/978-3-658-34138-1_8

***Vorbemerkung***

*Herr Univ.-Prof. Dr. Rainer Heurung ist nunmehr seit 1995 Inhaber des Lehrstuhls für Betriebswirtschaftslehre, insbesondere Prüfungswesen und Betriebswirtschaftliche Steuerlehre an der Universität Siegen. In den Anfangsjahren hat sich unser Jubilar insbesondere im Bereich der Lehre intensiv mit Fragen der Jahresabschlussprüfung, Konzernrechnungslegung und Unternehmensbewertung beschäftigt. Im Forschungsbereich entstanden über die Jahre hinweg vor allem hochkarätige Veröffentlichungen zu Umtauschverhältnissen im Rahmen von Verschmelzungs- und Spaltungsvorgängen, methodischen Ansätzen in der Konzernrechnungslegung, ausgewählten Anwendungsfragen steuerlicher Gestaltungsmaßnahmen national und europaweit agierender Konzerne, Unternehmenskäufen und -verkäufen sowie der steueroptimalen Gestaltung der Unternehmensnachfolge. Seine zuvor angesprochenen Forschungsgebiete haben die steuerliche Fachwelt in den vergangenen Jahren mit weit über 100 Beiträgen in Kommentaren, Sammelwerken sowie renommierten Zeitschriftenaufsätzen geprägt und waren wegweisende Impulsgeber für Forschung und Praxis. Neben seiner äußerst bemerkenswerten Forschungsleistung hat unser Jubilar das Lehrangebot der Fakultät III (Wirtschaftswissenschaften, Wirtschaftsinformatik und Wirtschaftsrecht), vor allem für den Bachelorstudiengang Betriebswirtschaftslehre durch die Vorlesungen „Buchführung und Abschluss", „Einkommensteuer" und „Körperschaft- und Gewerbesteuer" sowie das Seminar zur Betriebswirtschaftlichen Steuerlehre außerordentlich bereichert. Den aktuellen und ehemaligen Studierenden des Masterstudiengangs „Accounting, Auditing and Taxation" bleibt er ebenso durch zahlreiche Vorlesungen und Seminare in bester Erinnerung. Insbesondere möchten sich die Verfasser mit diesem Beitrag für die erfolgreiche Betreuung ihrer Dissertationsprojekte sowie für die gemeinsame und angenehme Zusammenarbeit am Lehrstuhl bei ihrem verehrten Doktorvater bedanken.*

# 1 Problemstellung

Bei Unternehmensumstrukturierungen oder -gründungen werden oftmals Wirtschaftsgüter des Privatvermögens durch den Gesellschafter auf eine Personengesellschaft übertragen.[4] Sacheinlagen in Personengesellschaften erfolgen als Gesellschafterbeiträge, um Einlagevereinbarungen bei der Begründung bzw. Erhöhung von Beteiligungsquoten zu erfüllen und um einer Personengesellschaft ohne Änderung der Beteiligungsverhältnisse freiwillig Sachgegenstände

4 Vgl. unter anderem Schmudlach 2016, S. 3305; Cremer 2005, S. 727; Eggert 2017, S. 582; Levedag 2013, S. 673.

mit dem Ziel der Stärkung der Eigenkapitalbasis zuzuführen.[5] Es stellt sich in diesem Zusammenhang für den Übertragenden die Frage, ob ein entgeltlicher oder unentgeltlicher Vorgang ausgelöst wird. In der Vergangenheit herrschte zwischen Finanzverwaltung[6] und Bundesfinanzhof (BFH)[7] Uneinigkeit darüber, ob die Übertragung eines Wirtschaftsguts des Privatvermögens auf eine Personengesellschaft gegen Gutschrift eines Betrags allein auf dem sog. Kapitalkonto II als entgeltlicher Vorgang zu behandeln ist.[8] Nach Ansicht des BFH stellen Übertragungen auf Personengesellschaften gegen Buchung auf einem Gesellschafterkonto nur dann entgeltliche Erwerbsvorgänge dar und führen zur Gewährung von Gesellschaftsrechten, wenn ein Kapitalkonto[9] angesprochen wird, das sich auf maßgebliche Gesellschaftsrechte bezieht. Dies ist in der Regel das sog. Kapitalkonto I.[10] Gegenstand des vorliegenden Beitrags[11] ist die bilanz- und steuerrechtliche Behandlung der Übertragung zum Privatvermögen gehörender Wirtschaftsgüter eines Gesellschafters in das betriebliche Gesamthandsvermögen einer Personengesellschaft. Es werden die Möglichkeiten der Übertragung unter dem Gesichtspunkt der Entgeltlichkeit und Unentgeltlichkeit herausgearbeitet und diskutiert, welche Implikationen sich daraus für die Praxis ergeben. Vor allem wird sich zeigen, dass die Qualifikation des Gesellschafterkontos eine entscheidende Rolle für die steuerliche Beurteilung von Übertragungsvorgängen spielt, wenn das Gesellschafterkonto als Gegenleistung für eine Sacheinlage in das Gesamthandsvermögen der Personengesellschaft angesprochen wird.

---

5 Vgl. Levedag 2013, S. 673; Deh 2014, S. 358.

6 Vgl. BMF, Schreiben vom 11.07.2011, IV C 6-S 2178/09/10001, BStBl. I 2011, S. 713.

7 Vgl. BFH, Urteil vom 29.07.2015, IV R 15/14, BStBl. II 2016, S. 593; BFH, Urteil vom 04.02.2016, IV R 46/12, BStBl. II 2016, S. 607.

8 Zur Diskussion in der Literatur, ob eine Übertragung eines Wirtschaftsguts gegen Gutschrift ausschließlich auf dem sog. Kapitalkonto II einen entgeltlichen Vorgang darstellt, vgl. unter anderem Schulze zur Wiesche 2017, S. 40 f.; Rätke 2016, S. 287 f.; Schmudlach 2016, S. 3307 f.; Schiffers 2016, S. 936 f.; Bode 2016, S. 464 f.; Otto 2016, S. 497; Schoor 2016, S. 285 f.

9 Vgl. zu den Kapitalkonten BFH, Urteil vom 16.10.2008, IV R 98/06, BStBl. II 2009, S. 272; Ley 2009, S. 16678 Rz. 2 f.

10 Vgl. BFH, Urteil vom 29.07.2015, IV R 15/14, BStBl. II 2016, S. 593; BFH, Urteil vom 04.02.2016, IV R 46/12, BStBl. II 2016, S. 607.

11 Der Beitrag beleuchtet ausschließlich die Übertragung eines Wirtschaftsguts aus dem Privatvermögen eines Gesellschafters in das Gesamthandsvermögen gewerblicher Personengesellschaften nach § 4 Abs. 1 S. 8 EStG, § 6 Abs. 1 Nr. 5 EStG und § 6 Abs. 6 S. 1 EStG. Die Übertragung und Überführung einzelner Wirtschaftsgüter im betrieblichen Bereich nach § 6 Abs. 5 S. 3 EStG, die unentgeltliche Übertragung betrieblicher Sachgesamtheiten nach § 6 Abs. 3 EStG und die Einbringung qualifizierter Sachgesamtheiten in eine Personengesellschaft nach § 24 UmwStG sind nicht Gegenstand des Beitrags.

# 2 Grundzüge steuerlicher Behandlung von Übertragungsvorgängen

Während die Überführung[12] von Wirtschaftsgütern des Privatvermögens in das Betriebsvermögen des Einzelunternehmers stets als Einlage nach § 4 Abs. 1 S. 8 EStG behandelt wird und eine Bewertung grundsätzlich mit dem Teilwert gemäß § 6 Abs. 1 Nr. 5 EStG zu erfolgen hat, gelten diese Grundsätze bei Personengesellschaften nur eingeschränkt.[13] Lediglich eine verdeckte (unentgeltliche) Sacheinlage in eine Personengesellschaft stellt eine Einlage im Sinne des § 4 Abs. 1 S. 8 EStG dar. Dagegen ist die offene (entgeltliche) Sacheinlage als Einbringung zu beurteilen.[14] Die Frage, ob eine Einlage oder eine Einbringung vorliegt, ist sowohl für den einbringenden Gesellschafter als auch für die aufnehmende Personengesellschaft von wesentlicher Relevanz. Die Bewertung der Einlage bei der aufnehmenden Personengesellschaft erfolgt nach § 6 Abs. 1 Nr. 5 S. 1 Hs. 1 EStG mit dem Teilwert oder nach § 6 Abs. 1 Nr. 5 S. 1 Hs. 2 Buchst. a) bis c) EStG höchstens mit den Anschaffungs- oder Herstellungskosten, gekürzt um AfA bei abnutzbaren Wirtschaftsgütern (§ 6 Abs. 1 Nr. 5 S. 2 EStG). Für die weitere AfA ist bei abnutzbaren Wirtschaftsgütern die Beschränkung des § 7 Abs. 1 S. 5 EStG zu berücksichtigen.[15] Darüber hinaus kann die Übertragung des Wirtschaftsguts in die Personengesellschaft zu sonstigen Einkünften in Form eines privaten Veräußerungsgeschäfts gemäß § 22 Nr. 2 EStG i. V. m. § 23 Abs. 1 S. 5 Nr. 1 EStG beim einbringenden Gesellschafter führen. Allerdings wird nur dann ein Besteuerungstatbestand ausgelöst, wenn die Personengesellschaft das auf sie übertragene Grundstück innerhalb von zehn Jahren nach Anschaffung durch den Gesellschafter veräußert.[16] Demgegenüber erfolgt bei Einbringung eine Bewertung des übertragenen Wirtschaftsguts nach dem Wert der gewährten Gesellschaftsrechte (§ 6 Abs. 6 S. 1 EStG). Die Begrenzung nach § 7 Abs. 1 S. 5

---

12 Vgl. allgemein zur Überführung von Wirtschaftsgütern Kahle 2018, Kapitel A.X. Rz. 1550 ff.; Falterbaum et al., Buchführung und Bilanz, 2015, S. 1399. Für eine Abgrenzung der Begrifflichkeiten Überführung und Übertragung siehe insbesondere Lutzenberger 2015, S. 672 ff.

13 Vgl. zur Rechtsprechung vor allem BFH, Urteil vom 19.10.1998, VIII R 69/95, BStBl. II 2000, S. 230; BFH, Urteil vom 24.01.2008, IV R 37/06, BFH/NV 2008, S. 854; Tiede 2011, S. 610; Schoor 2016, S. 285.

14 Vgl. Tiede 2011, S. 610.

15 Vgl. ausführlich zur Berechnung der AfA nach einer Einlage siehe insbesondere BMF, Schreiben vom 27.10.2010, IV C 3-S 2190/09/10007, BStBl. I 2010, S. 1204.

16 Die Regelung des § 23 Abs. 1 S. 5 Nr. 1 EStG gilt ausschließlich für die in § 23 Abs. 1 S. 1 Nr. 1 EStG genannten Wirtschaftsgüter.

EStG ist bei einer Einbringung nicht zu berücksichtigen.[17] Im Ergebnis sind Übertragungsvorgänge gegen Gewährung von Gesellschaftsrechten oder fremdübliches Entgelt als Tausch- bzw. Veräußerungsgeschäft bei dem einbringenden Gesellschafter (§§ 17, 20 Abs. 2 und 23 EStG) und als Anschaffungsvorgang bei der betreffenden Gesellschaft zu werten.[18]

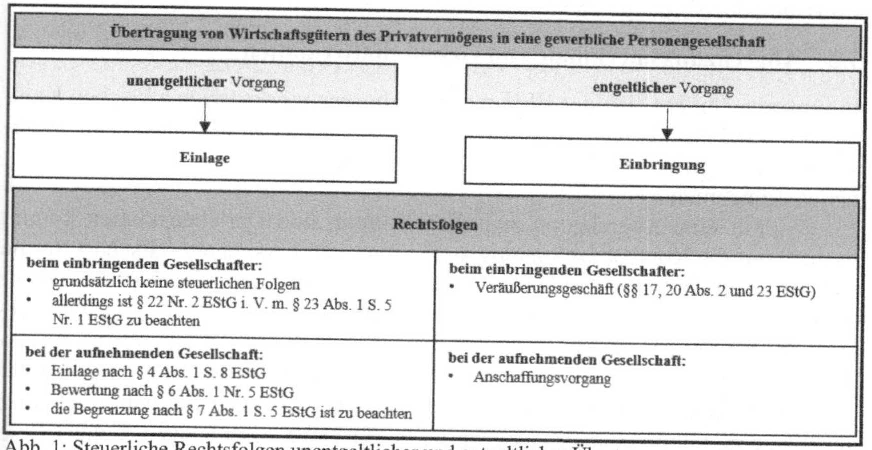


Abb. 1: Steuerliche Rechtsfolgen unentgeltlicher und entgeltlicher Übertragungsvorgänge

# 3 Einordnung von Gesellschafterkonten und buchtechnische Behandlung von Übertragungsvorgängen auf Ebene der Personengesellschaft

## 3.1 Grundsätzliches

Sowohl im Steuerrecht als auch im Zivilrecht spielt die Einordnung der Gesellschafterkonten bei Personengesellschaften eine wesentliche Rolle.[19] Gesellschafterdarlehenskonten weisen einen schuldrechtlichen Anspruch gegenüber der Gesellschaft aus. Dagegen sind die Kapitalkonten der Gesellschafter für die Stimmrechte, die Haftung und die Gewinnverteilung von Bedeutung.[20] Für eine Vielzahl steuerlicher Fragestellungen ist die Abgrenzung zwischen den Kapital-

---

17 Vgl. BFH, Urteil vom 24.01.2008, IV R 37/06, BFH/NV 2008, S. 854; BFH, Urteil vom 24.01.2008, IV R 66/05, BFH/NV 2008, S. 1301.

18 Vgl. BFH, Urteil vom 24.01.2008, IV R 37/06, BFH/NV 2008, S. 854; BFH, Urteil vom 17.07.2008, I R 77/06, BStBl. II 2009, S. 464; Falterbaum et al., Buchführung und Abschluss, 2015, S. 1400; Schmudlach 2016, S. 3306 und 3310; Rätke 2016, S. 288.

19 Vgl. Ley 2009, S. 613; Kahle 2010, S. 721.

20 Vgl. Rodewald 1998, S. 521; Ley 2009, S. 613.

konten eines Gesellschafters und den Darlehenskonten relevant.[21] Vor allem gewinnt die Qualifikation eines Gesellschafterkontos durch eine Sacheinlage in eine Personengesellschaft an Bedeutung. Denn die Gegenbuchung dient als Einstufung des Übertragungsvorgangs in ein entgeltliches oder unentgeltliches Rechtsgeschäft.[22] Folglich hängen Übertragungen stets von der buchtechnischen Erfassung der Vorgänge ab.[23]

## 3.2 Abgrenzungsmerkmale von Gesellschafterkonten

In jüngerer Zeit hat sich der BFH mit den Abgrenzungskriterien zwischen Kapital- und Darlehenskonten von Gesellschaftern auseinandergesetzt.[24] Die Unterscheidung zwischen Kapital- und Darlehenskonten ist nach folgenden Maßstäben vorzunehmen:

Für eine Abgrenzung zwischen Kapital- und Darlehenskonten kommt es nicht auf die Kontenbezeichnung an.[25] Führt eine Personengesellschaft für die Gesellschafter mehrere Konten mit verschiedenen Bezeichnungen (z. B. Privat- oder Darlehenskonto) ist vielmehr unter Zugrundelegung des Gesellschaftsvertrags zu beurteilen, welche zivilrechtliche Natur das jeweilige Konto hat. In diesem Zusammenhang ist festzustellen, ob die Konten entweder Eigenkapital oder Forderungen und Schulden ausweisen.[26] Sowohl die Kontenbezeichnung als auch eine Fehlbuchung verändert die Rechtsnatur eines Kontos nicht.[27] Eine Änderung der Kapitalkontenstruktur setzt stets die Änderung des Gesellschaftsvertrags voraus.[28] In Ausnahmefällen kann eine jahrelang vom Gesellschaftsvertrag abweichende Buchung als konkludente Änderung des Gesellschaftsvertrags gewertet werden.[29]

---

21 Vgl. Kahle und Hiller 2020, § 6 Rn. 31; Kahle 2010, S. 721; Ley 2009, S. 613.

22 Vgl. Wendt 2010, S. 148.

23 Vgl. kritisch Reiß 2005, S. 358.

24 Vgl. unter anderem BFH, Urteil vom 26.06.2007, IV R 29/06, BStBl. II 2008, S. 103; BFH, Urteil vom 24.01.2008, IV R 37/06, BFH/NV 2008, S. 854; BFH, Urteil vom 24.01.2008, IV R 66/05, BFH/NV 2008, S. 1301; BFH, Urteil vom 15.05.2008, IV R 46/05, BStBl. II 2008, S. 812; BFH, Urteil vom 17.07.2008, I R 77/06, BStBl. II 2009, S. 464.

25 Vgl. BFH, Urteil vom 27.06.1996, IV R 80/95, BStBl. II 1997, S. 36; BFH, Urteil vom 15.05.2008, IV R 46/05, BStBl. II 2008, S. 812.

26 Vgl. so ausdrücklich BFH, Urteil vom 03.02.1988, I R 394/83, BStBl. II 1988, S. 551; BFH, Urteil vom 27.06.1996, IV R 80/95, BStBl. II 1997, S. 36; BMF, Schreiben vom 30.05.1997, IV B 2-S 2241a – 51/93 II, BStBl. I 1997, S. 627; Rodewald 1997, S. 764.

27 Vgl. OFD Niedersachsen, Verfügung vom 21.02.2017, S 2241a-96-St 222/St 221, DB 2017, S. 579; Carlé und Bauschatz 2002, S. 1158.

28 Vgl. OFD Niedersachsen, Verfügung vom 21.02.2017, S 2241a-96-St 222/St 221, DB 2017, S. 579.

29 Vgl. OFD Niedersachsen, Verfügung vom 21.02.2017, S 2241a-96-St 222/St 221, DB 2017, S. 579.

Charakteristisch für ein Kapitalkonto ist, dass nach dem eindeutigen und klaren Willen der Gesellschafter auf dem Konto auch Verluste erfasst werden, welche die thesaurierten Gewinne aufzehren können.[30] In diesem Kontext werden stehengelassene Gewinne wie eine Einlage behandelt. Für spätere Verluste gilt, dass sie nicht eine Forderung gegen die Gesellschaft mindern, sondern den Kapitalanteil des Gesellschafters.[31] Entscheidend ist, ob das Konto durch Partizipation an Verlusten der Gesellschaft der gesamthänderischen Bindung unterliegt.[32] Von einem Darlehen kann nicht ausgegangen werden, wenn der überlassene Kapitalbetrag mit Verlusten der Gesellschaft verrechnet wird und dementsprechend eine Zurückzahlung nicht erfolgt.[33] Denn mit der Begrifflichkeit eines Darlehens ist eine Verlustbeteiligung des Gläubigers grundsätzlich nicht vereinbar.[34] Die Verlustverrechnung muss demzufolge im Gesellschaftsvertrag bestimmt sein, damit ein entsprechendes Konto als Eigenkapitalkonto des Gesellschafters zu qualifizieren ist.[35] In diesem Zusammenhang ist zu berücksichtigen, dass ein Gesellschafterbeschluss, nachdem etwaige Jahresfehlbeträge aus Gesellschafterdarlehenskonten beglichen werden sollen, nicht zu der Annahme eines Eigenkapitalkontos führt, da in einem Gesellschafterbeschluss keine Änderung des Gesellschaftsvertrags zu sehen ist.[36] Genügend für die Einstufung eines Kontos als Eigenkapitalkonto ist, wenn zwar eine laufende Verlustverrechnung nicht vorgesehen ist, für den Fall des Ausscheidens aber eine gesellschaftsvertragliche Regelung besteht, dass sich das Abfindungsguthaben nach dem Saldo sämtlicher Gesellschafterkonten, nämlich dem Kapitalkonto und dem Darlehenskonto abzüglich eines etwaigen anteiligen Verlustvortrags, bestimmt.[37] Insgesamt ist für die Qualifikation eines Kontos als Eigenkapitalkonto eine laufende Verlustverrechnung somit hinreichend. Allerdings besteht keine Notwendigkeit.[38]

Des Weiteren kann die Regelung der Entnahmefähigkeit von Guthaben für das Vorliegen eines Kapital- oder Darlehenskontos bedeutsam sein. Es ist zu beachten, dass trotz im Gesellschaftsvertrag geregelter Verlusterfassung ein Konto nur dann als Eigenkapitalkonto einzustufen ist, wenn eine Entnahmebe-

---

30 Vgl. BFH, Urteil vom 15.05.2008, IV R 46/05, BStBl. II 2008, S. 812; BFH, Urteil vom 26.06.2007, IV R 29/06, BStBl. II 2008, S. 103.

31 Vgl. BFH, Urteil vom 28.03.2000, VIII R 28/98, BStBl. II 2000, S. 347.

32 Vgl. BFH, Urteil vom 07.04.2005, IV R 24/03, BStBl. II 2005, S. 598.

33 Vgl. BFH, Urteil vom 27.06.1996, IV R 80/95, BStBl. II 1997, S. 36 m. w. N.; BMF, Schreiben vom 30.05.1997, IV B 2-S 2241a – 51/93 II, BStBl. I 1997, S. 627; Ley 2009, S. 614; Kahle 2010, S. 722.

34 Vgl. BFH, Urteil vom 27.06.1996, IV R 80/95, BStBl. II 1997, S. 36.

35 Vgl. Strahl 2009, S. 16531.

36 Vgl. BFH, Urteil vom 15.05.2008, IV R 46/05, BStBl. II 2008, S. 812; Strahl 2009, S. 16531.

37 Vgl. BFH, Urteil vom 15.05.2008, IV R 46/05, BStBl. II 2008, S. 812.

38 Vgl. Kahle 2010, S. 723.

schränkung existiert, damit eine etwaige Verlustverrechnung nicht ins Leere läuft.[39] Danach ist ein jederzeit uneingeschränktes Zugriffsrecht für die gesellschaftsrechtliche Einordnung eines Kontos als Eigenkapitalkonto schädlich.[40] Unbedenklich ist hingegen die Möglichkeit, den laufenden Gewinnanteil zu entnehmen.[41]

Schließlich kann die Verzinsung ebenso als Abgrenzungskriterium herangezogen werden.[42] Markantes Indiz für den Fremdkapitalcharakter eines Kontos stellt in der Regel die gewinnunabhängige Verzinsung dar.[43] Demgegenüber ist mangels Verzinsung im Grundsatz von einem Eigenkapitalkonto auszugehen. Jedoch steht eine gewinnabhängige Verzinsung der Einstufung eines Kontos als Eigenkapitalkonto grundsätzlich nicht entgegen.[44] Ebenso darf bei Annahme einer gewinnunabhängigen Verzinsung nicht stets geschlussfolgert werden, dass Fremdkapital vorliegt.[45] Denn der BFH hat auch ein gewinnunabhängig zu verzinsendes Kapitalkonto II als Eigenkapitalkonto eingestuft, da auf diesem Konto die Verluste der Gesellschaft verbucht wurden.[46]

Im Ergebnis weist der BFH der Fragestellung der Verrechenbarkeit von Verlusten gegenüber der Verzinsung für die Qualifikation eines Gesellschafterkontos eine deutlich höhere Gewichtung zu.[47]

## *3.3* Buchhalterische Darstellung von Übertragungsvorgängen

### *3.3.1 Grundsätzliches*

Nach Heranziehen der maßgeblichen Kriterien zur Abgrenzung von Gesellschafterkonten ist weiterhin danach zu unterscheiden, ob die Gesellschaft die Kapitalkonten nach dem Regelstatut des HGB führt oder ob gesellschaftsvertragliche Regelungen zu Gesellschafterkonten vorliegen.

---

39 Vgl. OFD Niedersachsen, Verfügung vom 21.02.2017, S 2241a-96-St 222/St 221, DB 2017, S. 580.

40 Vgl. OFD Niedersachsen, Verfügung vom 21.02.2017, S 2241a-96-St 222/St 221, DB 2017, S. 580; BFH, Urteil vom 26.06.2007, IV R 29/06, BStBl. II 2008, S. 103.

41 Vgl. BFH, Urteil vom 15.05.2008, IV R 46/05, BStBl. II 2008, S. 812.

42 Vgl. BFH, Urteil vom 15.05.2008, IV R 46/05, BStBl. II 2008, S. 812.

43 Vgl. BGH, Urteil vom 21.05.1952, II ZR 114/51, DB 1952, S. 486; BFH, Urteil vom 15.05.2008, IV R 46/05, BStBl. II 2008, S. 812.

44 Vgl. BFH, Urteil vom 22.08.1990, I R 119/86, BStBl. II 1991, S. 415.

45 Vgl. BFH, Urteil vom 15.05.2008, IV R 46/05, BStBl. II 2008, S. 812.

46 Vgl. BFH, Urteil vom 03.11.1993, II R 96/91, BStBl. II 1994, S. 88; BFH, Urteil vom 27.06.1996, IV R 80/95, BStBl. II 1997, S. 36.

47 Vgl. BFH, Urteil vom 03.02.1988, I R 394/83, BStBl. II 1988, S. 551; BFH, Urteil vom 15.05.2008, IV R 46/05, BStBl. II 2008, S. 812; Rodewald 1997, S. 764; Ley 2009, S. 614; Carlé und Bauschatz 2002, S. 1159; Kahle 2010, S. 724.

Wird ein Kontenmodell bei Personengesellschaften entsprechend dem gesetzlichen Leitbild geführt, so ist für jeden persönlich haftenden Gesellschafter ein einziges variables Kapitalkonto, auf dem alle Einlagen, Entnahmen, Gewinne und Verluste verbucht werden, vorhanden.[48] Der gegenwärtige Saldo des variablen Kapitalkontos gibt den bilanziellen Anteil am Eigenkapital wieder, der auf die jeweiligen Gesellschafter entfällt.[49]

Demgegenüber gilt für beschränkt haftende Gesellschafter ein sog. Zweikonten-System.[50] Auf dem Einlagekonto bzw. Kapitalkonto I wird die sog. Pflichteinlage, die der Gesellschaftsvertrag für den Kommanditisten vorsieht, gebucht (§ 167 Abs. 1 HGB i. V. m. § 120 Abs. 2 HGB). Nach § 167 Abs. 2 HGB ist der Kapitalanteil des beschränkt haftenden Gesellschafters in der Summe auf den Betrag der festgesetzten Einlage begrenzt. Folglich werden seinem Kapitalanteil Einlage und Gewinnanteile nur solange zugeschrieben, bis seine vertraglich bedungene Einlage erreicht ist. Nach der gesetzlichen Vorgabe ist für den beschränkt haftenden Gesellschafter neben dem Kapitalkonto I ein zweites Konto (Kapitalkonto II/Darlehenskonto) einzurichten.[51] Diesem Kapitalkonto werden Gewinnanteile gutgeschrieben, sobald der Saldo des Kapitalkontos I den Einlagebetrag erreicht. Der beschränkt haftende Gesellschafter kann von diesem Konto bis zur Höhe des ausgewiesenen Guthabens jederzeit Entnahmen tätigen.[52] Außerdem ist zu berücksichtigen, dass auch im Falle eines Guthabens auf dem Darlehenskonto, dem beschränkt haftenden Gesellschafter zugewiesene Verlustanteile ausschließlich zu Lasten des Kapitalkontos I gebucht werden.[53] Die Verbuchung von Verlustanteilen zu Lasten dieses Kontos kann dazu führen, dass die gebuchte Pflichteinlage sich vermindert oder ein negatives Einlagekonto entsteht, obwohl das Darlehenskonto ein Guthaben aufweist.[54]

Da die gesetzliche Regelung des Kapitalkontos den Praxisanforderungen[55] jedoch nicht mehr gerecht wird, haben sich von dem gesetzlichen Leitbild abweichende Kapitalkontenmodelle entwickelt. Danach werden gesellschafts-

---

48 Vgl. BMF, Schreiben vom 11.07.2011, IV C 6-S 2178/09/10001, BStBl. I 2011, S. 713; BMF, Schreiben vom 26.11.2004, IV B 2-S 2178-2/04, BStBl. I 2004, S. 1190; Ley 2009, S. 613; Rodewald 1998, S. 521.

49 Vgl. Kahle 2010, S. 724.

50 Vgl. Kahle und Hiller 2020, § 6 Rn. 31.

51 Vgl. Kahle 2010, S. 726.

52 Vgl. Kahle 2010, S. 726 m. w. N.

53 Vgl. Rodewald 1998, S. 524. Nach § 169 Abs. 2 HGB ist der Kommanditist nicht verpflichtet, den bezogenen Gewinn wegen späterer Verluste zurückzuzahlen.

54 In diesem Zusammenhang ist allerdings zu beachten, dass im Falle der Minderung der Pflichteinlage der Kommanditist zur Entnahme des Gewinns nicht berechtigt ist (§ 169 Abs. 1 S. 2 HGB).

55 Vgl. Huber 1988, S. 42; Oppenländer 1999, S. 940.

vertraglich sog. Zwei-, Drei- und Vier-Konten-Modelle vereinbart.[56] Vor dem Hintergrund dieser Kontenvielfalt stellt sich nunmehr die Frage, ob und inwieweit ein Besteuerungstatbestand bei Gutschrift auf einem Kapitalkonto oder mehreren Kapitalkonten ausgelöst wird. Insbesondere ist zu klären, wie sog. Mischfälle, wonach z. B. die Gutschrift teilweise auf dem Kapitalkonto I und teilweise auf einem variablen Kapitalkonto oder teils auf dem gesamthänderisch gebundenen Rücklagenkonto[57] oder gegen handelsrechtlichen Ertrag erfolgt, steuerlich behandelt werden.

### *3.3.2 Entgeltliche Übertragungsvorgänge*

#### *3.3.2.1 Buchung gegen Kapitalkonto I*

Wird eine Gutschrift auf dem Kapitalkonto I vorgenommen, so ist stets davon auszugehen, dass die Übertragung des Wirtschaftsguts gegen Gewährung von Gesellschaftsrechten erfolgt (Variante 1).[58] Denn das Kapitalkonto I wird als Eigenkapitalkonto qualifiziert, das maßgebend die Gesellschaftsrechte des Gesellschafters bestimmt. Nach Ansicht des BFH setzt die Gewährung von Gesellschaftsrechten die erstmalige Einräumung eines Gesellschaftsanteils oder im Falle einer bereits existierenden Mitunternehmerstellung eine Erhöhung des Kapitalanteils voraus.[59] Zu beachten ist jedoch, dass die bloße Einräumung von Stimmrechten keine Gegenleistung im Sinne einer Gewährung von Gesellschaftsrechten darstellt. Denn Stimmrechte können keine vermögensmäßige Beteiligung an der Personengesellschaft vermitteln.[60]

#### *3.3.2.2 Buchung gegen Verrechnungs- bzw. Darlehenskonto*

Erfolgt eine Gutschrift auf einem variablen Gesellschafterkonto und weist dieses Konto einen schuldrechtlichen Anspruch des Gesellschafters gegenüber der

---

56 Vgl. grundlegend hierzu Huber 1988, S. 1; Ley 2009, S. 615 f.; Ley 2009, S. 16667; Strahl 2009, S. 16531; Kahle 2010, S. 721 ff.; Altendorf 2009, S. 102.

57 Vgl. ausführlich zum gesamthänderisch gebundenen Rücklagenkonto siehe insbesondere Kahle 2010, S. 730 f.

58 Vgl. BFH, Urteil vom 19.10.1998, VIII R 69/95, BStBl. II 2000, S. 230; BFH, Urteil vom 24.01.2008, IV R 37/06, BStBl. II 2011, S. 617; Wendt 2010, S. 150.

59 Vgl. BFH, Urteil vom 04.02.2016, IV R 46/12, BStBl. II 2016, S. 607; Schulze zur Wiesche 2017, S. 40 f.; BFH, Urteil vom 24.01.2008, IV R 37/06, BStBl. II 2011, S. 617; BFH, Urteil vom 17.07.2008, I R 77/06, BStBl. II 2009, S. 464; Rätke 2016, S. 289, der allerdings darauf hinweist, dass nicht auf eine prozentuale, sondern auf eine absolute Erhöhung des Kapitalanteils abzustellen ist; ebenso Wendt 2010, S. 151.

60 Vgl. BMF, Schreiben vom 11.07.2011, IV C 6-S 2178/09/10001, BStBl. I 2011, S. 713.

Gesellschaft aus,[61] handelt es sich dabei nicht um ein Eigenkapitalkonto, sondern um ein Darlehenskonto (Variante 2).[62] Grundsätzlich vermittelt ein Darlehenskonto keine Gesellschaftsrechte. Es bestehen allerdings keine Zweifel daran, dass der Erwerb einer Darlehensforderung gegen die Gesellschaft eine Gegenleistung im Sinne eines Entgelts darstellt. Somit liegt eindeutig[63] ein entgeltlicher Erwerbsvorgang vor, der nach § 6 Abs. 1 Nr. 1 oder 2 EStG zu bewerten ist.[64]

### *3.3.3 Unentgeltliche Übertragungsvorgänge*

#### *3.3.3.1 Buchung gegen Kapitalkonto II*

Liegen gesellschaftsvertragliche Regelungen zu den Gesellschafterkonten vor und werden aus diesem Grunde neben dem Kapitalkonto I weitere variable Konten geführt, war nach früherer Auffassung der Finanzverwaltung für die rechtliche Einordnung auf die jeweiligen vertraglichen Abreden im Gesellschaftsvertrag abzustellen. In diesem Zusammenhang war zu prüfen, ob die weiteren variablen Konten dem Kapitalkonto I zuzurechnen sind oder ob diesbezüglich Darlehenskonten vorliegen. Wesentliches Merkmal für die Annahme eines Kapitalkontos war, dass nach gesellschaftsvertraglicher Vereinbarung auf dem jeweiligen Konto auch Verluste verbucht werden.[65] Dies wurde damit begründet, dass das Kapitalkonto des Gesellschafters, unabhängig davon, in wie viele Unterkonten es aufgespalten wurde, als einheitliches Kapitalkonto zu verstehen war. Existierte nach diesen Maßstäben ein (weiteres) Kapitalkonto II, führte eine Gutschrift auf diesem Konto nach damaliger Finanzverwaltungsansicht regelmäßig zur Gewährung von Gesellschaftsrechten und damit zu einem entgeltlichen Erwerbsvorgang.[66] Auch in der Literatur[67] wird bei einer Gegenbuchung

---

61 Vgl. Rodewald 1998, S. 521.
62 Vgl. Schoor 2016, S. 288.
63 Vgl. zutreffend auch Wendt 2010, S. 150; Tiede 2011, S. 612.
64 Vgl. BMF, Schreiben vom 11.07.2011, IV C 6-S 2178/09/10001, BStBl. I 2011, S. 713; Rätke 2016, S. 289.
65 Vgl. BMF, Schreiben vom 30.05.1997, IV B 2-S 2241 a - 51/93 II, BStBl. I 1997, S. 627.
66 Vgl. BMF, Schreiben vom 11.07.2011, IV C 6- S 2178/09/10001, BStBl. I 2011, S. 713.
67 Vgl. insbesondere Jacobs et al., Unternehmensbesteuerung und Rechtsform, 2015, S. 249 m. w. N.; zur kritischen Diskussion siehe auch Schulze zur Wiesche 2017, S. 38; Rätke 2016, S. 287; Schmudlach 2016, S. 3305; Bode 2016, S. 464; Otto 2016, S. 497; Schoor 2016, S. 285; Levedag 2013, S. 673; Deh 2014, S. 358; Tiede 2011, S. 610; Gerhold 2011, S. 254; Reiß 2005, S. 358.

auf dem Kapitalkonto II regelmäßig die Einräumung von Gesellschaftsrechten angenommen.

Dagegen hat der BFH entschieden, dass eine Einbringung gegen Gewährung von Gesellschaftsrechten nicht vorliegt, sofern der Gegenwert des übertragenen Wirtschaftsguts allein dem Kapitalkonto II gutgeschrieben wird.[68] Demzufolge wird die Verbuchung auf dem Kapitalkonto II einem entgeltlichen Erwerbsvorgang nicht gleichgestellt. Nach der BFH-Rechtsprechung liegen ausschließlich entgeltliche Übertragungsvorgänge vor, wenn der Gegenwert des übertragenen Wirtschaftsguts auf einem Kapitalkonto verbucht wird, das für das Gewinnbezugs- und Stimmrecht sowie für den Anteil am Vermögen der Gesellschaft maßgebend ist.[69]

Mittlerweile folgt die Finanzverwaltung der Sichtweise des BFH, dass eine Gutschrift ausschließlich auf dem Kapitalkonto II zu einem unentgeltlichen Erwerb führt (Variante 3).[70] Insgesamt kann daher nicht mehr geschlussfolgert werden, dass die Einräumung von Gesellschaftsrechten immer dann vorliegt, wenn der Wert des übertragenen Wirtschaftsguts auf irgendeinem Kapitalkonto gutgeschrieben wird. Demgegenüber ist nicht geklärt, ob eine Aufteilung der Gutschrift schädlich ist oder auch weiterhin von einem entgeltlichen Übertragungsvorgang auszugehen ist.[71]

#### *3.3.3.2 Buchung gegen gesamthänderisch gebundene Kapitalrücklage oder handelsrechtlichen Ertrag*

Erfolgt eine Gutschrift auf einem gesamthänderisch gebundenen Kapitalrücklagenkonto[72] (Variante 4), erlangt der übertragende Gesellschafter im Vergleich zur Buchung gegen das Kapitalkonto I keine direkte Vermögensposition. Die Verbuchung auf dem gesamthänderisch gebundenen Rücklagenkonto führt somit nicht zu einer individuellen Bereicherung des Gesellschafters, sondern es wird vielmehr der Auseinandersetzungsanspruch sämtlicher Gesellschafter entsprechend ihrer Beteiligung dem Grunde nach gleichmäßig erhöht.[73] Die Erhöhung

---

68 So bereits Wacker 2008, S. 692; Wacker 2008, S. 3096, der die Gegenbuchung auf dem sog. Kapitalkonto II als unentgeltlich einstuft; ebenfalls Ley 2009, S. 16683.

69 Vgl. BFH, Urteil vom 29.07.2015, IV R 15/14, BStBl. II 2016, S. 593; BFH, Urteil vom 04.02.2016, IV R 46/12, BStBl. II 2016, S. 607.

70 Vgl. BMF, Schreiben vom 26.07.2016, IV C 6-S 2178/09/10001, BStBl. I 2016, S. 684.

71 Vgl. ausdrücklich offenlassend BFH, Urteil vom 29.07.2015, IV R 15/14, BStBl. II 2016, S. 593; BFH, Urteil vom 04.02.2016, IV R 46/12, BStBl. II 2016, S. 607.

72 Vgl. Reiß 2005, S. 360, der das gesamthänderisch gebundene Kapitalrücklagenkonto als definitorischen Unsinn bezeichnet, da das Eigenkapital als Saldogröße aus Aktiva und Passiva nicht gesamthänderisch gebunden ist.

73 Vgl. BMF, Schreiben vom 11.07.2011, IV C 6-S 2178/09/10001, BStBl. I 2011, S. 713.

des gesamthänderisch gebundenen Vermögens der Personengesellschaft kommt lediglich sämtlichen Gesellschaftern als reflexartige Wertsteigerung ihrer Beteiligung zugute.[74] Dem übertragenden Gesellschafter werden keine zusätzlichen Gesellschaftsrechte gewährt. Mangels Gegenleistung liegt somit eine Einlage vor.[75]

Eine Gegenbuchung auf dem gesamthänderisch gebundenen Rücklagenkonto erweist sich dann als nachteilig, wenn mehrere Gesellschafter am Personengesellschaftsvermögen beteiligt sind. Denn eine derartige Verbuchung führt zu einer interpersonellen Vermögensverschiebung, die schenkungsteuerliche Folgen auslöst, soweit die anderen Gesellschafter nicht ebenfalls Einlagen in gleicher Höhe tätigen und insgesamt damit einen Ausgleich sicherstellen.[76]

Weiterhin ist zu berücksichtigen, dass nicht jedes Rücklagenkonto, das einer gesamthänderischen Bindung unterliegt, nach BFH-Rechtsprechung[77] und Finanzverwaltungsansicht[78] anerkannt wird. Voraussetzung eines gesamthänderisch gebundenen Rücklagenkontos ist, dass dieses Konto nicht personifiziert geführt wird. Folglich ist der Bestand des Kontos sämtlichen Gesellschaftern nach Maßgabe ihrer Beteiligung am Gesamthandsvermögen zuzuordnen.[79] Im Falle der persönlichen Zurechnung eines Rücklagenkontos wird vielmehr die Annahme eines Darlehenskontos bejaht.[80]

Im Übrigen kann bei der Verbuchung der Sacheinlage als handelsrechtlicher Ertrag ein unentgeltlicher Vorgang vorliegen (Variante 5).[81] In diesem Zusammenhang ist allerdings die Verwendung der Ertragsbuchung zu prüfen. Sofern der Gewinn der Pflichteinlage nach § 167 Abs. 2 HGB gutgeschrieben wird oder der Kompensation eines Verlustvortragskontos dient, ist eine solche Vorgehensweise mit einer Einlage vereinbar. Wird dagegen der Gewinn in vollem Umfang oder zum Teil einem Gesellschafter-Verrechnungskonto gutgeschrieben und entnommen, besteht ggf. die Gefahr, dass der Vorgang als Buchung gegen ein als Fremdkapital einzustufendes Gesellschafter-

---

74 Vgl. BMF, Schreiben vom 11.07.2011, IV C 6-S 2178/09/10001, BStBl. I 2011, S. 713; Schütz 2011, S. 358.

75 Vgl. BFH, Urteil vom 24.01.2008, IV R 37/06, BStBl. II 2011, S. 617; BFH, Urteil vom 17.07.2008, I R 77/06, BStBl. II 2009, S. 464. Dagegen sprechen sich Wendt 2010, S. 151; Wendt 2008, S. 916; Hoffmann 2009, S. 708, für die Annahme eines entgeltlichen Erwerbsvorgangs aus; a. A. Schneider und Oepen 2009, S. 661; Mutscher 2009, S. 1628; Strahl 2009, S. 16538; Siegmund und Ungemach 2009, S. 2308.

76 Vgl. BFH, Urteil vom 14.09.1994, II R 95/92, BStBl. II 1995, S. 81; Otto 2016, S. 497; Schoor 2016, S. 291.

77 Vgl. BFH, Urteil vom 24.01.2008, IV R 66/05, BFH/NV 2008, S. 1301.

78 Vgl. BMF, Schreiben vom 11.07.2011, IV C 6-S 2178/09/10001, BStBl. I 2011, S. 713.

79 Vgl. BMF, Schreiben vom 11.07.2011, IV C 6-S 2178/09/10001, BStBl. I 2011, S. 713.

80 Vgl. BFH, Urteil vom 24.01.2008, IV R 66/05, BFH/NV 2008, S. 1301.

81 Vgl. BMF, Schreiben vom 26.11.2004, IV B 2-S 2178-2/04, BStBl. I 2004, S. 1190; BMF, Schreiben vom 11.07.2011, IV C 6-S 2178/09/10001, BStBl. I 2011, S. 713.

Verrechnungskonto gewertet wird. Dies hätte zur Konsequenz, dass sich daraus ein (teil-)entgeltlicher Vorgang ergibt. Insoweit ist u. E. die Ertragsbuchung mit Vorsicht vorzunehmen.

### *3.3.4 Teilentgeltliche Übertragungsvorgänge*

#### *3.3.4.1 Buchung gegen Darlehenskonto und Kapitalkonto II oder gesamthänderisch gebundene Kapitalrücklage*

Wird dem einbringenden Gesellschafter für die Übertragung des Wirtschaftsguts sowohl eine Darlehensforderung gewährt als auch ein Betrag auf dem Kapitalkonto II oder dem gesamthänderisch gebundenen Kapitalrücklagenkonto gutgeschrieben, liegt ein teilentgeltliches Rechtsgeschäft vor (Variante 6).[82]

- Der Teil, der als Gewährung einer Darlehensforderung verbucht wird, gilt als entgeltlich.
- Der Betrag, welcher auf dem Kapitalkonto II oder auf dem gesamthänderisch gebundenen Kapitalrücklagenkonto berücksichtigt wird, ist wiederum als unentgeltlicher Vorgang anzusehen. Aufgrund der sog. Trennungstheorie sind beide Vorgänge steuerlich getrennt zu beurteilen.[83]

#### *3.3.4.2 Unterbewertung des einzubringenden Wirtschaftsguts*

Erfolgt laut Übertragungsvertrag ein dem gemeinen Wert unterschreitender Wertansatz, ist nach BFH-Rechtsprechung der überschießende Wertanteil als Einlage zu werten (Variante 7).[84] Ist die Übertragung im Übrigen als entgeltlicher Vorgang einzustufen, findet die Trennungstheorie auch hier Anwendung. Es ist eine Aufteilung in einen unentgeltlichen und einen entgeltlichen Vorgang vorzunehmen.[85] Dabei ist zwingend zu beachten, dass die Einlage sämtlichen Gesellschaftern zuzurechnen ist, wenn sie mit einer Schenkung an die übrigen Gesellschafter verbunden ist.[86]

Wird zwischen dem einbringenden Gesellschafter und der Gesellschaft bewusst ein den gemeinen Wert unterschreitender Wertansatz vereinbart, ist nach Ansicht der Finanzverwaltung der überschießende Wertanteil als Ertrag zu

---

82 Vgl. Schmudlach 2016, S. 3313 f.; Schiffers 2016, S. 937.

83 Vgl. zur sog. Trennungstheorie siehe Schütz 2011, S. 359.

84 Vgl. BFH, Urteil vom 17.07.2008, I R 77/06, BStBl. II 2009, S. 464 m. w. N.

85 Vgl. BMF, Schreiben vom 11.07.2011, IV C 6-S 2178/09/10001, BStBl. I 2011, S. 713.

86 Vgl. Ley 2009, S. 16691; Schmudlach 2016, S. 3312.

buchen.[87] Aufgrund der eindeutigen Bestimmungen im Übertragungsvertrag (Einbringung unter Wert) kommt eine Gutschrift des übersteigenden Betrags auf einem gesamthänderisch gebundenen Rücklagenkonto oder auf einem variablen Kapitalkonto (Kapitalkonto II) nicht infrage, da eine etwaige Vorgehensweise zur Annahme eines entgeltlichen Übertragungsvorgangs führen würde.[88] Allerdings dürfte u. E. die praktische Bedeutung solcher Fälle gering sein. Lediglich Übertragungsvorgänge in Familienpersonengesellschaften dürften in Betracht kommen, da wohl nur dort eine gewollte Übertragung unterhalb des gemeinen Wertes vorgenommen wird.[89]

### *3.3.5 Mischentgeltliche Übertragungsvorgänge*

Häufig kommen in der Praxis auch bei der buchtechnischen Erfassung der Übertragungsvorgänge sog. Mischfälle vor. Besteht zwischen dem Verkehrswert des übertragenen Wirtschaftsguts und der Gutschrift auf dem Kapitalkonto I eine Differenz und wird in dieser Höhe eine anderweitige Kompensation vorgenommen, so liegt ein mischentgeltlicher Übertragungsvorgang vor.[90] Obwohl die dem Verkehrswert entsprechende Gegenleistung einerseits aus Gesellschaftsrechten und andererseits aus sonstigem Entgelt besteht, ist eine Aufteilung der Übertragung in einen entgeltlichen und unentgeltlichen Vorgang nicht vorgesehen.

Sowohl die bisherige Rechtsprechung des BFH[91] als auch die Finanzverwaltung[92] vertreten die Auffassung, dass bei teilweiser Ansprache des Kapitalkontos I ein vollentgeltlicher Erwerbsvorgang gegeben ist. Vor diesem Hintergrund wird bei Buchung gegen Kapitalkonto I und II (Variante 8) ein in vollem Umfang entgeltliches Geschäft angenommen.[93] Jedoch ist noch unklar, ob und in welchem Umfang der BFH an dieser Sichtweise festhalten wird.[94] Gegen eine Änderung spricht zunächst, dass sowohl handels- als auch steuerrechtlich das Kapitalkonto ein einheitliches Konto darstellt. Es soll sich hierbei um eine

---

87 Vgl. BMF, Schreiben vom 11.07.2011, IV C 6-S 2178/09/10001, BStBl. I 2011, S. 713.

88 Vgl. BMF, Schreiben vom 11.07.2011, IV C 6-S 2178/09/10001, BStBl. I 2011, S. 713.

89 Vgl. ebenso Schmudlach 2016, S. 3312.

90 Vgl. BMF, Schreiben vom 11.07.2011, IV C 6-S 2178/09/10001, BStBl. I 2011, S. 713; Schmudlach 2016, S. 3311.

91 Vgl. BFH, Urteil vom 24.01.2008, IV R 37/06, BStBl. II 2011, S. 617; BFH, Urteil vom 17.07.2008, I R 77/06, BStBl. II 2009, S. 464.

92 Vgl. BMF, Schreiben vom 11.07.2011, IV C 6-S 2178/09/10001, BStBl. I 2011, S. 713.

93 Vgl. BFH, Urteil vom 17.07.2008, I R 77/06, BStBl. II 2009, S. 464; BFH, Urteil vom 24.01.2008, IV R 37/06, BStBl. II 2011, S. 617.

94 Vgl. BFH, Urteil vom 04.02.2016, IV R 46/12, BStBl. II 2016, S. 607. Der BFH musste sich nicht mit der Fragestellung auseinandersetzen, ob eine Gutschrift auf dem Kapitalkonto I und II auch weiterhin zu einem entgeltlichen Vorgang führt, da im Urteilsfall eine Gutschrift vollständig auf dem Kapitalkonto II erfolgte.

Übertragung gegen Gesellschaftsrechte handeln, da das Kapitalkonto II als Unterkonto zum Kapitalkonto I zur Einräumung von Gesellschaftsrechten führen soll.

Teile der Literatur[95] vertreten die Gegenansicht, dass das Kapitalkonto II zwar einen summenmäßig bestimmten Anteil des Gesellschafters am Gesamthandsvermögen impliziert, allerdings weder einen prozentualen Anteil am Gesamthandsvermögen noch weitere Stimmrechte verschafft. Unter gesellschaftsrechtlichen Gesichtspunkten werden damit keine zusätzlichen Gesellschaftsrechte gewährt. Demgegenüber wird jedoch argumentiert, dass die Voraussetzung erhöhter Gesellschaftsrechte sich aber damit rechtfertigen lässt, dass eine Erhöhung des Kapitalkontos II mit einer veränderten Verteilung des Auseinandersetzungsguthabens verbunden ist.[96]

Die jüngst ergangene Rechtsprechung des BFH zum sog. Kapitalkonto II vermittelt u. E. jedoch den Eindruck, dass dem Kapitalkonto II eine eigene Bilanzposition zugewiesen wird, sodass insgesamt von einer gesellschaftsrechtlichen Verselbständigung der Unterkonten gesprochen werden könnte.[97] Damit kann nicht mehr gänzlich ausgeschlossen werden, dass möglicherweise ein teilentgeltlicher Vorgang ausgelöst wird, da nach der Trennungstheorie sowohl ein entgeltlicher (Kapitalkonto I) als auch ein unentgeltlicher (Kapitalkonto II) Vorgang vorliegen würde.[98] Nach derzeitiger Rechtslage stellt die Gutschrift auf dem Kapitalkonto I und dem gesamthänderisch gebundenen Kapitalrücklagenkonto[99] oder gegen handelsrechtlichen Ertrag (Variante 9) auch weiterhin einen vollentgeltlichen Übertragungsvorgang dar.[100] Unberührt bleiben u. E. Übertragungsfälle, bei denen als Gegenleistung sowohl Gesellschaftsrechte (Kapitalkonto I) als auch sonstiges Entgelt im Sinne einer Darlehensforderung (Variante 10) gewährt werden, da eine solche Vorgehensweise zu einem vollentgeltlichen

---

95 Vgl. insbesondere van Lishaut 2000, S. 1786; Düll et al. 2000, S. 1716.

96 Vgl. Kahle und Hiller 2020, § 6 Rn. 34 m. w. N.

97 Vgl. zutreffend auch Otto 2016, S. 497.

98 A. A. Rätke 2016, S. 290, der davon ausgeht, dass in diesem Fall auch weiterhin ein entgeltlicher Vorgang ausgelöst wird, da die Buchung nur eines Teils der Gutschrift auf dem Kapitalkonto I nach aktueller BFH-Ansicht zu einer Erhöhung des Kapitalanteils führt und damit die Entgeltlichkeit bejaht werden kann; so auch Levedag 2016, S. R 249; Schiffers 2016, S. 936 f.; Schmudlach 2016, 3311.

99 Wird dagegen eine Gutschrift auf dem Kapitalkonto II und auf dem gesamthänderisch gebundenen Rücklagenkonto vorgenommen, liegt ein unentgeltlicher Vorgang vor, vgl. BMF, Schreiben vom 26.07.2016, IV C 6-S 2178/09/10001, BStBl. I 2016, S. 684.

100 Vgl. Schmudlach 2016, S. 3311 f. Jüngst hat das FG Niedersachsen, Urteil vom 17.10.2019, 7 K 67/15, EFG 2020, S. 1600, allerdings entschieden, dass eine Verbuchung auf dem Kapitalkonto I und einem Rücklagenkonto als teilentgeltlicher Vorgang gelten soll.

Rechtsgeschäft führt.[101] Die weitere Entwicklung der BFH-Rechtsprechung mit Blick auf die sog. Mischfälle und die damit verbundene Reaktion der Finanzverwaltung sollten jedoch genau beobachtet werden.[102]

Die nachfolgende Abb. 2 fasst die Möglichkeiten der buchhalterischen Behandlung der Übertragung eines Wirtschafsguts des Privatvermögens durch den Gesellschafter auf die Personengesellschaft zusammen.

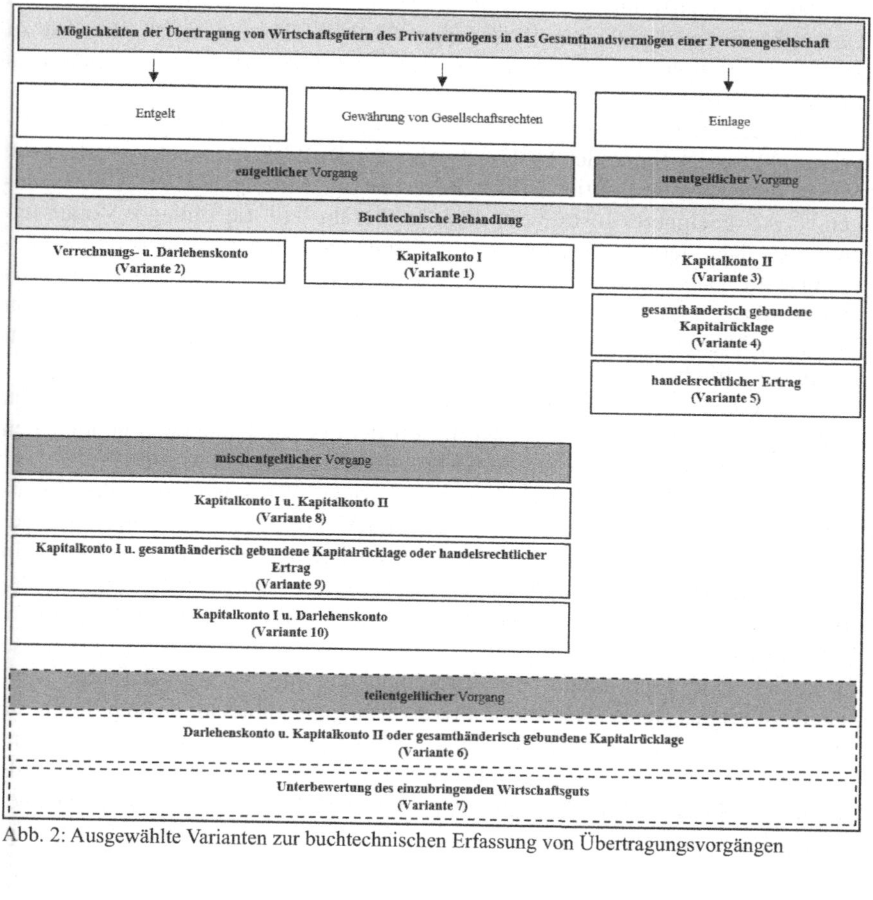

Abb. 2: Ausgewählte Varianten zur buchtechnischen Erfassung von Übertragungsvorgängen

[101] Vgl. BMF, Schreiben vom 20.05.2009, IV C 6-S 2134/07/10005, BStBl. I 2009, S. 671; BFH, Urteil vom 24.01.2008, IV R 37/06, BStBl. II 2011, S. 617; BFH, Urteil vom 17.07.2008, I R 77/06, BStBl. II 2009, S. 464; Schmudlach 2016, S. 3312.

[102] Vgl. FG Niedersachsen, Urteil vom 17.10.2019, 7 K 67/15, EFG 2020, S. 1600 (anhängig beim BFH unter Az. IV R 2/20).

# 4 Steuerliche Würdigung der Übertragungsvorgänge auf Ebene des Übertragenden

Die Abgrenzung zwischen entgeltlichem und unentgeltlichem Erwerbsvorgang hat vielfach Auswirkungen, die für jeden Einzelfall unterschiedlich ausfallen können. Denn bei der Übertragung von Wirtschaftsgütern des Privatvermögens ergibt sich je nach Zielsetzung der Gestaltung eine andere Ausgangsposition. Werden Wirtschaftsgüter aus dem Privatvermögen eines Gesellschafters in das Gesamthandsvermögen einer Personengesellschaft übertragen, ist zunächst zu prüfen, ob es sich steuerlich um verstricktes oder steuerlich nicht verstricktes Privatvermögen handelt.

Bei Übertragungen von steuerverstrickten Wirtschaftsgütern des Privatvermögens im Sinne der §§ 17, 20 Abs. 2 oder 23 EStG steht vor allem die Vermeidung der Realisation stiller Reserven im Mittelpunkt der Überlegungen.[103] Als geeignetes Instrument dient in diesem Fall die Einlage. Voraussetzung ist, dass dem einbringenden Gesellschafter keine Gegenleistung eingeräumt wird. Danach dürfen dem Gesellschafter weder Gesellschaftsrechte, Barentgelt, die Einräumung einer Darlehensforderung oder die Übernahme von Verbindlichkeiten gewährt werden.[104] Derartige Gegenleistungen führen zu einem entgeltlichen Erwerbsvorgang.

Vor diesem Hintergrund kann eine Vermeidung einer steuerwirksamen Einbringung entweder durch Gutschrift auf dem gesamthänderisch gebundenen Kapitalrücklagenkonto oder auf dem Kapitalkonto II erreicht werden.[105]

Sollen dagegen steuerlich nicht verstrickte Wirtschaftsgüter des Privatvermögens (z. B. Grundstück mit aufstehendem Gebäude zehn Jahre nach der Anschaffung) übertragen werden, ist die Einbringung ein geeignetes Mittel. In diesem Fall besteht das Interesse, gezielt stille Reserven zu heben, um im Betriebsvermögen eine zusätzliche AfA-Bemessungsgrundlage zu generieren. Insoweit ist die Beschränkung des § 7 Abs. 1 S. 5 EStG unbeachtlich. Ebenso kann sich eine Einbringung im Zusammenhang mit verlustbehafteten Wirtschafsgütern des steuerverstrickten Privatvermögens anbieten, da sich durch die Einbringung als entgeltlicher Vorgang ein Verlust realisieren lässt. Eine Einbringung ist z. B. bei wertgeminderten Anteilen im Sinne des § 17 EStG als Gestaltungsansatz ratsam.[106] In diesem Sinne erfolgt eine steuerwirksame Generierung eines tatsächlich entstandenen Verlusts aus einer solchen Beteiligung,

---

103 Vgl. Rätke 2016, S. 291; Tiede 2011, S. 611; Wendt 2010, S. 148; Schoor 2016, S. 287; Deh 2014, S. 358.

104 Vgl. Schoor 2016, S. 290.

105 Vgl. Tiede 2011, S. 611.

106 Vgl. Deh 2014, S. 358.

ohne das Wirtschaftsgut auf einen Dritten zu übertragen.[107] In derartigen Fällen ist kein Gestaltungsmissbrauch nach § 42 AO anzunehmen.[108]

Insgesamt muss nach derzeitiger Rechtslage für die Bewirkung eines entgeltlichen Vorgangs eine Gutschrift zumindest teilweise auf dem Kapitalkonto I erfolgen. Trotz der Gutschrift auf unterschiedlichen Gesellschafterkonten liegt eine vollentgeltliche Übertragung vor, da eine Aufteilung des Vorgangs in einen entgeltlichen und einen unentgeltlichen Teil nicht vorgenommen wird.[109]

Abschließend lässt sich festhalten, dass in einem ersten Schritt eine Beurteilung vorgenommen werden muss, welche Art des Privatvermögens (steuerverstrickt oder nicht steuerverstrickt) auf die Personengesellschaft übertragen werden soll, um sodann in einem zweiten Schritt den gewünschten steuerlichen Optimierungsansatz wählen zu können. Aufgrund der unterschiedlichen Folgen bei einer Gutschrift auf einem Kapitalkonto I oder auf einem Kapitalkonto II ist zu empfehlen, auf eine eindeutige Bezeichnung des Kapitalkontos im Übertragungsvertrag zu achten.[110] Eine Vereinbarung über eine Gutschrift auf dem Kapitalkonto II gegenüber einer Gutschrift auf dem Kapitalkonto I hat unter anderem zur Konsequenz, dass keine stillen Reserven aufgedeckt werden. Die Verbuchung des Gegenwerts auf einem gesamthänderisch gebundenen Kapitalrücklagenkonto führt zwar zu einem unentgeltlichen Erwerbsvorgang, bedingt aber einen zwischen den Beteiligten häufig nicht gewollten Übergang stiller Reserven und löst regelmäßig schenkungsteuerliche Probleme aus. Eine Buchung auf dem Kapitalkonto II verhindert derartige nachteilige Konsequenzen.

In zusammenfassender Betrachtung können die Gestaltungsmöglichkeiten zur Übertragung von Wirtschaftsgütern aus dem Privatvermögen eines Gesellschafters in das Gesamthandsvermögen einer Personengesellschaft wie folgt dargestellt werden:

---

107 In diesem Zusammenhang ist allerdings zu prüfen, ob die Verlustabzugsbeschränkung nach § 17 Abs. 2 S. 6 Buchst. b) EStG vorliegt.

108 Vgl. BFH, Urteil vom 07.12.2010, IX R 40/09, BStBl. II 2011, S. 427.

109 Vgl. BFH, Urteil vom 24.01.2008, IV R 37/06, BFH/NV 2008, S. 854.

110 Vgl. ebenfalls Rätke 2016, S. 291.

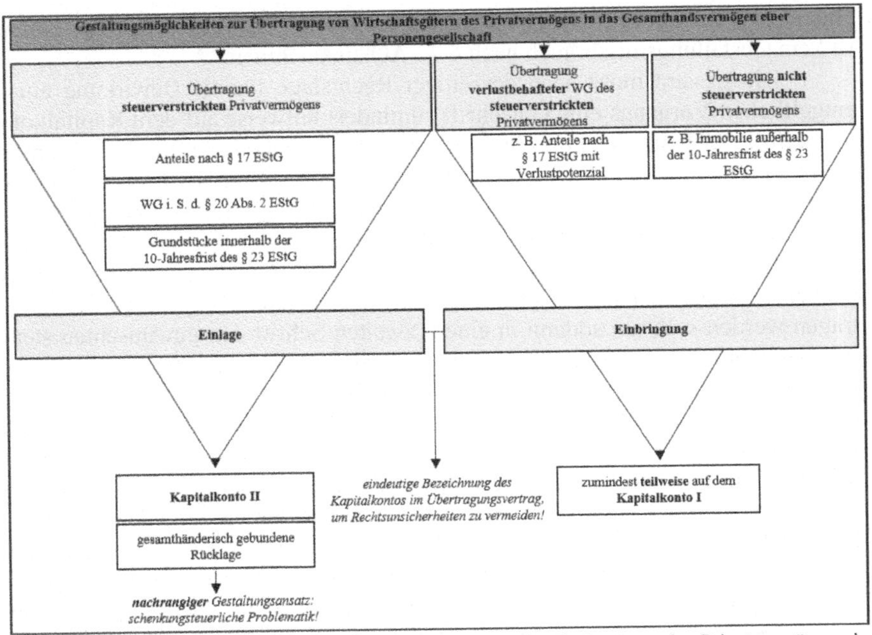


Abb. 3: Gestaltungsmöglichkeiten zur Übertragung von Wirtschaftsgütern des Privatvermögens in das Gesamthandsvermögen einer Personengesellschaft

# 5 Zusammenfassung und Ausblick

Für die steuerliche Behandlung von Übertragungsfällen spielen einerseits die Abgrenzungsmerkmale von Gesellschafterkonten und andererseits die Fragestellung, ob ein Kapitalkonto Gesellschaftsrechte repräsentiert, eine wesentliche Rolle. Hinsichtlich der Qualifikation der Kapitalkonten ist ausschließlich auf den Gesellschaftsvertrag abzustellen. Die Kontenbezeichnung ist dabei unbeachtlich. Ein Kapitalkonto liegt regelmäßig vor, wenn nach dem ausdrücklichen und klaren Willen des Gesellschafters, auf dem Konto auch Verluste erfasst werden. Die freie Entnahmemöglichkeit ist hingegen für die Einstufung als Eigenkapitalkonto schädlich. Weiterhin ist bei Annahme eines Kapitalkontos danach zu differenzieren, ob dieses Gesellschaftsrechte vermittelt oder nicht. In diesem Kontext ist eine derartige Unterscheidung für das Vorliegen eines entgeltlichen oder unentgeltlichen Übertragungsvorgangs höchst bedeutsam. Nach Auffassung des BFH und der Finanzverwaltung ist ein unentgeltlicher Vorgang nur noch gegeben, wenn die Übertragung des Wirtschaftsguts aus dem Privatvermögen des Gesellschafters in das Gesamthandvermögen der Personengesellschaft nicht gegen Gewährung von Gesellschaftsrechten erfolgt. Dies ist immer dann der Fall, wenn die Gutschrift alleine auf einem variablen Kapitalkonto oder auf dem Konto „Gesamthänderisch gebundene Rücklage" oder auf einem Ertragskonto vollzogen wird. Soll demgegenüber ein Vorgang entgeltlich ausgestaltet werden, ist dies nach derzeitiger Beurteilung vor allem dergestalt erreichbar, dass eine Gutschrift ausschließlich oder teilweise auf dem Kapitalkonto vorgenommen wird, auf dem nach dem maßgeblichen Gesellschaftsvertrag der Kapitalanteil auszuweisen ist, nach dem sich die Gesellschaftsrechte bestimmen.

Abschließend lässt sich festhalten, dass für jeden Übertragungsvorgang eines Wirtschaftsguts aus dem Privatvermögen eines Gesellschafters in eine Personengesellschaft sorgfältig beurteilt werden muss, ob und in welchem Umfang ein entgeltlicher Erwerbsvorgang ausgelöst wird. Mit Blick auf die divergierenden steuerlichen Rechtsfolgen bei einer Gutschrift auf dem Kapitalkonto I oder auf ein variables Kapitalkonto ist bei Erstellung des Übertragungsvertrags genau zu prüfen, ob der Vorgang entgeltlich oder unentgeltlich erfolgen soll. Eine Vereinbarung über eine Gutschrift auf dem Kapitalkonto II im Vergleich zu einer Gutschrift auf dem Kapitalkonto I kann tendenziell vorteilhafter sein, da eine Aufdeckung stiller Reserven dadurch vermieden wird. Ebenfalls muss nicht mehr auf die Buchung gegen das gesamthänderisch gebundene Kapitalrücklagenkonto –wie noch in der Vergangenheit – zurückgegriffen werden, um einen unentgeltlichen Übertragungsvorgang zu bewirken. Mit Gutschrift auf dem Kapitalkonto II ist eine erfolgsneutrale Einlage möglich, die keine schenkungsteuerlichen Rechtsfolgen mit sich bringt. Für Übertragungsvorgänge ist u. E. zu empfehlen, eine genaue Bezeichnung des Kapitalkontos im Übertragungsvertrag vorzunehmen, um eine rechtssichere Zuordnung des Übertragungsvorgangs zum entgeltlichen oder unentgeltlichen Bereich zu erreichen. Schließlich bleibt abzuwarten, ob der BFH sich zukünftig zu der steuerlichen Beurteilung der sog. Mischfälle im Rahmen von Übertragungsvorgängen äußern wird.

## Literaturverzeichnis


Altendorf, K. (2009). Aktuelle Tendenzen zur steuerlichen Behandlung von Gesellschafterkonten bei Personengesellschaften. Zugleich Anmerkungen zum BFH-Urteil vom 16.10.2008 - IV R 98/06. Der GmbH-Steuer-Berater, Heft 4, S. 101-106.

Bode, W. (2016). Keine Einbringung gegen Gewährung von Gesellschaftsrechten, wenn Gegenwert des übertragenen Wirtschaftsguts allein dem Kapitalkonto II gutgeschrieben wird. NWB – Steuer- und Wirtschaftsrecht, Heft 7, S. 464-465.

Carlé, D., & Bauschatz, P. (2002). Die durch Kapitalkonten abgebildete Beteiligung an einer Personengesellschaft im Gesellschafts- und Steuerrecht. Finanz-Rundschau, Heft 21, S. 1153-1163.

Cremer, U. (2005). Einlagen und Entnahmen in der Buchführung. BBK - Rechnungswesen, Heft 15, S. 725-732.

Deh, R. (2014). Die „Einbringung" von Privatvermögen in das Gesamthandsvermögen einer Personengesellschaft. Gestaltende Steuerberatung, Heft 10, S. 358-362.

Düll, A., Fuhrmann, G., & Eberhard, M. (2000). Unternehmenssteuerreform 2001: Die Neuregelung des § 6 Abs. 5 Satz 3 EStG - sog. Wiedereinführung des Mitunternehmererlasses. Deutsches Steuerrecht, Heft 41, S. 1713-1718.

Eggert, W. (2017). Buchungen und Bilanzierung bei Gründung einer Personengesellschaft. Wahlrechte bei Bar-/Sachgründung und Einbringung. BBK – Rechnungswesen, Heft 12, S. 582-590.

Falterbaum, H., Bolk, W., Reiß, W., & Kirchner, T. (2015). Buchführung und Bilanz. 22. Aufl., Achim: Erich Fleischer Verlag.

Gerhold, K. (2011). Einbringung zum Privatvermögen gehörender Wirtschaftsgüter in das betriebliche Gesamthandsvermögen einer Personengesellschaft. Steuerrecht kurzgefaßt, Heft 12, S. 254-258.

Hoffmann, W.-D. (2009). Die Bewertung von Einlagen in Gesellschaften. StuB – Unternehmensteuern und Bilanzen, Heft 19, S. 707-708.

Huber, U. (1988). Gesellschafterkonten in der Personengesellschaft. Zeitschrift für Unternehmens- und Gesellschaftsrecht, Heft 17, S. 1-103.

Jacobs, O.H., Scheffler, W., & Spengel, C. (2015). Unternehmensbesteuerung und Rechtsform. Handbuch zur Besteuerung deutscher Unternehmen. 5., neu bearbeitete Aufl., München: C.H. Beck Verlag.

Kahle, H. (2010). Abgrenzung von Gesellschafterkonten bei Personengesellschaften. Deutsche Steuer-Zeitung, Heft 19, S. 720-732.

Kahle, H. (2018). Kapitel A.X: Besonderheiten der steuerlichen Gewinnermittlung bei Personengesellschaften. In Prinz, U., & Kanzler, H.-J. (Hrsg.). Handbuch Bilanzsteuerrecht: Grundlegend, praxisnah und gestaltungsorientiert: Allgemeine Ansatz- und Bewertungsvorschriften, bilanzpostenorientierte Einzeldarstellung, Aktuelle Entwicklungen und Trends (Rz. 1340-1589). Herne: NWB-Verlag.

Kahle, H., & Hiller, M. (2020). § 6 Steuerrechtliche Rechnungslegung. In Prinz, U., & Kahle, H. (Hrsg.). Beck'sches Handbuch der Personengesellschaften (Rn. 1-211). München: C.H. Beck Verlag.

Levedag, C. (2013). Überführungen und Übertragungen einzelner betrieblicher Wirtschaftsgüter in betriebliche Personengesellschaften – Aktuelle Entwicklungen in der Rechtsprechung –. Die GmbH-Rundschau, Heft 13, S. 673-683.

Levedag, C. (2016). Einbringung eines Wirtschaftsguts in Personengesellschaft gegen Gutschrift auf sog. Kapitalkonto II. Die GmbH-Rundschau, Heft 16, S. R248-R249.

Ley, U. (1994). Gesellschafterkonten der OHG und KG - Gesellschaftsrechtliche und steuerrechtliche Charakterisierung und Bedeutung. Kölner Steuerdialog, Heft 10, S. 9972-9988.

Ley, U. (2009). Gesellschafterkonten im Lichte der grundlegenden BFH-Entscheidung vom 16.10.2008, IV R 98/06. Deutsches Steuerrecht, Heft 13, S. 613-620.

Ley, U. (2009). Die Übertragung von Einzelwirtschaftsgütern zwischen einer gewerblichen Personengesellschaft und ihren Gesellschaftern gegen Gutschrift/Belastung auf den Gesellschafterkonten. Kölner Steuerdialog, Heft 10, S. 16678-16693.

Lutzenberger, H. (2015). Transfer von Wirtschaftsgütern nach § 6 Abs. 5 Sätze 1 bis 3 EStG – Steuerneutrale Verlagerung stiller Reserven und ihre Grenzen –. Deutsche Steuer-Zeitung, Heft 17, S. 670-681.

Mutscher, A. (2009). Risiko der Entgeltlichkeit bei der Übertragung von Wirtschaftsgütern auf eine Personengesellschaft im Wege der Einlage. Deutsches Steuerrecht, Heft 32, S. 1625-1629.

Oppenländer, F. (1999). Zivilrechtliche Aspekte der Gesellschafterkonten der OHG und KG. Deutsches Steuerrecht, Heft 23, S. 939-943.

Otto, J.T. (2016). BB-Kommentar zu BFH-Urteil vom 29.7.2015 – IV R 15/14. Betriebs-Berater, Heft 8, S. 497.

Rätke, B. (2016). Übertragung eines Wirtschaftsguts gegen Gutschrift auf Kapitalkonto II. Anmerkungen zu den BFH-Urteilen vom 29.7.2015 und 4.2.2016. StuB – Unternehmensteuern und Bilanzen, Heft 8, S. 287-291.

Reiß, W. (2005). Einbringung von Wirtschaftsgütern des Privatvermögens in das Betriebsvermögen einer Mitunternehmerschaft. Anmerkungen zu den BMF-Schreiben vom 29.3.2000 und vom 26.11.2004. Der Betrieb, Heft 7, S. 358-366.

Rodewald, J. (1997). Kapitalüberlassung zwischen Personengesellschaften und Gesellschaft. Betriebs-Berater, Heft 15, S. 763-768.

Rodewald, J. (1998). Zivil- und steuerrechtliche Bedeutung der Gestaltung von Gesellschafterkonten. Die GmbH-Rundschau, Heft 10, S. 521-527.

Schiffers, J. (2016). Gestaltungshinweise zum Jahresende 2016: Hinweise zur Ertragsbesteuerung der Personengesellschaften. Deutsche Steuer-Zeitung, Heft 23, S. 923-944.

Schmudlach, C. (2016). Einbringung eines Wirtschaftsguts aus dem Privatvermögen in eine Personengesellschaft. Auswirkungen der jüngsten BFH-Rechtsprechung zur Bedeutung des Kapitalkontos II. NWB – Steuer- und Wirtschaftsrecht, Heft 44, S. 3305-3314.

Schneider, N., & Oepen, W. (2009). Nichtanwendungserlass zum BFH-Urteil zur (u.a.) Aufgabe der finalen Entnahmetheorie. Anmerkung zum BMF-Schreiben v. 20.5.2009. Finanz-Rundschau, Heft 14, S. 660-662.

Schoor, H.W. (2016). Übertragung von Wirtschaftsgütern aus dem Privat- in das betriebliche Gesamthandsvermögen. Unterscheidung von Einbringung und Einlage. BBK – Rechnungswesen, Heft 6, S. 285-291.

Schütz, M. (2011). Einbringung zum Privatvermögen gehörender Wirtschaftsgüter in das Gesamthandsvermögen einer Personengesellschaft. Steuerrecht kurzgefaßt, Heft 17, S. 357-360.

Schulze zur Wiesche, D. (2017). Einbringungen in eine Personengesellschaft in der neusten Rechtsprechung des BFH. Deutsche Steuer-Zeitung, Heft 1-2, S. 38-48.

Siegmund, O., & Ungemach, M. (2009). Steuerfallen bei Einbringungen nach § 6 Abs. 1 Nr. 5 EStG. Einbringung von Kapitalgesellschaftsanteilen in eine Personengesellschaft. NWB – Steuer- und Wirtschaftsrecht, Heft 30, S. 2308-2312.

Strahl, M. (2009). Neues zur Kapitalkontenstruktur bei Personengesellschaften. Kölner Steuerdialog, Heft 6, S. 16531-16543.

Tiede, K. (2011). Übertragung von Wirtschaftsgütern des Privatvermögens in das betriebliche Gesamthandsvermögen einer Personengesellschaft. Anmerkungen zum BMF-Schreiben vom 11.7.2011. StuB – Unternehmensteuern und Bilanzen, Heft 16, S. 610-615.

Van Lishaut, I. (2000). Steuersenkungsgesetz: Mitunternehmerische Einzelübertragungen i. S. des § 6 Abs. 5 Satz 3 ff. EStG n. F. Der Betrieb, Heft 36, S. 1784-1789.

Wacker, R. (2008). Anmerkung zu BFH-Urteil vom 24.1.2008, IV R 37/06. Höchstrichterliche Finanzrechtsprechung, Heft 7, S. 690-692.

Wacker, R. (2008). Einbringung von Wirtschaftsgütern. Einlage oder tauschähnlicher Vorgang? NWB – Steuer- und Wirtschaftsrecht, Heft 33, S. 3091-3098.

Wendt, M. (2008). Anmerkung zu BFH-Urteil vom 24.01.2008, IV R 37/06. Finanz-Rundschau, Heft 19, S. 912-916.

Wendt, M. (2010). Gesellschafterkonten bei Personengesellschaften und ihre Bedeutung in der Krise. Die Steuerberatung, Heft 4, S. 145-152.

# Wirtschaftliches Eigentum im Anwendungsbereich der grunderwerbsteuerlichen Ergänzungstatbestände

*Dr. Corinna Tigges*[1]

*Keywords: Grunderwerbsteuer, Wirtschaftliches Eigentum, Gesellschaftsanteile*

*Abstract*

*In seiner jüngeren Rechtsprechung zu den grunderwerbsteuerlichen Ergänzungstatbeständen ordnet der BFH Gesellschaftsanteile dem wirtschaftlichen Eigentümer i.S.d. § 39 Abs. 2 Nr. 1 AO als mittelbare Beteiligung zu. Der Beitrag untersucht, welche Formen der Zurechnung von Gesellschaftsanteilen im Anwendungsbereich der grunderwerbsteuerlichen Ergänzungstatbestände § 1 Abs. 2a und Abs. 3 GrEStG nach derzeitiger Rechtslage gelten und welche Zuordnungskonkurrenzen sich daraus ergeben. Es werden Kritikpunkte an der Argumentation des BFH herausgearbeitet und abschließenden Denkanstöße für alternative Zurechnungskonzepte vorgestellt.*

---

1 Dr. Corinna Tigges | Flick Gocke Schaumburg Partnerschaft mbB | corinna.tigges@fgs.de


N. Antonakopoulos et al. (Hrsg.), *Unternehmenskauf und Unternehmensumwandlung*, https://doi.org/10.1007/978-3-658-34138-1_9

# 1 Problemstellung

Für das Grunderwerbsteuerrecht galt lange der Grundsatz, dass eine wirtschaftliche Betrachtung und insbesondere die Regelungen des wirtschaftlichen Eigentums gem. § 39 Abs. 2 Nr. 1 AO nicht anwendbar seien.[2] Der BFH weicht in seiner jüngeren Rechtsprechung zu den Ergänzungstatbeständen § 1 Abs. 2a und Abs. 3 GrEStG von dieser Sichtweise ab und ordnet Anteile dem aufgrund schuldrechtlicher Vereinbarungen vom zivilrechtlichen Eigentümer abweichenden wirtschaftlichen Eigentümer zu.[3] Die Anwendung von § 39 Abs. 2 Nr. 1 AO für Zwecke der Zurechnung von Anteilen im Anwendungsbereich des § 1 Abs. 2a GrEStG dürfte als gefestigte Rechtsprechung anzusehen sein. Auch die Finanzverwaltung hat sich dieser Auffassung inzwischen angeschlossen.[4] Nach dem Beschluss des BFH vom 22.01.2019[5] spricht viel dafür, dass auch im Anwendungsbereich des § 1 Abs. 3 GrEStG eine Zurechnung nach § 39 Abs. 2 Nr. 1 AO als mittelbarer Anteilserwerb beurteilt wird.[6] In bisherigen Urteilen führte die Anwendung des § 39 Abs. 2 Nr. 1 AO stets zu einer Ausweitung der Ergänzungstatbestände, da es - anders als im Ertragsteuerrecht – nicht zu einer Verdrängung des zivilrechtlichen durch den wirtschaftlichen Eigentümer kommt, sondern in einer stark profiskalischen Sichtweise[7] sowohl der Übergang des zivilrechtlichen als auch des wirtschaftlichen Eigentums eine Besteuerung auslösen.[8] In diesem Beitrag soll untersucht werden, welche Zuordnungskriterien sich nach der neuen BFH Rechtsprechung im Anwendungsbereich der Ergänzungstatbestände § 1 Abs. 2a und Abs. 3 GrEStG ergeben und wie etwaige Zuordnungskonkurrenzen zu behandeln sind. Darauf aufbauend werden Kritikpunkte an der bisherigen Rechtsprechung aufgezeigt und schließlich alternative

2 Vgl. zur Nichtanwendung von § 39 AO im GrEStG: BFH, Beschluss v. 12.11.2004, II B 5/04, BFH/NV 2005, S. 381; Fischer 2016, § 1, Rz. 638; Pahlke 2018, § 1, Rz. 87; Behrens und Bielinis 2014, S. 2369; Hofmann 2016, S. 767; zur Nichtberücksichtigung schuldrechtlicher Vereinbarungen (insb. im Rahmen des § 1 Abs. 3a GrEStG): Joisten und Liekenbrock 2013, S. 473; Behrens 2013, S. 1406; Demleitner 2013, S. 267, Wagner und Mayer 2014, S. 280.

3 Vgl. BFH, Urteil v. 30.08.2017, II R 39/15, BFH/NV 2018, S. 291, Rz. 22, 24; BFH, Urteil v. 09.07.2014, II R 49/12, BStBl. II 2016, S. 57; BFH, Urteil v. 25.11.2015, II R 18/14, BFHE 251, S. 492.

4 Gleichlautende Erlasse der Länder v. 12.11.2018, BStBl. I 2018, S. 1333.

5 BFH, Beschluss v. 22.01.2019, II B 98/17, BFH/NV 2019, S. 412.

6 Die Finanzverwaltung begründet die Zurechnung zum Treugeber in ihren Erlassen vom 19.09.2018 (BStBl. I 2018, S. 1074) allerdings weiterhin über den Herausgabeanspruch des Treugebers nach § 667 BGB und hat sich zum (nicht zur Veröffentlichung bestimmten) BFH-Beschluss nicht geäußert.

7 Ähnlicher Auffassung wohl Joisten 2016, S. 280.

8 So auch Behrens 2015, S. 565, der von einer „Meistbegünstigung“ spricht, die die Anwendung des § 39 Abs. 2 Nr. 1 AO im Grunderwerbsteuerrecht von der Anwendung im Ertragsteuerrecht unterscheidet.

Zurechnungskonzepte für Gesellschaftsanteile im Anwendungsbereich der Ergänzungstatbestände skizziert.

# 2 Zuordnung von Anteilen im Anwendungsbereich der Ergänzungstatbestände

## 2.1 Unterscheidung zwischen unmittelbarer und mittelbarer Zuordnung

§ 1 Abs. 2a und Abs. 3 GrEStG erfassen ihrem Wortlaut nach sowohl unmittelbare als auch mittelbare Beteiligungen an der grundbesitzenden Gesellschaft. Die Rechtsprechung hat unterschiedliche Kriterien für die Zuordnung von Anteilen zum unmittelbaren und zum mittelbaren Gesellschafter definiert. Die unmittelbare Zuordnung kann nach Auffassung des BFH allein nach zivilrechtlichen Gesichtspunkten erfolgen. Auf mittelbarer Ebene findet dagegen eine Beurteilung nach wirtschaftlichen Maßstäben statt.[9] Eine Zuordnung von Anteilen zum wirtschaftlichen Eigentümer i.S.d. § 39 Abs. 2 Nr. 1 AO kann daher immer nur zu einer mittelbaren Beteiligung führen, auch wenn die unmittelbaren Anteile an der grundbesitzenden Gesellschaft zugeordnet werden. Darin sollten die „grunderwerbsteuerrechtliche(n) Besonderheiten“[10] zu sehen sein, die lt. BFH bei der Anwendung von § 39 Abs. 2 Nr. 1 AO für Zwecke der grunderwerbsteuerrechtlichen Ergänzungstatbestände zu beachten sind.[11] Aus dieser Sichtweise ergeben sich verschiedene Formen der Zurechnung sowie Folgefragen zu Konkurrenzen und Wechseln zwischen den verschiedenen Zurechnungsformen, die nachfolgend erörtert werden.

## 2.2 Formen der mittelbaren Zurechnung von Anteilen

### *2.2.1 Mehrstufige Beteiligungen*

Der ursprüngliche Fall der mittelbaren Anteilsübertragung ist der Erwerb eines Anteils an einer grundbesitzenden Gesellschaft über eine oder mehrere zwischengeschaltete Personen- oder Kapitalgesellschaften[12], d.h. der Erwerb in mehrstufigen Beteiligungsstrukturen. Die Kriterien dafür, wann ein mittelbarer Anteilserwerb gegeben ist, sind für die einzelnen Ergänzungstatbestände unterschiedlich. § 1 Abs. 2a S. 2 - 5 GrEStG sieht für Erwerbe ab dem 06.11.2015[13]

---

9 BFH, Urteil v. 09.07.2014, II R 49/12, BStBl. II 2016, S. 57; Urteil v. 25.11.2015, II R 18/14, BStBl. II 2018, S. 783; Beschluss v. 22.01.2019, II B 98/17, BFH/NV 2019, S. 412.

10 BFH, Urteil v. 09.07.2014, II R 49/12, BStBl. II 2016, S. 57, Rz. 17; Beschluss v. 22.01.2019, II B 98/17, BFH/NV 2019, S. 412, Rz. 14.

11 Vgl. Behrens 2019, S. 1639.

12 Vgl. dazu die Definitionen der mittelbaren Anteilsvereinigung in § 1 Abs. 2a und Abs. 3a GrEStG, die ausschließlich den Fall der mehrstufigen Beteiligung regeln.

13 Art. 18 Abs. 1 StÄndG 2015 v. 02.11.2015, BGBl. I 2015, S. 1845, § 23 Abs. 13 GrEStG.

eine ausdrücklich gesetzliche Regelung vor, die danach differenziert, ob die Beteiligung über eine zwischengeschaltete Personengesellschaft oder Kapitalgesellschaft vermittelt wird. Während bei zwischengeschalteten Personengesellschaften eine Multiplikation der Beteiligungsquoten stattfindet, wirken sich Änderungen im Gesellschafterbestand einer an der grundbesitzenden Personengesellschaft beteiligten Kapitalgesellschaft erst aus, wenn sich ihr Gesellschafterbestand zu mehr als 95 % geändert hat. Sie gilt dann selbst in vollem Umfang als Neugesellschafterin. Der BFH[14] hatte zur alten Rechtslage entschieden, dass eine wirtschaftliche Beurteilung mittelbarer Gesellschafterwechsel erfolgen müsse, nach der Personen- und Kapitalgesellschaften gleichermaßen als transparent zu beurteilen seien.

Für die Berechnung eines mittelbaren Anteilserwerbs im Rahmen des § 1 Abs. 3 GrEStG gilt nach h.M. eine vom Beherrschungsgedanken getragene und nicht vermögensmäßig geprägte Betrachtung (sog. mehrstufige rechtliche Betrachtungsweise).[15] D.h. unabhängig von der Rechtsform werden mittelbare Anteilsübertragungen über eine oder mehrere zwischengeschaltete Gesellschaft(en), nur berücksichtigt, wenn die 95 % - Quote auf jeder Beteiligungsstufe erfüllt ist.[16] Wird die Beteiligungsquote erreicht, sind dem Gesellschafter auch bei einer Beteiligung von weniger als 100 % alle Anteile der beherrschten Gesellschaft zuzurechnen.[17] Im Ergebnis findet damit eine „Alles-oder-Nichts-Betrachtung"[18] Anwendung. Der BFH behandelt in jüngerer Rechtsprechung zwischengeschaltete Kapital- und Personengesellschaften gleich und stellt für die Ermittlung der 95 % Quote auf die Beteiligung am Gesellschaftskapital ab.[19] Bisher sollte für zwischengeschaltete Personengesellschaften die sachenrechtliche Betrachtung gelten[20], wie sie für die Ermittlung der unmittelbaren Beteiligungsquote maßgeblich ist. In einem obiter dictum deutet der BFH nunmehr sogar an, die sachenrechtliche Betrachtung auch für die unmittelbare Beteiligung an einer Personengesellschaft aufgeben zu wollen.[21]

---

14 BFH, Urteil v. 24.04.2013, II R 17/10, BStBl. II 2013, S. 833; bestätigt durch: BFH, Urteil vom 17.06.2020, II R 18/17, BStBl. II 2021, S. 318.

15 BFH, Urteil v. 27.09.2017, II R 41/15, DStR 2018, S. 189, Rz. 15 und 16 zur rechtlich begründeten Beherrschungsmöglichkeit; Urteil v. 20.12.2000, II R 26/99, BFH/NV 2001, S. 1040; Pahlke 2018, § 1, Rz. 333.

16 Vgl. Meßbacher-Hönsch 2016, § 1, Rz. 998.

17 BFH, Urteil v. 25.08.2010, II R 65/08, BStBl. II 2011, S. 225; Rothenöder 2009, S. 205.

18 Illing 2013, S. 506.

19 BFH, Urteil v. 12.03.2014, II R 51/12, BStBl. II 2016, S. 356; Urteil v. 27.09.2017, II R 41/15, BStBl. II 2018, S. 667.

20 Vgl. BFH, Urteil v. 08.08.2001, II R 66/98, BStBl. II 2002, S. 156; Gleichlautende Erlasse der Länder v. 09.10.2013, BStBl. I 2013, S. 1364, Tz. 5; Joisten 2016, S. 202 (m.w.N.).

21 BFH, Urteil vom 27.05.2020, II R 45/17, BStBl. II 2021, S. 315.

### 2.2.2 *Treuhandstrukturen und sonstige schuldrechtliche Abreden*

Der BFH hat in seiner Rechtsprechung eine zweite Art der mittelbaren Beteiligung entwickelt.[22] Danach ist derjenige mittelbar beteiligt, dem das wirtschaftliche Eigentum an einem Gesellschaftsanteil gem. § 39 Abs. 2 Nr. 1 AO zuzurechnen ist. Für Treuhandabreden lag bereits vor den genannten BFH Urteilen nach wohl h.M. eine mittelbare Beteiligung des Treugebers vor.[23] Im Anwendungsbereich des § 1 Abs. 3 GrEStG wurde dies aber über den Herausgabeanspruch nach § 667 BGB begründet.[24] Für § 1 Abs. 2a GrEStG a.F. wurde die Berücksichtigung des Treugebers mit Verweis auf das Erfordernis eines dinglichen Anteilsübergangs kritisiert.[25] Für § 1 Abs. 2a GrEStG n.F. vertreten Teile der Literatur, dass eine Berücksichtigung schuldrechtlicher Vereinbarungen aufgrund der abschließenden gesetzlichen Anordnung zur Ermittlung der mittelbaren Beteiligung nicht zulässig sei.[26] Dies Auffassungen dürften durch die ergangenen BFH Urteile nunmehr überholt sein.[27]

Die Anwendung von § 39 Abs. 2 Nr. 1 AO nach den Grundsätzen der BFH-Rechtsprechung führt dazu, dass nicht nur Treuhandabreden, sondern alle schuldrechtlichen Vereinbarungen, die zu einer Einschränkung der Verfügungsmacht des zivilrechtlichen Eigentümers führen, dahingehend zu prüfen sind, ob eine Zurechnung des Anteils zum wirtschaftlichen Eigentümer erfolgen muss. Der Treugeber gilt bereits gem. § 39 Abs. 2 Nr. 1 S. 2 AO als wirtschaftlicher Eigentümer. Für die Zurechnungsentscheidung nach § 39 Abs. 2 Nr. 1 S. 1 AO zieht der BFH die ertragsteuerlichen Kriterien der Zurechnung von Kapitalgesellschaftsanteilen heran[28] und nutzt sie auch für die Zurechnung des Personengesellschaftsanteils. Danach hat eine Zuordnung zum wirtschaftlichen Eigentümer zu erfolgen, wenn dieser (i) aufgrund eines (bürgerlich-rechtlichen) Rechtsgeschäfts bereits eine rechtlich geschützte, auf den Erwerb des Rechts gerichtete Position erworben hat, die ihm gegen seinen Willen nicht mehr entzogen werden kann, und (ii) die mit dem Anteil verbundenen wesentlichen Rechte sowie (iii)

---

22 Vgl. BFH, Urteil v. 09.07.2014, II R 49/12, BStBl. II 2016, S. 57; BFH, Urteil v. 25.11.2015, II R 18/14, BStBl. II 2018, S. 783; BFH, Beschluss v. 22.01.2019, II B 98/17, BFH/NV 2019, S. 412.

23 Vgl. zu § 1 Abs. 2a GrEStG a.F.: Gleichlautende Erlasse der Länder v. 18.02.2014, BStBl. I 2014, S. 561, Tz. 2.2; Pahlke 2014, § 1, Rz. 306; zu § 1 Abs. 3 GrEStG: BFH, Urteil v. 05.11.1986, II R 237/85, BStBl. II 1987, S. 225; Urteil v. 03.03.2015; II R 30/13; BStBl. II 2015, S. 777; Meßbacher-Hönsch 2016, § 1, Rz. 1243.

24 So auch weiterhin: Gleichlautende Erlasse der Länder v. 19.09.2018, BStBl. I 2018, S. 1074.

25 Vgl. Behrens 2014, S. 1532.

26 Vgl. Behrens 2014, S. 1532; Hofmann 2017, § 1, Rz. 190, Wagner und Mayer 2014, S. 280.

27 Siehe insbesondere obiter dictum des BFH im Hinblick auf die Neufassung von § 1 Abs. 2a S. 2 – 5 GrEStG: BFH, Urteil v. 25.11.2015, II R 18/14, BStBl. II 2018, S. 783.

28 BFH, Urteil v. 25.11.2015, II R 18/14, BStBl. II 2018, S. 783.

das Risiko einer Wertminderung und die Chance einer Wertsteigerung auf ihn übergegangen sind.[29]

## 2.3 Verhältnis der verschiedenen Formen mittelbarer Zurechnung

### *2.3.1 Kombination der verschiedenen Zurechnungen*

Die bisherigen BFH-Urteile zur Zurechnung zum wirtschaftlichen Eigentümer betrafen die Zurechnung des unmittelbaren Anteils an der grundbesitzenden Gesellschaft. Es scheint aber mit den Urteilsgrundsätzen vereinbar zu sein, die Zurechnung zum wirtschaftlichen Eigentümer auch für Anteile an lediglich zwischengeschalteten Gesellschaften vorzunehmen.[30] Denn der BFH begründet seine Zurechnung nach wirtschaftlichen Grundsätzen mit der ausdrücklichen Tatbestandsmäßigkeit mittelbarer Beteiligungen. Diese lagen bereits nach bisheriger Sichtweise in mehrstufigen Beteiligungsstrukturen vor, sodass die wirtschaftliche Zurechnung bei Anteilen an der zwischengeschalteten Gesellschaft erst recht gelten muss. Aus den Urteilen ergeben sich keine Anhaltspunkte dafür, dass der BFH die mittelbare Beteiligung über Zwischengesellschaften in mehrstufigen Beteiligungsstrukturen zugunsten eines alleinigen Abstellens auf den wirtschaftlichen Eigentümer (des unmittelbaren Anteils) ersetzen will.[31] Anders als bei der unmittelbaren Beteiligung dürfte sich aus der abweichenden Zurechnung aber keine Verdopplung bzw. Vervielfachung der Zuordnung ergeben, da auf mittelbarer Ebene nur noch der wirtschaftliche Eigentümer, nicht aber der zivilrechtliche Gesellschafter der zwischengeschalteten Gesellschaft grunderwerbsteuerlich relevant sein sollte.[32]

Die Urteile zur wirtschaftlichen Betrachtungsweise bei der Ermittlung der mittelbaren Beteiligung in mehrstufigen Beteiligungsstufen, die der BFH für § 1 Abs. 2a GrEStG a.F.[33] und § 1 Abs. 3 GrEStG[34] getroffen hat, stehen der Kombination nicht entgegen. Der BFH sieht dort vor, dass zwischengeschaltete Kapital- und Personengesellschaften gleichermaßen transparent zu behandeln sind. Er begründet dies damit, dass zivilrechtlich bestehende Unterschiede für die Ermittlung mittelbarer Beteiligungen unbeachtlich sind. Auch wenn die bisherigen Urteile jeweils zu Anteilen an grundbesitzenden Personengesellschaften ergingen, sind keine Gründe ersichtlich, warum der BFH die Zuordnung von

---

29 BFH, Urteil v. 10.03.1988, IV R 226/85, BStBl. II 1988, S. 832.

30 A.A. Behrens und Seemaier 2019, S. 376.

31 Anders könnte hingegen noch das BFH-Urteil v. 24.04.2013 (II R 17/10, BStBl. II 2013, S. 833) zu § 1 Abs. 2a GrEStG a.F. zu verstehen sein, das zwar nicht auf den wirtschaftlichen Eigentümer i.S.d. § 39 Abs. 2 Nr. 1 AO, aber auf den *Ultimate Owner* abstellte.

32 So dürfte jedenfalls der BFH-Beschluss v. 22.01.2019 (II B 98/17, BFH/NV 2019, S. 412) zu verstehen sein. S. dazu auch nachfolgend unter 2.3.2.

33 BFH, Urteil v. 24.04.2013, II R 17/10, BStBl. II 2013, S. 833.

34 BFH, Urteil vom 27.09.2017, II R 41/15, BStBl. II 2018, S. 667.

Anteilen zum wirtschaftlichen Eigentümer nicht auch für Anteile an Kapitalgesellschaften vornehmen sollte.[35] Die Gleichbehandlung zwischengeschalteter Gesellschaften unterschiedlicher Rechtsform wird daher durch die Zurechnung zum wirtschaftlichen Eigentümer nicht berührt.

Die Ausführungen zur Ermittlung eines mittelbaren Gesellschafterwechsels in § 1 Abs. 2a S. 2 – 5 GrEStG schließen eine Berücksichtigung des wirtschaftlichen Eigentümers ebenfalls nicht aus. Denn sie stellen jeweils auf Änderungen im Gesellschafterbestand von an der grundbesitzenden Gesellschaft beteiligten Gesellschaften ab. Solche Änderungen im Gesellschafterbestand können sich lt. BFH auch durch Zurechnung zum wirtschaftlichen Eigentümer ergeben. Für die Multiplikation der prozentualen Anteile gem. § 1 Abs. 2a S. 2 GrEStG muss dann bspw. der dem Treugeber zustehende Anteil an der zwischengeschalteten Personengesellschaft mit deren Anteil an der grundbesitzenden Personengesellschaft multipliziert werden.

Als weitere Möglichkeit der Kombination ist es denkbar, dass sich der Gesellschafterbestand eines wirtschaftlichen Eigentümers eines Gesellschaftsanteils (bspw. eines Treugebers), d.h. eines mittelbar Beteiligten, ändert. Auch hier lässt sich begründen, dass ein solcher Wechsel tatbestandsmäßig ist und Grunderwerbsteuer auslösen kann. Denn es ergibt sich eine mittelbare Änderung in der vermögensmäßigen Zuordnung (§ 1 Abs. 2a GrEStG) bzw. der Beherrschung (§ 1 Abs. 3 GrEStG) der grundbesitzenden Gesellschaft. Aus dieser Überlegung folgt jedoch zwingend, dass Änderungen im Gesellschafterbestand des zivilrechtlichen Eigentümers nicht mehr von Relevanz für die grunderwerbsteuerliche Beurteilung sein können, da auf mittelbarer Ebene allein die wirtschaftliche Sichtweise maßgeblich ist.[36]

Eine mittelbare Beteiligung ist nach diesen Überlegungen also durch Kombination der Grundsätze zur mehrstufigen und zur wirtschaftlichen Beteiligung zu ermitteln, falls auf einer der Beteiligungsebenen schuldrechtliche Absprachen über Gesellschaftsanteile bestehen, die deren Zurechnung zum wirtschaftlichen Eigentümer rechtfertigen. Der wirtschaftliche Eigentümer eines Gesellschaftsanteils tritt in mehrstufigen Beteiligungsstrukturen an die Stelle des zivilrechtlichen Eigentümers, sodass Änderungen seines Gesellschafterbestands ebenfalls tatbestandsmäßig sein können und damit Grunderwerbsteuer auslösen, wenn

---

35 Dafür spricht auch, dass die vom BFH herangezogenen Zurechnungskriterien ursprünglich in der Ertragsteuer für Kapitalgesellschaftsanteile entwickelt wurden; vgl. dazu BFH, Urteil v. 09.07.2014 (II R 49/12, BStBl. II 2016, S. 57) mit Verweis auf Urteil v. 10.03.1988, IV R 226/85, BStBl. II 1988, S. 832.

36 Gl. A. Joisten 2016, S. 280. Gegen eine mittelbare Zurechnung von Anteilen zum Gesellschafter des Treuhänders auch: BFH, Beschluss v. 22.01.2019, II B 98/17, BFH/NV 2019, S. 412. S. dazu auch nachfolgend unter: 2.3.2.

bezogen auf die grundbesitzende Gesellschaft die erforderlichen Beteiligungsquoten erreicht werden.

### 2.3.2 Konkurrenz der verschiedenen Zurechnungen

Nach den Grundsätzen zur Behandlung mehrstufiger Beteiligungsverhältnisse könnten Wechsel im Gesellschafterbestand des Treuhänders als dem zivilrechtlichen Gesellschafter jeweils als mittelbare Anteilsübertragungen zu beurteilen sein. Da aber auch der Treugeber als mittelbarer Gesellschafter betrachtet wird, könnten zusätzlich Übertragungen der Anteile am Treugeber tatbestandsmäßig sein.[37] Diese Verdopplung auch der mittelbaren Gesellschafterstellung kann indes nicht der wirtschaftlichen Betrachtungsweise des BFH für mittelbare Beteiligungen entsprechen.

Soweit ersichtlich hat der BFH sich bisher nur im Beschluss vom 22.01.2019[38] zu Konkurrenzverhältnissen zwischen verschiedenen Formen der mittelbaren Beteiligung geäußert. Im Beschluss geht er davon aus, dass eine Zurechnung zum wirtschaftlichen Eigentümer eine mittelbare Beteiligung des am zivilrechtlichen Eigentümer (Treuhänder) beteiligten Gesellschafters ausschließt. Der BFH begründet dies für § 1 Abs. 3 GrEStG damit, dass dem Gesellschafter des Treuhänders die Sachherrschaft über das im Vermögen der Gesellschaft stehende Grundstück verwehrt ist, da er wegen der Weisungsgebundenheit des Treuhänders seinen Willen nicht durchsetzen kann. Dies ist allein dem Treugeber möglich.

Den Ausführungen des BFH ist zuzustimmen. Sie muss zudem unabhängig von der Begründung über die Sachherrschaft im Anwendungsbereich des § 1 Abs. 3 GrEStG auch für § 1 Abs. 2a GrEStG gelten. Im Bereich der mittelbaren Beteiligungen gilt nach BFH Rechtsprechung eine streng wirtschaftliche Sichtweise. Wirtschaftlich kann indes keine Verdoppelung der mittelbaren Gesellschafterstellung vorliegen.[39] Dem stehen die Grundsätze des § 39 Abs. 2 Nr. 1 AO entgegen. Da dem zivilrechtlichen Eigentümer (z.B. Treuhänder) der Gesellschaftsanteil zwar zivilrechtlich, nicht aber unter wirtschaftlichen Gesichtspunkten zugerechnet werden kann, kann auf der mittelbaren Ebene nur noch der wirtschaftliche Eigentümer (z.B. Treugeber) und Änderungen seines Gesellschafterbestands zu beachten sein. Der wirtschaftliche Eigentümer und sein Gesellschafterbestand ersetzen mithin den zivilrechtlichen Eigentümer.

---

37 Vgl. zu § 1 Abs. 2a GrEStG: Pahlke 2014, § 1, Rz. 307; er macht dies an der wirtschaftlichen Sichtweise des BFH (Urteil v. 24.04.2013, II R 17/10, BStBl. II 2013, S. 833) im Bereich mittelbarer Gesellschafterwechsel fest.

38 BFH, Beschluss v. 22.01.2019, II B 98/17, BFH/NV 2019, S. 412.

39 Gegen eine Verdopplung der mittelbaren Gesellschafterstellung auch: Behrens und Schmitt 2009, S. 241, die allerdings nach Vergleich mehrerer Lösungsmöglichkeiten eine streng zivilrechtliche Sichtweise auf allen Ebenen präferieren.

Aus dieser Beurteilung folgt aber auch, dass die erstmalige Erlangung wirtschaftlichen Eigentums durch den bisher nur zivilrechtlichen Eigentümer, d.h. z.B. die Beendigung des Treuhandverhältnisses durch Verzicht des Treugebers auf seinen Herausgabeanspruch, dazu führt, dass den Gesellschaftern des bisherigen zivilrechtlichen Eigentümers erstmals eine mittelbare Beteiligung zuzurechnen ist. Bei Überschreitung der entsprechenden Beteiligungsquoten kann dadurch ein Erwerbsvorgang verwirklicht werden.[40] Dies folgt aus der rein wirtschaftlichen Betrachtung für mittelbare Beteiligungsebenen. Das für die Grunderwerbsteuer grundsätzlich erforderliche Rechtsgeschäft wird durch den Übergang der wirtschaftlichen Stellung als mittelbar Beteiligter ersetzt.[41] Eine dingliche Anteilsübertragung dürfte nach den Grundsätzen der BFH-Rechtsprechung[42] auf mittelbarer Ebene nicht notwendig sein.[43]

## 2.4 Wechsel der unmittelbaren Zuordnung bei fortbestehender mittelbarer Zuordnung

Die unmittelbaren Anteilsübertragungen sind allein nach zivilrechtlichen Gesichtspunkten zu beurteilen.[44] Daher liegt ein grunderwerbsteuerlich relevanter Erwerbsvorgang auch dann vor, wenn sich die unmittelbare d.h. zivilrechtliche Zuordnung des Anteils ändert, aber auf nachfolgenden Ebenen die Gesellschafter dieselben bleiben oder die unmittelbaren Anteile demselben wirtschaftlichen Eigentümer zuzurechnen sind. Aufgrund der strengen Trennung des BFH zwischen unmittelbarer und mittelbarer Beteiligung gilt keine für den Steuerpflichtigen begünstigende wirtschaftliche Betrachtung.[45] Denkbare Fälle bei denen sich die unmittelbare Zuordnung von Anteilen an der grundbesitzenden Gesellschaft ändert, während der mittelbare Gesellschafter derselbe bleibt, sind z.B. der Treuhänderwechsel oder Anteilsübertragung zwischen Schwestergesellschaften.

---

[40] Kritisch mit Verweis auf den Charakter der Grunderwerbsteuer als Verkehrssteuer: Behrens und Seemaier 2019, S. 373.

[41] Auch an anderer Stelle sieht das GrEStG eine Besteuerung ohne vorhergehendes Rechtsgeschäft vor: § 1 Abs. 1 Nr. 3 GrEStG (Eigentumsübergang); § 1 Abs. 2 GrEStG (Erlangung der Verwertungsbefugnis). Der Übergang einer mittelbaren Beteiligung auch ohne dingliche Anteilsübertragung ist damit jedenfalls nach der wirtschaftlichen Sichtweise des BFH für das System der Ergänzungstatbestände folgerichtig.

[42] Vgl. BFH, Urteil v. 09.07.2014, II R 49/12, BStBl. II 2016, S. 57; Urteil v. 25.11.2015, II R 18/14, BStBl. II 2018, S. 783; Beschluss v. 22.01.2019, II B 98/17, BFH/NV 2019, S. 412

[43] A.A. Behrens und Seemaier 2019, S. 374, die eine Anteilsübertragung für zwingend erforderlich halten.

[44] BFH, Urteil v. 24.04.2013, II R 17/10, BStBl. II 2013, S. 833; Urteil v. 30.08.2017, II R 39/15, BStBl. II 2018, S. 786; Beschluss v. 22.01.2019, II B 98/17, BFH/NV 2019, S. 412, Rz. 12; Vgl. Meßbacher-Hönsch 2016, § 1 Rz. 854, 989.

[45] Vgl. Pahlke 2018, § 1, Rz. 298, 336; Meßbacher-Hönsch 2016, § 1, Rz. 854, 857, 1022.

Erkennt man die vom BFH getroffene Trennung zwischen unmittelbarer und mittelbarer Beteiligung und die daraus resultierende doppelte Zurechnung an[46], ist die Tatbestandsmäßigkeit einer geänderten unmittelbaren Zuordnung unabhängig von der mittelbaren Zuordnung folgerichtig. Nach Auffassung des BFH soll die tatbestandliche Einbeziehung mittelbarer Übertragungen den jeweiligen Ergänzungstatbestand ausschließlich erweitern, aber nicht einschränken.[47] Diese grundsätzliche Auffassung dürfte sich durch die neue Rechtsprechung zur Anwendbarkeit des § 39 Abs. 2 Nr. 1 AO nicht geändert haben. Soweit die Besteuerung unter wirtschaftlichen Gesichtspunkten ungerechtfertigt erscheint, da sich die mittelbare Beteiligungsebene nicht ändert, kann der Gesetzgeber Befreiungstatbestände schaffen. Es spricht daher viel dafür, dass es durch die Anwendung von § 39 Abs. 2 Nr. 1 AO auch zu einer korrespondierenden Ausweitung der Befreiungstatbestände in §§ 5, 6, 6a GrEStG kommen muss.

## 2.5 Wechsel zwischen mittelbarer und unmittelbarer Zurechnung

Der Wortlaut der Ergänzungstatbestände unterscheidet nicht zwischen mittelbarem und unmittelbarem Gesellschafterwechsel bzw. Anteilsvereinigung. Der BFH unterscheidet zwar hinsichtlich der Voraussetzungen für eine unmittelbare Zurechnung und einer mittelbaren Zurechnung. Die Rechtsfolgen sind aber jeweils identisch. D.h. ein Erwerbsvorgang kann sowohl durch mittelbaren als auch durch unmittelbaren Anteilsübergang realisiert werden, ohne dass eine fortbestehende Beteiligung einschränkend wirkt. Werden unmittelbarer und mittelbarer Erwerb eines Anteils an der grundbesitzenden Gesellschaft aber gleichgestellt, so kann die Übertragung einer unmittelbaren Beteiligung auf einen bislang mittelbar Beteiligten nicht tatbestandsmäßig sein. Denn die Position des bislang mittelbar Beteiligten ändert sich (bei gleichbleibender Beteiligungsquote) nicht. Dies muss in jedem Fall gelten, wenn er durch Erwerb der mittelbaren Beteiligung bereits einen steuerbaren Erwerb verwirklicht hat. Es muss aber m.E. ebenso gelten, wenn er seine bisherige Position erworben hat, ohne dadurch einen steuerbaren Vorgang auszulösen, da auch in diesem Fall keine Änderung in der Beherrschung oder der vermögensmäßigen Zuordnung der grundbesitzenden Gesellschaft vorliegt, die eine fiktive Grundstücksübertragung rechtfertigen würde.

---

46 Zur Kritik siehe unter Punkt 3; zu möglichen alternativen Zurechnungskonzepten unter Punkt 4.

47 BFH, Urteil v. 29.02.2012, II R 57/09, BStBl. II 2012, S. 917; Urteil v. 31.03.2004, II R 54/01, BStBl. II 2004, S. 658. Zur Kritik an dieser „fiskalischen Meistbegünstigung" vgl. ausführlich: Tigges 2018, S. 135ff.

Für § 1 Abs. 3 GrEStG wird dies für Fälle der Verkürzung der Beteiligungskette in mehrstufigen Strukturen sowohl durch den BFH als auch durch die Finanzverwaltung anerkannt.[48] Nach der Begründung liegt stets nur eine Verstärkung der Beherrschungsposition vor, unabhängig davon, ob weiterhin nur eine mittelbare oder aber eine unmittelbare Beteiligung besteht. Dies muss auch gelten, wenn der bisherige wirtschaftliche Eigentümer nun auch das zivilrechtliche Eigentum erwirbt. Solche Fälle können beispielsweise bei einer Auflösung einer Treuhandstruktur mit Übertragung des bislang treuhänderisch gehaltenen Anteils vom Treuhänder auf den Treugeber eintreten. Dem Treugeber war der Anteil zuvor bereits mittelbar zuzurechnen.[49] Der Erwerb des zivilrechtlichen Eigentums ist mithin nicht besteuerungswürdig.[50] Für § 1 Abs. 2a GrEStG muss dies gleichermaßen gelten, wenn der Erwerber des unmittelbaren Anteils selbst zuvor mittelbar beteiligt war. Dies ist jedenfalls dann der Fall, wenn er entweder wirtschaftlicher Eigentümer des unmittelbaren Anteils[51] oder in mehrstufiger Beteiligungsstruktur über zwischengeschaltete Personengesellschaften an der grundbesitzenden Gesellschaft beteiligt war. Letzterer Fall wird auch durch die Finanzverwaltung so gesehen.[52] Bislang nicht entschieden ist der Fall der Beteiligung über eine Kapitalgesellschaft für § 1 Abs. 2a GrEStG i.d.F. StÄndG 2015.[53]

---

48 Gleichlautende Erlasse der Länder v. 02.12.1999, BStBl. I 1999, S. 991, Tz. 3; BFH, Urteil v. 20.10.1993, II R 116/90, BStBl. II 1994, S. 121

49 A.A. Gleichlautende Erlasse der Länder v. 19.09.2018, BStBl. I 2018, S. 1074, Tz. 1.3.1.

50 Gl.A. Joisten 2016, S. 280.

51 A.A. jedenfalls für den Fall der Treuhandabrede: Gleich lautende Erlasse der Länder v. 12.11.2018, BStBl. I 2018, S. 1314, Tz. 5.2.4.

52 Gleichlautende Erlasse der Länder v. 12.11.2018, BStBl. I 2018, S. 1314, Tz. 5.2.1.2.

53 Für Fälle vor Inkrafttreten des StÄndG 2015 hat der BFH entschieden, dass auch die Gesellschafter einer zwischengeschalteten Kapitalgesellschaft mittelbare Altgesellschafter sein können (BFH, Urteil v. 17.06.2020, II R 18/17, BStBl. II 2021, S. 318). Die Finanzverwaltung (Gleich lautende Erlasse der Länder v. 12.11.2018, BStBl. I 2018, S. 1314, Tz. 5.2.3.1) und das FG Düsseldorf (Urteil v. 29.03.2017, 7 K 439/10 GE, EFG 2017, S. 852) sehen hier eine mögliche Altgesellschafterstellung nur bei der Kapitalgesellschaft. Denn gem. § 1 Abs. 2a S. 3 – 5 GrEStG tritt ein mittelbarer Gesellschafterwechsel dadurch ein, dass die Kapitalgesellschaft als fiktiv neue Gesellschaft betrachtet wird. Dem Gesellschafter der Kapitalgesellschaft kommt nach dieser Formulierung keine eigenständige Bedeutung i.S.e. mittelbaren Zuordnung des Anteils an der grundbesitzenden Gesellschaft zu. M.E. ist höchst fragwürdig, ob die in § 1 Abs. 2a S. 3 – 5 GrEStG enthaltenen technischen Ausführungen einen Ungleichbehandlung der Beteiligungen über eine Personen- und eine Kapitalgesellschaft rechtfertigen, insbesondere da der BFH sich mehrfach für deren Gleichbehandlung auf zwischengeschalteten Ebenen ausgesprochen hat (BFH, Urteil v. 24.04.2013, II R 17/10, BStBl. II 2013, S. 833; Urteil vom 27.09.2017, II R 41/15, BStBl. II 2018, S. 667).

# 3 Kritik an der Auslegung des BFH

## 3.1 Übertragbarkeit der ertragsteuerlichen Grundsätze

Die grundsätzliche Berücksichtigung wirtschaftlichen Eigentums bei der Zurechnung von Anteilen erscheint vor dem dogmatischen Hintergrund der Ergänzungsstatbestände grundsätzlich gerechtfertigt bzw. sogar gegenüber einer formal zivilrechtlichen Betrachtung vorzugswürdig, da die Ergänzungstatbestände eine im wirtschaftlichen Ergebnis nicht aber im zivilrechtlichen Sinne vorliegende Grundstückübertragung erfassen sollen. Die Besteuerung nach § 1 Abs. 3 GrEStG liegt dogmatisch in der Sachherrschaft des zu mehr als 95 % beteiligten Gesellschafters über das zum Gesellschaftsvermögen gehörende Grundstück begründet.[54] Seine Rechtsstellung gleicht der eines Eigentümers.[55] Bei erstmaliger Entstehung dieser Sachherrschaft in der Hand eines Gesellschafters sowie bei Übertragung der Sachherrschaft auf einen anderen Gesellschafter kommt es zu einem Wechsel der Zuordnung des Grundstücks, die wirtschaftlich mit dem Grundtatbestand des Eigentumswechsels an einem Grundstück i.S.v. § 1 Abs. 1 GrEStG vergleichbar ist.[56] Für § 1 Abs. 2a GrEStG wird als dogmatischer Hintergrund dagegen regelmäßig eine vermögensmäßige Betrachtung herangezogen. Die Personengesellschaft ist zwar grunderwerbsteuerlicher Rechtsträger[57], dennoch steht das Vermögen der Personengesellschaft den Gesellschaftern gem. §§ 718, 719 BGB zur gesamten Hand zu.[58] Ein Wechsel der Gesellschafter einer Personengesellschaft führt damit zu einer Änderung der Grundstückseigentümer bezogen auf die zum Gesellschaftsvermögen gehörenden Grundstücke.[59] Anders als bei § 1 Abs. 3 GrEStG spielt die Einflussmöglichkeit des einzelnen Gesellschafters auf die Personengesellschaft bei § 1 Abs. 2a GrEStG keine Rolle.[60]

Vor dem Hintergrund dieser unterschiedlichen Begründungen könnten Zweifel bestehen, ob es systematisch zutreffend ist, die ertragsteuerlichen

---

54 Vgl. BFH, Urteil v. 25.08.2010, II R 65/08, BStBl. II 2011, S. 225; Urteil v. 08.08.2001, II R 66/98, BStBl. II 2002, S. 156; Pahlke 2018, § 1, Rz. 317; Fischer 2011, § 1, Rz. 912; Schnitter 2017, § 1 GrEStG, Rz. 295.

55 Vgl. BFH, Beschluss v. 15.12.2006, II B 26/06, BFH/NV 2007, S. 500; Urteil v. 16.03.1966, II 70/63, BStBl. III 1966, S. 378.

56 Vgl. Fischer 2011, § 1, Rz. 902.

57 Vgl. BFH, Urteil v. 19.03.1980, II R 23/77, BStBl. II 1980, S. 598.

58 Vgl. BFH, Beschluss v. 11.09.2002, II B 113/02, BStBl. II 2002, S. 777. Nach heutigem Stand ist wohl zivilrechtlich von einer weitgehenden Verselbstständigung der Gesellschaft als jedenfalls teilrechtsfähig auszugehen (BGH, Urteil v. 29.01.2001, II ZR 331/00, BGHZ 146, S. 341). Dennoch bleibt der Transparenzgedanke tragend, da das GrEStG weiterhin in §§ 5, 6 GrEStG die Besonderheiten der Gesamthand berücksichtigt und nicht völlig zwischen Gesellschaft und Gesellschafter abstrahiert, wie dies bei Kapitalgesellschaften der Fall ist.

59 Vgl. Fischer 2016, § 1 Rz. 123.

60 Vgl. BFH, Beschluss v. 11.09.2002, II B 113/02, BStBl. II 2002, S. 777

Grundsätze zu Bestimmung des wirtschaftlichen Eigentums heranzuziehen, wie es der BFH ohne weitere Problematisierung tut.[61] Es drängt sich der Gedanke auf, ob für das Grunderwerbsteuergesetz bzw. sogar für die einzelnen Ergänzungstatbestände nicht eigene Kriterien zur Bestimmung des wirtschaftlichen Eigentümers entwickelt werden müssten. So dürfte es für § 1 Abs. 2a GrEStG stärker auf die Vermögensrechte und für § 1 Abs. 3 GrEStG stärker auf die Mitwirkungsrechte, die eine Beherrschung ermöglichen, ankommen.[62]

Im Ergebnis ist eine solch differenzierte Suche nach Kriterien aber abzulehnen und die Vorgehensweise des BFH damit sachgerecht. § 39 Abs. 2 Nr. 1 AO bestimmt, dass eine Zurechnung zum wirtschaftlichen Eigentümer abweichend von der Zurechnung zum zivilrechtlichen Eigentümer nur dann erfolgt, wenn ein anderer die tatsächliche Herrschaft über das Wirtschaftsgut in der Weise ausübt, dass er den Eigentümer im Regelfall für die gewöhnliche Nutzungsdauer von der Einwirkung auf das Wirtschaftsgut ausschließen kann. D.h. es besteht ein Vorrang der Zurechnung zum zivilrechtlichen Eigentümer[63], von der nur abgewichen wird, wenn dieser von der Einwirkung ausgeschlossen ist. Ein solcher Ausschluss dürfte im Umkehrschluss allerdings erfordern, dass dem wirtschaftlichen Eigentümer eines Gesellschaftsanteils insbesondere alle wesentlichen Gesellschaftsrechte[64], d.h. sowohl Vermögens- als auch Mitwirkungsrechte zustehen, und diese Anforderungen auch im Hinblick auf die Spezifika der Ergänzungstatbestände nicht geringer ausfallen dürfen. Der Normzweck bzw. die Begründung der Ergänzungstatbestände können aber dann Berücksichtigung finden, wenn im Rahmen der einzelfallbezogenen Prüfung der Gesamtumstände[65] eine Gewichtung der Kriterien vorzunehmen ist.

## 3.2 Verdopplung des Anteilseigners

Nach der Rechtsprechung des BFH kommt es für die grunderwerbsteuerlichen Ergänzungstatbestände zu einer Verdopplung der Zuordnung von Gesellschaftsanteilen bei Auseinanderfallen von zivilrechtlichem und wirtschaftlichem Eigentum.[66] Denn der zivilrechtliche Eigentümer ist weiterhin unmittelbar beteiligt

---

61 BFH, Urteil v. 09.07.2014, II R 49/12, BStBl. II 2016, S. 57, das für den Fall der Doppeloption auf die Grundsätze zum Übergang wirtschaftlichen Eigentums an GmbH Anteilen gem. BFH, Urteil v. 10.03.1988, IV R 226/85, BStBl. II 1988, S. 832 verweist.

62 Vgl. zum unterschiedlichen Anteilsbegriff der Ergänzungstatbestände: Tigges 2018, S. 39 ff. m.w.N. Vgl. auch Behrens und Bielinis 2014, S. 2369, die mit Verweis auf den Beherrschungsgedanken des § 1 Abs. 3 GrEStG eine Übertragbarkeit der zu § 1 Abs. 2a GrEStG ergangenen BFH-Rechtsprechung (BFH, Urteil v. 09.07.2014, II R 49/12, BStBl. II 2016, S. 57) ablehnen.

63 Vgl. Fischer 2019, § 39 AO, Rz. 71.

64 BFH, Urteil v. 10.03.1988, IV R 226/85, BStBl. II 1988, S. 832.

65 Vgl. Fischer 2019, § 39 AO, Rz. 103 ff. m.w.N. zur BFH-Rechtsprechung.

66 Vgl. Broemel und Lange 2019, S. 185; Joisten 2016, S. 279 – 280.

und ein Erwerb des zivilrechtlichen Eigentums ist geeignet, Grunderwerbsteuer auszulösen, auch wenn der wirtschaftliche Eigentümer derselbe bleibt. § 39 AO sieht aber konzeptionell eine Zuordnung entweder zum zivilrechtlichen oder zum wirtschaftlichen Eigentümer vor[67] und normiert damit eine ausschließliche Zuordnung von Wirtschaftsgütern. Sind die Voraussetzungen von § 39 Abs. 2 Nr. 1 AO erfüllt, verdrängt das wirtschaftliche Eigentum das zivilrechtliche Eigentum. Soll § 39 AO auch im Grunderwerbsteuerrecht Anwendung finden, kann dieser tragende Gedanke nicht außer Acht gelassen werden.

Da der BFH streng zwischen der unmittelbaren und der mittelbaren Gesellschafterstellung trennt[68], ist die Verdopplung der Zuordnung seiner Auffassung nach wohl kein Verstoß gegen die Zuordnungskriterien des § 39 AO, sondern vielmehr im Konzept der Unterscheidung zwischen unmittelbarem und mittelbarem Gesellschafterwechsel grunderwerbsteuerlich angelegt.[69] Dieses Argument überzeugt nicht. Im Gegenteil spricht gerade das Konzept der Ergänzungstatbestände dafür, bei Berücksichtigung des wirtschaftlichen Eigentums keine Zurechnung des Anteils zum zivilrechtlichen Eigentümer mehr vorzunehmen. § 1 Abs. 2a GrEStG stellt primär auf die vermögensmäßige Beteiligung, d.h. auf die Verbindung von Gesamthänder und Gesamthandsvermögen ab. Dem nur noch formal-zivilrechtlich Beteiligten stehen aber i.d.R. keine Vermögensrecht mehr zu, da gerade der Übergang von Gewinnbezugsrechten (inkl. Liquidationsgewinne) wesentliches Kriterium für den Übergang wirtschaftlichen Eigentums ist.[70] Ebenso kann der nur formal-zivilrechtliche Eigentümer nicht in der Lage sein, die für § 1 Abs. 3 GrEStG ausschlaggebende Beherrschungsmacht über die grundbesitzende Gesellschaft zu haben. Mindestens im Innenverhältnis muss er gegenüber dem wirtschaftlichen Eigentümer weisungsgebunden sein, da andernfalls der von § 39 Abs. 2 Nr. 1 AO geforderte Ausschluss von der Einwirkung auf die Anteile nicht gegeben sein kann.[71] Es entspricht also den dogmatischen Grundlagen der § 1 Abs. 2a und Abs. 3 GrEStG eine ausschließliche Zurechnung nach § 39 AO entweder zum zivilrechtlichen oder zum wirtschaftlichen Eigentümer vorzunehmen.

Zwar hat der BFH zu mittelbaren Beteiligungen in mehrstufigen Beteiligungsstrukturen entschieden, dass die Erfassung mittelbarer Beteiligungen

---

67 Vgl. Fischer 2019, § 39 AO, Rz. 82-83, m.w.N.; Drüen 2017, § 39 AO, Rz. 15, 16.

68 Vgl. BFH, Urteil v. 09.07.2014, II R 49/12, BStBl. II 2016, S. 57; Urteil v. 25.11.2015, II R 18/14, BStBl. II 2018, S. 783; Beschluss v. 22.01.2019, II B 98/17, BFH/NV 2019, S. 412.

69 Vgl. Behrens 2019, S. 1639 zu den grunderwerbsteuerlichen Besonderheiten, die lt. BFH bei der Anwendung von § 39 AO zu beachten sind.

70 Vgl. Fischer 2019, § 39 AO, Rz. 179; BFH, Urteil vom 12.12.2007, X R 17/05, BStBl. II 2008, S. 579.

71 Vgl. Fischer 2019, § 39 AO, Rz. 179 zum Übergang der Verwaltungsrechte am Gesellschaftsanteil als Voraussetzung für wirtschaftliches Eigentum.

durch den Gesetzeswortlaut stets nur eine Erweiterung des Tatbestands darstellen soll, sodass fortbestehende mittelbare Beteiligungen, also unveränderte höhere Beteiligungsstufen, nicht geeignet seien, die Besteuerung des unmittelbaren Gesellschafterwechsels oder der unmittelbaren Anteilsvereinigung zu verhindern.[72] Damit ist in mehrstufigen Beteiligungsketten die Übertragung durch jedes Glied in der Kette geeignet, Grunderwerbsteuer auszulösen. Anders als im Fall des wirtschaftlichen Eigentümers wird allerdings die Position des unmittelbar Beteiligten bezogen auf die grundbesitzende Gesellschaft durch die höheren Beteiligungsstufen nicht eingeschränkt. Die mittelbare mehrstufige Beteiligung und die Zurechnung des unmittelbaren Anteils zum wirtschaftlichen Eigentümer sind daher nicht vergleichbar.

Die Einbeziehung mittelbarer Beteiligungen in den Tatbestand der Ergänzungstatbestände dahingehend auszulegen, dass ein und derselbe Anteil an der grundbesitzenden Gesellschaft gleichzeitig zwei Rechtsträgern zugerechnet werden kann und in der Folge die Übertragung durch beide Rechtsträger tatbestandsmäßig ist, steht weder mit der dogmatischen Begründung im Einklang noch kann angenommen werden, dass dies der Wille des Gesetzgebers war. Die nur inkonsequente Anwendung von § 39 AO durch den BFH führt damit zu einer nicht sachgerechten Ausweitung der Ergänzungstatbestände.

# 4 Alternative Zurechnungskonzepte

## 4.1 Ausschließliche Anknüpfung an das wirtschaftliche Eigentum

Es lässt sich vertreten, dass für die Zurechnung von Anteilen nur auf das wirtschaftliche Eigentum an den Anteilen abzustellen ist. Zwar ist zu beachten, dass die Grunderwerbsteuer als Verkehrssteuer grundsätzlich an bürgerlich-rechtliche Rechtsvorgänge anknüpft[73] und sich diese Anknüpfung auch in den Ergänzungstatbeständen wiederfindet, die auf den Rechtsvorgang des Anteilserwerbs abstellen.[74] Der Gesetzgeber hat aber ausdrücklich auch mittelbare Gesellschafterwechsel und Anteilsübertragungen in den Tatbestand aufgenommen, die es zivilrechtlich nicht gibt.[75] Damit ist die Anknüpfung an bürgerlich-rechtliche Rechtsvorgänge, jedenfalls wenn man darunter den zivilrechtlich wirksamen

---

72 BFH, Urteil v. 29.02.2012, II R 57/09, BStBl. II 2012, S. 917; Urteil v. 31.03.2004, II R 54/01, BStBl. II 2004, S. 658.

73 BVerfG, Beschluss v. 08.01.1999, 1 BvL 14/98, BStBl. II 1999, S. 152, Rz. 27; Beschluss v. 07.05.1963, 2 BvL 8/61, 2 BvL 10/61, BVerfGE 16, S. 64

74 Vgl. dazu ausführlich Tigges 2018, S. 116f.

75 Vgl. BFH, Urteil v. 09.07.2014, II R 49/12, BStBl. II 2016, S. 57.

Übergang eines Anteils an der grundbesitzenden Gesellschaft versteht[76], ohnehin nicht mehr vollständig gegeben. Die Einbeziehung der mittelbaren Ebene könnte daher den Rückschluss zulassen, dass die Ergänzungstatbestände insgesamt nicht formal-zivilrechtlich, sondern wirtschaftlich ausgelegt werden müssen.[77]

Dies würde bedeuten, dass § 39 AO sowohl auf der unmittelbaren als auch auf der mittelbaren Beteiligungsebene anzuwenden ist. Da § 39 Abs. 1 AO primär auf den zivilrechtlichen Eigentümer abstellt, liegt darin auch keine Abkehr von der zivilrechtlichen Prägung des Grunderwerbsteuergesetzes. Nur dann, wenn wie in § 39 Abs. 2 Nr. 1 AO normiert der zivilrechtliche Eigentümer von der Einwirkung auf den Anteil ausgeschlossen wird, ist der Anteil dem wirtschaftlichen Eigentümer zuzurechnen. Bei dieser Anteilszurechnung nach § 39 AO verbleibt es bei der bisherigen Beurteilung in mehrstufigen Beteiligungsverhältnissen. Sobald allerdings auf einer Ebene eine Zurechnung zum wirtschaftlichen Eigentümer erfolgt, ist eine Zurechnung zum zivilrechtlichen Eigentümer und damit auch zu seinen Gesellschaftern ausgeschlossen. Für die weitere Betrachtung kann es nur auf die Gesellschafter des wirtschaftlichen Eigentümers ankommen. Die Prüfung hat von unten nach oben zu erfolgen. D.h. Wechsel im Gesellschafterbestand bzw. Anteilsübertragungen sind unbeachtlich, wenn die jeweilige Gesellschaft in Bezug auf die (wiederum unmittelbare oder mittelbare) Beteiligung an der grundbesitzenden Gesellschaft nur zivilrechtliche nicht aber wirtschaftliche Eigentümerin ist. Diese Auslegung bewirkt, dass die Berücksichtigung wirtschaftlichen Eigentums nicht zu einer Ausweitung der Tatbestände führt, wie es bei der derzeitigen Beurteilung durch den BFH der Fall ist.

## 4.2 Stufenweise zivilrechtliche Betrachtung

§ 1 Abs. 2a GrEStG sieht in der aktuellen Gesetzesfassung für mittelbare Gesellschafterwechsel jedenfalls bei Beteiligung von Kapitalgesellschaften als zwischengeschaltete Gesellschaften eine Art Stufenbetrachtung vor. Eine an der grundbesitzenden Gesellschaft beteiligte Kapitalgesellschaft gilt danach als neue Gesellschafterin, wenn min. 95 % ihrer Anteile auf neue Gesellschafter übergehen (§ 1 Abs. 2a S. 3-5 GrEStG). Damit werden im Ergebnis die Grundsätze zur Prüfung eines unmittelbaren Gesellschafterwechsels der grundbesitzenden Personengesellschaft bei den an der Personengesellschaft beteiligten Kapitalgesellschaften ebenso angewendet. Ähnlich wirkt auch die mehrstufige rechtliche

[76] So lautet die Definition des BFH für einen unmittelbaren Wechsel im Gesellschafterbestand, vgl. BFH, Urteil v. 09.07.2014, II R 49/12, BStBl. II 2016, S. 57. Siehe aber nachfolgend unter 4.2 zu einem möglichen alternativen Verständnis.

[77] A.A. Behrens und Bielinis 2014, S. 2369, die eine vollständige Verdrängung des zivilrechtlichen Gesellschafters durch den wirtschaftlichen Eigentümer der Beteiligung aufgrund des Wortlautes von § 1 Abs. 2a GrEStG für unzulässig halten.

Betrachtungsweise, wie sie der BFH zu § 1 Abs. 3 GrEStG vertritt.[78] Eine mittelbare Anteilsvereinigung oder Anteilsübertragung setzt danach voraus, dass die Beteiligungsquote von 95 % auf jeder Beteiligungsstufe erfüllt ist. Der BFH begründet dies damit, dass das fiktiv von der grundbesitzenden Gesellschaft an den unmittelbaren Anteilseigner für grunderwerbsteuerlich Zwecke zugerechnete Grundstück kraft derselben Fiktion auch von diesem an seinen Anteilseigner zugerechnet werden kann. Diese Argumentation zeigt, dass der BFH auch hier grundsätzlich auf jeder Stufe die Fiktion des Grundtatbestands umsetzt.[79]

Im Ergebnis wird also der auf die unmittelbare Beteiligung an der grundbesitzenden Gesellschaft zugeschnittene Grundtatbestand sowohl in seinen Tatbestandsmerkmalen (Gesellschafterwechsel bzw. Anteilsvereinigung von mindestens 95 %) als auch in seiner Rechtsfolge (fiktiv neue Gesellschaft bzw. Zurechnung des Grundstücks zum 95%-Gesellschafter) auf die höheren Beteiligungsebenen übertragen. Dabei wird das jeweilige dogmatische Verständnis, das den Fiktionen der Ergänzungstatbestände zugrunde liegt, gewahrt. Bei diesem Verständnis spricht m.E. nichts dagegen bzw. ist es vielmehr folgerichtig, auch auf den höheren Beteiligungsebenen, d.h. zur Bestimmung des mittelbaren Gesellschafterwechsels, eine zivilrechtliche Betrachtung vorzunehmen.[80] Allein die Rechtsfolge ist eine steuerliche Fiktion und der zivilrechtlichen Betrachtung nicht zugänglich. Dies ist aber auf Ebene des unmittelbar beteiligten Gesellschafters genauso. Auch hier liegt zivilrechtlich aufgrund des Gesellschafterwechsels weder eine neue Gesellschaft noch ein Grundstücksübergang bzw. eine durch Beherrschung begründete abweichende Grundstückszurechnung vor.

Letztlich ist aber zu bedenken, dass die Ergänzungstatbestände dazu dienen, solche Vorgänge zu erfassen, die im wirtschaftlichen Ergebnis einer Grundstückveräußerung gleichkommen. M.E. ist die erst vorgestellte Variante, nach der die Zurechnung von Gesellschaftsanteilen zum wirtschaftlichen Eigentümer erfolgt, gegenüber der zweiten Variante einer formal-zivilrechtlichen Betrachtung vorzugswürdig. In jedem Fall gilt es jedoch, die durch die jüngste BFH-Rechtsprechung ausgelöste übermäßige Ausweitung der Tatbestände durch Mehrfachzurechnungen zum zivilrechtlichen und wirtschaftlichen Eigentümer

78 Vgl. BFH, Urteil v. 25.08.2010, II R 65/08, BStBl. II 2011, S. 225.

79 In späterer Rechtsprechung wird dies nicht mehr ganz so deutlich, da der BFH in umgekehrter Richtung mit der rechtlich begründeten Beherrschungsmöglichkeit über mehrerer Beteiligungsstufen (d.h. von oben nach unten) argumentiert und er für die Zurechnung von Anteilen bei Personengesellschaften zwischen unmittelbarer Beteiligung und lediglich zwischengeschalteter Personengesellschaft unterscheidet, vgl. BFH, Urteil 27.09.2017, II R 41/15, BStBl. II 2018, S. 667.

80 Mit einem ähnlichen Verständnis zu § 1 Abs. 2a GrEStG vgl. Behrens und Bielinis 2014, S. 2369.

zu unterbinden. Dies dürfte nur gelingen, wenn für die Zurechnung auf mittelbarer und unmittelbarer Ebene dieselben Auslegungsgrundsätze gelten.

## 5 Zusammenfassung

Die Anwendung von § 39 Abs. 2 Nr. 1 AO führt im Konzept der grunderwerbsteuerlichen Ergänzungstatbestände zu einer Verdopplung der Zuordnung von Gesellschaftsanteilen, nämlich gleichzeitig zum unmittelbar und zum mittelbar beteiligten Gesellschafter. Diese Verdopplung steht dem Grundgedanken des § 39 AO entgegen. Nach der Sichtweise des BFH ist sie im Wortlaut der Ergänzungstatbestände angelegt, die ausdrücklich zwischen unmittelbarem und mittelbarem Erwerb differenzieren. Diese vom BFH vorgenommene Unterscheidung bei der Bestimmung unmittelbarer und mittelbarer Erwerbe ist aber keinesfalls zwingend. Der Charakter der Ergänzungstatbestände spricht vielmehr dafür, für die Bestimmung von Gesellschafterwechseln und Anteilserwerben insgesamt von der formal zivilrechtlichen Sichtweise abzurücken und allein auf den wirtschaftlichen Eigentümer abzustellen, der den zivilrechtlichen Eigentümer verdrängt. Andernfalls führt die neue Kategorie mittelbarer Beteiligungen durch wirtschaftliches Eigentum zu einer deutlichen Ausweitung der Ergänzungstatbestände.

Wendet man die vom BFH aufgestellten Grundsätze an, ist für die Praxis zu fordern, dass jedenfalls auf mittelbarer Ebene die Zurechnungskriterien auch zugunsten des Steuerpflichtigen wirken. Es muss eine strenge Zuordnung nur zu einem mittelbar Beteiligten sichergestellt werden, da eine Zuordnung nach wirtschaftlichen Kriterien nur zu einem Rechtsträger gerechtfertigt ist. Insbesondere sind Anteile am nur zivilrechtlichen Gesellschafter einer grundbesitzenden Gesellschaft irrelevant. Des Weiteren bleibt zu prüfen, inwieweit etwaige durch die doppelte Zurechnung ungerechtfertigt erscheinende Erwerbstatbestände durch die §§ 5, 6, 6a GrEStG wieder von der Besteuerung ausgenommen werden.

Eine Lösung der hier diskutierten Probleme im Zusammenhang mit der Zurechnung von Gesellschaftsanteilen für Zwecke der grunderwerbsteuerlichen Ergänzungstatbestände durch den Gesetzgeber ist jedenfalls in naher Zukunft nicht zu erwarten. Insbesondere die jüngst beschlossene Grunderwerbsteuerreform sieht nur eine Verschärfung der Ergänzungstatbestände durch Absenkung der tatbestandsmäßigen Beteiligungsquoten und durch Schaffung eines neuen Erwerbstatbestands vor.[81] Vorschläge zur Präzisierung der existierenden Tatbestände finden sich im Änderungsgesetz dagegen nicht.

---

81 Vgl. Gesetzesbeschluss des Deutschen Bundestages v. 21.04.2021: Gesetzes zur Änderung des Grunderwerbsteuergesetzes, BR-Drs. 320/21 v. 23.04.2021.

# Literatur

Behrens, S. (2013). Neue RETT-Blocker-Vermeidungsvorschrift in § 1 Abs. 3a GrEStG durch AmtshilfeRLUmsG - Rechtliche Anteilsvereinigung aufgrund „Innehabens" von (ggf. durchgerechnet) mindestens 95 % an grundbesitzender Gesellschaft. DStR 2013, (S. 1405 – 1412).

Behrens, S. (2015). Aktuelle Praxisfragen des Grunderwerbsteuerrechts. In Fachinstitut der Steuerberater Köln (Hrsg.), StJB 2014/2015, (S. 547 – 593). Köln: Verlag Dr. Otto Schmidt.

Behrens, S. (2019). BB Kommentar. Wer sog. mittelbarer Gesellschafter ist, richtet sich nach BFH nicht nur bei § 1 Abs. 2a, sondern auch bei § 1 Abs. 3 GrEStG ausschließlich nach § 39 Abs. 2 Nr. 1 AO. BB 2019, (S. 1639).

Behrens, S., & Bielinis, A. (2014). Grunderwerbsteuerrechtliche Zurechnung von Gesellschaftsanteilen nach § 39 Abs. 2 Nr. 1 AO? Anmerkungen zum BFH-Urteil vom 9.7.2014, II R 49/12. DStR 2014, (S. 2369 – 2376).

Behrens, S., & Schmitt, R. (2009). Treuhandverhältnisse in Bezug auf Beteiligungen an grundbesitzenden Personengesellschaften und § 1 Abs. 2a GrEStG. UVR 2009, (S. 240 – 247).

Behrens, S., & Seemaier, M. (2019). § 1 Abs. 2a und Abs. 3 GrEStG: Rechtsunsicherheit bei der vom BFH unter Hinweis auf § 39 Abs. 2 Nr. 1 AO praktizierten wirtschaftlichen Betrachtungsweise (§ 1 Abs. 2a und Abs. 3 GrEStG, § 39 Abs. 2 Nr. 1 AO). UVR 2019, (S. 372 – 378).

Broemel, K., & Lange, C. (2019). Der neue Erlass zu § 1 Abs. 2a GrEStG - Änderungen, Implikationen und offene Fragen. DStR 2019, (S. 185 – 193).

Demleitner, A. (2013). Das Ende der RETT-Blocker durch den neuen § 1 Abs. 3a GrEStG? SteuK 2013, (S. 265 – 269).

Drüen, K.-D. (2017). § 39 AO. In Tipke, K., & Kruse, H.-W. (Hrsg.), Kommentar zur AO und FGO (ohne Steuerstrafrecht), Loseblattwerk, Stand 10/2017. (§ 39 AO). Köln: Verlag Dr. Otto Schmidt.

Fischer, P. (2011). § 1. In Boruttau, E.-P. (Hrsg.), Grunderwerbsteuergesetz, 17. Aufl., (§ 1). München: VERLAG C.H. BECK oHG.

Fischer, P. (2016). § 1 Vorbemerkungen. In Boruttau, E.-P. (Hrsg.), Grunderwerbsteuergesetz, 18.Aufl., (§ 1, Rz. 1 – 800). München: VERLAG C.H. BECK oHG.

Fischer, P. (2019). § 39. In: Hübschmann, W., & Hepp, E., & Spitaler, A. (Hrsg.), Abgabenordnung Finanzgerichtsordnung, 255. Lieferung, Stand 10.2019, (§ 39 AO). Köln: Verlag Dr. Otto Schmidt

Gottwald, S., & Behrens, S. (Hrsg). (2015). Grunderwerbsteuer, 5. Aufl. Köln: Carl Heymanns Verlag.

Hofmann, G. (2016): Aktuelle Entwicklungen im Grunderwerbsteuerrecht. FR 2016, (S. 766 – 769).

Hofmann, G. & Hofmann, R. (Hrsg.). (2017). Grunderwerbsteuergesetz Kommentar, 11. Aufl. Herne/Berlin: NWB Verlag.

Illing, S. (2013). Das Ende für Gestaltungsmodelle mit RETT-Blocker-Strukturen in der Grunderwerbsteuer durch das Gesetz zur Umsetzung der Amtshilferichtlinie sowie zur Änderung steuerlicher Vorschriften – Eine Analyse der Neuregelung des § 1 Abs. 3a GrEStG und Gestaltungsüberlegungen –. DStZ 2013, (S. 504 – 516).

Joisten, C. (2016). Die wirtschaftliche Betrachtungsweise im Anwendungsbereich des § 1 Abs. 2a GrEStG. DStZ 2016, (S. 272 – 282).

Joisten, C. (2016). Abschaffung der Pro-Kopf-Betrachtung bei vermittelnden Personengesellschaften im Anwendungsbereich des § 1 Abs. 3 GrEStG - Zugleich Anmerkungen zum BFH-Urteil vom 12.03.2014 - II R 51/12 und zum Urteil des FG Berlin-Brandenburg vom 18.06.2015 -15 K 3256112 -. Ubg 2016, (S. 201 – 207).

Joisten, C., & Liekenbrock, B. (2013). Die neue Anti-RETT-Blockerregelung nach § 1 Abs. 3a GrEStG. Ubg 2013, (S. 470 – 479).

Meßbacher-Hönsch, C. (2016). § 1. In Boruttau, E.-P. (Hrsg.), Grunderwerbsteuergesetz, 18. Aufl., (§ 1, Rz. 810 – 1276). München: VERLAG C.H. BECK oHG.

Pahlke, A. (2014). Grunderwerbsteuergesetz, 5. Aufl. München: VERLAG C.H. BECK oHG

Pahlke, A. (2018). Grunderwerbsteuergesetz, 6. Aufl. München: VERLAG C.H. BECK oHG.

Rothenöder, S. (2009). Der Anteil im Sinne des § 1 Abs. 3 GrEStG - Zugleich eine Erörterung des Normzwecks nach Absenkung der Mindestbeteiligungshöhe auf 95 v. H. der Anteile. Berlin: Duncker & Humblot.

Schnitter, G. (2017). In Wilms, H., & Jochum, G., & Götz, H., & Meßbacher-Hönsch, C. (Hrsg.), Erbschaftsteuer- und Schenkungsteuergesetz mit Bewertungsgesetz und Grunderwerbsteuergesetz, Loseblattwerk, Stand 08/2017 (GrEStG, § 1). Jena: Stollfuß Medien

Tigges, C. (2018). Ergänzungstatbestände in der Grunderwerbsteuer - Möglichkeiten einer Neukonzeption unter Berücksichtigung steuersystematischer, betriebswirtschaftlicher und administrativer Anforderungen. Berlin: Peter Lang Verlag.

Wagner, J., & Mayer, S. (2014). Der neue § 1 Abs. 3a GrEStG als „Super-Auffangtatbestand“? – Offene Fragen nach den gleichlautenden Erlassen der Länder vom 9.10.2013. BB 2014, (S. 281 – 289).

# Lohnsteuer-Anrufungsauskunft
# Erörterungen und Gedanken zum § 42e EStG

*Dr. Lukas Hilbert*[1]

*Keywords: Lohnsteuer, Anrufungsauskunft, § 42e EStG, Finanzverwaltung, BMF-Schreiben, BFH-Rechtsprechung*

*Abstract*

*Arbeitgeber sind über das Lohnsteuerverfahren gesetzlich zum Steuereinbehalt bei Lohn- und Gehaltszahlungen an ihre Mitarbeiter verpflichtet. Diese vom Staat aufgebürdete Verpflichtung ist sanktions- und haftungsbewehrt. Mit der Lohnsteuer-Anrufungsauskunft nach § 42e EStG besteht für die Beteiligten ein gebührenfreier Auskunftsanspruch gegenüber dem Finanzamt. Der Beitrag stellt das Instrument vor, setzt sich kritisch mit der diesbezüglichen höchstrichterlichen Rechtsprechung sowie den Ansichten der Finanzverwaltung auseinander und gibt zudem Hinweise zu gesetzlichen Anpassungsmöglichkeiten.*

---

1 Dr. Lukas Hilbert, M.I.Tax | Herausgeber des Steuer-Stichwort-Kommentars Hartz/Meeßen/Wolf, ABC-Führer Lohnsteuer | www.lhilbert.de.


N. Antonakopoulos et al. (Hrsg.), *Unternehmenskauf und Unternehmensumwandlung*, https://doi.org/10.1007/978-3-658-34138-1_10

# 1 Problemstellung

Festgaben und Jubiläumsschriften bieten oftmals die Chance für einen weiten und sonst in dieser Form kaum möglichen Blick. Es kann ein wenig jenseits des Tagesgeschehens die Geschichte sowie Entwicklung eines Themas betrachtet und eine Projektion der Zukunft gewagt werden. Für Fragestellungen aus dem Bereich der Lohnsteuer bietet sich dies in der aktuellen Zeit allein schon deshalb ganz besonders an, feierte doch auch diese spezielle Erhebungsform der Einkommensteuer unlängst ein großes Jubiläum: Eingeführt wurde der direkte Lohnsteuerabzug in Deutschland im Jahr 1920 in der Weimarer Republik im Zuge der umfassenden Erzbergerschen Finanz- und Steuerreform.[2] Die maßgeblichen Regelungen der §§ 45 bis 52 des deutschen EStG vom 29.03.1920[3] mit ihren Vorgaben etwa zum Einkleben und Entwerten von Marken in einer Steuerkarte mögen heutzutage museal bis nahezu skurril wirken, sie verdeutlichen aber gleichwohl bereits mehr als anschaulich den auch in der Gegenwart noch vollends gültigen Systemgedanken des vom Staat auf die Arbeitgeber abgewälzten (Quellen-)Steuereinbehalts für Lohneinkünfte.

Das damals neue Verfahren wird für die dergestalt vom Gesetzgeber (seinerzeit erstmals) in Dienst genommenen Unternehmen und Unternehmer ohne Zweifel einige gewichtige Fragen aufgeworfen haben. Dieser Aspekt ist – nunmehr über hundert Jahre später – ebenso geblieben. Mit der im Beitrag betrachteten lohnsteuerrechtlichen Anrufungsauskunft nach § 42e EStG ist innerhalb des gegebenen Rechtsrahmens jedoch zumindest die Möglichkeit eröffnet, Orientierung hinsichtlich der bestehenden Lohnsteuerpflichten und damit zudem eine Art Planungs-[4] und– so viel sei vorweggesagt: weitgehend – Rechtssicherheit zu erlangen. Die Regelung ist Ausdruck der staatlichen Fürsorgepflicht bei der zwangsweisen Indienstnahme des Arbeitgebers.[5] Ihr Bestehen und Bestand kann im gegebenen System mithin durchaus als obligatorisch gewertet werden. Der Beitrag setzt sich unter anderem ausführlich und kritisch mit der BFH-Rechtsprechung, den Verwaltungsansichten sowie mit einigen Literaturauffassungen zur Norm auseinander und gibt darüber hinaus generelle Hinweise zu gesetzlichen Fortentwicklungsmöglichkeiten im Bereich der Anrufungsauskunft.

---

2 Eine konzise Übersicht zur Geschichte des deutschen Lohnsteuerrechts findet sich bei Hartz et al. 2021, Lohnsteuer Rz. 3 ff.

3 RGBl. I 1920, S. 359–378 [375 f.].

4 Vgl. etwa Stemplewski 2012, S. 2220 f.

5 Vgl. so deutlich Drüen 2019, S. 1077, vor allem dortige Fn. 34.

## 2 Rainer Heurung und (das) Lohnsteuer(-recht) (?)

Vor dem inhaltlichen Gang in *medias res* ist es gute Tradition, einen Festschriftbeitrag zunächst in Bezug zum wissenschaftlichen, fachliterarischen und beruflichen Schaffen des Jubilars zu setzen: Üblich scheint dabei, vielleicht gar eine Aussage, eine Diskussionsfrage oder ein Zitat aus dem Werk des Geehrten herauszugreifen und die nachfolgenden eigenen Ausführungen inhaltlich damit einzuleiten. Ein schöner Brauch, dem schlüssig gerecht zu werden, mir indes offen gestanden hier nicht leicht fällt.

Das vorgenannte Ritual möchte ich deshalb durch eine gänzlich andere Tradition ersetzen. Als eine solche gilt nämlich immerhin im Rheinland ebenfalls schlicht alles, was man zumindest zweimal tut. Und so fügt sich dieser Beitrag denn in eine zwischen Rainer Heurung und mir fruchtbar gelebte Konvention: Er fällt (in mehrfacher Hinsicht) aus dem Rahmen. Wie bereits meine Dissertationsschrift,[6] befasst er sich – von mir wohl fast schwerlich anders zu erwarten – mit der Lohnbesteuerung. Rainer Heurung gebührt dabei noch heute mein ausdrücklicher Dank, sich vor einigen Jahren bereit erklärt zu haben, als Betriebswirt gemeinsam mit mir in die Niederungen der deutschen und internationalen Lohnsteuer hinabzusteigen. Es hat sich gelohnt.

Gerade für die unternehmerische und wirtschaftliche Steuerlehre sind die Pfade dort noch keineswegs ausgetreten. Teils müssen sie überhaupt erst angelegt oder freigeschlagen werden. So widmet sich denn auch dieser Beitrag – in der Hoffnung, dem stets am Grundsätzlichen interessierten Jubilar damit eine Freude zu bereiten – nicht in irgend gekünstelter Nähe den sonstigen Schwerpunkten der Festgabe, sondern betrachtet mit der Anrufungsauskunft ein gerade für die betriebliche Praxis ganz fundamentales lohnsteuerrechtliches Thema. Im Kern geht es dabei nämlich um die Frage, auf welchem Wege der im Abzugsverfahren mannigfaltig mit Pflichten beladene und mit Haftung bedrohte Arbeitgeber Klarheit und möglichst (Rechts-)Sicherheit über konkrete Fragen des ihm aufgebürdeten Steuereinbehalts erlangen kann.[7] Vielleicht darf man dies mit Blick auf den Titel der Festschrift unter das Motto stellen: Wer wird schon ein Unternehmen kaufen, bei dem lohnsteuerlich nicht alles in bester Ordnung ist? Persönlich würde ich selbst dies zumindest wohl nicht tun.

---

6 Vgl. Hilbert 2017; siehe zu dieser ferner Fn. 26 und 62.

7 Vgl. auch Hey 2020, S. 2.

# 3 Grundlagen • Berechtigung • Kosten • Antrag

## 3.1 Norm und maßgebliches Anwendungsschreiben des BMF

Die hier in Blick genommene Vorschrift des § 42e EStG findet sich im die §§ 38 bis 42g EStG umfassenden Abschnitt VI. 2. des deutschen Einkommensteuergesetzes zu „Steuererhebung – Steuerabzug vom Arbeitslohn (Lohnsteuer)". Diese Zuordnung wirkt intuitiv einleuchtend, darf aber systematisch gleichwohl kurz näher betrachtet werden, könnte man doch den in der Norm kodifizierten Auskunftsanspruch als verfahrensrechtliche Regelung möglicherweise ebenso in der AO vermuten. Da es sich allerdings um eine Vorschrift explizit für den Bereich des Lohnsteuerabzugs handelt, wurde sie als „Spezialverfahrensrecht" – ähnlich wie etwa die §§ 42f und 42g EStG zu Außenprüfung und Nachschau in diesem Sektor – ins Gesetz zur Einkommenbesteuerung integriert.

Im EStG vom 10.08.1925 fand sich im damaligen § 79 bereits ein Auskunftsanspruch zu den seinerzeitigen Vorschriften der §§ 69 bis 77 zum Steuerabzug vom Arbeitslohn.[8] Während die lohnsteuerliche Anrufungsauskunft sodann später lange Zeit im früheren § 56 LStDV (lediglich) im Verordnungswege geregelt war, wurde sie bereits zu 1975 im Zuge der großen Einkommensteuerreform[9] als § 42e EStG (wieder) direkt ins Gesetz aufgenommen.[10] Gleichwohl brachte die Finanzverwaltung zusätzlich zu den Regelungen der LStR erst(malig) mit BMF-Schreiben vom 18.02.2011[11] – seinerzeit zur Anwendung neuer zur Regelung ergangener BFH-Urteile –[12] einen gesonderten Erlass zur Vorschrift heraus. Diese recht kurze und nicht weiter untergliederte Verwaltungsanweisung wurde mit BMF-Schreiben vom 12.12.2017[13] durch eine wesentlich umfassendere und noch heute gültige Version ersetzt. Die bereits über längere Zeit erwartete Neubearbeitung war unter anderem durch weitere zwischenzeitlich ergangene Rechtsprechung erforderlich geworden. Da das genannte Anwendungsschreiben der Finanzverwaltung aus 2017 einen insbesondere auch durchaus stringent strukturierten Überblick über zahlreiche Anwendungs-

---

8 RGBl. I 1925, S. 189–208 [204].

9 Vgl. noch heute instruktiv zu den lohnsteuerlichen Aspekten der Reform Lang 1975, S. 113 ff.

10 Vgl. zur Rechtsentwicklung Hartz et al. 2021, Auskünfte und Zusagen des Finanzamts Rz. 1, konzis Mayer 1991, S. 29.

11 BStBl. I 2011, S. 213; dazu etwa Hilbert 2011, S. 962 ff.; Plenker 2011, S. 448.

12 BFH, Urteil vom 30.04.2009 – VI R 54/07, BStBl. II 2010, S. 996; BFH, Urteil vom 02.09.2010 – VI R 3/09, BStBl. II 2011, S. 233.

13 BStBl. 2017 I, S. 1656 sowie Anhang 3a des Amtlichen Lohnsteuer-Handbuchs; dazu etwa Krause 2018, S. 346; ausführlich Hilbert 2018a, S. 466 ff. und ferner kompakt Hilbert 2018b, S. 424.

fragen zur Vorschrift gibt, orientieren sich die nachfolgenden Ausführungen bis einschließlich Gliederungspunkt 6 am Aufbau des Erlasses.

### 3.2 Mögliche Antragsteller

Zunächst soll auf die möglichen Antragsteller einer lohnsteuerlichen Anrufungsauskunft eingegangen werden. Hierzu wird im BMF-Schreiben – parallel zu R 42e Abs. 1 Satz 1 LStR 2015 – in der dortigen Rz. 1 dargestellt, dass zu den derartigen Beteiligten im Sinne des § 42e Satz 1 EStG primär der Arbeitgeber, der Arbeitgeberpflichten erfüllende Dritte nach § 38 Abs. 3a EStG und der Arbeitnehmer zählen. Ferner können ebenfalls Personen, die nach Vorschriften außerhalb des Einkommensteuergesetzes für Lohnsteuer haften, eine Anrufungsauskunft beantragen, zum Beispiel gesetzliche Vertreter und Vermögensverwalter gemäß § 34 AO oder Verfügungsberechtigte nach § 35 AO.[14] Während das Antragsrecht gerade auch des Arbeitnehmers schon lange verankert und anerkannt ist,[15] scheint es meines Erachtens zudem generell sinnvoll, allgemein einen möglichst weiten Beteiligtenbegriff zu vertreten, um die Anwendung des wichtigen Instruments nicht unnötig zu erschweren.

### 3.3 Gebührenfreiheit

Ein besonders wichtiger Punkt bei der praktischen Anwendung der lohnsteuerlichen Anrufungsauskunft ist, dass für deren Einholung und Erteilung von der Finanzverwaltung keine Gebühren erhoben werden (dürfen) – ein Punkt, den das BMF-Schreiben ebenfalls in entsprechender Deutlichkeit erwähnt (im Wortlaut: „Die Anrufungsauskunft ist stets gebührenfrei.").
Dies kann als zwingende Ausprägung der eingangs herausgestellten Indienstnahme des Arbeitgebers zum Quellensteuereinbehalt sowie als Aspekt und Ausdruck der dadurch erwachsenden staatlichen Fürsorgepflicht gesehen werden.[16] Eine Gebührenpflicht für lohnsteuerliche Anrufungsauskünfte wäre mit Blick auf ihre systematische Funktion schlicht nicht zu rechtfertigen.[17] Dies müsste dann aber eigentlich gegenüber dem jeweiligen Entrichtungspflichtigen im Sinne des § 43 Satz 2 AO ebenso bei Auskünften zu ähnlichen Formen des Quellensteuereinbehalts wie etwa bei der Kapitalertragsteuer oder der Abzugsverpflichtung bei beschränkt Steuerpflichtigen nach § 50a EStG gelten.[18]

---

14 Vgl. insgesamt ausführlich zu den Auskunftsberechtigten Bruschke 2007, S. 15.

15 Vgl. zum Beispiel bereits Eder 1971, S. 177 sowie BFH, Urteil vom 09.03.1979 – VI R 185/76, BStBl. II 1979, S. 451, dazu etwa Offerhaus 1979, S. 337; Fichtelmann 1980, S. 236.

16 Vgl. zu diesem Ausgleichsgedanken zum Beispiel Bruschke 2012, S. 387; Seer 2013, S. 576.

17 Vgl. entsprechend Horst 2010, S. 176 mit weiteren Nachweisen.

18 Vgl. Seer 2017, S. 167 mit weiteren Nachweisen und S. 169.

Auf jeden Fall kann in der generellen Gebührenfreiheit ein wesentlicher und wesensmäßiger Unterschied zur verbindlichen Auskunft nach § 89 Abs. 2 bis 7 AO gesehen werden. Es sollte deshalb beachtet werden, sich nicht etwa alternativ auf die verbindliche Auskunft verweisen zu lassen,[19] sondern vielmehr die lohnsteuerliche Anrufungsauskunft insbesondere auch zur Klärung von Anwendungsfragen zu den speziellen Einkommensteuerpauschalierungen der §§ 37a und 37b EStG zu nutzen,[20] wird für deren Abwicklung doch das Lohnsteuerverfahren der §§ 38 ff. EStG im Zuge einer „gesetzlichen Fiktion"[21] herangezogen. Dies lässt sich jeweils in Abs. 4 der genannten Pauschalierungsnormen durch die Wendung „Die pauschale Einkommensteuer gilt als Lohnsteuer [...]" erkennen. Entsprechend legt zum Beispiel sogar die Finanzverwaltung selbst im diesbezüglichen Anwendungserlass explizit dar, dass zu Aspekten der Sachzuwendungspauschalierung gemäß § 37b EStG eine Anrufungsauskunft im Sinne des § 42e EStG eingeholt werden kann.[22]

### 3.4 Auskunftsantrag

Die Finanzverwaltung weist im ersten Abschnitt ihres Anwendungsschreibens vom 12.12.2017[23] ferner darauf hin, dass im Auskunftsantrag konkrete Rechtsfragen dargelegt werden müssen, die für den Einzelfall von Bedeutung sind. Diese auch aus dem Wortlaut des § 42e Satz 1 EStG abgeleitete Anforderung (dort „im einzelnen Fall") korrespondiert mit der Einordnung der lohnsteuerlichen Anrufungsauskunft als feststellender (aber nicht vollziehbarer) Verwaltungsakt im Sinne des § 118 AO[24] und dem Erfordernis der verfahrensrechtlichen „Regelung eines Einzelfalls" nach Satz 1 des § 118 AO. Indes ist der Bogen hier nicht zu überspannen. Es ist keineswegs erforderlich, dass sich das Auskunftsbegehren nur auf einen bestimmten Arbeitnehmer, eine einzelne Zuwendung oder ein ganz bestimmtes individuelles Arbeitsverhältnis bezieht. Vielmehr ist es ausreichend, wenn vom Arbeitgeber Rechtsinformationen zu einem konkreten Falltypus, einer Sachverhaltskonstellation oder zu einer abgrenzbaren Fallgruppe gewünscht werden.[25] Entsprechend zeigt zudem empirische Evidenz, dass die Anrufungsauskunft gerade in Großunternehmen aufgrund des mit ihr verbundenen administrativen Aufwands oftmals nur zur Klärung

---

19 Vgl. Rätke 2019, S. 193 f.

20 Vgl. zum Beispiel Martin 2012, S. 3702.

21 Kanzler. In Kanzler et al. (2021), § 37a Rz. 33 und § 37b Rz. 78.

22 Vgl. Rz. 37 in BMF, Schreiben vom 19.05.2015, BStBl. II 2015, S. 468, ebenso Niermann 2014, S. 369.

23 Siehe unter 3.1, Fn. 13.

24 Siehe dazu ausführlich weiter unten bei 5.

25 Vgl. ausführlich BFH, Urteil vom 09.10.1992 – VI R 97/90, BStBl. II 1993, S. 166; ergänzend Horn 1983, S. 366; Schulze Grotthoff 2009, S. 2126.

tatsächlicher „Massenfälle“ im Arbeitnehmerbereich heranzogen wird.[26] Fragen rein (rechts-) theoretischer respektive nur abstrakt-hypothetischer Natur oder solche ohne erkennbare Relevanz für den Lohnsteuerabzug sind aber nicht zulässig.[27]

## 4 Zuständigkeit auf Verwaltungsseite

Schon im Textvolumen der insgesamt (lediglich) vier Sätze umfassenden Gesetzesnorm nimmt die Frage der Zuständigkeit vornehmlich mit den Sätzen 2 bis 4 des § 42e EStG einen überaus bedeutenden Platz ein. Grundsätzlich hat demnach – so bereits in Satz 1 angesprochen – das Finanzamt der lohnsteuerlichen Betriebsstätte des Arbeitgebers gemäß § 41 Abs. 2 EStG Auskunft zu erteilen, primär also das Finanzamt, das für den Betrieb oder Teil des Betriebs des Arbeitgebers verantwortlich ist, in dem der für die Durchführung des Lohnsteuerabzugs maßgebende Arbeitslohn ermittelt wird. Gibt es mehrere derartige Ämter, ist nach Satz 2 des § 42e EStG das Finanzamt der im Inland belegenen Geschäftsleitung (§ 10 AO)[28] zuständig oder – falls dieses kein Betriebsstättenfinanzamt ist – das Amt, in dessen Bezirk sich die Betriebsstätte mit den meisten Arbeitnehmern befindet (Satz 3). Satz 4 schreibt sodann vor, dass der Arbeitgeber in den Fällen der beiden vorhergehenden Sätze sämtliche Betriebsstättenfinanzämter, jenes der Geschäftsleitung sowie erforderlichenfalls die Betriebsstätte mit den meisten Arbeitnehmern, anzugeben hat. Ferner ist zu bezeichnen, für welche Betriebsstätten des Unternehmens die Auskunft von Bedeutung ist.

Das 2017er-Anwendungsschreiben des BMF[29] ergänzt und konkretisiert die Zuständigkeitsregelungen vor allem durch Wiedergabe der diesbezüglichen Inhalte der R 42e LStR 2015 (dort Abs. 2 bis 4), zunächst in seiner Rz. 3 hinsichtlich der verwaltungsinternen Organisation. Demnach soll – bei einem Fall von einigem Gewicht und mehreren Betriebsstätten des Arbeitgebers, soweit denn für diese relevant – das zuständige Finanzamt seine Auskunft mit den anderen Betriebsstättenfinanzämtern abstimmen. Bei Anrufungsauskünften grundsätzlicher Art soll das zuständige Finanzamt die übrigen betroffenen Finanzämter informieren. Unter anderem hierzu fügt sich aus meiner Sicht darüber

---

26 Vgl. mit weiteren Ausführungen Hilbert 2017, S. 284.

27 Vgl. Martin 2012, S. 3702.

28 Ganz ähnlich dem nach § 10 AO als für die Bestimmung der Geschäftsleitung maßgeblich angeführten „Mittelpunkt der geschäftlichen Oberleitung“ stellt denn auch § 41 Abs. 2 Satz 2 HS. 1 EStG auf den „Mittelpunkt der geschäftlichen Leitung des Arbeitgebers im Inland“ ab, um diesen als lohnsteuerliche Betriebsstätte zu fingieren, wenn denn „der maßgebende Arbeitslohn nicht in dem Betrieb oder einem Teil des Betriebs des Arbeitgebers oder nicht im Inland ermittelt“ wird.

29 Siehe unter 3.1, Fn. 13.

hinaus die Aussage in R 42e Abs. 1 Satz 2 HS. 2 LStR 2015, wonach das Betriebsstättenfinanzamt bei Anfragen eines Arbeitnehmers seine Auskunft mit dessen Wohnsitzfinanzamt abstimmen soll.

Rz. 4 des BMF-Schreibens befasst sich mit der Zuständigkeit in Konzernfällen. Sind demnach mehrere Arbeitgeber unter einer einheitlichen Leitung zusammengefasst, bleibt es für den einzelnen Arbeitgeber bei der Zuständigkeit des Betriebsstättenfinanzamts respektive des Finanzamts der Geschäftsleitung (§ 42e Sätze 1 und 2 EStG). Sofern es sich bei einem solchen Auskunftsbegehren um einen Fall von einigem Gewicht handelt und erkennbar ist, dass die Auskunft auch für andere Arbeitgeber des Konzerns Bedeutung hat oder bereits Entscheidungen anderer Finanzämter vorhanden sind, hat das angerufene Finanzamt – besonders, wenn ein entsprechender Antrag des Auskunftsersuchenden gegeben ist – die zu erteilende Auskunft mit den übrigen betroffenen Finanzämtern abzustimmen. Dazu informiert das für die Auskunftserteilung zuständige Finanzamt das Finanzamt der Konzernzentrale. Dieses koordiniert daraufhin die Abstimmung mit den Finanzämtern der anderen Arbeitgeber des Konzerns, die von der zu erteilenden Auskunft betroffen sind. Befindet sich die Konzernzentrale im Ausland, koordiniert das Finanzamt die Abstimmung, das als erstes mit der Angelegenheit betraut war.

Bei Lohnzahlungen durch Dritte, in denen der Dritte die Pflichten des Arbeitgebers trägt, ist die Anrufungsauskunft beim Betriebsstättenfinanzamt des Dritten zu stellen. Ebenda ist sie darüber hinaus zu stellen, wenn der Dritte die dem Arbeitnehmer im selben Lohnzahlungszeitraum aus mehreren Dienstverhältnissen zufließenden Arbeitslöhne zusammenfasst. Bei Fällen von einigem Gewicht ist wiederum eine Abstimmung zwischen den Finanzämtern vorgesehen (Rz. 5 des BMF-Schreibens vom 12.12.2017[30]).

Bei Antragsberechtigung einer Kasse einer juristischen Person des öffentlichen Rechts (öffentliche Kasse) hat das Betriebsstättenfinanzamt eine Auskunft zu erteilen, in dessen Bezirk die lohnsteuerliche Betriebsstätte des Arbeitgebers liegt. Die Zuständigkeit richtet sich – so weiter in Rz. 6 des Erlasses – sinngemäß nach der eingangs in diesem Abschnitt erwähnten Gesetzesregelung der Sätze 2 bis 4 des § 42e EStG.

## 5 Form und anwendbare Rechtsvorschriften

Der Antrag auf Erteilung einer Lohnsteueranrufungsauskunft ist generell formlos, sodass sie vom Arbeitgeber zum Beispiel auch mündlich erbeten werden kann. Allein schon aus Gründen der Dokumentation und Nachweisführung ist eine schriftliche Antragstellung in der Praxis jedoch fast ausnahmslos und drin-

[30] Siehe unter 3.1, Fn. 13.

gend zu empfehlen. Die praktische Erfahrung zeigt zudem, dass die schriftliche Abfassung für eine strukturiert-stringente Erfassung und Darstellung des maßgeblichen Sachverhalts sowie für die Vergegenwärtigung der zu klärenden Frage(n) meist äußerst hilfreich ist. Meines Erachtens kann deshalb allenfalls für recht simpel gelagerte Probleme[31] eine „stärker hemdsärmelige" Behandlung in Betracht kommen oder gar nahegelegt werden.

Das Betriebsstättenfinanzamt soll nach der Vorgabe in Rz. 8 des BMF-Schreibens – selbst bei vom Beteiligten nur formlos beantragter Auskunft – seine Antwort unter ausdrücklichem Hinweis auf § 42e EStG ohnehin schriftlich erteilen. Verwaltungsbindend ist sodann vorgeschrieben, dass bei Ablehnung der Anrufungsauskunft oder Erteilung abweichend vom Antrag zwingend schriftlich zu antworten ist. Dem Betriebsstättenfinanzamt ist eine Befristung der Auskunft möglich.

Verfahrensrechtlich qualifiziert die Anrufungsauskunft als Verwaltungsakt im Sinne der §§ 118 ff. AO. Dies ist Ausfluss der seit dem BFH-Urteil vom 30.04.2009 – VI R 54/07[32] geänderten höchstrichterlichen Rechtsprechung. Wie zu Beginn des früheren BMF-Schreibens vom 18.02.2011[33] und in der heutigen Fassung vom 12.12.2017[34] nunmehr implizit in Rz. 15 der Verwaltungsanweisung dargelegt, sah der BFH in der lohnsteuerlichen Anrufungsauskunft über lange Zeit lediglich eine unverbindliche – oder allenfalls in den Grenzen von Treu und Glauben verbindliche – Rechtsauskunft in Form einer reinen Wissenserklärung des um Auskunft ersuchten Finanzamts.[35] Zwar führt die mittlerweile verfahrensrechtlich stärker formalisierte Betrachtung zu einer weitgehenden Gleichbehandlung mit anderen Auskünften und Zusagen der Finanzverwaltung (insbesondere mit jenen nach § 89 Abs. 2 AO und im Anschluss an eine Außenprüfung nach den §§ 204 ff. AO), allerdings scheint es schlüssig, hier eine differenzierende Betrachtungsweise anzulegen. Meines Erachtens wäre es durchaus als vertretbar zu werten, in bestimmten, inhaltlich niederschwelligen Informationsanfragen des Arbeitgebers in der Antwort beziehungsweise Mitteilung des Finanzamts weiterhin eher eine Art der Wissenserklärung zu erkennen. Dies gilt insbesondere, da für solche Auskünfte in einfach gelagerten Fällen das starre Regelungskorsett der §§ 118 ff. AO einer unkomplizierten, schnellen sowie

---

31 Siehe für einen Vorschlag zu deren verfahrensrechtlicher Behandlung zudem weiter unten in diesem Abschnitt.

32 BStBl. II 2010, S. 996; vgl. dazu etwa Plenker 2010, S. 192.

33 Siehe unter 3.1, Fn. 11.

34 Siehe unter 3.1, Fn. 13.

35 Vgl. BFH, Urteil vom 13.11.1959 – VI 124/59 U, BStBl. III 1960, S. 108 oder zuletzt BFH, Urteil vom 09.10.1992 – VI R 97/90, BStBl. II 1993, S. 166. Zustimmend zur ehemaligen Einordnung zum Beispiel Bornhaupt 1980, S. 4, ablehnend bereits früher hingegen etwa Drenseck 1986, S. 394.

allgemein unbürokratischen Erteilung entgegensteht[36] und in diesem Zusammenhang darüber hinaus auch die (vor allem personell) begrenzten Kapazitäten der Finanzverwaltung beachtet werden sollten.[37]

In Übereinstimmung mit der aktuellen höchstrichterlichen Rechtsprechung weist das derzeit gültige BMF-Schreiben vom 12.12.2017 in seinen Rz. 10 bis 14 jedoch die stets anwendbaren Rechtsvorschriften im Einzelnen aus und legt dar, dass die §§ 118 ff. AO für die lohnsteuerliche Anrufungsauskunft immer unmittelbar gelten. Insbesondere sind dies die

- Anforderungen an Bestimmtheit und Form des Verwaltungsaktes gemäß § 119 AO,
- Regelungen über mögliche Nebenbestimmungen gemäß § 120 AO,
- Vorschriften über die Bekanntgabe gemäß § 122 AO und
- Regelungen über die Berichtigung offenbarer Unrichtigkeiten gemäß § 129 AO.

Ebenso an der Rechtsprechung orientiert ist die analoge Anwendung des § 207 Abs. 2 AO zur verbindlichen Zusage nach einer Außenprüfung, wonach die Finanzbehörde die Anrufungsauskunft mit Wirkung für die Zukunft aufheben oder ändern kann.[38] Es ist dies eine Ermessensentscheidung der Verwaltung (§ 5 AO), die begründet werden muss und – dies sei entsprechend ergänzt – im Rahmen der dazu geltenden Grundsätze entsprechend gerichtlich überprüft werden kann (§ 102 FGO).

Bei Befristung endet die Wirksamkeit des Verwaltungsakts nach § 124 Abs. 2 AO durch Zeitablauf. Analog § 207 Abs. 1 AO soll die Anrufungsauskunft ferner außer Kraft treten, wenn die Rechtsvorschriften, auf denen die Entscheidung beruht, geändert werden. Hier verweist das BMF-Schreiben vom 12.12.2017 in seiner Rz 13 zudem auf die sinngemäße Anwendung der Anweisungen im AEAO zu § 207 AO.

Heranzuziehen sind darüber hinaus die Vorschriften über das außergerichtliche Rechtsbehelfsverfahren (§§ 347 ff. AO).[39] Eine Aussetzung der Vollziehung kommt allerdings nach dem Verwaltungsschreiben im Fall der Ablehnung,

---

36 Vgl. zur früheren Rechtslage Dißars und Dißars 1995, S. 1817 f.; Dißars (2003), S. 863. Überzeugend zur heutigen Situation Hartz et al. 2021, Auskünfte und Zusagen des Finanzamts Rz. 8.

37 Vgl. so allgemein zur Lohnsteueranrufungsauskunft Hey 2020, S. 2. Genius und Zühlke 2006, S. 95 f. haben diesbezüglich bereits vor einigen Jahren angeregt, das Bearbeitungsverfahren für Lohnsteueranrufungsauskünfte vor allem auf Verwaltungsseite durch Schaffung einer allgemeinen Datenbank zu rationalisieren.

38 Vgl. BFH, Urteil vom 02.09.2010 – VI R 3/09, BStBl. II 2011, S. 233; dazu Hilbert 2010, S. 3680.

39 Ausführlich zu diesen Verfahrensvorschriften Hartz et al. 2021, Rechtsbehelfe Rz. 1–31/1.

Aufhebung (Rücknahme, Widerruf) oder Änderung einer Anrufungsauskunft nicht in Betracht, da es sich nicht um einen vollziehbaren Verwaltungsakt handelt; hier rekurriert das BMF in Rz. 14 des Anwendungserlasses auf den BFH-Beschluss vom 15.01.2015 – VI B 103/14.[40]

# 6 Bindungswirkung und gerichtliche Überprüfung

Fragen zur Bindungswirkung und zur gerichtlichen Überprüfbarkeit der lohnsteuerlichen Anrufungsauskunft dürfen sicher als zwei der interessantesten und am ehesten kontrovers zu betrachtenden Aspekte rund um dieses Instrument herausgestellt werden. Im Anwendungserlass vom 12.12.2017 werden sie in den dortigen Rz. 15 bis 20 angesprochen.

Zunächst ist festzuhalten: Mit der Anrufungsauskunft – auf deren förmliche Bescheidung der Arbeitgeber einen Anspruch hat – bindet sich die Finanzverwaltung selbst. Sie legt sich damit also verbindlich auf eine für sie sodann fix determinierte Behandlung des jeweiligen Sachverhalts fest, wobei natürlich zu beachten ist, dass die vom Antragsteller dargelegten Angaben zum Fall den Tatsachen und auch der praktischen Durchführung entsprechen müssen.[41]

Seinerseits muss der Einbehaltungsverpflichtete respektive der Auskunftsempfänger aber nicht nach den Vorgaben der vom Finanzamt erhaltenen Auskunft handeln. Der Arbeitgeber wird auf diesem Wege also insbesondere nicht verpflichtet, die Lohnsteuer einer erteilten Auskunft entsprechend zu berechnen und abzuführen.[42]

Über ihre indes – wie dargelegt – die Verwaltung verpflichtende Wirkung hinaus ist die Anrufungsauskunft jedoch nicht nur eines der wichtigsten Instrumente zur präventiven Vermeidung respektive zumindest zur Verminderung des Risikos einer Haftungsinanspruchnahme des Arbeitgebers nach § 42d EStG,[43] sondern erzeugt im Lohnsteuerverfahren [sic!] letztlich umfassende Geltung gegenüber allen Beteiligten. Deshalb kann das Betriebsstättenfinanzamt die vom Arbeitgeber aufgrund einer (unrichtigen) Anrufungsauskunft nicht einbehaltene und abgeführte Lohnsteuer auch nicht nach § 42d Abs. 3 Satz 4 Nr. 1 EStG vom Arbeitnehmer als dem originären Schuldner der Lohnsteuer (§ 38 Abs. 2 Satz 1

---

40 BStBl. II 2015, S. 447. Erläuternd dazu Geserich 2015, S. 960.

41 Jenseits eher einfach gelagerter Fragestellungen steckt gerade deshalb – so zeigt es die praktische Erfahrung – der Hauptaufwand bei Beantragung einer Anrufungsauskunft in der korrekten Sachverhaltserfassung und -beschreibung. Zum Begriff des Sachverhalts vgl. zum Beispiel BFH, Urteil vom 26.02.2002 – X R 59/98, BStBl 2002 II, S. 450 mit weiteren Nachweisen.

42 Vgl. Geserich 2014b, S. 1867.

43 Vgl. bereits BFH, Urteil vom 13.11.1959 – VI 124/59 U, BStBl. III 1960, S. 108, ferner zum Beispiel Rätke 2009, S. 904; Bruschke 2011, S. 491; Hey 2020, S. 2.

EStG) nachfordern.[44] Hat der Arbeitgeber eine Anrufungsauskunft eingeholt und ist er danach verfahren, ist eine Nacherhebung der Lohnsteuer sogar dann nicht zulässig, wenn der Arbeitgeber im Anschluss an eine Lohnsteuer-Außenprüfung einer Pauschalierung nach § 40 Abs. 1 Satz 1 Nr. 2 EStG zugestimmt hat.[45] Die Bindungswirkung einer Anrufungsauskunft für die Verwaltung soll sich allerdings – unabhängig davon, ob sie dem Arbeitgeber oder dem Arbeitnehmer erteilt wurde – nicht auf das Veranlagungsverfahren [sic!] des einzelnen Steuerpflichtigen erstrecken. In der Folge kann das Wohnsitzfinanzamt mithin bei der Einkommensteuerveranlagung des jeweiligen Arbeitnehmers einen anderen Rechtsstandpunkt als das Betriebsstättenfinanzamt einnehmen.[46] Im extremen Fall kann die Position sogar völlig konträr zur erteilten Lohnsteueranrufungsauskunft liegen. Beispielsweise könnte das Wohnsitzfinanzamt also etwa eine nach der Auskunft für die Lohnsteuer komplett steuerfrei belassene Zuwendung als vollends einkommensteuerpflichtig einstufen.

Wenn auch die auf das Lohnsteuerverfahren begrenzte Bindungswirkung systematisch schlüssig sein mag,[47] wirkt sie einerseits zunächst nicht sonderlich verwaltungs- respektive verfahrensökonomisch[48] und steht andererseits zudem vor allem der unternehmenspraktischen Nutzung des Absicherungsinstruments im Wege. Allein schon zur Wahrung eines guten Betriebsklimas wird es Arbeitgebern selbst jenseits ihrer obligatorischen arbeits- und dienstrechtlichen Fürsorgepflicht ein Anliegen sein, für ihre Mitarbeiter ebenfalls ein Höchstmaß an (Rechts-)Sicherheit zu erlangen. Auf der Veranlagungsebene kann die verwaltungsbindende Wirkung einer möglicherweise im Nachhinein oder von einem anderen Amtsträger als „missliebig" empfundenen Anrufungsauskunft jedoch durch entsprechende Hinweise an die Wohnsitzfinanzämter recht einfach und effektiv „ausgehebelt" werden – zum Beispiel über den Versand von Kontrollmitteilungen im Zuge einer Lohnsteuer-Außenprüfung oder im Anschluss an

44 Vgl. BFH, Urteil vom 17.10.2013 – VI R 44/12, BStBl. II 2014, S. 892, dazu Geserich 2014a, S. 160. Noch mit BFH, Beschluss vom 22.05.2007 – VI B 143/06, BFH/NV 2007, S. 1658 hatte das Gericht die Ansicht geäußert, dass das Finanzamt nicht gehindert sei, im Lohnsteuerverfahren gegenüber dem Arbeitnehmer einen anderen, ungünstigeren Rechtsstandpunkt zu vertreten als im Auskunftsverfahren gegenüber dem Arbeitgeber. Diese Position wurde mit dem vorgenannten Urteil vom 17.10.2013 explizit aufgegeben (Wortlaut in der Urteilsbegründung: „An der gegenteiligen Auffassung […] hält der Senat nicht fest.").

45 Vgl. BFH, Urteil vom 16.11.2005 – VI R 23/02, BStBl. II 2006, S. 210.

46 Vgl. dazu neben der vorgenannten Entscheidung BFH VI R 44/12 (siehe Fn. 44) zum Beispiel bereits zuvor BFH, Urteil vom 13.01.2011 – VI R 61/09, BStBl. II 2011, S. 479, zustimmend dazu Prowatke und Felten 2011, S. 1318.

47 Vgl. so etwa für den Fall einer fehlerhaften Auskunft Fahsel und Bergan 2020, S. 1761 f.

48 Vgl. Rätke 2019, S. 193. Dass insbesondere der Verwaltung ebenso an einer diesbezüglich effizienten Vorgehensweise gelegen ist, zeigen meines Erachtens unter anderem die Vorgaben zur Abstimmung der beteiligten Finanzämter untereinander; siehe hierzu die Ausführungen bei 4.

eine lohnsteuerliche Nachschau.[49] In einer solchen Situation werden Unternehmen ihre Arbeitnehmer wohl in aller Regel nicht alleinlassen wollen. Eine entsprechend umfassendere Bindungswirkung der Lohnsteuer-Anrufungsauskunft wäre deshalb zweifelsohne wünschenswert; diese müsste dann allerdings durch entsprechende Anpassung des Gesetzes geschaffen werden.[50]

Eine erteilte Anrufungsauskunft kann ferner im gerichtlichen Rechtsbehelfsverfahren überprüft werden. Nach Sicht von BFH und Finanzverwaltung ist das Finanzgericht dabei aber nur gehalten, die Auskunft sachlich daraufhin zu überprüfen, ob der vom Antragsteller dargestellte Sachverhalt zutreffend erfasst und die rechtliche Beurteilung nicht evident fehlerhaft ist.[51] Ist der Arbeitgeber mit der ihm gegenüber geäußerten Rechtsauffassung nicht einverstanden, ist er deshalb dann darauf verwiesen, seine Position gegebenenfalls im Wege des Steueranmeldungs- respektive des Haftungsverfahrens durchzusetzen. Er muss also – untechnisch gesprochen – zunächst selbst „Fakten schaffen", gegen welche er sodann im zweiten Schritt vorgehen kann.[52]

Zwar führt der für die finanzgerichtliche Kontrolle angeführte Prüfungsmaßstab etwa zu einer Gleichbehandlung mit der verbindlichen Auskunft nach § 89 Abs. 2 AO,[53] die dargelegte Rechtsposition kann aber gerade dort ebenso durchaus kritisch hinterfragt werden.[54] Ferner wird sie der spezifischen Lage des Arbeitgebers im Lohnsteuerabzugsverfahren nicht gerecht, denn der Staat zieht ebendiesen als Dienstverpflichteten zum Einbehalt für eine fremde Steuer heran.[55] Zur Minimierung ihres lohnsteuerlichen Haftungsrisikos sind Unternehmen und Unternehmer vielmehr auf eine auch vorab bestimmter wirtschaftlicher Dispositionen greifende und umfassende gerichtliche Kontrollmöglichkeit an-

---

49 Geht man für den letztgenannten Fall davon aus, dass ebendort eine Auswertungsbefugnis auch für die Einkommenbesteuerung des Arbeitnehmers normiert ist, so bildet § 42g Abs. 5 EStG diesbezüglich die Rechtsgrundlage. Ausführlich und kritisch diskutiert ist dies bei Hilbert (2014). In Herrmann et al. (2021), § 42g EStG Anm. 60–62.

50 Vgl. hierzu insgesamt auch den von Richter und Welling 2017 S. 176 wiedergegebenen Austausch zwischen Dorenkamp und Neumann.

51 Vgl. BFH, Urteil vom 27.2.2014 – VI R 23/13, BStBl. II 2014, S. 894; ausführlich dazu Geserich 2014b, S. 1866.

52 Vgl. Rätke 2019, S. 193. Die mehr oder minder gleiche Situation zeigt sich ebenso bei der verbindlichen Auskunft nach § 89 AO, vgl. – ebenda zudem mit Hinweis auf § 42e EStG – Rätke 2018, S. 719 f.

53 Vgl. zur dortigen Situation etwa BFH, Urteil vom 29.02.2012 – IX R 11/11, BStBl. II 2012, S. 651; dazu zum Beispiel – mit weiteren Nachweisen – Dornheim 2012, S. 2926 ff.

54 Vgl. ausführlich und überzeugend zum Beispiel Seer 2017, S. 168, ferner Werder und Dannecker 2011, S. 2906; Werder und Dannecker 2013, S. 287 f.; Werder und Dannecker 2014, S. 930; Golombek 2015, S. 1946 ff.; Werder und Dannecker 2017, S. 286; Blumers 2018, S. 1109.

55 Vgl. zutreffend Rätke 2014, S. 537, ebenso berechtigt kritisch Prusko 2018, S. 1046. Siehe insgesamt erhellend zu einer kritischen Auseinandersetzung mit den Steuerentrichtungspflichten Drüen 2004, S. 1134.

gewiesen.[56] Vom Standpunkt der Systematik aus sollte ihnen der Gesetzgeber ebendiese Option deshalb künftig einräumen.

Zudem kann die nur als relativ flach zu beurteilende Überprüfungsmöglichkeit respektive – aus dem Blickwinkel der Finanzverwaltung könnte vielleicht besser etwas provokativ sogar formuliert werden – „Überprüfungsgefahr" bereits rein psychologisch zu weniger fundierten Bearbeitungen führen. Dort, wo von Beginn an bereits allenfalls eine oberflächliche Kontrolle droht oder aber überhaupt nur möglich ist, mögen der Bearbeiter beziehungsweise ganz generell die zuständige Stelle im Finanzamt bisweilen versucht sein, sogleich entsprechend weniger Aufwand in eine sachlich fundierte Beurteilung der Anfrage zu investieren. Ein solches Verhalten wäre nur menschlich und damit insbesondere vor dem Hintergrund des Massenverfahrens fraglos nachvollziehbar.

## 7 Fortentwicklungsmöglichkeiten *de lege ferenda*

Über mögliche Anpassungen bei der Bindungswirkung und der gerichtlichen Überprüfbarkeit hinaus könnte die lohnsteuerliche Anrufungsauskunft nach § 42e EStG auch in anderen Punkten noch gesetzlich weiterentwickelt werden: Mit dem Gesetz zur Modernisierung des Besteuerungsverfahrens vom 18.07.2016[57] wurde in § 89 Abs. 2 AO als neuer Satz 4 eine „Soll-Bearbeitungsfrist" durch die Behörde von maximal sechs Monaten eingefügt; kann innerhalb dieser Zeit nicht über den Antrag auf verbindliche Auskunft entschieden werden, ist dies dem Antragsteller unter Angabe von Gründen mitzuteilen. Obgleich eine solche Vorgabe prinzipiell zu begrüßen ist, wirkt doch der Zeitraum recht lang und ist vor allem die weitgehende Sanktionslosigkeit des Verstreichens der Frist zu kritisieren.[58]

Der Frist-Gedanke ließe sich jedoch unter Beachtung der spezifischen Situation im Lohnsteuerverfahren auf die dortige Anrufungsauskunft übertragen: Mit Blick auf die regelmäßig eher kurzen Lohnzahlungszeiträume[59] müsste die maßgebliche Frist indes wesentlich kürzer bemessen sein. Sinnvoll und angemessen erschienen hier meines Erachtens beispielsweise vier Wochen ab Eingang der (Arbeitgeber-)Anfrage. Dies würde wohl auch dem aus der Beratung formulierten Postulat zur Einführung „kurzfristiger Entscheidungswege"[60] zu diesem Instrument entsprechen. Ferner müsste die Rechtsfolge anders gestaltet

---

56 Vgl. ebenfalls Werder und Dannecker 2015, S. 1688.

57 BGBl. I 2016, S. 1679 [1684].

58 Vgl. zutreffend zum Beispiel Gläser und Schöllhorn 2016, S. 1580; Brühl und Süß 2016, S. 2621.

59 Übliche (Grund-) Lohnzahlungszeiträume sind der Monat, seltener die Woche oder der Tag; so Hartz et al. 2021, Lohnzahlungszeitraum Rz. 8.

60 Eilers und Nosthoff-Horstmann 2017, S. 170.

sein als im Fall des § 89 Abs. 2 Satz 4 AO, indem zum Beispiel vom Arbeitgeber bei ausbleibender Antwort haftungsbefreiend wie in seinem Antrag umschrieben gehandelt werden dürfte.[61] Eine solche Abfassung einer Fristenregelung würde fraglos helfen, die Belastung der Unternehmen durch die ihnen auferlegte Einbehaltungsverpflichtung zumindest ein wenig abzumildern.

Eine mögliche Alternative – oder besser gesagt: eine fakultative Ergänzung beziehungsweise Flankierung – zur Anrufungsauskunft nach § 42e EStG könnte in einer den Arbeitgeber unterstützenden zeitnahen Kontrolle des Lohnsteuereinbehalts durch die Finanzverwaltung vor Ort oder digital begleitet zu sehen sein. Verfahrensrechtlich bestehen zwar bereits die Instrumente der Lohnsteuer-Außenprüfung (§ 42f EStG) sowie der Lohnsteuer-Nachschau (§ 42g EStG), allerdings sind diese gerade in ihrer praktischen Ausprägung meist stark auf die Absicherung des Lohnsteuerabzugs ausgerichtet. Angesprochen ist hier vielmehr die Möglichkeit einer insbesondere auch durch den Arbeitgeber anforderbaren direkten Sichtung des Geschehens mit Option der „Abzeichnung“ oder Vereinbarung bestimmter aktueller lohnsteuerlicher Handlungen; dies würde voraussichtlich Abläufe beschleunigen, Unternehmen sowie Verwaltung wiederum vom doch oftmals stark formal geprägten Prozess des Antrags und der Auskunftserteilung befreien und so für beide Seiten entlastend wirken.[62]

# 8 Fazit

Im deutschen Lohnsteuerverfahren kommt der Anrufungsauskunft nach § 42e EStG eine gewichtige Rolle zu, ist sie doch das – richtigerweise und konstruktiv unabdingbar gebührenfreie – Instrument zur Klärung konkreter lohnsteuerrechtlicher Anwendungsfragen der Unternehmen beziehungsweise der Arbeitgeber und ihrer Mitarbeiter.

Der Erlass der Finanzverwaltung zur Vorschrift stellt dabei vor allem eine für die Praxis nutzbringende Zusammenfassung des Rechtsstands und der maßgeblichen Facherkenntnisse zu diesem Bereich dar. Die von der Verwaltung übernommenen Ergebnisse gerade auch der BFH-Urteile zur Bindungswirkung und zur gerichtlichen Überprüfbarkeit der Auskunft können indes durchaus kritisch gesehen werden. Sie stehen der praktischen Nutzbarkeit der Norm oftmals eher im Wege. Zu diesen Punkten sollte sich der Gesetzgeber Gedanken machen. Dabei könnte zudem erwogen werden, die Anrufungsauskunft ergänzend mit einer „scharfen“ und haftungsbefreienden Fristenregelung zu versehen und sie darüber hinaus stärker durch das aktuelle Betriebsgeschehen begleitende

61 Vgl. Seer 2017, S. 169.

62 Vgl. Hilbert 2017, S. 287 f. aus empirischer Forschung zu einer derartigen Vermeidung der „Papierwüste“ der Anrufungsauskunft nach § 42e EStG.

Überprüfungs-, Beratungs- und kooperative Vereinbarungsinstrumente zu flankieren. Es würde dies dann letztlich auch – um diesen Bogen zum Beginn des Beitrags sowie erneut zum Titel der Festschrift zu schlagen – eher sicherstellen, dass ebenso bei einem etwaig zu kaufenden Unternehmen lohnsteuerlich keine bösen Überraschungen auftauchen.

## Literatur

Blumers, W. (2018). Auskunft, verbindlich nach Belieben der Verwaltung?, *Der Betrieb*, 71. Jg., Heft 19, S. 1108–1112

Bornhaupt, K. J. von (1980). Die Bedeutung der Anrufungsauskunft und ihre Abgrenzung gegenüber der verbindlichen Zusage. *Deutsches Steuerrecht*, 18. Jg., Heft 1/2, S. 3–9

Brühl, M., Süß, C. (2016). Die neuen §§ 163 und 89 AO: Alte Probleme beseitigt – neue geschaffen?, *Deutsches Steuerrecht*, 54. Jg., Heft 45, S. 2617–2623

Bruschke, G. (2007). Die Anrufungsauskunft nach § 42e EStG. *Der Steuerberater*, 58. Jg., Heft 1, S. 14–18

Bruschke, G. (2011). Probleme beim Lohnsteuerabzug – Klarheit über eine Anrufungsauskunft nach § 42e EStG. *Deutsche Steuer-Zeitung*, 99. Jg., Heft 13, S. 491–496

Bruschke, G. (2012). Rechtsicherheit bei der Einbehaltung von Lohnsteuer über eine Anrufungsauskunft nach § 42e EStG. *Steuerrecht kurzgefaßt*, 4. Jg., Heft 19, S. 387–390

Dißars, B.-A., Dißars, U.-C. (1995). Die Anrufungsauskunft nach § 42 e EStG – Schutz des Arbeitgebers vor der Lohnsteuerhaftung. *Deutsches Steuerrecht*, 33. Jg., Heft 47, S. 1817–1819

Dißars, U.-C. (2003). Die Anrufungsauskunft nach § 42e EStG. *Die Information über Steuer und Wirtschaft*, 57. Jg., Heft 22, S. 862–866

Dornheim, B. (2012). Gibt es einen Anspruch auf eine (bestimmte) verbindliche Auskunft?. *Betriebs-Berater*, 67. Jg., Heft 47, S. 2926–2929

Drenseck, W. (1986). Verwaltungsakte im Lohn- und Einkommensteuerverfahren. In J. N. Stolterfoht (Hrsg.), *Grundfragen des Lohnsteuerrechts* (S. 377–429). Köln: Otto Schmidt

Drüen, K.-D. (2004). Grenzen der Steuerentrichtungspflichten – Verfassungsrechtliche Bestandsaufnahme angesichts intensivierter Arbeitgeberpflichten beim Lohnsteuerabzug. *Finanz-Rundschau*, 86. Jg., Heft 20, S. 1134–1148

Drüen, K.-D. (2019). Verfahrensverschränkungen und Rechtsschutzfolgen im Lohnsteuerverfahren (Teil II). *Finanz-Rundschau*, 101. Jg., Heft 23, S. 1075–1084

Eder, R. (1971). Der Rechtsschutz bei der Lohnsteueranrufungsauskunft. *Deutsches Steuerrecht*, 9. Jg., Heft 6, S. 177–179

Eilers, S., Nosthoff-Horstmann, M. (2017). Verbindliche Auskunft – ein Werkstattbericht. *Finanz-Rundschau*, 99. Jg., Heft 4, S. 170–173

Fahsel, M., Bergan, M. (2020). Lohnsteuer in der Corona-Krise – Erleichterungen für den Arbeitgeber auf Kosten des Arbeitnehmers?, *Neue Wirtschafts-Briefe*, Heft 24, S. 1758–1763

Fichtelmann, H. (1980). Wesen und Bedeutung der Anrufungsauskunft nach § 42e EStG – Anmerkung zu dem BFH-Urteil vom 9. 3. 1979 VI R 185/76. *Finanz-Rundschau*, 35. (62.) Jg., Heft 10, S. 236–237

Genius, R., Zühlke, R. (2006). Anrufungsauskunft nach § 42e EStG – Derzeitiges Bearbeitungsverfahren noch zeitgemäß? –. *Die steuerliche Betriebsprüfung*, 46. Jg., Heft 3, S. 95–96

Geserich, S. (2014a). Bindungswirkung einer Lohnsteueranrufungsauskunft auch gegenüber dem Arbeitnehmer. *Neue Wirtschafts-Briefe*, Heft 4, S. 160–161

Geserich, S. (2014b). Lohnsteueranrufungsauskunft nach § 42e EStG – Bindungswirkung, Inhaltskontrolle, Korrektur. *Neue Wirtschafts-Briefe*, Heft 25, S. 1866–1873

Geserich, S. (2015). Lohnsteueranrufungsauskunft: Antrag auf AdV des Widerrufs einer Lohnsteueranrufungsauskunft nach § 42e EStG. *Neue Wirtschafts-Briefe*, Heft 14, S. 960–961

Gläser, S. C., Schöllhorn, C. (2016). Die wesentlichen Neuerungen in der AO nach dem Gesetz zur Modernisierung des Besteuerungsverfahrens. *Deutsches Steuerrecht*, 54. Jg., Heft 28, S. 1577–1583

Golombek, S. (2015). Zum Umfang der richterlichen Inhaltskontrolle einer verbindlichen Auskunft - ein Rettungsversuch. *Betriebs-Berater*, 70. Jg., Heft 33, S. 1946–1952

Hartz, W., Meeßen, J., Wolf, N. G. (2021). *ABC-Führer Lohnsteuer*. Stuttgart: Schäffer-Poeschel

Herrmann, C., Heuer, G., Raupach, A. (2021), *Einkommensteuer- und Körperschaftsteuergesetz Kommentar*. Köln: Otto Schmidt

Hey, J. (2020). Vereinfachungszwecknormen im Lohnsteuerrecht: Anspruch und Wirklichkeit – Zugleich Anmerkung zu BFH v. 1.8.2019 – VI R 32/18 zu § 40 Abs. 2 EStG. *Finanz-Rundschau*, 102. Jg., Heft 1, S. 1–10

Hilbert, L. (2010). Aufhebung einer lohnsteuerlichen Anrufungsauskunft mit Wirkung für die Zukunft. *Neue Wirtschafts-Briefe*, Heft 46, S. 3680–3681

Hilbert, L. (2011). BMF-Schreiben v. 18. 2. 2011 zur lohnsteuerlichen Anrufungsauskunft. *Neue Wirtschafts-Briefe*, Heft 12, S. 962–964

Hilbert, L. (2014). § 42g Lohnsteuer-Nachschau. In C. Herrmann, G. Heuer, A. Raupach (2021), *Einkommensteuer- und Körperschaftsteuergesetz Kommentar*. Köln: Otto Schmidt

Hilbert, L. (2017). *Lohnsteuerrecht in der Unternehmenswirklichkeit – Normative und qualitativ-empirische Analysen unter dem Blickwinkel der präskriptiven Entscheidungstheorie* [Dissertation Universität Siegen]

Hilbert, L. (2018a). Die Lohnsteuer-Anrufungsauskunft nach § 42e EStG – Erörterungen und Kritik zum BMF-Schreiben v. 12.12.2017. *Neue Wirtschafts-Briefe*, Heft 8, S. 466–472

Hilbert, L. (2018b). „Lohnsteuerliche Anrufungsauskunft: Bindungswirkung und gerichtliche Überprüfung bleiben die Knackpunkte". *Betriebs-Berater*, 73. Jg., Heft 8, S. 424

Horn, A. (1983). Wie kann sich der Arbeitgeber vor der Lohnsteuerhaftung schützen?. *Die Information über Steuer und Wirtschaft*, 37. Jg., Heft 15, S. 365–370

Horst J. (2010). *Die verbindliche Auskunft nach § 89 Abgabenordnung* [Dissertation Universität Münster, 2009]. Aachen: Shaker

Kanzler, H.-J., Kraft, G., Bäuml, S. O., Marx, F. J., Hechtner, F. (Hrsg.). (2021). *Einkommensteuergesetz Kommentar*, 5. Auflage. Herne: NWB

Krause, G. (2018). Anmerkungen zum BMF-Schreiben vom 12.12.2017 zur LSt-Anrufungsauskunft (§ 42e EStG). *Der Betrieb*, 71. Jg. Heft 7, S. 346–347

Lang, J. (1975). Das neue Lohnsteuerrecht. *Steuer und Wirtschaft*, 52. (5.) Jg., Heft 2, S. 113–134

Martin, S. (2012). Die Anrufungsauskunft nach § 42e EStG – Verbindliche Auskünfte in lohnsteuerrechtlichen Fragen. *Neue Wirtschafts-Briefe*, Heft 46, S. 3700–3709

Mayer, G. (1991). *Die Zusage nach der Abgabenordnung 1977* [Dissertation Universität Tübingen]. Berlin: Duncker & Humblot

Niermann, W. (2014). Die Pauschalierung der Einkommensteuer auf Sachzuwendungen nach § 37b EStG – Eine Bestandsaufnahme gängiger Praxisfälle unter Berücksichtigung der aktuellen Rechtsprechung. *Neue Wirtschafts-Briefe*, Heft 6, S. 352–369

Offerhaus, K. (1979). Einzelfragen zur Lohnsteuer-Anrufungsauskunft – Besprechung des BFH-Urteils vom 9. 3. 1979 – VI R 185/76. *Die Information über Steuer und Wirtschaft*, 33. Jg., Heft 15, S. 337–339

Plenker, J. (2010). Aktuelle Entwicklungen im lohnsteuerlichen Verfahrensrecht. *Der Betrieb*, 63. Jg., Heft 4, S. 192–194

Plenker, J. (2011). Anmerkung [zu BMF-Schreiben vom 18.02.2011]. *Der Betrieb*, 64. Jg., Heft 8, S. 448

Prowatke, R., Felten, C. (2011). „Lohnsteueranrufungsauskunft des Arbeitgebers hat keine Bindungswirkung für das Wohnsitzfinanzamt". *Betriebs-Berater*, 66. Jg., Heft 21, S. 1317–1318.

Prusko, A. (2018). Die Anrufungsauskunft bei Mitarbeiter- und Managementbeteiligungsprogrammen. *Der Betrieb*, 71. Jg. Heft 18, S. 1044–1049

Rätke, B. (2009). Die Lohnsteuer-Anrufungsauskunft nach § 42e EStG – Verbindliche Auskünfte und Zusagen durch das Finanzamt. *NWB Rechnungswesen - Buchführung, Bilanzierung, Kostenrechnung*, Heft 18, S. 902–906

Rätke, B. (2014). Lohnsteuer-Anrufungsauskunft ade. *NWB Rechnungswesen - Buchführung, Bilanzierung, Kostenrechnung*, Heft 12, S. 537

Rätke, B. (2018). Einholung einer verbindlichen Auskunft nach § 89 AO – Praxishinweise zur jüngsten BFH-Rechtsprechung und zu Gesetzesänderungen. *NWB Rechnungswesen - Buchführung, Bilanzierung, Kostenrechnung*, Heft 15, S. 714–724

Rätke, B. (2019). Die Lohnsteuer-Anrufungsauskunft nach § 42e EStG – Empfehlungen zur Rechtssicherheit bei lohnsteuerlichen Problemen. *NWB Rechnungswesen - Buchführung, Bilanzierung, Kostenrechnung*, Heft 4, S. 188–194

Richter, A., Welling, B. (2017). Tagungs- und Diskussionsbericht zum 61. Berliner Steuergespräch „Verbindliche Auskunft". *Finanz-Rundschau*, 99. Jg., Heft 4, S. 173–177.

Rödder, T., Günkel, M., Niemann, U. (Hrsg.), *Steuerberater-Jahrbuch 2012/2013*. Köln: Otto Schmidt

Schulze Grotthoff, C. (2009). Rechtsschutz gegen den Widerruf einer Anrufungsauskunft. *Betriebs-Berater*, 64. Jg., Heft 40, S. 2123–2127

Seer, R. (2013). Chancen und Risiken von verbindlichen Auskünften. In T. Rödder, M. Günkel, U. Niemann (Hrsg.), *Steuerberater-Jahrbuch 2012/2013* (S. 557–581). Köln: Otto Schmidt

Seer, R. (2017). Verbindliche Auskunft. *Finanz-Rundschau*, 99. Jg., Heft 4, S. 161–169

Stemplewski, N. (2012). Kooperation im Steuerverfahren am Beispiel der verbindlichen Auskunft. *Betriebs-Berater*, 67. Jg., Heft 36, S. 2220–2225

Stolterfoht, J. N. (Hrsg.). (1986). *Grundfragen des Lohnsteuerrechts* [Tagungsband DStJG]. Köln: Otto Schmidt

Werder, A., Dannecker, A. (2011). Entwicklungen bei der verbindlichen Auskunft. *Betriebs-Berater*, 66. Jg., Heft 47, S. 2903–2907

Werder, A., Dannecker, A. (2013). Entwicklungen bei der verbindlichen Auskunft. *Betriebs-Berater*, 68. Jg., Heft 6, S. 284–289

Werder, A., Dannecker, A. (2014). Entwicklungen bei der verbindlichen Auskunft. *Betriebs-Berater*, 69. Jg., Heft 16, S. 926–932

Werder, A., Dannecker, A. (2015). Entwicklungen bei der verbindlichen Auskunft. *Betriebs-Berater*, 70. Jg., Heft 29, S. 1687–1694

Werder, A., Dannecker, A. (2017). Entwicklungen bei der verbindlichen Auskunft. *Betriebs-Berater*, 72. Jg., Heft 6, S. 284–289

# Gestaltungsmöglichkeiten bei der Ermittlung des begünstigen Vermögens in der Erbschaftsteuer – Eine literaturbasierte Übersicht

*Univ.-Prof. Dr. Stephan Meyering[1], Dr. Sandra Müller-Thomczik[2] und Johannes Hiltl[3]*

*Keywords: Erbschaftsteuer, Verschonung, begünstigtes Vermögen, Gestaltungsmöglichkeiten*

*Abstract*

*Die Gestaltungsmöglichkeiten im Bereich der Ermittlung des begünstigten Vermögens sind komplex. Es besteht eine Fülle an Beiträgen in der Literatur zu optimalen steuerlichen Gestaltungsmöglichkeiten. Der vorliegende Aufsatz bietet eine Übersicht, um dem Steuerpflichtigen bzw. seinem Berater ein schnelles Auffinden zu ermöglichen.*

1 Univ.-Prof. Dr. Stephan Meyering | FernUniversität in Hagen | lehrstuhl.meyering@fernuni-hagen.de

2 Dr. Sandra Müller-Thomczik | FernUniversität in Hagen | lehrstuhl.meyering@fernuni-hagen.de

3 Johannes Hiltl, M.Sc. | FA Neumarkt in der Oberpfalz | lehrstuhl.meyering@fernuni-hagen.de


N. Antonakopoulos et al. (Hrsg.), *Unternehmenskauf und Unternehmensumwandlung*, https://doi.org/10.1007/978-3-658-34138-1_11

# 1 Einleitung

Der vorliegende Beitrag adressiert mit der Erbschaftsteuer einen Bereich mit dem sich der Jubilar in seiner Forschung insbesondere in den letzten Jahren immer wieder kritisch befasst hat.[4] Bei erbschaftsteuerlichen Betriebsübertragungen steht der Steuerpflichtige in der Praxis vor der Herausforderung, die Steuerbelastung zielgerichtet beeinflussen zu wollen,[5] dies jedoch in einem gesetzlichen Rahmen „kaum noch handhabbare[r] Komplexität insbesondere im Bereich der Verschonungsregeln“[6] vollziehen zu müssen. Hilfestellungen hierzu findet er bereits in einigen seit der Erbschaftsteuerreform 2016[7] erschienenen Abhandlungen zur Steuerplanung, welche eine Fülle von Gestaltungsmöglichkeiten anbieten.[8] Der vorliegende Beitrag fasst diese Gestaltungsmöglichkeiten im Hinblick auf Einflussgrößen der erbschafsteuerlichen Belastung zusammen. Die Ausführungen beschränken sich dabei auf Gestaltungsmöglichkeiten, die unmittelbar die Höhe des begünstigten Vermögens betreffen.[9]

# 2 Überblick

In der nachfolgenden Darstellung sind, gegliedert nach Einflussgrößen, unterschiedliche Gestaltungsmöglichkeiten der Einflussgrößen benannt. Um die zielorientierte Suche nach einzelnen Gestaltungsmöglichkeiten zu unterstützen, sind diese Gestaltungsmöglichkeiten der Einflussgrößen im Text fett hervorgehoben. An den jeweiligen Stellen werden die Gestaltungsmöglichkeiten der Einflussgrößen jeweils beschrieben. Erachtet der Steuerplaner eine der dargestellten Möglichkeiten als relevant, können entsprechende weiterführende Informationen mittels der angegebenen Literatur aufgefunden werden.

---

4 Siehe z.B. Heurung et al., ISR, 2015, S. 20ff./ Heurung et al., ISR, 2016, S. 201ff./ Heurung et al., ISR, 2016, S. 421ff./ Heurung et al., StB, 2016, S. 253ff.

5 Im Rahmen der betrieblichen Steuerplanung wird beabsichtigt, die Steuerbelastung – den Oberzielen des Unternehmens entsprechend – mittels steuerlicher Gestaltungsmöglichkeiten (nachfolgend auch Gestaltungsvorschläge oder Gestaltungen genannt) zu beeinflussen, vgl. Kröner, DB, 1984, S. 1409; Schneeloch, Steuerlehre, 2009, S. 3; Wagner/Dirrigl, Steuerplanung, 1980, S. 3.

6 Viskorf, ZEV, 2018, S. 564.

7 Reform durch das Gesetz zur Anpassung des Erbschaftsteuer- und Schenkungsteuergesetzes an die Rechtsprechung des Bundesverfassungsgerichts, vgl. BGBl. I, 2016, S. 2464.

8 Viskorf spricht von einer Gestaltungssteuer mehr denn je, vgl. Viskorf, ZEV, 2018, S. 564.

9 Vgl. hierzu umfangreich und mit weiteren Ausführungen u.a. zu Gestaltungsmöglichkeiten hinsichtlich Schulden, der Wahl der Verschonungsmethode sowie der Einhaltung der Lohnsummen- und Behaltensfristen siehe Meyering/Müller-Thomczik/Hiltl, DStR, 2019, S. 2329 ff. (Teil I) sowie S. 2379 ff. (Teil II).

| **Einflussgröße** | **Gestaltungsmöglichkeiten** |
|---|---|
| Betriebsvermögen (Abschnitt 3) | Auswahl der Bewertungsmethode; Verlegung des Übergabezeitpunktes auf Krisenzeiten; Kettenschenkung; Grenzwertvervielfachung mittels sukzessiver Vermögensübertragung; Vernichtung oder Verschenkung von begünstigtem Vermögen |
| Deckungsvermögen (Abschnitt 4.1) | Einlage von Privatvermögen und Verrechnung als Deckungsvermögen |
| Sonstiges altes Verwaltungsvermögen (Abschnitt 4.2) | Umwandlung des Verwaltungsvermögens in Finanzmittel; Gestaltungen mit Dritten zur Nutzung überlassenen Grundstücken; Abschluss von Mietverträgen bei typischerweise der privaten Lebensführung dienenden Gegenständen; Ausnutzung des Schmutzzuschlags durch Privatvermögen |
| Junges Verwaltungsvermögen (Abschnitt 4.3) | Anwendung einer langfristigen Strategie der Vermeidung; Verkauf von jungem Verwaltungsvermögen; eigenständige Transformation im Zeitablauf; Entnahme von fremdfinanziertem Verwaltungsvermögen |
| Alte Finanzmittel (Abschnitt 4.4) | Vergleich verschiedener Zeitpunkte zur Realisation; Vermeidung neuer Forderungen aus Lieferungen und Leistungen; Austausch mit begünstigtem Vermögen; Schuldentilgung mit alten Finanzmitteln; Ausnutzung des Sockelbetrags mit privaten Finanzmitteln; Investition in einen Fond |
| Junge Finanzmittel (Abschnitt 4.5) | Entnahme eines Einlagenüberhangs; Zur Schuldentilgung Finanzmittel ins Betriebsvermögen einlegen |
| Schulden (Abschnitt 5) | Frühzeitige Optimierung des Schuldenbestandes; Reduktion von fremdfinanziertem Verwaltungsvermögen |

Darstellung 1: Zusammenstellung und Klassifizierung aller identifizierten Gestaltungsmöglichkeiten

## 3 Betriebsvermögen

Der gemeine Wert des Betriebsvermögens ist die wesentliche Ausgangsgröße, auf Basis derer das begünstigte Vermögen berechnet wird (§ 13b Abs. 2 S. 1 ErbStG).[10] Die ersten fünf Gestaltungen beschäftigen sich im Folgenden mit Möglichkeiten, Einfluss auf die Höhe des begünstigen Vermögens zu nehmen. Zunächst muss dabei an die Bewertungsmethode gedacht werden, die der Ermittlung des gemeinen Werts des Betriebsvermögens zugrunde liegt. Hier können neben dem vereinfachten Ertragswertverfahren auch andere Verfahren wie das Ertragswertverfahren gem. IDW S 1, das DCF-Verfahren, Multiplikator- oder Umsatzverfahren zum Einsatz kommen.[11] Da sich ein höherer Unternehmenswert u. a. günstig auf Sockelbetrag, Schmutzzuschlag und das Bestehen des 90-Prozent-Tests auswirken kann,[12] sollte bei der Auswahl und auch innerhalb der Methoden vorhandenes Optimierungspotenzial genutzt werden.[13] Das Risiko der Nichtanerkennung der gewählten Bewertungsmethode ist dabei unbedingt bereits im Rahmen der Planungen zu berücksichtigen.[14] „Benötigt" der Steuerplaner hingegen einen geringeren Unternehmenswert (z. B. zur Erreichung der 26-Mio.-Euro-Grenze des § 13a Abs. 1 S. 1 ErbStG), kommt darüber hinaus die Verlegung des Übergabezeitpunktes auf Krisenzeiten in Betracht.[15]

Auf eine Kettenschenkung könnte zurückgegriffen werden, wenn das begünstigte Vermögen die 26-Mio.-Euro-Grenze voraussichtlich überschreiten wird.[16] Sie bedient sich des Umstandes, dass vorstehender Grenzwert nur für ein konkretes Schenker-Erwerber-Paar Gültigkeit besitzt.[17] Die Kettenschenkung zielt deswegen darauf ab, einen oder mehrere Intermediäre in den Übertragungsvorgang einzubinden: Diese erhalten zwar zunächst einen Teil des Vermögens, geben ihn danach aber an den gewünschten Unternehmernachfolger weiter, es kommt zur Vervielfachung der Grenze.[18] Um den gewünschten Effekt zu erzielen, sollten die zugehörigen Anforderungen beachtet werden. So darf der Intermediär nicht zur Weiterreichung verpflichtet sein,[19] er sollte eine Schamfrist von ein bis drei Jahren vor der Weitergabe abwarten und die in der

---

10 Vgl. A 13b.9 Abs. 2 S. 1 II.5 AEErbSt 2017.

11 Vgl. Steuerberaterverband/Bolz/Messner, Erbrecht, 2017, S. 267. Ein Vergleich zwischen dem vereinfachten Ertragswertverfahren und der Bewertung nach IDW S 1 findet sich bei Bruckmeier/Zwirner/Vodermeier, DStR, 2017, S. 678 ff.

12 Vgl. Betz/Zillmer, NWB-EV, 2017, S. 12 und Dietz, NWB, 2019, S. 951.

13 Vgl. Erb/Regierer/Vosseler, Bewertung, 2018, S. 122.

14 Vgl. Bäuml, DB, 2018, S. 524.

15 Vgl. Reich, DStR, 2016, S. 2449.

16 Vgl. Maiterth, DB, 2017, S. 1043.

17 Vgl. Jülicher, § 13a, 2019, Rn. 39.

18 Vgl. Maiterth, DB, 2017, S. 1043.

19 Vgl. Lippross/Seibel/Esskandari, § 7, 2019, Rn. 90.

Wartezeit aus dem Unternehmen erzielten Gewinne für sich verwenden.[20] Außerdem sind die Nebenwirkungen einer Kettenschenkung nicht außer Acht zu lassen. So könnten Pflichtteilberechtigte des Intermediärs Ansprüche geltend machen, ebenso kommt es zum Verbrauch von Freibeträgen zwischen Schenker und Mittelsperson.[21]

Dasselbe Ziel der Grenzwertvervielfachung steht auch im Mittelpunkt nachfolgender Gestaltungsmöglichkeit. Anstatt das Unternehmensvermögen als Ganzes an einem einzigen Zeitpunkt zu übertragen, wird es derart etappenweise im Abstand von zehn Jahren an den Erwerber weitergegeben, dass das begünstigte Vermögen innerhalb jedes einzelnen Zehn-Jahres-Zeitraums die 26-Mio.-Euro-Grenze nicht überschreitet.[22] Zudem ließe sich neben den persönlichen Freibeträgen noch der Abzugsbetrag des § 13a Abs. 2 ErbStG mehrfach bzw. voll ausnutzen.[23] Hilfsweise sind auch größere Tranchen von maximal 45 Mio. Euro in der Regel- und 51 Mio. Euro in der Optionsverschonung zu empfehlen.[24]

Als letzte Gestaltungsmöglichkeit in dieser Kategorie ist ferner eine Variation mit unmittelbarem Einfluss auf das begünstigte Vermögen anzuführen: Gemäß § 13c Abs. 1 S. 1 ErbStG ist das Abschmelzmodell von sprunghaft abschmelzenden Verschonungsabschlägen gekennzeichnet. Die Sprungstellen befinden sich nach genannter Vorschrift dort, wo das begünstigte Vermögen den Betrag von 26 Mio. Euro um ein ganzzahliges Vielfaches von 750.000 Euro übersteigt.[25] Soweit begünstigtes Vermögen auf oder oberhalb einer Sprungstelle liegt und die Differenz zu dem höchstmöglichen, die Sprungstelle (marginal) unterschreitenden Betrag weniger als 100 Prozent der Differenzsteuerbelastung beträgt muss – falls eine Umwandlung in nicht begünstigtes Vermögen ausscheidet – dessen vorteilhafte Vernichtung oder Verschenkung an Dritte geprüft werden.[26]

---

20 Vgl. Taplan/Baumgartner/Baumgartner, DStR, 2014, S. 2157 und Weinmann u. a., Erbschaft, 2017, S. 211-212.

21 Vgl. Geck, ZEV, 2017, S. 483.

22 Vgl. Hannes, ZEV, 2016, S. 559.

23 Vgl. Huber/Schmidt/Horch, Erbschaftsteuerreform, 2017, S. 94, 101 und Wälzholz, NWB-EV, 2017, S. 277.

24 Vgl. Korezkij, DStR, 2017, S. 191. Es handelt sich um gerundete Werte.

25 Rechnerisch ist der 85 prozentige Verschonungsabschlag der Regelverschonung im Ab schmelzmodell bereits bei 89,75 Mio. Euro abgeschmolzen. Ab einem begünstigten Vermögen von 90 Mio. Euro steht auch im Abschmelzmodell in der Variante der Optionsverschonung nach § 13c Abs. 1 S. 2 ErbStG keine Steuerbefreiung mehr zur Verfügung.

26 Vgl. Maiterth, DB, 2017, S. 1045.

# 4 Verwaltungsvermögen

## 4.1 Deckungsvermögen

Gestaltungen mit Altersversorgungsverpflichtungen eignen sich kaum für eine Steueroptimierung.[27] Zumindest sind unterfinanzierte Pensionsverpflichtungen dazu nutzbar, Privatvermögen (z. B. ein Vermietungsobjekt oder Aktiendepot) ins Betriebsvermögen einzulegen, anschließend als Deckungsvermögen mit Altersversorgungsverpflichtungen zu verrechnen und so steuerfrei zu übertragen.[28]

## 4.2 Sonstiges altes Verwaltungsvermögen

Zur Modifikation des sonstigen Verwaltungsvermögens können dem Steuerpflichtigen die nachfolgenden Möglichkeiten angeboten werden:

Ein erster Gestaltungsvorschlag, einen zu hohen sowie die Zehn-Prozent-Unschädlichkeitsgrenze des § 13b Abs. 7 S. 1 ErbStG übersteigenden Bestand des sonstigen Verwaltungsvermögens zu reduzieren, stellt dessen Veräußerung oder die Wertpapierleihe dar.[29] Durch ein derartiges Vorgehen wird eine Umwandlung des Verwaltungsvermögens in Finanzmittel vollzogen, was zu folgenden Vorteilen führen kann: Zum einen begünstigt es die volle Schuldenverrechnung im Zusammenhang mit den Finanzmitteln nach § 13b Abs. 4 Nr. 5 S. 1 ErbStG im Gegensatz zur lediglich quotalen Schuldenverrechnung beim sonstigen Verwaltungsvermögen nach § 13b Abs. 6 ErbStG.[30] Zum anderen lässt sich dadurch der möglicherweise noch nicht vollständig ausgereizte Sockelbetrag des § 13b Abs. 4 Nr. 5 S. 1 ErbStG in Höhe von 15 Prozent des anzusetzenden Betriebsvermögens nutzen.[31] Unbedingt zu beachten sind jedoch mit diesen Maßnahmen einhergehende Auswirkungen auf Ertrag- und Umsatzsteuern.[32]

Wünscht der Steuerpflichtige einen geringeren Wert des sonstigen Verwaltungsvermögens, können außerdem Dritten zur Nutzung überlassene Grundstücke dazu beitragen (sie gehören nach § 13b Abs. 4 Nr. 1 ErbStG zum Verwaltungsvermögen). Eine Option liegt darin, die Beendigung solcher Überlassungen, z. B. durch Kündigung des Mietvertrags, noch vor dem Stichtag einzuleiten.[33] Das gilt ebenso im Falle unentgeltlicher Überlassungen.[34] Eine

27 Vgl. Reich, DStR, 2017, S. 1859.

28 Vgl. Demuth/Bodden, ködsi, 2017, S. 20484. Weiterführende Informationen: Demuth, Gestaltungsüberlegungen, 2017, Tz. B. I., Rn. 6 ff.

29 Vgl. Maiterth, DB, 2017, S. 1041.

30 Vgl. Hubert, StuB, 2017, S. 136.

31 Vgl. Huber/Schmidt/Horch, Erbschaftsteuerreform, 2017, S. 72.

32 Vgl. Olbing/Stenert, FR, 2017, S. 709.

33 Vgl. Maiterth, DB, 2017, S. 1041.

34 Vgl. A 13b.13 S. 2 AEErbSt 2017.

weitere Option eröffnet sich bei einem hohen Wohnungsbestand: Gelingt es, die Voraussetzungen des § 13b Abs. 4 Nr. 1 S. 2 d) ErbStG herzustellen, liegt kein Verwaltungsvermögen vor.[35] Bei genannter Vorschrift handelt es sich um die Verschonung für Wohnungsunternehmen, von welcher allerdings nur Betriebe profitieren können, deren Hauptzweck in der Vermietung von Wohnungen liegt und deren Zweckerfüllung einen wirtschaftlichen Geschäftsbetrieb erfordert.[36] Soll hingegen der Bestand des Verwaltungsvermögens erhöht werden, so kämen analog zu vorstehenden Überlegungen auch die gegenteiligen Maßnahmen (wie gerade der Abschluss eines Mietvertrages) in Betracht.[37] Solche Konstellationen existieren im Abschmelzmodell zum einen an den Sprungstellen, vgl. hierzu die Ausführungen im Kontext der Gestaltung „Vernichtung oder Verschenkung" in Abschnitt 3, zum anderen aber auch bei einem begünstigten Vermögen ab 44,75 Mio. Euro in der Regelverschonung bzw. 50,75 Mio. Euro in der Optionsverschonung.[38]

Neben der Nutzungsüberlassung von Grundstücken können des Weiteren private Gegenstände zum Zielobjekt derartiger Gestaltungen werden. Die Grundlage hierfür bietet § 13b Abs. 4 Nr. 3 ErbStG. Danach zählen typischerweise der privaten Lebensführung dienende Gegenstände im Betriebsvermögen (wie beispielsweise Kunstgegenstände oder Jachten) nicht zum Verwaltungsvermögen, wenn deren entgeltliche Nutzungsüberlassung den Hauptzweck des Betriebs bildet. Infolgedessen ließe sich ein im Privatvermögen befindlicher wertvoller Oldtimer (Pars pro Toto) mithilfe der Verschonungsregeln im Optimalfall erbschaftsteuerfrei auf die nächste Generation übertragen: Hierzu müsste er vor dem Stichtag in das Betriebsvermögen eines den entsprechenden Hauptzweck erfüllenden Betriebes eingelegt und zum Objekt eines Mietvertrags gemacht werden.[39] Angesichts des Stichtagsprinzips kann der Mietvertrag nach durchgeführter Übertragung wieder gekündigt und der Oldtimer weiterverschenkt werden.[40]

Der in § 13b Abs. 7 verankerte Schmutzzuschlag ermöglicht die Verschonung von Verwaltungsvermögen in Höhe von zehn Prozent des um den Nettowert des Verwaltungsvermögens gekürzten Betriebsvermögens.[41] Er soll den notwendigen Finanzpuffer eines Unternehmens für Investitionen in be-

---

35 Vgl. Blusz, NWB-EV, 2017, S. 118 ff. und Wälzholz, NWB-EV, 2017, S. 275-276.

36 Vgl. Escher, BB, 2018, S. 800. Zur Problematik der Herstellung der beiden Voraussetzungen vgl. auch Hannes/Holtz, § 13b, 2018, Rn. 57-60 und Korezkij, DStR, 2018, S. 717-719.

37 Vgl. Korezkij, DStR, 2017, S. 191.

38 Vgl. Maiterth, DB, 2017, S. 1044.

39 Vgl. Korezkij, DStR, 2016, S. 2437 und Olbing/Stenert, FR, 2017, S. 703.

40 Vgl. Korezkij, DStR, 2016, S. 2437. Kritisch hierzu: Huber/Schmidt/Horch, Erbschaftsteuer reform, 2017, S. 62-63.

41 Vgl. Riegel/Heynen, BB, 2017, S. 26.

günstigtes Vermögen typisiert abbilden.[42] Damit drängt es sich auf, diesen Puffer auch aus gestalterischer Sicht voll auszuschöpfen, wofür mehrere Möglichkeiten zur Verfügung stehen: Ähnlich wie der unmittelbar zuvor beschriebene Vorschlag, könnte Privatvermögen derart frühzeitig ins Betriebsvermögen eingelegt werden, dass sich zum Stichtag der Nettowert des Verwaltungsvermögens entsprechend erhöht.[43] Weitere Vorschläge zu seiner Ausnutzung finden sich zu den Gestaltungsmöglichkeiten bezogen auf den „Zeitablauf" in Abschnitt 4.3 und die „Investition in einen Fond" in Abschnitt 4.4.

## 4.3 Junges Verwaltungsvermögen

Beim jungen Verwaltungsvermögen handelt es sich um Verwaltungsvermögen, das dem Betrieb im Zeitpunkt der Steuerentstehung weniger als zwei Jahre zuzurechnen ist (§ 13b Abs. 7 S. 2 ErbStG). Zur Verhinderung einer kurzfristig durchgeführten missbräuchlichen Einlage in das Betriebsvermögen ist es immer von jeglicher Verschonung ausgeschlossen.[44] Um diese Position möglichst gering zu halten, könnte zunächst auf eine langfristig orientierte Strategie der Vermeidung zurückgegriffen werden: Wird innerhalb von zwei Jahren vor dem Übergabezeitpunkt kein Verwaltungsvermögen mehr zugeführt, wird deren Entstehung bereits von vornherein unterbunden.[45] Ebenso sollte innerhalb dieses Zeitraums so weit wie möglich auf den Austausch von Aktiva verzichtet werden, also z. B. auf Aktienhandel.[46] Zukäufe im Rahmen eines Wertpapierhandels führen nämlich nach § 13b Abs. 4 Nr. 4 und Abs. 7 S. 2 ErbStG zu jungem Verwaltungsvermögen. Hier stellen Fonds, die nicht in der Rechtsform einer Personen- oder Kapitalgesellschaft geführt werden, insoweit attraktive Investitionsoptionen dar, als deren Wertpapiertransaktionen kein anteilig zu berücksichtigendes junges Verwaltungsvermögen verursachen.[47]

Für junges Verwaltungsvermögen, das sich bereits innerhalb des zweijährigen Beobachtungszeitraums im Betriebsvermögen befindet, bedarf es einer anderen Vorgehensweise. Hier wäre zunächst analog zum Gestaltungsvorschlag „Umwandlung des Verwaltungsvermögens in Finanzmittel" in Abschnitt 4.2 an einen Verkauf zu denken.[48] Durch die Umwandlung werden

---

42 Vgl. BT-Drs. 18/5923 v. 07.09.2015, S. 29.

43 Vgl. Huber/Schmidt/Horch, Erbschaftsteuerreform, 2017, S. 72. Zur konkreten Gestaltung mit vermögensverwaltenden Unternehmen (dort „abgespeckte Cash-GmbH" genannt), vgl. Hubert, StuB, 2017, S. 133-135.

44 Vgl. BT-Drs. 18/5923 v. 07.09.2015, S. 29 und Riegel/Heynen, BB, 2017, S. 26.

45 Vgl. Hubert, StuB, 2017, S. 136.

46 Vgl. Götzenberger, Vermögensübertragung, 2017, S. 338.

47 Vgl. Reich, DStR, 2017, S. 1861.

48 Vgl. Reich, DStR, 2017, S. 1861.

Finanzmittel generiert, jedoch keine jungen Finanzmittel, letztere entstehen durch einen Einlagenüberhang (§ 13b Abs. 4 Nr. 5 S. 2 ErbStG).[49] Zu den an entsprechender Stelle bereits ausgeführten Vorteilen (vgl. Abschnitt 4.2, Stichwort „Umwandlung des Verwaltungsvermögens in Finanzmittel“) tritt hier noch ein weiterer positiver Effekt hinzu: Das umgeschichtete junge Verwaltungsvermögen kommt in den Genuss des Schmutzzuschlages (sofern dieser noch nicht vollständig aufgebraucht ist).[50] Keinesfalls müssen sofort alle Wirtschaftsgüter dieser Kategorie verkauft werden. Zu berücksichtigen ist schließlich, dass junges Verwaltungsvermögen auch ohne Zutun allein durch Zeitablauf in Verwaltungsvermögen transformiert wird (§ 13b Abs. 7 S. 2 ErbStG). Es empfiehlt sich, auch diesen Umstand bei der Planung des Übergabezeitpunktes adäquat zu berücksichtigen.[51]

Zuletzt kommt als weitere Alternative zu einem Verkauf auch die Entnahme von fremdfinanziertem Verwaltungsvermögen in Betracht: siehe hierzu auch die Ausführungen im Zusammenhang mit der „Reduktion von fremdfinanziertem Verwaltungsvermögen“ in Abschnitt 5.

## 4.4 Alte Finanzmittel

Im Kontext der Finanzmittel steht mit den nächsten Gestaltungsmöglichkeiten eine Fülle an Optimierungsgelegenheiten zur Verfügung: Existieren c. p. mehrere gleichwertige Zeitpunkte zur Realisation der vorweggenommenen Erbfolge, könnte bei der Auswahlentscheidung derjenige präferiert werden, an dem der Finanzmittelbestand für das Unternehmen optimal ist, denn es gilt ein strenges Stichtagsprinzip.[52] Nach Festlegung des Zeitpunktes der Steuerentstehung gilt es, den Finanzmittelbestand aktiv zu optimieren. Hierbei ist zunächst an Forderungen aus Lieferungen und Leistungen als Bestandteil der Finanzmittel zu denken.[53] Im Fall der Zielsetzung eines geringen Finanzmittelbestandes sollte das Entstehen neuer Forderungen vor dem Stichtag möglichst verhindert werden.[54]

Für die übrigen zum Stichtag vorhandenen Finanzmittel kann im Austausch mit begünstigtem Vermögen eine relevante Gestaltungsmöglichkeit gesehen werden: In der ersten Ausprägungsform ist diese darauf ausgerichtet, Finanzmittel ab- und gleichzeitig begünstigtes Vermögen aufzubauen.[55] Das gelingt beispielsweise durch den Zukauf von Produktivvermögen (wie dem

49 Vgl. Uhl-Ludäscher, ErbStB, 2018, S. 295.
50 Vgl. Uhl-Ludäscher, ErbStB, 2018, S. 295.
51 Vgl. Kaminski, Stbg, 2016, S. 447.
52 Vgl. Reich, DStR, 2017, S. 1859.
53 Vgl. A 13b.23 Abs. 2 AEErbSt 2017.
54 Vgl. Reich, DStR, 2017, S. 1859.
55 Vgl. Sothen, § 36, 2018, Rn. 75.

Erwerb einer Produktionsmaschine),[56] der Beschaffung von Vorräten oder allgemein dem stichtagsorientierten Vorziehen geplanter Investitionen.[57] In der zweiten Ausprägungsform steht die Erhöhung des Finanzmittelbestandes und die Reduzierung des begünstigten Vermögens im Fokus, was sich z. B. durch einen bewussten Abverkauf von Erzeugnissen erreichen lässt.[58] Eine weitere Möglichkeit der Reduktion des Finanzmittelbestands besteht darin, Finanzmittel zur *Schuldentilgung* einzusetzen. Hierzu sei auf die Ausführungen „Reduktion von fremdfinanziertem Verwaltungsvermögen" in Abschnitt 5 verwiesen. Falls der Sockelbetrag trotz der Gestaltungsvorschläge „Umwandlung des Verwaltungsvermögens in Finanzmittel" in Abschnitt 4.2 und „Verkauf" in Abschnitt 4.3 noch nicht vollständig aufgebraucht sein sollte, könnte die Vergeudung des verbleibenden Begünstigungspotenzials vermieden werden, indem der Finanzmittelbestand durch private Finanzmittel aufgefüllt wird (z. B. Bankguthaben).[59] Dazu muss jedoch sichergestellt werden, dass das Unternehmen nach § 13b Abs. 4 Nr. 5 S. 4 ErbStG überwiegend originär gewerblich/freiberuflich tätig ist.[60] Reine Cash-Gesellschaften können sich dementsprechend nicht dieses Instruments bedienen.[61] Darüber hinaus darf es durch die Einlage nicht zu jungen Finanzmitteln kommen.[62] Realisierbar ist dies beispielsweise durch folgenden Umweg: Es wird sonstiges Verwaltungsvermögen eingelegt, welches anschließend noch vor Steuerentstehung veräußert wird.[63] Die daraus resultierenden Finanzmittel sind keine jungen Finanzmittel, da sie nicht eingelegt wurden (§ 13b Abs. 4 Nr. 5 S. 2 ErbStG).[64] Analog dazu könnte ein noch nicht ausgeschöpfter Schmutzzuschlag genutzt werden: Finanzmittel ließen sich zu diesem Zweck zur Investition in einen Fond verwenden, der nach zwei Jahren sonstiges Verwaltungsvermögen würde.[65]

### 4.5 Junge Finanzmittel

Junge Finanzmittel sind von der Schuldenverrechnung ausgeschlossen und stellen kein unschädliches Verwaltungsvermögen dar.[66] Laut Definition in § 13b Abs. 4 Nr. 5 S. 2 ErbStG handelt es sich dabei um den positiven Saldo der

---

56 Vgl. Huber/Schmidt/Horch, Erbschaftsteuerreform, 2017, S. 56 und 71.
57 Vgl. Geck, ZEV, 2017, S. 486.
58 Vgl. Korezkij, DStR, 2017, S. 191. Zum Hintergrund der Zielsetzung vgl. die Ausführungen zur Gestaltungsmöglichkeit „Dritten zur Nutzung überlassene Grundstücke" in Abschnitt 4.2.
59 Vgl. Huber/Schmidt/Horch, Erbschaftsteuerreform, 2017, S. 72.
60 Vgl. Wachter, DB, 2017, S. 810.
61 Vgl. Hannes/Holtz, § 13b, 2018, Rn. 78.
62 Vgl. Huber/Schmidt/Horch, Erbschaftsteuerreform, 2017, S. 72.
63 Vgl. Demuth/Bodden, ködi, 2017, S. 20487.
64 Vgl. Demuth/Bodden, kösdi, 2017, S. 20487.
65 Vgl. Reich, DStR, 2017, S. 1861.
66 Vgl. A 13b.23 Abs. 3 S. 6 AEErbSt 2017.

eingelegten und entnommenen Finanzmittel im Zeitraum von zwei Jahren vor der Steuerentstehung. Ob diese eingelegten Mittel noch vorhanden sind, ist irrelevant.[67] Bei einem positiven Saldo können Finanzmittel in junge Finanzmittel umqualifiziert werden, obwohl mit den originären jungen Finanzmitteln ggf. bereits begünstigtes Vermögen angeschafft worden ist.[68] Daher ist anzuraten, dem Umfang der Einlagen und Entnahmen der letzten zwei Jahre vor der Steuerentstehung Beachtung zu schenken und die Entnahme eines Einlagenüberhangs rechtzeitig in die Wege zu leiten.[69]

Im Übrigen sind junge Finanzmittel a priori auf den Bestand der Finanzmittel begrenzt.[70] Dadurch entsteht aber zugleich folgende Gestaltungsmöglichkeit: Entsprechen die jungen Finanzmittel bereits dem Finanzmittelbestand oder übersteigen diesen, lassen sich zusätzlich Finanzmittel ins Betriebsvermögen einlegen und zur Tilgung betrieblicher Schulden verwenden, ohne dass weitere anzusetzende junge Finanzmittel entstehen.[71]

# 5 Schulden

Von der Schuldenverrechnung mit Verwaltungsvermögen sind solche Schulden ausgenommen, die wirtschaftlich nicht belastend sind oder die (anteilig) den durchschnittlichen Schuldenbestand der letzten drei Jahre vor Steuerentstehung übersteigen (§ 13b Abs. 8 S. 2 ErbStG). Zwar gilt die Begrenzung nicht für kurzfristige Schuldenerhöhungen, deren Veranlassung in der Betriebstätigkeit verortet ist (ebd.), dennoch ist vor diesem Hintergrund anzuraten, rechtzeitig mit der Optimierung des Schuldenbestandes zu beginnen.[72] Daneben sind die Möglichkeiten der Schuldenverrechnung noch aus weiteren Gründen begrenzt.[73] Entsprechend könnte die Reduktion von fremdfinanziertem Verwaltungsvermögen erreicht werden, indem man in Erwägung zieht, dieses abzustoßen, ins Privatvermögen zu überführen oder die zugehörigen Darlehensschulden zu tilgen.[74]

67 Vgl. A 13b.23 Abs. 3 S. 2 AEErbSt 2017.
68 Vgl. Olbing/Stenert, FR, 2017, S. 710.
69 Vgl. Olbing/Stenert, FR, 2017, S. 710.
70 Vgl. A 13b.30 Abs. 3 S. 5 AEErbSt 2017.
71 Vgl. Demuth/Bodden, kösdi, 2017, S. 20487.
72 Vgl. Hubert, StuB, 2017, S. 135-136.
73 Vgl. hierzu A 13b.28 Abs. 1 AEErbSt 2017 und Meyering, DStR, 2018, S. 540-541.
74 Vgl. Götzenberger, Vermögensübertragung, 2017, S. 337-338. Die Schuldentilgung ermöglicht eine volle Schuldenverrechnung und unterstützt so außerdem das Bestehen des 90-Prozent-Tests, vgl. Huber/Schmidt/Horch, Erbschaftsteuerreform, 2017, S. 56.

# 6 Zusammenfassung

Mit den vorhergehenden Ausführungen erhält der Steuerpflichtige eine Übersicht über verschiedene Gestaltungsmöglichkeiten zur Höhe des Betriebsvermögens, die nach den jeweiligen Einflussgrößen sortiert sind. Über die angegebene Literatur sind weitere Informationen über die einzelnen Möglichkeiten der Beeinflussung der Einflussgrößen zu erhalten. Diese sind dann in einem nächsten Schritt auf ein übergeordnetes Ziel hin zu optimieren (beispielsweise innerhalb einer Betrachtung der Erbschaftsteuerbarwertminimierung). Dabei bleibt festzuhalten, dass die Gestaltungsmöglichkeiten rechtzeitig (mindestens zwei Jahre) vor dem geplanten bzw. dem ersten in Frage kommenden Übertragungszeitpunkt zur Optimierung der Steuerbelastung bedacht werden sollten.

# Literaturverzeichnis

## Buchwerke

Demuth, R. (2017). Gestaltungsüberlegungen zum neuen Unternehmenserbschaftsteuerrecht. In: kösdi, 27. Kösdi-Spezialseminar (KSp 27). Das neue Erbschaftsteuerrecht – Vorweggenommene Erbfolge – Testamentsgestaltung. Steuer- und zivilrechtliche Optimierung vor dem Hintergrund der Rechtsänderungen, 2017, Abschnitt B.

Erb, T./Regierer, C./Vosseler, C. (Hrsg.) (2014). Bewertung bei Erbschaft und Schenkung. Zusammenwirken von Bewertung, Steuerrecht und Zivilrecht. München: C.H. Beck.

Esskandari, M./Winter, S. (2019). § 7 ErbStG. In: Lippross, O.-G./Seibel, W. (Hrsg.). Basiskommentar Steuerrecht, 115. Ergänzungslieferung. Köln: ottoschmidt.

Götzenberger, A.-R. (2017). Optimale Vermögensübertragung. Erbschaft- und Schenkungsteuer, 5. Auflage. Herne: nwb.

Hannes, F./Holtz, M. (2018). §§ 13a, 13b. In: Meincke/Hannes/Holtz. Erbschaftsteuer- und Schenkungsteuergesetz. Kommentar, 17. Auflage. München: C.H. Beck.

Huber, S./Schmidt, A./Horch, K. (2017). Die Erbschaftsteuerreform: Einführung, Beratung, Gestaltung. Baden-Baden: Nomos.

Jülicher, M. (2019). §§ 13a, 13b. In: Troll/Gebel/Jülicher/Gottschalk. Erbschaftsteuer- und Schenkungsteuergesetz mit Bewertungsrecht und Verfahrensrecht. Kommentar, 57. Ergänzungslieferung. München: Vahlen.

Schneeloch, D. (2009). Betriebswirtschaftliche Steuerlehre. Betriebliche Steuerpolitik, Band 2, 3. Auflage. München: Vahlen.

Sothen, U. von (2018). § 35 Steuerrecht und § 36 Steuerlich motivierte Gestaltung. In: Scherer, S. (Hrsg.): Münchener Anwaltshandbuch Erbrecht, 5. Auflage. München: C.H. Beck.

Steuerberaterverband Niedersachsen Sachsen-Anhalt e.V./Bolz, N./Messner, M. (Hrsg.) (2017). Erbrecht und neues Erbschaftsteuerrecht. In: Aktuelles Steuerrecht special, Band 15. Stuttgart: Boorberg.

Wagner, F./Dirrigl, H. (1980). Die Steuerplanung der Unternehmung, (Grundwissen der Ökonomik. Betriebswirtschaftslehre). Stuttgart/New York: Fischer.

Weinmann, N. u. a. (2017). Erbschaft- und Schenkungsteuerrecht, Band 62, 4. Auflage. München: C.H. Beck.

## Zeitschriftenaufsätze

Bäuml, S. (2018). Die Unternehmens- und Vermögensnachfolge im neuen Erbschaftsteuerrecht als Herausforderung für die Gestaltungspraxis. In: DB, Heft 10, S. 521-527.

Betz, M./Zillmer, I. (2017). Das Verwaltungsvermögen im neuen Erbschaftsteuerrecht. Neuregelung relevant für alle Unternehmen. In: NWB-EV, Heft 1, S. 9-13.

Blusz, P. (2017). Wohnungsunternehmen in der Nachfolgeplanung im Lichte des (neuen) Erbschaftsteuerrechts. In: NWB-EV, Heft 4, S. 118-121.

Bruckmeier, G./Zwirner, C./Vodermeier, M. (2017). Unternehmensbewertung im Erbschaftsteuerrecht: Handlungsempfehlungen und Modellrechnungen. §§ 199 ff. BewG und IDW S 1 nach der Erbschaftsteuerreform 2016 im Vergleich. In: DStR, Heft 12, S. 678-685.

Demuth, R./Bodden, G. (2017). Der koord. Ländererlass zum neuen Unternehmenserbschaftsteuerrecht – Auswirkungen und erste Gestaltungsüberlegungen. In: kösdi, Heft 10, S. 20481-20497.

Dietz, M. (2019). Großvermögen in der Nachfolgegestaltung. Die Verschonungsbedarfsprüfung – Stolperfallen und Gestaltungshinweise. In: NWB, Heft 14, S. 945-952.

Escher, J. (2018). (Keine) Erbschaftsteuerverschonung für Wohnungsunternehmen. In: BB, Heft 15, S. 800-802.

Geck, R. (2017). Der koordinierte Ländererlass zur Erbschaftsteuerreform vom 22.6.2017: eine Hilfestellung für die Beratungspraxis? In: ZEV, Heft 9, S. 481-489.

Hannes, F. (2016). Erbschaftsteuerreform 2016: Neuregelungen zur Bewertung und zum Umfang der Verschonung. In: ZEV, Heft 10, S. 554-561.

Heurung, R./ Fröhr, K./ Bresgen, A. (2015). Erbschaftsteuerliche Gleichstellung bei der Gewährung von Freibeträgen nach § 16 ErbStG. In: ISR, Heft 1, S. 20-25.

Heurung, R./ Fröhr, K./ Ferdinand, F. (2016). Europäische Harmonisierungsbestrebungen im internationalen Erb- und Erbschaftsteuerrecht-Aktuelle Bestandsaufnahme. In: ISR, Heft 6, S. 201-207.

Heurung, R./ Kollmann, S./ Schmidt, S. (2016). Berücksichtigung einer in den USA gezahlten Quellensteuer auf Versicherungsleistungen bei der Erbschaftsteuer. In: ISR, Heft 12, S. 421-424.

Heurung, R./ Schmidt, S./ Kollmann, S. (2016). Kritische Aspekte zur geplanten Erbschaftsteuerreform bei begünstigten Betriebsvermögensübergängen. In: StB, Heft 9, S. 253-261.

Hubert, T. (2017). Erste Gestaltungsüberlegungen nach der großen Erbschaftsteuerreform. Beispiele für den steueroptimierten Erwerb von Anteilen an Kapitalgesellschaften ab dem 1.7.2016. In: StuB, Heft 4, S. 131-139.

Kaminski, B. (2016). Neuregelungen für Betriebsvermögen bei der Erbschaft- und Schenkungsteuer – Umsetzung des BVerfG-Urteils vom 17.12.2014 – In: Stbg, Heft 11, S. 441-460.

Korezkij, L. (2017). Erbschaftsteuerreform: Finger weg vom Abschmelzungsmodell bei Erwerben begünstigten Vermögens ab 51 Mio. €! In: DStR, Heft 4, S. 189-193.

Korezkij, L. (2016). Neuer Verwaltungsvermögenstest im Konzern aus der Sicht eines Rechtsanwenders – Der Weg vom begünstigungsfähigen zum begünstigten Vermögen nach § 13b Abs. 2-10 ErbStG. In: DStR, Heft 42, S. 2434-2447.

Korezkij, L. (2018). Update Verwaltungsvermögenstest: Aktuelles aus der Rechtsprechung und Finanzverwaltung. In: DStR, Heft 15, S. 715-719.

Kröner, M. (1984). Zur Integration steuerlicher Partialplanungen in die Unternehmensplanung. In: DB, Heft 27/28, S. 1409-1415.

Maiterth, R. (2017). ErbSt-Reform 2016: Belastungswirkungen und Gestaltungsansätze bei der Unternehmensnachfolge. In: DB, Heft 19, S. 1037-1048.

Meyering, S. (2018). Bestimmung des begünstigten und des nicht begünstigten Vermögens nach dem ErbStAnpG. Mangelnde Abstimmung zwischen dem BewG und dem ErbStG sowie Umgang mit einem verbleibenden Schuldenüberhang. In: DStR, Heft 10, S. 538-541.

Meyering, S./Müller-Thomczik, S./Hiltl, J. (2019). Gestaltungsmöglichkeiten im erbschaftsteuerlichen Verschonungssystem. Eine systematische, literaturbasierte Zusammenstellung (Teil I). In: DStR, Heft 44, S. 2329-2333.

Meyering, S./Müller-Thomczik, S./Hiltl, J. (2019). Gestaltungsmöglichkeiten im erbschaftsteuerlichen Verschonungssystem. Eine systematische, literaturbasierte Zusammenstellung (Teil II). In: DStR, Heft 45, S. 2379-2381.

Olbing, K./Stenert, J. (2017). Der neue Verwaltungsvermögenstest im Detail. In: FR, Heft 15, S. 701-718.

Reich, M. (2017). Der koordinierte Ländererlass zum Unternehmenserbschaftsteuerrecht aus Sicht der Beratungs- und Gestaltungspraxis. In: DStR, Heft 35, S. 1858-1863.

Riegel, M./Heynen, P. (2017). Erbschaftsteuerreform 2016 - das vorläufige Ende einer Hängepartie. In: BB, Heft 1/2, S. 23-31.

Taplan, M./Baumgartner, G./Baumgartner, E. (2014). Zur steuerlichen Behandlung von Kettenschenkungen. Vorweggenommene Erbfolge vor der Entscheidung des BVerfG zu den Verschonungsregelungen des ErbStG: Eine Renaissance der Kettenschenkung. In: DStR, Heft 44, S. 2153-2159.

Uhl-Ludäscher, L. (2018). Junges Verwaltungsvermögen durch Umschichtung von Wertpapieren. In: ErbStB, Heft 10, S. 295-296.

Viskorf, H.-U. (2018). Erbschaftsteuer im Fokus des Verfassungsrechts und der Gestaltungspraxis. In: ZEV, Heft 10, S. 563-571.

Wachter, T. (2017). Ausgewählte Fallbeispiele zur Erbschaftsteuerreform 2016. In: DB, Heft 15, S. 804-813.

Wälzholz, E. (2017). Gestaltungsüberlegungen auf Grundlage des erbschaftsteuerlichen Anwendungserlasses. Erbschaftsteuerreform – Koordinierter Ländererlass vom 22.6.2017. In: NWB-EV, Heft 8, S. 275-281.

## Gesetze, Verwaltungsanweisungen und Parlamentaria

(AEErbSt 2017) Koordinierter Ländererlass v. 22. Juni 2017: Anwendung der geänderten Vorschriften des Erbschaftsteuer- und Schenkungsteuergesetzes (BStBl. I, S. 902).

Bewertungsgesetz in der Fassung der Bekanntmachung vom 1. Februar 1991 (BGBl. I, S. 230), zuletzt geändert durch Artikel 2 des Gesetzes vom 4. November 2016 (BGBl. I, S. 2464).

Deutscher Bundestag, Drucksache 18/5923 vom 07.09.2015: Gesetzesentwurf der Bundesregierung. Entwurf eines Gesetzes zur Anpassung des Erbschaftsteuer- und Schenkungsteuergesetzes an die Rechtsprechung des Bundesverfassungsgerichts.

Erbschaftsteuer- und Schenkungsteuergesetz in der Fassung der Bekanntmachung vom 27. Februar 1997 (BGBl. I, S. 378), zuletzt geändert durch Artikel 5 des Gesetzes vom 25. März 2019 (BGBl. I, S. 357).

Gesetz zur Anpassung des Erbschaftsteuer- und Schenkungsteuergesetzes an die Rechtsprechung des Bundesverfassungsgerichts am 4. November 2016 (BGBl. I, S. 2464).

# Bilanzpolitische Spielräume bei der *Goodwill*-Bilanzierung nach IFRS

*Prof. Dr. Nadine Antonakopoulos*[1]

*Keywords: Goodwill, Impairment-Test, Impairment-Only-Approach, Cash Generating Unit, Headroom, Angaben zur Akquisitionsstrategie*

*Abstract*

*Die Goodwill-Bilanzierung nach den International Financial Reporting Standards (IFRS) wird seit Abschaffung der planmäßigen Abschreibung auf diesen international leidenschaftlich diskutiert. Grund hierfür sind insbesondere die stark angewachsenen Goodwill-Buchwerte in den Bilanzen der IFRS-Bilanzierer. Dies hat seine Ursache in den zahlreichen Ermessenspielräumen bei der Goodwill-Bilanzierung. Begonnen bei der Erstbilanzierung, bei der es durch eine Unterbewertung des Nettovermögens im Rahmen der Kaufpreisallokation zu einer höheren Bewertung des Goodwill kommt. Bei der Folgebilanzierung bestehen ferner Stellschrauben, um eine zeitnahe Erfassung von Wertminderungen auf den Goodwill zu umgehen. Seitens der Unternehmensführung besteht dabei regelmäßig eine hohe Motivation, Wertminderungen auf den Goodwill zu vermeiden und die entsprechenden Spielräume bei seiner Bilanzierung auszuschöpfen, denn eine Wertminderung des Goodwill kann auf eine im Verantwortungsbereich der Unternehmensführung liegende Fehlakquisition hindeuten. Der International Accounting Standards Board (IASB) befasst sich derzeit aktiv mit der Goodwill-Bilanzierung. Zunächst hatte der IASB in Erwägung gezogen, die planmäßige Abschreibung auf den Goodwill wieder einzuführen, dies aber mittlerweile verworfen. Es soll weiterhin an der ausschließlich außerplanmäßigen Abschreibung festgehalten werden. Der Wertminderungstest an sich und die Angaben zu Akquisitionen werden aber überdacht, um sicherzustellen, dass erforderliche Wertminderungen auf den Goodwill zeitnah erfasst werden.*

---

1 Prof. Dr. Nadine Antonakopoulos | Hochschule Worms | nadine@antonakopoulos.de


N. Antonakopoulos et al. (Hrsg.), *Unternehmenskauf und Unternehmensumwandlung*, https://doi.org/10.1007/978-3-658-34138-1_12

# 1 Problemstellung

Zu den Forschungsgebieten von Rainer Heurung gehört im Zusammenhang mit der Konzernrechnungslegung auch die Bilanzierung des *Goodwill*.[2] Die Bilanzierung des *Goodwill* ist aufgrund der hierbei bestehenden erheblichen Ermessenspielräume eines der meist diskutierten Themen der IFRS, weshalb sich der vorliegende Beitrag diesem Thema widmet.

Insbesondere durch die Einführung des *Impairment-Only-Approach* (IOA) nach IFRS, d.h. der ausschließlich außerplanmäßig vorzunehmenden Abschreibung des *Goodwill*, hat er beträchtliche Höhen in den Konzernbilanzen der IFRS-Bilanzierer eingenommen, da kaum Abschreibungen auf ihn erfasst werden.[3] Zur Verdeutlichung, alleine die DAX-30 Konzerne wiesen Ende 2019 *Goodwill*-Buchwerte von über 323 Mrd. € auf, 2005 – dem Jahr der verpflichtenden Erstanwendung des IOA in der EU – betrugen die *Goodwill*-Buchwerte der DAX-30 Unternehmen noch 120 Mrd. €.[4]

Ein *Goodwill* ist nur im Rahmen eines Unternehmenszusammenschlusses zu aktivieren, aufgrund des in diesem Zusammenhang stehenden umfassenden Aktivierungsgebots immaterieller Vermögenswerte basieren diese hohen Beträge fast ausschließlich auf erwarteten Synergien aus dem Unternehmenszusammenschluss und nur im vernachlässigbaren Umfang aus nicht aktivierbaren Vorteilen, die aus dem originären *Goodwill* des erworbenen Unternehmens resultieren und auch im Rahmen eines Unternehmenszusammenschlusses einem Aktivierungsverbot unterliegen, wie das Image des Unternehmens, Standortvorteile und gut ausgebildete Mitarbeiter.[5]

Da der *Goodwill* in den letzten Jahren eine immer größere Bedeutung innerhalb der IFRS-Abschlüsse gewonnen hat und damit ein erhöhtes Vermögensrisiko darstellt, wird seine Bilanzierung kritisch hinterfragt. Entsprechend wird die *Goodwill*-Bilanzierung derzeit im Rahmen eines *Research Project* vom IASB überdacht. Im März 2020 wurde hierzu ein Diskussionspapier veröffentlicht, dessen Kommentierungsfrist am 31.12.2020 endet.[6] Zwar konnte empirisch nachgewiesen werden, dass Unternehmen in der Krise höhere Wertminderungen auf den *Goodwill* vornehmen – so lag das Verhältnis von Wertminderungen zu *Goodwill*-Buchwerten bei Unternehmen in der Krise aus der DAX-Familie bei knapp 20%, während zum Vergleich das Verhältnis bei der gesamten

2 Siehe hierzu das Schriftenverzeichnis im Anhang dieser Festschrift.

3 Vgl. zur Praxis der *Goodwill*-Abschreibung für viele Leitner-Hanetseder und Wimmer 2014, S. 251 ff.; Küting 2013, S. 1794 ff.; Rinker 2020a, 201 ff.

4 Vgl. Sommer 2020a; Rinker 2020b, S. 345.

5 Siehe zur Identifizierung der immateriellen Vermögenswerte Kapitel 2.1.2. Vgl. zum Inhalt des *Goodwill* Hacker und Hornig 2020, S. 263.

6 Vgl. IASB 2020a.

DAX-Familie bei gerade einmal knapp 2% lag – jedoch schrieben lediglich knapp 30% der Krisenunternehmen überhaupt ihren *Goodwill* ab.[7] Einen Stress-Test wird das *Goodwill*-Wertminderungskonzept durch die Corona-Pandemie erfahren. Das IDW ging bereits im März 2020 davon aus, dass bei der Mehrheit der Unternehmen aufgrund der Corona-Pandemie, Wertminderungsindikatoren zu verzeichnen sein werden.[8] Mittlerweile sind im Laufe des Jahres 2020 bereits erhebliche *Goodwill*-Wertminderungen notwendig geworden. So haben beispielsweise BASF 2,8 Mrd. €, Bayer 2,2 Mrd. € und Heidelberg Cement 2,7 Mrd. € *Goodwill*-Wertminderungen im Jahr 2020 erfasst.[9]

# 2 Gegenwärtige *Goodwill*-Bilanzierungsvorschriften nach IFRS

## 2.1 Erstbilanzierung des *Goodwill* nach IFRS

### *2.1.1 Ermittlung des Unterschiedsbetrags im Rahmen eines Unternehmenserwerbs*

Bei Erwerb eines Unternehmens sind die Anschaffungskosten des Unternehmenserwerbs im Rahmen der Kaufpreisallokation auf die identifizierten mit dem *Fair Value* bewerteten übertragenen Vermögenswerte und übernommenen Schulden aufzuteilen (IFRS 3.32, .34). Die Differenz aus neubewerteten Vermögenswerten und Schulden ergibt das neubewertete Eigenkapital des erworbenen Unternehmens. Anschaffungskosten und neubewertetes Eigenkapital weichen betraglich regelmäßig voneinander ab und es entsteht ein Unterschiedsbetrag. Dieser kann sowohl positiv (*Goodwill*) als auch negativ sein. Sollte aus der Kaufpreisallokation ein negativer Unterschiedsbetrag resultieren, so ist dieser prinzipiell als Ertrag zu erfassen, seine Passivierung ist unzulässig (IFRS 3.34).

Sofern das Unternehmen nicht vollständig erworben wurde (unter 100%), sind für die Ermittlung des Unterschiedsbetrags den Anschaffungskosten des erwerbenden Unternehmens zusätzlich der Betrag der nicht beherrschenden Anteile an dem erworbenen Unternehmen hinzuzurechnen und davon das neubewertete Eigenkapital abzuziehen (IFRS 3.32). Der Betrag der nicht beherrschenden Anteile ergibt sich dabei wahlweise aus dem auf diese entfallenden Teil des neubewerteten Eigenkapitals (*Purchased-Goodwill*-Methode) oder deren *Fair Value* (*Full-Goodwill*-Methode) (IFRS 3.19). Bei Anwendung der *Full-Goodwill*-Methode werden nicht nur die stillen Reserven und Lasten des Nettovermögens des erworbenen Unternehmens vollständig aufgedeckt, sondern

7 Vgl. Antonakopoulos und Weidenfeller 2018, S. 310.
8 Vgl. IDW 2020, S. 15
9 Vgl. Sommer 2020b.

auch der Anteil des Unterschiedsbetrags erfasst, der auf die nicht beherrschenden Anteile entfällt. Folglich kann bei Wahl der *Full-Goodwill*-Methode der *Goodwill* noch höhere Werte annehmen und es werden weitere Ermessensspielräume eröffnet.

Bei Anwendung der *Full-Goodwill*-Methode darf der auf die nicht beherrschenden Anteile entfallende Unterschiedsbetrag nicht beteiligungsproportional von dem erworbenen Unterschiedsbetrag ermittelt werden, da in letzterem die Beherrschung des erworbenen Unternehmens – in der Regel in Form eines Beherrschungsaufschlags – berücksichtigt ist und er sich bezüglich seiner Bestandteile und seines Charakters von dem Unterschiedsbetrag, der auf die nicht beherrschenden Anteile entfällt, unterscheidet (IFRS 3.B45). Der *Fair Value* der nicht beherrschenden Anteile ist daher unabhängig von den Anteilen des Erwerbers zu ermitteln. Bei einer Notierung auf einem aktiven Markt kann der *Fair Value* direkt „abgelesen" werden. Liegt keine Marktpreisnotierung vor, ist der *Fair Value* anhand von Bewertungsmethoden zu ermitteln (IFRS 3.B44). Dennoch kann aus einem Unternehmenserwerb nur ein einziger Unterschiedsbetrag resultieren, d.h., es kann sich nicht gleichzeitig ein positiver und ein negativer Unterschiedsbetrag aus demselben Unternehmenserwerb ergeben, da das neubewertete Eigenkapital von der Summe aus Anschaffungskosten und dem Betrag der nicht beherrschenden Anteile abzuziehen ist und somit für die Ermittlung des gesamten Unterschiedsbetrags keine Einzelbetrachtung der Anteile des Erwerbers und der nicht beherrschenden Anteile erfolgt (IFRS 3.BC376).

### *2.1.2 Identifizierung der erworbenen Vermögenswerte und übernommenen Schulden im Rahmen der Kaufpreisallokation*

Im Rahmen der Kaufpreisallokation sind sämtliche Vermögenswerte und Schulden, die die Definitions- und Ansatzkriterien des Rahmenkonzepts erfüllen und Bestandteil des Unternehmenszusammenschlusses sind, zu identifizieren und anzusetzen. Nicht anzusetzen sind daher einerseits Vermögenswerte und Schulden, die Bestandteil einer gesonderten Transaktion sind, und andererseits künftige Verpflichtungen, die nicht mit dem erworbenen Unternehmen übernommen werden, sondern aus den individuellen Plänen des Erwerbers resultieren (IFRS 3.11).

Bei einem Unternehmenserwerb kommt es zu einer umfassenderen Berücksichtigung von Abschlussposten. Gewisse originäre Posten, die einem Ansatzverbot unterliegen, sind bei Erwerb anzusetzen, worunter auch der Erwerb im Rahmen eines Unternehmenszusammenschlusses fällt (IFRS 3.13). Hierunter fallen bestimmte selbst erstellte immaterielle Vermögenswerte sowie Eventualschulden.

Für im Rahmen eines Unternehmenserwerbs erworbene immaterielle Vermögenswerte sind generell gelockerte Ansatzkriterien heranzuziehen. Die Kriterien der Wahrscheinlichkeit des wirtschaftlichen Nutzenzuflusses und der verlässlichen Bewertbarkeit gelten stets als erfüllt (IAS 38.33). In der Konsequenz sind immaterielle Vermögenswerte, die bei Selbsterstellung einem Aktivierungsverbot aufgrund mangelnder Objektivierbarkeit unterliegen, nun ansatzpflichtig. Hierunter fallen beispielsweise Markennamen, Kundenlisten, Auftragsbestände sowie sämtliche vorteilhafte Verträge (IFRS 3.IE16 ff.). Lediglich Sachverhalte, die einen Wert aufweisen, jedoch nicht identifizier- oder kontrollierbar sind, fließen auch weiterhin in den *Goodwill* ein (IFRS 3.B37 ff.). Hierunter fällt beispielsweise der gut ausgebildete Mitarbeiterstamm. Prinzipiell unterliegen im Rahmen eines Unternehmenszusammenschlusses daher kaum noch wirtschaftliche Vorteile einem Aktivierungsverbot. Der *Goodwill* basiert folglich fast ausschließlich auf den erwarteten Synergien des Unternehmenszusammenschlusses.

Hintergrund für das umfassende Aktivierungsgebot immaterieller Vermögenswerte im Rahmen eines Unternehmenszusammenschlusses ist u.a. die mit IFRS 3 abgeschaffte planmäßige Abschreibung des *Goodwill*, sodass bei einem Unternehmenserwerb möglichst viele immaterielle Vermögenswerte zu identifizieren sind, die weiterhin einer planmäßigen Abschreibung unterliegen. Somit wird dem erhöhten Vermögensrisiko aus der ausschließlich außerplanmäßigen Abschreibung des *Goodwill* zumindest ein wenig entgegengewirkt. Ferner ist der Erwerber dazu gezwungen, genau zu prüfen, für was er den Kaufpreis gezahlt hat und unterliegt somit einem größeren Rechtfertigungszwang bzw. einer besseren Kontrollmöglichkeit, ob eine sinnvolle Investition getätigt wurde.

Für die künftige Ertragslage eines Unternehmens hat die Aktivierung von immateriellen Vermögenswerten, wie Auftragsbeständen und Kundenlisten, jedoch weitreichende Folgen, denn diese stellen letztendlich aktivierte in der Zukunft zu realisierende Umsatzerlöse dar. Durch ihre Abschreibung wird der künftige Umsatz hieraus neutralisiert, sodass diese immateriellen Vermögenswerte künftig nicht zu einer Verbesserung der Ertragslage führen, sondern im besten Falle – wenn die geschätzten Umsätze so auch realisiert werden – neutral für die Ertragslage sind. Sofern hingegen tatsächlich geringere Umsätze aus diesen immateriellen Vermögenswerten als prognostiziert realisiert werden, verschlechtert sich die künftige Ertragslage durch die die Umsatzerlöse übersteigenden Abschreibungen. Folglich besteht regelmäßig eine hohe Motivation, die beschrieben immateriellen Vermögenswerte aus Unternehmenszusammenschlüssen möglichst niedrig und den entsprechenden *Goodwill* möglichst hoch zu bewerten.

Eigene Eventualschulden sind nicht zu bilanzieren, sondern lediglich im Anhang zu beschreiben (IAS 37.27 f., .86). Im Abgrenzung zu den bilanzierungspflichtigen Rückstellungen liegt beispielsweise die Eintrittswahrscheinlichkeit von Eventualschulden unter 50% oder die Höhe des zugrundeliegenden

Risikos ist nicht ausreichend verlässlich bestimmbar (IAS 37.26). Im Rahmen eines Unternehmenserwerbs sind hingegen gegenwärtige Verpflichtungen, deren Höhe ausreichend verlässlich bestimmbar ist, auch dann anzusetzen, wenn der Ressourcenabfluss unwahrscheinlich ist (IFRS 3.23). Hintergrund hierfür ist, dass bestehende Risiken regelmäßig kaufpreismindernd berücksichtigt werden. Die Eintrittswahrscheinlichkeit fließt dabei entsprechend in die Bewertung der Eventualschuld mit ihrem *Fair Value* ein. Ferner liegt es im Interesse des Erwerbers, sämtliche Risiken aus einem Unternehmenserwerb zu identifizieren und kaufpreismindernd zu berücksichtigen. Es wird daher recht selten vorkommen, dass eine gegenwärtige Verpflichtung bei einem Unternehmenserwerb nicht verlässlich bewertbar ist. Bei eigenen Verpflichtungen kann hingegen durchaus die Motivation bestehen, auf ihren Ansatz aufgrund der „nicht verlässlichen Bewertbarkeit" zu verzichten, um die Finanz- und Ertragslage besser darzustellen. Die Erfassung von Eventualschulden wirkt *goodwill*-erhöhend.

### *2.1.3 Fair-Value-Bewertung im Rahmen der Kaufpreisallokation*

Der *Fair Value* ist definiert als Preis, der beim Verkauf eines Vermögenswerts erzielt bzw. bei der Übertragung einer Schuld in einer gewöhnlichen Transaktion zwischen Marktteilnehmern am Bewertungsstichtag gezahlt werden würde (IFRS 13.2 f., .9). Da für einen Großteil der Bilanzposten keine ablesbaren Marktwerte vorliegen, sieht IFRS 13 für die Ermittlung von *Fair Values* drei verschiedene Bewertungsmethoden vor: marktbasierte, kostenbasierte und einkommensbasierte Methoden. Dabei ist das für den zu bewertenden Posten sachgerechteste Verfahren zu wählen (IFRS 13.61 ff.).

Zu den marktbasierten Bewertungsmethoden gehören insbesondere Multiplikatormodelle oder Vergleichswertmethoden, sie basieren auf Preisen und Informationen aus Markttransaktionen für identische oder vergleichbare Posten (IFRS 13.B5 f.). Bei kostenbasierten Bewertungsmethoden wird der Betrag ermittelt, der notwendig wäre, um den Posten unter Berücksichtigung von wirtschaftlichen, technischen und physischen Wertrückgängen zu den aktuellen Marktverhältnissen zu beschaffen oder herzustellen, d. h., es handelt sich um den aktuellen Wiederbeschaffungswert bzw. die aktuellen Reproduktionskosten zuzüglich eines realisierbaren Gewinnaufschlags (IFRS 13.B8 f.). Schließlich werden bei einkommensbasierten Bewertungsmethoden auf Basis bestehender Markterwartungen künftige Zahlungsströme oder Aufwendungen und Erträge diskontiert. Hierzu gehören Barwerttechniken, d. h. Ertragswert- und *Discounted-Cashflow*-Verfahren (DCF-Verfahren) (IFRS 13.B10 f.).

Ferner enthält IFRS 13 eine *Fair-Value*-Hierarchie, die die in eine *Fair-Value*-Ermittlung einfließenden Inputfaktoren in drei Stufen nach deren Objektivitätsgrad einteilt (IFRS 13.72 ff.). Dabei sind Inputfaktoren der Stufe 1 am objektivsten. Es handelt sich um auf aktiven Märkten notierte, nicht angepasste

Preise. Ein aktiver Markt erfordert Transaktionen in ausreichender Häufigkeit und in ausreichendem Volumen, sodass das Vorliegen von Preisinformationen für den betreffenden Posten jederzeit gewährleistet ist (IFRS 13.76, Anhang A). Inputfaktoren der Stufe 2 sind beobachtbare Preise, die jedoch nicht auf einem aktiven Markt notiert oder zwar auf einem aktiven Markt notiert, aber angepasst sind (IFRS 13.81 ff.). Inputfaktoren der Stufe 3 sind nicht beobachtbare Inputfaktoren. Entsprechend sind sie am wenigsten objektivierbar. Sie sind immer dann heranzuziehen, wenn keine oder nur eine geringe Marktaktivität besteht. Sie basieren häufig auf unternehmenseigenen Daten, sollen aber Annahmen von Marktteilnehmern berücksichtigen (IFRS 13.86 ff.).

Im Rahmen der Kaufpreisallokation sind zahlreiche Abschlussposten mit Bewertungsmethoden auf Basis von Inputfaktoren der Stufe 3 zu bewerten, da für die wenigsten Abschlussposten ein Marktpreis existiert.[10] So sind insbesondere sämtliche immateriellen Vermögenswerte, für die im Einzelabschluss ein Aktivierungs- und *Fair-Value*-Bewertungsverbot besteht, nun zu identifizieren und mit dem *Fair Value* zu bewerten. Bei der *Fair-Value*-Bewertung mit Inputfaktoren der Stufe 3 bestehen jedoch erhebliche Ermessenspielräume. Die Höhe des *Goodwill* hängt maßgeblich von der Bewertung der identifizierten erworbenen Vermögenswerte und übernommenen Schulden ab. Je niedriger das Nettovermögen bewertet wird, desto höher fällt der Unterschiedsbetrag aus und umgekehrt. Da der *Goodwill* nicht planmäßig abzuschreiben ist, besteht tendenziell die Motivation, den *Goodwill* möglichst hoch zu bewerten, um die künftige Belastung der Gewinn- und Verlustrechnung mit planmäßigen Abschreibungen zu reduzieren und somit die Ertragslage besser darzustellen. Durch entsprechende Ausschöpfung der bestehenden Ermessenspielräume können folglich Vermögenswerte niedriger und Schulden höher bewertet werden, was zu einem höheren *Goodwill* führt. Für die Zukunft resultiert daraus eine Entlastung der Ertragslage durch

- einen höheren, nicht planmäßig abzuschreibenden *Goodwill*,
- eine niedrigere Abschreibungsbemessungsgrundlage für die Vermögenswerte, die planmäßig abzuschreiben sind, und
- ggf. Erträge aus der Auflösung zu hoch bemessener Schulden.

### *2.1.4 Erfassung des Goodwill*

Resultiert aus der Kaufpreisallokation ein positiver Unterschiedsbetrag, ist er als *Goodwill* unter den immateriellen Vermögenswerten zu erfassen. Der *Goodwill* spiegelt wirtschaftliche Vorteile aus einem Unternehmenszusammenschluss

---

10 Vgl. für die *Fair-Value*-Bewertung nach IFRS ausführlich Antonakopoulos 2020, S. 221 ff.

wider, die nicht einzeln in Form eines immateriellen Vermögenswerts identifiziert werden können und daher in den positiven Unterschiedsbetrag aus der Kaufpreisallokation einfließen (IAS 36.81, .BC134). Es handelt sich um einen Vermögenswert, der keine eigenständigen *Cashflows* erzeugt, die weitestgehend unabhängig von denen anderer Vermögenswerte sind. Daher ist er für Zwecke der Folgebewertung bei erstmaliger Erfassung den *Cash Generating Units* (CGU) zuzuordnen, die aus den Synergien des Unternehmenserwerbs einen Nutzen ziehen sollen. Eine CGU kann dabei lediglich aus einer Gruppe von Vermögenswerten oder einem abgrenzbaren Unternehmensbestandteil, wie einem Geschäftszweig oder einem geografischen Geschäftsbereich im Sinne eines Geschäftssegments nach IFRS 8, bestehen (IAS 36.80). Die Zuordnung auf CGUs steht prinzipiell im Ermessen des Unternehmens und hat weitreichende Auswirkungen für die Folgebewertung des *Goodwill*. Wird der *Goodwill* ertragsreichen CGUs zugeordnet, kann eine Wertminderung des *Goodwill* in Folgeperioden verhindert oder zumindest verzögert werden, da ein ggf. vorliegender Wertverlust des erworbenen *Goodwill* durch die restlichen Werte der CGU ausgeglichen wird.

## 2.2 Folgebilanzierung des *Goodwill* nach IFRS

### *2.2.1 Konzeption des Wertminderungstests*

Der *Goodwill* wird, wie bereits erwähnt, nicht planmäßig abgeschrieben, sondern unterliegt einem Wertminderungstest auf Ebene der CGUs, auf die er allokiert wurde. Eine Wertminderung des entsprechenden *Goodwill* findet dabei nur statt, wenn der erzielbarer Betrag der CGU niedriger als ihr Buchwert ist (IAS 36.104). Der erzielbare Betrag ist der höhere Wert aus *Fair Value* abzüglich Veräußerungskosten und Nutzenwert für einen Vermögenswert bzw. eine CGU (IAS 36.6). Der erzielbare Betrag einer CGU, der ein *Goodwill* zugeordnet wurde, ist jährlich und zusätzlich bei Anhaltspunkten, die auf eine Wertminderung hindeuten, vorzunehmen (IAS 36.10). Hierbei besteht jedoch die Erleichterung, dass eine vorangegangene ausführliche Bewertung der CGU herangezogen werden kann, sofern

- sich die Vermögenswerte und Schulden der CGU seit der letzten Bewertung nicht wesentlich geändert haben,
- die letzte Bewertung zu einem erzielbaren Betrag führte, der wesentlich über dem Buchwert der CGU lag und
- eine Analyse der seit der letzten Bewertung aufgetretenen Ereignisse und Umstände ergibt, dass bei einer aktuellen Ermittlung des erzielbaren Betrags dieser höchstwahrscheinlich nicht unter dem Buchwert liegen würde (IAS 36.99).

Da für eine CGU in der Regel keine Marktwerte vorliegen, werden bei der Ermittlung des erzielbaren Betrags größtenteils DCF-Verfahren angewendet, bei denen auf die künftigen *Cashflows* der CGU abgestellt wird, was faktisch einer (kleinen) Unternehmensbewertung gleichkommt mit allen hiermit in Zusammengang stehenden Ermessensspielräumen.

Die künftigen *Cashflows* unterliegen den Schätzungen und Zukunftserwartungen der Unternehmensführung und basieren entsprechend auf nicht beobachtbaren Inputfaktoren der Stufe 3, die erhebliche Ermessenspielräume aufweisen und extern nur schwer (wenn überhaupt) zu objektivieren sind. Sofern der erzielbare Betrag der CGU tatsächlich unter ihrem Buchwert liegt, ist zunächst der *Goodwill* abzuschreiben, bevor die restlichen Vermögenswerte der CGU anteilig buchwertproportional wertgemindert werden (IAS 36.104 ff.). Umso ertragreicher die CGU ist und damit einhergehend umso höher die künftigen erwarteten *Cashflows* aus ihr sind, umso unwahrscheinlicher kommt es dabei zu einer Wertminderung des *Goodwill*. Entwickelt sich ferner eine ursprünglich ertragsreiche *goodwill*-tragende CGU negativ und wird dadurch eine Wertminderung des *Goodwill* wahrscheinlich erforderlich, besteht weiterhin die Möglichkeit der Reorganisation der Berichtsstruktur und damit inbegriffen der Auflösung der entsprechenden CGU, was eine Neuzuordnung des *Goodwill* nach sich zieht (IAS 36.87). Durch die Zuordnung des *Goodwill* auf andere *cashflow*-starke CGUs, können *Goodwill*-Wertminderung umgangen oder verringert werden. Dies setzt natürlich voraus, dass das bilanzierende Unternehmen noch über ertragsreiche Geschäftsfelder verfügt.[11]

### *2.2.2 W*ertminderungstest bei anteiligem Unternehmenserwerb

Eine Besonderheit ergibt sich für den Wertminderungstest ferner bei anteiligem Unternehmenserwerb ohne Aufdeckung des auf die nicht beherrschenden Anteile entfallenden *Goodwill*, d.h. bei Anwendung der *Purchased-Goodwill*-Methode. Da der erzielbare Betrag der entsprechenden CGU implizit den *Goodwill* enthält, der auf die nicht beherrschenden Anteile entfällt, ist ein Vergleich mit dem Buchwert der CGU nicht ohne Anpassung möglich. Der erzielbare Betrag enthält folglich mehr Wertkomponenten – nämlich den *Goodwill*-Anteil der nicht beherrschenden Anteile – als der Buchwert der CGU. Somit könnte eine Wertminderung trotz Wertminderungsbedarf ausbleiben. Um dem entgegenzuwirken, ist aus Vereinfachungsgründen im Rahmen des Wertminderungstests der anteilig erworbene *Goodwill* auf 100% hochzurechnen und dem Buchwert der CGU zuzurechnen (IAS 36.C4, .IE65). Entgegen der Bewertung des auf die nicht beherrschenden Anteile entfallenden *Goodwill* bei Anwendung

---

11 Vgl. auch Lüdenbach et al. 2020, § 11 Außerplanmäßige Abschreibung, Wertaufholung, Rz. 156f.

der *Full-Goodwill*-Methode ist hier also keine explizite *Fair-Value*-Bewertung vorzunehmen. Im Regelfall ist der hochgerechnete *Goodwill* aufgrund des in ihm üblicherweise enthaltenen zu hohen Beherrschungsaufschlags (s.o.) höher als der *Goodwill* bei Anwendung der *Full-Goodwill*-Methode. Entsprechend enthält der erzielbare Betrag der *goodwill*-tragenden CGU bei Anwendung der *Purchased-Goodwill*-Methode den korrekten niedrigeren *Goodwill*, während der Buchwert der CGU den hochgerechneten zu hohen *Goodwill* enthält. In der Konsequenz kann es zu einer höheren und früheren Wertminderung kommen als bei Anwendung der *Full-Goodwill*-Methode. [12]

### *2.2.3 Motivation der Unternehmensführung bei der Folgebewertung*

Die Unternehmensführung hat zur Rechtfertigung vergangener Unternehmenserwerbe ein Interesse daran, *goodwill*-tragende CGUs als werthaltig anzusehen, da Abschreibungen von *Goodwills* letztendlich auf überhöhte Kaufpreise – wenn nicht sogar auf Fehlakquisitionen – hindeuten. Davon abgesehen führt eine Wertminderung zu einem niedrigeren Konzernergebnis, was sich negativ auf einen Großteil von Abschlusskennzahlen auswirkt und somit auch auf die Möglichkeit einer weiteren Kapitalaufnahme. Entsprechend ist es naheliegend, dass die beschriebenen Ermessenspielräume bei der *Goodwill*-Bilanzierung genutzt werden, um einer *Goodwill*-Wertminderung entgegen zu wirken. In der Konsequenz sind die Goodwill-Buchwerte seit Einführung des IOA stark angestiegen. Alleine im DAX30 betragen sie durchschnittlich 35% des bilanzierten Eigenkapitals mit Spitzenwerten von knapp 132%.[13] Es wurde zudem empirisch belegt, dass Wertminderungen auf den *Goodwill* eher bei einem Vorstandswechsel erfolgen, da der neue Vorstand die vergangenen Akquisitionen nicht zu verantworten hat, somit Ergebnisrückgänge durch Wertminderungen dem alten Vorstand zugerechnet werden und die künftige Ertragslage von diesen Wertminderungsrisiken befreit ist.[14]

---

12 Vgl. hierzu ausführlich Antonakopoulos und Weidenfeller 2017, S. 521 f.

13 Vgl. Faßhauer et al. 2020b, S. 402. Vgl. zu weiteren Studien zur *Goodwill*-Bilanzierung Antonakopoulos und Weidenfeller 2018; Küting 2013; Bonk und Janke 2018; Schülen et al. 2018; Rinker, C. 2020a.

14 Vgl. Glaum et al. 2015, S. 4, 16; Pilhofer et al. 2018, S. 36, 38. Vgl. zu Kritik und Anreizwirkungen bei der *Goodwill*-Bilanzierung auch Hacker und Hornig 2020, S. 269 f.

# 3 Diskussionspapier des IASB zur *Goodwill*-Bilanzierung

## 3.1 Überblick

Die mit der Umsetzung der Bilanzierungsvorschriften für den *Goodwill* zusammenhängenden, zum Teil ungewünschten Folgen in den IFRS-Abschlüssen sind auch am IASB nicht vorbeigegangen, weswegen die *Goodwill*-Bilanzierung im Februar 2015 als Resultat des *Post-Implementation-Review* zu IFRS 3 auf die Forschungsagenda des IASB gesetzt wurde. Als vorläufiges Resultat hieraus veröffentlichte der IASB im März 2020 ein Diskussionspapier, dessen Kommentierungsfrist am 31.12.2020 endete.[15] Im Wesentlichen werden in dem Diskussionspapier die Verbesserung der Angaben zu Unternehmenszusammenschlüssen sowie die Folgebewertung des *Goodwill* thematisiert.[16]

## 3.2 Erweiterung der Angabepflichten

Zur Verbesserung der Angaben zu Unternehmenszusammenschlüssen sollen künftig sowohl bei Akquisition als auch im Nachhinein zusätzliche Informationen bereitgestellt werden, um den Investoren die Beurteilung zu ermöglichen, wie erfolgreich die Akquisitionsstrategie eines Unternehmens ist, insbesondere in Bezug auf die Auswahl von Akquisitionsobjekten, der Bestimmung eines angemessenen Kaufpreises, des Integrationsmanagements und der Realisation des erwarteten Nutzens aus der Akquisition. Um dies zu erreichen, sind zum Akquisitionszeitpunkt die Akquisitionsstrategie, die mit ihr verfolgten Ziele sowie auf welche Weise die Zielerreichung überwacht wird – d.h. die internen Überwachungskennzahlen – anzugeben. Hierbei geht es insbesondere auch um die Beschreibung und Quantifizierung erwarteter Synergien.[17] In den Jahren nach der Akquisition ist der Akquisitionserfolg mit dem aus ihr erwarteten Nutzen abzugleichen, es geht hier um einen Soll-Ist-Vergleich mit Hilfe der angegebenen internen Überwachungskennzahlen. Dieser ist durchzuführen, so lange die Akquisitionsperformance durch das Management überwacht wird. Sollte die Akquisitionsüberwachung bereits in den ersten beiden Jahren nach Erwerb eingestellt werden, sind hierfür die Gründe anzugeben. Damit wird der Tatsache Rechnung getragen, dass die Performance des Akquisitionsobjektes nach Integration in den Konzernverbund nicht zwangsläufig getrennt gemessen werden kann.[18] Die geplanten Angabepflichten gehen weit über die gegenwärtig von IFRS 3.B64(d) geforderten Angaben hinaus und sind prinzipiell positiv zu wer-

---

15 Vgl. IASB 2020a.

16 Vgl. IASB 2020b, Rn. 1.6.

17 Vgl. IASB 2020b, Rn. 2.8 ff., 2.45, 2.90 f.

18 Vgl. IASB 2020b, Rn. 2.13 ff., 2.45, 2.90 f.

ten, da sie die im Rahmenkonzept geforderte Rechenschaftsfunktion besser erfüllen (R.1.13 ff.).

Einschränkend sind diese Angaben allerdings nicht zu tätigen, sofern die Überwachung nicht durch die oberste Führungsebene eines Unternehmens erfolgt.[19] Dies eröffnet gewisse Umgehungsmöglichkeiten. Allerdings ist die unterbliebene Akquisitionsüberwachung durch die oberste Führungsebene zu begründen. Sollte es sich bei der betroffenen Akquisition um eine wesentliche handeln, kann von den (potentiellen) Investoren durchaus in Frage gestellt werden, warum sie nicht durch die oberste Führungsebene überwacht wird, was eine disziplinierende Wirkung entfalten kann.[20]

### 3.3 Ausgestaltung des *Impairment*-Tests

Als Reaktion auf die anhaltende Kritik an der Ausgestaltung und Umsetzung des *Goodwill-Impairment*-Tests stehen drei Punkte im Vordergrund des Diskussionspapiers:

- Kann der *Goodwill-Impairment*-Test effizienter gestaltet werden?
- Soll die planmäßige Abschreibung wieder eingeführt werden?
- Kann der *Goodwill-Impairment*-Test vereinfacht werden?

Bei dem gegenwärtigen Konzept des *Goodwill-Impairment*-Tests bestehen Bedenken, dass es einer zeitgerechten Erfassung von Wertminderungen auf den *Goodwill* entgegensteht. Als Gründe hierfür werden vom IASB die zu optimistische Schätzung von künftigen *Cashflows* der *goodwill*-tragenden CGUs sowie bestehende „Wertminderungspolster" (*Headroom*) angeführt. Diese Wertminderungspolster entstehen bei der Integration eines erworbenen Unternehmens durch die vorhandenen stillen Reserven bei dem erwerbenden Unternehmen, da bei diesem Aktivierungsverbote für bestimmte selbsterstellte immaterielle Vermögenswerte, wie Marken, Kundenlisten und den originären *Goodwill*, bestehen. Getrennt betrachtet, könnte der Buchwert des erworbenen Unternehmens unter dessen erzielbaren Betrag liegen, was eine Wertminderung des *Goodwill* nach sich ziehen würde. Durch die Integration wird die Wertminderung durch die vorhandenen stillen Reserven beim Erwerber jedoch umgangen.[21]

Der IASB hat vorläufig entschieden, dass diese beiden Aspekte nicht durch eine Änderung des *Impairment*-Tests behoben werden können. Dem Konzept der Wertminderung auf Ebene einer CGU sei ein Wertausgleich zwischen den einzelnen ihr zugeordneten Vermögenswerten immanent. Liege der erzielbare Betrag über dem Buchwert der CGU, sei es unkritisch, wenn einzelne Vermö-

---

19 Vgl. IASB 2020b, Rn. 2.36.

20 Vgl. zur kritischen Auseinandersetzung der geplanten Angabepflichten ausführlich Faßhauer et al. 2020a, S. 340 ff.

21 Vgl. IASB 2020b, Rn. 3.2 ff.

genswerte der CGU ggf. weniger wert seien, da die CGU insgesamt werthaltig sei. Da der *Goodwill* nur auf Ebene von CGUs auf Wertminderung getestet werden könne, könne ein gewisser Wertausgleich nicht verhindert werden. Die zu optimistische Schätzung von künftigen *Cashflows* könnten des Weiteren nicht durch die Änderung von Bilanzierungsregeln für den *Goodwill* verhindert werden. Ursache hierfür seien vielmehr Umsetzungsfehler in der Praxis und ein zu schwaches *Enforcement* der Rechnungslegung. IAS 36 verlange die Verwendung realistischer und angemessener Schätzungen bei Durchführung des *Goodwill-Impairment*-Tests, hierbei bestünde regelmäßig eine gewisse Subjektivität, diese gelte es, kritisch von Seiten der Wirtschaftsprüfer und Aufsichtsbehörden zu beurteilen.[22] Der Ansicht des IASB kann gefolgt werden und sie wird durch eine Studie über IFRS-Bilanzierer aus 21 Ländern unterstützt, bei der festgestellt wurde, dass in Ländern mit starken *Enforcement* die *Goodwill*-Abschreibung zeitnäher erfolgt.[23]

Darüber hinaus haben sich die IASB-Mitglieder mit einer knappen Mehrheit vorläufig gegen die Wiedereinführung der planmäßigen *Goodwill*-Abschreibung entschieden. Die Öffentlichkeit wird jedoch explizit aufgefordert, hierzu weitere Argumente vorzubringen. Der Hauptpunkt, der für eine planmäßige *Goodwill*-Abschreibung spricht, ist die Entgegenwirkung der hohen *Goodwill*-Buchwerte und damit verbunden die Rechenschaftsziehung des Managements. Der IASB bleibt jedoch gegenwärtig überwiegend bei seiner Einschätzung, dass Nutzungsdauer und Abschreibungsmethode eines *Goodwill* nicht vorhersehbar seien und insofern eine planmäßige Abschreibung des *Goodwill* immer eine willkürliche Schätzung sei, die keine nützlichen Informationen liefere (IAS 36.BC131IE). Im Gegensatz dazu führe ein korrekt angewendeter Wertminderungstest zu nützlichen Informationen (IAS 36.BC131IG). Die in einem *Goodwill* enthaltenen Vorteile bestünden für einen unbegrenzten Zeitraum, es handele sich folglich nicht um einen Vermögenswert, dessen Wert im Zeitablauf gleichmäßig abnehme.[24]

Zur Vereinfachung des *Impairment*-Tests und damit inbegriffen zur Kosten- und Komplexitätsreduzierung bezüglich der Folgebewertung des *Goodwill* wird in dem Diskussionspapier zusätzlich vorgeschlagen, den *Impairment*-Test nicht mehr zwangsläufig jährlich durchführen zu müssen, sondern nur noch bei Vorliegen von Wertminderungsindikatoren.[25] In diesem Zusammenhang wird auch überlegt, die Wertminderungsindikatoren in IAS 36.12 zu ergänzen, so würde es

---

22 Vgl. IASB 2020b, Rn. 3.20 ff.

23 Vgl. Glaum et al. 2017, S. 39; vgl. auch Faßhauer et al. 2020b, S. 398.

24 Vgl. IASB 2020b, Rn. 3.56 ff.

25 Vgl. IASB 2020b, Rn. 4.1 ff.

sich anbieten, das Verfehlen der Akquisitionsziele als neuen Indikator für eine mögliche *Goodwill*-Wertminderung einzuführen.[26]

Ferner sollen künftig entgegen der Vorgaben des IAS 36.45 ff. auch Nachsteuerzinssätze und Nachsteuercashflows für die Ermittlung des erzielbaren Betrags der CGUs herangezogen werden dürfen und geschätzte *Cashflows* aus noch nicht verpflichtenden Restrukturierungsvorhaben oder Erweiterungsinvestitionen sollen nicht mehr zwingend herausgerechnet werden müssen. Damit soll erreicht werden, dass für Zwecke des *Goodwill-Impairment*-Tests interne Planungsdaten verwendet werden können. Dies mache den *Goodwill-Impairment*-Test insgesamt durch regelmäßig verwendete Daten weniger fehleranfällig und beinhalte den weiteren Vorteil, dass die Daten nicht ausschließlich für die Durchführung des *Goodwill-Impairment*-Tests kostenintensiv anzupassen seien.[27] Die vorgeschlagen Änderungen sind durchweg zu begrüßen, da mit ihnen Erleichterungen für die Abschlussersteller einhergehen und zudem die Testergebnisse qualitativ verbessern können.[28]

## 3.4 Weitere Aspekte im Zusammenhang mit der *Goodwill*-Bilanzierung

Ferner werden weitere Einzelaspekte in dem Diskussionspapier thematisiert. So soll künftig zur Verdeutlichung der in den *Goodwills* steckenden Vermögensrisiken in der Bilanz zusätzlich das Eigenkapital abzüglich *Goodwill* angegeben werden. Dabei soll die Angabe nicht als Zwischensumme erfolgen, sondern als eine reine Zusatzinformation außerhalb der herkömmlichen Bilanzstruktur.[29] Ob dies tatsächlich notwendig ist, kann durchaus in Frage gestellt werden, da die Angabe problemlos von den Abschlussadressaten eigenständig ermittelt werden kann und zu einem gewissen Störfaktor in der Bilanzstruktur führt. Ferner wird mit dieser geplanten Ausweisvorschrift letztendlich eine Vollabschreibung des *Goodwill* fingiert, was der Argumentation des IASB bezüglich des IOA und damit verbunden der Werthaltigkeit der bilanzierten *Goodwills* zumindest ansatzweise widerspricht.[30] Andererseits wird auf diese Weise die Bedeutung des *Goodwill* tatsächlich auf einen Blick sichtbar.

Darüber hinaus soll der Umfang zu identifizierender immaterieller Vermögenswerte aus einem Unternehmenszusammenschluss nicht reduziert werden, da hierdurch offen gelegt werde, was tatsächlich erworben wurde. Der Großteil der hierbei zu identifizierenden immateriellen Vermögenswerte sei überdies planmäßig abzuschreiben. Richtig angewendet, verblieben dann in dem *Goodwill*-

26 Vgl. IASB 2020b, Rn. 4.34.
27 Vgl. IASB 2020b, Rn. 4.35 ff.
28 Vgl. auch Faßhauer et al. 2020b, S. 400 f.; Teitler-Feinberg 2020, S.455.
29 Vgl. IASB 2020b, Rn. 3.107 ff.
30 Vgl. Faßhauer et al. 2020b, S. 402 f.

Buchwert schließlich tatsächlich fast ausschließlich die erwarteten Synergieeffekte.[31] Zwar bestehen bei der Identifizierung und Bewertung von im Rahmen eines Unternehmenszusammenschlusses erworbener immaterieller Vermögenswerte weitreichende Ermessenspielräume, die dazu genutzt werden können, den nicht planmäßig abzuschreibenden *Goodwill* höher zu bewerten (s.o.), die Beibehaltung dieser Vorschrift ist aber dennoch zu begrüßen, da der *Goodwill* anderenfalls noch höhere Werte annehmen würde.

# 4 Zusammenfassung

Die *Goodwill*-Bilanzierung nach IFRS eröffnet zahlreiche bilanzpolitische Spielräume. So resultieren zunächst bei der Erstbilanzierung durch eine restriktive Identifizierung und Bewertung immaterieller Vermögenswerte und einer entsprechend progressiven Identifizierung und Bewertung von Eventualschulden im Rahmen der Kaufpreisallokation höhere *Goodwill*-Buchwerte. Die Motivation hierfür liegt in der ausschließlich außerplanmäßigen Abschreibung des *Goodwill*, sodass der nachhaltige Erfolg des erwerbenden Unternehmens durch hohe *Goodwill*-Buchwerte in den Folgeperioden nicht tangiert wird, während eine höhere Bewertung von immateriellen Vermögenswerten über die planmäßige Abschreibung und eine niedrigere Bewertung von Eventualschulden über den ggf. zusätzlichen künftigen Aufwand die nachhaltige Ertragslage verschlechtert. Ferner ist der *Goodwill* für Zwecke der Folgebewertung auf CGUs aufzuteilen, da er aufgrund fehlender eigener Mittelzuflüsse nur auf dieser Ebene auf Wertminderung getestet werden kann. Wird der *Goodwill* ertragsreichen CGUs zugeordnet, reduziert dies die Wahrscheinlichkeit einer späteren Wertminderung. Sollte sich die Ertragslage einer *goodwill*-tragenden CGU zu einem späteren Zeitpunkt verschlechtern, besteht ferner die Möglichkeit, die CGU durch Umstrukturierung aufzulösen und den ihr zugeordneten *Goodwill* anderen ertragsreichen CGUs zuzuordnen. Bei anteiligem Unternehmenserwerb kann die Wahrscheinlichkeit und die Höhe einer Wertminderung auf den *Goodwill* zudem durch Wahl der *Full-Goodwill*-Methode reduziert werden.

Aufgrund der empirisch nachgewiesenen hohen *Goodwill*-Buchwerte und der restriktiv vorgenommenen Wertminderungen auf den *Goodwill* kann unterstellt werden, dass diese Spielräume durchaus in Anspruch genommen werden. Zumal sich eine *Goodwill*-Wertminderung negativ auf die Ertragslage und damit inbegriffen sämtliche Kennzahlen, die auf dem Betriebs- bzw. Jahresergebnis oder dem Eigenkapital fußen, auswirkt. Darüber hinaus kann eine *Goodwill*-Wertminderung vom Kapitalmarkt als Fehlakquisition interpretiert werden.

---

[31] Vgl. IASB 2020b, Rn. 5.1 ff.

In dem im März 2020 veröffentlichten Diskussionspapier zur *Goodwill*-Bilanzierung widmet sich der IASB dieser Problematik. In diesem schlägt der IASB eine erhebliche Erweiterung der Angabepflichten im Rahmen von Akquisitionen vor, die dazu dienen sollen, die im Rahmenkonzept enthaltene Rechenschaftsfunktion besser zu erfüllen. Den IOA verteidigt der IASB allerdings und möchte nicht zur planmäßigen Abschreibung des *Goodwill* zurückkehren, es sei denn, die Öffentlichkeit liefert hierzu überzeugende neue Argumente. Der gegenwärtige Wertminderungstest soll zur Kostenreduzierung und qualitativen Verbesserung jedoch in einem kleinen Rahmen vereinfacht werden. Ursachen für eine nicht zeitgerechte Erfassung von Wertminderungen sieht der IASB eher in Umsetzungsfehlern des Wertminderungstests in der Praxis begleitet von einem zu schwachen *Enforcement*.

## Literatur

Antonakopoulos, N. (2020). Die Erfassung von Erfolgen aus der Fair-Value-Bewertung – GuV vs. OCI. In: J. Freiberg u.a. (Hrsg.), *Festschrift zum 65. Geburtstag von Dr. Norbert Lüdenbach, Fragestellungen und Perspektiven der Rechnungslegung nach HGB und IFRS* (S. 221-236). Herne: NWB-Verlag

Antonakopoulos, N. & Weidenfeller, D. (2017). Anreize zur Anwendung der Full-Goodwill-Methode bei anteiligem Unternehmenserwerb und Analyse ihrer Verbreitung in den Abschlüssen der DAX-, MDAX-, SDAX- und TecDAX-Unternehmen. *Zeitschrift für Internationale Rechnungslegung, 12,* S. 519-524

Antonakopoulos, N. und Weidenfeller, D. (2018). Analyse der Goodwill-Bilanzierung bei Unternehmen in der Krise. *Zeitschrift für Internationale Rechnungslegung, 7/8,* S. 307-311

Bonk, K. & Janke, M. (2018). Goodwill Bilanzierung gemäß IFRS. *Praxis internationaler Rechnungslegung, 1,* S. 13-20

Faßhauer, J., Schubert, D. & Özcan, H. (2020a): Neueröffnung der Diskussion „Goodwill: Vermögenswert oder Abschreibungspotenzial? – Das Discussion Paper des IASB zur Weiterentwicklung der Goodwillbilanzierung erweitert die Perspektiven auf eine überkommene Debatte, Teil 1. *Zeitschrift für Internationale Rechnungslegung, 7/8,* S. 337-342

Faßhauer, J., Schubert, D. & Özcan, H. (2020b): Neueröffnung der Diskussion „Goodwill: Vermögenswert oder Abschreibungspotenzial? – Das Discussion Paper des IASB zur Weiterentwicklung der Goodwillbilanzierung erweitert die Perspektiven auf eine überkommene Debatte, Teil 2. *Zeitschrift für Internationale Rechnungslegung, 9,* S. 397-403

Glaum, M., Landsman, W. R. & Wyrwa, S. (2015). Determinants of Goodwill Impairment under IFRS: International Evidence. SSRN, https://papers.ssrn.com/sol3/papers.cfm?abstract_id=2608425. Zugegriffen: 02.07.2021

Glaum, M., Landsman, W. R. & Wyrwa, S. (2017). Goodwill impairment: The Effects of Public Enforcement and Monitoring by Institutional Investors. SSRN. https://papers.ssrn.com/sol3/papers.cfm?abstract_id=3092658. Zugegriffen: 02.07.2021

Hacker, B. & Hornig, S.O. (2020). Goodwill-Bilanzierung und volkswirtschaftliche Stabilität. Wider die konzeptionelle Überlegenheit des Impairment-Only-Ansatzes. In: J. Freiberg u.a. (Hrsg.), *Festschrift zum 65. Geburtstag von Dr. Norbert Lüdenbach, Fragestellungen und Perspektiven der Rechnungslegung nach HGB und IFRS* (S. 261-283). Herne: NWB-Verlag

IASB (2020a) Goodwill and Impairment, http://www.ifrs.org/projects/work-plan/goodwill-and-impairment/. Zugegriffen: 02.07.2021

IASB (2020b): *Discussion Paper DP/2020/1, Business Combinations – Disclosures, Goodwill and Impairment.* https://cdn.ifrs.org/-/media/project/goodwill-and-impairment/goodwill-and-impairment-dp-march-2020.pdf. Zugegriffen: 02.07.2021

IDW (2020). Auswirkungen der Ausbreitung des Coronavirus auf die Rechnungslegung und deren Prüfung (Teil 2). Fachlicher Hinweis des IDW vom 25.03.2020. https://www.idw.de/idw/idw-aktuell/auswirkungen-der-ausbreitung-des-coronavirus-auf-die-rechnungslegung-und-deren-pruefung--teil-2-/122880. Zugegriffen: 02.07.2021

Küting, K. (2013). Der Geschäfts- oder Firmenwert in der deutschen Konsolidierungspraxis 2012. Ein Beitrag zur empirischen Rechnungslegungsforschung. *Deutsches Steuerrecht, 34,* S. 1794-1803

Leitner-Hanetseder, S. & Wimmer, C. (2014). Auswirkungen der Finanz- und Wirtschaftskrise auf die empirische Relevanz des Goodwill und Impairment-Only-Approach europäischer Unternehmen. *Zeitschrift für Internationale Rechnungslegung, 6,* S. 251-257

Lüdenbach, N., Hoffmann, W.-D. & Freiberg, J. (2020). *IFRS Kommentar.* 18. Aufl. Freiburg: Haufe

Pilhofer, J., Herr, S.B., Thom, A. & Marx, O. (2018). Managementwechsel und Goodwill Impairment: Trägt die Schuld von Wertminderungsaufwendungen immer der scheidende Vorstand?. *Zeitschrift für Internationale Rechnungslegung, 1,* S. 31-38

Rinker, C. (2020a). Entwicklung des Goodwills im DAX, Diskussion der Wiedereinführung der planmäßigen Abschreibung nach IFRS. In: J. Freiberg u.a. (Hrsg.), *Festschrift zum 65. Geburtstag von Dr. Norbert Lüdenbach, Fragestellungen und Perspektiven der Rechnungslegung nach HGB und IFRS* (S. 201-220). Herne: NWB-Verlag

Rinker, C. (2020b). Entwicklung des Goodwill im DAX – Wiedereinführung der planmäßigen Abschreibung? Abschreibung des Goodwill in den Geschäftsberichten 2019. *Praxis internationaler Rechnungslegung, 11,* S. 345-348

Schülen, B. Pahl, D.-S., Holzmeier, M. & Hachmeister, D. (2018). Anlayse der Goodwill-Bilanzierung des HDAX 2008-2015. *Zeitschrift für Internationale Rechnungslegung, 3,* S. 133-141

Sommer, U. (2020a). Die 317-Milliarden-Euro-Blase: Hoffnungswerte belasten Bilanzen der Dax-Konzerne. Handelsblatt Online vom 18.05.2020. https://www.handelsblatt.com/unternehmen/industrie/goodwill-die-317-milliarden-euro-blase-hoffnungswerte-belasten-bilanzen-der-dax-konzerne/ 25833806.html. Zugegriffen: 02.07.2021

Sommer, U. (2020b). Das 318-Milliarden-Risiko: Warum 2020 ein Rekordjahr für Abschreibungen werden dürfte. Handelsblatt Online vom 10.11.2020. https://www.handelsblatt.com/unternehmen/management/ueberteuerte-uebernahmen-das-318-milliarden-risiko-warum-2020-ein-rekordjahr-fuer-abschreibungen-werden-duerfte/26604420.html. Zugegriffen: 02.07.2021

Teitler-Feinberg, E. (2020). Geplante Änderungen bei den IFRS: Offenlegung über die Performance nach einer Akquisition, Eigenkapitalausweis, Nutzwertberechnung. *Zeitschrift für Internationale Rechnungslegung, 10,* S. 451-455

# Nutzung bilanzpolitischer Spielräume im Rahmen der Verschmelzungsbilanzierung
# Eine empirische Analyse deutscher Unternehmen

*Prof. Dr. Andreas Dutzi*[1] *und Sophia Schwoy*[2]

*Keywords: Verschmelzungsbilanzierung, Bilanzpolitik, übernehmender Rechtsträger*

*Abstract*

*Die bilanzielle Abbildung von Verschmelzungen ist gesetzlich nur rudimentär geregelt. Das Heranziehen von konkreten Rechnungslegungsnormen sowie Bilanzierungshinweisen aus der einschlägigen Kommentarliteratur und den IDW Veröffentlichungen ist damit erforderlich. Problematisch in diesem Zusammenhang ist jedoch, dass die Bilanzierungsempfehlungen teilweise divergierende Ansichten enthalten, die zu uneinheitlichen Bilanzierungsfolgen führen können. Für die übernehmenden Rechtsträger eröffnen sich hierdurch bilanzielle Abbildungsalternativen, die neben dem expliziten Wahlrecht zur Verwendung des Anschaffungskostenprinzips oder der Buchwertverknüpfung weitere Wahlrechte und Ermessenspielräume vorsehen, die bilanzpolitisch genutzt werden können. Vor diesem Hintergrund analysiert der vorliegende Beitrag die Bilanzierungspraxis in 107 Verschmelzungen und die damit einhergehende Nutzung von bilanzpolitischen Spielräumen. Als Ergebnis zeigt sich, dass die Unternehmen im Rahmen der Verschmelzungen sowohl sachverhaltsabbildende als auch sachverhaltsgestaltende Bilanzpolitik betreiben, die überwiegend Erfolgseffekte nach sich ziehen.*

1 Prof. Dr. Andreas Dutzi | Universität Siegen | andreas.dutzi@uni-siegen.de

2 Sophia Schwoy, M.Sc. | Universität Siegen | sophia.schwoy@uni-siegen.de


N. Antonakopoulos et al. (Hrsg.), *Unternehmenskauf und Unternehmensumwandlung*, https://doi.org/10.1007/978-3-658-34138-1_13

# 1 Problemstellung

Rainer Heurung hat sich dem Themengebiet Verschmelzung im Rahmen seiner Forschung immer wieder gewidmet und dabei auf verschiedene Problembereiche hingewiesen sowie Lösungsvorschläge erarbeitet.[3] Die Bedeutung von Verschmelzungen als Instrument zur Unternehmenskonzentration hat sich im gleichen Zuge nicht etwa verringert, sondern tendenziell eher noch zugenommen.[4] Die Bündelung der Ressourcen von zwei oder mehreren Rechtsträgern auf einen[5] soll zu einer Erweiterung der Finanzierungsbasis und zum Erlangen einer Machtstellung führen, die zur Sicherung der Absatz- oder Beschaffungsmärkte dient und infolgedessen für Unternehmen besonders vorteilhaft sein kann.[6] Vor allem vor dem Hintergrund internationalisierter Wirtschaftsbeziehungen kommt der Konzentration sowohl von branchengleichen als auch branchenfremden Unternehmen zur Stärkung der Wettbewerbsfähigkeit eine große Bedeutung zu.[7]

Die bilanzielle Abbildung dieser Verschmelzungen in der Rechnungslegung wird im UmwG indes nur bedingt geregelt.[8] Abgesehen von § 24 UmwG, der dem übernehmenden Rechtsträger über einen Verweis auf § 253 Abs. 1 HGB ein Wahlrecht zur Bilanzierungsmethode einräumt, gibt es keine weiteren Vorgaben vonseiten des Gesetzgebers. Durch diese rudimentäre Regelung ist das Heranziehen von konkreten Empfehlungen bzw. Standards erforderlich. Solche detaillierten Hinweise zur Verschmelzungsbilanzierung finden sich in den einschlägigen Kommentaren sowie z.B. in IDW RS HFA 42. Bei diesen Bilanzierungsempfehlungen lassen sich allerdings divergierende Ansichten erkennen, die zu unterschiedlichen Bilanzierungsfolgen führen können. Für die Bilanzierenden eröffnen sich im Rahmen bestimmter Sachverhalte somit verschiedene bilanzielle Abbildungsalternativen,[9] die bilanzpolitisch genutzt werden können.

Aufgrund der sehr unpräzisen Regelungen im UmwG analysiert der vorliegende Beitrag die Verschmelzungsbilanzierung beim übernehmenden Rechtsträger und die damit einhergehende Nutzung von bilanzpolitischen Spielräumen. Hierfür wird zunächst ein Überblick über die geltenden Vorschriften im Zusammenhang mit der Verschmelzungsbilanzierung gegeben sowie deren bilanzpolitisches Potenzial aufgezeigt. Der Schwerpunkt des Beitrages liegt jedoch in der empirischen Analyse der Bilanzierung von Verschmelzungen einer Untersuchungsstichprobe, die deutsche Unternehmen umfasst, die in den Geschäftsjah-

3 Vgl. z.B. Heurung 1997, 837 ff. bzw. 888f.
4 Vgl. Sagasser 2011, Rn.1.
5 Vgl. Ossadnik und Maus 1995, S. 105f.
6 Vgl. Sagasser 2011, Rn. 1.
7 Vgl. Gutkès 2011, Rn. 3.
8 Vgl. Dutzi et al. 2015, S. 2219.
9 Vgl. Dutzi et al. 2015, S. 2219.

ren 2012-2014 Verschmelzungen durchführten. Bei der Analyse der Bilanzierung geht es insbesondere darum herauszufinden, nach welcher Bilanzierungsmethode die Unternehmen ihre Verschmelzungen abbildeten, welche bilanziellen Auswirkungen präferiert wurden und ob es auffallende Besonderheiten im Rahmen der Verschmelzungsbilanzierung gab.

# 2 Verschmelzungsbilanzierung – Grundlagen und bilanzpolitisches Potenzial

## 2.1 Bilanzierung von Verschmelzungen beim übernehmenden Rechtsträger nach HGB

Der Übergang der Vermögensgegenstände und Schulden im Rahmen der Verschmelzung ist beim übernehmenden Rechtsträger als laufender Geschäftsvorfall zu erfassen.[10] Der Bestand richtet sich dabei grundsätzlich nach der Schlussbilanz i.S.d. § 17 Abs. 2 UmwG. Wahlweise kann der übernehmende Rechtsträger die erworbenen Vermögensgegenstände und Schulden in seinem Jahresabschluss nach §§ 253 Abs.1, 255 Abs.1 HGB mit den tatsächlichen Anschaffungskosten (Anschaffungskostenprinzip) bewerten oder nach § 24 UmwG mit den Buchwerten aus der Schlussbilanz des übertragenden Rechtsträgers (Buchwertverknüpfung) verknüpfen. Das Wahlrecht in § 24 UmwG wird im Fall von inländischen Verschmelzungen bei der Auf- und Feststellung des Jahresabschlusses des übernehmenden Rechtsträgers ausgeübt. Es muss einheitlich für die übernommenen Vermögensgegenstände und Schulden ausgeübt werden. Bei der zeitgleichen Verschmelzung mehrerer Rechtsträger auf einen übernehmenden Rechtsträger darf das Wahlrecht hingegen für jeden einzelnen übertragenden Rechtsträger unterschiedlich ausgeübt werden.[11]

Wählt der übernehmende Rechtsträger das Anschaffungskostenprinzip für seine Bilanzierung, gelten die allgemeinen Grundsätze für entgeltliche Anschaffungsgeschäfte.[12] Die übernommenen Vermögensgegenstände und Schulden sind dem Grunde nach anzusetzen, wenn die Ansatzvoraussetzungen nach § 246 Abs. 1 Satz 1 bis 3 HGB erfüllt sind. Die Erfassung erfolgt unabhängig von der bisherigen Bilanzierung der übertragenden Gesellschaft. Abhängig vom Umstand, ob es sich um eine Verschmelzung mit oder ohne Kapitalerhöhung handelt sowie der Verschmelzungsrichtung ergeben sich unterschiedliche Folgen für die Bilanzierung bzw. Erfassung des Verschmelzungsergebnisses. Aus Übersichtlichkeitsgründen werden die mit der Verschmelzungsrichtung einhergehen-

[10] Vgl. Klein et al. 2014, Rn. 283.
[11] Vgl. IDW RS HFA 42 2012, Rn. 32-35.
[12] Vgl. Hörtnagl 2013, Rn. 20.

den Bilanzierungsauswirkungen in Tab. 1 dargestellt. Hierbei werden die herrschenden Ansichten jeweils in der Tabelle abgebildet und andere Ansichten aus der einschlägigen Kommentarliteratur in den Fußnoten dargelegt.

| Verschmelzungsrichtung | | Bilanzierung | |
|---|---|---|---|
| | | Verschmelzungsgewinn | Verschmelzungsverlust/GoF |
| mit Kapitalerhöhung (übern. + übertr. RT sind unabhängig) | | Erfassung als Agio gem. § 272 Abs. 2 Nr. 1 HGB in der Kapitalrücklage[13] | nur möglich bei Unterpariemission --> unzulässig bei Kapitalgesellschaften<br>bei PersGes: Aktivierung Ausgleichsforderung gegen Anteilsinhaber übertr. RT[14] |
| ohne Kapitalerhöhung | upstream (übern. RT hält 100% des übertr. RT) | außerordentlicher Ertrag (vor BilRUG) bzw. sonstiger betrieblicher Ertrag (nach BilRUG)[15] | außerordentlicher Aufwand (vor BilRUG) bzw. sonstiger betrieblicher Aufwand (nach BilRUG)[16] / Ansatz GoF[17] |
| | downstream (übertr. RT hält 100% des übern. RT) | Erfassung als sonstige Zuzahlung gem. § 272 Abs. 2 Nr. 4 HGB in der Kapitalrücklage[18] | Verrechnung als Sachentnahme mit dem EK[19]/ Ansatz GoF[20] |
| | sidestream (übern. + übertr. RT sind Schwesteruntern) | Erfassung als sonstige Zuzahlung gem. § 272 Abs. 2 Nr. 4 HGB in der Kapitalrücklage[21] | Verrechnung als Sachentnahme mit dem EK[22]/ Ansatz GoF[23] |
| | Mischfälle (Beteiligung untereinander < 100%) | Abbildung als Kombination einer Verschmelzung mit und ohne Kapitalerhöhung[24] | |

Tab. 1: Bilanzierungsfolgen bei Anwendung des Anschaffungskostenprinzips

13 Vgl. Hörtnagl 2018, Rn. 34, 35; IDW RS HFA 42, Rn. 43; Lanfermann 2017, Rn. 27; aA § 272 Abs. 2 Nr. 4 HGB: Bula und Thees 2017, Rn. 137.

14 Vgl. Lanfermann 2017, Rn. 28; Bula und Thees 2017, Rn. 134.

15 Vgl. Hörtnagl 2018, Rn. 42-46; Simon 2009, Rn. 76; Schmitt und Hülsmann 2000, S. 1563.

16 Vgl. Dutzi et al. 2015, S. 2221.

17 Vgl. IDW RS HFA 42, Rn. 58.

18 Vgl. IDW RS HFA 42, Rn. 48; Deubert und Hoffmann 2016, Rn. 67; aA erfolgswirksam: Priester 2014, Rn. 61; Simon 2009, Rn. 79; Lanfermann 2017, Rn. 39.

19 Vgl. IDW RS HFA 42, Rn. 49; aA efolgswirksam: Hörtnagl 2018, Rn. 52; Deubert und Hoffmann 2016, Rn. 67.

20 Vgl. IDW RS HFA 42, Rn. 58.

21 Vgl. IDW RS HFA 42, Rn. 50; Winkeljohann und Hoffmann 2018, Rn. 405; Lanfermann 2017, Rn. 7.

22 Vgl. Hörtnagl 2018, Rn. 55; IDW RS HFA 42, Rn. 50.

23 Vgl. IDW RS HFA 42, Rn. 58.

24 Vgl. IDW RS HFA 42, Rn. 55; Hörtnagl 2018, Rn. 58.

Entscheidet sich der übernehmende Rechtsträger für die Methode der Buchwertverknüpfung nach § 24 UmwG, hat er die übernommenen Vermögensgegenstände und Schulden mit den in der Schlussbilanz vorhandenen Buchwerten in seine Bilanz fortzuführen.[25] Hierdurch ist der übernehmende Rechtsträger an die Bilanzierungsentscheidungen des übertragenden Rechtsträgers aus dessen Schlussbilanz gem. § 17 Abs. 2 UmwG gebunden. Dies gilt unabhängig davon, ob dem übernehmenden Rechtsträger rechtsformabhängig entsprechende Wahlrechte zugestanden hätten.[26] Bei künftigen Jahresabschlüssen müssen die übernommenen Bilanzierungsentscheidungen hinsichtlich der Ansatz- und Bewertungsmethode nicht weiter beibehalten werden, sodass der Stetigkeitsgrundsatz nach §§ 246 Abs. 3 Satz 1, 252 Abs. 1 Nr. 6 HGB nach § 252 Abs. 2 HGB durchbrochen werden darf.[27] Wichtig ist jedoch, dass die Anschaffungskosten als Obergrenze nach § 253 Abs. 1 HGB beachtet werden.[28] Verschmelzungsgewinne bzw. -verluste entstehen bei der Buchwertverknüpfung durch Unterschiedsbeträge zwischen dem übertragenen Nettobuchvermögen und der Gegenleistung des übernehmenden Rechtsträgers (Gewährung bereits bestehender oder neuer Anteile, Untergang von Anteilen).[29] Die Behandlung der entsprechenden Gewinne bzw. Verluste ist davon abhängig, ob es sich um eine Verschmelzung mit oder ohne Kapitalerhöhung handelt und ist in Tab. 2 dargestellt.

---

25 Vgl. Moszka 2012, Rn. 55.

26 Vgl. IDW RS HFA 42, Rn. 60.

27 Vgl. Balzer und Volkmer 2012, S. 90. Zur Systemwidrigkeit des Wahlrechts vgl. insbesondere IDW 2017, Abschnitt E, Rn. 63.

28 Vgl. Priester 2014, Rn. 66.

29 Vgl. Hörtnagl 2013, Rn. 75.

| Verschmelzungsrichtung | | Bilanzierung: Verschmelzungsgewinn | Bilanzierung: Verschmelzungsverlust |
|---|---|---|---|
| mit Kapitalerhöhung | | Einstellung in die Kapitalrücklage gem. § 272 Abs. 2 Nr. 1 HGB[30] | außerordentlicher Aufwand (vor BilRUG) bzw. sonstiger betrieblicher Aufwand (nach BilRUG)[31] |
| ohne Kapitalerhöhung | *Upstream* | außerordentlicher Ertrag (vor BilRUG) bzw. sonstiger betrieblicher Ertrag (nach BilRUG)[32] | außerordentlicher Aufwand (vor BilRUG) bzw. sonstiger betrieblicher Aufwand (nach BilRUG)[33] |
| | *Downstream* | Erfassung als sonstige Zuzahlung gem. § 272 Abs. 2 Nr. 4 HGB in der Kapitalrücklage[34] | Verrechnung mit frei verfügbaren EK-Anteilen[35] |
| | *Sidestream* | Erfassung als sonstige Zuzahlung gem. § 272 Abs. 2 Nr. 4 HGB in der Kapitalrücklage[36] | Verrechnung mit frei verfügbaren EK-Anteilen[37] |
| | Mischfälle | Abbildung als Kombination einer Verschmelzung mit und ohne Kapitalerhöhung[38] | |

Tab. 2: Bilanzierungsfolgen bei Anwendung der Buchwertverknüpfung

## 2.2 Bilanzpolitische Spielräume im Rahmen der Verschmelzungsbilanzierung

Unter Bilanzpolitik ist die bewusste und zielorientierte Gestaltung von Jahres- und Konzernabschlüssen sowohl in materieller als auch in formeller Hinsicht innerhalb der gesetzlich zulässigen Möglichkeiten zu fassen.[39] Dabei wird das Ziel verfolgt, die an den Abschluss anknüpfenden Rechtsfolgen und das Verhalten der Abschlussadressaten im Sinne des Bilanzierenden (Management) zu beeinflussen.

Die materiellen bilanzpolitischen Instrumente zeichnen sich durch einen direkten Einfluss auf die Zusammensetzung der im Jahresabschluss veröffentlichten Daten aus und ändern damit das Mengen-/Wertgerüst, sodass in vielen Fällen das Periodenergebnis des Unternehmens beeinflusst wird. Es kann sich al-

---

30 Vgl. Priester 2014, Rn. 71; Deubert und Hoffmann 2016, Rn. 90; Hannappel 1996, Rn. 18.
31 Vgl. Priester 2014, Rn. 70.
32 Vgl. Bula und Thees 2017, Rn. 250; Moszka 2017, Rn. 61; IDW RS HFA 42, Rn. 72.
33 Vgl. Hörtnagl 2018, Rn. 79; IDW RS HFA 42, Rn. 72; Bula und Thees 2017, Rn. 252.
34 Vgl. IDW RS HFA 42, Rn. 74; Moszka 2017, Rn. 62; Deubert und Hoffmann 2016, Rn. 95.
35 Vgl. IDW RS HFA 42, Rn. 74; aA: Hörtnagl 2018, Rn. 78: erfolgswirksam als sonstige betriebliche Aufwendungen.
36 Vgl. IDW RS HFA 42, Rn. 75 iVm 74; Hörtnagl 2018, Rn. 80.
37 Vgl. IDW RS HFA 42, Rn. 75 iVm 74; aA: Schmidt und Kliem 2020, Rn. 171: erfolgswirksam als sonstige betriebliche Aufwendungen.
38 Vgl. IDW RS HFA 42, Rn. 76.
39 Vgl. z.B. Sieben et al. 1993, Sp. 230; Petersen et al. 2009, S. 4.

lerdings auch um erfolgsneutrale Änderungen des Mengen-/Wertgerüsts handeln.[40] Die konkreten materiellen Instrumente lassen sich in sachverhaltsgestaltende und sachverhaltsabbildende Instrumente unterteilen, wobei die Sachverhaltsgestaltungen vor dem Bilanzstichtag auf die Geschäftsvorfälle einwirken[41] wie bspw. sog. *Sale and Lease Back*-Transaktionen[42], während die sachverhaltsabbildenden Maßnahmen erst nach dem Bilanzstichtag ansetzen[43] und somit nicht den Geschäftsvorfall an sich, sondern lediglich dessen bilanzielle Abbildung beeinflussen. Sachverhaltsabbildende bilanzpolitische Möglichkeiten ergeben sich sowohl aus expliziten gesetzlichen Wahlrechten als auch aus Ermessenspielräumen bei der Umsetzung oder Auslegung der Bilanzierungsvorgaben.[44] Die formellen bilanzpolitischen Instrumente hingegen dienen hauptsächlich informationspolitischen Zielsetzungen. Sie setzen dementsprechend bei der Darstellung und Erläuterung der vom Unternehmen zu veröffentlichenden Angaben an, ohne deren generelle Zusammensetzung zu beeinflussen.[45] Zum Instrumentarium der formellen Bilanzpolitik zählen ausweis-, struktur- und erläuterungsbezogene Instrumente.[46]

Im Rahmen der Verschmelzungsbilanzierung ergibt sich ein hohes Maß an bilanzpolitischen Möglichkeiten. Zunächst eröffnet das Wahlrecht zur Bilanzierung nach dem Anschaffungskostenprinzip bzw. der Buchwertverknüpfung nach § 24 UmwG dem Bilanzierenden die Option, materielle Bilanzpolitik in Form einer sachverhaltsabbildenden Maßnahme zu betreiben. Doch auch innerhalb der beiden Bilanzierungsmethoden ergeben sich aufgrund der insgesamt nur geringen Vorgaben sowie divergierenden Ansichten in der Kommentarliteratur Wahlrechte und Ermessensspielräume, die bspw. die Bewertung der übertragenden Vermögensgegenstände und Schulden, die Bestimmung der Anschaffungskosten der Gegenleistung oder die Behandlung der Verschmelzungsergebnisse betreffen.[47] Abhängig von den getroffenen Entscheidungen erfolgt eine erfolgsneutrale oder -wirksame Erfassung der Differenzbeträge[48], die sich unmittelbar auf das Periodenergebnis auswirkt und somit ein großes bilanzpolitisches Potenzial zur Verfügung stellt. Neben diesen sachverhaltsabbildenden Maßnahmen können im Rahmen der verschmelzungsbedingt möglichen materiellen Bilanzpolitik auch sachverhaltsgestaltende Maßnahmen durchgeführt werden. Bspw.

---

40 Vgl. Sieben und Coenenberg 1997, S. 1144.
41 Vgl. Fink und Reuther 2010, S. 9f.
42 Vgl. Kußmaul und Lutz 1993, S. 399.
43 Vgl. Sieben 1998, S. 20.
44 Vgl. Fink und Reuther 2010, S. 10.
45 Vgl. Sieben und Coenenberg 1997, S. 1143.
46 Vgl. Fink und Reuther 2010, S. 8.
47 Vgl. Dutzi et al. 2015, S. 2220.
48 Vgl. Dutzi et al. 2015, S. 2220.

kann durch die gezielte Beeinflussung von bestimmten Geschäftsvorfällen beim übertragenden Rechtsträger unmittelbar auf dessen Schlussbilanz Einfluss genommen werden, die sich wiederum im Falle der Buchwertverknüpfung auf den übertragenden Rechtsträger auswirkt.

Insgesamt können die Entscheidungen zur bilanziellen Abbildung von Verschmelzungen einen bedeutenden Einfluss auf die zukünftige Kapitalstruktur und Jahresergebnisse sowie dementsprechend auch auf das zukünftige Ausschüttungsvolumen des übernehmenden Rechtsträgers haben.[49] Im Rahmen der folgenden Auswertung wird daher das Ziel verfolgt, die Bilanzierungspraxis von Verschmelzungen zu analysieren und hierdurch abzuleiten, wie das bilanzpolitische Potenzial konkret genutzt wird.

# 3 Praxis der Verschmelzungsbilanzierung beim über nehmenden Rechtsträger

## 3.1 Untersuchungsstichprobe

Die Selektion der Unternehmen für die Analyse erfolgte mithilfe der Datenbank DAFNE von Bureau van Dijk, die aktuelle und historische Abschlussinformationen sowie weitere detaillierte Finanzinformationen von über einer Million deutscher Unternehmen enthält.[50] Die Stichprobe umfasst alle Unternehmen, die in den Jahren 2012 bis 2014 eine Verschmelzung als übernehmender Rechtsträger durchgeführt haben und, unabhängig von ihrer Rechtsform, die Größenkriterien von großen Kapitalgesellschaften gem. § 267 Abs. 3 HGB erfüllen. Der 3-Jahres-Betrachtungszeitraum beginnt mit dem Jahr 2012, da in diesem Jahr der IDW RS HFA 42 veröffentlicht wurde. Dieser gibt konkrete Hinweise zur Ausübung der Wahlrechte im Rahmen der Verschmelzungsbilanzierung und hat somit dazu beigetragen, dass Unsicherheiten im Zusammenhang mit den rudimentären gesetzlichen Regelungen abgebaut wurden. Die Selektion über DAFNE hat zur Identifikation von 74 Unternehmen geführt, welche die zuvor genannten Kriterien erfüllen und insgesamt 107 Verschmelzungen im Betrachtungszeitraum durchgeführt haben. Die Grundgesamtheit der Untersuchung stellen diese 107 Verschmelzungen dar. Als Grundlage für die Analyse der Verschmelzungsbilanzierung wurden die Jahresabschlüsse der übernehmenden Rechtsträger verwendet. Diese wurden über den deutschen Bundesanzeiger bezogen.

---

[49] Vgl. Dutzi et al. 2015, S. 2219.
[50] Vgl. Bureau van Dijk 2019, S. 1.

## 3.2 Ergebnisse der empirischen Auswertung

Die empirische Auswertung der Verschmelzungsbilanzierung erfolgte auf Grundlage vier spezifischer Untersuchungsschwerpunkte: 1) gewählte Bilanzierungsmethode, 2) Verschmelzungsrichtung bzw. vorherige Beziehung zwischen dem übertragenden und übernehmenden Rechtsträger, 3) Verschmelzungsergebnis inklusive betroffener Bilanzposten und 4) Besonderheiten im Zusammenhang mit der Verschmelzung.

Die prozentuale Verteilung der verwendeten Bilanzierungsmethode stellt sich wie in Abb. 1 gezeigt dar. Die Buchwertverknüpfung stellt mit 53% und insgesamt 57 Verschmelzungen die am häufigsten gewählte Bilanzierungsmethode dar. Im Gegensatz dazu wurden lediglich vier (3,7%) Verschmelzungen im Rahmen des Anschaffungskostenprinzips abgebildet und bei insgesamt 46 Verschmelzungen war aufgrund fehlender bzw. unzureichender Angaben nicht ersichtlich, welche Bilanzierungsmethode Verwendung fand.

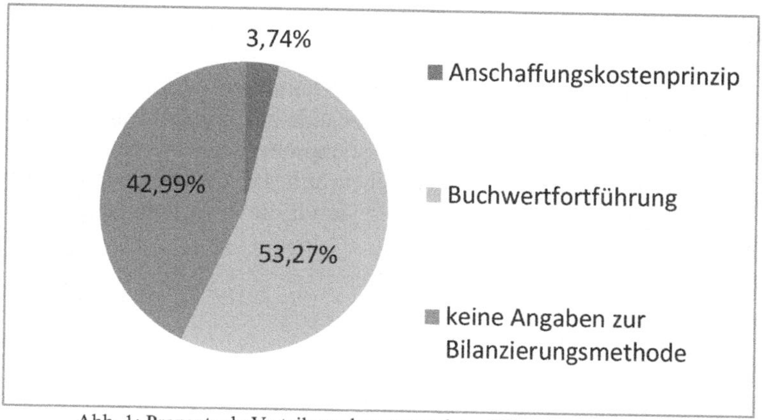


Abb. 1: Prozentuale Verteilung der verwendeten Bilanzierungsmethode

In Bezug auf die Beziehung zwischen den beteiligten Rechtsträgern ist auffallend, dass es sich in 103 Fällen um Verschmelzungen zwischen verbundenen Rechtsträgern handelt und lediglich vier Verschmelzungen zwischen unabhängigen Rechtsträgern stattfanden. Dieser Umstand bestätigt, dass sich ein Großteil der Verschmelzungen in Konzernen abspielt und die beteiligten Gesellschaften damit voneinander oder (ggf. mittelbar) von demselben Unternehmen abhängig sind.[51] Bei insgesamt 94 (88%) Verschmelzungen handelte es sich um die Verschmelzung von einem Tochterunternehmen auf die Muttergesellschaft (*Up-*

[51] Vgl. Stengel 2012, Rn. 37.

*stream Merger)*, wobei sich davon 88 Fälle durch die 100%ige Beteiligung des übernehmenden Rechtsträgers am übertragenden Rechtsträger auszeichnen. Dahingegen gab es lediglich ein Unternehmen auf das die eigene Muttergesellschaft verschmolzen wurde und somit einen sog. *Downstream Merger* darstellt. Verschmelzungen zwischen Schwestergesellschaften, sog. *Sidestream Merger*, traten in der Grundgesamtheit insgesamt sechsmal (5,6%) auf. Jeweils vier Fälle stellten Verschmelzungen zwischen unabhängigen Rechtsträgern und Mischfälle dar. Darüber hinaus konnten weitere vier Fälle aufgrund unzureichend ausgewiesener Beteiligungen nicht kategorisiert werden.

Hinsichtlich der bilanziellen Abbildung der Verschmelzungsergebnisse gibt *Tab.* 3 einen Überblick über die Bilanzierungspraxis innerhalb der Untersuchungsstichprobe, sortiert nach der Verschmelzungsrichtung. Hervorzuheben ist in diesem Zusammenhang, dass ein klarer Trend zur erfolgswirksamen Abbildung unter Berührung der GuV-Posten außerordentlicher Ertrag bzw. außerordentlicher Aufwand erfolgte.

Eine Besonderheit, die im Zusammenhang mit den Verschmelzungen sehr auffällig ist, ist, dass in 21 Fällen unmittelbar vor oder zeitgleich mit der Verschmelzung die gesamten Anteile am übertragenden Rechtsträger vom übernehmenden Rechtsträger erworben wurden. Damit ist ca. jeder vierte *Upstream Merger* nur aufgrund dieser Gestaltung zustande gekommen. Darüber hinaus ist festzuhalten, dass in der Untersuchungsstichprobe ein Unternehmen enthalten war, dass einen verschmelzungsrechtlichen *Squeeze Out* durchgeführt hat und ein weiteres Unternehmen, bei dem sich durch die Verschmelzung eine Überschuldung ergeben hat.

| Bilanz-/ GuV-Posten Verschmelzungsergebnis | up-stream | down-stream | side-stream | Misch-fälle | unabh. RT | k.A. |
|---|---|---|---|---|---|---|
| **Buchwertverknüpfung** | | | | | | |
| außerord. Ertrag | 17 | - | - | - | - | - |
| außerord. Aufwand | 28 | - | 5 | 2 | - | 2 |
| Kapitalrücklage | - | - | - | - | - | - |
| kein Verschmelzungsergebnis | 1 | - | - | - | - | 1 |
| keine Angabe | - | 1 | - | - | - | - |
| **Anschaffungskostenprinzip** | | | | | | |
| außerord. Ertrag | - | - | - | - | - | - |
| außerord. Aufwand | 2 | - | - | - | - | - |
| Kapitalrücklage | - | - | - | - | - | - |
| GoF | 2 | - | - | - | - | - |
| kein Verschmelzungsergebnis | - | - | - | - | - | - |
| **keine Angabe zur Bilanzierungsmethode** | | | | | | |
| außerord. Ertrag | 14 | - | - | 1 | 1 | 1 |
| außerord. Aufwand | 22 | - | - | 1 | 2 | - |
| Kapitalrücklage | - | - | 1 | - | 1 | - |
| GoF | - | - | - | - | - | - |
| kein Verschmelzungsergebnis | 2 | - | - | - | - | - |
| **Summe** | **88** | **1** | **6** | **4** | **4** | **4** |

Tab. 3: Bilanzierung Verschmelzungsergebnisse nach Verschmelzungsrichtung

## 3.3 Analyse der empirischen Ergebnisse

Die Analyse der empirischen Ergebnisse folgt in Reihenfolge der vier aufgezeigten Untersuchungsschwerpunkte aus Kapitel 3.2. Im Mittelpunkt steht zunächst das explizite gesetzliche Wahlrecht des § 24 UmwG, das zum einen die Bilanzierung nach allgemeinen Grundsätzen und zum anderen die Buchwertverknüpfung zulässt. Mit Blick auf die Häufigkeitsverteilung der verwendeten Bilanzierungsmethoden fällt auf, dass die Buchwertverknüpfung mit 53% Verwendungsquote von den betreffenden Unternehmen am häufigsten angewandt wird. Das Anschaffungskostenprinzip liegt dahingegen mit nur 4% Verwendungsquote deutlich hinter der Buchwertverknüpfung, während bei 43% der Unternehmen die Bilanzierungsmethode nicht zweifelsfrei erkennbar ist. Einen Einflussfaktor für die offensichtliche Präferenz der Buchwertverknüpfung stellt sicherlich ihre einfache Handhabung dar.[52] In diesem Zusammenhang ist jedoch interessant anzumerken, dass der Gesetzgeber den übernehmenden Rechtsträgern 1994 das Anschaffungskostenprinzip als zulässige Bilanzierungsalternative zur Buchwertverknüpfung zur Verfügung gestellt hat, um mit dem Vermögensübergang verbundene Verschmelzungsverluste durch die Bilanzierung nach allgemeinen Grundsätzen zu vermeiden.[53] Das Ergebnis der Häufigkeitsverteilung deutet sehr präzise darauf hin, dass für die untersuchten Unternehmen die Vermeidung von Verschmelzungsverlusten keine zentrale Bedeutung hat. Untermauert wird diese Annahme durch die Ergebnisse zu den Verschmelzungsauswirkungen. Hier zeigt sich, dass insgesamt 64 Verschmelzungen und damit ca. 60% der Verschmelzungen des betrachteten Unternehmenssamples zu einem Verschmelzungsverlust (außerordentlichen Ergebnis) im Jahresabschluss führten. Besonders interessant ist hierbei die Tatsache, dass zwei dieser Verschmelzungen nach dem Anschaffungskostenprinzip abgebildet wurden. In beiden Fällen handelt es sich um *Upstream Merger*, sodass für den Fall einer negativen Differenz zwischen der Summe der Zeitwerte der einzelnen Vermögensgegenstände und Schulden und den Gesamtanschaffungskosten der entsprechende Unterschiedsbetrag wahlweise als Geschäfts- oder Firmenwert angesetzt oder als außerordentlicher Aufwand in der GuV bilanziert werden konnte. Da sich die jeweiligen Unternehmen entgegen der Möglichkeit einer erfolgsneutralen Abbildung für die erfolgswirksame Erfassung des Verschmelzungseffekts entschieden haben, wird deutlich, dass viele Unternehmen an einer ergebnisbeeinflussenden Bilanzierung interessiert sind.

Die konkreten Bilanzierungsfolgen ergeben sich jedoch nicht allein aus der gewählten Bilanzierungsmethode, sondern sind vor allem von der Verschmelzungsrichtung abhängig. Durch unterschiedliche Verschmelzungsrichtungen können auch innerhalb des Anschaffungskostenprinzips bzw. der Buchwertverknüpfung unterschiedliche Bilanzierungsfolgen ausgelöst werden. Für eine belastbare Analyse der Bilanzierung ist es erforderlich zu untersuchen, welche Bilanzierungsmethode bei den einzelnen Verschmelzungsrichtungen bevorzugt wurde, welche Bilanzierungsfolgen für die Unternehmen damit zusammenhängen und welche Bilanzauswirkungen somit im Ergebnis präferiert wurden. Mit Blick auf Tab. 3 lässt sich erkennen, dass bei den *Upstream*, *Downstream*[54] und *Sidestream Mergern* sowie bei den Mischfällen und bei den Unternehmen, bei

---

52 Vgl. IDW 2014, Abschn. F, Rn. 99.
53 Vgl. Hörtnagl 2013, Rn. 85.
54 Zu Downstream Mergern siehe auch Pfitzer und Oser 2021, S. 647-659.

denen sich aufgrund fehlender Beteiligungsangaben die Verschmelzungsrichtung nicht eindeutig feststellen ließ, eindeutig die Buchwertverknüpfung als Bilanzierungsmethode präferiert wurde. Auch wenn in dieser Betrachtung berücksichtigt wird, dass viele Unternehmen keine Bilanzierungsmethode angegeben haben und ihre entsprechenden Bilanzierungsfolgen sowohl beim Anschaffungskostenprinzip als auch bei der Buchwertverknüpfung realisierbar wären, ergibt sich immer noch ein deutlicher Vorzug der Buchwertverknüpfung vor dem Anschaffungskostenprinzip bei diesen Verschmelzungsrichtungen. Lediglich bei den Verschmelzungen mit Kapitalerhöhung (unter unabhängigen Rechtsträgern) konnten aufgrund fehlender Angaben zur Bilanzierungsmethode und sachverhaltsbezogenen identischen Bilanzierungsfolgen beim Anschaffungskostenprinzip und bei der Buchwertverknüpfung keine eindeutigen Präferenzen abgeleitet werden. Insgesamt betrachtet lässt sich damit bei jeder Verschmelzungsrichtung ein Trend zur erfolgswirksamen Erfassung der Verschmelzungsergebnisse beobachten. Wichtig anzumerken ist hierbei, dass dieser Trend nicht allein auf die vorwiegende Verwendung der Buchwertverknüpfung zurückzuführen ist, da auch im Rahmen des Anschaffungskostenprinzips erfolgswirksam bilanziert wurde. Dies wird besonders deutlich, wenn losgelöst von den Bilanzierungsmethoden und etwaigen Verschmelzungsrichtungen, nur die Verschmelzungsergebnisse mit ihren entsprechenden Bilanzposten betrachtet werden. Insgesamt 98 Verschmelzungen und damit ca. 92% der untersuchten Fälle führten zu einem erfolgswirksam verbuchten Verschmelzungsergebnis. Weitere vier Verschmelzungen erzielten kein Verschmelzungsergebnis sowie lediglich zwei Verschmelzungen resultierten in einem Geschäfts- oder Firmenwert und betrafen denselben übernehmenden Rechtsträger. Darüber hinaus führten weitere zwei Verschmelzungen zu einer Einstellung in die Kapitalrücklage und bei einer Verschmelzung war nicht ersichtlich, ob überhaupt eine und/oder welche Verschmelzungsauswirkung ausgelöst wurde.

Vor dem Hintergrund, dass den Unternehmen durch die Wahlrechte, die sich im Rahmen der Verschmelzungsbilanzierung ergeben, materielle bilanzpolitische Möglichkeiten zur Verfügung stehen, um die Verschmelzungsabbildung zu beeinflussen, bleibt festzuhalten, dass die Unternehmen in der untersuchten Stichprobe eine eindeutige Präferenz zur erfolgswirksamen Erfassung der Verschmelzungsergebnisse haben. Dies zeigt, dass ein starkes Interesse zur Beeinflussung des Periodenergebnisses durch die Verschmelzung vorliegt und eine erfolgsneutrale Abbildung eher vermieden wird. Insbesondere die Tatsache, dass es sich bei ca. 65% der erfolgswirksam ausgewiesenen Verschmelzungsergebnisse um Verluste handelt, die im Rahmen des Anschaffungskostenprinzips erfolgsneutral hätten dargestellt werden können, verdeutlicht, dass die Unternehmen der Stichprobe eine nach außen hin schlechtere Darstellung ihres Betriebs bewusst in Kauf genommen haben. Durch eine solche konservative Bilanzpolitik können bspw. die Ausschüttungen an die Gesellschafter verringert werden, sodass die finanziellen Mittel im Unternehmen verbleiben.[55] Im Fall von erfolgswirksam verbuchten Verschmelzungsgewinnen, können die Unternehmen ihre progressive Bilanzpolitik verstärken, die dann z.B. einen positiven Einfluss auf bestimmte Bilanzkennzahlen hat.[56] Dahingegen werden die Ergebnisse von nur rund 4% der Verschmelzungen in Form eines Geschäfts- oder Firmenwerts oder in Form der Einstellung in die Kapitalrücklagen abgebildet. Diese Bilanzierungen führen zu einer erfolgsneutralen Abbildung des Verschmelzungssachverhalts, sodass das Periodenergebnis nicht beeinflusst wird. In diesen Fällen vermeiden die Unternehmen demnach jeglichen Einfluss auf das Periodenergebnis.

Besonders auffällig im Hinblick auf die erfolgswirksam erfassten Verschmelzungen ist die Betrachtung der Fälle, in denen unmittelbar vor der Verschmelzung sämtliche Anteile an den übertragenden Rechtsträgern erworben wurden. Diese Taktik wurde bei 21 Verschmelzungsvorgängen angewandt von denen lediglich zwei dadurch gekennzeichnet waren, dass die übernehmende Gesellschaft zuvor zumindest anteilmäßig am übertragenden Rechtsträger beteiligt war. Alle übrigen 19 Verschmelzungen hätten demnach vor dem Erwerb eine Verschmelzung zwischen unabhängigen Rechtsträgern dargestellt. Bei einer weiteren Verschmelzung wurde vom übernehmenden Rechtsträger zwar eine Beteiligung am übertragenden Unternehmen erworben, allerdings wurde nicht ausgewiesen in welcher Höhe. Im Folgenden wird untersucht, welche Bilanzierungsfolgen im Rahmen der gewählten Bilanzierungsmethode durch den Erwerb vermieden wurden.

Von den 21 Verschmelzungen mit den durch Erwerb entstandenen 100%igen Tochtergesellschaften, wurden zehn Fälle nach den Vorgaben der Buchwertverknüpfung bilanziert. Im Fall eines Verschmelzungsgewinns, welcher bei fünf Verschmelzungen erzielt wurde, führt die Anwendung der Buchwertverknüpfung bei *Upstream Mergern* zu einer erfolgswirksamen Bilanzierung des Verschmelzungseffekts unter den außerordentlichen Erträgen. Demgegenüber führt bei Verschmelzungen zwischen unabhängigen Rechtsträgern bzw. bei nur anteiliger Beteiligung (Verhältnisse vor Erwerb) ein Verschmelzungsgewinn nach herrschender Meinung zu einer Einstellung in die Kapitalrücklagen bzw. nur zu einer anteiligen erfolgswirksamen Erfassung des Gewinns (in Höhe der Beteiligung). Diese unterschiedlichen bilanziellen Auswirkungen zeigen, dass sich die Unternehmen vermutlich gezielt für den Erwerb der übertragenden Rechtsträger entschieden haben, da sie auf diese Weise u.a. das bilanzpolitische Potenzial von Verschmelzungen sachverhaltsgestaltend nutzen und so eine er-

55 Vgl. Coenenberg et al. 2014, S. 1001.

56 Vgl. Coenenberg et al. 2014, S. 1007.

folgswirksame Abbildung der Verschmelzungsgewinne bewirken konnten. Bei auftretenden Verschmelzungsverlusten führt die Buchwertverknüpfung bei *Upstream Mergern* zur erfolgswirksamen Abbildung in den außerordentlichen Aufwendungen. Diese bilanzielle Folge ergibt sich allerdings auch bei Verschmelzungen zwischen unabhängigen Rechtsträgern und im Fall von Mischfällen (übernehmender Rechtsträger ist nur anteilig am übertragenden Rechtsträger beteiligt). In den fünf Fällen des Ausweises eines Verschmelzungsverlustes lässt sich der Erwerb des übertragenden Rechtsträgers folglich nicht zwingend auf bilanzielle Gründe zurückführen.

In zwei der 21 Verschmelzungsfällen, die beide auf denselben übernehmenden Rechtsträger (Kapitalgesellschaft) durchgeführt wurden, lag das Anschaffungskostenprinzip als Bilanzierungsmethode zugrunde. Durch den Erwerb aller Anteile der übertragenden Gesellschaften konnte die übernehmende Gesellschaft einen Geschäfts- oder Firmenwert ausweisen. Dies wäre nicht möglich gewesen, wenn die übernehmende Gesellschaft nicht die gesamten Anteile an den übertragenden Rechtsträgern erworben hätte und weiterhin unbeteiligt gewesen wäre, da Unter-Pari-Emissionen nicht zulässig sind.

Die übrigen neun Verschmelzungen weisen keine Angaben zur angewandten Bilanzierungsmethode aus, sodass es hier grundsätzlich schwerer zu beurteilen ist, wie sich die Bilanzierungsfolgen durch den Erwerb der Anteile konkret verändert haben. Allerdings haben alle Unternehmen ein erfolgswirksam bilanziertes Verschmelzungsergebnis ausgewiesen, bei dem es sich in drei Verschmelzungsfällen um einen Gewinn und in sechs Fällen um einen Verlust handelt. Da sowohl das Anschaffungskostenprinzip als auch die Buchwertverknüpfung bei Verschmelzungsgewinnen von *Upstream Mergern* zu einer erfolgswirksamen Bilanzierung führen, während sie bei Gewinnen durch Verschmelzung von unabhängigen Rechtsträgern nach herrschender Meinung eine Einstellung in die Kapitalrücklagen bewirken, kann davon ausgegangen werden, dass die übernehmenden Rechtsträger die übertragenden Unternehmen auch erworben haben, um auf ihr Periodenergebnis einzuwirken und Bilanzpolitik betreiben zu können. Bei Verschmelzungsverlusten führt die Anwendung des Anschaffungskostenprinzips bei *Upstream Mergern* zu einem wahlweisen Ansatz eines Geschäfts- oder Firmenwerts oder zu einer erfolgswirksamen Erfassung unter den außerordentlichen Aufwendungen, während es bei Verschmelzungen zwischen unabhängigen Rechtsträgern aufgrund des Verbots der Unter-Pari-Emission nicht zu Verschmelzungsverlusten kommen kann. Für die Unternehmen, die das Anschaffungskostenprinzip angewendet haben, kann daher auch die Möglichkeit einer erfolgswirksamen Abbildung der Verschmelzung mit ausschlaggebend für den Erwerb der Anteile gewesen sein. Bei der Anwendung der Buchwertverknüpfung hingegen resultiert der Verschmelzungsverlust sowohl beim *Upstream Merger* als auch bei Verschmelzungen unter unabhängigen Rechtsträgern in einem erfolgswirksam in der GuV zu erfassenden außerordentlichen Aufwand. Der Erwerb der Anteile hat demnach zu keiner Änderung der Bilanzierungsfolgen geführt. In den Fällen eines Verschmelzungsverlustes können damit sowohl bilanzielle als auch außerbilanzielle Motive für den Erwerb der übertragenden Rechtsträger ursächlich gewesen sein.

Insgesamt lässt sich damit festhalten, dass die Unternehmen durch den Erwerb von sämtlichen Anteilen der übertragenden Gesellschaften nur dann Einfluss auf den Jahresabschluss und insbesondere auf das Periodenergebnis nehmen konnten, wenn es sich um ein positives Verschmelzungsergebnis gehandelt hat oder wenn bei einem negativen Verschmelzungsergebnis das Anschaffungskostenprinzip angewendet wurde. Die Strategie des Erwerbs mit anschließender Verschmelzung stellt damit in diesen Fällen eine sachverhaltsgestaltende Maßnahme dar, mit der Unternehmen das bilanzpolitische Potenzial von Verschmelzungen nutzen können. Da davon ausgegangen werden muss, dass Unternehmen im Vorfeld abschätzen, ob sich durch den Erwerb und die anschließende Verschmelzung eines übertragenden Rechtsträgers ein positives oder negatives Verschmelzungsergebnis ergibt, werden vor allem im Fall von Verschmelzungsverlusten unter Anwendung der Buchwertverknüpfung insbesondere andere (außerbilanzielle) Gründe für die Erwerb-Verschmelzungs-Konstellation eine ausschlaggebende Rolle gespielt haben.

Die Analyse der Berichterstattung war zwar nicht Teil der vorliegenden Untersuchung. Jedoch ist hervorzuheben, dass bei 43% der Grundgesamtheit die verwendete Bilanzierungsmethode aufgrund fehlender Angaben nicht festzustellen war. Hierdurch lässt sich ableiten, dass diese Unternehmen auch das formelle bilanzpolitische Potential im Zusammenhang mit den Verschmelzungen genutzt haben, um die Verschmelzung als Ganzes intransparenter für die Bilanzadressaten zu machen und die verfolgte bilanzpolitische Strategie im Rahmen der Bilanzierung zu verschleiern.

## 4 Fazit

Im Fokus des vorliegenden Beitrags stand die kritische Analyse der Bilanzierung von Verschmelzungen beim übernehmenden Rechtsträger sowie die Nutzung bilanzpolitischer Spielräume in diesem Zusammenhang. Die Untersuchungsstichprobe umfasste hierbei deutsche Unternehmen, die alle nach den Grundsätzen des HGB bilanzierten.

Bei der detaillierten Analyse der Bilanzierung ergab sich, dass eine klare Mehrheit der Unternehmen das Wahlrecht des § 24 UmwG ausübte und ihre Verschmelzungen nach der Buchwertverknüpfung abbildeten. Auch bei der Untersuchung, ob mit der Verschmelzungsrichtung die Präferenz für eine bestimmte Bilanzierungsmethode zusammenhängt, zeigt sich, dass sowohl *Up-*

*stream*, *Downstream* und *Sidestream Merger* als auch Mischfälle bevorzugt nach der Buchwertverknüpfung bilanziert wurden. Nur bei Verschmelzungen zwischen unabhängigen Rechtsträgern konnte aufgrund fehlender Angabe zur Bilanzierungsmethode nicht eindeutig abgeleitet werden, welche Methode vorherrschend war. Besonders auffallend ist, dass die zur Verfügung stehenden Wahlrechte auch innerhalb der Bilanzierungsmethoden mit einer eindeutigen Tendenz zur erfolgswirksamen Abbildung von Verschmelzungsergebnissen ausgeübt wurden. Der hohe Anteil an ausgewiesenen, erfolgswirksam verbuchten, Verschmelzungsverlusten zeigt dabei, dass die Unternehmen das bilanzpolitische Potenzial in Bezug auf Sachverhaltsabbildungen vor allem dahingehend ausnutzen, um eine konservative Bilanzpolitik zu betreiben mit der eine Schlechterstellung des Unternehmens nach außen in Kauf genommen wird. Dies lässt sich daraus schlussfolgern, dass ein Verschmelzungsverlust im Rahmen des Anschaffungskostenprinzips immer auch erfolgsneutral abgebildet werden kann und somit das Ergebnis nicht zwingend beeinflussen würde. Besonders auffällig ist, dass einige Unternehmen unmittelbar vor oder zeitgleich mit der Verschmelzung den übertragenden Rechtsträger vollständig erworben haben. Der Erwerb wurde somit sachverhaltsgestaltend ausgenutzt, um eine Verschmelzung als *Upstream Merger* zu bewirken. Im Falle von positiven Verschmelzungsergebnissen ergab sich hierdurch die Folge, dass die Gewinne erfolgswirksam erfasst werden konnten, was mit der jeweiligen vorherigen Verschmelzungsrichtung nach herrschender Meinung nicht möglich gewesen wäre. Bei Verschmelzungsverlusten führte die Erwerbstaktik im Falle der Anwendung des Anschaffungskostenprinzips zur Möglichkeit der erfolgswirksamen Abbildung, was unter unabhängigen Rechtsträgern nicht möglich wäre. In diesen Fällen wurde die Erwerb-Verschmelzungskonstellation folglich auch dazu genutzt, um eine progressive bzw. konservative Bilanzpolitik zu betreiben, die das Ergebnis verbessert bzw. verschlechtert.

Kritisch hervorzuheben ist, dass bei insgesamt 43% der Verschmelzungen der Untersuchungsstichprobe aufgrund mangelnder Angaben im Jahresabschluss keine eindeutige Identifizierung der gewählten Bilanzierungsmethode möglich war. Obwohl keine weitergehende Untersuchung der Berichterstattung über die Verschmelzungen im Rahmen dieses Beitrags erfolgte, lässt sich für diese Fälle ebenfalls festhalten, dass die entsprechenden Unternehmen auch formelle Bilanzpolitik betrieben haben. Diese wurde in der Weise genutzt, dass die Berichterstattung nur rudimentär erfolgte, sodass die Ausübung der materiellen Bilanzpolitik im Zusammenhang mit der Verschmelzung verschleiert werden konnte. Für die Bilanzadressaten ist es hierdurch sehr schwer, einen Überblick über die Verschmelzung zu bekommen und die gezielte Beeinflussung des Jahresabschlusses zu erkennen.

Als Gesamtfazit lässt sich festhalten, dass die untersuchten Unternehmen sowohl durch sachverhaltsabbildende als auch sachverhaltsgestaltende Maßnahmen materielle Bilanzpolitik betrieben haben, die sich bei einer eindeutigen Mehrheit von 92% direkt auf das Jahresergebnis auswirkte. Die betrachteten Unternehmen präferierten somit eindeutig eine erfolgswirksame Abbildung der Verschmelzung.

## Literatur

Balzer, A., & Volkmer, K. (2012). Auswirkungen einer Verschmelzung auf den Jahresabschluss. *Bilanzen im Mittelstand*, 4/2012, S. 88-91.

Bula T., & Thees, A. (2017). § 10 Handelsbilanzielle Regelungen (HGB/IFRS). In B. Sagasser, T. Bula, & T. Brünger (Hrsg.), *Umwandlungen* (§10 Rn. 1-312). 5. Aufl., München: Beck.

Bureau van Dijk (2019). Dafne – Unternehmensdatenbank mit detaillierten Finanzinformationen zu Unternehmen in Deutschland, Internet: https://www.bvdinfo.com/de-de/unsere-losungen/daten/nach-landern/dafne, Stand: 15.12.2019, Abfrage: 15.12.2019, 16 Uhr.

Coenenberg, A., Haller, A., & Schultze, W. (2014). *Jahresabschluss und Jahresabschlussanalyse*. 23. Aufl., Stuttgart: Schäffer Poeschel.

Deubert, M., & Hoffmann K. (2016). K. Übernahmebilanzierung bei Umwandlungen. In N. Winkeljohann, G. Förschle, & M. Deubert (Hrsg.), *Sonderbilanzen* (K. Rn. 1- 243). 5. Aufl., München: Beck.

Dutzi, A., Leuveld, H., & Rausch, B. (2015). Zweifelsfragen bei der Bilanzierung von Upstream Mergers nach HGB und IFRS. *Betriebs Berater*, 37, S. 2219-2223.

Fink, C., & Reuther, F. (2010). Bilanzpolitik als Mittel zur Gestaltung des Jahresabschlusses. In C. Fink, W. Schultze, & N. Winkeljohann (Hrsg.), Bilanzpolitik und Bilanzanalyse nach neuem Handelsrecht (S. 3-26), 1. Aufl., Stuttgart: Schäffer-Poeschel.

Gutkès, M. (2011). § 12 Europäische Grundlagen und deutsches Recht. In B. Sagasser, T. Bula & T. Brünger (Hrsg.), *Umwandlungen* (§ 12 Rn. 1-23). München: Beck.

Hannappel, H.-A. (1996). UmwG § 24 Wertansätze des übernehmenden Rechtsträgers. In K. Goutier, R. Knopf, & A. Tulloch (Hrsg.). *Kommentar zum Umwandlungsrecht Umwandlungsgesetz Umwandlungssteuergesetz* (UmwG § 24 Rn. S. 249-259). Heidelberg: Verlag Recht und Wirtschaft.

Heurung, R. (1997), Zur Anwendung und Angemessenheit verschiedener Unternehmenswertverfahren im Rahmen von Umwandlungsfällen. *Der Betrieb*, 50, S. 837-843 (Teil I) bzw. S. 888-892 (Teil II).

Hörtnagl, R. (2013) UmwG § 24 Wertansätze des übernehmenden Rechtsträgers. In J. Schmitt, R. Hörtnagl, & R.-C. Stratz (Hrsg.), *Kommentar zum Umwandlungsgesetz und Umwandlungssteuergesetz* (UmwG § 24 Rn. 1-113). 6. Aufl., München: Beck.

Hörtnagl, R. (2018) UmwG § 24 Wertansätze des übernehmenden Rechtsträgers. In J. Schmitt, & R. Hörtnagl (Hrsg.), *Kommentar zum Umwandlungsgesetz und Umwandlungssteuergesetz* (UmwG § 24 Rn. 1-113). 8. Aufl., München: Beck.

Institut der Wirtschaftsprüfer (IDW) (2012). IDW Stellungnahme zur Rechnungslegung: Auswirkungen einer Verschmelzung auf den handelsrechtlichen Jahresabschluss. Düsseldorf: IDW Verlag.

IDW (2014), WP Handbuch 2014: Wirtschaftsprüfung, Rechnungslegung, Beratung, Band II, 14. Aufl., Düsseldorf: IDW Verlag.

IDW (2017), Assurance: Vertrauensleistungen außerhalb der Abschlussprüfung, Düsseldorf: IDW Verlag.

Kußmaul, H., & Lutz, R. (1993). Instrumente der Bilanzpolitik. In *WiSt*, S. 399-403.

Klein, H., Müller, T., & Lieber, B. (2014). *Änderung der Unternehmensform*. 10. Aufl., Düsseldorf: NWB Verlag.

Lanfermann, G. (2017). UmwG § 24 Wertansätze des übernehmenden Rechtsträgers. In H. Kallmeyer (Hrsg.), *Kommentar zum Umwandlungsgesetz* (UmwG § 24 Rn. 1-62), 6. Aufl., Köln: Dr. Otto Schmidt Verlag.

Moszka, F. (2012). UmwG § 24 Wertansätze des übernehmenden Rechtsträgers. In J. Semler & A. Stengel (Hrsg.), *Kommentar zum Umwandlungsgesetz: UmwG* (§ 24 Rn. 1-103). 3. Aufl., München: Beck.

Moszka, F. (2017). UmwG § 24 Wertansätze des übernehmenden Rechtsträgers. In J. Semler & A. Stengel (Hrsg.). *Umwandlungsgesetz* (§ 24 Rn. 1-106). 4. Aufl., München: Beck.

Petersen, K., Zwirner, C., & Künkele, K. P. (2009). *Bilanzanalyse und Bilanzpolitik nach BilMoG*. 1. Aufl., Köln: NWB.

Pfitzer, N., & Oser, P. (2021). Down-Stream-Merger bei Übertragung eines negativen Reinvermögens. In A. Dutzi, M. Gros, K. Nowak, & B. Roese (Hrsg.), Corporate Governance, Rechenschaft und Abschlussprüfung Festschrift für Hans-Joachim Böcking zum 65. Geburtstag (S. 647-662), München: Beck.

Priester, H.-J. (2014). UmwG § 24 Wertansätze des übernehmenden Rechtsträgers. In M. Lutter (Hrsg.), *Kommentar zum Umwandlungsgesetz* (UmwG § 24). 5. Aufl., Köln: Dr. Otto Schmidt Verlag.

Ossadnik, W., & Maus, S. (1995). Die Verschmelzung im neuen Umwandlungsrecht aus betriebswirtschaftlicher Sicht. *Der Betrieb*, 48, S. 105-109.

Sagasser, B. (2011). UmwG § 8 Beweggründe für eine Verschmelzung. In B. Sagasser, T. Bula & T. Brünger (Hrsg.), *Umwandlungen* (§ 8 Rn. 1-26). München: Beck.

Schmidt, & Kliem (2020). HGB § 275 Gliederung. In B. Grottel, S. Schmidt, W. J. Schubert, & U. Störk (Hrsg.), *Beck'scher Bilanz-Kommentar* (§ 275 Rn. 1-329). 12. Aufl., München: Beck.

Schmitt, J., & Hülsmann C. (2000). Verschmelzungsgewinn in der Handelsbilanz und Prinzip der Gesamtrechtsnachfolge. *Betriebs Berater*, 31, S. 1563-1569.

Sieben, G. (1998). Rechnungslegungspolitik als Instrument der Unternehmensführung. In C.-C. Freidank (Hrsg.), *Rechnungslegungspolitik – Eine Bestandsaufnahme aus handels- und steuerrechtlicher Sicht* (S. 3-35), Berlin Heidelberg: Springer.

Sieben, G., & Coenenberg, M. (1997). Grundlagen der Bilanzpolitik (Teil II). In *WISU*, 11, S. 1143-1147.

Sieben, G., Barion, H.-J., & Maltry, H. (1993). Bilanzpolitik. In K. Chmielewicz & M. Schweitzer (Hrsg.), *Handwörterbuch des Rechnungswesens* (Sp. 229-239), 3. Aufl., Stuttgart: Schäffer-Poeschel.

Simon, S. (2009). UmwG § 24 Wertansätze des übernehmenden Rechtsträgers. In B. Dauner-Lieb, & S. Simon (Hrsg.), Kölner Kommentar zum UmwG (§ 24 S. 470-491). 1. Aufl., Köln: Carl Heymanns Verlag.

Stengel, A. (2012). UmwG § 2 Arten der Verschmelzung. In J. Semler, & A. Stengel (Hrsg.), *Kommentar zum Umwandlungsgesetz* (UmwG § 2 Rn. 1-83), 3. Aufl., München: Beck.

Winkeljohann, N., & Hoffmann, K. (2018). HGB § 272 Eigenkapital. In B. Grottel, S. Schmidt, W. J. Schubert, & N. Winkeljohann (Hrsg.), *Beck'scher Bilanz-Kommentar* (§ 272 Rn. 1- 640). 11. Aufl., Köln: Beck.

# Bewertungsfragen bei Funktionsverlagerungen

*StB Dr. Markus Schneider*[1]

*Keywords: Funktionsverlagerung, Transferpaket, Betriebsprüfung, Ertragswert, Kapitalisierungszinssatz, Goodwill*

*Abstract*

*Der Autor ordnet die vor mehr als Jahren in § 1 AStG eingeführten Vorschriften zur Besteuerung von Funktionsverlagerungen ein und würdigt sie kritisch im Hinblick auf Fragen der Bewertung der Funktionsverlagerungen übertragenen Transferpakete und nimmt dabei jüngste Änderungsvorschläge in den Blick.*

---

1 Dr. Markus Schneider | StB, Dipl.-Kfm., MSc | Schneider.Markus@posteo.de


N. Antonakopoulos et al. (Hrsg.), *Unternehmenskauf und Unternehmensumwandlung*, https://doi.org/10.1007/978-3-658-34138-1_14

# 1 Problemstellung

## 1.1 Regelungshintergrund

Durch das Unternehmensteuerreformgesetz 2008[2] wurde § 1 AStG weitreichenden Änderungen unterzogen. In diesem Zusammenhang hat der deutsche Gesetzgeber erstmalig umfangreiche Vorschriften zur Behandlung von Funktionsverlagerungen in § 1 Abs. 3 Sätze 9 ff. AStG aufgenommen. Die Vorschriften sehen die ertragswertorientierte Besteuerung eines „*Transferpakets*" im Falle einer Verlagerung einer Funktion auf eine verbundene nahestehende Person im Ausland vor. Am 12.8.2008 hat das Bundesfinanzministerium auf der Grundlage der Ermächtigung in § 1 Abs. eine Rechtsverordnung[3] erlassen, die weitere Konkretisierungen der Vorschriften enthält, u.a. zu Fragen der Bewertung des Transferpakets.

Mit dem Ende 2019 vorgelegten Entwurf eines ATAD-Umsetzungsgesetzes[4] wurden schließlich erstmals Änderungen des Besteuerungskonzeptes bei Funktionsverlagerungen vorgeschlagen. Im Zuge des Gesetzgebungsprozesses wurden die Änderungen jedoch wieder aus dem Entwurf gestrichen. Wenngleich derzeit nicht abzusehen ist, ob die Änderungen im Zuge eines weiteren Gesetzesvorhabens umgesetzt werden können, sollen sie nachfolgend kritisch beleuchtet werden.

## 1.2 Zielsetzung des Beitrags

Die vor mittlerweile mehr als zehn Jahren eingeführten Vorschriften in § 1 Abs. 3 AStG haben zu regen Diskussionen im Schrifttum geführt. Streitpunkte sind u.a. Fragen nach dem Vorliegen bzw. der Definition einer Funktion bzw. eines Transferpakets sowie naturgemäß Fragen der Bewertung. Auch das Verhältnis von § 1 Abs. 3 AStG zu den Vorgaben zu „*Business Restructurings*" in den OECD-Verrechnungspreisrichtlinien ist Gegenstand von Erörterungen im Schrifttum, wobei auch hier Fragen der Bewertung im Mittelpunkt stehen.

Es überrascht nicht, dass auch in steuerlichen Betriebsprüfungen angenommene Funktionsverlagerungen vielfach zwischen Finanzverwaltung und Steuerpflichtigen diskutiert werden. Da aufgrund der ertragswertorientierten Bewertungsvorgaben zukünftige Erträge herangezogen werden sollen, stehen dabei nicht selten erhebliche steuerliche Auswirkungen zur Diskussion.

---

2 Unternehmensteuerreformgesetz v. 14.8.2007, BGBl. I 2007, S. 1912.

3 Funktionsverlagerungsverordnung v. 12.8.2008, BGBl. I 2008, S. 1680.

4 Gesetz zur Umsetzung der Anti-Steuervermeidungsrichtlinie (ATAD-UmsG), Referentenentwurf v. 10.12.2019; ein neuer Referentenentwurf stammt vom 24.3.2020.

Die fortwährenden kontroversen Diskussionen über den Besteuerungstatbestand „Funktionsverlagerung" mehr als zehn Jahre nach Einführung der entsprechenden Regelungen in § 1 AStG und die Vorschläge zur Änderung des Regelungswerks im Rahmen des ATAD-UmsG geben den Anlass, die Vorschriften (erneut) einer kritischen Würdigung zu unterziehen. Dabei sollen insbesondere die Modalitäten zur steuerlichen Wertfindung, d.h. der Bewertung von Transferpaketen kritisch betrachtet werden.

# 2 Einführung

## 2.1 Wirtschaftlicher Hintergrund

International tätige Unternehmen sind fortlaufend bestrebt, ihre Wertschöpfungsketten den sich immer schneller ändernden wirtschaftlichen, absatzbezogenen und steuerlichen Rahmenbedingungen anzupassen. In diesem Zusammenhang wird seitens der Unternehmen insbesondere geprüft, an welchem Ort betriebliche Aufgabenbereiche, wie z.B. Produktions-, Forschungs- oder Logistikfunktionen Ertrag bringend aufgebaut bzw. angesiedelt werden können. Aufgrund von Lohn-, Standort- oder Steuervorteilen beziehen in Deutschland ansässige Unternehmen dabei regelmäßig nicht-deutsche Standorte in ihr Auswahlkalkül ein. Die Formen des Auslandsengagements sind vielfältig und reichen von einer Duplizierung von Aufgaben im Ausland bis zu einem kompletten Neuaufbau im Ausland verbunden mit einer Schließung in Deutschland. Auch Hereinveranlagungen von Funktionen sind denkbar.

Der deutsche Gesetzgeber hat die vorstehend beschriebenen Vorgänge zum Anlass genommen entsprechende Regelungen im deutschen Steuerrecht zu verankern, die den Transfer von Steuersubstrat in das Ausland einer Besteuerung zuführen sollen. Der Gesetzgeber hat dabei keine Abstimmung mit den Vorschriften zu „*Business Restructuring*" in Kapitel IX der OECD-Verrechnungspreisrichtlinien vorgenommen, sondern einen „Alleingang" gewählt. So schuf der deutsche Gesetzgeber ein Regelungskonzept, das auf eigenständigen, teilweise an die Betriebswirtschaftslehre angelehnten Rechtsbegriffen aufbaut, die sich – wie nachfolgend dargestellt wird - mit den vorstehend erwähnten wirtschaftlichen Lebenssachverhalten nur schwer in Einklang bringen lässt.

## 2.2 Begriff der Funktion und Funktionsverlagerung

### *2.2.1 Funktion*

§ 1 Abs. 1 FVerlV definiert eine Funktion als eine „*Geschäftstätigkeit, die aus einer Zusammenfassung gleichartiger betrieblicher Aufgaben besteht, die von bestimmten Stellen oder Abteilungen eines Unternehmens erledigt werden.*"

Mithin handelt es sich bei einer Funktion um einen Teilbereich der unternehmerischen Gesamtwertschöpfung.[5] Das Vorliegen eines steuerlichen Teilbetriebs ist dabei nicht erforderlich.[6]

Aus betriebswirtschaftlicher Sicht lassen sich die unternehmerischen Funktionsbereiche in Anlehnung an die Wertschöpfungskette von Porter[7] wie folgt darstellen:

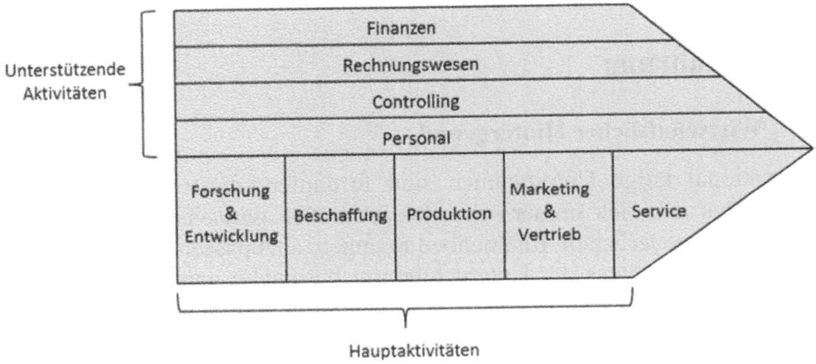


Grenzüberschreitende Verlagerungen, die die vorstehend genannten Funktionsbereiche betreffen, sind in multinationalen Unternehmen häufige Praxis. Ob dabei indes ein Vorgang vorliegt, der dem Besteuerungsregime der „Funktionsverlagerung" zu unterwerfen ist, ist aufgrund der unscharfen gesetzlichen Regelungen in der Praxis häufig streitig.

Probleme wirft dabei unter anderem die Frage auf, ob auch die Verlagerung von Teilaufgaben innerhalb eines Funktionsbereichs zu einem Vorgang i.S.v. § 1 Abs. 3 S. 9 ff. AStG zählt. Gemäß dem BMF Schreiben v. 2010 („Verwaltungsgrundsätze Funktionsverlagerung") kann auch ein objekt- bzw. produktbezogenen Funktionsbegriff angewandt werden.[8] Danach kann auch die Produktion eines bestimmten „Produkts A" bzw. einer bestimmten Produktgruppe als eine Funktion aufgefasst werden. Eine solche Atomisierung des Funktionsbegriffs ist jedoch abzulehnen[9], führt sie doch zu schwierigen Abgrenzungsfragen in der Praxis. Dagegen wird argumentiert, dass die Regelung erforderlich ist, um eine sachgerechte Besteuerung eines unternehmerischen Vorgangs sicherzustellen.[10]

---

5 Vgl. Ditz 2006, Rz. 4.2.
6 § 1 Abs. 1 S. 2 FVerlV; ebenso BT-Drs. 16/4841, 86
7 Vgl. Porter 1985, S. 37.
8 Vgl. BMF v. 13. 10. 2010, BStBl. I 2010, S. 774, Tz. 16
9 Vgl. Baumhoff et al. 2007, 1449 f.
10 Vgl. Greil und Naumann 2015, S. 430.

Eine genaue Definition und Abgrenzbarkeit der „Funktion“ ist insofern bedeutsam, als für Zwecke der Bewertung der Funktion als Teil des Transferpakets Überschüsse zugeordnet werden müssen, die klar abgrenzbar sein müssen, um eine sachgerechte Wertfindung und Besteuerung zu ermöglichen. Die Zuordnung von Überschüssen zum Zwecke der Bewertung ist im Folgenden Gegenstand von Abschnitt 4.4.

### *2.2.2 Funktionsverlagerung*

In § 1 Abs. 3 Satz 9 AStG ist der Begriff der Funktionsverlagerung nicht definiert. Nach § 1 Abs. 2 S.1 FVerlV liegt eine Funktionsverlagerung i.S.v. § 1 Abs. 3 Satz 9 AStG vor,

> *„wenn ein Unternehmen (verlagerndes Unternehmen) einem anderen, nahe stehenden Unternehmen (übernehmendes Unternehmen) Wirtschaftsgüter und sonstige Vorteile sowie die damit verbundenen Chancen und Risiken überträgt oder zur Nutzung überlässt, damit das übernehmende Unternehmen eine Funktion ausüben kann, die bisher von dem verlagernden Unternehmen ausgeübt worden ist und dadurch die Ausübung der betreffenden Funktion durch das verlagernde Unternehmen eingeschränkt wird.“*

Eine Funktionsverlagerung setzt folglich eine Einschränkung der Funktion beim verlagernden Unternehmen voraus.

Gem. § 1 Abs. 2 Satz 2 FVerlV kann eine Funktionsverlagerung auch dann vorliegen, wenn die Funktion eines Unternehmens nur für eine zeitlich begrenzte Dauer auf das übernehmende Unternehmen übergeht.

In der aktuellen Corona-Pandemie stellt sich in diesem Zusammenhang die bedeutsame Frage, wie bei der zeitweiligen Schließung - etwa von Produktionsstätten - umzugehen ist. So ist es beispielsweise nicht abwegig, dass die Produktion statt in einer aufgrund der Pandemie zeitweilig geschlossenen Produktionsstätte übergangsweise in einer anderen (ausländischen) Produktionsstätte erfolgt. Hier stellt sich die Frage, ob gem. § 1 Abs. 2 Satz 2 FVerlV eine Funktionsverlagerung vorliegt.

# 3 Vorschläge zur Anpassung der gesetzlichen Regelung

## 3.1 Neufassung in § 1 Abs. 3b AStG

Der Referentenentwurf des ATAD-Umsetzungsgesetzes von März 2020[11] enthielt umfangreiche Änderungsvorschläge in Bezug auf das Besteuerungsregime in § 1 AStG betreffend Funktionsverlagerungen. Diese werden nachfolgend dargestellt:

Zu begrüßen war an dem Referentenentwurf insbesondere, dass § 1 Abs. 3 AStG in mehrere thematisch abgegrenzte Absätze aufgeteilt werden sollte. § 1 Abs. 3b AStG-E sollte dabei die Regelungen zur Funktionsverlagerungsbesteuerung aufnehmen. Der Absatz lautet (eigene Hervorhebungen):

> *„Wird eine Funktion einschließlich der dazugehörigen Chancen und Risiken sowie der mitübertragenen oder mitüberlassenen Wirtschaftsgüter* ***oder*** *sonstigen Vorteile verlagert und ist auf die verlagerte Funktion Absatz 3 Satz 7 anzuwenden, weil für die Verlagerung der Funktion als Ganzes (Transferpaket) keine Vergleichsdaten festgestellt werden können, ist der Einigungsbereich auf der Grundlage des Transferpakets zu bestimmen.“*

An dem Entwurf fällt auf (s. Hervorhebung), dass die bislang in § 1 Abs. 3 Satz 9 AStG enthaltene „UND“-Verknüpfung durch eine „ODER“-Verknüpfung ersetzt werden soll. Dies hätte zur Folge gehabt, dass nunmehr auch die alleinige Mitübertragung von „sonstigen Vorteilen“ eine Transferpaketbewertung auslöst, ohne dass Wirtschaftsgüter übergehen müssen.[12]

## 3.2 Neuregelung der Entlastungsmöglichkeiten

In § 1 Abs. 3b AStG-E i.d.F. des Referentenentwurfs v. März 2020 war ferner eine Änderung hinsichtlich der Entlastungsmöglichkeiten (sog. Escape Clauses) vorgesehen. So sollte die Möglichkeit wegfallen, Einzelverrechnungspreise für die Bestandteile des Transferpakets anzuerkennen.[13] Nach dem Entwurf des ATAD-UmsG sollte nur noch von der Transferpaketbewertung abgesehen werden, wenn der Steuerpflichtige glaubhaft macht,

---

[11] Gesetz zur Umsetzung der Anti-Steuervermeidungsrichtlinie (ATAD-UmsG), Referentenentwurf v. 24.3.2020

[12] Vgl. Ditz et al. 2020, S. 74.

[13] Vgl. Ditz et al. 2020, S. 74.

> *„dass keine wesentlichen immateriellen Wirtschaftsgüter oder sonstigen Vorteile Gegenstand der Funktionsverlagerung waren. Dies gilt dann, wenn das übernehmende Unternehmen die übergehende Funktion ausschließlich gegenüber dem verlagernden Unternehmen ausübt und das Entgelt, das für die Ausübung der Funktion und die Erbringung der entsprechenden Leistungen anzusetzen ist, nach der Kostenaufschlagsmethode zu ermitteln ist.*

Es sollte mithin eine nicht zu rechtfertigende Einengung auf Verlagerungen auf Routineunternehmen erfolgen. In diesem Fall ist ohnehin keine gewinnrealisierender Transferpaketfall gegeben.[14]

§ 1 Abs. 3 Satz 7-E, auf den in § 1 Abs. 3b AStG-E verwiesen wird, lautete wie folgt:

> *„Können keine Vergleichswerte festgestellt werden, ist für die Bestimmung des Fremdvergleichspreises ein hypothetischer Fremdvergleich unter Beachtung des Absatzes 1 Satz 3 aus Sicht des Leistenden und des jeweiligen Leistungsempfängers anhand ökonomisch anerkannter Bewertungsmethoden durchzuführen."*

Hierbei fällt auf, dass der Gesetzesentwurf bei der Anwendung des hypothetischen Fremdvergleichs auf ökonomisch anerkannte Methoden verweist und die bisher in § 1 Abs. 3 Satz 9 i.V.m Satz 5 AStG enthaltenen detaillierteren Vorgaben (Ermittlung der Grenzpreise aus Sicht des leistungsabgebenden und-empfangenden Unternehmen) entfallen.

Diese Änderung dürfte – im Falle ihrer Umsetzung - für die Bewertung des Transferpakets von großer praktischer Bedeutung sein. Zwar handelt es sich um einen Verweis auf einen unbestimmten und nicht weiter bestimmten Rechtsbegriff der „ökonomischen Methoden". In praxi dürfte dies aber mehr Flexibilität bei der Wertermittlung ermöglichen, wenn in der Bewertungspraxis anerkannte Verfahren und Bewertungsmethoden herangezogen werden dürfen.

### 3.3 Fortgang des Gesetzgebungsvorhabens

Aufgrund der fortdauernden Diskussionen im Gesetzgebungsprozess des ATAD-Umsetzungsgesetzes und der drängender werdenden Frage der Umsetzung der

---

[14] Vgl. Ditz et al. 2020, S. 74.

ATAD Richtlinie in nationales Recht hatte der Finanzausschuss des Bundesrates vorgeschlagen, die ATAD-Richtlinie im Rahmen des Jahressteuergesetzes 2020 „Eins zu eins" in nationales Recht umzusetzen. Dabei sollten ausweislich der Gesetzesbegründung des Jahressteuergesetzes 2020 unter anderem die „*in der bisherigen politischen Diskussion strittigen Fragen zu §§ 1 bis 1b AStG*" – mithin auch zu Funktionsverlagerungen – zurückgestellt werden.[15] Dieses Vorhaben ist mittlerweile verworfen worden. Auch der im Anschluss vorgelegte Entwurf des ATAD-UmsG[16] enthält die Vorschläge zur Änderung der Funktionsverlagerungsbesteuerung nicht mehr. Wenngleich eine Umsetzung damit unwahrscheinlich geworden ist, ist die Beschäftigung mit den Vorschlägen sinnvoll. Zeigt sie doch, dass das Besteuerungskonzept viele Fragen aufwirft und bereits kleine Änderungen, wie etwa die Einfügung des Wörtchens „oder" weitreichende Änderungen haben können.

# 4 Bewertung eines Transferpakets

## 4.1 Gesamtbewertung

Bei dem gesetzlich geregelten Bewertungsobjekt des „Transferpakets" handelt es sich nicht um einen in der Betriebswirtschaftslehre etablierten Begriff, sondern um eine Schöpfung des Steuergesetzgebers, welche den Wert des vermeintlich ins Ausland verlagerte Gewinnpotenzials erfassen soll. Dabei erfolgt in Abkehr von dem Grundsatz der Einzelbewertung[17] eine Gesamtbewertung des Transferpakets. So soll auch ein „Mehrwert", der über den Wert der Einzelwirtschaftsgüter hinausgeht, erfasst werden.[18] Dieser Mehrwert auch die Gewinnaussichten und möglichen Goodwill aus der Funktion als Ganzes über den Einzelwert der Wirtschaftsgüter hinaus erfassen, für die ein Fremder bereit wäre zu zahlen.[19]

Bei der Bewertung nach den Vorschriften in § 1 AStG steht dabei die Annahme im Vordergrund, dass der Wert der verlagerten Funktion sich vorrangig aus ihrer Eignung ergibt, künftig finanzielle Überschüsse zu erwirtschaften, die es für die Wertfindung zu diskontieren gilt.[20]

---

15 Vgl. BR-Drs- 503/1/20, Fz. 19
16 Entwurf eines Gesetzes zur Umsetzung der Anti-Steuervermeidungsrichtlinie v. 17.11.2020.
17 Die *Escape Clause* in § 1 Abs. 3 Satz 9 AStG sieht eine Einzelbewertung nur dann vor, wenn - wie eingangs erläutert -bestimmte Voraussetzungen vorliegen.
18 Vgl. Franke und Kügler 2010, S. 39.
19 BMF v. 13. 10. 2010, BStBl. I 2010, S. 774, Tz. 6.
20 Vgl. BMF v. 13. 10. 2010, BStBl. I 2010, S. 774, Tz. 87.

Mit Blick auf die verbundenen ausländischen Transaktionspartner stellt sich die Frage, ob die Steuerverwaltungen die in § 1 AStG vorgesehene Bewertungsmethodik dem Grunde und der Höhe nach nachvollziehen. Aufgrund der teilweise starren Vorgaben zur Bewertung und einer weiten Definition der Funktion besteht ein nicht unerhebliches Risiko, dass dies nicht der Fall ist und es zu einer Doppelbesteuerung kommt, da lediglich z.B. die Übertragung von Wirtschaftsgütern akzeptiert wird.[21] Dies gilt umso mehr, da keine Orientierung an den OECD-Arbeiten zu „*Business Restructurings*" erfolgt, die den Fremdvergleichsgrundsatz entsprechend Art. 9 OECD-MA auslegen.

## 4.2 Vorrang des tatsächlichen Preisvergleichs

Ist der Tatbestand einer Funktionsverlagerung im Sinne von § 1 Abs. 3 Satz 9 AStG erfüllt, gilt hinsichtlich der Wertfindung der Vorrang des tatsächlichen Fremdvergleichs vor dem hypothetischen Fremdvergleich. So ordnet § 1 Abs. 3 Satz 9 AStG die Bestimmung des „*Einigungsbereich[s] auf der Grundlage des Transferpakets*" nur für diejenigen Fälle an, in denen „*für das Transferpaket als Ganzes keine zumindest eingeschränkt vergleichbare Fremdvergleichswerte vorliegen*". Folglich ist zunächst zu prüfen, ob für das Transferpaket Fremdpreise existieren. Dazu ist allerdings zu konstatieren, dass sich für das vom Gesetzgeber ersonnene Bewertungsobjekt des „Transferpakets" regelmäßig keine am Markt beobachtbare Vergleichspreise ermitteln lassen. Daher stellt der hypothetische Fremdvergleich i.S.v. § 1 Abs. 3 Satz 5 AStG den Regelfall dar. Aus diesem Grund beziehen sich die folgenden Ausführungen ausschließlich auf die Bewertungsfragen im Rahmen des hypothetischen Fremdvergleichs.

Der Gesetzgeber referenziert dabei für Zwecke der Wertfindung auf unbestimmte Rechtsbegriffe, wie z.B. „Reingewinn nach Steuern", „Gewinnpotenzial", die zwar in einem – den Steuerpflichtigen nicht bindenden – BMF-Schreiben erläutert werden[22], jedoch nicht vollumfänglich mit den Begriffen übereinstimmen, die in der Bewertungspraxis bekannt und anerkannt sind. Dabei ist zu konstatieren, dass das BMF-Schreiben auf das IDW S1 und S5 Verfahren verweist. Allerdings bleiben diese Verweise vage und werden von den weiteren Vorgaben teilweise überlagert.[23]

Würde die im Rahmens des Entwurfs des ATAD-Umsetzungsgesetzes aus März 2020 vorgeschlagene Formulierung bezüglich der Anwendung „ökonomisch anerkannter Methoden" bei Umsetzung des hypothetischen Fremdvergleichs in § 1 AStG verankert, wäre denkbar, dass dies die „Öffnung" für be-

---

21 Vgl. auch Franke und Kügler 2010, S. 94.

22 Vgl. Heidecke at al. 2017, S. 155.

23 BMF v. 13. 10. 2010, BStBl. I 2010, S. 774, Tz. 87, 88.

triebswirtschaftlich anerkannte Verfahren wie das Ertragswertverfahren oder DCF Verfahren bedeutete und damit einhergehend auch die Akzeptanz in Betriebsprüfungen erhöht würde, in denen vielfach an den „eigenen" Vorgaben des BMF-Schreibens festgehalten wird.

### 4.3 Zweiseitige Betrachtung

Im Rahmen des hypothetischen Fremdvergleichs der Höchstpreis des empfangenden und der Mindestpreis des leistenden Unternehmens zu ermitteln. Der Bereich zwischen dem Mindest- und Höchstpreis wird in § 1 Abs. 2 Satz 6 AStG als „Einigungsbereich" bezeichnet und steckt den fiktiven Verhandlungsrahmen für Zwecke der Anwendung des hypothetischen Fremdvergleichs ab. Dabei ist derjenige Wert im Einigungsbereich als „Preis" für das Transferpaket zu verwenden, der mit der höchsten Wahrscheinlichkeit dem Fremdvergleichsgrundsatz entspricht; wird kein Wert glaubhaft gemacht, so ist nach § 1 Abs. 3 Satz 7 AStG der Mittelwert des Einigungsbereichs anzusetzen.

Der hypothetische Fremdvergleich kann im Weg der direkten oder indirekten Bewertung herangezogen werden. Bei der direkten Methode werden dem Transferpaket aus Sicht des verlagernden *und* des empfangenden Unternehmens unmittelbar Überschüsse zugeordnet und diskontiert. Hierzu ist es nach Auffassung der Finanzverwaltung erforderlich, die Reingewinne nach Steuern zu isolieren, die aus dem Transferpaket in den Einflussbereich des jeweiligen ordentlichen und gewissenhaften Geschäftsleiters gelangen.[24] Dazu sind nach dem BMF-Schreiben „aufeinander abgestimmte Plan-Bilanzen, Plan-Gewinn- und Verlustrechnungen sowie Finanzplanungen" erforderlich.[25] Aufgrund der sehr weiten Auslegung des Funktionsbegriffs[26] ist dies jedoch abzulehnen, da nicht erwartet werden kann, dass in der Unternehmensrechnung die entsprechenden Zahlenwerke für jede „Funktion" iS der steuerlichen Vorschriften vorgehalten werden.

Bei Anwendung der indirekten Methode ist eine vierfache Gesamtbewertung erforderlich, und zwar für das gesamte verlagernde und das empfangende Unternehmen jeweils vor und nach der Verlagerung.[27] In Bezug auf diese Methode ist zu konstatieren, dass sie unpraktisch und realitätsfern ist, setzt sie doch vier vollumfängliche Unternehmensbewertung voraus. Dabei ist es ebenso wie bei der direkten Methode letztlich auch erforderlich, dem Transferpaket finanzi-

24 BMF v. 13. 10. 2010, BStBl. I 2010, S. 774, Tz. 31.
25 BMF v. 13. 10. 2010, BStBl. I 2010, S. 774, Tz. 31.
26 Vgl. 2.2.1, zu der Atomisierung der Funktion.
27 BMF v. 13. 10. 2010, BStBl. I 2010, S. 774, Tz. 31.

elle Überschüsse zuzuordnen, um die relevante Überschussgröße für die gesamte Unternehmensbewertung zu ermitteln.

Die besondere Herausforderung, den Wert einer Funktion im Rahmen der indirekten Methode gleichsam „deduktiv" zu ermitteln, wird mit Blick auf die Tatsache deutlich, dass je nach Größe der zu bewertenden Unternehmen bereits kleinere Anpassungen der Bewertungsparameter für die Gesamtunternehmensbewertung (insbesondere Diskontierungszinssatz und -zeitraum) zu Wertschwankungen führen können, die den Wert der gegenständlichen Funktion unter Umständen bei Weitem übersteigen können. Mit anderen Worten wird mit der vierfachen Unternehmensbewertung ein Mittel angewandt, das für das vorgesehene Ziel (Wertfindung der Funktion) viel zu unscharf ist. Praktische Bedeutung kann daher nur die direkte Methode erlangen, d.h. die direkte Zuordnung von finanziellen Überschüssen.

## 4.4 Diskontierungsgröße

Bei der Bewertung des Transferpakets auf Grundlage des hypothetischen Fremdvergleichs muss der zu ermittelnde Wert gem. § 3 Abs. 1 FVerlV in Übereinstimmung mit den Werten stehen, die zum Zeitpunkt der Verlagerung aus der Ausübung der Funktion erwartet werden. Dazu bedient sich der Gesetzgeber des Begriffs der sog. „Gewinnpotenziale". Diese sind zu bestimmen, indem die aus der Funktion erwarteten Reingewinne nach Steuern[28] auf den Stichtag der Funktionsverlagerung diskontiert werden. Begriff handelt es sich um eine gesetzgeberische Neuschöpfung für Zweck der Funktionsverlagerungsbesteuerung. Auf Begriffe wie Jahresüberschuss, Gewinn - oder entsprechende IFRS bzw. US-GAAP Gewinngrößen – wird nicht referenziert.[29] Der Steuerpflichtige kann den Begriff daher selbst auslegen.

Ebenso abweichend von den gesetzgeberischen Regelungen stellt der anerkannte Bewertungsstandard IDW S1 auf den Barwert der mit dem Eigentum an dem Unternehmen verbundenen Nettozuflüsse an die Unternehmenseigner ab. Es wird also nicht auf eine buchhalterische Gewinngröße, sondern einen Zufluss abgestellt.[30]

Zu begrüßen ist, dass die Finanzverwaltung in dem BMF-Schreiben ausführt, dass die zugrunde liegenden Planrechnungen je nach Üblichkeit im betreffenden Unternehmen (Konzern) nach handelsrechtlichen, steuerrechtlichen oder nach anderen Vorschriften (z.B. IFRS, US-GAAP) aufgestellt sein können.[31]

---

28 BMF v. 13. 10. 2010, BStBl. I 2010, S. 774, Tz. 31.
29 Vgl. Heidecke et al. 2017, S. 157.
30 Vgl. Heidecke et al. 2017, S. 101.
31 BMF v. 13. 10. 2010, BStBl. I 2010, S. 774, Tz. 31.

Insbesondere in Fällen, in denen das Transferpaket unter der Schwelle des Teilbetriebs liegt, kann die Zuordnung von „Reingewinnen" zu einer Funktion indessen erhebliche Probleme bereiten. Denn wie im vorstehenden Abschnitt dargestellt wurde, kann nicht erwartet werden, dass aufeinander abgestimmte Plan-Bilanzen, Plan-Gewinn- und Verlustrechnungen sowie Finanzplanungen eigens für jede „Funktion" iS der steuerlichen Vorschriften erstellt werden.[32]

Auch an dieser Stelle sei darauf hingewiesen, dass die im Rahmen des Entwurfs des ATAD-Umsetzungsgesetzes aus März 2020 vorgeschlagene Formulierung bezüglich der Anwendung „ökonomisch anerkannter Methoden" im Falle ihrer Umsetzung zu einer höheren Flexibilität auch in Bezug auf die relevante Diskontierungsgröße hätte führen können.

## 4.5 Diskontierungszeitraum

Eine bedeutende Auswirkung auf den Wert des Transferpaket hat die Frage, über welchen Zeitraum die Überschüsse zu diskontieren sind; mit anderen Worten, wie lange Erträge aus dem Transferpaket erwartet werden. Der Gesetzgeber geht in § 6 FVerlV – wenig überraschend – von einem unbegrenzten Diskontierungszeitraum aus. Es obliegt daher dem Steuerpflichtigen nach § 5 FVerlV, Gründe für einen bestimmten, von den Umständen der Funktionsausübung abhängigen Kapitalisierungszeitraum glaubhaft zu machen.

Die Hürde der „Gaubhaftmachung" sollte indessen nicht zu hoch angesetzt werden, da in der Praxis durchaus Fälle denkbar sind, in denen eine betriebliche Funktion keinen ewig Ertrag generierenden organischen Betriebsteil bildet, etwa bei Funktionsverlagerungen bezogen auf Produkte, die einen endlichen Produktlebenszyklus aufweisen (Verlagerung der Produktion oder des Vertriebs) oder bezogen auf Patentlaufzeiten. In diesen Fällen ist es angebracht einen an der Lebensdauer der zugrunde liegenden Aktivität orientierten Diskontierungszeitraum zu wählen.[33]

## 4.6 Steuereffekte

Fraglich ist, inwieweit auch Steuereffekte aus dem gedachten „Veräußerung" des Transferpakets zu berücksichtigen sind. Dies betrifft sowohl die Ebene des verlagernden als auch des aufnehmenden Unternehmens. Der Gesetzeswortlaut in § 1 AStG regelt lediglich, dass Mindest- und Höchstpreis auf Basis der Gewinnpotentiale zu bestimmen sind. In der FVerlV sind Gewinnpotentiale als

[32] Vgl. Heidecke et al. 2017, S. 153.
[33] Vgl. insoweit auch BMF v. 13. 10. 2010, BStBl. I 2010, S. 774, Tz. 110.

Barwert der Reingewinne nach Steuern (hier verstanden als Ertragsteuern auf die Einkünfte aus der Funktion) geregelt. Steuereffekte aus dem Übertragungsvorgang selbst sind in Gesetz und Verordnung dagegen nicht geregelt.

In Bezug auf das verlagernde Unternehmen wird in dem BMF-Schreiben v. 13.10.2010 die Auffassung vertreten, dass für die Berechnung des Mindestpreises des verlagernden Unternehmens auch dessen Steuerbelastung aus der Veräußerung von Bestandteilen des Transferpakets zu berücksichtigen sei.[34] Dies beruht auf der Erwägung, dass ein ordentlicher und gewissenhafter Geschäftsleiter bei den Verhandlungen über die Veräußerung des Transferpakets auch die Besteuerung des *Capital Gains* in sein Kalkül einbeziehen würde.

In Bezug auf das aufnehmende Unternehmen wird vertreten, dass auch die steuerlichen Auswirkungen der Aufwendungen für den Erwerb von Bestandteilen des Transferpakets der verlagerten Funktion (Abschreibungen auf erworbene Wirtschaftsgüter) zu berücksichtigen seien.[35] Im Ergebnis führt die Berücksichtigung der vorstehend genannten Steuereffekte dazu, dass sich der Mindest- und der Höchstpreis nach oben verschieben.

Die Berücksichtigung von Steuereffekten aus der Übertragung der Funktion ist grundsätzlich denkbar, sollte jedoch nicht – wie im BMF-Schreiben vertreten – den Regelfall darstellen, insbesondere da sie keine Stütze im Gesetzeswortlaut findet. Vielmehr sollte die je nach Einzelfall im Lichte des Fremdvergleichsgrundsatzes geprüft werden, ob die ordentlichen und gewissenhaften Geschäftsleiter auch Steuereffekte in ihr Kalkül einbeziehen würden. Dies ist u.a. von den verfügbaren Optionen der beteiligten Unternehmen, d.h. ihrer Verhandlungsposition abhängig.

### 4.7 Diskontierungszinssatz

Sind die zu diskontierenden Überschüsse bestimmt, so sind diese mit einem angemessenen Zinssatz auf den Bewertungsstichtag zu diskontieren. Nach § 5 FVerlV ist dabei von einem Zins für eine risikolose Investition auszugehen, auf den ein funktions- und risikoadäquater Zuschlag vorzunehmen ist. Diese zweistufige Vorgehensweise entspricht auch der Vorgehensweise in der Unternehmensbewertungspraxis.

In Bezug auf den risikolosen Zins wird unter Verweis auf IDW S1 (Tz. 116 IDW Stichwort „Basiszins“) in dem BMF-Schreiben v. 13.10.2010 als Beispiel ein Zins für laufzeitadäquate öffentliche Anleihen im jeweiligen Land angeführt. Es soll kein Länderrisikozuschlag erfolgen.[36]

---

34 BMF v. 13. 10. 2010, BStBl. I 2010, S. 774, Tz. 118.
35 BMF v. 13. 10. 2010, BStBl. I 2010, S. 774, Tz. 125.
36 BMF v. 13. 10. 2010, BStBl. I 2010, S. 774, Tz. 104.

Die Zuschläge sind so zu bemessen, dass die Chancen und Risiken der Funktion im Vergleich zu einer risikolosen Investition angemessen abgebildet werden.[37]

## 5 Schluss

Die im Zuge des Unternehmenssteuerreformgesetzes 2008 eingeführten Vorschriften zur Funktionsverlagerungsbesteuerung beschäftigen Schrifttum und Praxis in vielfältiger Weise. Dabei stehen oft Fragen der Bewertung im Mittelpunkt.

Der Gesetzgeber hat mit dem neuen Besteuerungskonzept ein eigenständiges Besteuerungsregime geschaffen, das sich von in Betriebswirtschaftslehre und Unternehmensbewertungspraxis etablierten Vorgehensweisen und Methoden teilweise unterscheidet. Auch eine Abstimmung mit OECD-Arbeiten zu „*Business Restructurings*" erfolgte nicht.

Kennzeichnend für das neue Besteuerungskonzept ist zuvorderst eine Abkehr von dem handelsrechtlich etablierten Prinzip der Einzelbewertung. Im Wege der Gesamtbewertung des sog. Transferpakets, das die Schwelle eines steuerlichen Teilbetriebs unterschreiten kann, soll so bewusst ein Mehrwert, der über den Wert der Einzelwirtschaftsgüter hinausgeht, erfasst werden. Dieser Alleingang birgt das erhebliche Risiko, dass es zu Doppelbesteuerungen komm, die auf einer anderen Behandlung des Vorgangs durch den beteiligten ausländischen Fiskus beruhen. Mithin sollte eine „Gesamtbewertung" auf Grundlage dieser Verfahren nur dann erfolgen, wenn dies aus Sicht beider beteiligten Jurisdiktionen im Lichte des international anerkannten Fremdvergleichsgrundsatzes entsprechend Art. 9 OECD-MA üblich ist.

## Literatur

Baumhoff, H., Ditz, X. & Greinert (2007). Auswirkungen des Unternehmensteuerreformgesetzes auf die Besteuerung internationaler Funktionsverlagerungen. *DStR*.

Ditz, X., Bärsch, S.-E., Engelen, C. & Quilitzsch, C. (2020), Unternehmenstuerrechtliche Änderungen im AStG – Ein erster Überblick über den Referentenentwurf des ATAD-Umsetzungsgesetzes v. 10.11.2019, *DStR*.

Ditz, X. (2006) in: Wassermeyer F., Andresen & Ditz X. (Hrsg.), *Betriebsstätten-Handbuch*, Otto Schmidt.

Franke, R./Kügler, K. (2010), Steuerliche Behandlung grenzüberschreitender Funktionsverlagerungen, *IFSt-Schrift 463*.

37 BMF v. 13. 10. 2010, BStBl. I 2010, S. 774, Tz. 106.

Greil, S. & Naumann M. (2015). Funktionsverlagerungen - Praxistest in der Betriebsprüfung. *IStR*.

Heidecke, B., Schmidtke, R. & Wilmanns, J. (2017). *Funktionsverlagerung und Verrechnungspreise*. Wiesbaden: Gabler

Porter (1985). *The Competitive Advantage: Creating and Sustaining Superior Performance*. NY Free Press.

Bundesministerium der Finanzen (2010). Grundsätze für die Prüfung der Einkunftsabgrenzung zwischen nahestehenden Personen in Fällen von grenzüberschreitenden Funktionsverlagerungen (Verwaltungsgrundsätze Funktionsverlagerung).

# Übertragbare Ertragskraft bei der Bewertung von kleinen und mittelgroßen Unternehmen durch den Wirtschaftsprüfer

*Dr. Sebastian J. P. Schröder*[1]

*Keywords: Unternehmensbewertung, KMU, übertragbare Ertragskraft, objektivierter Unternehmenswert, Abschmelzdauer, kalkulatorischer Unternehmerlohn*

*Abstract*

*Das Institut der Wirtschaftsprüfer in Deutschland e.V. (IDW) hat im „IDW Praxishinweis: Besonderheiten bei der Ermittlung eines objektivierten Unternehmenswerts kleiner und mittelgroßer Unternehmen (IDW Praxishinweis 1/2014)" das Konzept der übertragbaren Ertragskraft konkretisiert und insbesondere auch die Möglichkeit einer abschmelzenden Überschussgröße beschrieben. Der vorliegende Beitrag analysiert dieses Konzept und ein diesbezüglich vorgeschlagenes Bewertungsmodell. Der Beitrag identifiziert das Modell als theoretisch nicht überzeugendes Übergewinnverfahren. Daneben werden dem Modellnutzer die Quellen potentieller Kunstfehler aufgezeigt. Die vorgenommene Analyse der steuerlichen Rechtsprechung kommt zu dem Ergebnis, dass die Gedanken zur übertragbaren Ertragskraft keineswegs als Innovation zu bezeichnen sind. Auf Basis der Rechtsprechungsanalyse wird eine Abschmelzdauer von drei bis fünf Jahren propagiert. Interdependenzen zwischen der Bestimmung der übertragbaren Ertragskraft und der Bestimmung des kalkulatorischen Unternehmerlohns werden herausgearbeitet und es wird argumentiert, dass nicht etwa die Bestimmung des kalkulatorischen Unternehmerlohns, sondern die Abschätzung der dafür erhaltenen Leistung schwierig ist. Insgesamt wird der IDW Praxishinweis als allgemein gehaltene Hilfestellung für den Bewertenden (an)erkannt. Der Beitrag zeigt wesentliche Aspekte auf, die bei dessen konkreter Umsetzung beachtlich sind und die Bewertung von kleinen und mittelgroßen Unternehmen (weiterhin) komplex machen.*

---

1 WP/StB Dr. Sebastian J. P. Schröder | Flick Gocke Schaumburg | sebastian.schroeder@fgs.de


N. Antonakopoulos et al. (Hrsg.), *Unternehmenskauf und Unternehmensumwandlung*, https://doi.org/10.1007/978-3-658-34138-1_15

# 1 Problemstellung

*Rainer Heurung* hat sich in Forschung[2] und Lehre mit der Unternehmensbewertung auseinandergesetzt. Als praktizierender Wirtschaftsprüfer ist er ebenso mit der Bewertung von Unternehmen beschäftigt. Die Betriebswirtschaftslehre an der Universität Siegen ist insbesondere auch auf die Probleme von kleinen und mittelgroßen Unternehmen (KMU) ausgerichtet. Der vorliegende Beitrag möchte diese Aspekte vereinen und das vom Berufsstand in den einschlägigen Verlautbarungen des Instituts der Wirtschaftsprüfer in Deutschland e.V. (IDW) vorgestellte Konzept der übertragbaren Ertragskraft im Rahmen der Bewertung von KMU durch den Wirtschaftsprüfer betrachten.

Die Frage nach dem Wert eines Unternehmens beschäftigt die Betriebswirte seit Beginn ihrer Profession.[3] Manche sehen in der Unternehmensbewertung gar die Königsdisziplin der Betriebswirtschaftslehre.[4] Die Kölner Schule der Unternehmensbewertung entwickelte ein Theoriekonzept, das die verschiedenartigen Funktionen von Bewertungen anerkennt und das Zweckadäquanzprinzip betont.[5] Ebenso ist die Anwendung von Zukunftserfolgswerten etabliert.[6]

In der praktischen Durchführung von Unternehmensbewertungen steht der Bewertende indes vor (Detail-)Problemen, die alles andere als gelöst scheinen. Fragen zur sachgerechten Ableitung der Kapitalkosten (bzw. der Berücksichtigung des Risikos schwankender Zahlungsströme) sind breit diskutiert; gleiches gilt für diverse Berechnungsvorschriften zur Ermittlung der „richtigen“ Überschussgröße.[7] Befassungen mit der Entwicklung der Überschussgröße sind dagegen vergleichsweise selten. Im bewertungstheoretischen Schrifttum herrscht Einigkeit darüber, dass ein Unternehmenswert Ergebnis einer Subjekt-Objekt-Beziehung ist.[8] Handelt es sich bei dem Bewertungssubjekt um einen tatsächlichen oder gedachten Erwerber, wird dieser seine Zahlungsbereitschaft (nur) an

---

2 Vgl. Heurung 1997a, S. 837; Heurung 1997b, S. 888; Heurung 1997c, S. 1301; Heurung 1997d, S. 1341; Heurung 1998, S. 201; Heurung 1999, S. 1225; Heurung und Wagener 1999a, S. 754; Heurung et al. 1999, S. 797; Heurung und Wagener 1999b, S. 1203; Heurung 2000a, S. 628; Heurung 2000b, S. 664; Heurung et al. 2018, S. 89.

3 Vgl. dazu Schneider 2001, S. 769ff., insb. S. 777ff.

4 So etwa Tinz 2010, S. 1 m.w.N.

5 Vgl. etwa Matschke 1971, S. 508 ff.; Sieben 1976, S. 494; Bartke 1978, S. 244 ff.; Sieben/Schildbach 1979, S. 455; Börner 1980, S. 118; Busse v. Colbe 1981, Sp. 595; Coenenberg 1981, S. 222.

6 Vgl. IDW (Hrsg.) 2016, Tz. 5, 7.

7 Vgl. hierzu Matschke und Brösel 2013, S. 709ff., die mit Verweis auf Günther 1997, S. 112ff. acht (von bei Günther gezeigten 14) verschiede Ansätze (nur) des sog. „*Free Cash Flow*“ darstellen.

8 Vgl. bspw. Löffler 2008, S. 17.

der an ihn übertragbaren Ertragskraft bemessen. Deren Bestimmung wird vor allem bei der Bewertung von KMU diskutiert.[9]

Der Berufsstand der Wirtschaftsprüfer hat sich vertreten durch das IDW im „IDW Praxishinweis: Besonderheiten bei der Ermittlung eines objektivierten Unternehmenswerts kleiner und mittelgroßer Unternehmen (IDW Praxishinweis 1/2014)“[10] der Bewertung von KMU angenommen. Dieser Hinweis wurde sowohl von der Praxis[11] als auch der Wissenschaft[12] begrüßt. In Bezug auf die Ermittlung der Überschussgröße hat das IDW darin das Konzept der übertragbaren Ertragskraft konkretisiert und insbesondere auch die Möglichkeit einer abschmelzenden Überschussgröße beschrieben.[13] In der Literatur sind entsprechende Bewertungsmodelle vorgestellt worden. [14]

Im folgenden Kapitel wird das Konzept der übertragbaren Ertragskraft im Rahmen der Ermittlung eines objektivierten Unternehmenswerts diskutiert. Im dritten Kapitel wird ein in der Literatur vorgestelltes Abschmelzmodell analysiert. Diesbezüglich sollen Modellanwender für die Quellen potentieller Kunstfehler sensibilisiert werden.[15] Ein wesentlicher Werttreiber für den Unternehmenswert ist die Länge des Abschmelzzeitraums. Das vierte Kapitel geht der Frage nach, wie sich dieser Zeitraum bemessen lässt. Hierzu werden Schrifttum und steuerrechtliche Rechtsprechung analysiert. Das Konzept der übertragbaren Ertragskraft weist Interdependenzen zum kalkulatorischen Unternehmerlohn auf, die im vorletzten Kapitel diskutiert werden. Der Beitrag schließt mit einem Fazit über die gewonnenen Erkenntnisse.

---

9 Die Unterschiedlichkeit der Bewertung von KMU und „normal“ großen Unternehmen führt zu einem regen Austausch über die entsprechen Besonderheiten bei der Bewertung von KMU. Siehe hierzu etwa Behringer 2012, passim m.w.N.; Ihlau und Duscha 2019, passim m.w.N.; Hüttche und Schmid 2019, S. 1105ff. m.w.N.

10 Vgl. IDW (Hrsg.) 2014, S. 28ff., nachfolgend nur noch als „Praxishinweis“ bezeichnet.

11 Vgl. Franken et al. 2018, S. 38ff., Kohl 2018, S. 146ff.

12 Vgl. für die Betriebswirtschaftslehre Peemöller 2014, S. 1963; für die Steuerrechtswissenschaft Seer 2018, S. 928, Tz. 77.

13 Andere diskutierte Möglichkeiten zur Bewertung von KMU wie etwa dem Total Beta werden im Praxishinweis nicht aufgegriffen. Vgl. Peemöller 2014, S. 1963. Pauschale Zuschläge (sog. Size Premiums) im Kapitalisierungszinssatz werden abgelehnt. Vgl. IDW (Hrsg.) 2014, Tz. 47. Diese und andere mögliche Alternativen zur Bewertung von KMU werden in dem vorliegenden Beitrag nicht betrachtet.

14 Vgl. Ballwieser et. al. 2014, S. 463ff.; Franken et al. 2018, S. 38ff., Kohl 2018, S. 146ff.; Hüttche und Schmid 2019, S. 1114ff.

15 Vgl. zu dieser Zielsetzung auch Moxter 1983, S. 1.

## 2 Übertragbare Ertragskraft beim objektivierten Unternehmenswert

Wirtschaftsprüfer haben bei ihrer Tätigkeit berufsständige Verlautbarungen zu beachten. Ein Abweichen von der Berufsauffassung ist zwar im Rahmen der eigenverantwortlichen Tätigkeit grundsätzlich möglich, kann sich aber in Regressfällen, in einem Verfahren der Berufsaufsicht oder in einem Strafverfahren zum Nachteil auswirken.[16]

Im „IDW Standard: Grundsätze zur Durchführung von Unternehmensbewertung (IDW S 1)"[17] erfolgen Festlegungen zur übertragbaren Ertragskraft nicht etwa im Rahmen der Besonderheiten von KMU.[18] Vielmehr finden sich entsprechende Aussagen im Abschnitt zur Herleitung der finanziellen Überschüsse.[19] Diese sind unter der Annahme bestimmter Managementfaktoren abzuleiten. Bei der Ermittlung eines objektivierten Unternehmenswerts[20] soll die dem Unternehmen innewohnende und übertragbare Ertragskraft bewertet werden.[21] Hierbei sei in der Regel zu unterstellen, dass das bisherige Management erhalten bleibt oder ein gleichwertiger Ersatz gefunden wird, sodass eine Eliminierung personenbezogener Einflüsse auf die finanziellen Überschüsse grundsätzlich nicht notwendig ist.[22] Bei personenbezogenen Unternehmen könne dies jedoch nicht generell unterstellt werden. So seien in der Person des Eigentümers begründete positive oder negative Erfolgsbeiträge, die losgelöst vom bisherigen Eigentümer nicht realisiert werden können, bei der Prognose künftiger finanzieller Überschüsse außer Betracht zu lassen.[23] Daneben seien die künftigen finanziellen Überschüsse zu korrigieren, falls in der bisherigen Ergebnisrechnung kein angemessener Unternehmerlohn berücksichtigt worden ist.[24] Dies würde insbesondere bei Personengesellschaften resp. Einzelunternehmen notwendig sein. Die Höhe des Unternehmerlohns soll sich dabei nach der Vergütung bestimmen, die eine nicht beteiligte Geschäftsführung erhalten würde.[25]

Der IDW S 1 ist bei Bewertungen von Unternehmen jeglicher Größenordnung anwendbar.[26] Insofern bildet der Standard ein Rahmenkonzept, das durch

16 Vgl. für Prüfungsstandards IDW (Hrsg.) 2015a, Tz. 29; IDW (Hrsg.) 2020, Tz. 29.
17 Vgl. IDW (Hrsg.) 2016, S. 731ff.
18 Siehe dazu IDW (Hrsg.) 2016, Tz. 154ff.
19 Siehe dazu IDW (Hrsg.) 2016, Tz. 29ff.
20 Subjektive Unternehmenswerte (Grenzpreise) und Schiedswerte werden analog zum Praxishinweis im vorliegenden Beitrag nicht betrachtet.
21 Vgl. IDW (Hrsg.) 2016, Tz. 38.
22 Vgl. IDW (Hrsg.) 2016, Tz. 39.
23 Vgl. IDW (Hrsg.) 2016, Tz. 40.
24 Vgl. IDW (Hrsg.) 2016, Tz. 40.
25 Vgl. IDW (Hrsg.) 2016, Tz. 40.
26 Vgl. IDW (Hrsg.) 2016, Tz. 40.

den Praxishinweis konkretisiert wurde. Ganz wesentliche Festlegungen finden sich bereits zu Beginn des einschlägigen Kapitels im Praxishinweis. Demnach wird die in der Vergangenheit vorhandene Ertragskraft nur als partiell oder zeitlich begrenzt übertragbar angesehen, wenn wertbestimmende Faktoren für die Erzielung der finanziellen Überschüsse künftig nicht mehr oder nur noch zeitlich begrenzt zur Verfügung stehen. Im Fall der zeitlich begrenzten Übertragbarkeit soll das künftige Ertragspotenzial aus den nur begrenzt übertragbaren Faktoren über einen endlichen Zeitraum abgeschmolzen werden. Sofern verschiedene Faktoren mit jeweils unterschiedlichen Abschmelzungsgeschwindigkeiten bestehen, sollen diese grundsätzlich getrennt berücksichtigt werden.[27]

Dem folgend wird im Praxishinweis der Begriff der partiell oder temporär übertragbaren Ertragskraft näher beschrieben. So würden sich KMU durch das Vorhandensein bestimmter immaterieller Faktoren auszeichnen, die durch die prägende Tätigkeit eines oder mehrerer Eigentümer bedingt sind. Der Eigentümer wirke oft insbesondere

- als (Haupt-)Leistungserbringer (z.B. Anwalt, Architekt, Arzt, Steuerberater, Wirtschaftsprüfer), dessen Leistung entscheidend für die Kundenzufriedenheit ist,
- als Verkaufsleiter, der kontinuierlich neue Kunden gewinnt,
- als Geschäftsleiter, der hohe Marketingeffekte erzielen kann,
- als Vertrauensperson gegenüber den Mitarbeitern, die eine hohe Loyalität in der Belegschaft erzeugt,
- als Träger von bestimmtem Wissen, aufgrund dessen neue Produkte und Verfahren entwickelt werden.[28]

Diesen immateriellen Faktoren sei gemein, dass sie sich aufgrund der engen Bindung an die Person des Eigentümers ohne dessen weiteres Mitwirken im Unternehmen im Zeitablauf verbrauchen und somit nur zeitlich begrenzt zur Verfügung stehen würden. Die damit verbundenen finanziellen Überschüsse könnten zumindest nicht dauerhaft erwirtschaftet werden. Häufig stelle die fortgesetzte gestaltende Tätigkeit des Eigentümers die einzige Möglichkeit dar, diese Faktoren zu erhalten. Die bisherige Ertragskraft sei somit allenfalls temporär auf einen neuen Eigentümer übertragbar.[29]

M.E. folgt hieraus in aller Regel, dass zur Ermittlung des objektivierten Unternehmenswerts ein Ausscheiden des Unternehmers zu unterstellen ist, auch wenn kein Eigentümerwechsel stattfindet.[30] Diese Vorgehensweise führt zu einer konsequenten Erwerbersichtweise, die danach fragt, was ein potentieller Erwer-

---

27 Vgl. zum gesamten Absatz IDW (Hrsg.) 2014, Tz. 23.
28 Vgl. zum gesamten Absatz IDW (Hrsg.) 2014, Tz. 25.
29 Vgl. zum gesamten Absatz IDW (Hrsg.) 2014, Tz. 26.
30 Vgl. Ballwieser et. al. 2014, S. 466.

ber für das Unternehmen bezahlen würde. Sie beugt einer Vermischung von persönlichen Einflüssen auf den Unternehmenswert und der zu ermittelnden übertragbaren Ertragskraft vor.[31] Im Ergebnis verbleibt nur die Ertragskraft, die das Unternehmen mit seinen verfügbaren Potentialen und einer marktüblich vergüteten Geschäftsführung zukünftig realisieren kann.[32]

Der Praxishinweis konkretisiert folgend die Möglichkeit, zukünftige finanzielle Überschüsse im Rahmen eines Abschmelzungsprozesses abzubilden. Insbesondere bei der Bewertung von KMU sei zu analysieren, ob sich die aus den identifizierten Faktoren ergebenen finanziellen Überschüsse unmittelbar nach dem Bewertungsstichtag oder über einen bestimmten Zeitraum danach reduzieren. Im erstgenannten Fall wären die positiven und negativen Erfolgsbeiträge zu eliminieren, die losgelöst von den bisherigen Eigentümern nicht mehr realisierbar sind. Im zweitgenannten Fall wären die nur temporär übertragbaren finanziellen Überschüsse während der Detailplanungsphase abzuschmelzen.[33]

Der Praxishinweis schafft bezüglich der Identifikation und Berücksichtigung der immateriellen Faktoren eine Vereinfachungsmöglichkeit. Diese kann insbesondere angemessen sein, wenn immaterielle Faktoren für die Erzielung der finanziellen Überschüsse von maßgeblicher Bedeutung sind und diese in besonderem Maße an der Person des Veräußerers oder anderen zentralen Personen hängen und deshalb nicht übertragbar sind. Im Falle des Abschmelzens des künftigen Ertragspotenzials bei der Bewertung von KMU soll dann aus Vereinfachungsgründen auf eine Differenzierung zwischen verschiedenen immateriellen Werteinflussfaktoren verzichtet werden.[34] Der Haupteinflussfaktor sei i.d.R. die Nachhaltigkeit der Kundenbeziehungen. Nur soweit andere wertmäßig bedeutsame separierbare immaterielle Faktoren bestehen, deren Einflüsse sich über einen wesentlich kürzeren oder längeren Zeitraum reduzieren, sollen diese bei der Abschmelzungsdauer separat betrachtet werden.[35]

# 3 Konkrete Vorschläge zur Umsetzung des IDW Praxishinweises

## 3.1 Abschmelzmodell

Der Praxishinweis liefert als allgemein gehaltene Verlautbarung zwar wichtige Hilfestellungen für den Bewertenden aber erwartungsgemäß keinen Bewertungsalgorithmus. Die angesprochenen Aspekte gehen erheblich über die Festle-

[31] Vgl. Ballwieser et. al. 2014, S. 466.
[32] Vgl. Kohl 2018, S. 150.
[33] Vgl. zum gesamten Absatz IDW (Hrsg.) 2014, Tz. 27.
[34] Vgl. zum bisherigen Absatz IDW (Hrsg.) 2014, Tz. 29.
[35] Vgl. IDW (Hrsg.) 2014, Tz. 29.

gungen im IDW S 1 hinaus. Die Betonung der Personenbezogenheit von KMU ist zu begrüßen. Mit der Propagierung einer Abschmelzung zukünftiger Erträge stellt der Praxishinweis den Bewertenden vor neue Herausforderungen. Insbesondere werden kaum Aussagen zur konkreten Ausgestaltung einer Bewertung getroffen, bei der zumindest Teile der Ertragskraft nach dem Ausscheiden des Inhabers nicht dauerhaft übertragbar sind und damit abzuschmelzen sind. Eine Ausnahme bildet der Hinweis auf die Möglichkeit der Verlängerung der Detailplanungsphase bis der Abschmelzungsprozess vollständig abgebildet ist.[36]

In der Literatur wurden entsprechende Berechnungen resp. Abschmelzmodelle vorgeschlagen.[37] Folgend soll exemplarisch ein Modell von Franken/Schulte/Rowoldt[38] betrachtet werden. Ausgangsgröße für die Ermittlung der finanziellen Überschüsse ist das Ergebnis vor Steuern, d.h. die Zinsen für Fremdkapital sind hier schon in Abzug gebracht. Es handelt sich demnach um eine Nettomethode, die unmittelbar den Marktwert des Eigenkapitals bestimmt. Von diesem Ergebnis vor Steuern wird die Verzinsung des bilanziellen Eigenkapitals in Abzug gebracht. Im Modell verzinst sich das Eigenkapital annahmegemäß zu einem Kapitalisierungszinssatz für Eigenkapital vor Steuern.[39] Diese Verzinsung wird als vollständig übertragbare Ertragskraft angesehen. Die Diskontierung dieser ewigen Rente mit dem verwendeten Diskontierungszinssatz führt (wiederum) zum eingesetzten Eigenkapital. Die über die Verzinsung hinausgehenden Ergebnisbestandteile werden linear abgeschmolzen, der Ertragsbesteuerung unterzogen und unter Berücksichtigung der Steueräquivalenz auf den Bewertungsstichtag diskontiert. Die Addition des so errechneten Wertbeitrags zu dem wie dargestellt ermittelten Eigenkapital ergibt den Unternehmenswert.

## 3.2 Würdigung

Zunächst handelt es sich offenkundig um ein Bewertungsmodell, das Substanzwertkomponenten enthält, weil die übertragbare Ertragskraft unter Heranziehung des bilanziellen Eigenkapitals ermittelt wird. Das vorgestellte Modell lässt sich eindeutig als Übergewinnmethode identifizieren. Dem folgend basiert es auf der unzulässigen Normalwerthypothese; nämlich der Annahme, dass der Substanzwert ein „Normalwert" ist, der multipliziert mit einem Zinssatz einen

---

36 Siehe dazu IDW (Hrsg.) 2014, Tz. 27.

37 Vgl. Ballwieser et. al. 2014, S. 463ff.; Franken et al. 2018, S. 38ff., Kohl 2018, S. 146ff.; Hüttche und Schmid 2019, S. 1114ff.

38 Vgl. Franken et al. 2018, S. 38ff.

39 Im Beitrag wird das Abschmelzmodell mit dem vereinfachten Ertragswertverfahren verglichen und der Kehrwert des Multiplikators nach § 203 BewG als Ausgangspunkt für den Diskontierungszinssatz gewählt. Anschließend erfolgt ein „Hochschleusen" um einen Vorsteuerzinssatz zu erhalten.

langfristig erzielbaren „Normalertrag" erzeugt.[40] Das Modell geht vom bilanzierten Vermögen aus. Nicht bilanzierte Vermögensgegenstände bleiben zur Ermittlung der vollständig übertragbaren Ertragskraft außen vor. Es handelt sich also um einen Teilrekonstruktionsansatz. Dies erscheint in Hinblick auf den Praxishinweis zunächst konsequent, weil es sich bei der ggf. nur partiell übertragbaren Ertragskraft gerade um durch die Tätigkeit des Inhabers geprägte immaterielle Erfolgsfaktoren handelt. Wenn man den Wert solcher immaterieller Erfolgsfaktoren entsprechend der oben dargestellten Vorgehensweise im Bewertungsmodell erfasst, wäre die „Lücke" zwischen Voll- und Teilrekonstruktionswert auf diese Weise geschlossen.

Trotzdem kann diese Herangehensweise in Bezug auf das Mengengerüst zu nicht sachgerechten Ergebnissen führen. Es wird vereinfacht unterstellt, dass die bilanzierten Vermögensgegenstände vollständig und darüberhinausgehende (Über-)Gewinne nur temporär übertragbar sind. Die Annahme, dass Aktiviertes auch übertragbar ist, erscheint äußerst sinnvoll. Schließlich sind die handelsrechtlichen Voraussetzungen für das Vorliegen eines Vermögensgegenstandes seine selbstständige Bewertbarkeit sowie gerade eben auch seine selbstständige Verkehrsfähigkeit.[41] Daraus folgt jedoch gerade nicht, dass das, was nicht bilanziert ist, auch nicht übertragbar ist. Dies wäre ein unzulässiger Umkehrschluss. Denn die Zweiteilung „entweder bilanziert oder nur temporär übertragbar" berücksichtigt nicht, dass es auch nicht bilanzierte Vermögensgegenstände geben kann, die vollständig übertragbar sind. Zu nennen sind wahlweise nicht aktivierte selbstgeschaffene immaterielle Vermögensgegenstände (§ 248 Abs. 2 S. 1 HGB), solche Vermögensgegenstände für die das Aktivierungsverbot (§ 248 Abs. 2 S. 2 HGB) greift als auch nicht bilanzierungsfähige Werte wie bspw. bereits geschlossene Verträge bzw. ein Auftragsbestand. Daher ist bei der Anwendung des Modells stets kritisch zu hinterfragen, ob nicht (doch) vollständig übertragbare Werte vorliegen, welche die Bilanz nicht offenbart. Dagegen ist die Tatsache, dass sich immaterielle Werte ganz grundsätzlich im Zeitablauf verflüchtigen m.E. kein Grund, um von temporär übertragbarer Ertragskraft i.S.d. Praxishinweises auszugehen. Denn dies ist ein ganz gewöhnlicher Vorgang, der unabhängig von einem Personenbezug auftritt.

Als Wertmaßstab zieht das oben genannte Modell implizit die bilanziellen Wertmaßstäbe heran. Insofern handelt es sich in Bezug auf die Substanzwertkomponente resp. in Bezug auf die vollständig übertragbare Ertragskraft allenfalls um Teilrekonstruktions-Altwerte. Dieses ist der Fall, wenn die Wiederbeschaffungswerte den bilanziellen Werten entsprechen. Diese Modellannahme ist

---

40 Vgl. Moxter 1983, S. 60.
41 Vgl. Schubert und Waubke 2020, Tz. 13 m. w. N.

nur haltbar, wenn keine nennenswerten stillen Reserven/stillen Lasten vorliegen.[42]

Die grundsätzliche Berücksichtigungsmöglichkeit von dauerhaft übertragbaren Ertragsanteilen einerseits sowie von nur temporär übertragbaren anderseits im Rahmen eines geschlossenen Modells ist begrüßenswert. Schließlich wird es nur selten der Fall sein, dass ausschließlich dauerhaft übertragbare Ertragskraft oder ausschließlich nicht übertragbare Ertragskraft vorliegt.[43] Insofern ist die vorgesehene Ertragsspaltung ein praktikabler Ansatz, sofern man die o.g. Aspekte im Einzelfall berücksichtigt und das Mengen- und/oder Wertgerüst sachgerecht anpasst.

In entsprechend gelagerten Fällen ist zu überlegen, die personenbezogenen Erfolgsfaktoren konkret auf Ertrags- und ggf. Aufwandsposition zu beziehen.[44] Wenn sich etwa sowohl Kundenbeziehungen identifizieren lassen, die auf den persönlichen Beziehungen des Eigentümers beruhen als auch solche, bei denen die persönliche Beziehung unerheblich ist, könnte man eine auf diesem Sachverhalt basierende Planungsrechnung entwickeln. In diesem Fall wäre der Absatz der Produkte mit der erstgenannten Gruppe abzuschmelzen und die entsprechenden GuV-Wirkungen wie Umsatz-, Material- und Personalaufwandsminderungen abzubilden. Dagegen wären der Absatz mit der anderen Gruppe und die entsprechenden Wirkungen in der GuV ohne einen Abschmelzprozess zu modellieren. Ebenfalls denkbar ist die Ermittlung des Umsatzes in einem Preis-Mengengerüst, das die Abschmelzung berücksichtigt (bspw. abschmelzende Anzahl der Kunden multipliziert mit dem Umsatz je Kunde) und die Anwendung einer angemessenen EBIT-Marge auf diesen Umsatz.[45]

Solche verfeinerten Methoden setzen aber eine entsprechende Datenbasis voraus.[46] Ebenso wären die ohnehin schwierigen Annahmen zum Einfluss der Personenbezogenheit z.B. für einzelne Kundenbeziehungen weiter zu präzisieren; es drohen Scheingenauigkeiten.

---

42 So auch Kohl, WPg 2018, S. 151; Hüttche und Schmid 2019, S. 1116.
43 Vgl. Kohl 2018, S. 150.
44 Vgl. Peemöller 2014, S. 1965.
45 So nach meinem Verständnis das Vorgehen bei Ballwieser et. al. 2014, S. 467.
46 Vgl. Peemöller 2014, S. 1965.

# 4 Abschmelzdauer

## 4.1 Praxishinweis

Wesentlicher ermessenbehafteter Werttreiber eines Abschmelzmodells ist die Abschmelzdauer.[47] Der Praxishinweis enthält Aussagen zur Länge des Abschmelzeitraums. Dieser hänge von den Verhältnissen des zu bewertenden Unternehmens sowie unter Umständen auch von seinem Branchenumfeld ab.[48] Als Indikatoren werden genannt:

- Vertragslaufzeiten und erwartete Vertragsverlängerungen
- typische Produktlebenszyklen
- voraussichtliche Handlungen von Wettbewerbern und potenziellen Konkurrenten
- Zeitraum der Abhängigkeit des Kunden (wirtschaftlich, rechtlich, technisch)
- demografische/biometrische Aspekte hinsichtlich der bestehenden Kundenstruktur.

Diese Hinweise werden aus dem „IDW Standard: Grundsätze zur Bewertung immaterieller Vermögenswerte (IDW S 5)“ herangezogen.[49] Ferner könnten auch die steuerlichen Abschreibungsregeln Anhaltspunkte zur Ermittlung der Abschmelzungsdauer bieten. So würden z.B. die steuerlichen Abschreibungszeiträume für Kundenbeziehungen in einer Bandbreite von drei bis sieben Jahren liegen.[50]

## 4.2 Betriebswirtschaftliches Schrifttum

### *4.2.1 Zur übertragbaren Ertragskraft*

Die Bestimmung der übertragbaren Ertragskraft und damit der Abschmelzdauer von zukünftigen Überschüssen wird zu Recht als schwierig angesehen. Es müsse mit „besonderer Akribie vorgegangen werden“[51]; die Bestimmung des Verlaufs stelle den Bewertenden vor neue Herausforderungen und berge Konfliktpotenzial.[52]

Offensichtlich ist, dass sich die Länge des Abschmelzungszeitraums nach den individuellen Verhältnissen des Bewertungsobjekts und nach dessen Markt-

---

47 Vgl. dazu auch die Sensitivitätsanalyse bei Franken et al. 2018, S. 46ff. insb. S. 47, Übersicht 8.

48 Vgl. IDW (Hrsg.) 2014, Tz. 30.

49 Vgl. IDW (Hrsg.) 2015b, Tz. 98ff.

50 Vgl. IDW (Hrsg.) 2014, Tz. 29.

51 Peemöller 2014, S. 1963.

52 Vgl. Peemöller 2014, S. 1965.

und Wettbewerbsumfeld und der Branche richtet.[53] Je stärker die Wettbewerbsintensität ist, desto schneller verflüchtigen sich mögliche Vorteile.[54] Insofern ist die Angabe im Praxishinweis, dass steuerliche Abschreibungsregeln Anhaltspunkte liefern können, die für Kundenbeziehungen drei bis sieben Jahre vorsehen, für den Einzelfall zu überprüfen.[55]

Peemöller nennt ausgehend von dem Hinweis, dass wohl Kundenbeziehungen die wesentlichen immateriellen Vermögenswerte ausmachen,[56] folgende Einflussfaktoren auf die Nutzungsdauer verschiedener kundenbezogener immaterieller Vermögenswerte:[57]

Tabelle 1: Einflussfaktoren auf die Nutzungsdauer ausgewählter kundenbezogener immaterieller Vermögenswerte (Quelle: Peemöller 2014, S. 1965)

| Art des Vermögenswert | Einflussfaktoren auf die Nutzungsdauer |
|---|---|
| Kundenlisten | Nachfrageverhalten |
| Auftragsbestand | Vertraglich vereinbarte restliche Auftragsdauer |
| Vertragliche Kundenbeziehungen | Mindestens Vertragslaufzeit, historische Abschmelzraten |
| Nicht vertragliche Kundenbeziehungen | Nachfrageverhalten |

Es handelt sich um eine nachvollziehbare aber eben auch (rein) qualitative Einordnung. Jedenfalls ist die Feststellung, dass die Spannbreite der Wirkungsdauer immaterieller Vermögenswerte vielfach unbestimmt ist bzw. eine große Spannbreite aufweist,[58] zutreffend.

### *4.2.2 Zur Übergewinnmethode*

Das vorgestellte Modell wurde als Übergewinnmethode identifiziert. Insofern lassen sich die in solchen Verfahren zur Anwendung vorgeschlagenen Bandbreiten für die Bestimmung der Anzahl der Jahre, für die ein Übergewinn ermittelt wird, als Hinweise für die Abschmelzdauer heranziehen.

In der Literatur finden sich verschiedene Äußerungen zur Länge des Zeitraums über den Übergewinne anfallen. Matschke/Brösel nennen einen Zeitraum von drei bis zehn Jahren,[59] bei Moxter[60] und Mandl/Rabel[61] findet sich eine

53 Vgl. Ballwieser et. al. 2014, S. 467, Peemöller 2014, S. 1966; Kohl, S. 151.
54 Vgl. Kohl 2018, S. 151.
55 Vgl. Peemöller 2014, S. 1966.
56 Vgl. Ballwieser et. al. 2014, S. 467; Kohl 2018, S. 149, 151.
57 Vgl. Peemöller 2014, S. 1965.
58 Vgl. Peemöller 2014, S. 1965.
59 Vgl. Matschke und Brösel 2013, S. 517 m.w.N.
60 Vgl. Moxter 1983, S. 56.
61 Vgl. Mandl und Rabel 1997, S. 203.

Bandbreite von drei bis acht Jahren. Hierbei sind jedoch zumindest zwei Gesichtspunkte zu berücksichtigen, die gegen eine unmittelbare Heranziehbarkeit der genannten Zeiträume im hier betrachteten Kontext sprechen.

Erstens existieren Übergewinnmethoden als Verfahren mit konstantem und mit abnehmendem Verlauf der Übergewinne. Der letzte Fall wird auch als Abschmelzung bezeichnet.[62] Bei abnehmenden Verläufen werden lineare und progressive Verläufe unterschieden.[63] Matschke/Brösel bezeichnen abnehmende Verläufe der Überschüsse jedoch als Mindermeinung.[64] Insofern ist davon auszugehen, dass die genannte Anzahl der Jahre in der Regel nicht einen Abschmelzzeitraum sondern volle Jahre betrifft. Wenn man die genannten Zeiträume wertmäßig mit Abschmelzmodellen vergleicht, sind entsprechende Anpassungen der Aussagen notwendig. Zweitens werden Übergewinnmethoden nicht explizit für die Bewertung von KMU vorgeschlagen. Demnach gelten die genannten Jahreszahlen auch für die Bewertungen von „großen", nicht personenbezogenen Unternehmen.

Die beiden Einschränkungen bezgl. der Übertragbarkeit der Ergebnisse wirken demnach genau entgegengesetzt. Während sich der erste rechnerisch bestimmen lässt, ist der zweite kaum quantifizierbar. Die genannten Bandbreiten können daher zumindest eine erste Abschätzung bieten.

## 4.3 Steuerrechtsprechung

### *4.3.1 Praxiswert*

Allgemein sollen steuer- oder handelsbilanzielle Abschreibungsdauern Hinweise zu Abschmelzdauern bestimmter immaterielle Vermögenswerte geben können.[65] Im Praxishinweis selbst wird der steuerliche Abschreibungszeitraum für Kundenbeziehungen mit einer Bandbreite von drei bis sieben Jahren genannt.[66]

Zuerst muss eine gewisse Eingrenzung erfolgen. Vorliegend wird ausschließlich Steuerrechtsprechung herangezogen. Zum einen kann so der o.g. Hinweis verifiziert werden, zum anderen stellt sich die Frage nach der Nutzungsdauer vor allem im steuerrechtlichen Kontext, weil der Erwerber bspw. eines Kundenstamms eine Abschreibung begehrt und deren Dauer relevant für die Steuerbelastung und daher streitgegenständlich sein kann.[67] Als nachteilig

---

62 Vgl. Matschke und Brösel 2013, S. 517.
63 Vgl. Matschke und Brösel 2013, S. 517 m.w.N.
64 Vgl. Matschke und Brösel 2013, S. 517.
65 Vgl. Kohl 2018, S. 151.
66 Vgl. IDW (Hrsg.) 2014, Tz. 29.
67 Daneben kann für die Frage, ob überhaupt ein Firmenwert, der über den Substanzwert hinausgeht, zu berücksichtigen ist, vor allem auf familienrechtliche Rechtsprechung verwiesen werden. Einen Überblick nach Branchen und Berufsgruppen findet sich bei Born 2019, Tz. 65ff.

für die Analyse erweist sich zumindest vordergründig, dass die betriebsgewöhnliche Nutzungsdauer des Geschäfts- oder Firmenwerts auf 15 Jahre normiert (§ 7 Abs. 1 S. 3 EStG)[68] ist und sie vor dem Bilanzrichtlinien-Gesetz gänzlich ausgeschlossen war. Demnach war bzw. ist die Abschreibungsdauer eines Geschäfts- oder Firmenwerts nicht Gegenstand finanzgerichtlicher Entscheidungen. Bemerkenswerterweise galt dies aber nicht für einen Praxiswert. In seinem Urteil vom 30. Januar 1929 äußerte sich bereits der Reichsfinanzhof zur Aktivierung von Anschaffungskosten bei der entgeltlichen Übernahme einer Anwaltspraxis und zur Zulässigkeit von Absetzungen wegen Abnutzung.[69] Der Reichsfinanzhof ging dabei von einer Verteilung der Aufwendungen über wenige Jahre aus. Im seinem Urteil vom 28. Juli 1938[70] hatte der Reichsfinanzhof über die Abschreibungsdauer eines Praxiswert resp. einer Kundenkartei[71] einer Arztpraxis zu entscheiden und legte hierfür drei Jahre zugrunde.

Im Urteil des Bundesfinanzhofs von 15. April 1958 wurde der Unterschied zwischen dem Geschäftswert eines gewerblichen Betriebes und dem Praxiswert herausgestellt.[72] Zur Nutzungsdauer eines Praxiswerts macht der Bundesfinanzhof (zumindest) die folgende Anmerkung: „Da er [der Praxiswert] ausschließlich personenbezogen ist, verflüchtigt er sich verhältnismäßig rasch.“[73] In seiner Entscheidung vom 1. April 1982 bekräftigt der Bundesfinanzhof diese Auffassung.[74] Am 24. Februar 1994 entschied der Bundesfinanzhof, dass ein "Sozietätspraxiswert" auf sechs bis zehn Jahre abschreibbar ist.[75] Die weitere Mitwirkung des bisherigen Inhabers der Einzelpraxis trage dazu bei, dass die Chance des Eintretenden, ein eigenes Vertrauensverhältnis zu den Mandanten oder Patienten aufzubauen, länger erhalten bleibt als im Falle des Inhaberwechsels. Daher ging das Gericht typisierend davon aus, dass die betriebsgewöhnliche Nutzungsdauer eines derivativ erworbenen "Sozietätspraxiswertes" doppelt so lang ist, wie die Nutzungsdauer des Wertes einer erworbenen Einzelpraxis, die zwischen drei bis fünf Jahren betrage. Letztgenannter Zeitraum wurde in späteren Entscheidungen[76] bestätigt.

---

68 Handelsrechtlich ist eine betriebsgewöhnliche Nutzungsdauer von zehn Jahren vorgesehen (§ 253 Abs. 3 S. 4 HGB), wenn sie nicht verlässlich geschätzt werden kann.
69 Reichsfinanzhof 1929, S. 326.
70 Reichsfinanzhof 1938, S. 286.
71 Tatsächlich nutzt der Reichsfinanzhof den Begriff Kundenkartei und nicht etwa Patientenkartei.
72 Bundesfinanzhof 1958, S. 330.
73 Bundesfinanzhof 1958, S. 331.
74 Bundesfinanzhof 1982, S. 620.
75 Bundesfinanzhof 1994, S. 590.
76 Finanzgericht Köln 2012, S. 1128: Drei bis fünf Jahre; Bundesfinanzhof 2015, S. 316: Vier Jahre.

### *4.3.2 Sonstige kundenbezogene immaterielle Vermögenswerte*

In der Entscheidung vom 26. Februar 1964 hat sich der Bundesfinanzhof über die Verflüchtigungszeit des Wertes einer erkauften Fürsprache geäußert.[77] Ein solcher Wert sei von einem Geschäfts- oder Firmenwert abzugrenzen. Der Geschäftswert sei ein von den persönlichen Eigenschaften des Unternehmers losgelöster, dem Unternehmen innewohnender Wert, der mit dem Unternehmen veräußerlich und übertragbar ist. Bei Unternehmen, deren Ertragslage allein auf der persönlichen Tüchtigkeit des Unternehmers beruhe, wird darum im Allgemeinen ein Geschäftswert nicht anzunehmen sein. Das Gericht nahm an, dass sich der Wert in den folgenden drei Jahren verflüchtigt hat.

Der Entscheidung des Bundesfinanzhofs vom 16. September 1970 lag ein Fall zugrunde, bei dem der Käufer eines Betriebes dem Verkäufer eine Zahlung dafür entrichtet hatte, dass dieser ihn in seine bisherigen persönlichen Geschäftsbeziehungen einführt.[78] Obgleich die Geschäftsbeziehungen eine wesentliche Grundlage des Betriebs bildeten, stellten sie nach Auffassung des Gerichts keinen Geschäftswert dar, weil der Käufer den Betrag eben für ein selbständig bewertungsfähiges Wirtschaftsgut aufgebracht hatte. Ebenso wurde auch ein firmenwertähnliches Wirtschaftsgut verneint, weil sich ein solches regelmäßig nicht in einer ungefähr bestimmbaren Zeit erschöpfe. Das Gericht ging für das immaterielle Wirtschaftsgut „Geschäftsbeziehung“ von einer Nutzungsdauer von drei Jahren aus.

In der Entscheidung vom 18. Januar 1989 äußerte sich der Bundesfinanzhof zu der Nutzungsdauer eines Vertreterrechts.[79] Übernimmt ein Handelsvertreter einen eingeführten und regelmäßig bearbeiteten Vertreterbezirk, so erhält er dadurch einen greifbaren wirtschaftlichen Vorteil. Die Einstandszahlung ist die Gegenleistung des Handelsvertreters für die ihm vom Geschäftsherrn verschaffte wirtschaftliche Chance, Provisionseinnahmen zu erzielen. Die Annahme der Vorinstanz, das immaterielle Wirtschaftsgut "Vertreterrecht" sei auf eine Nutzungsdauer von fünf Jahren abzuschreiben, sei revisionsrechtlich nicht zu beanstanden.

### *4.3.3 Würdigung*

Bemerkenswert ist, dass bereits der Reichsfinanzhof in den o.g. Entscheidungen[80] die Zusammenhänge entsprechend beschrieben hat, die sich auch im Praxishinweis finden: Bei stark personenbezogenen Unternehmen verflüchtigt sich das, was der Veräußerer geschaffen hat, zügig. Dies gilt auch dann, wenn sich

[77] Bundesfinanzhof 1964, S. 423.
[78] Bundesfinanzhof 1971, S. 175.
[79] Bundesfinanzhof 1989, S. 549.
[80] Reichsfinanzhof 1929, S. 326; Reichsfinanzhof 1938, S. 286.

der Erfolg nach der Übertragung realisiert, weil diese Entwicklung durch die Tätigkeit des Erwerbers begründet wird. Insofern bestätigen sich Rechtsprechung und Praxishinweis bezüglich der grundsätzlichen Sichtweise. Die ökonomische Auseinandersetzung mit der übertragbaren Ertragskraft in dieser Rechtsprechung zum Praxiswert ist zutreffend. Freiberuflerpraxen sind das Paradebeispiel für Unternehmen mit immateriellen Erfolgsfaktoren, die durch die prägende Tätigkeit des Eigentümers bedingt sind. Deutlich wird damit auch, dass es sich insofern nicht um innovative Denkansätze handelt. Es ist bemerkenswert, dass der Bundesfinanzhof bereits einen abnutzbaren Praxiswert vom Geschäftswert separiert hatte, als der Geschäftswert noch als nicht abnutzbar kodifiziert war. Insofern war der ökonomische Gehalt bereits zutreffend von der Rechtsprechung erkannt worden. Es ist daher in der Sache zu begrüßen, dass auch für gewerbliche Unternehmen eine Bindung von Kunden an die Person des Unternehmers statt an das Unternehmen in Betracht kommt, wenn überwiegend der Unternehmer nach außen in Erscheinung tritt und die Mitarbeiter, die Betriebsorganisation oder die Lage des Betriebes für den Erfolg unbedeutend sind.[81] Beachtenswert ist auch die in den Urteilen erfolgte Gleichsetzung von Praxiswert und Kundenstamm, die der Vereinfachungsmöglichkeit des Praxishinweises entspricht.

Bezüglich des Zeitraums weisen die Urteile zum Praxiswert und auch zu den ähnlichen kundenbezogenen Vermögenswerten eine hohe Konvergenz auf. Die Bandbreite beträgt etwa drei bis fünf Jahre.

Eine Übertragbarkeit auf gewerbliche Unternehmen ist m.E. unter der Berücksichtigung folgender Aspekte möglich. Sofern i.S.d. Vereinfachungsregel des Praxishinweises der Kundenstamm der einzige durch die Tätigkeit des Inhabers geprägte Wert darstellt, sollten die o.g. Abschmelzdauern i.d.R. ebenfalls sachgerecht sein. Denn wenn andere Vermögenswerte, die unter Umständen länger oder vollständig übertragbar wären (etwa Kundenverträge, Marke, Patente, ausgebildeter Mitarbeiterstamm), nicht identifiziert wurden, fällt die Bewertung auf den Kundenstamm zurück. Wer nun – zurecht – einwendet, bei einem gewerblichen Unternehmen hänge der Kundenstamm aufgrund des in den Hintergrund tretenden Vertrauensverhältnis weniger an der Person des Unternehmers, hat die anderen Werttreiber in seiner Bewertung entsprechend zu berücksichtigen. Sofern nur das persönliche Verhältnis prägend ist, kann m.E. nur schwerlich davon ausgegangen werden, dass dieses sich erst nach einem Zeitraum, der fünf Jahre übersteigt, verflüchtigt haben wird. Die Rechtsprechung zu den sonstigen personenbezogen immateriellen Vermögenswerten bestätigt diese

81 Bundesfinanzhof 2010, S. 609, zu „Kundenstamm und Know-how“, jedoch ohne Aussagen zur Abschmelzdauer.

Sichtweise; dort werden ebenfalls Nutzungsdauern von drei bis fünf Jahren als angemessen erachtet.

# 5 Kalkulatorischer Unternehmerlohn

Die Bestimmung der übertragbaren Ertragskraft weist enge Zusammenhänge zur Berücksichtigung eines kalkulatorischen Unternehmerlohns im Rahmen der Bewertung von KMU auf. Denn einerseits sind personenbezogene Einflüsse des Unternehmers auf die Ertragskraft zu eliminieren, andererseits ist zu prüfen, welchen Beitrag ein marktüblich entlohnter Geschäftsführer zur zukünftigen Ertragskraft leistet.[82] Der IDW S 1 fordert eine Berücksichtigung des kalkulatorischen Unternehmerlohns.[83] Dies wird im Praxishinweis konkretisiert.[84] Es soll eine aufwandswirksame Berücksichtigung eines Unternehmerlohns in angemessener Höhe in der Plan-Gewinn- und Verlustrechnung erfolgen. Soweit für die Tätigkeit des Eigentümers in der bisherigen Ergebnisrechnung kein marktgerechter Unternehmerlohn berücksichtigt worden ist, wären die künftigen finanziellen Überschüsse entsprechend anzupassen.

Die Höhe des Unternehmerlohns soll dabei anhand der marktüblichen Vergütung bestimmt werden, die eine nicht beteiligte Geschäftsführung erhalten würde.[85] Tatsächlich zeigt eine Auswertung empirischer Studien, dass die Gesamtbezüge eines beteiligten Geschäftsführers höher sind;[86] die Gesellschafterstellung beeinflusst also die Höhe des Unternehmerlohns. Insofern sollte nur die auf einem natürlichen Interessengegensatz der Beteiligten basierende Entlohnung des Fremdgeschäftsführers herangezogen werden. Die diesbezügliche Festlegung in den Verlautbarungen ist demnach relevant und sachgerecht.

Bei der Bemessung des Unternehmerlohns sollen neben internen Betriebsvergleichen insb. statistische Untersuchungen von Branchenverbänden oder Veröffentlichungen in Fachzeitschriften herangezogen werden. Auf den Ansatz von kalkulatorischen Vergütungen soll auch dann nicht verzichtet werden, wenn sich hierdurch negative finanzielle Überschüsse ergeben.[87] In diesen Fällen entspräche der Unternehmenswert dem Liquidationswert.[88]

---

82 Vgl. Kohl 2018, S. 150.
83 Vgl. IDW (Hrsg.) 2016, Tz. 40.
84 Vgl. IDW (Hrsg.) 2014, Tz. 32.
85 Vgl. auch IDW (Hrsg.) 2016, Tz. 40.
86 Vgl. BBE media (Hrsg.) 2012, S. 31; BBE media (Hrsg.) 2013, S. 31; BBE media (Hrsg.) 2014, S. 31; BBE media (Hrsg.) 2015, S. 31; BBE media (Hrsg.) 2016, S. 31; BBE media (Hrsg.) 2017, S. 30; BBE media (Hrsg.) 2018, S. 30.
87 Vgl. zum bisherigen Absatz IDW (Hrsg.) 2014, Tz. 33.
88 Vgl. IDW (Hrsg.) 2014, Tz. 22; IDW (Hrsg.) 2016, Tz. 42.

Mittels entsprechender Studien lässt sich ein Unternehmerlohn für verschiedene Branchen oder Unternehmensgrößen vergleichsweise sicher bestimmen. Messbare Unterschiede wie etwa eine abweichend lange (wöchentliche) Arbeitszeit des Eigentümers lassen sich ebenfalls einfach berücksichtigen.

Viel problematischer ist dagegen die Einschätzung, welcher Anteil einer die immateriellen Faktoren prägenden Tätigkeit des Eigentümers über das hinausgeht, was eine nicht beteiligte Geschäftsführung zu leisten im Stande ist. Denn nur die auf diesen übersteigenden Teil entfallende Ertragskraft verflüchtigt sich. In Bezug auf die kundenorientierten immateriellen Vermögenswerte könnte wiederum die bereits oben vorgeschlagene Betrachtung einzelner Kundenbeziehungen Aufschlüsse geben. Hier wäre stets zu fragen, von welchen Kriterien die einzelne Kundenbeziehung besonders abhängt und wie sich eine Fremdgeschäftsführung auf diese Kriterien auswirkt. Wenn es sich hierbei um personenbezogene Einflüsse handelt, bspw. Freundschaften mit Geschäftspartnern, wäre die Kundenbeziehung bei einer Fremdgeschäftsführung entsprechend flüchtig. Wenn sie Kriterien betrifft, die auch der zum üblichen kalkulatorischen Unternehmerlohn tätige Fremdgeschäftsführer ausfüllen kann, bspw. Liefertermintreue, wäre die Kundenbeziehung stabil und daher tendenziell übertragbar. Die Festlegung des Praxishinweises, dass die fortgesetzte gestaltende Tätigkeit des Eigentümers oft die einzige Möglichkeit darstelle, die immateriellen Faktoren zu erhalten,[89] darf insofern nicht überinterpretiert werden. Opportunitätsmaßstab ist stets die Leistung des zum kalkulatorischen Unternehmerlohn tätigen Fremdgeschäftsführers.

# 6 Zusammenfassung

Wenn Wirtschaftsprüfer in ihrer Funktion als neutraler Gutachter objektivierte Unternehmenswerte von KMU ermitteln, haben sie gemäß IDW S 1 die übertragbare Ertragskraft des Unternehmens zu bestimmen. Dieses Konzept hat das IDW mit dem Praxishinweis konkretisiert. Insbesondere wurde dabei die Möglichkeit zukünftig abschmelzender finanzieller Überschüsse propagiert. Besondere Herausforderung ist die Berücksichtigung des Personenbezugs bei KMU. Diesbezüglich ist als sog. Managementannahme zu unterstellen, dass der (Alt-)Unternehmer ausscheidet, selbst wenn gar kein Eigentumswechsel vollzogen wird. Nur diese Annahme führt zu einer konsequenten Erwerbersichtweise und verhindert Vermischungen von persönlichem Tätigwerden und der an einen fremden Dritten übertragbaren Ertragskraft.

89 Vgl. IDW (Hrsg.) 2014, Tz. 26.

Für den Bewertenden sind im Praxishinweis in erster Linie Grundsätze verankert, die für die einzelne Bewertung sachgerecht umzusetzen sind. Insofern kann der Hinweis keinen Bewertungsalgorithmus vorgeben. Konkrete Umsetzungsbeispiele und Berechnungsmodelle wurden in der Literatur vorgeschlagen. Das vorliegend betrachtete Modell nimmt eine Abschmelzung der Überschüsse vor, die über eine angemessene Verzinsung des eingesetzten Eigenkapitals hinausgehen. Es ist als Übergewinnmodell zu qualifizieren. Insofern handelt es sich nicht um einen neuartigen Ansatz. Aus theoretischer Sicht überzeugt diese Herangehensweise nicht. Grund dafür ist die Infizierung durch die Substanzwertkomponente und das Zugrundelegen eines Normalertrags. Wesentlicher Vorteil des Modells ist die praktikable Ergebnisspaltung in vollständig übertragbare und nur temporär übertragbare Ergebnisbestandteile. Insofern eignet sich das Modell für den Bewertenden, wenn potentiellen Fehlerquellen im Einzelfall nachgegangen wird. Dies betrifft vor allem die Frage, ob die Buchwerte der Vermögensgegenstände den Marktwerten entsprechen, also insbesondere ob stille Reserven vorliegen und ob vollständig übertragbare aber nicht aktivierte Werte vorhanden sind. Die Abschmelzung setzt im einfachsten Fall unmittelbar an der Überschussgröße an. Sofern die Datenlage entsprechende Analysen ermöglicht, wäre die Bestimmung der übertragbaren Ertragskraft anhand konkreter Ertrags- und Aufwandswirkungen, die auf das Ausscheiden des Unternehmers zurückzuführen sind (etwa der Verlust bestimmter Kunden), sachgerechter.

Die verwendete Abschmelzdauer ist wesentlicher ermessensbehafteter Werttreiber. Zu deren Bestimmung können allgemeine Aussagen in der Literatur herangezogen werden. Hierbei ist zu berücksichtigen, dass Aussagen zur Übergewinndauer i.d.R. nicht von Abschmelzmodellen ausgehen und auch nicht personenbezogene Unternehmen einschließen. Auffällig ist, dass die Steuerrechtsprechung den starken Personenbezug und den flüchtigen Charakter aufgewendeter Beträge für den Kundenstamm resp. Praxiswert in ihrer Rechtsprechung bereits frühzeitig herausgearbeitet hat. Der starke Personenbezug führt zur Verflüchtigung des Werts innerhalb von wenigen Jahren - auch wenn die tatsächliche Entwicklung der Praxis positiv ist. Insofern stellen die diesbezüglichen grundsätzlichen Überlegungen im Praxishinweis keine Innovation dar. Es werden Abschmelzdauern von drei bis fünf Jahren judiziert, die eine gute Orientierung für den Bewertenden bieten. Diese lassen sich auf Basis der Rechtsprechung zu kundenbezogenen immateriellen Einzelwirtschaftsgütern und aufgrund des identischen zugrunde liegenden Betrachtungsobjekts, nämlich eines personenbezogenen Kundenstamms, auch auf gewerblichen Unternehmen übertragen.

Die Bestimmung der übertragbaren Ertragskraft weist Interdependenzen zum Ansatz des kalkulatorischen Unternehmerlohns auf. Der Unternehmerlohn lässt sich unter Berücksichtigung der Vorschläge aus dem Praxishinweis verhältnismäßig sicher bestimmen. Dem Bewertenden muss aber bewusst sein, dass die eigentliche Problematik nicht die Bestimmung der Höhe des Unternehmerlohns darstellt, sondern die Frage, welche Ertragskraft man mit einem so vergüteten Management dauerhaft erhalten kann bzw. inwieweit die Leistung des Alt-Eigentümers über diese Opportunität hinausging.

Der Praxishinweis zur Unternehmensbewertung von KMU bietet dem Bewertenden eine wichtige Hilfestellung; Patentlösungen werden erwartungsgemäß nicht entwickelt. Die vorstehende Analyse zeigt, dass der Bewertende bei der sachgerechten Ermittlung der übertragbaren Ertragskraft und ihrer Abbildung in Bewertungskalkülen weiterhin vor besonderen Herausforderungen steht. Die Bewertung von KMU ist – nach wie vor – „keine Unternehmensbewertung light“[90].

## Literatur

Albers, W. (Hrsg.). (1980). Handwörterbuch der Wirtschaftswissenschaft (HdWW): zugleich Neuauflage des Handwörterbuches der Sozialwissenschaften. Stuttgart: Gustav Fischer.

Ballwieser, W., Franken, L., Ihlau, S., Jonas, M., Kohl, T., Mackenstedt, A., Popp, M. & Siebler, U. (2014). Besonderheiten bei der Ermittlung eines objektivierten Unternehmenswerts kleiner und mittlerer Unternehmen (IDW Praxishinweis 1/2014). Die Wirtschaftsprüfung, 2014, S. 463.

Bartke, G. (1978). Grundsätze ordnungsmäßiger Unternehmensbewertung - Zur Entwicklung und zum Stand der Diskussion über die Unternehmensbewertung. Schmalenbachs Zeitschrift für betriebswirtschaftliche Forschung, 1978, S. 238.

BBE media (Hrsg.). (2012). GmbH-Geschäftsführer-Vergütungen 2013. Münster: LPV.

BBE media (Hrsg.). (2013). GmbH-Geschäftsführer-Vergütungen 2014. Münster: LPV.

BBE media (Hrsg.). (2014). GmbH-Geschäftsführer-Vergütungen 2015. Münster: LPV.

BBE media (Hrsg.). (2015). GmbH-Geschäftsführer-Vergütungen 2016. Münster: LPV.

BBE media (Hrsg.). (2016). GmbH-Geschäftsführer-Vergütungen 2017. Münster: LPV.

BBE media (Hrsg.). (2017). GmbH-Geschäftsführer-Vergütungen 2018. Münster: LPV.

BBE media (Hrsg.). (2018). GmbH-Geschäftsführer-Vergütungen 2018. Münster: LPV.

Behringer, S. (2012). Unternehmensbewertung der Mittel- und Kleinbetriebe - Betriebswirtschaftliche Verfahrensweisen. 5. Aufl. Berlin: Erich Schmidt.

Börner, D. (1980). Stichwort: Unternehmensbewertung. In: W. Albers (Hrsg.), Handwörterbuch der Wirtschaftswissenschaft (HdWW): zugleich Neuauflage des Handwörterbuches der Sozialwissenschaften. Stuttgart: Gustav Fischer.

Born, W. (2019). Unternehmensbewertung im Familienrecht. In: H. Fleischer & R. Hüttemann (Hrsg.), Rechtshandbuch Unternehmensbewertung. 2. Aufl. Köln: Otto Schmidt.

Bundesfinanzhof (1958). Entscheidung vom 15. April 1958 - 61/57 U. Bundessteuerblatt III, 1958, S. 330.

---

90 Peemöller 2014 S. 1967.

Bundesfinanzhof (1964). Entscheidung vom 26. Februar 1964 - I 383/61 U. Bundessteuerblatt III, 1964, S. 423.

Bundesfinanzhof (1971). Entscheidung vom 16. September 1970 - I R 196/67. Bundessteuerblatt II, 1971, S. 175.

Bundesfinanzhof (1982). Entscheidung vom 1. April 1982 - IV R 2-3/79. Bundessteuerblatt II, S. 620.

Bundesfinanzhof (1989). Entscheidung vom 18. Januar 1989 - X R 10/86, Bundessteuerblatt II, 549.

Bundesfinanzhof (1994). Entscheidung vom 24. Februar 1994 - IV R 33/93, Bundessteuerblatt II, S. 590.

Bundesfinanzhof (2010). Entscheidung vom 26. November 2009 - III R 40/07, Bundessteuerblatt II, S. 609.

Bundesfinanzhof (2015). Entscheidung vom 16. September 2014 - VIII R 1/12. Unternehmenssteuern und Bilanzen, S. 316.

Busse v. Colbe, W. (1981). Gesamtwert der Unternehmung. In: E. Kosiol, (Hrsg.), Handwörterbuch des Rechnungswesens. Stuttgart: C. E. Poeschel.

Coenenberg, A. (1981). Unternehmensbewertung aus Sicht der Hochschule. In: IDW (Hrsg.): 50 Jahre Wirtschaftsprüferberuf - Bericht über die Jubiläumsfachtagung vom 21. - 23. Oktober 1981 in Berlin. Düsseldorf: IDW Verlag.

Finanzgericht Köln (2012). Entscheidung vom 26. Januar 2012 - 6 K 4538/07. Entscheidungen der Finanzgerichte, S. 1128.

Fleischer, H. & Hüttemann, R. (Hrsg.). (2019). Rechtshandbuch Unternehmensbewertung. 2. Aufl. Köln: Otto Schmidt.

Franken, L., Schulte, J. & Rowoldt, M. (2018). Bewertung von KMU und übertragbare Ertragskraft: ein Anwendungsbeispiel. Die Wirtschaftsprüfung, S. 38.

Grottel, B., Schmidt, S., Schubert, W. J. & Winkeljohann, N. (Hrsg.). (2020). Beck'scher Bilanz-Kommentar: Handels- und Steuerbilanz; §§ 238 bis 339, 342 bis 342e HGB. 12. Aufl. München: Beck.

Günther, T. (1997). Unternehmenswertorientiertes Controlling. München: Vahlen.

Heurung, R. (1997a). Zur Anwendung und Angemessenheit verschiedener Unternehmenswertverfahren im Rahmen von Umwandlungsfällen (Teil I). Der Betrieb, S. 837.

Heurung, R. (1997b). Zur Anwendung und Angemessenheit verschiedener Unternehmenswertverfahren im Rahmen von Umwandlungsfällen (Teil II). Der Betrieb, S. 888.

Heurung, R. (1997c). Zur Unternehmensbewertung bei Umtauschverhältnissen im Rahmen der Spaltung (Teil I). Deutsches Steuerrecht, S. 1301.

Heurung, R. (1997d). Zur Unternehmensbewertung bei Umtauschverhältnissen im Rahmen der Spaltung (Teil II). Deutsches Steuerrecht, S. 1341.

Heurung, R. (1998). Zur Unternehmensbewertung bei Spaltungsprozessen mit Kapitalstrukturproblemen. Die Wirtschaftsprüfung, S. 201.

Heurung, R. (1999). Berücksichtigung von Ertragsteuerwirkungen in Unternehmensbewertungsmodellen im Rahmen von Verschmelzungstatbeständen. Der Betrieb, S. 1225.

Heurung, R. (2000a). Die Bewertung assoziierter Unternehmen im Konzernabschluss im Vergleich zwischen HGB, IAS und US-GAAP (Teil I). Internationales Steuerrecht, S. 628.

Heurung, R. (2000b). Die Bewertung assoziierter Unternehmen im Konzernabschluss im Vergleich zwischen HGB, IAS und US-GAAP (Teil II). Internationales Steuerrecht, S. 664.

Heurung, R. & Wagener, K. (1999a). Ermittlung der Kapitalstrukturgrößen anhand der Konzernbilanz für Unternehmensbewertungszwecke. Unternehmenssteuern und Bilanzen, S. 754.

Heurung, R. & Wagener, K. (1999b). Auswirkungen der Brühler Empfehlungen auf die Unternehmenswertermittlung. Unternehmenssteuern und Bilanzen, S. 1203.

Heurung, R., Kurtz, M. & Wagener, K. (1999). Zur Berücksichtigung unterschiedlicher Kapitalstrukturen im Rahmen der Unternehmensbewertung bei Verschmelzungstatbeständen. Die Wirtschaftsprüfung, S.797.

Heurung, R., Buhrandt, A. & Löckener, R. (2018). Kritische Auseinandersetzung mit der neuen Rechtslage des § 16 Abs. 2 ErbStG. Zeitschrift für die Steuer- und Erbrechtspraxis, S. 89.

Hüttche, T. & Schmid, F. (2019). Besonderheiten bei der Bewertung von kleinen und mittleren Unternehmen (KMU). In: Peemöller, V. H. (Hrsg.), Praxishandbuch der Unternehmensbewertung. 7. Aufl. Herne: NWB.

Ihlau, S. & Duscha, H. (2019). Besonderheiten bei der Bewertung von KMU - Planungsplausibilisierung, Steuern, Kapitalisierung. 2. Aufl. Heidelberg: Springer Gabler.

Institut der Wirtschaftsprüfer in Deutschland e.V. (Hrsg.). (1981). 50 Jahre Wirtschaftsprüferberuf - Bericht über die Jubiläumsfachtagung vom 21. - 23. Oktober 1981 in Berlin. Düsseldorf: IDW Verlag.

Institut der Wirtschaftsprüfer in Deutschland e.V. (Hrsg.). (2014). IDW Praxishinweis: Besonderheiten bei der Ermittlung eines objektivierten Unternehmenswerts kleiner und mittelgroßer Unternehmen (IDW Praxishinweis 1/2014). Die Wirtschaftsprüfung Supplement, 2/2014, S. 28.

Institut der Wirtschaftsprüfer in Deutschland e.V. (Hrsg.). (2015a). IDW Prüfungsstandard: Rechnungslegungs- und Prüfungsgrundsätze für die Abschlussprüfung (IDW PS 201). Die Wirtschaftsprüfung Supplement, 2/2015, S. 1.

Institut der Wirtschaftsprüfer in Deutschland e.V. (Hrsg.). (2015b). IDW Standard: Grundsatze zur Bewertung immaterieller Vermögenswerte (IDW S 5). Die Wirtschaftsprüfung Supplement, 3/2015, S. 16.

Institut der Wirtschaftsprüfer in Deutschland e.V. (Hrsg.). (2016). IDW Standard: Grundsätze zur Durchführung von Unternehmensbewertungen (IDW S 1). IDW Life, 8/2016, S. 731.

Institut der Wirtschaftsprüfer in Deutschland e.V. (Hrsg.). (2020). Entwurf einer Neufassung des IDW Prüfungsstandards 201 n.F.: Rechnungslegungs- und Prüfungsgrundsätze für die Abschlussprüfung (IDW EPS 201 n.F.). IDW Life, 1/2020, S. 29.

Kohl, T. (2018). Anwendung des IDW S 1 bei der Bewertung kleiner und mittelgroßer Unternehmen. Die Wirtschaftsprüfung, S. 146.

Kosiol, E. (Hrsg.). (1981). Handwörterbuch des Rechnungswesens. Stuttgart: C. E. Poeschel.

Löffler, C. (2008). Steuerrechtliche Wertfindung aus Sicht der betriebswirtschaftlichen Steuerlehre. Wiesbaden: Gabler.

Mandl, G. & Rabel, K. (1997). Unternehmensbewertung - Eine praxisorientierte Einführung. Wien: Ueberreuter Wirtschaft.

Matschke, M. J. (1971). Der Arbitrium- oder Schiedsspruchwert der Unternehmung - Zur Vermittlungsfunktion eines unparteiischen Gutachters bei der Unternehmensbewertung -. Betriebswirtschaftliche Forschung und Praxis, S. 508.

Matschke, M. J. & Brösel, G. (2013). Unternehmensbewertung. 4. Aufl. Wiesbaden: Springer Gabler.

Moxter, A. (1983). Grundsätze ordnungsmäßiger Unternehmensbewertung. 2. Aufl. Wiesbaden: Gabler.

Peemöller, V. H. (2014). IDW-Praxishinweis für die Bewertung von KMU – Anmerkungen aus betriebswirtschaftlicher Sicht. Betriebsberater, S. 1963.

Peemöller, V. H. (Hrsg.). (2019). Praxishandbuch der Unternehmensbewertung. 7. Aufl. Herne: NWB.

Reichsfinanzhof (1929). Entscheidung vom 30. Januar 1929 - VI A 369/28. Reichssteuerblatt, S. 326.

Reichsfinanzhof (1938). Entscheidung vom 28. Juli 1938 - IV 5/38, Sammlung der Entscheidungen und Gutachten des Reichsfinanzhofs, 44, S. 287.

Schneider, D. (2001). Geschichte und Methoden der Wirtschaftswissenschaft. München: De Gruyter Oldenbourg.

Schubert, W. & Waubke, P.N. (2020). Kommentierung des § 247 HGB. In: B. Grottel, S. Schmidt, W.J. Schubert & N. Winkeljohann (Hrsg.), Beck'scher Bilanz-Kommentar - Handels- und Steuerbilanz; §§ 238 bis 339, 342 bis 342e HGB. 12. Aufl. München: Beck.

Seer, R. (2018). § 15 Erbschaft- und Schenkungsteuer. In: K. Tipke & J. Lang, (Hrsg.), Steuerrecht. 23. Aufl. Köln: Otto Schmidt.

Sieben, G. (1976). Der Entscheidungswert in der Funktionenlehre der Unternehmensbewertung. Betriebswirtschaftliche Forschung und Praxis, S. 491.

Sieben, G. & Schildbach, T. (1979). Zum Stand der Entwicklung der Lehre von der Bewertung ganzer Unternehmen. Deutsches Steuerrecht, S. 455.

Tinz, O. (2010). Die Abbildung von Wachstum in der Unternehmensbewertung - Eine theoretische und empirische Analyse der Möglichkeiten und Grenzen einer objektivierten und transparenten Abbildung von Wachstum nach IDW S 1. Lohmar: Eul.

Tipke, K. & Lang, J. (Hrsg.). (2018). Steuerrecht. 23. Aufl. Köln: Otto Schmidt.

# Ökonomische Analyse des Merkwürdigen Rechnungsexempels von Johann Peter Hebel

*Prof. Dr. Franz Jürgen Marx*[1]

*Keywords: Ökonomische Analyse, Rechenexempel, Fallstudien, Entscheidungsanomalien, Markteinkommenskonzept, Spielgeschäfte*

*Abstract*

*Der Beitrag interpretiert das Merkwürdige Rechnungsexempel von Johann Peter Hebel aus dem Jahr 1803 und verknüpft es mit aktuellen ökonomischen und steuerrechtlichen Fragestellungen. Die Geschichte lässt sich mit vielfältigen Bezügen in die Gegenwart übertragen. Über die formale Lösung hinaus werden zunächst entscheidungstheoretische Aspekte aufgezeigt. Steuerrechtliche Anknüpfungen zeigen sich bei der Qualifikation der Tätigkeit, der Verlustbehandlung und der Bestimmung der Abgabenlast. Auch für steuergestalterische Aspekte bleibt viel assoziativer Raum.*

1 Prof. Dr. Franz Jürgen Marx | Universität Bremen | fjmarx@uni-bremen.de


N. Antonakopoulos et al. (Hrsg.), *Unternehmenskauf und Unternehmensumwandlung*, https://doi.org/10.1007/978-3-658-34138-1_16

# 1 Einleitung

In seiner fünfundzwanzigjährigen Tätigkeit an der Universität Siegen hat sich Rainer Heurung vielfältigen Fragestellungen der Betriebswirtschaftlichen Steuerlehre und des Prüfungswesens gewidmet, mit wesentlichen Beiträgen wertvolle Impulse für Wissenschaft und Praxis gegeben und die Erkenntnisse in die universitäre Lehre anwendungsorientiert einbezogen. Ich blicke gerne auf die Zeit zurück, in der wir im damaligen Siegener Fachbereich, der heutigen Fakultät III, vertrauensvoll zusammengearbeitet haben.

Insbesondere in den von Rainer Heurung schwerpunktmäßig bearbeiteten Feldern der Organschaft, des Umwandlungssteuerrechts und der Internationalen Unternehmensbesteuerung liegt die Unterstützung der Lehre durch Fallstudien als handlungsorientierte Methode nahe. Der direkte Zugang zu konkreten Sachverhalten der Steuerrechtsrealität ist einerseits durch das Steuergeheimnis nach § 30 AO und andererseits durch berufsrechtliche Verschwiegenheitsverpflichtungen (§ 57 Abs. 1 StBerG, § 5 BOStB, § 43 Abs. 1 Satz 1 WPO, § 10 BS WP/vBP) verwehrt. Oftmals können aber aus veröffentlichten Entscheidungen der Finanzgerichtsbarkeit interessante Fälle abgeleitet werden. Auch allgemein bekannte Beispiele aus der Berichterstattung zur externen Rechnungslegung bieten sich an. Besondere Attraktivität haben die Bilanzskandale der jüngeren Vergangenheit, die zur Diskussion über Fehlverhalten des Managements und Fehleranfälligkeit der Regulierung anregen.[2] Schließlich können eigene Erfahrungen aus der berufspraktischen Arbeit als Steuerberater und Wirtschaftsprüfer grundlegend eingebunden werden.

Reale oder anwendungsnah konzipierte eigene Fälle und Fallstudien dienen dem Verständnis betriebswirtschaftlicher Sachverhalte, geben Einblick in komplexe Zusammenhänge und provozieren die Auseinandersetzung.[3] Am Ende stehen Lösungen, die ein Erfolgserlebnis bei den Studierenden vermitteln, aber auch weitere, grundsätzliche Fragen auslösen. Aus der vollen Anschauung der Probleme können Rückschlüsse auf das „große Ganze" gezogen und Ansprüche an Gesetzgeber und Gerichte erhoben werden.[4] Erich Kästner hat das treffend so ausgedrückt: „Die Fragen sind es, aus denen das, was bleibt, entsteht."[5] Erkenntnisse der Neurodidaktik regen zum verstärkten Arbeiten mit Beispielen an, bei denen die Lernenden selbst zu Lösungen kommen.[6] Während die Bearbeiter

---

2 Vgl. Peemöller et al. 2017; Dinh et al. 2018, S. 319; Rinker 2019, S. 395.

3 Vgl. Harms und Marx 2017, passim.

4 Vgl. Schön 2019, S. 5.

5 Das Epigramm aus dem Jahr 1967 ist mit „Sokrates zugeeignet" überschrieben und lautet: „*Es ist schon so: Die Fragen sind es, aus denen das, was bleibt, entsteht. Denkt an die Frage jenes Kindes: „Was tut der Wind, wenn er nicht weht*", Kästner 1999, S. 272.

6 Vgl. Waldherr und Walter 2009, S. 81.

in Klausuren an den konkreten Sachverhalt gebunden sind, können in Seminaren und Übungen Impulse der Studierenden aufgenommen werden, um Fallabwandlungen zu diskutieren und zum Weiterdenken anzuregen, mithin sokratische Gespräche zu führen.[7] Zur Vor- und Nachbearbeitung dienen fallbezogene Lehrbücher und ausbildungsbezogene Fachzeitschriften.[8]

Im Folgenden soll erneut eine Kalendergeschichte von Johann Peter Hebel (1760-1826) analysiert und in Zusammenhang mit aktuellen fachlichen Entwicklungen gebracht werden, um zu zeigen, dass Wirtschaftswissenschaft nicht im luftleeren Raum stattfindet, sondern vielfach kulturelle Brücken schlägt.[9] Bereits früher wurden „Der Handschuhhändler“ [10], „Merkwürdiges Rechnungsexempel aus der Regula Societatis“ [11] und „Der Prozess ohne Gesetz“[12] analysiert. Auch „Die geschwinde Fertigung“ konnte in die Ökonomie und die Bilanzierung überführt werden.[13] Die Auswertung weiterer Geschichten hat erst begonnen, denn die Verbindung von Literatur, Ökonomie und Recht ist stets reizvoll und bringt reiche Frucht.[14] Vermutlich hat Rainer Heurung einige der Hebelschen Kalendergeschichten schon im Schulunterricht kennen- und schätzen gelernt, etwa „Unverhofftes Wiedersehen“ (1811), „Seltsamer Spazierritt“ (1808) oder „Kannitverstan“ (1809). Sie sind bis heute Teil des Deutschunterrichts.[15] Vielleicht hat er die kurzen Prosaerzählungen zu zentralen Themen der Menschheit auch später in abendlichen Mußestunden zur Hand genommen, um der Hektik des Alltags zu entfliehen und Einsichten in das „Gute, Wahre und Schöne“ zu gewinnen.[16]

Aus dem reichen Schatz von rd. 300 Kalendergeschichten fiel die Wahl für diese Festschrift auf „Ein merkwürdiges Rechnungs-Exempel“, das ökonomische und rechtliche Erkenntnisse weit über die Erzählung hinaus vermittelt und eine große assoziative Kraft entfaltet. Das ist letztlich auch die Intention Hebels: „Die Absicht zu belehren und zu nützen sollte nicht voranstehen, sondern hinter

---

7 Vgl. Harms und Marx 2017, S. 1ff. mit allgemeinen Hinweisen zur Bearbeitung von Bilanzierungsfällen. Zur sokratischen Form der Weisheitsvermittlung bei Hebel vgl. Stolleis 2003, S. 98.

8 Vgl. verschiedene Fallsammlungen zu Steuerarten aus dem NWB-Verlag und dem Erich Fleischer Verlag. Eine wichtige Aufgabe erfüllt auch seit über drei Jahrzehnten die einzige steuerrechtliche Ausbildungszeitschrift „Steuer und Studium“, hrsg. v. Crezelius/Hey/Marx/Seer/Uhländer.

9 Vgl. Marx 2016, S. 293ff.

10 Vgl. Marx 1988, S. 499ff.

11 Vgl. Marx und Simon 2008, S. 205ff.

12 Vgl. Marx 2016, S. 293ff.

13 In der Laudatio für Helge Bernd von Ahsen, Bremen 2015.

14 Vgl. Lüderssen 1997, S. 1106 über biographische und methodologische Entwicklungen im Verhältnis zwischen Recht und Literatur. Umfassend Eiden 2008.

15 Vgl. Glathe 2008, S. 39ff.

16 Vgl. Kessels 2016, passim.

dem studio placendi maskiert und desto sicherer erreicht werden."[17] Die Geschichte findet sich im Badischen Landkalender 1803 und ist dort überschrieben mit „Ein merkwürdiges Rechnungsexempel.". Damals wusste Hebel noch nicht, dass weitere Exempel folgen würden.[18] Im Landkalender 1804 findet sich die „Auflösung der Rechnungsaufgabe vom vorigen Jahr und eine neue". Ob die Leser so geduldig waren oder sich selbst an die Lösung machten, wissen wir nicht. Hebel nahm die Geschichte 1811 in das bei Cotta verlegte Schatzkästlein auf.[19] Dort und in späteren Veröffentlichungen taucht sie als „Erstes Rechnungsexempel" in leicht abgewandelter Form auf. Die Rechnungsexempel sind durchnummeriert. Insgesamt finden sich sechs Rechenaufgaben, die Hebel einschließlich der Lösungen in sieben selbständigen Texten verarbeitet hat.[20]

Merkwürdiges i.S.v. auffallend oder des Merkens würdig findet sich öfter in Hebels Kalendergeschichten.[21] In gewissem Gegensatz dazu steht die heutige Bedeutung des Wortes i.S.v. abwegig oder seltsam.[22] Die mathematische Idee zur Geschichte stammt offenbar von Hebels Freundin Gustave Fecht, mit der Hebel in regem Briefkontakt stand und von ihr 1802 einige Rechenaufgaben erhielt.[23] Anfang Februar 1803 schrieb Hebel an Gustave Fecht und wollte ein Feedback von ihr: „Apropos ist das Rechnungsexempel gut ausgefallen im Calender?"[24] Andere Rechenexempel hat Hebel aus Schulbüchern entnommen und neu eingekleidet.[25]. Eine wichtige Quelle war auch die „Rechenkunst", das 182seitige Rechenbuch seines Vaters, Johann Jacob Hebel, der 1761 starb.[26] Solche Textaufgaben waren und sind weit verbreitet und lassen sich in variabler Einkleidung oft bis in das Altertum zurückverfolgen.[27] Die Aufgabe selbst ist nicht kompliziert, originell ist die jeweilige Vertextung. „Oft sieht die Wahrheit wie eine Lüge aus"[28] Es zeigt sich wiederum, wie leicht man sich täuschen

---

[17] Unabgefordertes Gutachten über die vortheilhafte Einrichtung des Kalenders, 1806.

[18] Das vierte Rechnungsexempel hat Hebel aus dem Rechenbuch seines Vaters entnommen und umgestaltet vgl. Oettinger 1978, S. 32.

[19] Vgl. Hebel 1811, S. 10f.

[20] Vgl. Franz 1995, S. 397.

[21] Eine merkwürdige Abbitte im Kalender des Jahres 1808; Merkwürdige Gespenster-Geschichte und Merkwürdige Schicksale eines jungen Engländers im Kalender 1809; Merkwürdiges Rechnungsexempel aus der Regula Societatis (1814) und Merkwürdiges Alter im Kalender 1819.

[22] Vgl. Duden, Die sinn- und sachverwandten Wörter.

[23] Vgl. Kaltofen 2010, S. 817.

[24] Hebel, Brief Nr. 85, Nummerierung nach der Gesamtausgabe von W. Zentner.

[25] Vgl. Badische Landesbibliothek Karlsruhe (Hrsg.) 1985, S. 224.

[26] Vgl. Franz 1995, S. 398.

[27] Vgl. Marx und Simon 2008, S. 207.

[28] Johann Peter Hebel, Der Fremdling in Memel, Neuer Calender auf das Jahr 1809.

kann.[29] Die Rechnungsexempel bilden eine narrative Sonderform, „...kein Wort zuviel, alles gedrängt beieinander, aber viel Raum für Phantasie."[30]

Heute muss man sich auf die einfache, knappe Sprache der Kalendergeschichte einlassen, die an der mündlichen Überlieferung angelehnt ist, und sich natürlich auch an die antiquierte Schreibweise in der Fassung des Landkalenders 1803 gewöhnen. Allgemein betrachtet schildert die Anekdote eine bemerkenswerte, auf das Wesentliche reduzierte Begebenheit im Leben einer Person mit einer überraschenden Pointe.[31] Hebel verwendet das Gattungsschema des Schwanks, in dem ein a priori Unterlegener, der Einfältige, zu Geld kommen will, ohne arbeiten zu müssen. Er schließt den Pakt mit einem a priori Überlegenen, dem listigen Feind, und wird prompt hinters Licht geführt.[32] Die Rollen sind von Anfang an klar verteilt, obwohl Hebel die Bezeichnungen von Spieler und Gegenspieler im Lauf der Geschichte verändert. Der Protagonist wandelt sich und begreift am Ende das Spiel, auf was er sich eingelassen hat.[33] Er wird als Mensch, Mann, der Einfältige, der Glückliche und schließlich als der (arme) Betrogene bezeichnet. Auf Seiten des Antagonisten ist keine Metamorphose erkennbar, die Bezeichnungen variieren nur gering. Im Verlauf der Geschichte bleibt er der böse Geist, der Böse, der schwarze Feind und der böse Feind.[34]

[29] Vgl. Stolleis 2003, S. 46.
[30] Stolleis 2003, S. 97.
[31] Vgl. Kaltofen 2010, S. 126.
[32] Vgl. Oettinger 1978, S. 30f.
[33] Vgl. Stolleis 2003, S. 43: „Eigentlich sind es die Toren, welche die Welt begreifen."
[34] Hebel vermeidet häufig die Bezeichnung Teufel oder Satan, vgl. Kaltofen 2010, S. 817.

Abb. 1: Titelvignette des Badischen Landkalenders auf das Jahr nach Christi Geburt 1803 (Quelle: Kaltofen, Ein erhofftes Wiedersehen, 2010, S. 355)

## 2 Die Kalendergeschichte

### „Ein merkwürdiges Rechnungsexempel"

„Man solte nicht glauben, daß ein Mensch, der sich dem Spielen ergiebt, mit lauter Gewinnen immer verlieren, und zuletzt um Habe und Vermögen dabey kommen kann. Aber die Sache hat ihre Richtigkeit. Man erzählt, daß ein Mensch, der sich lieber im Müßiggang durch schlechte Mittel, als durch Fleiß und Arbeit ernähren wolte, einen Bund mit dem bösen Geist gemacht habe. Daß dieses nicht möglich sey, sieht zwar jeder Vernünftige wohl ein, aber im Erzählen sagt man bisweilen so. Der Mann wohnte an einem Wasser, und der Böse versprach ihm, alles bare Geld, das er im Hause habe, zu verdoppeln, wenn er damit über die Brücke gehe, und verlange nichts dafür, als daß er ein 24 Kreutzer Stück davon ins Wasser werfe, wenn er wieder über die Brücke zurückgehe, und das dürfe er wiederholen, seinetwegen sooft er wolle. Der Einfältige schlägt mit Freuden ein, sucht alles baare Geld im Hause zusammen, macht die erste Probe, und dißmal scheint der schwarze Feind ehrlich zu sein, denn er hält Wort, und der andere natürlicher Weise auch.

Wie oft und lange mag nun der Glückliche seinen Gang über die Brücke hin und her wiederholen? Solange es gut thut, solange er etwas hinüber zu tragen hat, dreymal in allem. Denn als er zum drittenmal mit seiner verdoppelten Barschaft zurückkehrte; und das drittemal den ausbedungenen Brücken Zoll ins Wasser warf; so hatte der böse Feind sein Geld alles rein und baar bis auf den letzten rothen Heller, und der arme Betrogene gieng leer nach Haus, und hatte nichts mehr in den Strom zu geben, wenn er über die Brücke gieng, als Thränen um seine letzte verlohrne Baarschaft. – Wer rechnen kann, wirds bald heraushaben, wie viel der Betrogene zum erstenmal Geld über den Strom zu tragen hatte, und daß alles natürlich zugieng. Und mancher, den die Erfahrung klug gemacht hat, wird denken, accurat so gehts! Wer es nicht erräth, dem wird es der künftige Jahrgang sagen.“[35]

## 3 Auflösung des Rechenexempels

Wieder ist mit dem Schluss die Geschichte nicht zu Ende, es gibt zwar die Pointe des verlorenen Barvermögens trotz der Verdopplungen. Aber etwas Entscheidendes bleibt offen. Der Leser will wissen, wie hoch das Startguthaben war. Hebel will die kombinierende und spekulierende Phantasie des Lesers anregen.[36] Uns liegt natürlich daran, die Lösung selbst korrekt zu entwickeln und nicht zu erraten. Hebel motiviert die Leser: „Wer rechnen kann, wirds bald heraushaben.“ Er will uns damit zu einer formalen Lösung leiten: „Accurat so geht's.“ Den Schlusssatz hat Hebel für das Schatzkästlein geändert, denn es soll nicht ums Raten gehen.[37] Auf mathematische Weise lässt sich das Rätsel schnell und sicher auflösen. Wir bezeichnen die Größen wie folgt:
$x$ = Barschaft,
$y$ = Vermögen am Ende des ersten Hin- und Rückwegs und
$z$ = Vermögen am Ende des zweiten Hin- und Rückwegs.

Die finanzielle Dimension der drei Rückwege auf der Brücke lassen sich mit den Gleichungen (1) bis (3) ausdrücken:

(1) $2x - 24 = y$
(2) $2y - 24 = z$
(3) $2z - 24 = 0.$

[35] Johann Peter Hebel, Badischer Landkalender auf das Jahr 1803.
[36] Vgl. Marx und Simon 2008, S. 209.
[37] Der Schlusssatz in der Ausgabe 1811 lautet: „Und mancher, den die Erfahrung *auch schon* klug gemacht hat, wird denken: Accurat so geht's! *die Auflösung wird bald folgen*“ (Abweichungen gegenüber dem Landkalender kursiv).

Durch Auflösen und Einsetzen ergibt sich:

(4) $z = 12$
(5) $y = 18$
(6) $x = 21$.

Die Barschaft des Mannes belief sich vor den Brückengängen somit auf 21 Kreuzer, am Ende auf Null. Der „Brückenzoll" schöpft in drei Schritten das gesamte Barvermögen ab und führt zur (vorübergehenden) Illiquidität. Diese Lösung finden wir auch in der Kalendergeschichte „Auflösung des ersten Rechnungs-Exempels, und eine neue dazu", die im Badischen Landkalender 1804 veröffentlicht worden ist.[38] Wer bei der Lektüre des Kalenders 1803 weder formal auflösen noch knobeln wollte, musste somit ein Jahr auf die Antwort warten und die Aufgabe noch im Kopf oder den Vorjahreskalender zur Hand haben. Im Landkalender 1804 heißt es:

„Wie groß mag denn nun wohl die Baarschaft des betrogenen Mannes anfänglich gewesen seyn, den wir vorhin dreymal über die Brücke gehen ließen? Jedesmal verdoppelte sich sein Geld, jedesmal mußte er auf dem Heimweg dem bösen Feind ein 24-Kreuzer-Stück zum Opfer bringen. – Antwort: 21 Kreuzer war seine Baarschaft, mit welcher er anfieng. Denn als sie sich das erstemal verdoppelte, hatte er 42 kr. und 24 kr. davon, bleiben 18 kr. Das zweytemal 36 kr. und 24 kr. davon, bleiben 12 kr. Das drittemal 24 kr., und gerade so viel mußte er noch haben, um dem listigen Feind zum leztenmal Wort zu halten. Das war leicht zu errathen; aber folgende Aufgabe wird etwas mehr Nachdenken erfordern…"[39]

Hebel zeigt mit seiner Antwort nur das Ergebnis und dessen Verifikation an, der Rechenweg wird hingegen nicht mitgeteilt.[40] Bei einem Startguthaben von 24 Kreuzern hätte der Mann durch die Brückengänge weder Gewinn noch Verlust erzielt. Eine höhere Barschaft hätte zur deutlichen Vermögensmehrung geführt. Schon bei 25 Kreuzern Guthaben wären am Ende 32 übriggeblieben, mithin ein Einnahmenüberschuss-Gewinn von 7 Kreuzern entstanden.[41] Mit dem Nachsatz „Das war leicht zu errathen; aber folgende Aufgabe wird etwas mehr Nachdenken erfordern…" verdeutlicht Hebel im Landkalender 1804, dass das mathematisch korrekte Lösen und die zutreffende Antwort gar nicht so bedeutsam sind, sondern es vielmehr auf die hinter der Geschichte stehende Moral ankommt. Das Rechnungsexempel wird spätestens hier zum moralischen Exem-

[38] Im Schatzkästlein des rheinischen Hausfreunds von 1811, S. 41 ist dies als „Auflösung des ersten Rechnungsexempels und ein Zweites" überschrieben.
[39] Johann Peter Hebel, Badischer Landkalender auf das Jahr 1804.
[40] Vgl. Oettinger 1978, S. 30.
[41] Vgl. Marx 2009a, S. 301.

pel, das die „Unthunlichkeit“ (Kant) einer Handlung thematisiert.[42] Die Geschichte ist erneut eine „Expedition nach der Wahrheit“ (Kafka) – wie in der Einleitung zu Kannitverstan (1809) ausgedrückt: „Aber auf dem seltsamsten Umweg kam ein deutscher Handwerksbursche in Amsterdam durch den Irrtum zur Wahrheit und zu ihrer Erkenntnis.“[43] Der Leser zieht seine Einsichten aus dem „Mißverstand“.[44] Er wird unterhalten und belehrt, behält aber trotz aller Hinweise auf das „Richtige“ seine Entscheidungsfreiheit.[45]

## 4 Ökonomische Interpretation

Hebel greift mit der Kalendergeschichte Erkenntnisse auf, mit der sich Kognitionspsychologie und Ökonomik gleichermaßen auseinandersetzen.[46] Entscheidungsanomalien und -verzerrungen sind weit verbreitet. Die Realität ist oftmals weit entfernt vom „Ideal“ des homo oeconomicus, dem rational handelnden, stets Eigennutzen maximierenden Akteur, der über vollkommene Informationen verfügt. Tatsächliche Entscheidungsstrukturen und -prozesse von Individuen und Gruppen sind von Heterogenität und Komplexität geprägt. Menschen können aufgrund ihrer begrenzten kognitiven Ressourcen nur sehr beschränkt Informationen aufnehmen und verarbeiten.[47] Begrenzte Rationalität ist Folge begrenzter Informationsverarbeitungskapazität des Menschen.[48] Wahrnehmungs- und Entscheidungsverzerrungen sind zu konstatieren.[49] Menschliche Fehler sind insbesondere auf inadäquate Informationsselektion, falsche Schlussfolgerungen, sozialen Druck, Selbstüberschätzung und Sorglosigkeit zurückzuführen.[50]

Nun ist die Entscheidungssituation, in der sich unser Protagonist befindet, nicht von besonderer Komplexität. Mit einfachen Rechenoperationen hätte er schon zu Beginn erkennen können, dass der Pakt für ihn nicht vorteilhaft enden wird. Er ist einerseits überfordert, andererseits beherrscht von der Gier, sein Vermögen auf einfache Weise zu erhöhen. Es ist „ein Mensch, der sich dem Spielen ergiebt“, was auf Glücksspielsucht als aktuelles, gesellschaftlich relevantes Thema mit erheblichen individuellen Konsequenzen und sozialen Folgekosten hinweist.[51] Im Schatzkästlein des Jahres 1811 hat Hebel das abge-

---

[42] Vgl. Oettinger 1978, S. 30.
[43] Neuer Calender auf das Jahr 1809.
[44] Vgl. Stolleis 2003, S. 45.
[45] Vgl. Stolleis 2003, S. 98.
[46] Wie hier auch im „Prozess ohne Gesetz“, vgl. Marx 2016, S. 293ff.
[47] Vgl. von Nitzsch 2007, Sp. 375.
[48] Vgl. Osterloh 2007, S. 93.
[49] Vgl. Englerth 2010, S. 177ff. mit Bezug zu Gerichtsverfahren.
[50] Vgl. Seidenberg 2019, S. 17.
[51] Vgl. Fiedler et al. 2017, S. 14 mit Definition des Pathologischen Spielverhaltens; Müller et al. 2018, S. 58ff.

schwächt. Er erweitert den Kreis, bezieht einen größeren Teil der Leserschaft ein, indem er den Protagonisten als „...Mensch, der auf leichtfertigen Wegen sein Glück sucht..." beschreibt. Der Einfältige schlägt mit Freuden ein und macht die erste Probe. Die versprochene Verdopplung seiner Barschaft verstellt ihm den Blick auf den zu zahlenden Brückenzoll. Der böse Geist zwingt ihn nicht zur Wiederholung, ein Abbruch ist möglich. Wörtlich heißt es: „...das dürfe er wiederholen, seinetwegen so oft er wolle." Eine Pfadabhängigkeit hätte vermieden werden können. Rainer Heurungs Siegener Kollege Gustav Bergmann zitiert hier Berthold Brecht: „Wer a sagt, der muß nicht b sagen. Er kann auch erkennen, daß a falsch war."[52]

Nach dem ersten Rückweg hat sich die Barschaft des Mannes bereits auf 18 Kreuzer verringert. Nun könnte der Pakt mit dem bösen Geist beendet werden. Offenbar fehlt dem Spieler aber weiterhin der Überblick, und er hat nicht aus dem ersten Fehler gelernt. Auch nach dem zweiten Brückengang bei einer auf 12 Kreuzer reduzierten Barschaft löst er den Pakt nicht auf. Er hält an der einmal getroffenen Entscheidung weiter fest und kann der Verlusteskalation nicht mehr entkommen.[53] Zum Schluss kann der arme Betrogene keinen Heller, sondern nur noch seine Tränen in den Strom geben. In der heutigen Unternehmensrealität zeigen sich besonders häufige Insolvenzursachen im starren Festhalten an einmal getroffenen Entscheidungen und im Fehlen geeigneter Controlling-, Kostenrechnungs- und Unternehmensplanungsinstrumente.[54] Gier i.S.v. Maßlosigkeit betäubt den Instinkt für Risiken und kann zu völlig irrationalen und verlustreichen Vermögensanlagen führen.[55]

Abb. 2: Kreuzermünze, Baden-Durlach 1803 (Quelle: https://www.ma-shops.de/olding2/item.php?id=303250 (4.2.2020)[56]

[52] Bergmann 2019, S. 192.
[53] Vgl. Pott 1992, passim; Wiemann 1998, passim.
[54] Vgl. Hoch u.a. 2019, S. 8.
[55] Vgl. Sautter 2015, S. 54.
[56] Die Münze wurde am 4.2.2020 für 39 EUR von der Münzhandlung Olding in Osnabrück angeboten.

Welche ökonomische Bedeutung hatte der Verlust unseres Protagonisten? Im Großherzogtum Baden waren zu Beginn des 19. Jahrhunderts Kreuzer als kleinere Münzen in Umlauf: 1/2 Kreuzer, 1 Kreuzer, 3 Kreuzer (Billon), 6 Kreuzer (Billon), 10 Kreuzer (Silber) und 20 Kreuzer.[57] 60 Kreuzer machten damals einen Gulden. Zum Vergleich: Der Badische Landkalender des Jahres 1803 kostete – wie der Titelvignette zu entnehmen ist (vgl. Abb. 1) – undurchschossen gebunden vier Kreuzer. Mithin entsprach das Barvermögen etwa dem Wert von fünf Kalendern. Kaufkraftberechnungen ermöglichen Vergleichswerte für historische Geldbeträge. Nach Berechnungen der Deutschen Bundesbank entspricht die Kaufkraft eines Gulden aus dem Jahr 1810 23,60 EUR im Durchschnitt des Jahres 2019 („ohne Gewähr").[58] Trotz der besonderen Problematik solcher Vergleiche kann mit Bezug auf das Rechnungsexempel festgehalten werden, dass der Verlust der Barschaft für den Mann zwar schmerzlich, aber allgemein betrachtet nicht von besonders großem materiellen Gewicht war. Hebel hätte andere Beträge in die Geschichte einsetzen oder auch andere Bezugsgrößen wählen können, beispielsweise Gulden oder Dublonen statt Kreuzer.[59] Sicherlich lag ihm mehr an der Erkenntnis des Lesers, aus fremden und eigenen Fehlern lernen zu können und besser durch Fleiß und Arbeit sein Einkommen zu erwirtschaften als im Müßiggang durch schlechte Mittel. Hinzu kommt die Relativierung der Bedeutung materiellen Besitzes wie sie auch in Kannitverstan (1809) zum Ausdruck kommt. Durch Verschulden seines Bankiers verlor Hebel 1824 selbst eine beträchtliche Geldsumme und schrieb an Gustave Fecht: „Ich bin iezt wieder glücklich, denn ich bin wieder arm, wiewohl ich nie reich war."[60]

## 5 Steuerrechtliche Implikationen

Ordnung und Recht nehmen in den Kalendergeschichten einen breiten Raum ein.[61] Trotzdem dürfen wir davon ausgehen, dass Johann Peter Hebel nicht über ausgeprägte Rechtskenntnisse verfügte. Er hält Distanz zum Recht, auch zum Steuer- und Zollrecht. Mit welchem Mittel der Einfältige wieder an sein Geld kommt, will Hebel in der Geschichte nicht diskutieren. Hebel geht es nicht um eine juristische Lösung. Überträgt man das Geschehen jedoch in die heutige

[57] Des Weiteren: 1/2 Gulden, 1 Gulden (Silber), 2 Gulden, 1 Taler, 1 Kronentaler, 1 Konventionstaler, 1 Vereinsdoppeltaler, 5 Gulden, 1 Rheingolddukat, 5 Taler, 10 Gulden.

[58] Vgl. Deutsche Bundesbank, Kaufkraftäquivalente historischer Beträge in deutschen Währungen, 22.1.2020, https://www.bundesbank.de/de/statistiken/konjunktur-und-preise/erzeuger-und-verbraucherpreise/kaufkraftvergleiche-historischer-geldbetraege-775308#tar-2.

[59] Vgl. Marx und Simon 2008, S. 205ff.

[60] Zitiert nach Helwig 2010, S. 299.

[61] Vgl. die Nachweise bei Marx und Simon 2008, S. 215.

Zeit, ist nach der rechtlichen Qualität der Vereinbarung und danach zu fragen, ob Ansprüche und Verpflichtungen begründet werden. § 762 BGB weist Spiel- und Wettverträgen eine verminderte Wirksamkeit zu und will verhindern, dass sich Vertragspartner auf unkalkulierbare, mitunter existenzbedrohende Gefahren einlassen.[62] Auch der Gesetzgeber des BGB hält Distanz zu Spiel und Wette, zu aleatorischen Verträgen.[63] Die Spielleidenschaft soll eingedämmt und auf genehmigte Formen (§ 763 BGB) gelenkt werden.[64] Unabhängig von § 762 Abs. 1 S. 1 BGB können solche Verträge wegen Verstoßes gegen ein gesetzliches Verbot oder die guten Sitten nichtig sein. Sittenwidrig sind Spielgeschäfte nach Auffassung der Rechtsprechung, wenn sie unter Ausnutzung der Unerfahrenheit, des Leichtsinns oder einer Zwangslage zustande kommen.[65] Die Sittenwidrigkeit kann sich auch aus dem Vertragsinhalt ergeben, doch ist das zu relativieren, wenn mit der Übernahme eines besonders hohen Risikos zugleich die Chance eines entsprechend hohen Gewinns verknüpft ist.[66]

Auch aus steuerlicher Sicht ist zu erörtern, wie die Interaktionen der Beteiligten zu bewerten sind. Für die Besteuerung ist es nach § 40 AO unerheblich, ob ein Verhalten, das den Tatbestand eines Steuergesetzes ganz oder zum Teil erfüllt, gegen ein gesetzliches Gebot oder Verbot oder gegen die guten Sitten verstößt. Die Besteuerung blendet somit grundsätzlich außersteuerliche Wertungen aus und ist allein auf das wirtschaftliche Ergebnis ausgerichtet.[67] Leitidee der Einkommensteuer ist die Erfassung erwerbswirtschaftlicher Betätigungen auf den Märkten.[68] Die in § 2 EStG genannten Gewinn- und Überschusseinkünfte lassen sich widerspruchsfrei in das Markteinkommenskonzept einfügen. Demgegenüber unterliegen nicht am Markt erwirtschaftete Einkommen nicht der Einkommensteuer, insbesondere staatliche Transfers, Unterhaltszahlungen, Erbschaften und Schenkungen sowie das selbst erwirtschaftete Einkommen (*imputed income*).[69] Auf diese Weise gelingt mit dem Konzept eine klare Trennung der erwerbswirtschaftlichen von der nicht marktmäßigen Sphäre.[70]

---

[62] Vgl. Janoscheck 2020, § 762 Rn. 1.

[63] Vgl. Habersack 2017, § 762 Rn. 4. Ob die Merkmale auf die Vereinbarung zutreffen, kann hinterfragt werden. Kannte der böse Geist das Barvermögen des Mannes, so liegt kein beiderseitiges Risiko vor.

[64] Vgl. Habersack 2017, § 762 Rn. 1.

[65] Vgl. Janoschek 2019, § 762 Rn. 17.

[66] Vgl. Habersack 2017, § 762 Rn. 17.

[67] Vgl. Ratschow 2018, § 40 Rn. 1; Koenig 2014, § 40 Rn. 1.

[68] Vgl. Lehmann 2003, S. 21; Lehmann/Moog 1996, S. 25ff.

[69] Vgl. Hey 2014, Anm. 13.

[70] Durch gesetzgeberische Wertungsentscheidungen werden zudem Betätigungen ohne Marktberührung erfasst, was aber nicht als Beeinträchtigung des Markteinkommenskonzepts zu werten ist.

Es ist zu prüfen, ob in der Kalendergeschichte Leistungen am Markt gegen Entgelt erbracht werden.[71] Nun können die Brückengänge zwar nicht als besondere, aufwendige und werthaltige Leistungen charakterisiert werden. Vielmehr sind es einfache Tätigkeiten, die im Interesse des Vertragspartners liegen. Angebot an und Nachfrage von Leistungen treffen allerdings auch hier zusammen mit der Folge der Preisbildung.[72] Wie in anderen Fällen gelingt mit Hilfe des Markteinkommenskonzepts die steuerrechtliche Einordnung als erwerbswirtschaftliche Betätigung. Auf die exakte Einordnung in eine der sieben Einkunftsarten des EStG soll hier jedoch verzichtet werden. Für die Einordnung als gewerbliche Tätigkeit sind insbesondere die Kriterien der Nachhaltigkeit und der Teilnahme am allgemeinen wirtschaftlichen Verkehr bedeutsam und intensiv zu prüfen. Durch § 22 Nr. 3 EStG werden grds. alle Leistungsentgelte erfasst.[73] Verluste können das Ergebnis risikobehafteter Engagements sein. Sie werden vom Steuerrecht schon lange diskriminiert[74], das zeigt nicht zuletzt die Differenzierung von echten und unechten, guten und bösen Verlusten.[75] Die Finanzrechtsprechung qualifiziert Gutschriften aus betrügerischen Kapitalanlagen trotz erheblicher Kritik im Schrifttum regelmäßig als Zufluss von Einnahmen aus Kapitalvermögen.[76] Das gilt auch dann, wenn vereinbart wird, dass der gutgeschriebene Betrag das Anlagekapital erhöhen soll (Novation).[77] Maßgebend sei, wie sich das Verhalten des Betreibers des Schneeballsystems aus Sicht des Anlegers dargestellt hat. Der Betreiber des Schneeballsystems muss nach Auffassung der Rechtsprechung bei Erteilung der Gutschriften oder der Wiederanlage leistungsbereit und leistungsfähig sein. Der Anleger muss im Zeitpunkt der Gutschrift oder der Novation tatsächlich in der Lage gewesen sein, die Auszahlung ohne weiteres Zutun herbeizuführen. Damit wird erkennbar auf subjektive Sachverhaltselemente und auf eine individuelle Beurteilung des Engagements jedes einzelnen Anlegers abgestellt. Die Scheinerträge spiegelten das Vorhandensein eines wirtschaftlichen Erfolges aber nur vor, tatsächliche besteuerungsrelevante Vermögensmehrungen sind im Regelfall nicht gegeben.[78] Ausschüt-

---

[71] Vgl. Kirchhof 2011, S. 1225; Kirchhof 2019, § 2 Rn. 1.

[72] Vgl. Heine und Herr 2013, S. 12ff.; Beck 2012, S. 18ff.; Breyer 2011, S. 3, S. 72ff.; Kelber 1933, S. 187.

[73] Vgl. Weber-Grellet 2019, § 22 Rn. 130.

[74] Vgl. Ritter 1978, S. 397; vgl. auch Rosenbach 1997, S. 165; Marx 2009b, S. 515; Marx 2001, S. 2364.

[75] Vgl. Schulze-Osterloh 1984/85, S. 267.

[76] Vgl. den Rechtsprechungsüberblick bei Krüger in Schmidt, EStG, 38. Aufl., 2019, § 11 Rn. 50; Meyer-Scharenberg 1994, S. 889; Jungen 1994, S. 1676; Pannen 1995, S. 1531; Dendl, Popp und Wagner 1998, S. 1156; Elicker und Neumann 2003, S. 221; Schmidt-Liebig 2007, S. 409; Schmidt-Liebig 2008, S. 15105.

[77] Vgl. Krüger 2019, § 11 Rn. 50.

[78] Vgl. FG des Saarlandes 2006, S. 1435.

tungen und aus den Gutschriften neu überlassene Geldmittel haben in Schneeballsystemen keine realökonomische Fundierung.

Steuergestalterisch liegt die Überlegung nahe, das Barvermögen vor Beginn oder noch im Laufe der Brückengänge zu erhöhen, etwa indem Sachmittel in Geld umgewandelt oder Darlehen aufgenommen werden. Das zieht der Einfältige offenbar gar nicht in Erwägung; der böse Geist hat dies schon antizipiert, sonst hätte er den Pakt nicht angeboten. Der Brückenzoll lässt sich also nicht vermeiden. Das ist eine noch heute sehr verbreitete Verkehrsabgabe, die bei Benutzung einer Brücke erhoben wird.[79] Schon im Mittelalter war die Abgabe weithin geläufig und unterschiedlich ausgestaltet.[80] Ursprünglich war das Zollrecht ein königliches Regal und kam später in die Verfügungsmacht der Territorialherren. Brückenordnungen regelten die Höhe des Brückenzolls und die Art der Entrichtung.[81] Auch gab es persönliche Befreiungen. Wir finden bei Schomburg den Eintrag über die Kursächsische Elbbrücke bei Wittenberg, 1787: „gänzlich befreyet [sind] alle Churfürstl, Ministri und Räthe, die Professors (sic!), deren Witwen...die Studenten zu Wittenberg.“[82]

Im Rechenexempel fällt der Brückenzoll überbordend hoch aus, sodass am Ende das gesamte Barvermögen des Brückengängers aufgebraucht ist. Eine solche Abgabe darf in der heutigen Rechtsordnung nicht erhoben werden, da sie erdrosselnd wirkt, indem sie die Erwerbstätigkeit von Anfang an als ökonomisch sinnlos erscheinen lässt.[83] Sie entsprach auch nicht der Realität zu Hebels Zeiten. Mit dem bösen Geist des Rechnungsexempels kann kein badischer Steuereinnehmer gemeint sein und so wollen wir uns den hungrigen Fiskus auch heute nicht vorstellen. Im Badischen Landkalender 1806 setzt sich Hebel unter der Überschrift *Nützliche Lehren* mit Sprichwörtern auseinander. Dort heißt es: „*Wenn man den Teufel an die Wand mahlt, so kommt er.* Das sagt mancher, und verstehts nicht. Den bösen Geist kann man eigentlich nicht an die Wand mahlen, sonst wäre es kein Geist. Auch kann er nicht kommen. Denn er ist mit Ketten der Finsterniß in die Hölle gebunden. Was will denn das Sprichwort sagen? Wenn man viel an das Böse denkt, und sich dasselbe in Gedanken vorstellt, oder lang davon spricht, so kommt zuletzt die Begierde zu dem Bösen in das Herz, und man thuts. Soll der böse Feind nicht kommen, so mahl' ihn nicht an die Wand! Willst du das Böse nicht thun, so denke nicht daran wo du gehst und stehst, und sprich nicht davon, als wenn es etwas Angenehmes und Lustiges wäre.“

---

[79] Lat. Pontorium, Brückengefälle, Brückenmaut, Brückenmiete, Brückenpfennig.

[80] Die Brückenordnung der Elbbrücke bei Wittenberg unterschied den Brückenzoll von Fuhrwerken, Fußgängern und Vieh; vgl. Schomburg 1992, , S. 58.

[81] Vgl. Schomburg 1992, S. 58.

[82] Kursächsische Elbbrücke bei Wittenberg, 1787; zitiert nach Schomburg 1992, S. 58.

[83] Vgl. Kirchhof 2009, S. 94 mit Hinweisen auf die Rechtsprechung des BVerfG.

## 6 Facit[84]

Hebels Texte sind auch nach zweihundert Jahren lebendig geblieben, sie haben ihre innere Spannung nicht verloren, obwohl es die in ihnen abgebildete Welt nicht mehr gibt.[85] Das Merkwürdige Rechnungsexempel lässt sich in vielfältiger Weise interpretieren, mit aktuellen ökonomischen und steuerrechtlichen Fragestellungen verknüpfen und in den akademischen Diskurs einbeziehen. Eine wichtige Aufgabe des Hochschullehrers ist es, gedankliche Brücken zu bauen[86] und Perspektiven zu wechseln.[87] Die Erzählung regt zum Nachdenken an. Es kann sein, dass die vorgelegte Interpretation an der einen oder anderen Stelle über das Ziel hinausschießt, denn „...die gelehrten Leute wissen auch nicht alles und reiten manchmal auf einem fahlen Pferd."[88] Auch das ist eine merkwürdige Erkenntnis.

## Literatur

Badewin, J. (2011). *Johann Peter Hebel als Brückenbauer. Herrenalber Forum.* Karlsruhe: Evangelische Akademie Baden

Badische Landesbibliothek Karlsruhe (Hrsg.) (1985). *Johann Peter Hebel. Eine Wiederbegegnung zu seinem 225. Geburtstag. Ausstellungskatalog,* Karlsruhe: C.F. Müller

Beck, H. (2012). *Volkswirtschaftslehre: Mikro- und Makroökonomie.* München: Oldenbourg

Bergmann, G. (2019). Fehler. Ein Versuch über Fehler, Irrwege, Makel und Scheitern – und was mensch daraus lernen kann. In G. Hoch u.a. (Hrsg.). *Fehler* (S. 191-210). Göttingen: V & R unipress

Breyer, F. (2011). *Mikroökonomik.* 5. Aufl. Berlin/Heidelberg: Springer

Dendl, M., Popp, R. & Wagner, J. (1998). Kapitalerträge aus Scheinrenditen im sog. Schneeballsystem – hat der BFH im Ambros-Fall am Ziel vorbeigeschossen? *DStR 1998*, S. 1156-1159

Deutsche Bundesbank (2020). Kaufkraftäquivalente historischer Beträge in deutschen Währungen. https://www.bundesbank.de/de/statistiken/konjunktur-und-preise/erzeuger-und-verbraucherpreise/kaufkraftvergleiche-historischer-geldbetraege-775308#tar-2. Zugegriffen: 22. Januar 2020

Dinh, T., Früh, S. & Stenzel, A. (2018). Korruption im Rahmen der Accounting Compliance – Theoretische und empirische Einblicke. *IRZ 2018*, S. 319-325

Duden (1997). *Die sinn- und sachverwandten Wörter.* W. Müller (Hrsg.). 2. Aufl. Mannheim: Bibliographisches Institut & F. A. Brockhaus AG

---

[84] Hebel schreibt in seinem Rechnungs-Exempel aus dem Kalender auf das Jahr 1819: „Ein gutes rheinländisches Rechnungs-Exempel muß immer mit *Item* anfangen, und mit *Facit* schließen."

[85] Vgl. Stolleis 2003, S. 97.

[86] Vgl. Krawitz 1998, S. 287, 293; vgl. auch Badewin 2011: Johann Peter Hebel als Brückenbauer, passim.

[87] Vgl. Hoch 1998, S. 245.

[88] Hebel 1812.

Eiden, J. (2008). *Johann Peter Hebel – zwischen Literatur und Recht*. Baden-Baden: Nomos

Elicker, M. & Neumann, S. (2003). Staatliche Teilhabe an Scheinrenditen? *FR 2003*, S. 221-229

Englerth, M. (2010). Verhaltensökonomie. In E.V. Towfigh, N. Petersen (Hrsg.), *Ökonomische Methoden im Recht: eine Einführung für Juristen* (S. 165-199). Tübingen: Mohr Siebeck

FG des Saarlandes (2006). Urteil vom 6.12.2006, 1 K 165/03. *DStRE 2007*, S. 1435-1440

Fiedler, I. u.a. (2017). *Wirksamkeit von Sozialkonzepten bei Glücksspielanbietern*. Wiesbaden: Springer Fachmedien

Franz, K. (1995). *Kalendermoral und Deutschunterricht: Johann Peter Hebel als Klassiker der elementaren Schulbildung im 19. Jahrhundert*. Berlin/Boston: De Gruyter

Glathe, U. (2008). Wert(e)volles im Kleinformat: Kalendergeschichten von Hebel bis Strittmatter. *Deutschmagazin 2/2008*, S. 39-45

Habersack, M. (2017). Kommentierung zu § 762 BGB. In *Münchener Kommentar zum BGB*. 7. Aufl. München: C.H. Beck

Harms, J.E. & Marx, F.J. (2017). *Bilanzrecht in Fällen: Handelsbilanz, Steuerbilanz, IFRS-Abschluss*. 13. Aufl. Herne: NWB

Helwig, H. (2010). *Johann Peter Hebel*. München: Carl Hanser

Hebel, J.P. (1812). *Allgemeine Betrachtung über das Weltgebäude. Die Erde und die Sonne*. Der Rheinländische Hausfreund. Neuer Kalender auf das Schalt-Jahr 1812. Verlag des Großherzoglichen Lyceums

Hebel, J.P. (1811). *Schatzkästlein des rheinischen Hausfreundes*. Tübingen: Cotta

Hebel, J.P. (1957). Briefe. In W. Zentner (Hrsg.). *Gesamtausgabe*. Karlsruhe: C.F. Müller

Heine, M. & Herr, H. (2013). *Volkswirtschaftslehre*. 4. Aufl. München: Oldenbourg

Hey, J. (2014). Einführung zum EStG. In Herrmann/Heuer/Raupach, *EStG/KStG*, Einf. ESt, Anm. 13

Hoch, G. (1998). Ausgewählte Aspekte Maritimer Brücken- Ein Brückenkurs für Landratten. In K. Riha (Hrsg.). *Zum Thema: Brücken* (S. 245-249). Siegen: Diagonal

Hoch, G. u.a. (2019). Keine Angst vor Fehlern! Eine Einführung. In G. Hoch u.a. *Fehler* (S. 7-10). Göttingen: V & R unipress

Janoscheck, (2020). Beck OK BGB, 53. Edition, Kommentierung zu § 762. München: C.H. Beck

Jungen, A. (1994). Steuerpflichtige Einkünfte bei betrügerischem „Schneeballsystem"? Überlegungen nach dem Beschluß des FG Düsseldorf vom 15.8.1994, 6 V 2422/94 A (E). *DStR 1994*, S. 1676-1679

Kaltofen, C. (2010). *Ein erhofftes Wiedersehen: Johann Peter Hebels Kalendergeschichten nach den Dokumenten des Badischen Landkalenders und des Rheinländischen Hausfreundes*. Karlsruher Inst. für Technologie, Dissertation

Kästner, E. (1999). *Zeitgenossen haufenweise. Gedichte, Werke*. Bd. I. Frankfurt am Main u.a.: Büchergilde Gutenberg

Kelber, M. (1933). *Die abgeleiteten Einkommen, Jahrbücher für Nationalökonomie und Statistik 1933*. Jena: Fischer

Kessels, J. (2016). *Das Sokrates-Prinzip: ein philosophischer Ideengeber zur Lebensgestaltung*. München: dtv

Kirchhof, G. (2009). Der qualifizierte Gesetzesvorbehalt im Steuerrecht. Schedulenbesteuerung, Nettoprinzip, Steuerkonkurrenzen. *DStR 2009*, Beihefter zu Heft 34, S. 135-144

Kirchhof, P. (2011). *Bundessteuergesetzbuch: ein Reformentwurf zur Erneuerung des Steuerrechts.* Heidelberg u.a.: C.F. Müller

Kirchhof, P. (2019). Kommentierung zu § 2 EStG. In Kirchhof (Hrsg.) *EStG*, 18. Aufl. Köln: Otto Schmidt

Koenig, U. (2014). Kommentierung zu § 40 AO. In U. Koenig. *Abgabenordnung*, 3. Aufl. München: C.H. Beck

Krawitz, N. (1998). OFFICIUM MEUM EST PONTIFICIUM. In K. Riha (Hrsg.). *Zum Thema: Brücken* (S. 71-79). Siegen: Diagonal

Krüger, R. (2019). Kommentierung zu § 11 EStG. In Schmidt, *EStG*. 38. Aufl. München: C.H. Beck

Lehmann, M. (2003). *Absatzwirtschaft: eine marktorientierte Einführung für Ökonomen und Juristen.* 2. Aufl. Berlin u.a.: Springer

Lehmann, M. & Moog, H. (1996). *Betriebswirtschaftliches Rechnungswesen*, Berlin u.a.: Springer

Lüderssen, K. (1997). Die Juristen und die schöne Literatur - Stufen der Rezeption. *Neue Juristische Wochenschrift*, S. 1106-1111

Marx, F.J. (1988). *Johann Peter Hebel und das Steuerrecht, Deutsches Steuerrecht 1988*, S. 499-501

Marx, F.J. (2001). Der Verlustabzug im Erbfall und die „Rechtsprechung der ruhigen Hand". *DB 2001*, S. 2364 - 2369

Marx, F.J. (2009a). Zuflüsse und Abflüsse - Probleme der einkommensteuerlichen Erfassung und Abgrenzung von Einkommen entlang der Zahlungsströme. In T. Egner (Hrsg.). *Steuern und Rechnungslegung: Festschrift zum 65. Geburtstag von Professor Dr. Jochen Sigloch* (S. 301-324). Aachen: Shaker

Marx, F.J. (2009b). Besteuerung von Scheinrenditen bei betrügerischen Kapitalanlagen. *Finanz-Rundschau 2009*, S. 515-522

Marx, F.J. (2016). Der Steuerprozess als Entscheidungsproblem – eine ökonomische Analyse am Beispiel Johann Peter Hebels „Prozeß ohne Gesetz". In J. Lüdicke, R. Mellinghoff, T. Rödder (Hrsg.). *Nationale und internationale Unternehmensbesteuerung in der Rechtsordnung: Festschrift für Dietmar Gosch zum Ausscheiden aus dem Richteramt* (S. 293-306). München: C.H. Beck

Marx, F.J. & Simon, E. (2008). Ökonomische und juristische Anmerkungen zu Johann Peter Hebels „Merkwürdiges Rechnungsexempel aus der Regula Societatis". In G. Brähler, C. Lösel (Hrsg.). *Deutsches und internationales Steuerrecht: Gegenwart und Zukunft. Festschrift für Christiana Djanani zum 60. Geburtstag* (S. 205-223). Wiesbaden: Gabler

Meyer-Scharenberg, D. (1994). Steuerprobleme im Konkursfall. *DStR 1994*, S. 889-896

Müller, A. & Wölfing, K. & Müller, K.W. (2018). *Verhaltenssüchte – Pathologisches Kaufen, Spielsucht und Internetsucht.* Göttingen: Hogrefe

Oettinger, K. (1978). Vom „Rechnungsexempel" zum „Exempel der Gerechtigkeit": Über die Kalendermathematik Johann Peter Hebels. In *Der Deutschunterricht*, S. 29-36

Osterloh, M. (2007). Psychologische Oekonomik: Integration statt Konfrontation: die Bedeutung der psychologischen Ökonomik für die BWL. In E. Gerum, G. Schreyögg (Hrsg.). *Zukunft der Betriebswirtschaftslehre* (S. 83-111). Zfbf Sonderheft 56: Springer

Pannen, V. (1995). Zur Existenz steuerpflichtiger Einkünfte bei betrügerischem Schneeballsystem. *Der Betrieb 1995*, S. 1531-1537

Peemöller, V.H. & Krehl, H. & Hofmann, S. (2017). *Bilanzskandale: Delikte und Gegenmaßnahmen.* 2. Aufl. Berlin: Erich Schmidt Verlag

Pott (1992). *Verlusteskalation und Entscheidungsbindung: Faktoren rationaler und intuitiver Entscheidungen.* Wiesbaden: Deutscher Universitätsverlag

Ratschow, E. (2018). Kommentierung zu § 40. In Klein, F., *Abgabenordnung*. 14. Aufl. München: C.H. Beck

Rinker, C. (2019). Bilanzfälschung im HGB-Jahresabschluss anhand von Praxisbeispielen, *StuB 2019*, S. 395-402

Ritter, W. (1978). Verluste – Stiefkinder des Steuerrechts. In *Finanz-Rundschau*, S. 397-402

Rosenbach, G. (1997). Verlustverwertung. In N. Herzig (Hrsg.). *Steuerorientierte Umstrukturierung von Unternehmen* (S. 163-207). Stuttgart: Schäffer-Poeschel

Sautter, H. (2015), Gier als wirtschaftsethisches Problem, *zfwu 2015*, S. 52-75

Schmidt-Liebig, A. (2007). Der betrogene Anleger - Glaube versetzt Einkunftsquellen? *FR 2007*, S. 409-416

Schmidt-Liebig, A. (2008). Zufluss von Scheinrenditen. Anmerkung zum BFH-Urteil v. 19. 6. 2007 - VIII R 63/03. *NWB 2008*, Fach 3, S. 15105-15109

Schomburg, W. (1992). *Lexikon der Steuer- und Zollgeschichte*. München: C.H. Beck

Schön, W. (2019). Laudatio. (S. 1-5). In D. Gosch, A. Schnitger, W. Schön (Hrsg.). *Festschrift für Jürgen Lüdicke*. München: C.H. Beck

Schulze-Osterloh, J. (1984/85), Gute Verluste. Böse Verluste. Ausschluß und Beschränkung des Verlustausgleichs und -abzugs. *JbFStR*, S. 267-307

Seidenberg, U. (2019). Fehler, Fehlerkulturen und Qualität. In G. Hoch u.a. *Fehler* (S. 11-35). Göttingen: V & R unipress

Stadler, A. (2018). Kommentierung zu § 762 BGB. In O. Jauernig, R. Stürner (Hrsg.). *Bürgerliches Gesetzbuch*. 17. Aufl. München: C.H. Beck

Stolleis, M. (2003). *Der menschenfreundliche Ton: zwei Dutzend Geschichten von Johann Peter Hebel mit kleinem Kommentar*. Frankfurt am Main, Leipzig: Insel

von Nitzsch, (2007). Entscheidungstheorie, deskriptive (Sp. 375-383). In R. Köhler, H.-U. Küpper, A. Pfingsten (Hrsg.). *Handwörterbuch der Betriebswirtschaft*. 6. Aufl. Stuttgart: Schäffer-Poeschel

Waldherr, F. & Walter, C. (2009). *Didaktisch und praktisch: Ideen und Methoden für die Hochschullehre*. Stuttgart: Schäffer-Poeschel

Weber-Grellet, (2019), Kommentierung zu § 22. In Schmidt, *EStG*. 38. Aufl. München: C.H. Beck

Wiemann, V. (1998). *Verlust-Eskalation in Management-Entscheidungen: eine empirische Untersuchung*. Frankfurt am Main u.a.: Peter Lang

# Menschenrechtliche Sorgfaltspflichten im Rahmen der *Buy Side Due Diligence* beim grenzüberschreitenden Unternehmenserwerb

*Prof. Dr. Michael Gille*[1]

*Keywords: Human Rights Due Diligence, UN Guiding Principles on Business and Human Rights, Mergers and Acquisitions, Legal Due Diligence, ESG, Liability, Business Judgment Rule, Supply Chain Law*

*Abstract:*

*This article explores the impact of human rights due diligence requirements on buy-side due diligence procedures. Applying doctrinal legal research methodology, a contribution is made to the development of a systematic framework for the identification of assessment criteria for the performance of M&A legal due diligence respecting human rights. Against the background of the UN Guiding Principles for Business and Human Rights, the cross-thematic consideration of purchase law, tort law and company law allows for an identification of relevant human rights aspects influencing buy-side due diligence processes.*

---

1 Prof. Dr. Michael Gille | HAW Hamburg | michael.gille@haw-hamburg.de


N. Antonakopoulos et al. (Hrsg.), *Unternehmenskauf und Unternehmensumwandlung*, https://doi.org/10.1007/978-3-658-34138-1_17

# 1 Problemstellung

Menschenrechtliche Risiken und hierauf bezogene Sorgfaltspflichten spielen bei der käuferseitigen *Legal Due Diligence* im Vorfeld der Übertragung der Leitungsmacht[2] an einem Unternehmen eine immer größere Rolle. Bei internationalen M&A Transaktionen werden daher im Rahmen der *Due Diligence* immer häufiger auch menschenrechtliche Risiken untersucht, die das Zielunternehmen verursacht oder zu denen es beiträgt. Mit diesen Prüfpunkten aus den Themenfeldern *Corporate Social Responsibility* (CSR) und *Environmental, Social Governance* (ESG), die in jüngster Zeit mit der Umsetzung der CSR-Richtlinie[3] in §§ 289b ff., 315b ff. HGB und dem Lieferkettensorgfaltspflichtentengesetz (LkSG)[4] einen breiteren gesetzlichen Ausdruck gefunden haben, sind mittelbar Fragen der Unternehmensbewertung bei Umstrukturierungen berührt. Durch die transaktionstypische Reflexion qualitativer Untersuchungspunkte im Kontext der Unternehmensbewertung steht die Erörterung spezifischer Sorgfaltspflichten an der Schnittstelle von Wirtschaftsrecht, Berichtswesen und Unternehmensbewertung, einem Forschungsbereich, zu dem der Jubilar in verschiedenen Publikationen beigetragen hat.[5]

Im Folgenden soll vor dem Hintergrund der *UN Guiding Principles for Business and Human Rights* [6] (UN-Leitprinzipien) ein Beitrag zur Entwicklung eines systematischen Rahmens für die Identifikation von Prüfpunkten zur Durchführung der *Legal Due Diligence* im Hinblick auf die Einhaltung menschenrechtsbezogener Sorgfalts- und Berichtspflichten bei M&A Transaktionen geleistet werden. Untersucht werden die Auswirkungen menschenrechtlicher Sorgfaltsanforderungen auf den inländischen Erwerber im Rahmen der *Buy Side Legal Due Diligence* zur Vorbereitung eines *Asset Deal* oder *Share Deal*[7].

---

2 Vgl. Bruhns, M., 2017, Rn. 6.

3 Richtlinie 2014/95/EU des Europäischen Parlaments und des Rates vom 22.10.2014 zur Änderung der Richtlinie 2013/34/EU im Hinblick auf die Angabe nichtfinanzieller und die Diversität betreffender Informationen durch bestimmte große Unternehmen und Gruppen, ABl. 2014 L 330/1.

4 Gesetz über die unternehmerischen Sorgfaltspflichten zur Vermeidung von Menschenrechtsverletzungen in Lieferketten (Lieferkettensorgfaltspflichtengesetz - LkSG) vom 9. Juni 2021, BT-Drucksache 19/30505.

5 Stellvertretend für eine Vielzahl von Publikationen des Jubilars in diesem Feld: Heurung, R. (1997a), S. 837-843; Heurung, R. (1997b), S. 888-892.

6 *UN Guiding Principles for Business and Human Rights: United Nations High Commissioner on Human Rights, Guiding Principles on Business and Human Rights*, HR/PUB/11/04 (2011), Übersetzung durch Geschäftsstelle Deutsches Global Impact Netzwerk, Leitprinzipien für Wirtschaft und Menschenrechte (2014).

7 Zur Unterscheidung der beiden Erwerbsformen vgl. Rempp, A. (2015), S. 4 ff. m.w.N.; BGH, Urteil vom 26.9.2018, VIII ZR 187/17, BGHZ 220, 19.

Rechtspolitischer Hintergrund ist die immer deutlichere Forderung nach einer Verantwortung international agierender Unternehmen für menschrechtlich kritische Handlungen von Tochtergesellschaften, Niederlassungen und Lieferanten, von der naturgemäß auch der M&A-Bereich zunehmend betroffen ist.[8] Im Kontext der *Buy Side Due Diligence*, die vor allem auf einen Kaufpreis- und Strukturierungsvorschlag sowie die Formulierung von Gewährleistungen abzielt, geht es vor diesem Hintergrund um die Identifikation wert- und kaufpreisbeeinflussender Faktoren und damit um die zunächst qualitative Analyse spezifischer Ertragsrisiken.[9] Da die UN-Leitprinzipien zudem eine „besondere Vorbildfunktion für andere CSR-Standards"[10] haben, sind die hier entwickelten Aussagen – mit Einschränkungen – auch über den Anwendungsbereich der UN Leitprinzipien hinaus aussagekräftig.[11]

# 2 Menschenrechtliche Sorgfaltsanforderungen

## 2.1 Sorgfaltspflichten zwischen *Soft Law* und *Hard Law*

Die verschiedenen Quellen menschenrechtlicher Sorgfaltsmaßstäbe haben sich zu einem immer dichteren Regelungsgeflecht[12] entwickelt, das sich durch eine Referenz- und Vorwirkung[13] jenseits der rechtlichen Unverbindlichkeit auszeichnet. Die wichtigsten internationalen Quellen[14] für sektorunspezifisches *Soft Law* in diesem Bereich sind die UN-Leitprinzipien, Kapitel IV der OECD-Leitsätze (*OECD Guidelines for Multinational Enterprises*[15]) , Paragraf 10 der *ILO MNE Declaration* (*ILO Tripartite Declaration of Principles concerning Multinational Enterprises and Social Policy* [16]), ein Teil der Regeln des *UN*

8 Vgl. für viele Westermann, H.-P. (2019), S. 1105 ff. m.w.N

9 Natürlich auch um „echte" *Deal Dreaker*. vgl. auch Keim, A./Jeromin, T. (2015), S. 146 ff.; zur Quantifizierung sozialer Aspekte der ESG: Ecosense, Values and Valuations – A comprehensive compilation of quantitative human rights indicators for companies,, www.ecosense.de (11.01.2020).

10 Görgen, T., 2019, Seite 242.

11 Vgl. bspw. die Begründung im Regierungsentwurf des sog. Lieferkettengesetzes (Sorgfaltspflichtengesetz), BT-Drucksache 19/28649, S. 1f.

12 So Wagner, G. (2016), 718 (726); vgl. auch Europäische Kommission, KOM (2011) 681 endg.

13 Krajewski (2018), S. 271 (293); Westermann spricht von einem „*smart mix*" aus *Soft Law* und *Hard Law*: Westermann, H.-P. (2019), S. 1105 ff.

14 Einen guten Überblick gibt Krajewski, M., ZGR 2018, S. 271 ff.

15 OECD (2011), *OECD Guidelines for Multinational Enterprises, OECD Publishing* (OECD Leitsätze für multinationale Unternehmen).

16 *ILO, Tripartite Declaration of Principles concerning Multinational Enterprises and Social Policy*, i.d.F. v. 29.03.2017.

*Global Compact*[17] sowie der Standard ISO 26000[18]. Obwohl ohne Rechtsqualität, sind diese Vorgaben in vielen Fällen längst zum festen Bestandteil unternehmerischer CSR-Compliance geworden.

Zunehmend gibt es auch „harte" gesetzlichen Ausgestaltungen mit Rechtsqualität, wie zum Beispiel das CSR-Richtlinie-Umsetzungsgesetz (CSR-RUG), das sog. Lieferkettengesetz (Sorgfaltspflichtengesetz) in Deutschland, das *Loi de Vigilance*[19] in Frankreich, den *California Transparency in Supply Chains Act*[20] in den USA und den *UK Modern Slavery Act* in Großbritannien.[21] Des Weiteren sind sektorspezifische CSR-Konzeptionen verbreitet, beispielsweise in der EU bezüglich sog. Konfliktmineralien[22] und Holz[23]. Zu den Treibern zählen auch Selbstverpflichtungen (z.B. in der Textilwirtschaft) und generell die Sorge vor Reputationsschäden und nachteiligen Rating-Entwicklungen sowie, ein immer wichtigerer Motor der CSR-Compliance, die ESG-Orientierung von Investoren. Eigene Geschäftsaktivitäten können dabei ebenso Sorgfaltsanforderungen unterworfen sein wie Geschäftsbeziehungen[24], obwohl mangels einer Horizontalwirkung von Menschenrechten Unternehmen keine unmittelbaren Adressaten völkerrechtlicher Menschenrechtsverletzungstatbestände seien können.[25]

Da auch die Realisierung künftiger Risiken die Bewertung von Akquisitionsobjekten beeinflusst,[26] sind Sorgfaltspflichten nicht nur *de lege lata*, sondern

---

17 *UN Global Compact, "Human Rights"*, (2019). Die zehn Prinzipien des *UN Global Compact*, zu deren Einhaltung sich Unternehmen gegen über den UN verpflichten (können), sind abrufbar unter https://www.unglobalcompact.org/what-is-gc/mission/principles (7.1.2021).

18 ISO 26000:2010, *Guidance on Social Responsibility (International Organisation for Standardisation*, (2014), abrufbar unter https://www.iso.org/standard/42546.html (1.6.2021).

19 *Loi no. 2017-399 du 27 Mars 2017 relative au devoir de vigilance des sociétés mères et des entreprises donneuses d'ordre*.

20 *California Transparency in Supply Chains Act of 2010* (2010).

21 *UK Modern Slavery Act* (2015).

22 Verordnung (EU) 2017/821 des Europäischen Parlaments und des Rates vom 17. Mai 2017 zur Festlegung von Pflichten zur Erfüllung der Sorgfaltspflichten in der Lieferkette für Unionseinführer von Zinn, Tantal, Wolfram, deren Erzen und Gold aus Konflikt- und Hochrisikogebieten, ABl. L 130 vom 19.5.2017, S. 1–20, geändert durch Delegierte Verordnung (EU) 2020/1588 der Kommission vom 25. Juni 2020, ABl. L 360, S. 1 ff.; vgl. Spießhofer, B. (2017), S. 311 ff.

23 EU Regulation No 995/2010 of the European Parliament and of the Council of 20 October 2010 laying down the obligations of operators who place timber and timber products on the market, COM (2018) 669 ("EU Timber Regulation").

24 Vgl. UN Leitprinzip Nr. 17.

25 Vgl. Wagner, G. (2016), 717 (721f.).

26 Freistellungen und Garantien wären weitere Ansätze. vgl. allg. hierzu Bruhns, M. (2017), Rn. 33 ff.

auch *de lege ferenda* beachtlich.[27] Faktisch kann die Risikoanalyse[28] des Käufers im Rahmen der käuferseitigen *Legal* und *Compliance Due Diligence* zu einer „Internalisierung“ von Stakeholder-Risiken und folglich einer Anpassung des käuferseitigen Preisangebots führen, selbst wenn die der Prüfung zugrunde liegenden Regeln (noch) nicht rechtsverbindlich sind.

Die UN-Leitprinzipien und die danach für Unternehmen zentralen menschenrechtlichen Sorgfaltspflichten nehmen eine Sonderstellung ein und geben nicht nur in den Augen der rechtsberatenden Praxis den Mindeststandard vor[29], sondern sind Hintergrund und Ziel des Lieferkettensorgfaltspflichtengesetzes[30] und im Fall der Umsetzung einer einvernehmlichen Entscheidung sämtlicher Mitgliedstaaten der EU27 vom 1.12.2020 der demnächst EU-weit geregelte Maßstab.[31] Ungeachtet des derzeitigen nicht rechtsverbindlichen Charakters der UN-Leitprinzipien ist damit die gesetzgeberische Planung so weit konkretisiert, dass ein hinsichtlich künftiger Risiken sensibler *Due-Diligence*-Prozess diese Sorgfaltsmaßstäbe heranziehen muss.[32]

## 2.2 Human Rights Due Diligence

Grundsätzlich kann der Begriff der *Due Diligence* zwei Bedeutungen haben. Zum einen kann der Prozess zum Management von Geschäftsrisiken gemeint sein, zum anderen ein Verhaltensstandard, der zur Erfüllung einer Verpflichtung erforderlich ist.[33] Die UN-Leitprinzipien verwenden den Begriff der *Due Diligence* wohl in beiden Bedeutungen.

In den UN-Leitprinzipien 17 bis 21, in Paragraf 10 der *ILO MNE Declaration* und in Kapitel IV der OECD-Leitsätze werden die unternehmerischen Sorgfaltspflichten durch Einführung des Konzepts der sogenannten *Human Rights Due Diligence* konkretisiert: Sonach sollen Unternehmen gegenwärtig und po-

---

27 Zur zukunftsgerichteten Rechtmäßigkeitskontrolle und Überwachungspflicht des Aufsichtsrats vgl. Simon, S. (2019), S. 847 (849 ff.).

28 Vgl. zur Risikoanalyse auch § 5 des Lieferkettengesetzes (Sorgfaltspflichtengesetz).

29 Vgl. bspw. Figueiredo, R. (2018), S. 5.

30 Vgl. Entwurf der Bundesregierung, Gesetz über die unternehmerischen Sorgfaltspflichten zur Vermeidung von Menschenrechtsverletzungen in Lieferketten (Sorgfaltspflichtengesetz) v. 3.3.2021, S. 1.

31 Vgl. die einstimmig beschlossenen *Council Conclusions on Human Rights and Decent Work in Global Supply Chains* vom 1.12.2020, 1312/20, SOC 772, insbes. Rn. 46, wonach die Entscheidung zugunsten eines “*EU legal framework on sustainable corporate governance, including cross-sector corporate due diligence obligations along the supply chains*” gefallen ist; vgl. auch die Entschließung des Europäischen Parlaments v. 10.3.2021 mit Empfehlungen an die Kommission zur Sorgfaltspflicht und Rechenschaftspflicht von Unternehmen (2020/2129(INL)), P9_TA(2021)0073.

32 Vgl. zur Rolle des Aufsichtsrats bei der Berücksichtigung künftiger Entwicklungen vgl. Simon, S. (2019), S. 316 ff.

33 Vgl. Bonnitcha, J./McCorquodale, R. (2017), S. 899ff.

tenziell nachteilige menschenrechtliche Auswirkungen ihrer Geschäftstätigkeit identifizieren und beurteilen.[34] Ausgehend von diesen Erkenntnissen sind angemessene Maßnahmen zu ergreifen, und zwar in Abhängigkeit von dem eigenen Verursachungs- und Beteiligungsgrad, einschließlich Konstellationen, bei denen Geschäftsbeziehungen und die mit ihnen verbundenen Tätigkeiten, Produkte und Dienstleistungen einen direkten Zusammenhang mit Menschenrechtsverletzungen begründen.[35] Zudem sollen die Unternehmen Abhilfe schaffen bei erfolgten Menschenrechtsverletzungen und ggf. darlegen, wie sie tatsächlich und potenziell negative Einflüsse adressieren.[36] Mit der *Human Rights Due Diligence* wird also ein weitreichender Prozess definiert, durch den Unternehmen nachteilige Auswirkungen auf die Menschenrechte identifizieren, verhindern und abmildern sollen sowie Rechenschaft über ihren Umgang mit diesen Herausforderungen ablegen.[37]

Zu Art. 17, dem "Kern"[38] der UN-Leitprinzipien, findet sich eine Formulierung, die ausdrücklich transaktionsvorbereitende *Due-Diligence-Prozesse* betrifft:

"*Human rights due diligence should be initiated as early as possible in the development of a new activity or relationship, given that human rights risks can be increased or mitigated already at the stage of structuring contracts or other agreements, and may be inherited through mergers or acquisitions.*"[39]

Auch hieraus ergibt sich derzeit zwar keine gesetzliche Verpflichtung zur Durchführung einer *Human Rights Due Diligence*. Aber die rechtlichen, wirtschaftlichen und rufbezogenen Risiken[40] bspw. in der Bekleidungswirtschaft, im Bergbau, in der Landwirtschaft, im Holzhandel, für an internationalen Infrastrukturprojekten beteiligte Bauunternehmen, im Zusammenhang mit ESG-orientierten Investitionen und Finanzierungen, für Förder- und Entwicklungsbanken, bei der öffentlichen Beschaffung sowie für Exportkreditversicherungen können gravierend sein. Da immer auch die Liefer- und Wertschöpfungsketten in den Blick zu nehmen sind, werden folglich bei vielen Transaktionen auch gemeinwohlorientierte Überlegungen angestrengt, auch zu Umweltbelangen und menschenrechtlichen Implikationen.

UN-Leitprinzipien 13 und 14 adressieren zudem Unternehmen im gesamten Spektrum möglicher wirtschaftlicher Tätigkeiten, so dass hierzu neben den

---

34 UN-Leitprinzip 18.

35 UN-Leitprinzip 17.

36 UN-Leitprinzip 21.

37 Vgl. zum Ganzen Bueno, N./Bright, C. (2020), S. 789 (791 f.).

38 Wagner, G. (2016), S. 717, (723).

39 UN-Leitprinzipien, Kommentar zu Prinzip 17 (*Human Rights Due Diligence*).

40 Vgl. v.a. zum Reputationsmanagement Seibt, C. (2015), S. 171 (173 ff.).; grundlegend Klöhn, L./Schmolke, K. (2015), S. 689 ff.

unmittelbar oder mittelbar transaktionsbeteiligten Gesellschaften bspw. auch (Investment-) Banken, Rechtsanwälte, Wirtschaftsprüfer und M&A Berater gehören.[41] Auch sie sind also gehalten, keine negativen Menschrechtswirkungen durch eigene Aktivitäten zu verursachen oder hierzu beizutragen und haben ggf. Maßnahmen zu ergreifen, wenn derartige Auswirkungen auftreten. Negativen Auswirkungen, die direkt mit ihren Geschäftstätigkeiten, Produkten und Dienstleistungen zusammenhängen, ist vorzubeugen und die Folgen sind ggf. abzumildern, selbst wenn kein eigener Beitrag zu diesen Auswirkungen geleistet wurde.[42]

Für ordnungsgemäß durchgeführte *Human Rights Due Diligence* Prozesse werden die UN-Leitprinzipien dahingehend interpretiert, dass – je nach gesetzlicher Ausgestaltung – bei sorgfaltspflichtkonformem Verhalten Haftungsansprüche entweder gar nicht erst entstehen oder eine Exkulpationsmöglichkeit genutzt werden kann.[43] Die UN-Leitprinzipien selbst gehen davon aus, dass eine ordnungsgemäß durchgeführte *Human Rights Due Diligence* die Unternehmen in ihrem Bemühen zwar unterstützten kann, das Risiko der Geltendmachung rechtlicher Ansprüche zu adressieren.[44] Jedoch formulieren die Leitprinzipien auch, dass es sich gerade nicht nur um einen formalen Prozess handelt: „(…) *business enterprises conducting such due diligence should not assume that, by itself, this will automatically and fully absolve them from liability for causing or contributing to human rights abuses.*"[45] Folglich sind nicht nur Eignung und Angemessenheit[46] der *Human Rights Due Diligence* unter Verfahrensgesichtspunkten haftungsrelevant und ggf. haftungsbefreiend, sondern auch die daran anknüpfenden Maßnahmen.

# 3 Menschenrechtliche Sorgfaltspflichten im Rahmen der *Legal Due Diligence*

## 3.1 Wirtschaftliche Risiken

Für Zwecke der Untersuchung menschenrechtlicher Sorgfaltspflichten im Rahmen der *Buy Side Due Diligence* müssen insbesondere kauf- und deliktsrechtliche Sorgfaltsanforderungen unterschieden werden. In beiden rechtlichen Bereichen werden für den Adressaten der Sorgfaltsvorgaben bei Nichtbefolgung di-

---

41 Zu den daraus entstehenden Anforderungen für die rechtsberatenden Berufe vgl. *International Bar Association, Practical Guide on Business and Human Rights for Business Lawyers* (2016), S. 26; zur Relevanz der Hebelwirkung s.u. Abschnitt 5.4.5.

42 UN-Leitprinzip 19.

43 Vgl. Bueno, N./Bright, C., 2020, S. 789 (794).

44 UN Leitprinzip 17, Kommentar.

45 Leitlinie 17, Kommentar.

46 Vgl. Bueno, N./Bright, C. (2020), S. 789 (794).

rekt oder indirekt nachteilige Rechtsfolgen ausgelöst. Im Folgenden wird eine Differenzierung anhand der jeweiligen Risikodimension vorgenommen, hinsichtlich derer der Gesetzgeber und die Gerichte diese Sorgfaltserwartungen für Akteure formuliert haben. Die gesellschaftsrechtlichen Sorgfaltspflichten nach § 93 Abs. 1 AktG werden in Abschnitt 6 eingehender erörtert.

Menschenrechtliche Risiken können die Vereinbarung und die Durchführung von M&A-Transaktionen beeinflussen[47] und zu konkreten wirtschaftlichen Nachteilen für das erwerbende Unternehmen führen. Gründe hierfür können Erwartungen ESG-orientierter Investoren sein. Des Weiteren zählen zu den möglichen Folgen höhere Kosten der Akquisitionsfinanzierung, aber auch Reputationsschäden, eine erforderliche Änderung der ILO-Erklärung, der Entzug der Mitgliedschaft beim Global Compact[48], Sanktionierungen durch Zwangsgelder im Verwaltungsverfahren und Bußgelder im Ordnungswidrigkeitenrecht, Gerichtsprozesse und quasi-justizielle Beschwerden bei den Nationalen Kontaktstellen (NKS) der OECD-Staaten.[49] Auch unterscheiden die UN-Leitprinzipien zwischen rechtlicher Haftung und unternehmerischer Verantwortung für die Achtung der Menschenrechte, so dass die Verantwortlichkeiten über das rechtlich Zwingende hinausgehen (s.o. Abschnitt 2).

Ein in seinem Heimatland außerhalb der EU bislang unter CSR-Gesichtspunkten unauffälliges Zielunternehmen kann aus der Perspektive des Erwerbers, d.h. aus anderem rechtlichen und CSR-strategieorientierten Blickwinkel, Menschenrechtsrisiken aufweisen. Auch ein sorgfältig strukturierter *Asset Deal*, bei dem Haftungsansprüche gegen das Zielunternehmen beim Verkäufer bzw. beim zurückbleibenden Rechtsträger verbleiben, kann im Kontext des *Compliance*-Rahmens des Erwerbers dennoch risikobehaftet sein, weil die UN-Leitprinzipien zwischen formaler Haftung und menschenrechtlicher Verantwortung unterscheiden.[50] Letztere bezieht sich auf das Unternehmen, nicht aber auf den Rechtsträger.

### 3.2 Gewährleistung und Haftung des Verkäufers

Eine fehlende, unvollständige oder fehlerhafte Berichterstattung des Zielunternehmens oder das Vorliegen eines CSR-Tatbestandes bei diesem Unternehmen kann sich auf die zu vereinbarenden Rechte und Pflichten auswirken und im Einzelfall die Erfüllung einer M&A-Transaktion beeinträchtigen.[51] Zum einen kommt nach §§ 434, 453 BGB ein Mangel des erworbenen Unternehmens in

---

47 So auch Westermann, H. P. (2019), S. 1105 (1109).

48 Vgl. *UN Global Compact, "Human Rights"* (2019).

49 Zum „*Soft Case Law*" der OECD-NKS vgl. Krajewski, M. (2018), S. 271 (287).

50 Vgl. Kommentar zu UN-Leitprinzip 17 sowie obige Abschnitte 2 und 5.1.

51 Vgl. Westermann, H. P. (2019), S. 1105 (1109).

Betracht, wobei insbesondere darauf abzustellen sein wird, inwieweit CSR-Aspekte nach § 434 Abs. 1 Satz 2 BGB als Beschaffenheit oder Verwendungszweck im kaufvertraglichen Zusammenhang in Bezug genommen wurden.[52] Hierbei wird grundsätzlich nach berichtspflichtigen und freiwillig berichtenden Unternehmen zu unterscheiden sein sowie danach, wie explizit eine CSR-/ESG-bezogene Aussage getroffen und zum Vertragsgegenstand gemacht wurde.

Des Weiteren kommt nach §§ 311 Abs. 2, 241 Abs. 2, 280 Abs. 1 BGB die Verletzung von Aufklärungs- und Informationspflichten des Verkäufers bei CSR- bzw. reputationsrelevanten Informationen zu den Umweltbeziehungen des Kaufobjekts in Betracht, jedenfalls dann, wenn dies die vertragliche Zweckerfüllung auf Seiten des Käufers vereiteln oder erschweren würde.[53] Im Vordergrund stehen dabei als Rechtsfolgen eine Anpassung des Kaufpreises oder der sog. „kleine Schadensersatz" nach §§ 280 Abs. 1, 3, 281 Abs. 1 Satz 1 BGB.

Auch wenn ein vollständiger Gewährleistungsausschluss hinsichtlich Menschenrechtsverstößen und nicht gesetzeskonformer nichtfinanzieller Berichterstattung des zum Verkauf stehenden Unternehmens selten sein dürfte, wird der Käufer gut beraten sein, sich nicht auf *Material Adverse Change* (MAC)-Klauseln[54] zu verlassen, sondern das Kaufobjekt sorgfältig zu prüfen. Dies umso mehr als der Verkäufer mit einer *Carve-Out*-Klausel die zeitliche und sachliche Einstandspflicht mit guten Argumenten begrenzen und die Realisierung solcher Risiken ausnehmen wird, die in die Verantwortungssphäre des Käufers fallen. Zudem bewirkt eine MAC-Klausel nach Vertragsdurchführung (*Post Closing)* nur wenig. Insoweit hilft jenseits einer *Earn-Out*-Klausel[55] u.U. eine Preisanpassungsklausel weiter, die idealerweise ausdrücklich auch auf mögliche CSR-induzierte Reputationsschäden und in diesem Fall auch zu Wesentlichkeitskriterien Regelungen trifft.[56] Dabei wird auch wegen des zeitlich abweichenden Übergangs des Käuferrisikos zwischen *Locked-Box*- und *Completion-Accounts*-

52 Vgl. BGH, Urteil vom 26.9.2018, VIII ZR 187/17, NJW 2019, S. 145 m.w.N.; vgl. auch Westermann, H. P., S. 1110f., der aus einer Pflicht des Vorstandes zur Beachtung von CSR-Standards ableitet, dass eine reputationsorientierte Geschäftstätigkeit auch hinsichtlich CSR-Gesichtspunkten nach § 434 Abs. 1 Satz 2 Nr. 2 BGB gewöhnlich erwartet werden kann.

53 Vgl. BGH v. 4.4.2001, VIII ZR 32/00, NJW 2001, S. 2163 m.w.N.

54 MAC-Klauseln, bei denen i.d.R. wirtschaftliche Veränderungen des Zielunternehmens, des Marktumfelds oder der Akquisitionsfinanzierung zwischen Vertragsschluss und Vertragsdurchführung Rechtsfolgen zugunsten des Käufers in den Kaufvertrag einführen, werden i.d.R. nur bei hinreichender Verhandlungsmacht des Käufers vereinbart.

55 Bei *Earn-Out*-Klauseln geht es um bedingte Kaufpreisbestandteile, die Entstehung, Fälligkeit und/oder Höhe des Teils des Kaufpreises von der Entwicklung zu definierender *Performance*-Kennzahlen abhängig macht, um einen Anreiz für den Verkäufer für eine erfolgreiche Unternehmensentwicklung und –integration zu setzen.

56 Zu Befreiungs- und Vertragsauflösungsrechten in diesem Zusammenhang. Westermann, H. P. (2019), S. 1105 (1116).

Gestaltungen zu unterscheiden sein.[57] Rufbezogene (qualitative) Risiken lassen sich jedoch nur schwer quantifizieren, ohne Konfliktpotenzial zwischen Verkäufer und Käufer zu schaffen. Des Weiteren wird der Käufer die *Carve-Out*-Klausel ggf. zurückstutzen, jedenfalls soweit es sich um Umstände handelt, die das veräußerte Unternehmen oder den Käufer wirtschaftlich besonders treffen.

In vielen Fällen sollte käuferseitig gleichwohl eine *Human Rights Due Diligence* durchgeführt werden, und zwar selbst dann, wenn der Verkäufer umfassend informiert und sich auf weitreichende Zugeständnisse bis hin zu Freistellungen einlässt. Denn den möglicherweise erheblichen künftigen Reputationsschaden für den Käufer selber wird der Unternehmenskaufvertrag nur selten abbilden. Natürlich sind eine vertrauenswürdige *Vendor Due Diligence* und die Existenz eines *Corporate Reputation Management* der Zielgesellschaft geeignet, den Sorgfaltsaufwand auf Seiten des Käufers zu begrenzen. Wenn aber der Erwerber selbst Teil von Lieferketten anderer CSR-orientierter Unternehmen ist, wird wohl nur eine *Buy Side Due Diligence* die erforderliche Klarheit bringen. Nicht nur die rechtlichen Rahmenbedingungen, strategischen CSR-Kriterien und Risikokategorien des Zielunternehmens, sondern auch diejenigen des Erwerbers (und ggf. seiner Kunden) sind zu berücksichtigen.

### 3.3 *M&A Legal Due Diligence*

Zu den Zielen der *M&A Due Diligence* gehören die Identifikation und Bewertung wesentlicher Aspekte der wirtschaftlichen Ausgangssituation, mögliche und tatsächliche Verbindlichkeiten sowie Transaktionshindernisse. Des Weiteren zählt dazu die rechtzeitige Identifikation von Risiken, um mögliche Streitigkeiten zwischen Käufer und Verkäufer nach Durchführung (*Post Closing)* zu vermeiden. Relevant werden diese Risiken und darauf bezogene Informationen aber bereits für die Kaufpreis- und Vertragsverhandlung, die Strukturierung und die Konditionen des Kaufvertrages, also die vertragliche Absicherung durch Freistellungen, Garantien und Gewährleistungen. Zudem geht es um die Gewinnung wertbeeinflussender Hintergrundinformationen über das *Target* und folglich von Input für Vertragsverhandlung und -gestaltung bis hin zur Vorbereitung der Integration des Zielunternehmens.[58] Die Identifikation erforderlicher Abhilfemaßnahmen für Menschenrechtverletzungen, an denen das erworbene Unternehmen beteiligt ist oder war, kann dabei ebenfalls eine Rolle spielen.

Die käuferseitige *M&A Legal Due Diligence* dient nicht nur der Identifikation und der Bewertung bestehender Risiken für den Erwerber und seine Investoren, die mit dem Erwerb auf den Käufer übergehen, sondern auch solcher, die durch den Erwerb auf Seiten des Käufers im Rahmen des für ihn geltenden

57 Vgl. ausführlich zu diesen beiden Gestaltungen Pomp, T. (2015), S. 279 ff.

58 Bruhns, M. (2017), Rn. 25.

regulatorischen Rahmens ggf. neu entstehen. Dabei kann die Compliance vergangene und künftige Handlungen des ins Auge gefassten Akquisitionsgegenstandes betreffen.

Da interessierte Parteien bzw. die Unternehmensleitung in der Regel belegen müssen, dass sie mit Sorgfalt gehandelt haben und alles Erforderliche zur Vorbeugung von und zum Umgang mit Risiken getan haben, ist eine (menschenrechtliche) *Due Diligence* häufig angeraten oder sogar erforderlich.[59] Beraterseitiges Ziel ist die Ermöglichung einer informierten Entscheidung auf Grundlage eines umfassenden *Due Diligence Reports*, der in seinem rechtlichen Abschnitt die Einschätzungen von Rechtsexperten aus verschiedenen Rechtsgebieten darlegt.

Transparenz-, Dokumentations- und Beweisgründe spielen vor dem Hintergrund einer späteren Geltendmachung von Gewährleistungsrechten ebenfalls eine Rolle. Letztlich kommt bei der käuferseitigen *Due Diligence* der Rechtsgedanke des § 377 HGB zum Ausdruck:[60] Es wirkt sich negativ auf mögliche Gewährleistungs- und Haftungsansprüche des Käufers aus, wenn eine Vorab-Untersuchung des Kaufgegenstandes, durchgeführt mit der erforderlichen Sorgfalt (*Due Diligence*), Mängel hätte offenbar werden lassen. Anders als im deutschen Recht (442 Abs. 1 Satz 2 BGB) beeinträchtigt die fehlende oder unvollständige *Due Diligence* bspw. in den USA oder UK gemäß dem *Caveat-Emptor*-Grundsatz (der Käufer hüte sich) die Geltendmachung von Gewährleistungsrechten.

## 3.4 *Human Rights Due Diligence*

Die Untersuchung menschenrechtlicher[61] Risiken im Rahmen einer *Human Rights Due Diligence*, die bei der Akquisition einer Auslandstochter mit erworben werden können, weisen demgegenüber einen prinzipiellen Bezug auf die Interessen Dritter auf und folgen damit dem Perspektivwechsel, der auch in der CSR-Richtlinie zum Ausdruck kommt.[62] Es handelt sich um *Stakeholder*-Informationen, die zwar von verkäuferseitigen Aufklärungspflichten erfasst sein können, sich in aller Regel aber nicht durch herkömmliche Datenraum-Prüfungen erfassen lassen.[63] Namentlich geht es um Informationen, die sich auf nachteilige Auswirkungen auf Menschenrechte beziehen, welche das zu erwer-

---

59 Vgl. Figueiredo et al. (2018), S. 6; zum Ganzen auch: Semler, J. (2015), S. 803 ff.; zur Business Judgement Rule s.u. Abschnitt 6.

60 Vgl. Picot, G. (2013), § 4, Rn. 288 ff.; Holzapfel, H.-J./Pöllath, R. (2017), Rn. 685 ff.

61 Eine Übersicht über die betroffenen Menschenrechte geben Smit, L., et al., *Study on Due Diligence Requirements through the Supply Chain: Final Report (European Commission 2020)*, S. 39.

62 Art. 19a Absatz 1 der CSR-Richtlinie.

63 Vgl. Mayer, E. (2016), S. 147 (148).; Westermann, H. P. (2019), S. 1105 (1114).

bende Unternehmen selber verursacht oder hierzu beiträgt bzw. die im Rahmen seiner Geschäftsbeziehungen mit Tätigkeiten, Produkten oder Dienstleistungen in Zusammenhang stehen.

Das methodische Vorgehen bei der Erfüllung menschenrechtlicher Sorgfaltspflichten unterscheidet sich dabei erheblich von anderen Formen der *Compliance Due Diligence* und soll weitergehende Maßnahmen einbeziehen, insbesondere „(…) *meaningful consultation with potentially affected groups and other relevant stakeholders, as appropriate to the size of the business enterprise and the nature and context of the operation.*"[64] Vor allem ein *3rd Party Audit (TPA)* kann geeignet sein, die *Stakeholder*-Perspektive und die damit verbundene Erweiterung des Untersuchungsgegenstands zu prüfen. Die Erkenntnisse können dann zudem in den sog. Integrationsplan einfließen.

## 3.5 Zur (In)Kompatibilität der unterschiedlichen Risikodimensionen

Das Ergebnis der menschenrechtlichen Sorgfaltsprüfung im Rahmen der *Legal* und *Compliance Due Diligence* identifiziert ggf. qualitative Risikofaktoren, die im Zusammenhang mit der Strukturierung der Transaktion, bei der Bewertung des Zielunternehmens und der Entwicklung von Kaufpreisvorstellungen, aber auch hinsichtlich der Ausgestaltung möglicher Sekundäransprüche eine Rolle spielen können. Trotz der methodischen Unterschiede lässt sich die *Human Rights Due Diligence* also in das Gesamtbild einer *Legal* bzw. *Compliance Due Diligence* insofern integrieren, als dass sie punktuell zu einer wirtschaftlichen „Internalisierung“ der „externen“ *Stakeholder*-Perspektive führt. Vermittelt gerade auch über mögliche Reputationsfolgen und verstärkt durch die Transparenzvorgaben der §§ 289b ff., 315b f. HGB. sowie die Regelungen zu Sorgfaltspflichten, Risikoanalyse/–management und Berichterstattung im Lieferkettensorgfaltspflichtengesetz kann dadurch das “ob“ und das “wie“ der Transaktion beeinflusst werden.

Obwohl die Sorgfaltsmaßstäbe der *Human Rights Due Diligence* und der *M&A Legal Due Diligence* teilweise konvergieren, muss unterschieden werden: Die *M&A Due Diligence* befasst sich mit der Identifikation, Vorbeugung und Abmilderung unternehmerischer Risiken. Menschenrechtliche Risiken werden nur insoweit berücksichtigt, als sie sich nachteilig auf den Erwerber (und seine Investoren) auswirken. Faktisch sind beide also durch die (derzeit noch) vergleichsweise geringen Haftungs- und immer beachtlicheren Reputationsrisiken verbunden.

Gleichwohl reicht die isolierte *Due Diligence* des *Target*-Unternehmens und ggf. die Einholung einer sog. *Fairness Opinion*[65] regelmäßig nicht aus, um

64 UN-Leitprinzip 18 lit. b.

65 Vgl. hierzu Herrmann, C. (2015), S. 37 ff.

eventuelle Risiken für den Erwerber angemessen zu beurteilen. Denn der bei M&A-Transaktionen zwecks Entscheidungsvorbereitung (s.u. Abschnitt 6) notwendige Wertvergleich des erwerbenden Unternehmens vor und im Anschluss an die geplante Akquisition muss ohnehin auf eine erweiterte Risikoanalyse zurückgreifen und den CSR-/ESG-Kontext des Erwerbers einschließlich seiner Kundenbeziehungen berücksichtigen. Die Anforderungen der Kunden des erwerbenden Unternehmens können im Einzelfall zusätzliche CSR-/ESG-Anforderungen enthalten, die über die gesetzlichen Maßgaben hinausgehen.

## 4. Vorwirkung des nichtfinanziellen Berichtswesens und der Lieferkettenregulierung

### 4.1 CSR-Richtlinie[66]

#### 4.1.1 *Due-Diligence*-Prozesse und CSR-Konzepte

Mit der sog. CSR-Richtlinie hat der EU-Gesetzgeber durch Art. 19a der Bilanzrichtlinie seinen bislang umfassendsten Vorstoß in die Regulierung menschrechtlicher Verantwortlichkeiten von Unternehmen unternommen.[67] Umgesetzt in Deutschland durch §§ 289b ff., 315b f. HGB sind große[68] Unternehmen und Mutter-Kapitalgesellschaften seit dem ersten Geschäftsjahr beginnend am oder nach dem 1.1.2017 verpflichtet, über nichtfinanzielle Aspekte ihrer Geschäftstätigkeiten Auskunft zu geben. Damit ist die verpflichtende Berichterstattung als *Hard Law* zu qualifizieren.
Zu den berichtspflichtigen Themen gehören Auswirkungen der Tätigkeit auf „(…) *Umwelt-, Sozial-, und Arbeitnehmerbelange* [sowie] *auf die Achtung der Menschenrechte* (…)“.[69] Hinsichtlich dieser Sachfelder müssen die Unternehmen die „(…) *in Bezug auf diese Belange verfolgten Konzepte, einschließlich der angewandten Due Diligence-Prozesse* (…)“[70] darlegen.

Verfügt das Unternehmen über kein Konzept hinsichtlich der genannten Belange, muss es eine „klare und begründete Erläuterung“ für dessen Fehlen geben („Comply or Explain“).[71] Zudem kann gem. § 289d HGB auf nationale, europä-

---

66 Richtlinie 2014/95/EU des Europäischen Parlaments und des Rates vom 22.10.2014 zur Änderung der Richtlinie 2013/34/EU im Hinblick auf die Angabe nichtfinanzieller und die Diversität betreffender Informationen durch bestimmte große Unternehmen und Gruppen, ABl. 2014 L 330/1.

67 Umfassend Wulf, I. (2017), S. 100 ff.; Hennrichs, J. (2018), S. 208 ff.

68 Dies sind Unternehmen „von öffentlichem Interesse“ (vgl. Art. 2 Nr. 1 Rl. 2014/95/EU) mit mehr als 500 Mitarbeitern.

69 Art. 19a Abs. 1 (§ 289c Abs. 1, 2 HGB).

70 Art. 19a Abs. 1 lit. b (§ 289c Abs. 3 Nr. 1 HGB).

71 Art. 19a Abs. 1 (§ 289c Abs. 4 HGB).

ische oder internationale Rahmenwerke zurückgegriffen werden, wobei anzugeben ist, welches genutzt wurde. Wurde kein Rahmenwerk verwendet, ist anzugeben, warum kein Rahmenwerk zur Anwendung kommt. Nach dem Lieferkettensorgfaltspflichtengesetz bestehen zusätzliche Dokumentations- und Berichtspflichten (insbes. § 10 LkSG).

### 4.1.2 Auswirkungen auf Konzerntöchter

Für die nichtfinanzielle Konzernerklärung nach § 315b HGB gelten gem. § 315c Abs. 1, 3 HGB die §§ 289c, d und e HGB entsprechend.[72] Damit sind auch Tochtergesellschaften, die die Voraussetzungen der Einbeziehung erfüllen (§ 315b HGB), in die Konzernerklärung bzw. in einen gesonderten nichtfinanziellen Konzernbericht aufzunehmen. Wurde die nichtfinanzielle Konzernerklärung oder der gesonderte nichtfinanzielle Konzernbericht „inhaltlich überprüft" (§ 315b Absatz 4 HGB) ist diese Beurteilung des etwaigen Prüfungsergebnisses ebenfalls öffentlich zugänglich zu machen.

### 4.1.3 Auswirkungen auf die Lieferkette

Auch jenseits von Konzernerklärung und Konzernbericht nach § 315b HGB ist, insbesondere für die Lieferkette, über „Auswirkungen" nichtfinanzieller Natur zu berichten: Offenzulegen sind Ergebnisse eingesetzter CSR-Konzepte einschließlich wesentlicher identifizierter Risiken im Zusammenhang mit den Geschäftstätigkeiten des Unternehmens unter Berücksichtigung von Geschäftsbeziehungen, Erzeugnissen und Dienstleistungen sowie dem Umgang mit diesen Risiken (Art. 19a Abs. 1 lit. d). Erwägungsgrund 6 der Richtlinie erläutert: „*Die nichtfinanzielle Erklärung sollte auch Angaben zu den Due-Diligence-Prozessen umfassen, die vom Unternehmen angewendet werden, auch, falls dies relevant und verhältnismäßig ist, in Bezug auf seine Lieferkette und die Kette von Unterauftragnehmern, um bestehende und potenzielle negative Auswirkungen zu erkennen, zu verhindern und abzuschwächen.*"[73]

Zwar sind diese Regelungen eher „weicher" Art, zumal keine konkreten Sorgfaltspflichten in der Lieferkette benannt werden, jedoch wird ein faktischer Druck erzeugt, der auch haftungsrechtliche Folgen haben kann.[74] Demgemäß dürfte das Unternehmen mit einer methodisch abgesicherten *Human Rights Due Diligence* im Hinblick auf die gesetzlich Berichtsvorgaben „auf der sicheren" Seite sein.[75]

---

72 Es handelt sich um die „konsolidierte nichtfinanzielle Erklärung" nach Art. 29a der Richtlinie.

73 Vgl. § 289c Abs. 3 Nr. 4 HGB.

74 Insbesondere zur Entstehung von Verkehrspflichten s.u. Abschnitt 5.4.

75 Vgl. die *OECD Due Diligence Guidance for Responsible Business Conduct* (2018).

### 4.1.4 Sorgfaltsanforderungen in der EU mit Vorwirkung

Ein Bezug auf die UN-Leitprinzipien in der nichtfinanziellen Erklärung erfüllt ggf. den Mindestinhalt der auf den Schutz von Menschenrechten bezogenen Inhalte nach § 289c Abs. 2 Nr. 4 HGB. Damit ist die *Human Rights Due Diligence*, operationaler Kern der 2. Säule der UN-Leitprinzipien, zu einer Quelle konkreter menschenrechtlicher Sorgfaltsanforderungen von EU-Unternehmen geworden.[76] Durch die CSR-Richtlinie wurden die Regelwerke der EU-Mitgliedstaaten mit erheblicher Vorwirkung für andere Rechtsbereiche harmonisiert.

### 4.2 Lieferkettenregulierung

Neben den erwähnten branchenspezifischen Regulierungen für Konfliktmineralien und Holz sowie der geplanten EU-Regulierung (vgl. Abschnitt 2.1) formuliert vor allem das Lieferkettensorgfaltspflichtengesetz konkrete Anforderungen. Trotz der ausdrücklichen zivilrechtlichen Haftungsfreistellung (§ 3 Abs. 3 LkSG) sind mittelbare Auswirkungen auf Pflichtenprogramme, die außerhalb des unmittelbaren Anwendungsbereichs dieses Gesetzes liegen, denkbar, zumal das Gesetz lt. Regierungsentwurf mit „*international anschlussfähigen*“ [77] Sorgfaltsstandards unter Bezug auf den *Due Diligence Standard* der UN Leitprinzipien[78] aufwartet. Ohnehin sind die konkreten Maßnahmen zur Erfüllung von Sorgfaltspflichten sowie die Risikoanalyse und das Risikomanagement zu dokumentieren. Zwar bleiben die Vorgaben zum Sorgfaltspflichten- und Risikomanagement in verschiedenen Hinsichten hinter den UN-Leitprinzipien zurück[79], jedoch ist über sie zu berichten, und zwar nach dem Lieferkettengesetz selber sowie teilweise auch im Rahmen der nichtfinanziellen Berichterstattung.

# 5 Menschenrechtsbezogene Haftungsrisiken des Erwerbers

## 5.1 Haftungsrisiken

Im Folgenden werden wesentliche Haftungsrisiken umrissen, die aus Menschenrechtsverletzungen in direktem und indirektem Zusammenhang mit den Aktivitäten einer hinzuerworbenen Auslandstochter im Inland bzw. in der EU beim

---

76 Zu den Auswirkungen dieser Sorgfaltspflichten im haftungs- und gesellschaftsrechtlichen Kontext siehe Abschnitt 5 und 6.

77 Vgl. Begründung des Regierungsentwurfs, BT-Drucksache 19/28649, S. 1

78 Ebd., S. 2

79 Vgl. Ruggie, J, Brief an Peter Altmeier, Hubertus Heil und Gerd Müller v. 9.3.2021, https://shiftproject.org/wp-content/uploads/2021/03/Shift_John-Ruggie_Letter_German-DD.pdf (7.6.2021)

erwerbenden Unternehmen entstehen können und die im Rahmen der *Legal Due Diligence* ggf. näher untersucht werden. Dies sind in erster Linie deliktische Schadensersatzansprüche, im Einzelfall aber auch vertragliche Ansprüche.

Bei funktionaler Betrachtung können international drei Haftungszusammenhänge unterschieden werden: Die Nichtdurchführung einer verpflichtenden *Human Rights Due Diligence* (und eines hierauf bezogenen Risikomanagements) kann schadensunabhängig zu Sanktionen führen, im Rahmen einer möglichen deliktischen Haftung kann eine fehlende oder mangelhafte *Human Rights Due Diligence* als Sorgfaltspflichtverletzung begriffen werden und im Fall von verschuldensunabhängig ausgestalteten Tatbeständen kann die methodisch abgesicherte Befolgung menschenrechtlicher Sorgfaltsanforderungen der Exkulpation dienen.[80]

Gleichwohl stellen die UN-Leitprinzipien klar, dass die unternehmerische Verantwortung, Menschenrechte zu respektieren, unterschieden werden muss von haftungsrechtlichen Fragestellungen, die vor dem Hintergrund des jeweiligen inländischen Rechts individuell beantwortet werden müssen.[81] Die sehr eingeschränkten Aussagen zu den haftungsrechtlichen Implikationen im Gegensatz zu dem umfassenderen Verantwortlichkeitspostulat führt zu einer strukturellen „Verantwortungslücke".[82] Die Referenz- und Vorwirkung von *Soft Law*, verstärkt durch die Anforderungen des nichtfinanziellen Berichtswesens (vgl. vorhergehender Abschnitt), hat in dieser in den UN-Leitprinzipien vorgezeichneten Grauzone im Kontext der Sorgfaltspflichten zu intensiven rechtswissenschaftlichen Diskussionen über deren Reichweite geführt.[83]

## 5.2 Extraterritoriale deliktische Ansprüche

Das unmittelbare Haftungsrisiko für das erwerbende Unternehmen ist nach der Akquisition grundsätzlich gering insoweit Ansprüche gegen das neu erworbene Tochterunternehmen für dessen Verkehrspflichtverletzungen im Ausland geltend gemacht werden. Allerdings fragt sich, in welchen Konstellationen derartige Ansprüche direkt gegen die inländische Muttergesellschaft geltend gemacht

---

80 *Report of the United Nations High Commissioner for Human Rights, The Relevance of Human Rights Due Diligence to Determinations of Corporate Liability*, UN Doc A/HRC/38/20/Add.2 (2018), S. 5 ff.; zur Haftung im Außenverhältnis in der deutschen Diskussion: Hübner, L. (2018), S. 61 ff. Vgl. auch das Gesetz über die unternehmerischen Sorgfaltspflichten zur Vermeidung von Menschenrechtsverletzungen in Lieferketten (Sorgfaltspflichtengesetz).

81 UN-Leitprinzipien, Kommentar zu Leitprinzip 12, lautet: „*The responsibility of business enterprises to respect human rights is distinct from issues of legal liability and enforcement, which remain defined largely by national law provisions in relevant jurisdictions.*"

82 Vgl. Bueno, N./Bright, C. (2020), S. 789 (793), sprechen von einem "*accountability gap*".

83 Vgl. Schall, A. (2018), S. 479 ff; Voland, Thomas, Unternehmen und Menschenrechte – vom *Soft Law* zur Rechtspflicht, BB 2015, S. 67 ff.; Görgen, T. (2019), S. 139 ff. m.w.N.

werden können. Nur in seltenen Fällen wird es möglich sein, nationale Gesetze bzw. EU-Recht direkt auf Auslandssachverhalte anzuwenden, denn hierfür bedarf es hinreichender Anknüpfungspunkte zum inländischen bzw. EU-Recht. Dies folgt aus dem jeweils einschlägigen nationalen oder europäischen Kollisionsrecht, namentlich Art. 40 ff. EGBGB, dem Brüssel I-Statut und vor allem der Rom II-VO.[84]

In der Regel unterliegen Schadensersatzansprüche gegen ausländische Anspruchsgegner mangels substanzieller anderweitiger personaler oder territorialer Berührung regelmäßig dem Recht des Heimatlandes als Erfolgsort (Art. 4 Rom II-VO). Inländische Rechtsbehelfe für deliktische Handlungen im Ausland bzw. bei transnationalen Menschenrechtsverletzungen greifen oftmals nicht.[85] Jedoch können damit zusammenhängende Rufbeeinträchtigungen zu einem weitaus größeren Schaden führen. Im Einzelfall kann auch die Hauptverwaltung als Handlungsort analog Art. 7 Rom II-VO sowie eine Berücksichtigung deutscher Verkehrspflichten im Rahmen von Art. 17 Rom II-VO in Betracht kommen.[86] In Anbetracht dieser Schwierigkeiten geht es im Folgenden nicht um pflichtwidrige Verhaltensweisen von Tochterunternehmen oder Zulieferbetrieben, sondern um Pflichtverletzungen des Mutterunternehmens selbst im Zusammenhang mit Aktivitäten von abhängigen Unternehmen sowie von Unternehmen in der Lieferkette.

## 5.3 Vertragliche Ansprüche gegen den inländischen Erwerber

Vertragliche Ansprüche können im Rahmen von Vertragsbeziehungen beispielsweise durch Gesundheitsschäden aufgrund von Umweltbeeinträchtigungen entstehen. CSR-bezogene Schutzpflichten müssten hierfür allerdings vertraglich einbezogen sein, woran es in der Regel fehlen dürfte.
Ebenso werden nur selten symmetrische Schutzwirkungen für Dritte in Verträgen zwischen bspw. Auftraggeber und Zulieferer zu finden sein, so dass die Menschenrechtsverletzungen im Zulieferbetrieb nicht erfasst werden.[87] Auch die Leistungsnähe des Dritten ist fraglich.[88] Auch insoweit werden also bei einer Risikoanalyse mögliche Rufbeeinträchtigungen für die erwerbende Gesellschaft im Vordergrund stehen.

---

84 Vgl. zum Ganzen Weller, M.-P. et al. (2018), S. 239 ff.
85 Vgl. Wagner, G. (2016), S. 718 (724f., 750)
86 So mit tragfähiger Argumentation Görgen, T. (2018), S. 203.
87 Vgl. Thomale, C./Hübner, L. (2017), S. 385 (389f.).
88 So das LG Dortmund, U. v. 10.1.19, 7 O 95/15, Rn. 42.

## 5.4 Deliktische Ansprüche gegen den inländischen Erwerber

### *5.4.1 Deliktsrechtliche Haftung der Muttergesellschaft*

Diskutiert werden mögliche deliktische Ansprüche direkt gegen die Muttergesellschaft.[89] Die Haftung einer Muttergesellschaft für Verbindlichkeiten des Tochterunternehmens wird in der Literatur vor dem Hintergrund von Verkehrs- und Organisationspflichten kontrovers erörtert.[90] Deliktische Ansprüche spielen auch eine große Rolle *de lege ferenda*[91], so dass in problematischen Fällen auch künftige Risikolagen berücksichtigt werden sollten. Der Haftungsausschluss in § 3 Abs. 3 LkSG, wonach eine „(…) *unabhängig von diesem Gesetz begründete zivilrechtliche Haftung (...) unberührt*" bleibe, normiert lediglich den *Status quo* (v.a. im Hinblick auf § 823 Abs. 2 BGB) und sichert nicht umfassend gegen deliktische Schadensersatzansprüche ab. Von einer vertieften Erörterung der in § 3 Sorgfaltspflichtengesetz formulierten Sorgfaltspflichten und Vorgaben zu Risikoanalyse und –management wird aus diesem Grund im Folgenden abgesehen.

In Betracht kommt eine Haftung des inländischen Unternehmens insbesondere gemäß § 823 Abs. 1 BGB für die Verletzung eigener Verkehrspflichten, gemäß § 823 Abs. 2 BGB[92] für die Verletzung eines Schutzgesetzes sowie für zugerechnetes Verschulden von Verrichtungsgehilfen nach § 831 BGB. Die Haftung nach § 823 Abs. 1 BGB wird im Folgenden näher betrachtet.

### *5.4.2 Verkehrspflichtverletzung und UN Leitprinzipien*

Eine Verletzung von Rechtsgütern des § 823 Abs. 1 BGB liegt, vermittelt durch die Schutzpflichtenlehre, regelmäßig auch im Fall von Menschenrechtsverletzungen vor.[93] Menschenrechtsverletzungen durch private Akteure auch privatrechtlich abzuwehren ist zentrale Funktion des Deliktsrechts.[94]

### *5.4.3 Verkehrspflichtverletzung und UN Leitprinzipien*

Die Begründung der rechtlichen Verantwortlichkeit inländischer Unternehmen für Menschenrechtsverletzungen im Ausland muss sich meist mit mittelbaren Verletzungshandlungen und Unterlassen auseinandersetzen.[95] Im Kern geht es um die Frage der Verletzung von Sorgfaltspflichten zur Vermeidung und Ab-

---

89 Vgl. die Darstellung bei Görgen, T. (2019), insbes. S. 139 ff. m.w.N.

90 Vgl. Schall, A. (2018), S. 479 ff. m.w.N.; Nordhues, S. (2018), S. 125 ff.

91 Vgl. oben Abschnitt 2.

92 Vertiefend hierzu Görgen, T. (2018), S. 350 ff.

93 Vgl. Canaris, C.-W. (1984), S. 201.

94 Vgl. Wagner, G. (2016), S. 717 (753 f.) m.w.N.

95 Die Haftung für Organhandeln nach § 31 BGB dürfte nur in Ausnahmefällen eine Rolle spielen.

wehr von Gefahren für Menschenrechte, insbesondere im Hinblick auf die Überwachung abhängiger Unternehmen sowie die Auswahl und Überwachung von Vertragspartnern in der Liefer- bzw. Wertschöpfungskette. Zentral ist die Möglichkeit zur Beeinflussung der Gefahrenquelle, an deren Stelle im Fall der Delegation eine Kontroll- und Überwachungspflicht tritt.[96]

Die UN-Leitprinzipien und die darin formulierten Sorgfaltsanforderungen eignen sich grundsätzlich, die hier in Rede stehenden Verkehrspflichten zu konkretisieren. Aufgrund ihres Charakters als *Soft Law* wird für diese Regeln derzeit noch diskutiert, ob sie zur Ableitung operationalisierbarer Verhaltenspflichten herangezogen werden können.[97] Jedoch haben die UN-Leitprinzipien selbst, der Nationale Aktionsplan Wirtschaft und Menschenrechte (NAP)[98] der Bundesregierung, das CSR-RUG sowie die Beschlusslage der EU-Mitgliedstaaten einschließlich dem sog. Lieferkettengesetz (s.o. Abschnitt 2) einen Geltungs- und Konkretisierungsgrad erreicht, der aus dem Blickwinkel der *Legal Due Diligence* bei der Beurteilung künftiger Haftungsrisiken bereits jetzt berücksichtigt werden muss.[99]

Der Grad der Verdichtung der in den UN-Leitprinzipien formulierten Standards hin zu Mindest-Verkehrsgepflogenheiten mag derzeit noch fraglich sein. Jedoch enthalten die UN-Leitprinzipien zusammen mit den OECD-Leitsätzen sowie ISO 26000 ein für den CSR-Bereich vergleichsweise abgestimmtes Pflichtenprogramm, auch wenn diese im Konkretisierungsgrad sich naturgemäß nicht mit technischen Normen vergleichen lassen. Eine „indizielle Wirkung“[100] für die Konkretisierung von Anforderungen an verkehrspflichtkonformes Handeln lässt sich ihnen jedenfalls bereits jetzt entnehmen und es scheint nur eine Frage der Zeit, wann die Rechtsprechung in Einzelfällen auf entsprechende Verkehrspflichten auch vor dem Hintergrund von § 289b HGB zurückgreift und diese schrittweise fortbildet, sollte der Gesetzgeber tatsächlich nicht in absehbarer Zeit tätig werden.

Ein (Verkehrs-) Pflichtenprogramm kann u.a. Aufsichts-, Organisations-, Auswahl-, Kontroll- und Fürsorgepflichten umfassen,[101] die bei den hier in Rede stehenden Konstellationen rechtsträgerübergreifend[102] zur Anwendung kämen.

---

96 Vgl. BGH, Urt. v. 4.6.1996, VI ZR 75/95, NJW 1996, S. 2646.

97 Bejaht wird dies *de lege lata* bspw. von Mansel, H.-P. (2018), S. 439 (450f.); Spießhofer, B. (2014), S. 2473 (2476); auch Weller, M.-P., Thomale, C. (2017), S. 509 (520 ff.); eher ablehnend: Simons, C. (2018), S. 316 (325 f.); vgl. auch Heinen, A. (2018), S. 87 ff.

98 Bundesregierung, Nationaler Aktionsplan (NAP), Umsetzung der UN-Leitprinzipien für Wirtschaft und Menschenrechte v. 21.12.2016.

99 S.o. Abschnitt 2.

100 So mit überzeugenden Argumenten Mansel, H.-H. (2018), S. 439 (450).

101 Grundlegend von Bar, C. (1980), S. 54 ff, 83 ff.; vgl. auch van Dam, C. (2013), S. 225 ff., 279 ff.

102 Kritisch Wagner; G. (2016), S. 717, 766 f. m.w.N.

Hier kommen vor allem auch Unternehmensorganisationspflichten in Betracht, die die Geschäftsleiter zur Gefahrensicherung in ihrem unternehmerischen Organisationsbereich verpflichtet.[103] Dies setzt allerdings Zuliefer- und Konzernstrukturen voraus, deren Menschenrechtskonformität vom Rechtsverkehr erwartet wird.[104] Inwieweit das Lieferkettensorgfaltspflichtengesetz sich mittelbar auf die hier erwähnten Verkehrspflichten auswirkt, bleibt abzuwarten.

### *5.4.4 Bedeutung des Rechtsträger- und Trennungsprinzips*

Grundsätzlich steht das gesellschaftsrechtliche Rechtsträger- und Trennungsprinzip einer entitätsübergreifenden Zurechnung von Rechten und Pflichten im Konzern entgegen, auch wenn dies zu einer Haftungssegmentierung führt.[105] Demgegenüber gibt es Ansätze zu einer Einheitsbetrachtung, die bspw. im Kartellrecht, aber auch im Arbeitsrecht eingeführt wurden.[106] Auch eine subsidiäre Durchgriffshaftung wird teilweise bereits *de lege lata* für begründbar gehalten.[107] Aber auch wenn es derzeit keine Pflicht des Mutterunternehmens zur Einflussnahme auf die abhängige Tochtergesellschaft gibt, können u.U. einheitliche Konzernvorgaben Organisations- und Nachhaltepflichten begründen.[108]

### *5.4.5 Verantwortung für Liefer- und Wertschöpfungsketten*

Das erwerbende Unternehmen beim Unternehmenskauf ist hinsichtlich menschenrechtlicher Risiken aufgrund der Geschäftsbeziehungen des erworbenen Unternehmens trotz Trennungsprinzip und Haftungsbegrenzung im Konzern zusätzlichen Rufschädigungs- und Haftungsrisiken ausgesetzt. Die rechtliche Begründung von Verkehrspflichtverletzungen des Erwerbers ist jedoch nicht immer möglich.[109]

Dabei greift der Begriff der Lieferkettenverantwortung zu kurz. In den offiziellen Kommentierungen der UN-Leitprinzipien 13 und 17 ist von Wertschöpfungsketten („*value chains*"[110]) die Rede. Der Begriff der Geschäftsbeziehungen („*business relationships*"[111]) umfasst Wertschöpfungs- und Lieferketten. Unter Geschäftsbeziehungen ist dabei jedwede Beziehung geschäftlicher Art zwischen

103 S. Abschnitt 6.

104 Eine solche Erwartung des Rechtsverkehrs bejahen unter *Governance*-Gesichtspunkten Weller, M.-P., Thomale, C. (2017), S. 509 (521 f.).

105 Vgl. Wagner, R. (2016), S. 717, 761 ff. m.w.N.

106 Vgl. EuGH v. 10.9.2009, Rs. C-97/08, Slg. 2009, I-8237.

107 Vgl. Weller, M.-P., Thomale, C. (2017), S. 509 (523 m.w.N.).

108 Vgl. Weller, M.-P., Thomale, C. (2017), S. 509 (517 ff.), die eine Deliktorganisationshaftung befürworten; weiter differenzierend Görgen, T. (2019), S. 283 ff., 286 ff.

109 S.o. Abschnitt 5.3 und 5.4.4.; vgl. zum Ganzen Heinen, A., (2018), S. 87 ff.; Rühmkorf, A. (2018), S. 410 ff.

110 UN-Leitprinzip 13 (17).

111 UN-Leitprinzip 18.

natürlichen oder rechtlichen Personen zu verstehen, einschließlich beispielsweise solcher Aktivitäten, die mittels verbundener Unternehmen, Zulieferern, Vertriebspartnern, Joint Venture Partnern, elektronischer Plattformen oder anderer vertraglicher Beziehungen durchgeführt wird.[112] Dabei erstrecken die UN-Leitprinzipien den Verantwortungsbereich des Unternehmens auf Auswirkungen, die durch die eigenen Geschäftstätigkeiten des Unternehmens verursacht werden oder zu denen es beiträgt. Des Weiteren, wenn die Geschäftsbeziehungen des Unternehmens unmittelbar oder mittelbar mit kritischen Aktivitäten, Produkten oder Dienstleistungen in Verbindung gebracht werden können.[113]

Eine entscheidende Rolle kommt der „Hebelwirkung" („leverage"[114]) zu, wonach das Unternehmen angemessene Maßnahmen ergreifen muss, wenn es zu derartigen menschrechtsverletzenden Auswirkungen beiträgt oder mit ihnen in Verbindung gebracht werden kann.[115] Eine Hebelwirkung liegt vor, wenn das Unternehmen die menschenrechtswidrigen Handlungen eines anderen Unternehmens, das unrechtmäßige Aktivitäten entfaltet, beeinflussen kann.[116] Damit ist der Verantwortungsraum erheblich ausgedehnt, auch wenn die UN-Leitprinzipien es versäumen, griffige Abgrenzungskriterien bereitzustellen. Der weite Verantwortungsbereich korrespondiert aber gerade nicht automatisch mit Haftungstatbeständen in den nationalen Rechtsordnungen.

Begründen lassen sich Verkehrspflichten im Hinblick auf Geschäftsbeziehungen in erster Linie durch vertragliche Vereinbarung. Jedoch ist auch hier eine Verletzung deliktsrechtlicher Verkehrssicherungspflichten möglich, wenn Verhaltensstandards nicht eingehalten oder Vertragspartner nicht sorgfältig ausgewählt, überwacht oder kontrolliert werden. Liegen Anhaltspunkte für beeinträchtigende Aktivitäten vor, muss eine angemessene Reaktion folgen. Inwieweit dies jenseits des unmittelbaren Vertragspartners seine Gültigkeit hat, ist jedoch abhängig vom Einzelfall.

Demgegenüber ist eine Haftung gem. § 831 Abs. 1 BGB nur in extremen Ausnahmefällen begründbar, wenn Vertragspartner in der Lieferkette oder Tochtergesellschaften nicht wie selbstständig Unternehmen behandelt, sondern wie eine betriebliche Abteilung „geführt" werden.

---

112 Vgl. Smit, L. et al. (2020), S. 18.
113 Vgl. UN-Leitprinzip 17.
114 UN-Leitprinzip 18.
115 Vgl. UN-Leitprinzip 19 mit Kommentar.
116 Vgl. UN-Leitprinzip 19, mit Kommentar.

# 6 Der Sorgfaltsmaßstab für die Binnenhaftung gem. § 93 Abs. 1 AktG

## 6.1 Geschäftsleiterpflichten

Eine Sorgfaltspflicht kann, in Abhängigkeit vom Vorliegen der weiteren Voraussetzungen, durch die Entscheidung für einen Unternehmenserwerb verletzt werden, wenn sich zu einem späteren Zeitpunkt ein Risiko realisiert, das im Rahmen einer Risikobetrachtung nicht berücksichtigt wurde, bei methodischem Vorgehen *ex ante* aber hätte erkannt (und bewertet) werden können. Besonderes Augenmerk gilt bei M&A-Transaktionen dabei dem Sorgfaltsmaßstab des § 93 Abs. 1 Satz 1 AktG für die Binnenhaftung von Vorstandsmitgliedern, i.V.m. § 116 AktG für Aufsichtsratsmitglieder sowie gem. § 43 Abs. 1 GmbHG für die GmbH[117].

Zusätzlich zu den kaufrechtlichen Sorgfaltsanforderungen beim Unternehmenserwerb sind diese gesellschaftsrechtlichen Geschäftsleiterpflichten und ihre Auswirkungen auf eine ggf. durchzuführende Prüfung der Einhaltung menschenrechtlicher Sorgfaltspflichten bei Transaktionen zu berücksichtigen. Im Folgenden wird die Relevanz der *Human Rights Due Diligence* im Kontext der Haftungsvoraussetzungen nach § 93 Abs. 1 AktG erörtert.[118]

## 6.2 Pflichtverletzung nach § 93 Abs. 1 Satz 1 AktG

Nach § 93 Abs. 1 Satz 1 AktG haben Vorstandsmitglieder bei ihren Entscheidungen die „*Sorgfalt eines ordentlichen und gewissenhaften Geschäftsleiters anzuwenden*“. Die Verletzung einer Pflicht nach § 93 Abs. 1 Satz 1 AktG wird angenommen, wenn kein pflichtgemäßes Handeln, sondern ein gesetzeswidriges Tun oder Unterlassen vorliegt und bewiesen werden kann.[119] Hierzu gehören auch zwingende Berichtspflichten, wie z.B. §§ 289b ff. HGB, wobei, neben Beurteilungsspielräumen, allenfalls im Rahmen des § 289e HGB begrenzte Freiheiten zu Inhalt und Umfang der Angaben bestehen.[120]

Die Legalitätspflicht erstreckt sich auch auf supranationales (z.B. die EU-VO zu „Konfliktmineralien“[121]) sowie die Einhaltung ausländischen Rechts.[122]

---

117 BGH, Beschl. v. 14.7.2008 (II ZR 202/07), NJW 2008, S. 3361 Nr. 46.

118 Eine Haftung tritt dann nicht ein, wenn die kausal zum Schaden führende Handlung auf einem Hauptversammlungsbeschluss beruht, § 93 Abs. 4 Satz 1 AktG. Die Billigung des Aufsichtsrats wäre hierfür gem. § 93 Abs. 4 Satz 2 AktG jedoch nicht ausreichend.

119 GK-AktG/Hopt/Roth, § 93 Rn. 433f.; BGH, 04.11.2002 - II ZR 224/00, BGHZ 152, S. 280 (283f.); OLG München, GmbHR 2013, S. 813 (814).

120 Hierzu Bachmann, G., (2018), S. 231 (237); konkret zu bilanzrechtlichen Bestimmungen: LG München I, U. v. 10.12.2013 - 5HK O 1387/10 (Siemens/Neubürger), NZG 2014, S. 345.

121 Verordnung (EU) 2017/821 des Europäischen Parlaments und des Rates vom 17. Mai 2017 zur Festlegung von Pflichten zur Erfüllung der Sorgfaltspflichten in der Lieferkette für Uni-

Aber auch satzungsmäßige Pflichten, Treuepflichten gegenüber der Gesellschaft sowie beschlossene und kommunizierte CSR-Konzepte können entsprechende Pflichten begründen, wobei die konkrete Ausgestaltung und Schwerpunktsetzung der CSR des Unternehmens unternehmerische Entscheidungsdimensionen beinhaltet und insoweit in den Anwendungsbereich von § 93 Abs. 1 S. 2 AktG fällt.[123]

## 6.3 Unternehmerisches Leitungsermessen und Risikogeschäfte

Eine Verletzung von Sorgfaltspflichten liegt bei unternehmerischen Entscheidungen gemäß der sogenannten *Business Judgement Rule* nach § 93 Abs. 1 Satz 2 AktG nicht vor, wenn das Vorstandsmitglied „auf der Grundlage angemessener Information" vernünftigerweise annehmen durfte, zum Wohl der Aktiengesellschaft zu handeln.[124] Der Ausschluss der Pflichtverletzung nach § 93 Abs. 1 AktG im Rahmen des Leitungsermessens setzt unternehmerisches Handeln und eine unternehmerische Entscheidung voraus. Reine Passivität ohne bewusstes Entscheiden für oder gegen ein bestimmtes Vorgehen ist keine Handlung und bewegt sich damit regelmäßig außerhalb des von § 93 Abs. 1 Satz 2 AktG geschaffenen *Safe Harbour*.

Jenseits rechtsverbindlicher Vorgaben i.S.v. § 93 Abs. 1 Satz 1 AktG besteht nach § 93 Abs. 1 Satz 2 AktG ein grundsätzlich nicht justiziabler unternehmerischer Handlungs- und Entscheidungsspielraum, der v.a. durch Prognoseunsicherheiten und Risikobeurteilungen außerhalb des Anwendungsbereichs der Geschäftsleiterpflichten nach § 93 Abs. 1 Satz 1 AktG geprägt ist. Entscheidungen über den Erwerb von Unternehmen sind unternehmerische Entscheidungen in diesem Sinn.

Auch wenn aufgrund ihres Charakters als *Soft Law* (s.o. Abschnitt 2) menschenrechtliche Sorgfaltspflichten diesen Spielraum prinzipiell nicht einschränken können[125], kann sich in bestimmten Fällen eine Ermessensreduktion auf null ergeben, wenn eine Analyse wertbildender Aspekte, insbesondere der Reputationsfolgen, alle anderen Entscheidungen als für das Gesellschaftswohl unzumut-

---

onseinführer von Zinn, Tantal, Wolfram, deren Erzen und Gold aus Konflikt- und Hochrisikogebieten, ABl. L 130 vom 19.5.2017, S. 1–20, geändert durch Delegierte Verordnung (EU) 2020/1588 der Kommission vom 25. Juni 2020, ABl. L 360, S. 1 ff.

122 Vgl. LG München I, U. v. 10.12.2013 - 5HK O 1387/10 (Siemens/Neubürger), NZG 2014, S. 345, zur Legalitätspflicht in Bezug auf ausländisches Recht.

123 Vgl. Mock, C. (2017), S. 1195, 1197 ff.

124 Aus der Rechtsprechung vgl. BGH, U. v. 21.4.1997, II ZR 175/95, BGHZ 135, S. 244, 253; BGH, Beschl. v. 3.11.2008, II ZR 236/07, ZIP 2008, S. 223; BGH, U. v. 12.3.2020, IX ZR 125/17, NZG 2020, 751.

125 Zur Geltung eines OECD-Abkommens zu Schmiergeldzahlungen vgl. aber LG München I, Urteil vom 10.12.2013 - 5HK O 1387/10 (Siemens/Neubürger), NZG 2014, S. 345.

bar rufbeeinträchtigend und damit unternehmerisch falsch erscheinen lässt.[126] Maßgeblich wird hier immer die Bewertung des konkreten Einzelfalls sein, für den auch branchen- (z.B. Textilien, Kakao, Palmöl), projekt- (z.B. Staudämme, Infrastruktur) und länderspezifische Gesichtspunkte (z.B. Konfliktmineralien, Holzwirtschaft, Länder mit „schwacher" *Governance*) eine Rolle spielen. Auch können Vorfälle und Verdachtsfälle aus der Vergangenheit den Entscheidungsspielraum einengen.[127]

Bei Anhaltspunkten für eine Gefährdungslage muss dem Grundsatz nach eine sorgfältige Informationsbeschaffung erfolgen zwecks Beurteilung, ob und ggf. wie eine Schadensprävention erfolgen oder Risiken kontrolliert werden können (§§ 91 Abs. 2 AktG, 76 Abs. 1, 93 Abs. 1 AktG).[128] Aber auch ESG-Vorgaben seitens aktueller oder potentieller Investoren können den Entscheidungsspielraum zusätzlich einschränken. Ob sich der Entscheidungsspielraum am Ende aber zu nur einer Entscheidungsalternative verdichtet[129], ist einzelfallabhängig, dürfte aber immer dann zu bejahen sein, wenn der Leitungsfehler schlechthin unvertretbar erscheint.[130] Jenseits dessen dürfte derzeit nicht von einer weiter reichenden Beachtlichkeit von menschrechtsbezogenem *Soft Law* für die *Business Judgement Rule* auszugehen sein.[131]

### 6.4 Angemessene Information über Risiken in der Liefer- und Wertschöpfungskette

Herausfordernd ist in der Praxis regelmäßig die Bestimmung der Angemessenheit der Informationen[132], die das Vorstandsmitglied *ex ante* benötigt, um vernünftigerweise davon ausgehen zu können, in einer gegebenen Situation hinreichend informiert gewesen zu sein.[133] Der mit der *Business Judgement Rule* geschaffene Haftungsfreiraum[134] für unternehmerische Entscheidungen unter

---

126 Vgl. Simons, C. (2018), S. 316 (323f.), dem eine Berücksichtigung von CSR-Aspekten im Rahmen einer „Reputationsanalyse" vorschwebt; Westermann, H.P. (2019), S. 1105 (1111).

127 Vgl. LG München I, U. v. 10.12.2013 - 5HK O 1387/10, NZG 2014, S. 345.

128 Vgl. zur Compliance in diesem Zusammenhang Fleischer, H. in: Festschrift Goette (2011), S. 289, 291 m.w.N.

129 Vgl. umfassend zur Relevanz der *Corporate Reputation* Klöhn, L./Schmolke, K., NZG 2015, S. 689, 690f.

130 Vgl. BGH, Urt. v. 21.4.1997 - II ZR 175/95, BGHZ 135, S. 244.

131 Vgl. Bachmann, G. (2018), S. 231 (238); a.A. mit beachtlichen Argumenten: Spießhofer, B. (2017), S. 294 ff.; umfassend kritisch: Paefgen, W. G. (2019) S. 629 ff.

132 Zum Begriff der angemessenen Informationsgrundlage: Christoph H. Seibt, C. (2019), S. 825.

133 Vgl. auch § 5 Abs. 3 des sog. Lieferkettengesetzes (Sorgfaltspflichtengesetz).

134 Vgl. BGH, U. v. 12.3.2020 - IX ZR 125/17, NZG 2020, S. 751.

Unsicherheit führt nicht zu einer Entkopplung von allgemeinen Sorgfaltsmaßstäben, sondern stellt eine Konkretisierung dieser Maßstäbe dar.[135]

In der jeweiligen Entscheidungssituation sind *„alle verfügbaren Informationsquellen tatsächlicher und rechtlicher Art auszuschöpfen und auf dieser Grundlage die Vor- und Nachteile der bestehenden Handlungsoptionen sorgfältig abzuschätzen und den erkennbaren Risiken Rechnung zu tragen*".[136] Gleichwohl gibt es keinen objektiv richtigen Informationsumfang und auch bei der Bestimmung dieses Umfangs hat die Unternehmensleitung einen Entscheidungsspielraum, der jedoch hinsichtlich Informationen, Gewichtung und Bewertung vertretbar und auch nachvollziehbar sein muss.[137] Der unternehmerische Ermessensspielraum umfasst mithin zumindest das "wie" der *Due Diligence* sowie Art und Umfang der einzuholenden Informationen.[138]

Für die Haftungsprivilegierung gilt ein objektiver Maßstab, so dass häufig eine zusätzliche Informationsbeschaffung durch externe Beratung erforderlich sein wird, um die Entscheidungsgrundlagen in Gestalt aller verfügbaren tatsächlichen und rechtlichen Informationsquellen sorgfältig zu ermitteln.[139] Im Fall menschenrechtlicher Risiken im Zusammenhang mit dem Erwerb eines Unternehmens, dürfte die spezialisierte externe Beratung regelmäßig erforderlich sein, wobei zunehmend auch datenbasierte Dienstleistungen eine Rolle spielen können.[140] Erst auf dieser Grundlage können die Vor- und Nachteile der Handlungsmöglichkeiten und Risiken eingeschätzt und abgewogen werden.

Entscheidend sind in jedem Fall die sorgfältige Dokumentation und der Nachweis der Entscheidungsvorbereitung. Unter Darlegungs- und Beweisgesichtspunkten bedarf es einer Entscheidungsvorlage, die unmittelbar oder mittelbar sämtliche entscheidungserheblichen Informationen nachvollziehbar darstellt. Die Nachvollziehbarkeit der Risikoeinschätzung der Geschäftsleitung kann im Bereich menschrechtlicher Sorgfaltspflichten am ehesten durch die Ergebnisse einer *Human Rights Due Diligence* als Teil des *Due Diligence Reports* dokumentiert werden.

Auch wenn die *Business Judgement Rule* auf die Vermeidung eines *Hindsight Bias* abzielt und gerade keine vollständige Überprüfung der tatsächlichen Entscheidungsgrundlagen der Geschäftsleitung durch das Gericht begrün-

---

135 Vgl. Scholz, P. (2018), S. 173 ff.

136 BGH, 04.11.2002 - II ZR 224/00, BGHZ 152, S. 280 ff.; zur GmbH: BGH Beschluss v. 14.07.2008 - II ZR 202/07, NJW 2008 S. 3361 Nr. 46 m.w.N.

137 OLG Frankfurt am Main, Beschl. v. 15.06.2011 - 21 W 18/11, DB 2011, S. 1626.

138 OLG Frankfurt am Main, Beschl. v. 15.06.2011 - 21 W 18/11, DB 2011, S. 1626.

139 Vgl. Seibt, C. (2018), S. 825, 840 f.; BGH, Beschl. v. 14.7.2008 (II ZR 202/07), NJW 2008 S. 3361 Nr. 46 (zur GmbH); Schultze-Petzold, D. (2017), Rn. 713 m.w.N.

140 Vgl. allgemein zu „Big Data-Analysen und Künstliche Intelligenz-Werkzeugen" Seibt, C. (2018), S. 825 ff. 840 f. m.w.N.

den soll[141], sind Methode und Verbindlichkeitsgrad der *Human Rights Due Diligence* hinreichend bekannt. D.h. ein späterer Schadenseintritt (z.B. ein Reputationsschaden) lässt im Nachhinein zwar nicht automatisch auf seine Vorhersehbarkeit schließen. Gleichwohl dürfte die Haftungsprivilegierung davon abhängen, ob eine methodisch abgesicherte menschenrechtliche Sorgfaltsprüfung durchgeführt wurde. Hierzu kann auch eine zukunftsbezogene Rechtmäßigkeitskontrolle gehören.[142]

Mit der Formulierung „angemessen" drückt der Gesetzgeber aus, dass die Beschaffung von Informationen auch unter Zeit- und Kostenaspekten in Anbetracht des Einzelfalls beurteilt werden muss. Da es sich bei M&A-Transaktionen in aller Regel um weitreichende strategische Entscheidungen mit langfristigen Rentabilitätswirkungen handelt, ist im Rahmen des zeitlich Möglichen grundsätzlich ein größerer Aufwand angemessen.[143] Aber erst mit spezialisierter externer Unterstützung sowie der Expertise interner Fachabteilungen können die qualitativen Grundlagen der erforderlichen Unternehmensbewertungsgutachten und ggf. auch der *Fairness Opinion* identifiziert werden.

Die *International Bar Association* (IBA) empfiehlt, dass der Mandant über den Einsatz seiner Transaktionsressourcen entscheiden muss, aber die externe Beratung zum optimalen Ressourceneinsatz Empfehlungen abgeben soll, um die wesentlichen menschenrechtliche Problemlagen zu erkennen, erforderlichenfalls auch durch den Einsatz lokaler Rechtsberatung.[144] Die UN-Leitprinzipien halten eine Priorisierung nach „Bedeutsamkeit" für möglicherweise nachteilige Auswirkungen in komplexen Lieferketten für zulässig, wenn eine detaillierte Prüfung aller Bereiche unzumutbar schwierig wäre.[145] Daraus dürfte im Umkehrschluss folgen, dass eine vergleichbare Priorisierung im Hinblick auf Konzerngesellschaften weniger naheliegend ist. Eine Entscheidung zugunsten einer Umwelt- und Sozialaspekte berücksichtigenden Handlungsoption verstößt, auch wenn sie einer kurzfristigen Gewinnmaximierung zuwiderläuft, jedenfalls nicht

---

141 Vgl. Freitag, R./ Korch, S. (2012), S. 2281.

142 Zur zukunftsgerichteten Rechtmäßigkeitskontrolle durch den Aufsichtsrat vgl. Simon, S., (2019), S. 847ff.

143 Vgl. Seibt, C. (2018), S. 825 (839 f., 842 f.).

144 Vgl. Figueiredo et al. (2018), S. 21 ff. sowie den Kommentar zu UN-Leitprinzip 17.

145 Kommentar zu UN-Leitprinzip 17: *„Where business enterprises have large numbers of entities in their value chains it may be unreasonably difficult to conduct due diligence for adverse human rights impacts across them all. If so, business enterprises should identify general areas where the risk of adverse human rights impacts is most significant, whether due to certain suppliers' or clients' operating context, the particular operations, products or services involved, or other relevant considerations, and prioritize these for human rights due diligence."*

gegen das Wohl der Gesellschaft, das auf dauerhafte Rentabilität des Unternehmens gerichtet ist.[146]

Der Verantwortungsfreiraum der Haftungsprivilegierung des § 93 Abs. 1 Satz 2 AktG für Vorstandsmitglieder bzw. Geschäftsführer (§ 43 Abs. 1 GmbHG) reicht trotz alledem im Einzelfall weiter als die Gewährleistungs-, Berichts- und Aufklärungspflichten. D.h. trotz Verpflichtung des Verkäufers und Haftungsrisiken für den Käufer kann die einzelne Organperson im Rahmen des *Safe Harbour* nach § 93 Abs. 1 Satz 2 AktG im Binnenverhältnis nicht haftbar gemacht werden.

# 7 Schlussbetrachtung

Mit dem Kauf eines Unternehmens geht in aller Regel die Verantwortung i.S.d. UN Leitprinzipien für die Beachtung der Menschenrechte auf den Käufer über. Vergangene Beeinträchtigungen, die das Akquisitionstarget verursacht oder zu denen es beigetragen hat, sind somit Sache des Käufers, soweit sie nicht behoben sind oder eine anderweitige Regelung getroffen wird. Die Käuferperspektive kann jedoch entscheidende zusätzliche Gesichtspunkte aufwerfen, die eine *Stand-Alone*-Betrachtung des erworbenen Unternehmens in seinem Heimatland nicht erschöpfend adressieren kann.

Die Durchführung einer *Human Rights Due Diligence* als Teil einer CSR-/ESG-Prüfung aus Anlass der Akquisition eines ausländischen Tochterunternehmens ist zwar kein Allheilmittel gegen jedwede Risiken. Jedoch zeigt die Analyse, dass nicht nur im Zusammenhang mit vertraglichen Pflichtverletzungen und Gewährleistungsansprüchen eine Prüfung menschenrechtlicher Implikationen sinnvoll sein kann, sondern unter „klassischen" *Compliance*-Gesichtspunkten auch im Hinblick auf bereits geltendes EU-Recht sowie dem Recht einzelner Mitgliedstaaten. Trotz fehlender Rechtsqualität spielen „Vorwirkungseffekte" eine Rolle, denn im Recht der unerlaubten Handlung können *de lege lata* Verkehrspflichten schon jetzt begründbar sein, ungeachtet der ohnehin absehbaren EU-weiten gesetzlichen Regelung, die u.U. noch weiter reicht als das sog. Lieferkettengesetz (Sorgfaltspflichtengesetz).

Bei der Planung des *Human Rights Due Diligence*-Prozesses ist eine Vielzahl von Gesichtspunkten zu bedenken. Neben den traditionellen gesetzlichen *Compliance*-Vorgaben sind auch eine Selbstverpflichtung des Erwerbers sowie ggf. existierende Branchenstandards zu beachten. Branchen- und sektorspezifische Problemlagen können ebenso zur Herausforderung werden wie regionale und ländertypische Risiken. Der betriebliche Kontext und die Fähigkeit der Geschäftsleitung, menschenrechtliche Implikationen zu beurteilen, sind eben-

---

146 Vgl. Ludwig, R./Zeising, P. (2017), Rn. 590 m.w.N.

falls zu berücksichtigen und sollten zu passgenauen Rollenverteilungen im M&A-Team insbesondere zwischen *In-House*-Expertise, klassischen M&A-Beratern und Rechtsanwälten sowie weiterer externer bis hin zu lokaler Expertise in Menschenrechtssachen führen. Der abweichende Zeithorizont sowie die „Datenraumferne" der relevanten *Stakeholder*-Informationen brechen das traditionelle *Due Diligence* Verfahren auf und beeinflussen zugleich die *Post Merger Integration* des erworbenen Unternehmens.

Zu analysieren sind gerade auch im haftungsrechtlichen Kontext in jedem Fall die Kontrollintensität über das Zielunternehmen und dessen Abhängigkeit nach Vertragsdurchführung sowie die Beziehungen sämtlicher CSR- und ESG-Regimen unterworfener Konzerngesellschaften zu dem neu erworbenen Unternehmen. Ein priorisierender Überblick über die Liefer- und Wertschöpfungsketten hilft, Schwachstellen zu identifizieren und Einfluss- und ggf. Abhilfemöglichkeiten hinsichtlich potenzieller oder tatsächlicher direkter oder indirekter Beeinträchtigungen einzuschätzen.

Die Auswirkungen der *Due Diligence*- und Risikomanagement-Vorgaben des Lieferkettensorgfaltspflichtengesetzes auf die M&A-Due Diligence sind damit, trotz Haftungsausschluss, bereits in Konturen erkennbar.

## Literatur

von Bar, Christian, Verkehrspflichten: Richterliche Gefahrsteuerungsgebote im deutschen Deliktsrecht, 1980

Bachmann, Gregor, CSR-bezogene Vorstands- und Aufsichtsratspflichten und ihre Sanktionierung, ZGR 2018, S. 231-261

Bonnitcha, Jonathan, McCorquodale, Robert, 'The Concept of 'Due Diligence' in the UN Guiding Principles on Business and Human Rights' (2017) 28(3) EJIL, S. 899-919

Bruhns, Malte, Kapitel 23: Unternehmenskauf, in: Kölner Handbuch für Handels- und Gesellschaftsrecht, hrsg. V. Freiherr v. Rechenberg, Wolf-Georg, Ludwig, Rüdiger, 4. Auflage, 2017

Bueno, Nicolas / Bright, Claire, Implementing Human Rights Due Diligence Through Corporate Civil Liability, ICLQ 2020, S. 789–818

Canaris, Claus-Wilhelm, Grundrechte und Privatrecht, AcP 1984, S. 201-234

Ferreira Figueiredo, Rodrigo et al., IBA Corporate and M&A Law Committee Legal Due Diligence Guidelines, International Bar Association 2018

Freitag, Robert, Korch, Stefan: Die Angemessenheit der Information im Rahmen der Business Judgment Rule (§ 93 Abs. 1 Satz 2 AktG), ZIP 2012, S. 2281

Görgen, Theresa, Unternehmerische Haftung in transnationalen Menschenrechtsfällen, 2019

Heinen, Anna, Auf dem Weg zu einem transnationalen Deliktsrecht? – Zur Begründung deliktischer Sorgfalts- und Organisationspflichten in globalen Wertschöpfungsketten, in Krajewski, Markus / Saage-Maaß, Miriam, Die Durchsetzung menschenrechtlicher Sorgfaltspflichten von Unternehmen, 2018, S. 87-124

Hennrichs, Joachim, Die Grundkonzeption der CSR-Berichterstattung und ausgewählte Problemfelder, ZGR 2018, S. 208-232

Heurung, Rainer: Zur Anwendung und Angemessenheit verschiedener Unternehmenswertverfahren im Rahmen von Umwandlungsfällen (Teil I), in: DB 1997, S. 837-843 (1997a)

Heurung, Rainer: Zur Anwendung und Angemessenheit verschiedener Unternehmenswertverfahren im Rahmen von Umwandlungsfällen (Teil II), in: DB 1997, S. 888-892 (1997b)

Herrmann, Christian, Fairness Opinion und Haftung, 2015

Holzapfel, Hans-Joachim/Pöllath, Reinhard, Unternehmenskauf in Recht und Praxis, 15. Auflage, 2017

Hübner, Leonhard, Human Rights Compliance und Haftung im Außenverhältnis, in: Krajewski et al., Die Durchsetzung menschenrechtlicher Sorgfaltspflichten von Unternehmen, 2018, S. 61 - 86

Keim, Andreas/Jeromin, Thomas, Kapitel 3: Bewertung, in: Hölters, Wolfgang, Unternehmenskauf, 9. Auflage (2015), S. 102-258

Klöhn, Lars, Schmolke, Klaus U., Unternehmensreputation (Corporate Reputation), NZG 2015, S. 689-728

Krajewski, Markus, Legitimationsfragen internationaler Rahmenwerke für die CSR-Berichterstattung: Inhalt, Regelgeber und Durchsetzungsmechanismen, ZGR 2018, S. 271-294

Ludwig, Rüdiger, Zeising, Patrik, Kapitel 4: Recht der GmbH, in: Kölner Handbuch Handels- und Gesellschaftsrecht, 4. Auflage (2017)

Mansel, Heinz-P., Internationales Privatrecht de lege lata wie de lege ferenda und Menschenrechtsverantwortlichkeit deutscher Unternehmen, ZGR 2018, S. 439–478

Mayer, Eric, Compliance im M&A-Transaktionsgeschäft: Internationale Unternehmenskäufe – Integration der Compliance-Programme, IWRZ 2016, S. 147-158

Mock, Christian, Berichterstattung über Corporate Social Responsibility nach dem CSR-Richtlinie-Umsetzungsgesetz, ZIP 2017, S. 1195-1202

Nordhues, Sophie, Haftungsgrundlagen und –maßstäbe für Menschenrechtsverletzungen im Mutter-Tochter-Verhältnis, in Krajewski, Markus / Saage-Maaß, Miriam, Die Durchsetzung menschenrechtlicher Sorgfaltspflichten von Unternehmen, 2018, S. 125-162

Paefgen, Walter G., Corporate Social Responsibility (CSR) als aktienrechtliche Organverantwortung, in Recht und Gesetz. Festschrift für Ulrich Seibert, S. 629–652

Picot, Gerhard, Derbort, Stephan et al., Unternehmenskauf und Restrukturierung, 4. Auflage 2013

Pomp, Thomas, Handbuch Financial Due Diligence, 2015

Rempp, Ansgar, Mergers & Acquisitions, in: Hölters, Wolfgang, Unternehmenskauf, 9. Auflage (2015), S. 3-59

Rühmkorf, Andreas, Corporate Social Responsibility in der Lieferkette: Governance und Verantwortlichkeiten, ZGR 2018, S. 410-432

Schall, Alexander, Die Mutter-Verantwortlichkeit für Menschenrechtsverletzungen ihrer Auslandstöchter, ZGR 2018, S. 479-512

Schulze-Petzold, Dirk, Kapitel 13 in: Kölner Handbuch für Handels- und Gesellschaftsrecht, hrsg. V. Freiherr v. Rechenberg, Wolf-Georg, Ludwig, Rüdiger, 4. Auflage, 2017

Seibt, Christoph H., Corporate Reputation Management: Rechtsrahmen für Geschäftsleiterhandeln, DB 2015, S. 171-178

Seibt, Christoph H., Neuvermessung der „angemessenen Informationsgrundlage" (§ 93 Abs. 1 Satz 2 AktG) unter VUCA-Rahmenbedingungen, in Recht und Gesetz. Festschrift für Ulrich Seibert, S. 825–846

Scholz, Philipp, Haftungsprivileg, safe harbor oder verbindliche Konkretisierung des allgemeinen Sorgfaltsmaßstabs?, AG 2018, S. 173-185

Simon, Stefan, Die Beratungsfunktion des Aufsichtsrats, in: in: Recht und Gesetz. Festschrift für Ulrich Seibert, Herausgegeben von: Alfred Bergmann, Michael Hoffmann-Becking und Ulrich Noack, 2019, S. 847-854.

Simons, Cornelius, Corporate Social Responsibility und globales Wirtschaftsrecht, ZGR 2018, S. 316–333

Smit et al., Study on Due Diligence Requirements through the Supply Chain: Final Report (European Commission 2020)

Spießhofer, Birgit, Unternehmerische Verantwortung, 2017

Spießhofer, Birgit, Wirtschaft und Menschenrechte - rechtliche Aspekte der Corporate Social Responsibility, NJW 2014, S. 2473-2479

Thomale, Chris, Hübner, Leonhard, Zivilgerichtliche Durchsetzung völkerrechtlicher Unternehmensverantwortung, JZ 2017, 385, S. 385-397

van Dam, Cees, European Tort Law, 2. Auflage 2013

Voland, Thomas, Unternehmen und Menschenrechte – vom Soft Law zur Rechtspflicht, BB 2015, S. 67-76

Wagner, Gerhard, Haftung für Menschenrechtsverletzungen, Rabels Zeitschrift für ausländisches und internationales Privatrecht, S. 717-782

Weller, Marc-Philippe/Thomale, Chris, Menschenrechtsklagen gegen deutsche Unternehmen, ZGR 2017, S. 509-526

Weller, Marc-Philippe/Hübner, Leonhard/Kaller, Luca, Private International Law for Corporate Social Responsibility, in Schmidt-Kessel (Hrsg.), German National Reports on the 20th International Congress of Comparative Law, 2018

Westermann, H.-P., Die Bedeutung von CSR-Compliance bei Gewährleistung und Vertragsgestaltung im M&A-Geschäft, in: Recht und Gesetz. Festschrift für Ulrich Seibert, Herausgegeben von: Alfred Bergmann, Michael Hoffmann-Becking und Ulrich Noack, 2019, S. 1105-1118

Wulf, Inge, Neue Berichtspflichten durch die nichtfinanzielle Erklärung, DStZ 2017, S. 100-108

# Verfassungsfragen der Internalisierung externer Kosten im Interesse des Umweltschutzes

*Prof. Dr. Gerd Morgenthaler*[1]

*Keywords: Klimaschutz, nachhaltige Entwicklung, Internalisierung externer Kosten, Umweltabgaben, Umweltzertifikate, erneuerbare Energien*

*Abstract:*

*The implementation, in December 2019, of the German federal Brennstoffemissionshandelsgesetz (Fuel Emissions Trading Act) has again raised questions of constitutional law referring to the so-called internalization of external costs in the field of environmental policy. Based on a distinction of the different types of tax or certificate solutions proposed in economics, the following paper analyses the relevant provisions of the Grundgesetz (Basic Law) concerning federalism, budget control and basic rights in order to work out the principles and rules binding the legislator when introducing new financial instruments for a sustainable development.*

---

1 Prof. Dr. Gerd Morgenthaler | Universität Siegen | morgenthaler@recht.uni-siegen.de


N. Antonakopoulos et al. (Hrsg.), *Unternehmenskauf und Unternehmensumwandlung*, https://doi.org/10.1007/978-3-658-34138-1_18

# 1 Problemstellung

Die Bundesregierung strebt im Rahmen ihres Klimaschutzprogramms als Maßnahme im Kampf gegen den Klimawandel[2] die umfassende „Bepreisung" des Ausstoßes von Kohlendioxid ($CO_2$) und anderer Treibhausgase an[3]. Nachdem zur Schließung der Lücken im vorhandenen Instrumentarium zunächst die Einführung einer $CO_2$-Steuer erwogen wurde[4], hat der Gesetzgeber kurz vor Jahresende 2019 das Brennstoffemissionshandelsgesetz (BEHG) erlassen, das den bestehenden europaweiten $CO_2$-Zertifikate-Handel[5] durch ein nationales System von Emissionszertifikaten ergänzen soll[6].

In Deutschland haben der Bund und die Länder (einschließlich der Kommunen) in den vergangenen Jahrzehnten nicht nur im Bereich des Immissionsschutzes, sondern in den verschiedensten Teilgebieten des Umweltrechts anlassweise entsprechende Instrumente eingeführt. Der daraus entstandene Mix von Abgaben- (Steuern[7], Vorzugslasten[8], Sonderabgaben[9]) und Zertifikatslösungen[10] gleicht inzwischen eher einem Flickenteppich als einem kohärenten Konzept.

---

2 S. die Berichte des International Panel on Climate Change (https://www.ipcc.ch/).

3 Pressemitteilung der Bundesregierung v. 19.12.2019 (https://www.bundesregierung.de/breg-de/themen/klimaschutz/co2-bepreisung-1673008).

4 Vgl. Deutscher Bundestag, Wiss. Dienste (2019), S. 4.

5 Rechtsgrundlage: Richtlinie 2003/87/EG d. Europäischen Parlaments u. d. Rates v. 13.10.2003 über ein System für den Handel mit Treibhausgasemissionszertifikaten in der Gemeinschaft (ABl. L 275 v. 25.10.2003, S. 32), zul. geänd. 18.5.2020 (ABl. L 234 v. 21.7.2020, S. 16).

6 Gesetz über einen nationalen Zertifikatehandel für Brennstoffemissionen (Brennstoffemissionshandelsgesetz – BEHG) v. 12.12.2019 (BGBl. I S. 2728); s. dazu Doderer & Metz (2020), S. 218; Klinski & Keimeyer (2020), S. 343ff.; Wernsmann & Bering (2020), S. 497ff.; Zenke & Telschow (2020), S. 157ff.

7 Z.B.: Energiesteuer (Energiesteuergesetz v. 15.7.2006 [BGBl. I S. 1534; 2008 I S. 660, 1007], zul. geänd. durch Art. 204 der VO v. 19.6.2020 [BGBl. I S. 1328], und Stromsteuer (Stromsteuergesetz v. 24.3.1999 [BGBl. I S. 378; 2000 I S. 147], zul. geänd. durch Art. 207 der VO v. 19.6.2020 [BGBl. I S. 1328]); dazu BVerfGE 110, 274 [Qualifizierung als Verbrauchsteuer]).

8 S. neben der Abwasserabgabe (Gesetz über Abgaben für das Einleiten von Abwasser in Gewässer [Abwasserabgabengesetz] i.d.F. der Bekanntmachung v. 18.1.2005 [BGBl. I S. 114], zul. geänd. durch Art. 2 der VO v. 22.8.2018 [BGBl. I S. 1327], etwa die kommunalen Abwasserbeseitigungs- und Müllabfuhrgebühren.

9 Beispielsweise die naturschutzrechtliche Ausgleichabgabe gem. § 15 Abs. 6 S. 1 BNatSchG (Gesetz über Naturschutz und Landschaftspflege [Bundesnaturschutzgesetz] v. 29.7.2009 [BGBl. I S. 2542], zul. geänd. durch Art. 290 der VO v. 19.6.2020 [BGBl. I S. 1328]); s. auch BVerfGE 110, 370 – Entschädigungsfonds Klärschlamm; BVerfGE 113, 128 (150ff.) – Entschädigungsfonds Abfallrückführung.

10 Vgl. die Emissionszertifikate i.R.d. europäischen Handelssystems (oben Fn. 5).

Wie die der Einführung des BEHG vorausgegangene Diskussion erneut gezeigt hat[11], sind die verfassungsrechtlichen Rahmenbedingungen einer über die zivilrechtliche Haftung für Schäden hinausgehenden „Internalisierung externer Kosten" im Interesse des Umweltschutzes bis heute umstritten. Dies gibt Anlass, hier noch einmal der Frage nach den grundlegenden inhaltlichen Anforderungen der Finanzverfassung und der Grundrechtsbestimmungen des Grundgesetzes (GG) an die Einführung eines öffentlich-rechtlichen Systems zur Kosteninternalisierung im Bereich des Umweltschutzes nachzugehen[12].

Dazu soll im Folgenden zunächst begrifflich geklärt werden, was unter der ‚Internalisierung externer Kosten' genau zu verstehen ist (unten 2). Danach sind der finanzverfassungsrechtliche Rahmen (3) für die Einführung von Umweltabgaben (4) sowie die aus dem Umweltschutzgebot des GG und den Grundrechten (5) abzuleitenden Maßstäbe für ihre Ausgestaltung zu ermitteln. Unter Einbeziehung der Förderung erneuerbarer Energien (6) soll abschließend versucht werden, die grundgesetzlichen Vorgaben für eine systematische Kosteninternalisierung im Bereich des Klimaschutzes zusammenzufassen (7).

## 2 Internalisierung externer Kosten

Die Forderung nach „Internalisierung externer Kosten" stammt aus der Umweltökonomie und ergibt sich aus der Beobachtung, dass Umweltgüter wie die Atmosphäre (Luft), Hydrosphäre (Gewässer) und Biosphäre (wild lebende Pflanzen und Tiere) normalerweise nicht im Eigentum Einzelner stehen und insofern als sog. „freie" oder öffentliche Güter nicht den üblichen zivilrechtlichen Schutz gegen Schädigungen durch Dritte genießen[13]. Dies wiederum hat zur Folge, dass ihre Inanspruchnahme durch Ressourcennutzung oder Umweltverschmutzung beim Verursacher keine Kosten anfallen lässt, obwohl sein Handeln „extern", d.h. bei räumlich oder zeitlich entfernten individuell Betroffenen oder bei der Allgemeinheit, durchaus Schäden hinterlässt. Diese Lücke in der Zurechnung erscheint in ökonomischer Sicht als Marktversagen, welches zu

[11] Deutscher Bundestag, Wiss. Dienste (2019), S. 1ff.; Klinski & Keimeyer (2019), S. 1465ff.; Rodi et.al. (2019), S. 1ff.; Leisner-Egensperger, A. (2019), S. 2218ff.; s. auch Fn. 6.

[12] Ausgeklammert bleiben i.R.d. vorliegenden Untersuchung die einschlägigen Fragen des Europarechts und die juristische Problematik des naturwissenschaftlichen Nachweises eines anthropogenen Klimawandels. Auch auf Details der bestehenden Abgabeninstrumente (und die umfassende verfassungsrechtliche Würdigung des BEHG) kann hier nicht eingegangen werden.

[13] Als Entdecker der ökonomischen Problematik solcher „Externalitäten" gilt Pigou (1920/1932), S. 172ff. – Zur Diskussion: Rogall (2012), S. 67ff.; Feess & Seeliger (2013), S. 35ff.

Fehlallokationen mit der Folge einer dauerhaft übermäßigen Nutzung der Umweltgüter führt.

In der Volkswirtschaftslehre wurden zur Aufbürdung einer angemessenen Kostenlast unterschiedliche Gegenmaßnahmen vorgeschlagen, von denen vor allem die beiden Modelle einer „Umweltsteuer“ nach Arthur Cecil Pigou[14] und des sog. Standard-Preis-Ansatzes nach Baumol und Oates[15] von Bedeutung sind. Der erstgenannte Ansatz besteht darin, die Inanspruchnahme von Umweltgütern einer angemessenen „Steuer“ (i.w.S., d.h. Abgabe) zu unterwerfen, deren Höhe an den verursachten Kosten ausgerichtet werden soll, um auf diese Weise ein die „wahren“ Präferenzen abbildendes Marktgleichgewicht herzustellen. Der zweite Ansatz unterscheidet sich vom ersten darin, dass er ausgehend von der Beobachtung, dass die Umweltschäden nicht nur quantifizierbare, sondern auch immaterielle Komponenten umfassen, vorschlägt, zunächst das Ziel der staatlichen Intervention allein unter Umweltgesichtspunkten politisch zu definieren, d.h. einen bestimmten Umweltstandard zu setzen, und dann durch die einzuführende Abgabe den „Preis“ des umweltschädigenden Verhaltens so lange zu erhöhen bis dieses Ziel aufgrund der Ausweichreaktionen der Marktteilnehmer erreicht ist.

Bezüglich der hierfür einzusetzenden Instrumente, wird in der Umweltökonomie neben der ursprünglich empfohlenen Abgabenlösung inzwischen vermehrt auch der Einsatz sog. Umweltzertifikate diskutiert[16]. Dabei handelt es sich um staatlich ausgegebene „Verschmutzungsrechte“, d.h. quantitativ und qualitativ begrenzte Befugnisse zur Inanspruchnahme von Umweltgütern. Diese Variante hat gegenüber dem Abgabenmodell in Form des Standard-Preis-Ansatzes, bei dem die „richtige“ Abgabenhöhe schwer zu prognostizieren ist, den Vorteil, dass das Volumen der in einem bestimmten Zeitraum ausgegebenen Zertifikate hoheitlich von vornherein festgelegt und damit in seinem Volumen zielgenau „gedeckelt“ ist (*Cap*- oder Mengenmodell). Wenn darüber hinaus ein privater Handel mit diesen ausgegebenen Rechten zugelassen wird (*Cap and Trade*), ermöglicht dies nach der mikroökonomischen Theorie eine effizientere Faktorallokation[17].

Gegenüber all diesen ökonomischen Ansätzen ist zu bedenken, dass die Internalisierung externer Kosten nicht auf den Aspekt der finanziellen Belastung des Schädigers verengt werden darf, sondern grundsätzlich auch eine Kompensationsleistung an den Geschädigten umfassen muss, wenn man die Problematik der externen „Kosten“ in ihrem vollen Umfang wahrnimmt und sie nicht nur auf den mikroökonomischen Teilaspekt der Umweltnutzerpräferenzen und der dar-

---

14 Pigou (1920/1932), S. 172ff.; s. auch Zenke & Telschow (2020), S. 157.

15 Baumol & Oates (1971/1979), S. 172ff.

16 Rogall (2012), S. 338ff., 348ff.; Feess & Seeliger (2013), S. 119ff.

17 Feess & Seeliger (2013), S. 100ff., 119ff.

aus resultierenden Marktgleichgewichte verengt. Dies ergibt sich sowohl aus dem richtig verstandenen umweltpolitischen Verursacherprinzip als auch aus dem richtig verstandenen freiheitsrechtlichen Prinzip der individuellen Verantwortlichkeit.

Das umweltpolitische Verursacherprinzip gewinnt seinen tieferen Sinn und konkreten Inhalt letztlich aus dem übergeordneten ethischen Gebot einer nachhaltigen Entwicklung, welches in der Ausformung des sog. Brundtland-Berichts[18] Eingang in das Völkerrecht[19] gefunden hat und der Sache nach auch im Umweltschutzgebot des Art. 20a GG enthalten ist[20]. Konkret fordert das Nachhaltigkeitsprinzip nach der Brundtland-Formel eine „Entwicklung, die die Bedürfnisse der Gegenwart befriedigt, ohne zu riskieren, daß künftige Generationen ihre eigenen Bedürfnisse nicht befriedigen können“[21], d.h. eine Beschränkung des Verbrauchs natürlicher Ressourcen auf ihre Erneuerungsrate und eine Reduzierung der Belastung von Ökosystemen auf ihre Tragfähigkeit. Das Verursacherprinzip seinerseits verlangt, dass für die im so definierten Sinn nicht dauerhaft tolerierbare Inanspruchnahme von Umweltgütern individuell[22] Schadensersatz zu leisten ist, der grundsätzlich auf eine reale Wiederherstellung und hilfsweise auf die Finanzierung eines anderweitigen „Ausgleichs“ abzielt.

Gleiches folgt – wie noch näher darzustellen sein wird[23] – verfassungsrechtlich aus dem freiheitsgrundrechtlichen Prinzip individueller Verantwortlichkeit.

## 3 Finanzverfassungsrechtliche Vorgaben

Die Finanzverfassung des GG (Art. 104a bis 115 GG) dient dem Zweck, im Interesse des Grundrechtsschutzes und der bundesstaatlichen Ordnung Transparenz bezüglich der staatlich veranlassten Finanztransfers zu gewährleisten. Sie umfasst neben dem Budgetrecht (Art. 109ff. GG: Haushaltswirtschaft), welches dem demokratisch gewählten Parlament die finanzpolitische Gestaltungsmacht sichern soll, auch Regelungen für die bundesstaatliche Kompetenzverteilung im

---

18 World Commission on Environment and Development (1987), S. 1ff.

19 Seit der Konferenz der Vereinten Nationen über Umwelt und Entwicklung (Rio de Janeiro, 3.-14.6.1992) verweisen zahlreiche Abkommen auf das Prinzip der nachhaltigen Entwicklung; so z.B. Art. 1, 2 der Biodiversitätskonvention (Konvention über biologische Vielfalt [Convention on Biological Diversity] v. 5.5.1992, BGBl. 1993 II S. 1741) und Art. 2, 3 der Klimarahmenkonvention (Rahmenübereinkommen der Vereinten Nationen über Klimaänderungen [United Nations Framework Convention on Climate Change] v. 9.5.1992, BGB. 1993 II S. 1783).

20 Dazu unten (5).

21 Vgl. Hauff (1987), S. 46.

22 Nicht durch die Allgemeinheit (Gemeinlast-), sondern durch den Störer (Verursacherprinzip).

23 Auch dazu unten (5).

Steuerwesen (Art. 105ff. GG: Finanzausgleich). Ziel der letzteren ist es, den Bund und die Länder aufgabengerecht mit Finanzmitteln auszustatten und so eine föderale Machtbalance herzustellen. Auffallend ist dabei, dass das GG in den Art. 105ff. als Abgabenart nur die Steuer erwähnt, nicht aber andere Abgabenarten. Dies liegt daran, dass die beim Erlass des GG herrschende liberale Doktrin seit der Zeit des Konstitutionalismus eine Abgabentypenlehre entwickelt hatte, die im Interesse der Freiheit und der Hegung staatlicher Finanzmacht neben bestimmten definierten Abgabenarten keine weiteren zulassen will und insoweit dem Grundsatz der Formenklarheit und Formenbindung folgt[24].

Im Mittelpunkt dieser Lehre steht die Steuer, die in dem durch das GG verfassten Steuerstaatsmodell[25] die primäre Einnahmequelle der öffentlichen Hand zur Finanzierung der Gemeinwohlaufgaben ist und zur Gewährleistung eines gleichen Finanzierungsbeitrags nach der persönlichen Leistungsfähigkeit bemessen werden muss[26]. Daneben kennt die konstitutionelle Abgabentypenlehre Vorzugslasten (Gebühren, Beiträge), die zur Deckung eines dem Staat konkret entstandenen, individuell zurechenbaren Aufwands dienen und nach dem Äquivalenzprinzip auszugestalten sind[27]. Da von diesen Abgabenarten allein die Steuer „voraussetzungs-"[28] bzw. gegenleistungslos ist und insofern ein frei verfügbares Aufkommen generiert[29], konnte sich der Verfassungsgeber darauf beschränken, im finanzverfassungsrechtlichen Teil des GG mit Blick auf die demokratische Budgethoheit und bundesstaatliche Finanzverteilung allein steuerbezogene Kompetenzen zu regeln. Entschließt sich der Gesetzgeber zur Einführung neuer Abgabenarten, insbesondere solcher, die frei verfügbare Finanzmittel in die staatlichen Kassen fließen lassen, so stellt sich erstens die Frage, ob dies angesichts der ursprünglichen Lehre überhaupt zulässig ist oder verfassungsrechtlich ein sog. *Numerus Clausus* der Abgabenarten besteht, und zweitens, falls man – mit dem Bundesverfassungsgericht (BVerfG)[30] – die Zulässigkeit bejaht, die Folgefrage, welche Auswirkungen dies auf das Budgetrecht und den Finanzausgleich hat.

---

24 BVerfGE 67, 256 (288); vgl. Waldhoff (2007), Rn. 82.

25 Seit BVerfGE 78, 249 (266f.) st.Rspr.; vgl. BVerfGE 91, 186 (201); 93, 319 (342); zum Begriff ‚Steuerstaats' und zur verfassungsrechtlichen Verankerung s. Vogel (2004), Rn. 51ff., 69ff.; Klinski & Keimeyer (2020), S. 345 m.w.N.

26 Waldhoff (2007), Rn. 100ff.; Kirchhof (2007), Rn. 182ff.

27 Vogel (2004), Rn. 70; Waldhoff (2007), Rn. 86ff.; Klinski & Keimeyer (2020), S. 345f.

28 Kirchhof (2007), Rn. 87.

29 BVerfGE 124, 235 (243).

30 Nach BVerfGE 93, 319 (342) enthält „die Finanzverfassung des Grundgesetzes […] keinen abschließenden Kanon zulässiger Abgabetypen".

# 4 Umweltabgaben

## 4.1 Grundlagen

Zunächst aber gilt es, im überkommenen Arsenal der Steuern und Vorzugslasten nach geeigneten Instrumenten zu suchen. Fragt man sich, in welcher traditionellen abgabenrechtlichen Form die beiden theoretischen Modelle aus der Volkswirtschaftslehre umgesetzt werden könnten, so bedarf es vorab einer begrifflichen Präzisierung: Dem von Pigou stammenden Vorschlag, die zur Verteuerung der Inanspruchnahme von Umweltgütern einzuführenden „Steuern" (d.h. Abgaben) an der Höhe der Kosten zu orientieren, die an freien Gütern verursacht werden, liegt erkennbar der Gedanke zu Grunde, monetär messbare und dem einzelnen Verursacher eindeutig zuzuordnende materielle Schäden in einer zivilrechtsähnlichen Weise zu kompensieren. Es erscheint sinnvoll, hierfür den Ausdruck ‚ausgleichende' Umweltabgaben einzuführen. Der Ansatz von Baumol und Oates hingegen, der potentiell auch gegenwärtig nur pauschal abschätzbare ebenso wie einzelnen Personen schwer zurechenbare und darüber hinaus auch rein immaterielle Schäden miterfasst, zielt hingegen breiter auf Verhaltenslenkung durch Drosselung der Umwelteingriffe auf ein vorgegebenes Volumen ab und bewegt sich damit in struktureller Nähe zum Umweltordnungsrecht, das mit Verboten und Geboten operiert. Die entsprechenden Instrumente könnte man zur Abgrenzung von den ausgleichenden als ‚drosselnde' Umweltabgaben bezeichnen.

Dem Ausgleich materieller Schäden dient traditionell das Zivilrecht[31], dessen Reichweite jedoch auf Grenzen stößt: Zum einen versagt es, wie gesagt, bei den sog. freien Gütern, da diese definitionsgemäß keinem individuellen Rechtsträger zugeordnet sind, der als Eigentümer Ersatz für eventuelle Einbußen verlangen könnte. Zum anderen ist es erfahrungsgemäß aufgrund von Zurechnungsproblemen (Kausalität, Adäquanz) nicht in der Lage, die im Umweltbereich typische Herausforderung der räumlich und zeitlich oft fernen Schäden angemessen zu bewältigen[32]. Es bleibt dem Gesetzgeber deshalb nur die Möglichkeit, hilfsweise auf öffentlich-rechtliche Instrumente zurückzugreifen.

## 4.2 Umweltsteuern?

Steuern bieten sich hierfür – entgegen der Rechtsprechung des BVerfG[33] – generell nicht an, da sie nach dem Leistungsfähigkeitsprinzip[34] ausgestaltet werden

---

31 Zu den wichtigsten in Frage kommenden Anspruchsgrundlagen des Umweltprivatrechts siehe Schlacke (2019), § 2 Rn. 17ff.

32 Zur ununterscheidbaren Vermischung der Emissionsbeiträge durch Ferntransport und Summierungseffekte siehe das Waldschadensurteil in BGHZ 102, 350 (354).

33 Oben Fn. 7.

34 Oben Fn. 26.

müssen und einem Erdrosselungsverbot[35] unterliegen. Das Leistungsfähigkeitsprinzip verlangt als gleichheitsrechtlich verankerter Maßstab die Anknüpfung an Indikatoren individueller Fähigkeit zur Finanzierung der Gemeinlasten, wobei das BVerfG den Vermögenszuwachs, den Vermögensbestand und die im Konsum zum Ausdruck kommende Zahlungsbereitschaft als solche Indikatoren betrachtet[36]. Die Schädigung von Umweltgütern indiziert keine derartige Leistungsfähigkeit, zumal die übermäßige Nutzung von Ressourcen oder Schädigung von Umweltgütern häufig gerade aus wirtschaftlicher Not erfolgt. Auch dürfte das steuerrechtliche Erdrosselungsverbot im Zweifel gerade das verhindern, was umweltrechtlich erstrebt wird, nämlich die konsequente und tendenziell bis an das Verbot hinführende Drosselung von Umwelteingriffen, während umgekehrt das staatliche Finanzinteresse den Gesetzgeber aus haushaltspolitischen Motiven dazu verführen kann, die Abgabenhöhe im Zweifel nicht so hoch ansetzt, dass der Umweltzweck erreicht wird, sondern gerade nur so hoch, dass das Finanzaufkommen erhalten bleibt oder gar maximiert wird; die Erfahrungen mit der höchst einträglichen Mineralölsteuer (heute Energiesteuer), die das Verkehrsaufkommen kaum gedrosselt haben dürfte, bestätigen die Gefahr solcher Zweckverfehlungen. Des Weiteren weckt eine als „Steuer" bezeichnete Abgabe, die noch dazu in den allgemeinen Haushalt fließt, beim Verbraucher auch nicht das Bewusstsein, durch sein Handeln Schäden zu verursachen. Dazu wäre es erforderlich, den Kompensationscharakter der Abgabe in ihrem Namen zum Ausdruck zu bringen und das Aufkommen rechtlich bindend für den Ersatz von Umweltschäden zu reservieren.

Wie dieser letzte Punkt zeigt, wäre es nicht nur aus gleichheitsrechtlichen Gründen wichtig, den Steuerbegriff des GG streng am Leistungsfähigkeitsprinzip auszurichten, sondern auch zur Wahrung der verfassungsrechtlichen Kompetenzordnung: Wenn die h.M. unter Hinweis auf die Steuerdefinition in § 3 AO auch beim Steuerbegriff der Art. 105ff. GG nichtfiskalische Nebenzwecke zulässt[37], sei es in Form drosselnder Lenkungseffekte (Abgaben) oder anreizvermittelnder Entlastungstatbestände (Subventionen) im Gewand des Steuerrechts, dann hat die damit bewirkte Aufweichung des Begriffs auch deshalb gefährliche Fernfolgen, weil sie das im GG vorgesehene System der Gesetzgebungs- und Verwaltungszuständigkeiten, der Kontrolle des Haushaltsvolumens (Einheit des Haushalts) und der budgetären Schwerpunktbildung durch das Parlament zu unterlaufen droht[38].

---

35 BVerfGE 31, 8 (22f.); 123, 1 (36f.).

36 Kirchhof (2007), Rn. 185ff.

37 So u.a. BVerfGE 110, 274 (292f.); vgl. schon oben Fn. 7 und 33.

38 Vgl. Morgenthaler (2007), S. 913ff.

### 4.3 Sonstige Umweltabgaben?

Da somit die Steuer als Instrument zur umweltpolitischen Kosteninternalisierung ausfällt, ist zur Kompensation von Umweltschäden jenseits der Reichweite des zivilen Haftungsrechts zunächst an die Erhebung von Vorzugslasten zu denken, soweit dem Staat durch die Beseitigung individuell verursachter materieller Umweltschäden tatsächlich ein finanzieller Aufwand entsteht[39]. Für – z.B. aufgrund von Fern- und Spätwirkungen – nicht adäquat zurechenbare oder immaterielle Schäden stellt sich die Frage, ob und unter welchen Voraussetzungen verfassungsrechtlich auch die Einführung von ordnungsrechtsähnlich drosselnden, nach dem Standard-Preis-Ansatz ausgestaltete Lenkungsabgaben als Abgabentyp eigener Art in Betracht kommt. Mit dem BVerfG, das inzwischen über die klassischen Vorzugslasten hinaus auch die Zulässigkeit von ihnen nahe stehenden Abgaben festgestellt hat, die man als Ersatz- und Vorteilsabschöpfungsabgaben bezeichnen könnte[40], dürfte dies im Ergebnis zu bejahen sein, sofern diese nicht die Gewährleistungen der föderalen Kompetenzverteilung und der Finanzverfassung unterlaufen und als umweltpolitische Instrumente widerspruchsfrei in das System des Umwelt- und Verwaltungsrechts eingefügt werden[41]. Ersatzabgaben in diesem Sinn sind Geldleistungspflichten, die zum Zweck des finanziellen Ausgleichs erhoben werden, wenn eine bestehende verwaltungsrechtliche Verpflichtung ausnahmsweise nicht erfüllt werden muss[42]. Vorteilsabschöpfungsabgaben sind solche, die für die Nutzung öffentlicher Güter zu erbringen sind, für welche ein staatliches Bewirtschaftungsregime besteht[43].

Mit der genannten Bedingung, dass die föderale Kompetenzverteilung und die Finanzverfassung beachtet werden müssen, ist gemeint, dass die bundesstaatliche Gesetzgebungszuständigkeit hinsichtlich drosselnder Umweltabgaben nicht aus Art. 105 GG, sondern aus den allgemeinen Sachzuständigkeiten in Art. 72ff. GG folgt[44]. Entsprechend ergibt sich die Verteilung des Finanzaufkommens nicht aus Art. 106 GG. Zwar liegt der Finanzverfassung des GG erkennbar die dem Prinzip des Steuerstaats[45] entsprechende Vorstellung zugrunde, dass die

---

39 Morgenthaler (1994), S. 99f.; s. auch oben Fn. 27.

40 Auch als „Ausgleichs-“ und „Abschöpfungsabgaben“ bezeichnet; s. Klinski & Keimeyer (2020), S. 345.

41 Zum Ganzen bereits Morgenthaler (1994), S. 102f.

42 Z.B. die naturschutzrechtlichen Ausgleichsabgaben, die Fehlbelegungsabgabe in der Wohnungswirtschaft, die bauordnungsrechtliche Stellplatzablösung und die Schwerbehindertenabgabe; vgl. Klinski & Keimeyer (2020), S. 345.

43 BVerfGE 93, 319 (343ff.) – Wasserpfennig. Hierunter fallen der Sache nach auch die Emissionszertifikate des europäischen Handelssystems; vgl. BVerwG, NVwZ 2013, 587 (588f.); BVerfG, NVwZ 2018, 972; Klinski & Keimeyer (2020), S. 345f.

44 Vgl. BVerfGE 55, 274 (297).

45 Siehe oben Fn. 25.

Finanzierung der staatlichen Aufgaben grundsätzlich aus dem Ertrag der in Art. 106 GG aufgezählten Steuern bestritten wird, doch darf sich der Staat nach der Rechtsprechung des BVerfG auch andere Einnahmen erschließen[46]. Eine Verzerrung der bundesstaatlichen Finanzverteilung ist davon nicht zu befürchten, weil gemäß dem Konnexitätsprinzip die Aufkommensverteilung und der Finanzausgleich gesetzlich so auszugestalten sind, dass Bund und Länder finanziell in die Lage versetzt werden, ihre Aufgaben wahrzunehmen[47]. Bei der vertikalen Ertragsaufteilung zeigt sich dieser Grundsatz in der Festsetzung der Umsatzsteueranteile nach Art. 106 Abs. 3 S. 3 und 4 GG, die sich am Bedarf für die Deckung der notwendigen Ausgaben zu orientieren hat[48]. Auch der horizontale Finanzausgleich hat nicht lediglich von der „Steuerkraft", sondern nach Art. 107 Abs. 1 S. 1 GG umfassend von der „Finanzkraft" der Länder auszugehen, die nichtsteuerliche Abgaben einbezieht[49]. Deshalb bestehen keine Bedenken gegen eine Vereinnahmung drosselnder Umweltabgaben durch das sachgesetzgebungszuständige Land oder durch den Bund, der in diesem Fall die Aufkommensverteilung unter Beachtung des Konnexitätsprinzips im Gesetz zu regeln hat.

Über diese Aspekte hinaus ist aus rechtsstaatlichen Gründen zu verlangen, dass der Gesetzgeber drosselnde Umweltabgaben nur im Rahmen eines rationalen, dem Standard-Preis-Ansatz folgenden Konzepts einführt, in welchem die Verteuerung umweltbelastenden Verhaltens verhältnismäßig und folgerichtig ausgestaltet ist (Untermaßverbot). Dies erfordert, dass zunächst unter Zugrundlegung des Nachhaltigkeitsprinzips das anzustrebende Eingriffs- oder Restverschmutzungsvolumen genau festgelegt und dann ein Überprüfungsmechanismus installiert wird, um durch eine gegebenenfalls erforderliche Nachjustierung der Abgabenhöhe die Effektivität der verhaltenslenkenden Wirkung sicherzustellen[50].

Breiten Raum nimmt in der finanzverfassungs- und umweltrechtlichen Diskussion die Frage ein, inwieweit für die umweltpolitische Internalisierung externer Kosten neben den traditionellen Abgabentypen auch die der liberalen Finanzrechtslehre des Konstitutionalismus unbekannte, durch das BVerfG inzwischen jedoch grundsätzlich gebilligte Abgabenart der „Sonderabgabe" eingesetzt werden kann, die den Vorteil hätte, das Finanzaufkommen in einem Sonderfonds[51] für einen bestimmten Zweck zu binden, und dadurch außer im Belastungsgrund auch in der Verwendung umweltdienliche Impulse verspricht. Solche Modelle bestehen z.B. in Form der naturschutzrechtlichen Ausgleichsfonds

---

46 So schon BVerfGE 78, 249 (266f.).
47 BVerfGE 72, 330 (383); 86, 148 (213ff.).
48 BVerfGE 72, 330 (384).
49 BVerfGE 72, 330 (397ff.); 86, 148 (216ff.).
50 Morgenthaler (1994), S. 103.
51 Vgl. BVerfGE 37, 1 (16f.); 55, 274 (310); 101, 141 (148).

auf der Grundlage des § 15 Abs. 6 BNatSchG. Demokratietheoretischen Bedenken gegen diese Lösung ergeben sich aus dem Umstand, dass sie staatliche Nebenhaushalte entstehen lässt, die der parlamentarischen Kontrolle im Haushaltsverfahren weitgehend entzogen sind[52]. Zwar ergibt sich aus Art. 110 Abs. 1 S. 1 Hs. 2 GG, dass derartige „budgetflüchtige" Sondervermögen verfassungsrechtlich nicht kategorisch ausgeschlossen sind. Das BVerfG will sie aber wegen des Verstoßes gegen den wichtigen Verfassungsgrundsatz der Vollständigkeit des Haushaltsplans[53] nur als seltene Ausnahme zulassen[54]. Es hat in seiner Rechtsprechung mit den Kriterien der Gruppenhomogenität, Gruppenverantwortung und Gruppennützigkeit materielle Maßstäbe aufgestellt, die die Freiheits- und Gleichheitsverträglichkeit entsprechende Gestaltungen sicherstellen sollen[55]. Die nähere Betrachtung dieser – im Einzelnen umstrittenen – Maßstäbe zeigt, dass es sich bei den Sonderabgaben, die das BVerfG bisher als verfassungskonform betrachtet hat, im Belastungsgrund um durchaus unterschiedliche Abgaben handelt, wobei es sich sowohl um den zivilrechtsanalog „ausgleichenden" als auch um den ordnungsrechtsaffin „drosselnden" Typus handeln kann[56]. Die entscheidende Gemeinsamkeit der vom BVerfG unter dem Oberbegriff der Sonderabgaben zusammengefassten Instrumente liegt in der Haushaltsflüchtigkeit des Aufkommens. Infolgedessen muss verfassungsrechtlich die Frage beantwortet werden, wann im Einzelfall anstelle einer normalen, einem staatlichen Haushalt zufließenden Vorzugslast ausnahmsweise die Erhebung einer Sonderabgabe zulässig ist, die einen Sonderfonds speist. Es erscheint plausibel, die Organisation geschlossener Finanzkreisläufe außerhalb des Budgets[57] jedenfalls dann zuzulassen, wenn die Entscheidung über die Ausgaben durch Anspruchsnormen, die denen des privaten Haftungsrechts gleichen, rechtlich streng gebunden ist, so dass für Schwerpunkte setzende Ermessensentscheidungen der verwaltenden Behörde kein Raum bleibt[58].

## 4.4 Sonderfall Umweltzertifikate?

Auch wenn die Kosteninternalisierung nicht nach dem Pigou'schen Modell oder nach dem Standard-Preis-Ansatz konzipiert ist, sondern im Sinne des Mengenmodells (*Cap and Trade*) Umweltzertifikate ausgegeben werden, stellt sich die Frage nach der Einordnung in das finanzverfassungsrechtliche Instrumentarium.

52 Grundlegend zur Problematik Puhl (1996), S. 1ff.
53 BVerfGE 55, 274 (303); 82, 159 (178f.).
54 BVerfGE 55, 274 (308).
55 BVerfGE 55, 274 (307ff.), st.Rspr.; dazu Klinski & Keimeyer (2020), S. 346.
56 Ausführlich dazu Morgenthaler (1994), S. 100.
57 Vgl. BVerfGE 55, 274 (310); 82, 159 (179).
58 Die Rspr. ist in diesem Punkt – wie gesagt – sogar großzügiger.

Es erscheint plausibel, mit dem BVerfG[59] die hoheitliche Zahlungspflicht beim Erwerb der Zertifikate, die im europäischen Handelssystem ausgegebenen werden, als Vorteilsabschöpfungsabgabe zu qualifizieren[60]. Gleiches dürfte nach der Übergangsphase für die $CO_2$-Bepreisung im nationalen System nach dem BEHG gelten[61]. Hier stellen sich dieselben grundlegenden finanzverfassungsrechtlichen und grundrechtlichen Fragen wie bei den beiden anderen Ansätzen.

## 5 Umweltschutzgebot, Freiheit und Gleichheit

Das GG verpflichtet den Staat in Art. 20a GG, unter Einsatz seiner legislativen, exekutiven und judikativen Machtmittel die natürlichen Lebensgrundlagen, d.h. die wild lebenden Tiere und Pflanzen sowie Boden, Wasser und Luft einschließlich ihrer Wechselwirkungen[62], zu schützen. Da er dies ausdrücklich „auch in Verantwortung für die künftigen Generationen" tun soll, lässt die Verfassungsauslegung keinen Zweifel daran, dass hier ein ausdrücklicher Umweltschutzauftrag formuliert wird, welcher inhaltlich am Prinzip der nachhaltigen Entwicklung auszurichten ist[63]. Nimmt man die für das Verständnis dieses Prinzips grundlegende Brundtland-Formel ernst, der zufolge eine Entwicklung anzustreben ist, „die die Bedürfnisse der Gegenwart befriedigt, ohne zu riskieren, daß künftige Generationen ihre eigenen Bedürfnisse nicht befriedigen können"[64], dann wird die Zielsetzung deutlich: Art. 20a GG verpflichtet alle Staatsgewalt auf die Implementierung und Durchsetzung einer Ordnung, in deren Rahmen die Ökosysteme nicht über ihre Tragkraft hinaus belastet und die natürlichen Ressourcen nicht über deren Erneuerungsrate hinaus verbraucht werden. Dies beinhaltet die Verpflichtung des Gesetzgebers, die nach diesen Maßstäben langfristig nicht hinnehmbaren Eingriffe in die Umwelt dann, wenn sie schon nicht ordnungsrechtlich verhindert werden können, wenigstens im Wege der Internalisierung externer Kosten finanziell zu belasten und das so erzielte Finanzaufkommen zum Ersatz von Schäden und zur Sanierung der natürlichen Lebensgrundlagen zu verwenden.

Dieser aus Art. 20a GG folgende Grundgedanke wird durch die richtig interpretierten Freiheits- und Gleichheitsgrundrechte bestätigt und verstärkt: Zu grundgesetzlich verbürgten Freiheit gehört begrifflich untrennbar die individuel-

---

59 BVerfG, NVwZ 2018, 972.

60 S. oben Fn. 43.

61 Zur Diskussion siehe Klinski & Keimeyer (2020), S. 346ff.; Wernsmann & Bering (2020), S. 500ff.; Zenke & Telschow (2020), S. 162.

62 BVerfG, B.v. 23.3.2021-1 BvR 2656/18-, Rn. 190 ff.; s. auch Appel (2018) Rn. 115; Krings (2018), Rn. 21; Huster & Rux (2020), Rn. 12.

63 Appel (2018) Rn. 114; Krings (2018), Rn. 23; Huster & Rux (2020), Rn. 16f.

64 S. oben Fn. 21.

le Verantwortlichkeit[65], die im umweltrechtlichen Zusammenhang auf die Verwirklichung des Verursacherprinzips verweist. Der verfassungsrechtliche Gleichheitssatz verlangt vor dem Hintergrund des staatlichen Umweltschutzauftrags und der Freiheitsgrundrechte ein möglichst lückenlos und widerspruchsfrei ausgestaltetes[66] Umweltrecht, das durch die Verwaltung effektiv durchgesetzt wird[67].

Für den Bereich des Klimaschutzes bedeutet dies, dass der Gesetzgeber grundgesetzlich verpflichtet ist, alle Quellen von Treibhausgasen umfassend und gleichmäßig finanziell zu belasten und das daraus resultierende Finanzaufkommen für den unmittelbaren Schadensersatz oder die vorsorgende Rücklagenbildung in Fonds zu verwenden.

# 6 Subventionierung erneuerbarer Energieträger

Zum System des Klimaschutzes durch finanzielle Instrumente gehört auch die Förderung erneuerbarer Energieträger. Diese wird gegenwärtig im Wesentlichen durch das Erneuerbare-Energien-Gesetz (EEG)[68] geleistet, das die Betreiber von Stromnetzen verpflichtet, Anlagen zur Erzeugung von Strom aus erneuerbaren Energien an das Netz anzuschließen und den eingespeisten Strom zu vorgegebenen Mindestsätzen zu vergüten, die deutlich über den Marktpreisen liegen. Der Europäische Gerichtshof (EuGH) hat dieses Regelungsmodell in seinem PreussenElektra-Urteil[69] für europarechtskonform erklärt, wobei er davon ausging, dass die gesetzliche Verpflichtung der Netzbetreiber zur Zahlung überhöhter Vergütungen keine Beihilfe im Sinne des (heutigen) Art. 107 Abs. 1 AEUV sei, da die Zahlung nicht aus einem staatlichen Haushalt erfolgen. Diese Entscheidung wird weder dem Wortlaut noch dem Sinn des europarechtlichen Beihilfeverbots gerecht[70]: Nach dem Vertragswortlaut (Art. 107 Abs. 1 AEUV) sind „staatliche oder aus staatlichen Mitteln gewährte Beihilfen gleich welcher Art“ verboten. Wenn der EuGH daraus in seinem Urteil folgert, als Beihilfen seien nur solche Vorteile anzusehen, „die unmittelbar oder mittelbar aus staatlichen Mitteln gewährt werden“, dann ignoriert er die erste Tatbestandsalternative:

---

65 Morgenthaler (1999), S. 155ff. und passim.

66 Vgl. BVerfGE 23, 242 (256); 84, 239 (271); 93, 121 (136) – st.Rspr.; dazu grundlegend Kirchhof (2010), Rn. 170ff.

67 BVerfGE 84, 239 (268ff.) – Kapitalertragsteuer.

68 Gesetz für den Ausbau erneuerbarer Energien (Erneuerbare-Energien-Gesetz) v. 21.7.2014 (BGBl. I S. 1066), zul. geänd. durch Art. 8 des Gesetzes v. 8.8.2020 (BGBl. I S. 1728).

69 EuGH, C-379/98, NVwZ 2001, 665 = Slg. 2001, I-2159 Rn. 54ff.; diese Entscheidung erging zum Stromeinspeisungsgesetz, das aber in den hier interessierenden Punkten genau dem inzwischen an seine Stelle getretenen EEG entsprach; vgl. zuletzt auch EuGH, C-405/16 P, EuZW 2019, 418 Rn. 52ff.

70 Vgl. schon Morgenthaler (2013), S. 883f.

‚staatlichen' Beihilfen. Der rechtliche Sinn des europäischen Beihilfeverbots liegt unbestrittenermaßen darin, Wettbewerbsverfälschungen zu vermeiden. Wenn man den Staaten mit dem EuGH die Möglichkeit eröffnet, statt durch Subventionen aus dem Staatshaushalt durch direkte Transferverpflichtungen zwischen Privatrechtssubjekten lenkend auf den Wettbewerb einzuwirken, gibt man ihnen nicht nur eine Möglichkeit zur Umgehung des Art. 107 Abs. 1 AEUV, sondern bietet ihnen – weit schlimmer noch – einen Anreiz, hoheitliche Lenkungs- und Umverteilungsmaßnahmen vorbei an den staatlichen Haushalten und den entsprechenden Kontrollmechanismen zu veranlassen.

Vor allem aber verpasste der EuGH mit seinem Urteil eine Möglichkeit, auf das eigentliche umweltpolitische Problem aufmerksam zu machen und damit zu dessen langfristiger Lösung beizutragen: Der tiefere Grund für die Notwendigkeit, den Einsatz regenerativer Energieträger durch den Staat aktiv zu fördern, liegt in der noch immer unzureichende Verwirklichung des Verursacherprinzips, genauer gesagt: in der noch immer unvollständigen Kosteninternalisierung bei fossilen und atomaren Energieträgern, die diesen einen illegitimen Wettbewerbsvorteil verleiht. Im Ergebnis setzt das Fördersystem des EEG somit nicht nur weitgehend intransparente und vom Haushaltsgesetzgeber nicht mehr periodisch kontrollierte Finanzströme in Gang. Es wirkt sich auch kontraproduktiv für den Klimaschutz aus, da es – neben den Lücken bei der Kosteninternalisierung im Bereich der traditionellen Energieerzeugung – den Energieverbrauch auch im Bereich der regenerativen Energien verbilligt und ihn damit weiter erhöht, anstatt ihn im Interesse des Umweltschutzes zu drosseln[71].

# 7 Zusammenfassung

Die rechtswissenschaftliche Diskussion um das 2019 eingeführte BEHG gibt Anlass, erneut die Frage nach den grundlegenden inhaltlichen Anforderungen des GG an die Einführung eines umweltrechtlichen Systems zur Kosteninternalisierung nachzugehen. Während die in Art. 20a GG enthaltene Verpflichtung der Legislative, die natürlichen Lebensgrundlagen zu schützen, in Übereinstimmung mit den richtig verstandenen Grundrechten (Freiheit: Verantwortlichkeit; Gleichheit: Sach- und Systemgerechtigkeit, Folgerichtigkeit) das Gebot enthält, erstens die Verursacher von – gemessen am Prinzip der nachhaltigen Entwicklung – dauerhaft nicht hinnehmbaren Eingriffen lückenlos haftbar zu machen (Internalisierung externer Kosten) und zweitens sicherzustellen, dass das so erzielte Finanzaufkommen zum Ersatz der materiellen Schäden und zur Sanierung der natürlichen Lebensgrundlagen verwendet wird, verlangt die Finanzverfassung des GG, dass hierfür nur abgabenrechtliche Instrumente eingesetzt wer-

71 Abgesehen davon heißt „erneuerbar" nicht unbedingt „umweltfreundlich".

den, die die sorgfältig austarierte bundesstaatliche Machtbalance nicht untergraben und alle hoheitlich veranlassten Finanztransfers offenlegen, damit sie der politischen Kontrolle des demokratisch gewählten Haushaltsgesetzgebers nicht entgleiten. Steuern kommen hierfür – entgegen der h.M. – nicht in Betracht, wohl aber Vorzugslasten, die unter Wahrung der entsprechenden Voraussetzungen auch als Vorteilsabschöpfungs- und Sonderabgaben ausgestaltet werden dürfen. Parallel zur umfassenden Einführung der so vorgezeichneten Kosteninternalisierung gebietet das GG den schrittweisen Abbau der Förderung erneuerbarer Energieträger nach dem Modell des EEG, da diese Subventionierung des Energieverbrauchs dem Prinzip der nachhaltigen Entwicklung widerspricht.

## Literatur


Appel, I. (2018). Europäisches und nationales Umweltverfassungsrecht. In h.-J. Koch, E. Hofmann & M. Reese (Hrsg.). Handbuch Umweltrecht (§ 2, S. 43-114). 5. Aufl., München: Beck.

Baumol, W. J. & Oates, W. E. (1971/1979). The Use of Standards and Prices for Protection of the Environment. The Swedish Journal of Economics 73 (1971), S. 42-54. In deutscher Übersetzung abgedruckt bei H. Siebert (Hrsg.). Umwelt und wirtschaftliche Entwicklung (S. 169-188). Darmstadt (1979): Wissenschaftliche Buchgesellschaft.

Deutscher Bundestag, Wissenschaftliche Dienste (2019). Einzelfragen zur steuersystematischen Einordnung einer CO2-Steuer. WD 4 - 3000 - 094/19 (https://www.bundestag.de/resource/blob/ 653722/918056e18ab9171e66bcaa960fcfccb8/WD-4-094-19-pdf-data.pdf).

Doderer, H. & Metz, J. (2020). Rechtlicher Überblick: Was hat sich 2019 im Energiewenderecht geändert? Zeitschrift für das gesamte Recht der Energiewirtschaft (S. 216-221).

Feess, E. & Seeliger, A. (2013). Umweltökonomie und Umweltpolitik. 4. Aufl., München: Franz Vahlen.

Hauff, V. (Hrsg.). (1987). Unsere gemeinsame Zukunft: der Brundtland-Bericht der Weltkommission für Umwelt und Entwicklung. Greven: Eggenkamp.

Huster, S. & Rux, J. (2020). Art. 20a GG. In V. Epping & C. Hillgruber (Hrsg.), Grundgesetz. Kommentar (S. 774-785). 3. Aufl., München: Beck.

Kirchhof, P. (2007). Die Steuer. In J. Isensee& P. Kirchhof (Hrsg.). Handbuch des Staatsrechts der Bundesrepublik Deutschland. Band V. Rechtsquellen, Organisation, Finanzen (§ 118, S. 959-1099). 3. Aufl., Heidelberg: C.F. Müller.

Kirchhof, P. (2010). Allgemeiner Gleichheitssatz. In J. Isensee& P. Kirchhof (Hrsg.). Handbuch des Staatsrechts der Bundesrepublik Deutschland. Band VIII. Grundrechte: Wirtschaft, Verfahren, Gleichheit (§ 181, S. 697-838). 3. Aufl., Heidelberg: C.F. Müller.

Klinski, S. & Keimeyer, F. (2019). Die Besteuerung von CO2 und andere Umweltabgaben im Lichte des Finanzverfassungsrechts. Neue Zeitschrift für Verwaltungsrecht (S. 1465-1471).

Klinski, S. & Keimeyer, F. (2020). Die finanzverfassungsrechtliche Zulässigkeit der CO2-Bepreisung nach dem Brennstoffemissionshandelsgesetz (BEHG). Zeitschrift für Umweltrecht (S. 342-350).

Krings, G. (2018). Art. 20a GG. In B. Schmidt-Bleibtreu, H. Hofmann & H.-G. Hennecke (Hrsg.), Grundgesetz. Kommentar (S. 958-969). 14. Aufl., Köln: Carl Heymanns.

Leisner-Egensperger, A. (2019). CO2-Steuer als Klimaschutzinstrument. Neue Juristische Wochenschrift (S. 2218-2221).

Morgenthaler, G. (1994). Umweltabgaben im Steuerrecht. Sächsische Verwaltungsblätter (S. 97-104).

Morgenthaler, G. (1999). Freiheit durch Gesetz. Der parlamentarische Gesetzgeber als Erstadressat der Freiheitsgrundrechte. Tübingen: Mohr Siebeck.

Morgenthaler, G. (2007). Finanzverfassungsrechtliche Maßstäbe für den Abbau von Steuersubventionen. In O. Depenheuer, M. Heintzen, M. Jestaedt & P. Axer (Hrsg.), Staat im Wort. Festschrift für Josef Isensee (S. 911-928). Heidelberg: C.F. Müller.

Morgenthaler, G. (2013). Energie. In H. Kube, R. Mellinghoff, G. Morgenthaler, U. Palm, Th. Puhl & Chr. Seiler (Hrsg.), Leitgedanken des Rechts. Paul Kirchhof zum 70. Geburtstag (S. 877-885). Heidelberg: C.F. Müller.

Pigou, A. C. (1920/1932). The Economics of Welfare. 4th ed., London (1932): Macmillan.

Puhl, T. (1996). Budgetflucht und Haushaltsverfassung. Tübingen: Mohr Siebeck.

Rodi, M. et.al. (2019). Verfassungsmäßigkeit des Entwurfs zum Brennstoffemissionshandelsgesetz (BEHG-E). Rechtswissenschaftliches Kurzgutachten und Stellungnahme (S. 1-30). [https://www.ikem.de/wp-content/uploads/2019/11/2019-11-05_IKEM_Kurzgutachten_BEHG-E_final.pdf]

Rogall, H. (2012). Nachhaltige Ökonomie. Ökonomische Theorie und Praxis einer Nachhaltigen Entwicklung. 2. Aufl., Marburg: Metropolis.

Schlacke, S. (2019). Umweltrecht. 7. Aufl., Baden-Baden 2019: Nomos.

Vogel, K. (2004). Der Finanz- und Steuerstaat. In J. Isensee& P. Kirchhof (Hrsg.). Handbuch des Staatsrechts der Bundesrepublik Deutschland. Band II. Verfassungsstaat (§ 30, S. 843-878). 3. Aufl., Heidelberg: C.F. Müller.

Waldhoff, Chr. (2007). Grundzüge des Finanzrechts des Grundgesetzes. In J. Isensee& P. Kirchhof (Hrsg.). Handbuch des Staatsrechts der Bundesrepublik Deutschland. Band V. Rechtsquellen, Organisation, Finanzen (§ 116, S. 813-933). 3. Aufl., Heidelberg: C.F. Müller.

Wernsmann, R. & Bering, S. (2020). Verfassungsrechtliche Anforderungen an Vorteilsabschöpfungsabgaben. Am Beispiel der CO2-Bepreisung nach dem Brennstoffemissionshandelsgesetz (BEHG). Neue Zeitschrift für Verwaltungsrecht (S. 497-504).

World Commission on Environment and Development (1987). Our Common Future. Oxford: Oxford University Press.

Zenke, I. & Telschow, C. (2020). CO2-Bepreisung durch nationalen Emissionshandel: Das Brennstoffemissionshandelsgesetz (BEHG). Zeitschrift für das gesamte Recht der Energiewirtschaft (S. 157-163).

# Juristische Argumentation und Vertragsgestaltung am Beispiel der Erteilung und des Widerrufs einer Prokura

*Prof. Dr. Torsten Schöne*[1]

*Keywords: Ermächtigung, Geschäftsführungsbefugnis, Prokura, Vertretungsbefugnis, Vertragsgestaltung*

*Abstract*

*Die Gründung und der Betrieb eines Unternehmens stellen zweifelsohne hohe betriebswirtschaftliche Anforderungen an die Unternehmer. Soll das Unternehmen im Rechtskleid einer Handelsgesellschaft betrieben werden und schlüpfen die Unternehmer dabei in die Rolle als Gesellschafter und Geschäftsführer, kommt den Regelungen des Gesellschaftsvertrages eine gewichtige Bedeutung für die Rechtsbeziehungen der Gesellschafter untereinander und zur Gesellschaft zu. Ihnen wird bei der Abfassung des Gesellschaftsvertrages indessen häufig nicht die gebührende Aufmerksamkeit zugewendet. Welche Komplikationen sich daraus bei der GmbH und OHG/KG ergeben können, wird am Beispiel der Erteilung und des Widerrufs von Prokura erläutert. Gleichzeitig wird an diesem Beispiel dargelegt, dass solche Komplikationen durch eine gründliche Vertragsgestaltung vermieden werden können. Die damit verbundenen Kosten sollten als sinnvolle Investition in die unternehmerische Zukunft begriffen werden.*

---

1 Prof. Dr. Torsten Schöne | Universität Siegen | schoene@recht.uni-siegen.de


N. Antonakopoulos et al. (Hrsg.), *Unternehmenskauf und Unternehmensumwandlung*, https://doi.org/10.1007/978-3-658-34138-1_19

# 1 Einleitung

Der Jubilar hat vor etwas mehr als 20 Jahren in der Kommission mitgewirkt, die sich mit der Konzeption für den Studiengang „Deutsches und Europäisches Wirtschaftsrecht“ an der Universität Siegen befasste. Als geprüfter und neben seiner Hochschultätigkeit auch praktizierender Wirtschaftsprüfer hatte er stets das Gespür für die Bedeutung des Zusammenwirkens von Betriebswirtschaftslehre und Rechtswissenschaft. Nicht umsonst hat er sich auch später maßgeblich dafür eingesetzt, dass der Masterstudiengang „Accounting, Auditing and Taxation“ an der Universität Siegen einen starken Anteil rechtswissenschaftlicher Inhalte aufweist.

Betriebswirtschaftliche Überlegungen lassen sich häufig kurz wie folgt skizzieren: Wie gelingt es, in einem Unternehmen die Prozesse für den Einsatz der vorhandenen Sach- und Personalmittel so zu optimieren, dass ein verbessertes wirtschaftliches Ergebnis erzielt werden kann? Welche Maßnahmen müssen ergriffen werden, um auf sich verändernde Marktverhältnisse zu reagieren? Welche Chancen bestehen in welchem unternehmerischen Handlungsfeld und wie lassen sie sich im Einzelnen verwirklichen? Betriebswirtschaftliche Überlegungen sind somit im Regelfall darauf gerichtet, den gegenwärtigen Zustand so zu verändern, dass in der Zukunft bessere Ergebnisse erzielt werden können.

Rechtswissenschaftliche Überlegungen sind demgegenüber in der Grundtendenz deutlich statischer angelegt. Ausgehend von der Gesetzeslage und unter besonderer Berücksichtigung höchstrichterlicher Rechtsprechung wird typischerweise gefragt, welche Handlungen und Entscheidungen rechtlich zulässig sind. Nicht selten geht es dabei um das Aufzeigen von rechtlichen und wirtschaftlichen Risiken, die mit bestimmten Verhaltensweisen verbunden sind. Selbst dann, wenn Juristen[2] über die Veränderung der Rechtslage – insbesondere im Gesetzgebungsverfahren – nachdenken, stehen im Regelfall nicht die damit verbundenen Chancen, sondern die Risiken für von der geplanten Regelung betroffenen Personenkreis im Vordergrund der Überlegungen.

Diese unterschiedlichen Grundansätze im Denken erschweren nicht selten die Kommunikation zwischen Betriebswirten und Juristen. Während Betriebswirte die Juristen oftmals als „Oberbedenkenträger“ und „Verhinderer“ wahrnehmen, bezeichnen Juristen die Betriebswirte häufig als „hoffnungslose Optimisten, die nicht wissen was sie tun“. Beide angehefteten Blankette sind fraglos unrichtig, halten sich aber in der Wahrnehmung hartnäckig.

---

2 Zur einfacheren Lesbarkeit wird bei den Ausführungen das generische Maskulinum verwendet. Aussagen zu geschlechtlicher Identität sind damit nicht verbunden und auch nicht beabsichtigt.

Betriebswirtschaftslehre und Rechtswissenschaft gemeinsam ist zunächst die Notwendigkeit zum gründlichen Analysieren der Faktenlage. Daraus müssen dann die richtigen Schlussfolgerungen gezogen werden, was ohne weitere gründliche Analysen nicht erfolgen kann. Die Analyse der Faktenlage und die daran anknüpfenden Schlussfolgerungen sind in der Betriebswirtschaftslehre sehr häufig zahlenbasiert, während bei den Juristen die Verwendung der Sprache in Wort und Schrift dominierend ist.

Gelangt die betriebswirtschaftliche Analyse zu der Schlussfolgerung, dass bestimmte Maßnahmen ergriffen werden sollen, um eine wirtschaftliche Chance zu ergreifen, muss sehr häufig die dazu erforderliche Entscheidung begründet werden. Dies gilt sowohl für den Mitarbeiter gegenüber dem Vorgesetzten als auch für den Vorgesetzten gegenüber ihn kontrollierenden Gremien. Es gilt somit typischerweise Überzeugungsarbeit zu leisten, um die Realisierung der für richtig und sinnvoll erkannten Veränderung zu erreichen. Diese Überzeugungsarbeit muss dann regelmäßig auch bei den Arbeitnehmern geleistet werden, welche die beschlossenen Maßnahmen umsetzen sollen. Das gelingt umso besser, je überzeugender die vorgebrachten Argumente sind.

In der Rechtswissenschaft kommt der Kraft des Argumentes ebenfalls eine überragende Bedeutung zu. Rechtswissenschaft ist im Grundsatz darauf angelegt, einander widersprechende Interessenlagen durch Abwägung zu einem Ausgleich zu bringen. Ihr kommt damit eine streitschlichtende Funktion zu. Diese Streitschlichtung gelingt umso besser, je überzeugender und widerspruchsfreier die Argumente für die gefundene Problemlösung sind.

Argumentieren bedeutet somit Überzeugungsarbeit zu leisten. Das Argument ist darauf gerichtet, dem anderen Teil die Richtigkeit der vorgeschlagenen Maßnahme oder des gefundenen Ergebnisses bzw. der Entscheidung nachvollziehbar deutlich zu machen. Dies gelingt umso besser, je strukturierter und logischer die zum Ergebnis hinführenden faktenbasierten Gedanken präsentiert werden. Komplizierte Sach- oder Rechtsfragen sind daher so einfach wie möglich darzustellen, ohne gleichzeitig die erforderliche Differenzierung einzuebnen.

## 2 Vertragsgestaltung als juristische Kernaufgabe

Die alltägliche Arbeit des Juristen besteht typischerweise darin, das Bestehen von Rechten und Pflichten einzelner Personen auf der Grundlage eines in der Vergangenheit liegenden Sachverhaltes mithilfe des Gesetzes und unter Berücksichtigung von Rechtsprechung und Literatur zu würdigen. Das gefundene Ergebnis muss entweder im Gutachtenstil oder im Urteilsstil begründet werden, wobei die Begründung jeweils erkennen lassen muss, auf welche tragenden Erwägungen sich das Ergebnis stützt. Dieser „rückwärtsgewandten“ Arbeit des Juristen steht aber auch eine in die Zukunft gerichtete Arbeitsweise gegenüber.

Sie wird insbesondere bei der Ausarbeitung von Verträgen relevant. Soweit das Recht dispositiv ist, steht dem Vertragsgestalter die Möglichkeit zur Verfügung, seine Rechtsbeziehungen zum Vertragspartner auf eine privatautonom vereinbarte Rechtsgrundlage zu stellen, die den gesetzlichen Regelungen vorgeht.

## 2.1 Vertragsgestaltung als vorbeugende Problemlösung

Die Vertragsgestaltung ist zentrales Element der Vertragsverhandlung. Jedes Unternehmen muss Verträge abschließen, um seine Produkte oder Dienstleistungen am Markt abzusetzen bzw. anzubieten. Unternehmerisches Handeln ist ohne die Beachtung von Rechtsregeln schlicht nicht denkbar.[3] Schon der Aufbau der für das Unternehmen erforderlichen Organisation macht eine Vielzahl von Vertragsschlüssen erforderlich. Gegenstände des Anlagevermögens müssen erworben, gemietet oder geleast werden. Energielieferungsverträge und Versicherungsverträge müssen abgeschlossen werden. Das für die Produktion benötigte Umlaufvermögen muss gekauft werden, häufig unter Eigentumsvorbehalt in seinen verschiedenen Ausprägungen. Die auf Dauer angelegten Vertragsbeziehungen mit Lieferanten von Rohstoffen und Halbfertigprodukten bedürfen einer sorgfältigen Vertragsgestaltung, insbesondere wenn es um die Vereinbarung von Just-in-time-Klauseln[4] und von Qualitätssicherungsvereinbarungen[5] geht. Mit den in der Produktion bzw. den zur Erbringung der Dienstleistungen sowie den in der Organisation des Unternehmens beschäftigten Mitarbeitern müssen Dienst- oder Arbeitsverträge vereinbart werden. Marketing und Vertrieb der Produkte bzw. Dienstleistungen bedürfen ebenfalls entsprechender vertraglicher Gestaltungen. Vor allem im Maschinen- und Anlagenbau ist besonderes Augenmerk auf die Vereinbarung der maßgeblich die Transportkosten und

3 Daher ist es durchaus misslich, dass der Anteil rechtswissenschaftlicher Module im Studium der Betriebswirtschaftslehre regelmäßig so gering ausfällt. Die für ein sechssemestriges Bachelorstudium mit der Höchstanzahl von 180 Leistungspunkten vorgegebenen Rahmenbedingungen führen letztlich dazu, dass die angemessene „Zugabe" von rechtswissenschaftlichen Modulen zu den betriebswirtschaftlichen Modulen einer „Quadratur des Kreises" gleichkommt. Misslich ist häufig ebenfalls, dass die in den rechtswissenschaftlichen Modulen präsentierten Inhalte nicht auf die speziellen Bedürfnisse der Studierenden der BWL zugeschnitten sondern eher als „Jura *light*" konzipiert sind, wodurch es den Studierenden schwer fällt zu verstehen, warum sie die präsentierten Inhalte als Qualifikation für ihre künftige berufliche Tätigkeit lernen sollten.

4 Vgl. *K. Schmidt*, HR, § 29 Rn. 27 ff.; RWH/*Wagner*, § 346 Rn. 53a ff.; *Grunewald*, NJW 1995, 1777 ff.

5 Vgl. *K. Schmidt*, HR, § 29 Rn. 27 ff. sowie eingehend RWH/*Laschet*, Qualitätssicherungsvereinbarungen; *Quittnat*, BB 1989, 571 ff.; *D. Schmidt*, NJW 1991, 144 ff.; *Steinmann*, BB 1993, 873 ff.

Transportgefahren bestimmenden InCoTerms[6] zu richten. Nicht zuletzt hat ein Unternehmen beständig einen hohen Finanzierungsbedarf, der meist nicht vollständig aus Eigenmitteln bestritten werden kann, sondern der Inanspruchnahme von Fremdkapital bedarf, wodurch wiederum Darlehen und die Bestellung von Sicherheiten vertraglich geregelt werden müssen.

Die meisten dieser Verträge werden unter Zugrundelegung von Allgemeinen Geschäftsbedingungen (AGB) geschlossen, wobei ihre Einbeziehung in den Vertrag häufig unter Verwendung eines kaufmännischen Bestätigungsschreibens[7] erfolgt.[8] Mit AGB werden die Vertragsbedingungen für eine Vielzahl von Verträgen festgelegt, was dem Bedürfnis der Unternehmen an Vereinheitlichung ihrer Rechtsbeziehungen mit ihren Vertragspartnern entspricht. Einkaufs- und Verkaufsbedingungen in der Form von AGB gehören somit zum unternehmerischen Alltag. Gleiches gilt für die Nutzungsbedingungen bei der Verwendung digitaler Produkte und Dienstleistungen. Ihre Erstellung erfordert hohe Sorgfalt. Mehrdeutige Formulierungen gehen zu Lasten des Verwenders (§ 305c Abs. 2 BGB). Für den Vertragspartner des Verwenders überraschende Klauseln werden nicht Bestandteil des Vertrages (§ 305c Abs. 1 BGB). Außerdem sind die Klauselverbote gem. §§ 308, 309 BGB zu beachten. Schließlich unterliegen die AGB darüber hinaus der Inhaltskontrolle durch die Gerichte gem. § 307 BGB.

Die gerichtliche Inhaltskontrolle von AGB erfährt ihre Rechtfertigung aus der gestörten Vertragsgerechtigkeit, die mit der Vorformulierung der AGB durch ihren Verwender einhergeht.[9] Die AGB-Regelungen tragen seinen Interessen Rechnung und vernachlässigen die Interessen des Vertragspartners. Daher kann es für den Unternehmer – bei entsprechender Marktmacht und konkreter Verhandlungsposition – sehr wohl angeraten sein, über einzelne ihm gestellte AGB-Regelungen (z.B. über die Gefahrtragung, die Gewährleistung, die Rechtsfolgen des Verzugs, das Versprechen einer Vertragsstrafe[10] oder die Geltung des anwendbaren Rechts) zu verhandeln mit dem Ziel, die AGB-Regelung durch eine ihr gem. § 305b BGB vorgehende Individualregelung zu ersetzen.

Bei der Vertragsverhandlung – sei es über einen Vertrag im Ganzen oder nur über einzelne Regelungen von AGB – wird ausgelotet, ob es zwischen den Ver-

---

6 Vgl. *K. Schmidt*, HR, § 30 Rn. 11 ff.; BeckOK-HGB/*Lehmann-Richter*, § 346 Rn. 43 ff.; MüKoHGB/*K. Schmidt*, § 346 Rn. 111 ff.; sowie eingehend Baumbach/Hopt/*Hopt*, 2. Teil, Handelsrechtliche Nebengesetze (6).

7 Vgl. *K. Schmidt*, HR, § 19 Rn. 66 ff.; *Canaris*, HR, § 23 Rn. 8 ff.; *Lettl*, HR, § 10 Rn. 39 ff.

8 Zur vereinfachten Einbeziehung von AGB gem. § 310 Abs. 1 S. 1 BGB gegenüber einem Unternehmer als Vertragspartner des AGB-Verwenders vgl. BeckOK-BGB/*Becker*, § 310 Rn. 2; Erman/*Roloff*, § 305 Rn. 46 ff.

9 Vgl. BeckOK-BGB/*H. Schmidt*, § 307 Rn. 1; Erman/*Roloff*, Vor § 305 Rn. 1 f.

10 § 309 Nr. 6 BGB findet gem. § 310 Abs. 1 S. 1 BGB im unternehmerischen Verkehr keine Anwendung. Sie sind üblich und im Allgemeinen nicht zu beanstanden; vgl. Erman/*Roloff*, § 309 Rn. 58 f. m.N. zur Rspr.

handlungspartnern zu einem Vertrag kommt und wenn ja, zu welchen Konditionen. Für die gegenläufigen wirtschaftlichen und rechtlichen Interessen der Parteien ist eine für beide Parteien akzeptable Lösung zu finden. Dabei liegt der rechtliche Interessenwiderstreit häufig nicht in der Gegenwart, sondern tritt vielfach erst infolge einer zukünftigen Entwicklung ein. Diese gilt es vorauszusehen und hierfür eine präventiv wirkende Lösung zu erarbeiten, auf die sich beide Seiten verständigen können. Wird eine Regelung mit Gefahrenpotential erkannt, die sich auf dem Verhandlungsweg nicht beseitigen lässt, gilt es diese Gefahr einzuschätzen und zu gewichten. Es ist dann eine unternehmerische Entscheidung, ob ein bestimmtes Rechtsrisiko mit dem Vertragsschluss in Kauf genommen werden und wie insoweit Risikovorsorge getroffen werden soll.

Lässt sich im Verhandlungswege ein Kompromiss finden, gilt es sodann, diesen im Vertrag auch genauso umzusetzen, wie er vereinbart wurde. Bei der konkreten Formulierung der privatautonomen Regelungen können sehr leicht unbeabsichtigte Abweichungen vom jeweiligen Verhandlungsergebnis auftreten, die im späteren Konfliktfall weitreichende und überraschende Konsequenzen haben. Die konkrete Formulierung der privatautonom getroffenen Regelung ist daher schon vor dem Vertragsschluss im Einzelnen auf ihre rechtliche und wirtschaftliche Bedeutung „abzuklopfen".

Die für die Anwendung von Gesetzesvorschriften allgemein anerkannten Auslegungsmethoden[11] helfen hier in ähnlicher Weise, wobei die historische Auslegung vernachlässigt werden kann. Der von der konkreten Formulierung erfasste Sinn der privatautonomen Regelung ist daher mittels der grammatischen, der systematischen und der Normzweckauslegung herauszuarbeiten. Soweit ein Vertragswerk gem. §§ 133, 157 BGB subjektiv auszulegen ist, also der wirkliche Wille der Parteien ermittelt werden muss, gilt dies nur unter der Einschränkung, dass dieser wirkliche Wille auch vom anderen Vertragsteil als solcher erkannt wird. Weicht dieser wirkliche Wille vom Wortlaut der Erklärung ab, trägt der Erklärende im Streitfall somit die Beweislast, dass der andere Teil die eigentlich gemeinte Bedeutung der Erklärung erkannt hat. Damit gilt ganz allgemein: Jeder ist dafür verantwortlich sich so klar auszudrücken, dass seine Erklärung seinem Willen entspricht. Wird der Vertrag mit seinen einzelnen Regelungen unter diesem Aspekt analysiert, dient die juristische Argumentation einer „Selbstauskunft".

---

11 Vgl. hierzu umfassend *Bydlinski*, S. 27 ff.; *Larenz/Canaris*, S. 133 ff.; *Pawlowski*, S. 172 ff., 215 ff.

## 2.2 Bedeutung der Vertragsgestaltung im Gesellschaftsrecht

Dem Unternehmen kommt im deutschen Recht keine Rechtssubjektivität zu. Es kann nicht selbst Träger von Rechten und Pflichten sein. Das Unternehmen als organisatorische Einheit ist mit allen Rechten und Pflichten jeweils einem Rechtsträger zugeordnet. Das kann insbesondere ein Kleingewerbetreibender, ein Einzelkaufmann oder eine Handelsgesellschaft sein. Dies sind insbesondere die OHG gem. §§ 105 ff. HGB, die KG gem. §§ 161 ff. HGB, die GmbH gem. § 13 Abs. 3 GmbHG, die Aktiengesellschaft (im Folgenden: AG) gem. § 3 Abs. 1 AktG und die eingetragene Genossenschaft (im Folgenden: eG) gem. § 17 Abs. 2 GenG.[12] Allen diesen Gesellschaften ist gemeinsam, dass sie Rechtssubjekte sind. Dies folgt aus § 124 Abs. 1 HGB [OHG], §§ 161 Abs. 2, 124 Abs. 1 [KG], § 13 Abs. 1 GmbHG, § 1 AktG und § 17 Abs. 1 GenG. Eine Handelsgesellschaft ist, sieht man von der Ausnahme der Ein-Personen-GmbH (vgl. § 1 GmbHG) und der Ein-Personen-AG (vgl. § 2 AktG) ab, auf den Zusammenschluss mehrerer Personen gerichtet. Stets erfordert die Gründung einer Gesellschaft den Abschluss eines Gesellschaftsvertrages.

Der Gesellschaftsvertrag ist seiner Rechtsnatur nach kein reiner Schuldvertrag. Er ist vielmehr ein mitgliedschaftlicher Organisationsvertrag, durch dessen Abschluss sich die Gesellschafter auf die für sie geltende Organisationsstruktur verständigen, mit der sie ihre gemeinsamen Ziele erreichen wollen.[13] Schon die Wahl der Rechtsform für die Gesellschaft stellt die (künftigen) Unternehmer von schwierige Entscheidungen: Kapitalgesellschaft oder Personengesellschaft? Gesellschaft für einen kleineren oder für einen großen Gesellschafterkreis? Wer will aktiv im Unternehmen mitarbeiten und wer will eher als Geldgeber fungieren? Welche Haftungsrisiken drohen bei welcher Gesellschaftsform?[14] Und nicht zuletzt: Welche Gesellschaftsform wäre steuerrechtlich vorzugswürdig?

---

[12] Die (Außen-)GbR gem. §§ 705 ff. BGB und die PartGG bleiben nachfolgend unbeachtet, weil die GbR wegen fehlender Kaufmannseigenschaft und die PartGG wegen § 1 Abs. 1 S. 2 i.V.m. § 7 Abs. 3 PartG, der § 125 Abs. 3 HGB ausklammert, keine Prokura erteilen können. Diese Regelung für die PartGG wird heute als überholt kritisiert, vgl. *Henssler*, § 6 Rn. 53.

[13] Ganz h.M., vgl. Baumbach/Hopt/*Roth*, § 105 Rn. 47; BeckOK-HGB/*Klimke*, § 105 Rn. 17; EBJS/*Wertenbruch*, § 105 Rn. 69; KKRD/*Kindler*, § 105 Rn. 36; MüKoHGB/*K. Schmidt*, § 105 Rn. 114; RWH/*Haas*, § 105 Rn. 17; BeckOK-BGB/*Schöne*, § 705 Rn. 2, 19; Erman/*H. P. Westermann*, § 705 Rn. 43; MüKoBGB/*C. Schäfer*, § 705 Rn. 158 f.

[14] Die Bedeutung dieser Frage für die Rechtsformwahl wird üblicherweise überschätzt. Anders als bei einer Personenhandelsgesellschaft haftet nach § 13 Abs. 2 GmbHG keiner ihrer Gesellschafter persönlich für die Verbindlichkeiten der Gesellschaft. Der in der Gründungsphase der Gesellschaft anfallende Finanzierungsbedarf wird üblicherweise über die Aufnahme von Darlehen gedeckt. Der Darlehensgeber wird sich aber absichern wollen (und müssen), und regelmäßig auf persönlichen Sicherheiten durch die Gesellschafter und Geschäftsführer in Form von Bürgschaften oder Garantien bestehen. Auch in einer späteren wirtschaftlichen Krise der Gesellschaft wird sie nur dann noch Kredit gegen die Stellung persönlicher Sicher-

Sind diese Fragen geklärt und ist die Entscheidung für eine Gesellschaftsform gefallen, muss der Gesellschaftsvertrag vereinbart werden. Die gesetzlichen Vorschriften verlangen hierfür nur geringe Mindestangaben im Gesellschaftsvertrag (vgl. §§ 106, 105 Abs. 1, Abs. 3 HGB i.V.m. §§ 705, 706 BGB [OHG]; §§ 161 Abs. 1, 162 Abs. 1, 161 Abs. 2 i.V.m. § 105 Abs. 3 HGB i.V.m. §§ 705, 706 BGB [KG]; § 3 GmbHG; § 23 Abs. 3 und 4 AktG; §§ 6, 7 GenG). Wird mehr nicht vereinbart, gelten für die Gesellschaft die für ihre Rechtsform vorgesehenen gesetzlichen Regelungen. Damit kann man auskommen, wenn die Gründung der Gesellschaft eilbedürftig erscheint. Allerdings sollte den künftigen Gesellschaftern bewusst sein, dass diese gesetzlichen Regelungen, soweit sie das Innenverhältnis der Gesellschafter bestimmen, nur einen „leitbildartigen Modellcharakter“ haben. Sie sind deshalb dispositives Recht (vgl. insbesondere § 109 HGB [OHG], § 163 HGB [KG], § 45 Abs. 1, Abs. 2 GmbHG)[15], welches aber sehr häufig den konkreten Bedürfnissen der Gesellschafter nur unzureichend entspricht. Insbesondere zu Fragen der Geschäftsführung und Vertretung, des Verfahrens für die Gesellschafterversammlung und der Beschlussfassung, zur rechtsgeschäftlichen Übertragung von Gesellschafts-/Geschäftsanteilen, zur Vererbung von Gesellschafts-/Geschäftsanteilen, zur Kündigung der Gesellschaft, zu den verfahrensrechtlichen und materiellrechtlichen Voraussetzungen zur Ausschließung störender Gesellschafter und zur Abfindung ausgeschiedener Gesellschafter sollte eingehend überlegt werden, ob die Übernahme der gesetzlichen Regeln für die konkret vorgesehene Gesellschaft mit ihren jeweiligen Beteiligten eine angemessene Antwort auf ggf. künftig entstehende Probleme bzw. Konflikte bietet.

Ist die für die jeweilige Sachfrage geltende Rechtslage aufgearbeitet, muss für die konkrete Gesellschaft sodann geprüft werden, ob diese gesetzliche Regelung „passt“ oder ob eine anderweitige Regelung vorzugswürdig ist. Dabei wird es regelmäßig nicht die „eine richtige Antwort“ geben. Unter mehreren denkbaren Gestaltungsmöglichkeiten ist vielmehr diejenige empfehlenswert, die – unter Berücksichtigung des Vorsichtsprinzips – die rechtssicherste ist, um künftige Rechtsstreitigkeiten möglichst weitgehend zu vermeiden. Dabei wird die Ausarbeitung eines Gesellschaftsvertrages dadurch erschwert, dass jede gesellschaftsvertragliche Regelung wiederum in das Gesamtsystem des Gesellschaftsvertrages eingepasst werden muss, um systemimmanente Widersprüche zu vermeiden.

heiten durch ihre Geschäftsführer/Gesellschafter erhalten, wenn die Gegenstände des Gesellschaftsvermögens überwiegend bereits dinglich besichert sind.

15 Für die AG ordnet § 23 Abs. 5 AktG indessen an, dass nur ein geringer Gestaltungsspielraum für Satzungsbestimmungen besteht, um von Regelungen des AktG abzuweichen bzw. ergänzende Bestimmungen vorzusehen; vgl. hierzu ausführlich Bürgers/Körber/*Körber*, § 23 Rn. 41 ff.; K. Schmidt/Lutter/*Seibt*, § 23 Rn. 54 ff.; Spindler/Stilz/*Limmer*, § 23 Rn. 28 ff.

Bei der Abfassung des Gesellschaftsvertrags sollte sodann nicht nur dasjenige geregelt werden, wo die Gesellschafter vom dispositiven Recht abweichen wollen. Stattdessen sollte tunlichst ein „in sich geschlossenes Regelwerk“ geschaffen werden, damit bei einer später zu klärenden Rechtsfrage der Blick nicht zwischen dem Vertrag und dem Gesetz „hin und herwandern“ muss. Auf diese Weise wird zudem die schwierige Auslegungsfrage[16] nach subjektiven oder objektiven Maßstäben vermieden, ob es sich bei dem gesellschaftsvertraglich nicht ausdrücklich geregelten Fall um ein Versehen oder eine bewusste Entscheidung handelt. Im letzteren Fall läge nämlich keine Regelungslücke vor, die mittels ergänzender Vertragsauslegung, die methodisch Vorrang vor der Anwendung des dispositiven Rechts hat, geschlossen werden kann.

Die Gründung einer auf lange Zeit zur gemeinschaftlichen unternehmerischen Tätigkeit ausgerichteten Gesellschaft ohne professionellen Rechtsrat kann durchaus in vielen Fällen als leichtsinnig bezeichnet werden, zumal die „Gründungseuphorie“ der Beteiligten häufig den Blick für eventuelle künftige persönliche Fehlentwicklungen zwischen ihnen verstellt. Rechtsberatungskosten für die Ausarbeitung eines ausführlichen Gesellschaftsvertrages sollten als sinnvolle Anfangsinvestition begriffen und einkalkuliert werden. Der für die Ausarbeitung des Gesellschaftsvertrages erforderliche Zeitaufwand und die damit verbundenen Verhandlungsgespräche zwischen den künftigen Gesellschaftern bieten einen guten Anlass gründlich zu prüfen, ob diese Personen auch wirklich „zueinander passen“. Gerade die Ideengeber und Produktentwickler eines Startups, die zur Verwirklichung ihres unternehmerischen Projekts auf die Anschubfinanzierung durch Finanzinvestoren angewiesen sind, sollten höchste Vorsicht bei dem Aushandeln der Rechtsbeziehungen zu dem Finanzinvestor walten lassen. In dieser Konstellation kann recht schnell die Gefahr drohen, dass der Finanzinvestor den Ideengeber und Entwickler mit Erreichung der Marktreife des innovativen Produkts gegen Zahlung einer geringen Abfindung aus der Gesellschaft drängt und das unternehmerische Konzept „kapert“.

Insgesamt kann festgehalten werden: Die Beseitigung von „Webfehlern“ im Gesellschaftsvertrag kann bei später auftretenden Problemen deutlich teurer, konfliktträchtiger und zeitaufwändiger werden, als wenn hierüber schon in der Gründungsphase eine einvernehmliche Lösung erzielt worden ist. Um nicht missverstanden zu werden: Auch der beste Gesellschaftsvertrag ist keine Gewähr dafür, dass es nicht später zu erheblichen Differenzen zwischen den Ge-

---

16 Zur Auslegung von Gesellschaftsverträgen vgl. grundlegend *Grunewald*, ZGR 1995, 68 ff.; *Fleischer*, DB 2013, 1466 ff.; *Schockenhoff*, ZGR 2013, 76 ff. sowie BeckOK-BGB/*Schöne*, § 705 Rn. 70 ff.; MüKoBGB/*C. Schäfer*, § 705 Rn. 175 ff.; MüKoHGB/*K. Schmidt*, § 105 Rn. 149 ff.; MHLS/*J. Schmidt*, § 2 Rn. 81 ff.; MüKoGmbHG/*Heinze*, § 2 Rn. 150 ff.

sellschaftern kommen kann. Dann ist aber jedenfalls in den meisten Fällen der Hinweis möglich: *pacta sunt servanda*.

## 3 Erteilung und Widerruf von Prokura als gesellschaftsvertragliche Gestaltungsaufgabe

Die eingehende juristische Analyse eines gesamten Gesellschaftsvertrages, in dem die oben angesprochenen Themen abweichend vom dispositiven Gesetz geregelt sind, ist schon aus Platzgründen nicht möglich. Die erforderliche Vorgehensweise soll nachfolgend aber an einem Beispiel exemplarisch erfolgen, nämlich der auf den ersten Blick wenig problematisch erscheinenden Erteilung und des Widerrufs von Prokura. Bei nahezu allen Unternehmen größeren Zuschnitts stellt sich irgendwann die Frage der Arbeitsteilung und Arbeitsentlastung der Mitglieder des Vertretungsorgans der Gesellschaft. Demzufolge stellt sich dann auch die Frage, ob den organschaftlichen Vertretern auch rechtsgeschäftliche Vertreter für das Auftreten der Gesellschaft im Rechtsverkehr beiseitegestellt werden sollen.

Ausgangspunkt vertragsgestaltender Überlegungen ist die Kenntnis der gesetzlichen Regelungen, deren konkrete Bedeutung zumeist in mehreren Kommentaren erläutert wird. Von besonderer Bedeutung ist auch die zu diesen Regelungen bislang ergangene höchstrichterliche Rechtsprechung. Gerade die Berücksichtigung höchstrichterlicher Rechtsprechung kann einen Rechtsberater bei der Vertragsgestaltung vor nicht geringe Schwierigkeiten stellen, wenn sich ein Wandel der Rechtsprechung abzuzeichnen droht. Allein das zu erkennen ist mitunter nicht einfach, und das Weiterdenken einer eingeleiteten Entwicklung gleicht gelegentlich einem „Blick in die Glaskugel“. Ein für die Praxis sehr wichtiges Beispiel mag dies illustrieren.

So wurde sehr lange Zeit im Personengesellschaftsrecht eine gesellschaftsvertragliche Regelung, die allgemein die Geltung des Mehrheitsprinzips für Gesellschafterbeschlüsse anordnete, ausgehend von dem in § 709 Abs. 1 BGB und § 119 Abs. 1 HGB angeordneten Grundsatz der Zustimmung aller Gesellschafter als eine sittenwidrige, weil schrankenlose Unterwerfung der Minderheit unter den Willen der Mehrheit gewertet.[17] Diese Mehrheitsklausel sollte daher – in geltungserhaltender Reduktion oder ergänzender Vertragsauslegung – nur für gewöhnliche Geschäfte und für solche Gesellschaftsvertragsänderungen gelten, die den einzelnen Gesellschafter nicht in seiner Rechtsstellung betreffen. Die Erstreckung der Mehrheitsklausel auf die Beschlussfassung über Gesellschaftsvertragsänderungen, die in die Rechtsposition einzelner Gesellschafter eingreift, setzte voraus, dass sich dafür das Mehrheitserfordernis aus dem Gesellschafts-

[17] Vgl. RGZ 91, 166, 168; RGZ 151, 321, 327; RGZ 163, 385, 391; BGHZ 48, 251, 253.

vertrag mit hinreichender Deutlichkeit entnehmen ließ.[18] Diesen sog. Bestimmtheitsgrundsatz hat der BGH nach ersten zweifelnden Andeutungen in BGHZ 170, 283 („Otto") und BGHZ 179, 13 („Schutzgemeinschaft II") nunmehr in BGHZ 203, 77 Rn. 9 („Abtretungsentscheidung") ausdrücklich aufgegeben. Die Mehrheitsklausel sei eine „wertneutrale Verfahrensregel, deren Vor- und Nachteile allen Gesellschaftern von Fall zu Fall zugutekommen könne.[19] Der Schutz der überstimmten Gesellschafter solle nunmehr anhand der Treuepflicht erfolgen.[20] Konnten die Gesellschafter einer Personengesellschaft – jedenfalls vor BGHZ 170, 283 („Otto") im Jahre 2007 davon ausgehen, dass eine allgemeine Mehrheitsklausel für Gesellschafterbeschlüsse nur dann für belastende Vertragsänderungen gilt, wenn dies so im Gesellschaftsvertrag geregelt ist, dann müssen sie spätestens seit BGHZ 203, 77 („Abtretungsentscheidung") im Jahre 2014 diejenigen belastenden vertragsändernden Beschlüsse gesellschaftsvertraglich auflisten, bei denen die Zustimmung aller Gesellschafter erforderlich sein soll. Spätestens ab dem Jahr 2007 konnten die Gesellschafter einer bereits ggf. seit langem bestehenden OHG/KG somit nicht mehr darauf vertrauen, dass ihr bei Abschluss des Gesellschaftsvertrages – ggf. durch anwaltlichen Rechtsrat begründetes – Verständnis über die nur sehr begrenzte Reichweite der allgemeinen Mehrheitsklausel von der Rechtsprechung geteilt wird, so dass nun eine Änderung des Gesellschaftsvertrages erforderlich wurde, um diese ursprünglich gemeinte Bedeutung der Mehrheitsklausel „gerichtsfest" zu machen. An der Zweckmäßigkeit der Aufstellung eines Katalogs von Beschlussgegenständen im Gesellschaftsvertrag im Anschluss an eine gesellschaftsvertraglich vorgesehene Mehrheitsklausel hat sich jedenfalls nichts geändert; nur die Zielrichtung hat sich umgekehrt.

### 3.1 Gesetzliche Regelungen für die Erteilung und den Widerruf von Prokura für den Einzelkaufmann

Die Prokura ermächtigt den Prokuristen gem. § 49 Abs. 1 HGB zu allen Arten von gerichtlichen und außergerichtlichen Geschäften und Rechtshandlungen, die der Betrieb eines Handelsgewerbes mit sich bringt.[21] Zur Veräußerung und Belastung von Grundstücken ist der Prokurist gem. § 49 Abs. 2 HGB nur dann berechtigt, wenn ihm diese Befugnis besonders erteilt worden ist. Eine Beschränkung des Umfangs der Prokura ist gem. § 50 Abs. 1 HGB Dritten gegen-

---

[18] Vgl. BGH NJW 1953, 102, 103; BGH NJW 1967, 2157, 2158; BGH NJW 1978, 1382; BGH NJW 2007, 1685 Rn. 5.

[19] Vgl. BGHZ 179, 13 Rn. 16 - „Schutzgemeinschaft II".

[20] Vgl. näher MüKoBGB/*C. Schäfer*, § 709 Rn. 93 f., 98; BeckOK-BGB/*Schöne*, § 709 Rn. 43.

[21] Vgl. hierzu näher *K. Schmidt*, HR, § 16 Rn. 28 ff.; *Canaris*, HR, § 12 Rn. 13 ff.; *Lettl*, HR, § 6 Rn. 42 ff.; MüKoHGB/*Krebs*, § 49 Rn. 16 ff.; Oetker/*Schubert*, § 49 Rn. 2 ff.; Staub/*Joost*, § 49 Rn. 5 ff.

über nicht wirksam.[22] Im Interesse des Rechtsverkehrs ist die Prokura daher eine rechtsgeschäftliche Vertretungsmacht mit einem gesetzlich umschriebenen (= typisierten) Umfang.[23] Der Vertragspartner soll nicht im Ungewissen gelassen werden oder Nachforschungen anstellen müssen, ob das vom Prokuristen mit Wirkung für den Kaufmann vorgenommene Rechtsgeschäft vom Umfang der Vertretungsmacht gedeckt ist.[24]

Wegen ihrer weitreichenden Bedeutung kann die Prokura gem. § 48 Abs. 1 HGB nur vom Inhaber des Handelsgeschäfts oder seinem gesetzlichen Vertreter erteilt werden. Sie muss, so fordert es § 48 Abs. 1 HGB weiter, mittels ausdrücklicher Erklärung erteilt werden.[25] Die weiteren Einzelheiten für diese Erklärung sind über Art. 2 EGHGB aus der Regelung in § 167 BGB zu entnehmen. Nach § 167 Abs. 1 BGB kann die Vollmacht entweder durch Erklärung gegenüber dem zu Bevollmächtigenden (Innenvollmacht) oder gegenüber dem Dritten, dem gegenüber die Vertretung stattfinden soll (Außenvollmacht), erteilt werden. Gesetzessystematisch ist die Stellvertretung gem. §§ 164 ff. BGB, und damit auch die Vollmachterteilung, den Regelungen über die Willenserklärung zugeordnet. Mit der Vollmachterklärung gem. § 167 BGB gibt der Erklärende damit eine Willenserklärung ab. Diese Willenserklärung ist wiederum ein Rechtsgeschäft i.S.v. §§ 104 ff. BGB, ist also auf die Herbeiführung einer Rechtsfolge gerichtet.

Die mit der Prokura gem. § 49 Abs. 1 HGB verbundene weitreichende Vertretungsmacht mit Wirkung für und gegen den Vertretenen macht es erforderlich, dass die Prokura gem. § 52 Abs. 1 HGB jederzeit widerrufen werden kann. Diese Regelung dient dem Schutz des Vertretenen. Hat er kein Vertrauen mehr in die Zuverlässigkeit und Fähigkeiten des Prokuristen, soll er jederzeit in der Lage sein, dessen Vertretungsmacht zum Erlöschen zu bringen.[26] Der Widerruf der Prokura ist wiederum ein Rechtsgeschäft gem. §§ 104 ff. BGB, denn er zielt ebenfalls auf die Herbeiführung einer Rechtsfolge ab, nämlich die Lösung des Vertretenen von der Vertretungsmacht durch den Prokuristen.[27] § 52 Abs. 1 HGB schweigt nach seinem Wortlaut darüber, wer zur Erklärung des Widerrufs berechtigt ist. Dies ist nach systematischer Auslegung von § 52 Abs. 1 HGB i.V.m.

---

22 Möglich sind aber Beschränkungen im Innenverhältnis, also im Anstellungsvertrag, vgl. MüKoHGB/*Krebs*, § 50 Rn. 16 f.; Staub/*Joost*, § 50 Rn. 53 ff.

23 *K. Schmidt*, HR, § 16 Rn. 15; *Lettl*, HR, § 6 Rn. 26; MüKoHGB/*Krebs*, § 49 Rn. 1.

24 Vgl. *K. Schmidt*, HR, § 16 Rn. 15.

25 Vgl. näher MüKoHGB/*Krebs*, § 48 Rn. 46; Oetker/*Schubert*, § 48 Rn. 31; Staub/*Joost*, § 48 Rn. 58.

26 *Lettl*, HR, § 6 Rn. 59; Oetker/*Schubert*, § 52 Rn. 1; Staub/*Joost*, § 52 Rn. 1.

27 Oetker/*Schubert*, § 52 Rn. 13; Staub/*Joost*, § 52 Rn. 17.

§ 48 Abs. 1 HGB derjenige, der die Prokura erteilt hat, also der Inhaber des Handelsgeschäfts oder dessen gesetzlicher Vertreter.[28]

Sowohl die Erteilung als auch der Widerruf der Prokura sind jeweils zur Eintragung in das Handelsregister anzumelden (§ 53 Abs. 1 S. 1, Abs. 2 HGB). Diese Eintragung wirkt jeweils deklaratorisch. Das Bestehen oder Erlöschen der Prokura ist somit unabhängig davon, ob sie im Handelsregister eingetragen ist. An die Eintragung im Handelsregister kann aber ein registerrechtlicher Rechtsschein geknüpft sein, insbesondere mit der Folge, dass eine bereits erloschene Prokura gem. § 15 Abs. 1 HGB Dritten gegenüber als fortbestehend gilt, wenn ihr Erlöschen nicht im Handelsregister eingetragen worden ist.

## 3.2 Gesetzliche Regelungen für die Erteilung und den Widerruf von Prokura für die Handelsgesellschaften

Über § 6 Abs. 1 HGB gelten die §§ 48 ff. HGB nicht nur für den Kaufmann als Einzelperson, sondern auch für die Handelsgesellschaften.[29] Das von ihnen betriebene Handelsgeschäft oder Unternehmen mit allen seinen Aktiva und Passiva sowie Rechten und Pflichten ist ihnen unmittelbar zugeordnet. Die Handelsgesellschaften sind somit jeweils Inhaber des Handelsgeschäfts i.S.v. § 48 Abs. 1 HGB. Allen diesen Gesellschaften ist gemeinsam, dass sie nicht selbst handeln können. Sie sind daher auf Handlungen und Erklärungen ihrer jeweiligen gesetzlichen (= organschaftlichen) Vertreter i.S.v. § 48 Abs. 1 HGB angewiesen.

Für alle Handelsgesellschaften wird durchgängig zwischen der Vertretungsbefugnis und der Geschäftsführungsbefugnis ihrer organschaftlichen Vertreter unterschieden. Die Vertretungsbefugnis bestimmt den Umfang und die Grenzen des rechtsgeschäftlichen „Könnens" des Organs im Außenverhältnis, während die Geschäftsführungsbefugnis das rechtsgeschäftliche „Dürfen" dieses Organs im Innenverhältnis festlegt.

### *3.2.1 Außenverhältnis*

Die Erteilung der Prokura ist eine rechtsgeschäftliche Erklärung. Die Gesellschaft muss insoweit von ihrem vertretungsberechtigten Organ vertreten werden. Dies ist nach dem gesetzlichen Leitbild für die OHG jeder einzelne Gesellschafter (§ 125 Abs. 1 HGB) und für die KG jeder einzelne Komplementär (§§ 161, 125 Abs. 1 HGB). Die GmbH wird gem. § 35 Abs. 1 GmbHG von

---

[28] EBJS/*Weber*, § 52 Rn. 6; Oetker/*Schubert*, § 52 Rn. 6; RWH/*Wagner*, § 52 Rn. 7; Staub/*Joost*, § 52 Rn. 7.

[29] AG und eG werden nachfolgend aus Platzgründen nicht weiter betrachtet. Stattdessen erfolgt eine Konzentration der Überlegungen auf die Rechtsformen der GmbH und OHG/KG.

ihren Geschäftsführern vertreten, wobei diese grundsätzlich gem. § 35 Abs. 2 S. 1 GmbHG nur gemeinschaftlich handeln können. Deren Vertretungsbefugnis ist jeweils Dritten gegenüber unbeschränkt und unbeschränkbar (§ 126 Abs. 2 HGB [OHG], §§ 161 Abs. 2, 126 Abs. 2 [KG], § 37 Abs. 2 S. 1 GmbHG). Damit ist die von diesen Organen nach Maßgabe der vorstehenden Regelungen erklärte Prokuraerteilung im Außenverhältnis wirksam.

Für den Widerruf der Prokura gem. § 52 HGB gelten diese Ausführungen jeweils in gleicher Weise.

### *3.2.2 Innenverhältnis*

Der mit der Prokura verbundene typisierte weitreichende Umfang der Vertretungsmacht des Prokuristen für und gegen die Gesellschaft gem. § 49 Abs. 2 HGB hat den Gesetzgeber veranlasst, in unterschiedlichem Maße den für die Erteilung von Prokura vertretungsberechtigten Organen der Gesellschaft intern wirkende Bindungen aufzuerlegen. Dass sie im Außenverhältnis die Prokura erteilen können, bedeutet noch lange nicht, dass sie das im Innenverhältnis zur Gesellschaft und ihren Gesellschaftern auch dürfen. Diese internen Bindungen bedürfen einer näheren Betrachtung für jede einzelne der vorgenannten Handelsgesellschaften, wobei zwischen der Erteilung und dem Widerruf der Prokura zu differenzieren ist.

#### *a) GmbH*

Bei der GmbH, die nur mit ihrem Gesellschaftsvermögen für die Verbindlichkeiten gegenüber den Gläubigern haftet (§ 13 Abs. 2 GmbHG), liegt die Kompetenz zur Entscheidung, ob und wem Prokura erteilt werden soll, nicht bei den Geschäftsführern, sondern gem. § 46 Nr. 7 GmbHG bei den Gesellschaftern, die hierüber gem. § 47 Abs. 1 GmbHG einen Gesellschafterbeschluss mit der einfachen Mehrheit der abgegebenen Stimmen fassen müssen. Diese Regelung trägt der Grundwertung des GmbHG Rechnung, wonach die Gesellschafterversammlung das oberste Willensbildungsorgan der Gesellschaft ist und sie dem Geschäftsführer jederzeit und umfassend Weisungen erteilen kann (vgl. § 37 Abs. 1 a.E. GmbHG). Setzt sich ein Geschäftsführer über diese interne Bindung hinweg, ist die von ihm erteilte Prokura gleichwohl wirksam. Gegenüber der GmbH ist der Geschäftsführer aber für den daraus entstehenden Schaden gem. § 43 Abs. 1 GmbHG ersatzpflichtig.

Der Widerruf der Prokura unterfällt nach § 46 Nr. 7 GmbHG nicht der Entscheidung durch die Gesellschafter.[30] Die Gesellschafter können aber gem. § 37

---

[30] OLG Düsseldorf, GmbHR 1998, 743, 744; Baumbach/Hueck/*Zöllner/Noack*, § 46 Rn. 53; Großkomm-GmbHG/*Hüffer/Schürnbrand*, § 46 Rn. 97; Lutter/Hommelhoff/*Bayer*, GmbHG,

Abs. 1 a.E. GmbHG dem Geschäftsführer jederzeit Weisungen erteilen, und ihn damit zum Widerruf der Prokura veranlassen.[31]

### *b) OHG und KG*

Für die OHG und KG sind die internen Bindungen des einzelvertretungsberechtigten Gesellschafters zur Erteilung von Prokura gleichlaufend geregelt. § 116 Abs. 3 S. 1 HGB, dessen Geltung über § 164 S. 2 HGB auch für die KG angeordnet ist, sieht vor, dass es zur Bestellung eines Prokuristen der Zustimmung aller geschäftsführenden Gesellschafter bedarf, es sei denn, dass Gefahr im Verzug ist. Die Auswirkungen dieser Regelung sind für beide Gesellschaftsarten, jedenfalls was den Kreis der mitwirkungsberechtigten Gesellschafter betrifft, indessen sehr unterschiedlich.

#### *aa) Erteilung von Prokura*

Die interne Entscheidungskompetenz, ob und wem Prokura erteilt werden soll, beurteilt sich danach, ob diese Maßnahme als gewöhnliches oder außergewöhnliches Geschäft gewertet wird.

##### *(1.) Prokuraerteilung als gewöhnliches Geschäft*

Bei der OHG sind nach dem gesetzlichen Leitbild nicht nur alle Gesellschafter einzeln zur Vertretung der Gesellschaft berechtigt (vgl. § 125 Abs. 1 HGB), sie sind auch alle jeweils einzeln zur Geschäftsführung befugt (§§ 114 Abs. 1, 115 Abs. 1 S. 1, 1. Halbs. HGB). Die Geschäftsführungsbefugnis eines jeden Gesellschafters erstreckt sich gem. § 116 Abs. 1 HGB auf alle Handlungen, die der gewöhnliche Betrieb des Handelsgewerbes mit sich bringt. Darunter fällt grundsätzlich auch die Erteilung von Prokura.[32] Die Bedeutung von § 116 Abs. 3 S. 1 HGB ist darin zu erkennen, dass die Erteilung von Prokura zwar dem gewöhnlichen Betrieb des Handelsgeschäfts zugeordnet ist, dafür aber abweichend von § 115 Abs. 1 HGB die Einzelgeschäftsführungsbefugnis durch die Gesamtgeschäftsführungsbefugnis ersetzt wird.[33] Auf diese Weise will der Gesetzgeber

---

§ 46 Rn. 33; Rowedder/Schmidt-Leithoff/*Ganzer*, § 46 Rn. 59; Saenger/Inhester/*Bergjan*, GmbHG, § 46 Rn. 42; Scholz/*K. Schmidt*, § 46 Rn. 133.

[31] Baumbach/Hueck/*Zöllner/Noack*, § 46 Rn. 53; Rowedder/Schmidt-Leithoff/*Ganzer*, § 46 Rn. 59; Scholz/*K. Schmidt*, § 46 Rn. 133.

[32] Vgl. Baumbach/Hopt/*Roth*, § 116 Rn. 5; BeckOK-HGB/*Klimke*, § 116 Rn. 16; Oetker/*Lieder*, § 116 Rn. 1; RWH/*Haas*, § 116 Rn. 7; Staub/*Casper*, § 116 Rn. 27.

[33] Vgl. EBJS/*Mayen*, § 116 Rn. 20; Heidel/Schall/*Psaroudakis*, § 116 Rn. 4; MüKoHGB/*Jickeli*, § 116 Rn. 48; Oetker/*Lieder*, § 116 Rn. 22; Staub/*Casper*, § 116 Rn. 27.

sicherstellen, dass die Prokura nur dann erteilt wird, wenn alle (geschäftsführungsbefugten) Gesellschafter damit einverstanden sind.

Bei der dem gesetzlichen Leitbild entsprechenden KG wirkt sich der Verweis in § 164 S. 2 HGB auf die Geltung von § 116 Abs. 3 HGB dahingehend aus, dass über die Erteilung der Prokura im Innenverhältnis grds. nur die geschäftsführenden Gesellschafter, also die Komplementäre, gem. §§ 164 S. 2, 116 Abs. 3 S. 1 HGB zu entscheiden haben. Die nach § 164 S. 1, 1. Halbs. HGB von der Geschäftsführung ausgeschlossenen Kommanditisten haben danach grds. kein Mitentscheidungsrecht, wirken daher an der Entscheidung der Komplementäre über die dem gewöhnlichen Betrieb eines Handelsgeschäfts zugeordneten Erteilung von Prokura gem. § 164 S. 1, 2. Halbs. HGB nicht[34] mit.[35] Das ist auch gerechtfertigt, denn sie haften, sofern sie ihre Einlage (= Haftsumme) vollständig geleistet haben, für die vom Prokuristen begründeten Gesellschaftsverbindlichkeiten gem. § 171 Abs. 1, 2. Halbs. HGB nicht.

Handelt es sich bei der KG um eine typische GmbH & Co. KG[36] mit der GmbH als einzigem Komplementär und den natürlichen Personen als Kommanditisten, und sind diese Kommanditisten zugleich die Gesellschafter der Komplementär-GmbH, ändert sich für die Entscheidung über Erteilung von Prokura für die KG an den vorstehenden Darlegungen nichts; die Entscheidung hierüber trifft allein die Komplementär-GmbH in Person ihres Geschäftsführers. § 46 Nr. 7 GmbHG erstreckt sich nur auf die Erteilung von Prokura für die GmbH. Soweit die Kommanditisten jeweils auch Gesellschafter der Komplementär-GmbH sind, unterfällt die Erteilung von Prokura für die Komplementär-GmbH ihrer Entscheidung gem. § 46 Nr. 7 GmbHG (s.o.). Für das rechtsgeschäftliche Auftreten des Prokuristen namens der KG macht es indessen keinen Unterschied, ob er seine Vertretungsmacht unmittelbar von der KG oder von der Komplementär-GmbH erhält. Für die Erteilung von Prokura für eine GmbH & Co. KG stehen somit zwei verfahrensrechtliche Möglichkeiten zur Verfügung, einmal ohne

34 Baumbach/Hopt/*Roth*, § 164 Rn. 5; BeckOK-HGB/*Häublein*, § 164 Rn. 32; Heidel/Schall/*Eberl*, 3 164 Rn. 14; MüKoHGB/*Grunewald*, § 164 Rn. 20; RWH/*Mock*, § 164 Rn. 15; Staub/*Casper*, § 164 Rn. 19; missverständlich aber EBJS/*Weipert*, § 164 Rn. 8.

35 § 164 S. 1, 2. Halbs. HGB normiert zwar ein Widerspruchsrecht der Kommanditisten für außergewöhnliche Geschäftsmaßnahmen. Es ist jedoch einhellig anerkannt, dass der Wortlaut von § 164 S. 1, 2. Halbs. HGB korrigierend unter Berücksichtigung des § 116 Abs. 2 HGB auszulegen ist. Das ist überzeugend, denn durch das Zustimmungserfordernis muss das außergewöhnliche Geschäft vor seiner Durchführung sämtlichen Gesellschaftern angezeigt werden, während bei dem Widerspruchsrecht die Gefahr besteht, dass das Mitspracherecht der Kommanditisten infolge ihres Ausschlusses von der Geschäftsführung häufig leer zu laufen droht (vgl. RGZ 158, 302, 307; *K. Schmidt*, GesR, § 53 III 2 c); MüKoHGB/*Grunewald*, § 164 Rn. 11; Oetker/*Oetker*, § 164 Rn. 13; Staub/*Casper*, § 164 Rn. 12).

36 Zu den verschiedenen Möglichkeiten zur Ausgestaltung einer GmbH & Co. KG vgl. *K. Schmidt*, GesR, § 56 II 3; Baumbach/Hopt/*Roth*, Anh. § 117a Rn. 6 ff.; EBJS/*Henze/Notz*, Anhang 1 nach § 177a Rn. 20 ff.

Beteiligung der Kommanditisten und einmal mit mittelbarer Beteiligung der Kommanditisten als Gesellschafter der Komplementär-GmbH. Im Gesellschaftsvertrag der Komplementär-GmbH und der KG sollte insoweit für einen Gleichlauf der Regelungen gesorgt werden.

*(2.) Prokuraerteilung als außergewöhnliches Geschäft*

Der gesetzliche Verweis in § 164 S. 2 HGB auf § 116 Abs. 3 S. 1 HGB ist nach herrschender aber nicht unbestrittener Ansicht in der Literatur nicht abschließend. Daneben greife auch der allgemeine Verweis in § 161 Abs. 2 HGB auf § 116 Abs. 2 HGB mit der Konsequenz, dass die Erteilung von Prokura ausnahmsweise auch ein außergewöhnliches Geschäft sein und damit der Zustimmung aller Gesellschafter, also auch der Kommanditisten erfordern könne.[37] Der Begriff des außergewöhnlichen Geschäfts i.S.v. § 116 Abs. 2 HGB lässt sich jedoch nicht abstrakt-allgemein bestimmen, sondern bedarf stets einer gesonderten Betrachtung unter Berücksichtigung der konkreten Verhältnisse der jeweiligen Gesellschaft,[38] für die sich in ständiger Rechtsprechung eine ihrerseits konkretisierungsbedürftige Formel herausgebildet hat. Danach handelt es sich hierbei um solche Geschäfte, die nach ihrem Inhalt und Zweck oder durch ihre Bedeutung und die mit ihnen verbundene Gefahr für die Gesellschafter über den Rahmen des gewöhnlichen Geschäftsbetriebs hinausgehen, also Ausnahmecharakter besitzen.[39]

Übertragen auf die Erteilung von Prokura gibt es hierzu – soweit ersichtlich – nur eine einzige erläuternde literarische Ausführung. Die Erteilung stelle danach dann ein außergewöhnliches Geschäft dar, wenn dies entweder wegen der besonderen Verhältnisse der konkreten Gesellschaft so zu beurteilen ist, oder die Prokuraerteilung mit dem Anstellungsvertrag eine wirtschaftliche Einheit bildet und dieser aufgrund seines ungewöhnlichen Inhalts nach § 116 Abs. 2 HGB der Zustimmung aller Gesellschafter bedarf.[40] Dem mit einer Vertragsgestaltung Beauftragten hilft er erste Teil dieses Satzes nun überhaupt nicht weiter, weil er lediglich die allgemeine Umschreibung des außergewöhnlichen Geschäfts wie-

---

37 In diesem Sinne vgl. Baumbach/Hopt/*Roth*, § 116 Rn. 8 und § 164 Rn. 5; BeckOK-HGB/*Klimke*, § 116 Rn. 16; BeckOK-HGB/*Häublein*, § 164 Rn. 33; EBJS/*Drescher*, § 116 Rn. 21; Heidel/Schall/*Eberl*, § 164 Rn. 14; MüKoHGB/*Jickeli*, § 116 Rn. 48; MüKoHGB/*Grunewald*, § 164 Rn. 20; Oetker/*Lieder*, § 116 Rn. 22; Oetker/*Oetker*, § 164 Rn. 15; RWH/*Haas*, § 116 Rn. 7; Staub/*C. Schäfer*, § 116 Rn. 27; dagegen KKRD/*Kindler*, § 116 Rn. 3 und § 164 Rn. 4; Staub/*Casper*, § 164 Rn. 19 f.

38 Vgl. statt aller *K. Schmidt*, GesR, § 47 V 1 c); Staub/*C. Schäfer*, § 116 Rn. 4.

39 Vgl. RGZ 158, 302, 308; BGH BB 1954, 145; BGHZ 76, 160, 162 f.; sowie EBJS/*Mayen*, § 116 Rn. 4, 6; MüKoHGB/*Jickeli*, § 116 Rn. 7, 13 ff., 31 ff.; RWH/*Haas*, § 116 Rn. 1-2a.

40 Vgl. Staub/*C. Schäfer*, § 116 Rn. 27.

derholt. Der zweite Teil dieses Satzes wirft ebenfalls mehrere Fragen auf. Wann liegt eine solche „wirtschaftliche Einheit" vor? Wann ist der Inhalt des Anstellungsvertrages „ungewöhnlich"? Soll das wirklich der einzige denkbare Fall sein? Wenn dem so sein sollte, kann an dem rechtspraktischen Wert der von der herrschenden Ansicht neben dem Verweis in § 164 S. 2 HGB auf § 116 Abs. 3 S. 1 HGB ebenfalls befürworteten Verweisung in § 161 Abs. 2 HGB auf § 116 Abs. 2 HGB gezweifelt werden. Sie führt vielmehr nur zur Verunsicherung bei den geschäftsführungsberechtigten Gesellschaftern über die Rechtmäßigkeit ihres Handelns mit der Folge, dass sie im Zweifel eher die Zustimmung aller Gesellschafter einzuholen versuchen werden anstatt – wie sie es nach dem gesetzlichen Regelfall dürften – selbst zu entscheiden.

#### *bb) Widerruf der Prokura*

Zum Widerruf der Prokura findet sich eine gesetzliche Regelung für die OHG nur in § 116 Abs. 3 S. 2 HGB, der über § 164 S. 2 HGB auch für die KG gilt.

##### *(1.) Systematische Auslegung von § 116 Abs. 3 S. 2 HGB*

Der Sinn der Regelung in § 116 Abs. 3 S. 2 HGB lässt sich noch schnell erkennen. Während über die Erteilung von Prokura alle geschäftsführungsbefugten Gesellschafter entscheiden müssen, soll der Widerruf der Prokura nur von dem Willen eines der geschäftsführungsbefugten Gesellschafter abhängen, und zwar unabhängig davon, ob dieser Einzel- oder Gesamtgeschäftsführungsbefugnis hat.[41]

Für den gesetzlichen Regelfall der Einzelgeschäftsführungsbefugnis wird somit der Gleichlauf mit der Einzelgeschäftsführungsbefugnis gem. § 114 Abs. 1, 115 Abs. 1, 1. Halbs. HGB wiederhergestellt. § 116 Abs. 3 S. 2 HGB will ersichtlich die Anforderungen an die interne Widerrufbarkeit der Prokura als actus contrarius gegenüber den Anforderungen für die interne Erteilung der Prokura herabsetzen. Gäbe es diese Regelung nicht, ließe sich bei einer nach dem gesetzlichen Leitbild verfassten OHG/KG die aus §§ 114 Abs. 1, 115 Abs. 1 S. 1, 1. Halbs. HGB geltende Einzelgeschäftsführungsbefugnis nicht ohne weiteres für die Entscheidung über den internen Widerruf der Prokura begründen. § 116 Abs. 3 S. 2 HGB kommt insoweit die Bedeutung zu, dass für den actus contrarius ausnahmsweise nicht dieselben Anforderungen gelten sollen wie für den Erteilungsakt.

---

41 Vgl. BeckOK-HGB/*Klimke*, § 116 Rn. 27; Heidel/Schall/*Psaroudakis*, § 116 Rn. 4; Heidel/Schall/*Eberl*, § 164 Rn. 15; MüKoHGB/*Jickeli*, § 116 Rn. 49.

Darüber hinaus bedeutet § 116 Abs. 3 S. 2 HGB eine Durchbrechung einer gesellschaftsvertraglich angeordneten Gesamtgeschäftsführungsbefugnis gem. § 115 Abs. 2 HGB. Dadurch wird sichergestellt, dass der Prokurist stets das Vertrauen aller geschäftsführungsbefugten Gesellschafter haben muss.[42]

§ 116 Abs. 3 S. 2 HGB ist entsprechend ihrer gesetzessystematische Verortung als eine Regelung im Innenverhältnis der Gesellschafter untereinander zu verstehen.[43] Die Erklärung des Widerrufs (im Außenverhältnis) muss somit von den vertretungsberechtigten Gesellschaftern erfolgen.[44] Wird in der KG somit nicht vom gesetzlichen Leitbild abgewichen, gilt Einzelvertretungsbefugnis eines jeden Komplementärs gem. §§ 161 Abs. 2, 125 Abs. 1 HGB. Derjenige Komplementär, der dem Prokuristen kein Vertrauen mehr entgegenbringt, kann daher allein die auf den Widerruf der Prokura gerichtete Willenserklärung abgeben.

An diesen Befund anknüpfend finden sich in der Literatur aber vereinzelt befremdlich anmutende Ausführungen. Habe der im Innenverhältnis zum Widerruf berechtigte Komplementär auch den Widerruf der Prokura mit Vertretungsmacht im Außenverhältnis erklärt, sollen die übrigen Gesellschafter, wenn sie ebenfalls Vertretungsmacht haben, diesem wiederum Prokura erteilen oder den widerrufenden Gesellschafter auf Wiederbestellung des Prokuristen auf der Grundlage der gesellschaftsrechtlichen Treuepflicht verklagen können.[45] An dieser Aussage ist noch richtig, dass die Wiedererteilung der Prokura durch die übrigen Gesellschafter fraglos von ihrer Vertretungsbefugnis gedeckt ist. Allerdings wird außer Acht gelassen, dass hierfür ohne die Zustimmung des zuvor widerrufenden Gesellschafters die Geschäftsführungsbefugnis fehlt. Bleibt der zuvor widerrufende Gesellschafter bei seiner Einschätzung, er habe kein Vertrauen mehr zum Prokuristen, wird er sofort die erneut erteilte Prokura ein weiteres Mal widerrufen. Dieses „Hin- und Her“ ist ersichtlich wenig sinnvoll. Es ist jedenfalls nicht zielführend darauf zu hoffen, dass das Registergericht den „Streit zwischen den Gesellschaftern auf dem Rücken des Prokuristen“ entscheidet und die Eintragung der wiedererteilen Prokura ablehnt.[46] Den widerrufenden Gesellschafter auf Wiederbestellung zu verklagen, erscheint ebenfalls wenig ratsam, zumal nicht erkennbar ist, wie „das Vertrauen in den Prokuristen“ justitiabel sein soll. Die Klage auf Wiederbestellung des Prokuristen macht vielmehr nur Sinn, wenn der die Prokura im Außenverhältnis widerrufende

---

42 So Heidel/Schall/*Eberl*, § 164 Rn. 15; Staub/*C. Schäfer*, § 116 Rn. 26.

43 Vgl. RGZ 163, 35, 37; Baumbach/Hopt/*Roth*, § 116 Rn. 9; BeckOK-HGB/*Klimke*, § 116 Rn. 14; EBJS/*Mayen*, § 116 Rn. 25; MüKoHGB/*Jickeli*, § 116 Rn. 50.

44 Vgl. EBJS/*Mayen*, § 116 Rn. 25; Heidel/Schall/*Eberl*, § 164 Rn. 15; MüKoHGB/*Grunewald*, § 164 Rn. 19; Oetker/*Lieder*, § 116 Rn. 27; RWH/*Haas*, § 116 Rn. 9.

45 Vgl. Oetker/*Lieder*, § 116 Rn. 27.

46 In diesem Sinne offenbar RWH/*Haas*, § 116 Rn. 7; Oetker/*Lieder*, § 116 Rn. 27.

Gesellschafter im Innenverhältnis z.B. aufgrund einer von § 116 Abs. 3 S. 2 HGB abweichenden gesellschaftsvertraglichen Gestaltung hierzu eben nicht berechtigt war.[47]

*(2.) „Problemfall" Gesamtvertretungsbefugnis*

Sieht der Gesellschaftsvertrag der KG – mit guten Gründen zwecks gegenseitiger Kontrolle – Gesamtvertretungsbefugnis der Komplementäre vor (vgl. §§ 161 Abs. 2, 125 Abs. 2 HGB),[48] gilt diese nach ganz h.A. auch für den Widerruf der Prokura; derjenige gesamtvertretungsberechtigte Komplementär, der die Prokura zum Erlöschen bringen will, ist somit auf die Mitwirkung der übrigen Komplementäre bei der Erklärung des Widerrufs der Prokura angewiesen.[49] Diese sind – so wird weiter ausgeführt – dazu im Innenverhältnis aus ihrer Organfunktion auch verpflichtet,[50] denn die Entscheidung des im Innenverhältnis „widerrufenden" Komplementärs ist für sie bindend und ein Widerspruch gem. § 115 Abs. 1 S. 1, 2. Halbs. HGB hiergegen ist nicht möglich.[51]

*(a) Problemaufriss*

Diese auf den ersten Blick konsequente Gesetzesanwendung wirft indessen – denkt man sie weiter – einige schwierige Folgeprobleme auf.

So wird argumentiert, die Bindungswirkung der übrigen Komplementäre an die interne Entscheidung des einzelnen Komplementärs über den Widerruf der Prokura setze insbesondere voraus, dass dieser Widerruf im Innenverhältnis „berechtigt" sei, der widerrufende geschäftsführungsberechtigte Gesellschafter also nicht ausnahmsweise gegen seine Pflicht zu uneigennütziger Geschäftsführung verstoßen habe.[52] Die übrigen Komplementäre sollen demzufolge also offenbar anhand der vom Prokuristen getätigten Rechtsgeschäfte überprüfen können, ob es einen Grund dafür gibt, weshalb ein Komplementär sein Vertrauen in den Prokuristen verloren hat? Wie passt das zur „jederzeit" möglichen Widerrufbarkeit der Prokura in § 52 HGB und zur Anordnung in § 116 Abs. 3 S.

---

47 So völlig richtig MüKoHGB/*Jickeli*, § 116 Rn. 59.

48 Dabei kann die Gesamtvertretungsmacht auch so ausgestaltet werden, dass nicht notwendig alle Komplementäre, sondern nur zwei von mehreren (sog. „Vier-Augen-Prinzip) zusammen handeln können; vgl. statt aller EBJS/*Hillmann*, § 125 Rn. 21.

49 Vgl. RG DR 1942, 1698, 1699; BeckOK-HGB/*Klimke*, § 116 Rn. 14; EBJS/*Mayen*, § 116 Rn. 25; MüKoHGB/*Jickeli*, § 116 Rn. 52, 59; RWH/*Haas*, § 116 Rn. 9; Staub/*C. Schäfer*, § 116 Rn. 29.

50 Vgl. Oetker/*Lieder*, § 116 Rn. 27; Staub/*C. Schäfer*, § 116 Rn. 29.

51 Vgl. Baumbach/Hopt/*Roth*, § 116 Rn. 9; BeckOK-HGB/*Klimke*, § 116 Rn. 28; KKRD/*Kindler*, § 116 Rn. 3.

52 So Staub/*C. Schäfer*, § 116 Rn. 29.

2 HGB? Nach diesen Vorschriften soll doch offenbar das Gegenteil gelten: Der Prokurist sitzt auf dem „Schleuderstuhl" und jeder Komplementär soll jederzeit „den Knopf drücken dürfen".

Des Weiteren klingt es zwar gut, dass die übrigen vertretungsberechtigten Gesellschafter verpflichtet sind, an dem Widerruf der Prokura im Außenverhältnis mitzuwirken. Was passiert aber, wenn sie dieser Verpflichtung nicht nachkommen? Muss dann der geschäftsführungsbefugte Gesellschafter seine vertretungsberechtigten Mitgesellschafter auf Abgabe der Widerrufserklärung gegenüber dem Prokuristen verklagen? Das muss wohl so sein, denn das Notgeschäftsführungsrecht gem. § 744 Abs. 2 BGB analog findet seine Grenze in dem entgegenstehenden Willen der an sich berufenen Gesellschafter und begründet zweitens keine Vertretungsmacht.[53] Von dem „jederzeit" in § 52 HGB und dem „jeder" in § 116 Abs. 3 S. 2 HGB bliebe bei dem Erfordernis der Klage erneut nicht viel übrig. Dann würde der „Auslösemechanismus des Schleuderstuhls kräftig klemmen".

Hinzu kommt eine weitere Erschwernis. Selbst wenn der klagende Gesellschafter obsiegt, und das Urteil gem. § 894 ZPO die Erklärung des Widerrufs ersetzt, muss das Erlöschen der Prokura gem. § 53 Abs. 2 HGB noch zur Eintragung ins Handelsregister angemeldet werden, was wiederum durch die (zuvor verklagten) vertretungsberechtigten Gesellschafter in öffentlich beglaubigter Form zu erfolgen hat. Wenn sie sich dazu wiederum verweigern und stattdessen die Rechtsscheinhaftung gem. § 15 Abs. 1 HGB für das Handeln des ehemaligen Prokuristen billigend in Kauf nehmen? Das ist zwar alles pflichtwidrig und löst dem Grunde nach Schadensersatzansprüche aus. Aber das ist nur der rechtstheoretische Teil der Antwort. Bei der Darlegung und Bezifferung des Schadens für den intern zum Widerruf der Prokura berechtigten Gesellschafter wird es nämlich schwierig. Stellt dann jedes vom ehemaligen Prokuristen mit Rechtsscheinvollmacht für die Gesellschaft getätigte Rechtsgeschäft einen Schaden dar? Dann wäre aber allenfalls die Gesellschaft die unmittelbar Geschädigte, und ihr aus dem Rechtsgeschäft erlangter Vorteil müsste bei der Berechnung des Schadensersatzes mitberücksichtigt werden. Zur Geltendmachung dieses Schadensersatzanspruchs gegenüber dem Prokuristen namens der Gesellschaft wäre der gesamtvertretungsberechtigte Gesellschafter wiederum auf die Mitwirkung seiner Mitgesellschafter angewiesen. Möglicherweise kann hier aber die actio pro socio[54] helfen, aber dann muss der intern zum Widerruf berechtigte gesamtvertretungsberechtigte Gesellschafter kollusives Zusammenwirken des abberu-

---

53 Vgl. zutreffend Oetker/*Oetker*, § 164 Rn. 17 für den Fall des ausnahmsweise intern widerrufsberechtigten Kommanditisten.

54 Vgl. hierzu statt aller BeckOK-BGB/*Schöne*, § 705 Rn. 113 ff.; MüKoBGB/*C. Schäfer*, § 705 Rn. 204 ff.; Baumbach/Hopt/*Roth*, § 119 Rn. 32 ff.; EBJS/*Wertenbruch*, § 105 Rn. 145 ff.

fenen Rechtsschein-Prokuristen mit den übrigen Mitgesellschaftern beweisen können. Soweit der intern zum Widerruf berechtigte Gesellschafter wegen der vom Rechtsschein-Prokuristen begründeten Rechtsgeschäfte in Haftung genommen wird, erleidet er jedenfalls keinen unmittelbaren Schaden, wenn ihn entweder die Gesellschaft von dieser Haftung gem. § 257 S. 1 BGB freistellt oder ihm den Aufwendungsersatz gem. § 110 Abs. 1 HGB leistet. Mit einer beharrlichen Weigerung der übrigen Gesellschafter an der Mitwirkung zum Widerruf der Prokura im Außenverhältnis könnte somit im Grundsatz ein nach § 116 Abs. 3 S. 2 HGB rechtswidriger Zustand im Innenverhältnis der Gesellschafter sanktionslos perpetuiert werden.

Als Reaktion bliebe dem intern zum Widerruf berechtigten Gesellschafter nur die Ausschließung der „störenden" Gesellschafter mit anschließender Abfindung[55] oder sein Ausscheiden aus der Gesellschaft im Wege der Eigenkündigung. Der Streit zwischen den Gesellschaftern über die Entscheidung eines geschäftsführungsbefugten Gesellschafters zum Widerruf der Prokura ist somit geeignet, die höchste Eskalationsstufe zwischen den Gesellschaftern zu erklimmen: Der „Schleudersitz für den Prokuristen" würde sich dann zum „Sprengsatz für die Gesellschaft" entwickeln.

### *(b) Wortlautauslegung von § 116 Abs. 3 S. 2 HGB*

Diese Probleme können durchweg vermieden werden, wenn § 116 Abs. 3 S. 2 HGB anders verstanden werden kann als von der h.A. befürwortet. Diese Regelung ist zwar gesetzessystematisch im Bereich der Geschäftsführungsbefugnis verortet. Ihr Wortlaut „Der Widerruf der Prokura kann … erfolgen" entspricht dieser Einordnung indessen nicht. Mit der Verwendung der Formulierung „**Der Widerruf der Prokura**" wird ersichtlich auf die hierfür notwendige Willenserklärung abgestellt, für die ihrerseits wiederum Vertretungsbefugnis erforderlich ist. Dass der Widerruf erfolgen „**kann**", deutet ebenfalls auf die damit verbundene Vertretungsmacht hin, denn bei der Geschäftsführung geht es eben nicht um das „Können" sondern um das „Dürfen". Schließlich legt auch die Verwendung des Wortes „**erfolgen**" am Ende des Satzes die Schlussfolgerung nahe, dass damit der Vollzug des Rechtsgeschäfts gemeint ist, nämlich die Abgabe der auf den Widerruf der Prokura gerichteten Willenserklärung. Hätte § 116 Abs. 3 S. 2 HGB im Gleichlauf mit § 116 Abs. 3 S. 1 HGB und unter Beachtung seiner

---

[55] Für diese Abfindungsverpflichtung der Gesellschaft müsste der „vertragstreue" Gesellschafter im Übrigen mit seinem gesamten Vermögen persönlich und unmittelbar haften; vgl. BGH NJW 2001, 2718, 2720; BGH NJW 2011, 2355 Rn. 12; BGH ZIP 2016, 1627 Rn. 9; Baumbach/Hopt/*Roth*, § 131 Rn. 48; BeckOK-BGB/*Schöne*, § 738 Rn. 18; EBJS/*Lorz*, § 131 Rn. 65; KKRD/*Kindler*, § 131 Rn. 10; MüKoBGB/*C. Schäfer*, § 738 Rn. 17; MüKoHGB/*K. Schmidt*, § 131 Rn. 128; RWH/*Haas*, § 131 Rn. 41.

gesetzessystematischen Verortung nur den internen Willensbildungsprozess zum Ausdruck bringen wollen, hätte er wie folgt formuliert sein müssen: „**Zur Entscheidung** über den Widerruf der Prokura ist jeder an der Erteilung oder an der Mitwirkung bei der Erteilung befugte Gesellschafter **einzeln berechtigt**." Wortlaut und Systematik der Norm widersprechen einander somit diametral.

### *(c) Auflösung des Auslegungsdilemmas*

Die oben geschilderten potentiellen Probleme würden sich „in Luft auflösen", wenn § 116 Abs. 3 S. 2 HGB entsprechend seinem Wortlaut als Ausnahme von einer gesellschaftsvertraglich angeordneten Gesamtvertretungsbefugnis gem. § 125 Abs. 2 S. 1 HGB verstanden werden könnte. Dann würde spiegelbildlich auf der Ebene der Vertretungsmacht das gleiche System umgesetzt wie auf der Ebene der Geschäftsführungsbefugnis: Gilt Einzelgeschäftsführungsbefugnis, ist für die innergesellschaftliche Entscheidung über die Erteilung der Prokura Gesamtgeschäftsführungsbefugnis angeordnet. Gilt Gesamtvertretungsbefugnis, ist für die Erklärung des Widerrufs der Prokura – in Parallele zur internen Entscheidungskompetenz – Einzelvertretungsbefugnis angeordnet.

Allerdings ist dieser Weg nicht gangbar. Dies liegt an den weitgehend zwingenden Regelungen zur organschaftlichen Vertretungsbefugnis in §§ 125, 126 HGB, die bei der systematischen Gesetzesauslegung ebenfalls beachtet werden müssen. Danach haben die Gesellschafter zwischen der Einzelvertretungsbefugnis und der Gesamtvertretungsbefugnis nur sehr begrenzte Gestaltungsmöglichkeiten. Sie können zwar beide Vertretungsarten im Gesellschaftsvertrag so miteinander kombinieren, dass einzelnen Gesellschaftern Einzelvertretungsbefugnis und anderen Gesellschaftern Gesamtvertretungsbefugnis eingeräumt wird.[56] Es kann auch eine sog. halbseitige Gesamtvertretung gewählt werden, wonach ein gesamtvertretungsberechtigter Gesellschafter der Mitwirkung eines einzelvertretungsberechtigten Gesellschafters bedarf.[57] Sie können auch die Gesamtvertretungsbefugnis in unterschiedlichen Formen ausgestalten. So ist es zulässig, aus dem Kreis der Gesellschafter bestimmte Paarungen zu bilden, die jeweils gesamtvertretungsberechtigt sein sollen.[58] Es kann auch eine bestimmte Anzahl von gesamtvertretungsberechtigten Gesellschaftern vorgegeben werden, ohne dass damit eine persönliche Festlegung verbunden ist.[59] Schließlich können mehrere Varianten der gemischten Gesamtvertretung zusammen mit einem Pro-

---

56 Vgl. BeckOK-HGB/*Klimke*, § 125 Rn. 10; EBJS/*Hillmann*, § 125 Rn. 21; KKRD/*Kindler*, § 125 Rn. 5; MüKoHGB/*K. Schmidt*, § 125 Rn. 31; Staub/*Habersack*, § 125 Rn. 39.

57 Vgl. MüKoHGB/*K. Schmidt*, § 125 Rn. 31; Oetker/*Boesche*, § 125 Rn. 22.

58 Vgl. EBJS/*Hillmann*, § 125 Rn. 21; Oetker/*Boesche*, § 125 Rn. 22.

59 Vgl. EBJS/*Hillmann*, § 125 Rn. 21.

kuristen gem. § 125 Abs. 3 HGB vorgesehen werden.[60] Nicht möglich ist hingegen die Regelung, dass ein gesamtvertretungsberechtigter Gesellschafter für einzelne Rechtsgeschäfte (organschaftliche) Einzelvertretungsmacht hat. Diese Regelung scheitert an dem zwingenden § 126 Abs. 2 HGB, der nur für eine Zweigniederlassung in § 126 Abs. 3 HGB eine Ausnahme für die Begrenzung der Vertretungsmacht Dritten gegenüber kennt. In gleicher Weise, wie es nicht möglich ist eine Einzelvertretungsbefugnis für bestimmte Rechtsgeschäfte durch Anordnung von Gesamtgeschäftsführungsbefugnis zu beschränken,[61] ist es umgekehrt nicht möglich, einem gesamtgeschäftsführungsbefugten Gesellschafter für bestimmte Rechtsgeschäfte (organschaftliche) Einzelvertretungsbefugnis zu erteilen. Ein Gesellschafter hat entweder organschaftliche Einzelvertretungsberechtigung oder organschaftliche Gesamtvertretungsberechtigung. § 116 Abs. 3 S. 2 HGB kann somit nicht – so wie sein Wortlaut es nahelegt – als ausnahmsweise Durchbrechung einer gesellschaftsvertraglich vereinbarten Gesamtvertretungsmacht, mithin als ein „§ 125 Abs. 2, Satz 1, 2. Halbs. HGB“ eingeordnet werden.

Der gesetzliche „Webfehler“, dass ein gesamtgeschäftsführungs- und gesamtvertretungsberechtigter Gesellschafter zwar allein die Entscheidung über den Widerruf der Prokura treffen kann, er zur Erklärung dieses Widerrufs aber auf die Mitwirkung eines anderen vertretungsberechtigten Gesellschafters angewiesen ist, ist nicht durch Gesetzesauslegung zu korrigieren.

### 3.3 Gestaltungsmöglichkeiten

Ausgehend von der Analyse der gesetzlichen Regelungen, die für die Erteilung und Widerruf von Prokura herausgearbeitet wurden, kann nun überlegt werden, in welcher Weise diese dispositiven Regelungen durch anderweitige gesellschaftsvertragliche Regelungen ersetzt werden. Dabei wird die Konstellation zugrunde gelegt, dass mehrere Personen in persönlicher Verbundenheit den unternehmerischen Zweck gemeinsam über einen langandauernden Zeitraum entweder in der Rechtsform der GmbH oder der OHG/KG verfolgen wollen,[62] wobei sich ein Teil der Gesellschafter aktiv unternehmerisch einbringt und ein anderer Teil der Gesellschafter mehr die Rolle als „Geldgeber“ übernimmt. Einige Gesellschafter sollen daher Geschäftsführungs- und Vertretungsbefugnis erhalten, während anderen diese Pflichtrechte nicht zustehen sollen. Mit dieser Rollenverteilung verbunden ist gleichzeitig die Grundtendenz des Gesell-

---

60 Vgl. statt aller MüKoHGB/*K. Schmidt*, § 125 Rn. 34 ff.

61 Heymann/*Emmerich*, § 125 Rn. 19; MüKoHGB/*K. Schmidt*, § 125 Rn. 32; Staub/*Habersack*, § 125 Rn. 40.

62 Die GmbH & Co. KG wird nachfolgend aus den Überlegungen ausgeklammert. Auf sie können dem Grundsatz nach die Überlegungen zur KG übertragen werden.

schaftsvertrages, die Rechte der „Geldgeber" nicht zu beschneiden, sondern im Gegenteil über eine angemessene und ausgewogene Stärkung ihrer Rechte gegenüber dem gesetzlichen Leitbild nachzudenken.

### *1. GmbH*

Bei der GmbH bietet § 46 Nr. 7 GmbHG – je nach konkreter Situation unter den Gesellschaftern – Anlass zum Nachdenken in verschiedene Richtungen.

#### *a) Zustimmungserfordernis gem. § 46 Nr. 7 GmbHG*

So kann überlegt werden, dieses Zustimmungserfordernis zu streichen und die Entscheidung über die Erteilung von Prokura damit dem Geschäftsführer zu überlassen. Das bietet sich an, wenn der Geschäftsführer gleichzeitig Mehrheitsgesellschafter ist, er also den Zustimmungsbeschluss mit seinen Stimmen fassen kann. Soll das Zustimmungserfordernis durch die Gesellschafterversammlung bei Vorhandensein eines Mehrheitsgesellschafters-Geschäftsführers aber gleichwohl als „Kontrollinstrument" erhalten bleiben, müsste das Zustimmungsquorum für den Beschlussgegenstand „Erteilung von Prokura" entweder auf 3/4-Mehrheit oder „Zustimmung aller Gesellschafter" angehoben werden.[63] Möglich wäre in diesem Fall des Mehrheitsgesellschafters-Geschäftsführers ebenfalls, die Zustimmung des fakultativen[64] oder obligatorischen Aufsichtsrats[65] für diese Maßnahme vorzusehen.

---

63 § 47 Abs. 1 GmbHG ist ausweislich § 45 Abs. 2 GmbHG dispositiv; zur gesellschaftsvertraglichen Anhebung des Mehrheitserfordernisses vgl. statt aller Baumbach/Hueck/*Zöllner/Noack*, § 47 Rn. 24.

64 Vgl. hierzu ausführlich Großkomm-GmbHG/*Heermann*, § 52 Rn. 16 ff.; Rowedder/Schmidt-Leithoff/*Schnorbus*, § 52 Rn. 8 ff.

65 Gem. § 1 Abs. 1 Nr. 1, 2 DrittelbG muss eine GmbH mit in der Regel mehr als 500 Arbeitnehmern zwingend einen Aufsichtsrat haben, soweit sie nicht ein Unternehmen nach § 1 Abs. 2 DrittelbG betreibt. Dieser Aufsichtsrat muss gem. § 4 Abs. 1 DrittelbG zu einem Drittel aus Vertretern der Arbeitnehmer bestehen, wobei gem. § 4 Abs 4 DrittelbG Frauen und Männer entsprechend ihrem zahlenmäßigen Verhältnis im Unternehmen vertreten sein sollen; zum drittelbeteiligten Aufsichtsrat der GmbH vgl. ausführlich Großkomm-GmbHG/*Heermann*, § 52 Rn. 155 ff.; Saenger/Inhester/*Peres*, § 52 Rn. 119 ff. Beschäftigt die GmbH in der Regel mehr als 2.000 Arbeitnehmer, hat sie gem. § 1 Abs. 1 Nr. 2 MitbestG einen obligatorischen Aufsichtsrat zu bilden, der zum einen eine von § 95 Abs. 1 S. 4 AktG abweichende Zahl von Aufsichtsrats-Mitgliedern haben und zum zweiten je zur Hälfte aus Vertretern der Anteilseigner und der Arbeitnehmer zusammengesetzt sein muss; zum Aufsichtsrat nach dem MitbestG vgl. ausführlich Großkomm-GmbHG/*Heermann*, § 52 Rn. 267 ff.

### *b) Erweiterung des Zustimmungserfordernisses gem. § 46 Nr. 7 GmbHG um den Widerruf der Prokura*

Gelegentlich findet sich in Formularhandbüchern die Empfehlung, auch den Widerruf der Prokura bei den Entscheidungskompetenzen der Gesellschafterversammlung im Gesellschaftsvertrag aufzulisten.[66] Dem liegt möglicherweise die Erwägung zugrunde, dass der Geschäftsführer die Entscheidung der Gesellschafterversammlung über die Erteilung der Prokura zu akzeptieren habe und die Prokura nicht einfach ohne sachlichen Grund widerrufen dürfe, denn damit könnte die Entscheidungskompetenz der Gesellschafterversammlung konterkariert werden.[67] Andererseits ist zu bedenken, dass § 46 Nr. 7 GmbHG den Widerruf der Prokura deshalb nicht regelt, weil dies am besten mit der gem. § 52 HGB vorgesehenen jederzeitigen Widerrufbarkeit der Prokura harmoniert.[68] Der Geschäftsführer wird zwar im Regelfall versuchen, das Einverständnis der Gesellschafterversammlung vor der Erklärung des Widerrufs der Prokura zu erlangen.[69] Jedenfalls bei schweren Verfehlungen des Prokuristen gegen seine Pflichten aus dem Anstellungsvertrag muss der Geschäftsführer aber schnell widerrufen können, um Schaden von der Gesellschaft abzuwenden. Das Erfordernis der vorherigen Zustimmung durch die Gesellschafterversammlung kann sich in diesen Fällen als zu schwerfällig herausstellen.[70] Wird also gesellschaftsvertraglich bestimmt, dass auch für den Widerruf der Prokura eine vorherige Zustimmung der Gesellschafterversammlung erforderlich ist, wird dem Geschäftsführer die im Gesellschaftsinteresse ggf. erforderliche schnelle Entscheidungsmöglichkeit genommen. Dessen sollten sich die Gesellschafter bewusst sein, wenn sie dies regeln wollen.

### *c) Erweiterung des Zustimmungserfordernisses gem. § 46 Nr. 7 GmbHG auf den Anstellungsvertrag*

§ 46 Nr. 7 GmbHG sieht kein Zustimmungserfordernis vor für das der Prokura zugrundeliegende Rechtsgeschäft, also den Anstellungsvertrag. Der Abschluss des Anstellungsvertrages zwischen dem Prokuristen und der GmbH ist nicht nur von der Vertretungsmacht der Geschäftsführer erfasst, sondern unterfällt mit

---

66 Vgl. Fuhrmann/Wälzholz/*Wälzholz*, Kap. 13 M 13.2, § 5 Abs. 6, 4. Spiegelstrich; GmbH-Hdb/*Fuhrmann*, M 19 § 9 Abs. 4 Nr. 8.

67 Vgl. BeckOK-GmbHG/*Schindler*, § 46 Rn. 86; Lutter/Hommelhoff/*Bayer*, § 46 Rn. 33; MHLS/*Römermann*, § 46 Rn. 372; ähnlich Scholz/*K. Schmidt*, § 46 Rn. 133.

68 Zutreffend MüKoGmbHG/*Liebscher*, § 46 Rn. 219; ähnlich Großkomm-GmbHG/*Hüffer/Schürnbrand*, § 46 Rn. 97.

69 Zutreffend Großkomm-GmbHG/*Hüffer/Schürnbrand*, § 46 Rn. 97.

70 So auch MüKoGmbHG/*Liebscher*, § 46 Rn. 219.

seinen Konditionen (Gehalt, Urlaub, Dienstwagen u.ä.) auch ihrer Entscheidungsbefugnis.[71] Damit unterscheidet sich die Rechtslage für die Prokura von derjenigen für die Bestellung des Geschäftsführers. Obwohl in § 46 Nr. 5 GmbHG nicht aufgeführt, steht der Gesellschafterversammlung die Entscheidungskompetenz über die Konditionen des Anstellungsvertrages des Geschäftsführers als Annexkompetenz zu.[72] Zwischen dem Prokuristen als leitenden Angestellten der GmbH und dem Geschäftsführer als Organmitglied der GmbH wird insoweit gut vertretbar unterschieden. Wollen die Gesellschafter auch die Anstellungsverträge der leitenden Angestellten der GmbH zu ihrer Entscheidungsangelegenheit machen, müssen sie diesen Beschlussgegenstand – ggf. mit anderen für wirtschaftlich und rechtlich bedeutsam gewerteten Rechtsgeschäften – zu einem zustimmungsbedürftigen Geschäft erklären. Das können Sie durch Gesellschafterbeschluss generell oder einzelfallbezogen festlegen und müssen es nicht in dem Gesellschaftsvertrag regeln.[73]

#### *d) Erweiterung des Zustimmungserfordernisses gem. § 46 Nr. 7 GmbHG auf Konzernsachverhalte*

§ 46 Nr. 7 GmbHG erfasst auch nicht die Erteilung von Prokura in einer Tochtergesellschaft der GmbH.[74] Sieht der Gesellschaftsvertrag vor, dass die GmbH den Gegenstand ihres Unternehmens auch über Tochtergesellschaften verwirklichen kann, empfiehlt es sich, die Erteilung von Prokura auch in der Tochtergesellschaft von der Zustimmung der Gesellschafterversammlung der GmbH abhängig zu machen. Ohne diese Bestimmung wäre der Geschäftsführer der GmbH in der Gesellschafterversammlung der Tochtergesellschaft in seiner Entscheidung frei, wem er Prokura erteilt. Je nachdem, wie umfangreich sich die

---

71 Ganz h.M., vgl. Baumbach/Hueck/*Zöllner/Noack*, § 46 Rn. 54; BeckOK-GmbHG/*Schindler*, § 46 Rn. 86; Bork/Schäfer/*Masuch*, § 46 Rn. 25; Großkomm-GmbHG/*Hüffer*, § 46 Rn. 85; Lutter/Hommelhoff/*Bayer*, § 46 Rn. 33; MHLS/*Römermann*, § 46 Rn. 362; Rowedder/Schmidt-Leithoff/*Ganzer*, § 46 Rn. 59; Saenger/Inhester/*Bergjan*, § 46 Rn. 43; Scholz/*K. Schmidt*, § 46 Rn. 123, 133.

72 Std. Rspr. und ganz h.A.; vgl. BGH NJW 1991, 1680, 1681; NJW 1995, 1750, 1751; NJW 2000, 2983 f.; NZG 2008, 104 f.; NZG 2018, 1073, 1074; NZG 2019, 861, 862; Baumbach/Hueck/*Zöllner/Noack*, § 46 Rn. 36; BeckOK-GmbHG/*Schindler*, § 46 Rn. 43; Bork/Schäfer/*Masuch*, § 46 Rn. 20; MHLS/*Römermann*, § 46 Rn. 246; Rowedder/Schmidt-Leithoff/*Ganzer*, § 46 Rn. 35; Saenger/Inhester/*Bergjan*, § 46 Rn. 32; Scholz/*K. Schmidt*, § 46 Rn. 70.

73 Vgl. BeckOK-GmbHG/*Wisskirchen/Kuhn*, § 37 Rn. 17; Bork/Schäfer/*Jacoby*, § 37 Rn. 13; Großkomm-GmbHG/*Paefgen*, § 37 Rn. 18; Rowedder/Schmidt-Leithoff/*Baukelmann*, § 37 Rn. 26; Saenger/Inhester/*Lücke/Simon*, § 37 Rn. 12.

74 Erstaunlicherweise wird dies von keinem der im Literaturverzeichnis aufgelisteten Kommentare zum GmbHG bei den Erläuterungen zu § 46 Nr. 7 GmbHG erwähnt.

Geschäfte in der Tochtergesellschaft im Verhältnis zu denen der „Mutter-GmbH" entwickeln, kann damit eine „Aushöhlung" der Kompetenz gem. § 46 Nr. 7 GmbHG einhergehen. Gegebenenfalls sind somit auch Konzernsachverhalte bei der Ausgestaltung des Gesellschaftsvertrages der „Mutter-GmbH" zu berücksichtigen.

### *e) „Problemfall" mehrere Geschäftsführer*

Schließlich sollte auch die Willensbildung und Handlungsfähigkeit des „Organs Geschäftsführer"[75] bedacht werden. Hat die GmbH nur einen Geschäftsführer, erübrigen sich weitergehende Überlegungen. Handelt es sich aber um eine GmbH, bei der mehrere Personen zum Geschäftsführer bestellt worden sind, müssen diese als Mitglieder des „Organs Geschäftsführer" einen Gesamtwillen bilden. Parallel zu § 35 Abs. 2 S. 1 GmbHG haben sie analog § 77 Abs. 1 AktG nur Gesamtgeschäftsführungsbefugnis, müssen somit grds. einen einstimmigen Beschluss fassen.[76] Von diesem Erfordernis kann entweder im Gesellschaftsvertrag oder in der Geschäftsordnung[77] für die Geschäftsführer abgewichen werden. Dabei kann z.B. ein Mehrheitsbeschluss – ggf. mit Stichentscheid durch einen bestimmten Geschäftsführer – vorgesehen werden. Es können aber auch bestimmte Maßnahmen in die Entscheidung einzelner Geschäftsführer gestellt und sie zugleich zur Durchführung dieser Maßnahme ermächtigt werden.

Übertragen auf die Prokura kann sich demzufolge folgendes empfehlen: Bleibt es für die Erteilung der Prokura bei der Entscheidungskompetenz der Gesellschafterversammlung, ist ein entsprechender Gesellschafterbeschluss für alle Geschäftsführer bindend und sie müssen und können über diese Geschäftsführungsmaßnahme nicht abstimmen.

Wird die Entscheidungskompetenz über die Erteilung von Prokura aber bei dem „Organ Geschäftsführer" verortet, haben diese hierüber als Geschäftsfüh-

---

75 Während das AktG zwischen dem Vorstand als Organ (vgl. nur beispielsweise §§ 76 Abs. 1, 77 Abs. 2 S. 1, 78 Abs. 1 S. 1 AktG) und den Mitgliedern des Vorstands unterscheidet (vgl. nur beispielhaft §§ 76 Abs. 2 S. 1, 77 Abs. 1 S. 1, 78 Abs. 2 S. 1 AktG), erfolgt diese sachlich gebotene Differenzierung im GmbHG nicht.

76 Ganz h.A., vgl. nur Baumbach/Hueck/*Beurskens*, § 37 Rn. 12; BeckOK-GmbHG/*Wisskirchen/Kuhn*, § 37 Rn. 39; MHLS/*Lenz*, § 37 Rn. 29.

77 Primär zuständig für den Erlass einer Geschäftsordnung für die Geschäftsführer ist die Gesellschafterversammlung, die hierüber mit einfacher Mehrheit der Stimmen entscheidet (vgl. BGH NJW 2012, 1656; OLG Stuttgart, GmbHR 1992, 48; Baumbach/Hueck/*Beurskens*, § 37 Rn. 18; Großkomm-GmbHG/*Paefgen*, § 35 Rn. 189; MHLS/*Lenz*, § 37 Rn. 30). Nur wenn die Gesellschafterversammlung von dieser Kompetenz keinen Gebrauch macht, können sich die Geschäftsführer selbst eine Geschäftsordnung geben (vgl. Baumbach/Hueck/*Beurskens*, § 37 Rn. 18; Großkomm-GmbHG/*Paefgen*, § 35 Rn. 189; MHLS/*Lenz*, § 37 Rn. 30).

rungsmaßnahme zu beschließen. Dabei empfiehlt es sich weiter, hierfür einen einstimmigen Beschluss zu fordern, denn nur so ist gewährleistet, dass der Prokurist das Vertrauen aller Geschäftsführer genießt. Für die Entscheidung über den Widerruf der Prokura als Geschäftsführungsmaßnahme sollte in Anlehnung an die Regelung in § 116 Abs. 3 S. 2 HGB der darauf gerichtete Wille eines Geschäftsführers maßgeblich sein. Für die Erklärung des Widerrufs der Prokura müssten bei Gesamtvertretungsberechtigung wieder alle Geschäftsführer zusammenwirken; gleiches gilt für die Anmeldung des Erlöschens der Prokura zum Handelsregister. Damit insoweit keine Vollzugsdefizite entstehen, kann die Gesellschafterversammlung in der Geschäftsordnung für die Geschäftsführer eine Regelung vorsehen, wonach jeder Geschäftsführer einzeln ermächtigt ist, die Widerrufserklärung und die Anmeldung des Erlöschens der Prokura zum Handelsregister, zugleich aber im Namen der übrigen Geschäftsführer, zu erklären.[78]

### 2. *OHG und KG*

Für die OHG/KG sind ebenfalls mehrere Problemlagen bei der Gestaltung des Gesellschaftsvertrages zu berücksichtigen.

#### a) *Gewöhnliches/außergewöhnliches Geschäft*

Sowohl für die OHG als auch für die KG ist die Unterscheidung der Geschäfte in gewöhnliche i.S.v. § 116 Abs. 1 HGB und außergewöhnliche i.S.v. § 116 Abs. 2 HGB von großer Bedeutung für die internen Grenzen der geschäftsführenden Gesellschafter, wobei die Abgrenzung im Einzelfall durchaus schwierig vorzunehmen ist.[79] Es ist daher schon ganz allgemein ratsam, im Gesellschaftsvertrag in einem – in der Regel nicht abschließend formulierten – Katalog diejenigen Geschäfte aufzulisten, die die Gesellschafter als rechtlich und wirtschaftlich für ihre konkrete Gesellschaft als außergewöhnlich einstufen.[80] Bei dem Entwurf dieses Katalogs außergewöhnlicher Geschäfte sollte bei der Gestaltung des Gesellschaftsvertrages zugleich dazu Stellung genommen werden, wie die Erteilung von Prokura in der Gesellschaft eingeordnet wird. So können sich die Gesellschafter dazu entschließen, die Prokuraerteilung generell als gewöhnliches oder als außergewöhnliches Geschäft zu deklarieren, um die mit der h.L. ver-

---

78 Zur Zulässigkeit einer solchen Regelung vgl. OLG München DNotZ 2011, 951, 953; zustimmend *Blaschke/König*, NZG 2013, 1412, 1414; in diesem Sinne auch MüKoGmbHG/*Stephan/Tieves*, § 35 Rn. 155.

79 Vgl. oben 3.2.2. b), aa), (2.).

80 Vgl. auch die Empfehlung von BeckOK-HGB/*Klimke*, § 116 Rn. 29; MüKoHGB/*Jickeli*, § 116 Rn. 61; Staub/*C. Schäfer*, § 116 Rn. 38.

bundenen Unsicherheiten[81] zu vermeiden. Für beide Einordnungen kann es jeweils gute Gründe geben.

Für eine dem gesetzlichen Leitbild entsprechende OHG/KG, bei der Gesellschafterbeschlüsse der Zustimmung aller zur Beschlussfassung berechtigten Gesellschafter bedürfen, kann es sich empfehlen, die Erteilung von Prokura im Gleichlauf mit der gesetzlichen Anordnung in § 116 Abs. 3 S. 1 HGB [OHG] bzw. §§ 164 S. 2, 116 Abs. 3 S. 1 HGB [KG] ausdrücklich als gewöhnliches Geschäft zu bestimmen und damit die nach dem Gesellschaftsvertrag nicht geschäftsführungsbefugten OHG-Gesellschafter bzw. die im gesetzlichen Regelfall nicht geschäftsführungsbefugten Kommanditisten von der internen Willensbildung auszuschließen. Das ist jedenfalls mit Blick auf die Haftung der Kommanditisten gem. § 171 Abs. 1 HGB für die vom Prokuristen begründeten Gesellschaftsverbindlichkeiten eine sachangemessene Festlegung, die zugleich den Komplementären die notwendige Rechtssicherheit für das Vorliegen ihrer Entscheidungskompetenz gibt. Gegenüber den nicht geschäftsführungsbefugten (und vertretungsbefugten) OHG-Gesellschaftern müsste eine solche Bestimmung voraussichtlich aber gerechtfertigt werden, schließlich haften sie gem. §§ 128 S. 1, 124 Abs. 1 HGB für alle vom Prokuristen begründeten Gesellschaftsverbindlichkeiten unbeschränkt und unbeschränkbar. Insoweit kann argumentiert werden, dass sie diese Haftung auch für die von den geschäfts- und vertretungsbefugten Gesellschaftern begründeten Gesellschaftsverbindlichkeiten übernehmen, weil sie ihnen Vertrauen in eine ordnungsgemäße Geschäftsführung entgegenbringen. Dieses Vertrauen können sie dann auch auf den Prokuristen übertragen, denn die unbeschränkt und unbeschränkbar haftenden Gesellschafter, die ihn ausgewählt und bestellt haben, werden schon im eigenen Interesse die Prokura wieder zum Erlöschen bringen, wenn dies notwendig sein sollte, um ihr eigenes Haftungsrisiko zu begrenzen.

Sind an der KG mehrere Kommanditisten beteiligt, und ist im Gesellschaftsvertrag der KG für die Entscheidung zur Vornahme außergewöhnlicher Geschäfte ein mit einfacher Mehrheit der Stimmen, berechnet nach der festgelegten Höhe der Gesellschaftsanteile der einzelnen Gesellschafter,[82] zu fassender Gesellschafterbeschluss vorgesehen, kann die gesellschaftsvertragliche Einordnung von Geschäften als außergewöhnlich generell großzügiger erfolgen; gleiches gilt für eine OHG, bei der mehrere Gesellschafter nicht geschäftsführungsbefugt sind. Dies gilt dann auch für den Beschlussgegenstand Erteilung von Prokura. In diesem Fall dürfte die Beschlussfassung hierüber im Regelfall nicht an dem

81 Vgl. oben 3.2.2. b), aa), (2.).

82 Zur Zulässigkeit solcher von § 119 Abs. 2 HGB abweichender Regelungen vgl. nur BGHZ 179, 13 Rn. 14 - Schutzgemeinschaft II; Baumbach/Hopt/*Roth*, § 119 Rn. 41; EBJS/*Freitag*, § 119 Rn. 44; MüKoHGB/*Enzinger*, § 119 Rn. 5.

Veto eines einzelnen nicht geschäftsführungsbefugten OHG-Gesellschafters bzw. eines Kommanditisten scheitern. Mit einer solchen Regelung hätten die Komplementäre ebenfalls Rechtssicherheit für ihre Geschäftsführungsentscheidung, und die nicht geschäftsführungsbefugten OHG-Gesellschafter bzw. die Kommanditisten wären in angemessener Weise an der internen Willensbildung beteiligt.[83]

### *b) Gesamtgeschäftsführung und Gesamtvertretung*

Ist in der OHG/KG Gesamtgeschäftsführung und Gesamtvertretung gesellschaftsvertraglich vereinbart, bereitet dies bei der Erteilung von Prokura im Regelfall keine Schwierigkeiten. Die im Innenverhältnis mit der Erteilung von Prokura einverstandenen gesamtgeschäftsführungsberechtigten Gesellschafter werden auch bei der Erklärung der Prokura und ihrer Anmeldung zur Eintragung in das Handelsregister als vertretungsberechtigte Gesellschafter zusammenwirken. Wie aufgezeigt, kann aber die Erklärung des Widerrufs der Prokura im Einzelfall zu schwerwiegenden Komplikationen führen. Es gilt somit eine Lösung zu finden, dass der gesamtvertretungsberechtigte Gesellschafter seine im Innenverhältnis berechtigterweise getroffene Entscheidung, die Prokura zum Erlöschen zu bringen, auch alleine im Außenverhältnis vollziehen kann. Dazu kommen ersichtlich nur zwei Lösungsansätze in Betracht, nämlich einerseits eine gesellschaftsrechtlich eingeräumte rechtsgeschäftliche Bevollmächtigung oder andererseits eine Ermächtigung als Gesamtvertreter, zugleich im Namen der übrigen Gesamtvertreter zu handeln.

#### *aa) Rechtsgeschäftliche Bevollmächtigung*

Nach richtiger aber bestrittener Ansicht ist es rechtlich zulässig, einem gesamtvertretungsberechtigten organschaftlichen Vertreter einer OHG/KG eine rechtsgeschäftliche Vertretungsmacht (Generalvollmacht, Prokura, Handlungsvollmacht) einzuräumen, kraft derer er allein im Namen der OHG/KG im Rechts-

---

83 Bei dieser Konstellation könnte darüber hinaus erwogen werden, auch die Erteilung von Generalhandlungsvollmacht i.S.v. § 54, 1 Fall HGB in gleicher Weise wie dies nach § 46 Nr. 7 für die GmbH vorgesehen ist, in die Entscheidungskompetenz aller Gesellschafter zu stellen. Damit würden die Gesellschafter der KG über die in § 161 Abs. 2, 116 Abs. 1 HGB angeordnete Regelung hinausgehen (vgl. Baumbach/Hopt/*Roth*, § 116 Rn. 1; BeckOK-HGB/*Klimke*, § 116 Rn. 19). Die Vertretungsmacht des Generalhandlungsbevollmächtigten bleibt zwar hinter derjenigen des Prokuristen zurück (vgl. Baumbach/Hopt/*Hopt*, § 54 Rn. 10 f.; BeckOK-HGB/*Mayer*, § 54 Rn. 21, 24 ff.; MüKoHGB/*Krebs*, § 54 Rn. 21 ff.), gibt ihm aber gleichwohl weitreichende Befugnisse, die KG im rechtsgeschäftlichen Verkehr zu vertreten.

verkehr auftreten kann.[84] Für die Erteilung einer solchen Vollmacht gilt § 167 BGB. Sie erfolgt somit durch rechtsgeschäftliche Erklärung der vertretungsberechtigten Gesellschafter namens der OHG/KG. Sieht der Gesellschaftsvertrag die Erteilung einer Vollmacht an einen Gesellschafter vor, ist das im Zweifel als die Einräumung eines Sonderrechts i.S.v. § 35 BGB auszulegen, das dem Gesellschafter einen Anspruch auf deren Erteilung gibt und einen Widerruf analog § 127 HGB nur bei Vorliegen eines wichtigen Grundes zulässt.[85] Indessen wäre mit einer solchen Vollmacht nichts gewonnen. Der Widerruf der Prokura kann nämlich nur durch den organschaftlichen Vertreter der Handelsgesellschaft erklärt werden.[86] Handelt der gesamtvertretungsberechtigte Gesellschafter aber bei der Erklärung des Widerrufs im Namen der OHG/KG unter Berufung auf seine rechtsgeschäftliche Vollmacht, erklärt er den Widerruf damit nicht als organschaftlicher Vertreter. Die von ihm abgegebene Erklärung des Widerrufs wäre damit unwirksam und führte nicht zum Erlöschen der Prokura.

### *bb) Ermächtigung gem. § 125 Abs. 2 S. 2 HGB*

Möglicherweise kann aber eine Ermächtigung gem. § 125 Abs. 2 S. 2 HGB zur Lösung des Problems beitragen. Nach dieser Vorschrift können zur Gesamtvertretung berechtigte Gesellschafter einzelne von ihnen zur Vornahme bestimmter Geschäfte oder bestimmter Arten von Geschäften ermächtigen.

Die Rechtsnatur der Ermächtigung i.S.v. § 125 Abs. 2 S. 2 HGB ist streitig. Einerseits wird vertreten, durch die Ermächtigung erstarke die gesellschaftsvertragliche Gesamtvertretungsbefugnis für die von der Ermächtigung erfassten

---

84 Vgl. BeckOK-HGB/*Klimke*, § 125 Rn. 46; MüKoHGB/*K. Schmidt*, § 125 Rn. 10; Staub/*Habersack*, § 125 Rn. 13; a.A. MüKoHGB/*Krebs*, § 48 Rn. 30 f.; Staub/*Joost*, § 48 Rn. 42; ebenso offenbar Baumbach/Hopt/*Hopt*, § 48 Rn. 2, der die Vollmachtserteilung nur für den Kommanditisten und den von der Vertretung nach § 125 ff. ausgeschlossenen Gesellschafter befürwortet.

85 Vgl. BGHZ 17, 392, 394; BeckOK-HGB/*Klimke*, § 125 Rn. 47; MüKoHGB/*K. Schmidt*, § 125 Rn. 11; RWH/*v. Gerkan/Haas*, § 125 Rn. 4; Staub/*Habersack*, § 125 Rn. 14; unklar insoweit EBJS/*Hillmann*, § 125 Rn. 8.

86 Aus diesem Grunde kann eine nähere Betrachtung der Konstellation unterbleiben, dass einem Kommanditisten abweichend von § 164 S. 1 HGB Geschäftsführungsbefugnis eingeräumt wird. Er kann ist dann zwar gem. § 164 S. 2, 116 Abs. 3 S. 1 HGB an der Entscheidung über die Erteilung der Prokura zu beteiligen, und er hat gem. § 164 S. 2, 116 Abs. 3 S. 2 HGB auch die Berechtigung zur internen Entscheidung über den Widerruf der Prokura, kann diesen aber nicht im Außenverhältnis erklären, weil ihm gem. dem zwingenden § 170 HGB keine organschaftliche Vertretungsbefugnis eingeräumt werden kann und eine rechtsgeschäftliche Vollmacht für die Wirksamkeit dieser Erklärung nicht ausreicht.

Rechtsgeschäfte zu einer organschaftlichen Einzelvertretungsbefugnis.[87] Demgegenüber wird andererseits vertreten, durch die Ermächtigung werde der gesamtvertretungsberechtigte Gesellschafter in die Lage versetzt, seine organschaftliche Gesamtvertretungsbefugnis zugleich im Namen des ermächtigenden anderen gesamtvertretungsberechtigten Gesellschafters allein auszuüben.[88] Eine Entscheidung dieses dogmatischen Streits ist indessen entbehrlich. Nach beiden Ansichten könnte der gesamtvertretungsberechtigte Gesellschafter jedenfalls die Prokura allein widerrufen, wenn sich diese Ermächtigung auf die Vornahme eines solchen Rechtsgeschäfts erstrecken sollte. Außerdem sind sich beide Ansichten über die Voraussetzungen für die Erteilung der Ermächtigung, ihren zulässigen Umfang und die Möglichkeit des Widerrufs der Ermächtigung einig. Insoweit bietet sich mit der Ermächtigung ein Weg an, mit dem die oben beschriebene Problematik gelöst werden kann.

Die Ermächtigung erfolgt durch einseitige, empfangsbedürftige Willenserklärung, die formlos erklärt werden kann.[89] Es steht demnach nichts entgegen, wenn die gesamtvertretungsberechtigten Gesellschafter bereits im Gesellschaftsvertrag erklären, sich gegenseitig zur Vornahme bestimmter Rechtsgeschäfte ermächtigen. Dadurch darf aber die mit der Gesamtvertretung angestrebte Beschränkung der Vertretungsmacht nicht ausgehebelt werden.[90] Es wäre deshalb rechtlich zulässig, die im Gesellschaftsvertrag erklärte Ermächtigung auf den Widerruf der Prokura zu beschränken. Die Ermächtigung ist jederzeit und ohne wichtigen Grund widerruflich.[91] Daran würde auch die Aufnahme der Ermächtigungserklärung in den Gesellschaftsvertrag nichts ändern.

Ermächtigen sich alle gesamtvertretungsberechtigten Gesellschafter somit im Gesellschaftsvertrag gegenseitig, besteht also gleichwohl das rechtliche Risiko, dass demjenigen Gesellschafter, der im Innenverhältnis zur Entscheidung über den Widerruf der Prokura berechtigt ist, zeitlich vor der Abgabe der Willenserklärung zum Widerruf der Prokura die Ermächtigung hierzu widerrufen wird. Dieser Befund leitet zu der Frage über, wie dieses rechtliche Risiko möglichst geringgehalten werden kann. Dazu muss an der Frage angeknüpft werden,

---

87 Vgl. BGHZ 64, 72, 76; Baumbach/Hopt/*Roth*, § 125 Rn. 17; KKRM/*Kindler*, § 125 Rn. 4; Oetker/*Boesche*, § 125 Rn. 29; ebenso offenbar BeckOK-HGB/*Klimke*, § 125 Rn. 20; EBJS/*Hillmann*, § 125 Rn. 30.

88 Vgl. MüKoHGB/*K. Schmidt*, § 125 Rn. 44; Staub/*Habersack*, § 125 Rn. 46.

89 Ganz h.A., vgl. RGZ 106, 268; RGZ 116, 116, 118; RGZ 118, 168, 170 f.; Baumbach/Hopt/*Roth*, § 125 Rn. 17; BeckOK-HGB/*Klimke*, § 125 Rn. 23; EBJS/*Hillmann*, § 125 Rn. 32; MüKoHGB/*K. Schmidt*, § 125 Rn. 43; Staub/*Habersack*, § 125 Rn. 47.

90 BGHZ 34, 27, 30 f.; BGH NJW-RR 1986, 778; BeckOK-HGB/*Klimke*, § 125 Rn. 24; EBJS/*Hillmann*, § 125 Rn. 34; Staub/*Habersack*, § 125 Rn. 48.

91 Ganz h.A., vgl. Baumbach/Hopt/*Roth*, § 125 Rn. 17; BeckOK-HGB/*Klimke*, § 125 Rn. 27; EBJS/*Hillmann*, § 125 Rn. 33; MüKoHGB/*K. Schmidt*, § 125 Rn. 46; Staub/*Habersack*, § 125 Rn. 53.

wer zum Widerruf der Ermächtigung berechtigt ist und welche Wirkungen dieser Widerruf entfaltet. Auch das ist in der Literatur streitig. So wird einerseits vertreten, jeder sonstige gesamtvertretungsberechtigte Gesellschafter sei zum Widerruf der Ermächtigung berechtigt. [92] Dagegen wird indessen überzeugend angeführt, zum Widerruf sei nur der Ermächtigende selbst berechtigt,[93] denn nur er könne seine Ermächtigungsentscheidung mit Wirkung für die Zukunft zum Erlöschen bringen. Das überzeugt. Erklären somit alle gesamtvertretungsberechtigten Gesellschafter im Gesellschaftsvertrag, dass sie sich gegenseitig zur Vertretung ermächtigen, dann ändert dies nichts daran, dass es sich hierbei lediglich um eine einheitliche Formulierung für mehrere gesondert voneinander zu betrachtende Willenserklärungen handelt. Dabei ist wiederum zu unterscheiden, ob Gesamtvertretung durch alle Gesellschafter oder Gesamtvertretung durch zwei von mehreren Gesellschaftern im Gesellschaftsvertrag angeordnet wird. Auf den Fall von drei gesamtgeschäftsführungsberechtigten Gesellschafter übertragen bedeutet dies im erstgenannten Fall drei Einzelermächtigungen (A+B → C; A+C → B; B+C → A) und im zweitgenannten Fall sechs Einzelermächtigungen (A→ B; A → C; B→ A; B → C; C → A und C → B). Wird bei angeordneter Gesamtvertretung durch zwei von mehreren vertretungsberechtigten Gesellschaftern („Vier-Augen-Prinzip") also die Ermächtigung von B durch A widerrufen, bleibt die Ermächtigung von B durch C bestehen.[94] Bei Gesamtvertretung durch alle Gesellschafter führt der Widerruf der Ermächtigung von A gegenüber B also auch zum Erlöschen der Ermächtigung von B, wenn C nicht widerruft.

Schließlich ist noch zu beachten, dass der Widerruf der Prokura eine einseitige empfangsbedürftige Willenserklärung ist. Der Prokurist kann daher gem. § 174 S. 1 BGB die Widerrufserklärung des ermächtigten gesamtvertretungsberechtigten Gesellschafters zurückweisen, wenn dieser nicht seine Ermächtigung hierzu nachweist, weil sich seine Vertretungsbefugnis nicht aus dem Handelsregister ersehen lässt.[95] Zusätzlich zur Ermächtigungserklärung im Gesellschaftsvertrag sollten daher alle Gesellschafter auch eine entsprechende Vollmachtsurkunde i.S.v. § 172 BGB verfassen und diese dem ermächtigten Gesellschafter aushändigen.

---

92 Vgl. Baumbach/Hopt/*Roth*, § 125 Rn. 17; Staub/*Habersack*, § 125 Rn. 53.

93 Vgl. BeckOK-HGB/*Häublein*, § 125 Rn. 27; MüKoHGB/*K. Schmidt*, § 125 Rn. 46.

94 Diese Konstellation meint offenbar MüKoHGB/*K. Schmidt*, § 125 Rn. 46.

95 Vgl. zutreffend BeckOK-HGB/*Klimke*, § 125 Rn. 28; Staub/*Habersack*, § 125 Rn. 50.

# 4 Schlussfolgerungen für die Gestaltungsmöglichkeiten

Der auf den ersten Blick so unscheinbare Regelungsgegenstand „Erteilung und Widerruf von Prokura“ kann bei Handelsgesellschaften aufgrund der allgemein gesetzlich angeordneten Geschäftsführungs- und Vertretungsregelungen insbesondere dann zu Problemen bei dem Widerruf der Prokura führen, wenn insoweit zwischen den vertretungsberechtigten Gesellschaftern/Geschäftsführern Meinungsverschiedenheiten bestehen. Damit diese nicht eskalieren und zum „Sprengsatz für die Gesellschaft“ werden, sollte schon im Vorfeld nach einer vorbeugenden vertraglichen Gestaltung Ausschau gehalten werden. Lässt sich das Problem für die GmbH noch recht einfach über eine von der Gesellschafterversammlung erlassene Geschäftsordnung für die Geschäftsführer regeln, ist die für OHG/KG gefundene vorbeugende Regelung im Gesellschaftsvertrag alles andere als „bestandsfest“. Dennoch sollte dieser Versuch unternommen werden.

Dabei kann es sich aber für den beratenden Vertragsgestalter (Rechtsanwalt, ggf. Notar) empfehlen, sowohl bei dem Vorschlag der gesellschaftsvertraglichen Regelung als auch bei deren Begründung und Erläuterung „etwas subtil“ vorzugehen, ohne aber seine Beratungsverpflichtungen gegenüber der Gesellschaft bzw. ihren Gesellschaftern zu verletzen. So kann es sich empfehlen, folgende Regelung vorzuschlagen:

*„(1) Die Gesellschafter sind je zu zweit gesamtvertretungsberechtigt.*
*(2) Alle gesamtvertretungsberechtigen Gesellschafter erklären hiermit, dass sie einander jeweils einzeln zur alleinigen Vornahme von Erklärungen, die in ein Register (z.B. Handelsregister, Grundbuch) einzutragen sind, ermächtigen. Alle gesamtvertretungsberechtigten Gesellschafter lassen hierüber eine notariell beglaubigte Urkunde erstellen, die an den jeweils ermächtigten Gesamtvertreter ausgehändigt wird.“*

Mit dieser Regelung würde der Widerruf der Prokura erfasst, ohne dies ausdrücklich hervorzuheben. In einem Beratungsgespräch sollte auf die Bedeutung der notariell beglaubigten Urkunde für die Wirksamkeit der abzugebenden Erklärung hingewiesen werden. Des Weiteren kann diese Regelung mit einer erheblichen Arbeitserleichterung und Zeitersparnis begründet werden, insbesondere wenn es um die Anmeldungen zur Eintragung von Erklärungen zum Handelsregister oder Grundbuch geht. Selbstverständlich sollte auch erwähnt werden, dass jeder gesamtvertretungsberechtigte Gesellschafter seine Ermächtigung jederzeit und ohne wichtigen Grund widerrufen kann.

Auf diese Weise kann versucht werden, den gesetzlichen „Webfehler“ für den Widerruf der Prokura mit einer Regelung zu korrigieren, die ersichtlich für andere Anwendungsfälle sinnvoll und naheliegend ist. Jedenfalls kann es ratsam sein, die oben entwickelten rechtlichen Probleme im Zusammenhang mit dem Widerruf der Prokura bei der Beratung über den Gesellschaftsvertrag nicht ausdrücklich anzusprechen, denn ansonsten könnte die oben entwickelte Lösung schnell zum „stumpfen Schwert“ werden. Manchmal ist somit auch eine „abstrakt formulierte juristische Argumentation“ zur Problemlösung sinnvoll.[96]

## Literatur

*Baumbach/Hopt*, Handelsgesetzbuch mit GmbH & Co., Handelsklauseln, Bank- und Kapitalmarktrecht, Transportrecht (ohne Seerecht), 39. Aufl. 2020 zit.: Baumbach/Hopt/*Bearbeiter*).

*Baumbach/Hueck*, GmbH-Gesetz, 22. Aufl. München 2019 (zit.: Baumbach/Hueck/*Bearbeiter*).

*Blasche/König*, Möglichkeiten der einzelfallbezogenen Erweiterung der Vertretungsbefugnis des gesamtvertretungsberechtigten GmbH-Geschäftsführers zur Einzelvertretungsbefugnis, NZG 2013, 1412 – 1418.

*Bork/Schäfer*, Kommentar zum GmbHG, 3. Aufl., 2015 (zit.: Bork/Schäfer/*Bearbeiter*).

*Beuthien*, Genossenschaftsgesetz, 15. Aufl. 2011. (zit.: *Beuthien*)

*Bürgers/Körber*, Aktiengesetz, 4. Aufl. 2017 (zit.: Bürgers/Körber/*Bearbeiter*).

*Bydlinski*, Grundzüge der juristischen Methodenlehre, 3. Aufl. 2018.

*Canaris*, *Handelsrecht*, 24. Aufl. 2006 (zit. *Canaris*, HR).

*Canaris/Habersack/C. Schäfer* [Hrsg.], HGB, Großkommentar, Band 2 (§§ 48 – 104), 5. Aufl. 2008, Band 3 (§§ 105 – 160), 5. Aufl. 2009, Band 4 (§§ 161 – 236), 5. Aufl. 2015 (zit.: Staub/*Bearbeiter*).

*Centrale für GmbH* [Hrsg.], GmbH-Handbuch, 170. Lieferung, November 2019 (zit.: GmbH-Hdb/*Bearbeiter*).

*Ebenroth/Boujong/Joost/Strohn*, Handelsgesetzbuch, Band 1 (§§ 1 – 342a), 4. Aufl. 2020 (zit.: EBJS/*Bearbeiter*).

*Erman*, Bürgerliches Gesetzbuch, Handkommentar, Band 1 (§§ 1 – 761, AGG), 15. Aufl. 2017 (zit.: Erman/*Bearbeiter*).

*Fleischer*, Zur Auslegung von Gesellschaftsverträgen und Satzungen, DB 2013, 1466 – 1476.

*Fleischer/Götte* [Hrsg.], Münchener Kommentar zum GmbHG, Band 2 (§§ 35 – 52), 3. Aufl. 2019 (zit.: MüKoGmbHG/*Bearbeiter*).

*Fuhrmann/Wälzholz*, Formularbuch Gesellschaftsrecht, 3. Aufl. 2018.

*Grunewald*, Just-in-time-Geschäfte, Qualitätssicherungsvereinbarungen und Rügelast, NJW 1995, 1777 - 1784.

*Grunewald*, Die Auslegung von Gesellschaftsverträgen und Satzungen, ZGR 1995, 68 – 92.

*Hau/Posek* [Hrsg.], Online-Kommentar zum Bürgerlichen Gesetzbuch, 56. Edition, Stand, 1.11.2020 (zit.: BeckOK-BGB/*Bearbeiter*).

*Häublein/Hoffmann-Theinert*, Online-Kommentar zum Handelsgesetzbuch, 29. Edition, Stand 15.07.2020 (zit.: BeckOK-HGB/*Bearbeiter*).

*Heidel/Schall*, Handelsgesetzbuch, 3. Aufl. 2019 (zit. Heidel/Schall/*Bearbeiter*).

---

96 Dass ein künftiger Gesellschafter diese Ausführungen liest und er damit „vorgewarnt“ ist, wird notgedrungen in Kauf genommen.

*Henssler*, Partnerschaftsgesellschaftsgesetz, 3. Aufl. 2018 (zit.: *Henssler*).

*Koller/Kindler/Roth/Druen*, Handelsgesetzbuch, 9. Aufl. 2019 (zit.: KKRD/*Bearbeiter*).

*Larenz/Canaris*, Methodenlehre der Rechtswissenschaft, 3. Aufl. 1995.

*Lettl*, Handelsrecht, 4. Aufl. 2018 (zit.: *Lettl*, HR).

*Lutter/Hommelhoff*, GmbH-Gesetz, 20. Aufl. 2020 (zit.: Lutter/Hommelhoff/*Bearbeiter*).

*Michalski/Heidinger/Leible/J. Schmidt*, Kommentar zum Gesetz betreffend die Gesellschaften mit beschränkter Haftung (GmbH-Gesetz), Band 2 (§§ 35 – 85 GmbHG, §§ 1 – 4 EGGmbHG), 3. Aufl. München 2017 (zit.: MHLS/*Bearbeiter*).

*Oetker*, Handelsgesetzbuch, Kommentar, 6. Aufl. 2019 (zit.: Oetker/*Bearbeiter*).

*Pawlowski*, Methodenlehre für Juristen, 3. Aufl., 1999.

*Pöhlmann/Fandrich/Bloehs*, GenG, 4. Aufl. 2012 (zit.: Pöhlmann/Fandrich/Bloehs/*Bearbeiter*).

*Quittnat*, Qualitätssicherungsvereinbarungen und Produkthaftung, BB 1989, 571 ff.

*Röhricht/Graf v. Westphalen/Haas*, HGB, 4. Aufl. 2014 (zit.: RWH/*Bearbeiter*).

*Rowedder/Schmidt-Leithoff*, Gesetz betreffend die Gesellschaften mit beschränkter Haftung (GmbHG), 6. Aufl. 2017 (zit.: Rowedder/Schmidt-Leithoff/*Bearbeiter*).

*Saecker/Rixecker/Oetker/Limperg* [Hrsg.], Münchener Kommentar zum Bürgerlichen Gesetzbuch, Band 6, Schuldrecht Besonderer Teil IV (§§ 7ß5 – 853, Partnerschaftsgesellschaftsgesetz, Produkthaftungsgesetz), 7. Aufl. 2017 (zit. MüKoHGB/*Bearbeiter*).

*Saenger/Inhester*, GmbHG, 3. Aufl. 2016 (zit.: Saenger/Inhester/*Bearbeiter*).

*Schmidt, D.*, Qualitätssicherungsvereinbarungen und ihr rechtlicher Rahmen, NJW 1991, 144 ff.

*Schmidt K.*, Handelsrecht, 6. Aufl. 2014 (zit.: *K. Schmidt*, HR).

*Schmidt K.*, Gesellschaftsrecht, 4. Aufl. 2002 (zit.: *K. Schmidt*, GesR).

*Schmidt K./Ebke* [Hrsg.], Münchener Kommentar zum HGB, Band 1 (§§ 1 – 104a HGB) 4. Aufl. 2016, Band 2 (§§ 105 – 160 HGB) 4. Aufl. 2016, Band 3 (§§ 161 – 237 HGB) 4. Aufl. 2019 (zit.: MüKoHGB/*Bearbeiter*).

*Schmidt K./Lutter*, Aktiengesetz, Kommentar, I. Band (§§ 1 – 149), 3. Aufl. 2015 (zit.: K. Schmidt/Lutter/*Bearbeiter*).

*Schockenhoff*, Die Auslegung von GmbH- und AG-Satzungen, ZGR 2013, 76 – 108.

*Scholz*, Kommentar zum GmbHG, Band II (§§ 35 – 52), 11. Aufl. 2013 (zit.: Scholz/*Bearbeiter*).

*Spindler/Stilz*, Aktiengesetz, Kommentar, Band 1 (§§ 1 – 149), 4. Aufl. 2019 (zit.: Spindler/Stilz/*Bearbeiter*).

*Steinmann*, Abdingbarkeit der Wareneingangskontrolle in Qualitätssicherungsvereinbarungen, BB 1993, 873 ff.

*Ulmer/Habersack/Löbbe*, Gesetz betreffend die Gesellschaften mit beschränkter Haftung (GmbHG), Großkommentar, Band 2 (§§ 29 —52), 2. Aufl. 2013 (zit.: Großkomm-GmbHG/*Bearbeiter*).

*Ziemons/Jäger/Pöschke*, Online-Kommentar zum GmbHG, 45. Edition, Stand 01.08.2020 (zit.: BeckOK-GmbHG/*Bearbeiter*).

# Schriftenverzeichnis Prof. Dr. Rainer Heurung

## 1 Monographien

1. Heurung, Rainer: Wirken Substanzsteuern investitionshemmend?, Dissertation, Frankfurt 1986.

## 2 Herausgeberschaften

2. Heurung, Rainer: Einführung zum Körperschaftsteuergesetz, in: Heidelberger Kommentar zum Körperschaftsteuergesetz, hrsg. v. Erle, Bernd/Sauter, Thomas, Heidelberg, 3. Auflage 2010, S. 3-84.
3. Erle, Bernd/Heurung, Rainer: Vorbemerkungen zu §§ 14-19, Kommentierung der §§ 14, 15, 16, 17, 18, 19, 34 Abs. 9 bis Abs. 10a, in: Heidelberger Kommentar zum Körperschaftsteuergesetz, hrsg. v. Erle, Bernd/Sauter, Thomas, Heidelberg, 3. Auflage 2010, S. 1094-1416, S. 1678-1680.
4. Heurung, Rainer: Einführung zum Einkommensteuergesetz, in: Heidelberger Kommentar zum Körperschaftsteuergesetz, hrsg. v. Erle, Bernd/Sauter, Thomas, Heidelberg, 3. Auflage 2010, S. 1811-1844.
5. Heurung, Rainer: Besteuerungsprinzipien bei Personengesellschaften im Falle der Bilanzierungskonkurrenz, in: Steuerbelastung - Steuerwirkung - Steuergestaltung, Festschrift zum 65. Geburtstag von Winfried Mellwig, hrsg. v. Wehrheim, Michael/Heurung, Rainer, Wiesbaden 2007, S. 145-177.

## 3 Beiträge in Kommentaren

6. Heurung, Rainer: Einführung zum Körperschaftsteuergesetz, in: Heidelberger Kommentar zum Körperschaftsteuergesetz, hrsg. v. Erle, Bernd/Sauter, Thomas, Heidelberg, 2. Auflage 2006, S. 3-43.
7. Heurung, Rainer: Einführung zum Einkommensteuergesetz, in: Heidelberger Kommentar zum Körperschaftsteuergesetz, hrsg. v. Erle, Bernd/Sauter, Thomas, Heidelberg, 2. Auflage 2006, S. 1233-1239.


N. Antonakopoulos et al. (Hrsg.), *Unternehmenskauf und Unternehmensumwandlung*, https://doi.org/10.1007/978-3-658-34138-1

## 4 Beiträge in Sammelwerken

8. Heurung, Rainer: Reform der Unternehmensbesteuerung: Kommentar zum Steuersenkungsgesetz mit Checklisten und Materialien, hrsg. v. Erle, Bernd/Sauter, Thomas, bearb. v. Heurung, Rainer u.a., Köln 2000, S. 133-169, S. 172-174, S. 359-361, S. 363-367, S. 371-419.
9. Heurung, Rainer: Risikobereiche bei Organschaften, in: Tax Due Diligence, hrsg. v. Kneip, Christoph/Jänisch, Christian, München 2005, S. 464-506.
10. Heurung, Rainer: Latente Steuern, in: Tax Due Diligence, hrsg. v. Kneip, Christoph/Jänisch, Christian, München 2005, S. 783-808.
11. Heurung, Rainer/Klübenspies, Marco: Notgeschäftsführung, in: Vahlens Großes Auditing Lexikon, hrsg. v. Freidank, Carl-Christian/Lachnit, Laurenz/Tesch, Jörg, München 2007, S. 980 f.
12. Heurung, Rainer/Antonakopoulos, Nadine: Mandatsniederlegung des Abschlussprüfers, in: Vahlens Großes Auditing Lexikon, hrsg. v. Freidank, Carl- Christian/Lachnit, Laurenz/Tesch, Jörg, München 2007, S. 929-932.
13. Heurung, Rainer/Seidel, Philipp: Vermeidung doppelter Nichtbesteuerung ausländischer Einkünfte aus typisch stillen Beteiligungen, in: Das deutsche internationale Steuerrecht: Gegenwart und Zukunft, Festschrift zum 60. Geburtstag von Christiana Djanani, hrsg. v. Brähler, Gernot/Lösel, Christian, Wiesbaden 2008, S. 313-362.
14. Heurung, Rainer/ Sabel, Elmar: Leasing, in: Beck´sches Handbuch der Rechnungslegung, hrsg. v. Böcking/ Castan/Heymann/Pfitzer/Scheffler, München , Loseblatt, BD 710.
15. Heurung, Rainer/Seidel, Philipp/Pippart, Nils: Auslandseinkünfte aus Betriebsstätten und Kapitalgesellschaftsanteilen in der Gewerbesteuer, in: Besteuerung, Rechnungslegung und Prüfung der Unternehmen, Festschrift für Professor Dr. Norbert Krawitz, hrsg. v. Baumhoff, Hubertus/Dücker, Reinhard/Köhler, Stefan, Wiesbaden 2010, S. 103-141.
16. Heurung, Rainer/Engel, Benjamin: Kapitel 5: Abkommensrechtliche Grundfragen bei internationalen Umstrukturierungen, in: Umwandlungen im Internationalen Steuerrecht, hrsg. v. Prinz, Ulrich, Köln, 2013, S. 226-274.
17. Heurung, Rainer/ Schmidt, Sebastian/ Kollmann, Sinja, in: Rödder/Wassermeyer/Ditz (Hrsg.): Internationale Einkünfteabgrenzung - Freundesgabe für Hubertus Baumhoff, Köln 2020: Finale Verluste bei gebietsfremden Betriebsstätten, S. 147-158.

# 5 Beiträge in Zeitschriften

18. Heurung, Rainer: Zum Einfluß marginaler Steuersatzänderungen auf Investitionsentscheidungen, in: DB 1985, S. 661-670.

19. Heurung, Rainer: Der negative Geschäftswert im Bilanzrecht, in: DB 1995, S. 385-392.

20. Heurung, Rainer: Zur Anwendung und Angemessenheit verschiedener Unternehmenswertverfahren im Rahmen von Umwandlungsfällen (Teil I), in: DB 1997, S. 837-843.

21. Heurung, Rainer: Zur Anwendung und Angemessenheit verschiedener Unternehmenswertverfahren im Rahmen von Umwandlungsfällen (Teil II), in: DB 1997, S. 888-892.

22. Heurung, Rainer: Zur Unternehmensbewertung bei Umtauschverhältnissen im Rahmen der Spaltung (Teil I), in: DStR 1997, S. 1301-1308.

23. Heurung, Rainer: Zur Unternehmensbewertung bei Umtauschverhältnissen im Rahmen der Spaltung (Teil II), in: DStR 1997, S. 1341-1344.

24. Heurung, Rainer: Das Leg-ein-hol-zurück-Verfahren, in: Gestaltende Steuerberatung 1998, S. 20-30.

25. Heurung, Rainer: Zur Unternehmensbewertung bei Spaltungsprozessen mit Kapitalstrukturproblemen, in: WPg 1998, S. 201-215.

26. Heurung, Rainer: Steuerliche Nichtberücksichtigung von Drohverlusten kompensieren, in: Gestaltende Steuerberatung 1998, S. 16-19.

27. Heurung, Rainer/Wagener, Klaus: Bilanzpolitik, in: BBK 1999, Fach 30, S. 827- 832.

28. Heurung, Rainer/Klübenspies, Marco: Betriebswirtschaftliches Prüfungswesen und Steuerlehre an der Universität-Gesamthochschule Siegen, in: SteuerStud 1999, S. 155-158.

29. Heurung, Rainer/Wagener, Klaus: Examensaufgabe im Fach Betriebswirtschaftliche Steuerlehre: Fall Wilhelm-Busch-GmbH & Co. KG, in: SteuerStud 1999, S. 178-183.

30. Heurung, Rainer: Internationalisierung der Rechnungslegung, in: WISU 1999, S. 297-301.

31. Heurung, Rainer/Wagener, Klaus: Internationale Besteuerung von Kapitalgesellschaften bei Ausschüttungen im Konzern, in: BBK 1999, Fach 30, S. 899-908.

32. Heurung, Rainer: Berücksichtigung von Ertragsteuerwirkungen in Unternehmensbewertungsmodellen im Rahmen von Verschmelzungstatbeständen, in: DB 1999, S. 1225-1233.

33. Heurung, Rainer/Wagener, Klaus: Ermittlung der Kapitalstruktur-größen anhand der Konzernbilanz für Unternehmensbewertungs-zwecke, in: StuB 1999, S. 754- 760.

34. Heurung, Rainer: Werthaltigkeit von Sachspenden bei Vereinen wird verstärkt geprüft, in: Gestaltende Steuerberatung 1999, S. 249-251.

35. Heurung, Rainer/Kurtz, Michael: Ertragsteuerwirkungen auf Investitionsentscheidungen, in: BBK 1999, Fach 30, S. 919-926.

36. Heurung, Rainer/Kurtz, Michael/Wagener, Klaus: Zur Berücksichtigung unterschiedlicher Kapitalstrukturen im Rahmen der Unternehmensbewertung bei Verschmelzungstatbeständen, in: WPg 1999, S. 797-811.

37. Heurung, Rainer/Wagener, Klaus: Auswirkungen der Brühler Empfehlungen auf die Unternehmenswertermittlung, in: StuB 1999, S. 1203-1206.

38. Heurung, Rainer: Kapitalkonsolidierung für verbundene Unternehmen nach § 301 HGB, in: BBK 2000, Fach 30, S. 989-998.

39. Heurung, Rainer: Führt die Internationalisierung der Rechnungs-legung zu einer Erosion der steuerlichen Gewinnermittlung?, in: RIW 2000, S. 421-431.

40. Heurung, Rainer: Untergang des steuerlichen Verlustabzugs beim verlustverursachenden Rechtsträger, in: StuB 2000, S. 600-609.

41. Heurung, Rainer: Sicherung des steuerlichen Verlustabzugs beim verlustverursachenden Rechtsträger, in: StuB 2000, S. 660-662.

42. Heurung, Rainer: Steuerabgrenzung nach dem Temporary Differences-Konzept im befreienden Konzernabschluss, in: BB 2000, S. 1340-1347.

43. Heurung, Rainer/Kurtz, Michael: Latente Steuern nach dem Temporary Differences-Konzept: Ausgewählte Problembereiche, in: BB 2000, S. 1775- 1780.

44. Heurung, Rainer: Kapitalkonsolidierungsmethoden für verbundene Unternehmen im Vergleich zwischen IAS und US-GAAP, in: DB 2000, S. 1773- 1781.

45. Heurung, Rainer: Die Bewertung assoziierter Unternehmen im Konzernabschluss im Vergleich zwischen HGB, IAS und US-GAAP (Teil I), in: IStR 2000, S. 628- 635.

46. Heurung, Rainer: Die Bewertung assoziierter Unternehmen im Konzernabschluss im Vergleich zwischen HGB, IAS und US-GAAP (Teil II), in: IStR 2000, S. 664- 671.

47. Heurung, Rainer: Latente Steuerabgrenzung im Konzernabschluss im Vergleich zwischen HGB, IAS und US-GAAP, in: AG 2000, S. 538-553.

48. Heurung, Rainer/Heinsen, Oliver/Springer, Mascha: Anwendungs- und Zweifelsfragen im Rahmen der Steuerreform, in: BB 2001, S. 181-186.

49. Sauter, Thomas/Heurung, Rainer: Errichtung steuerlicher Organschaften aufgrund der Unternehmenssteuerreform, in: GmbHR 2001, S. 165-171.

50. Heurung, Rainer/Heinsen, Oliver/Springer, Mascha: Kurzdarstellung des Berichts zur Fortentwicklung des Unternehmenssteuerrechts, in: BB 2001, S. 1605-1613.

51. Sauter, Thomas/Heurung, Rainer/Fischer, Wolfgang-Wilhelm: Erfassung von latenten Steuern im Konzernabschluss nach E-DRS 12, in: BB 2001, S. 1783- 1788.

52. Sauter, Thomas/Heurung, Rainer: Ausgleichszahlungen i.S.d. § 16 KStGi.V.m. § 304 AktG und vororganschaftliche Gewinnausschüttungen nach dem Systemwechsel, in: GmbHR 2001, S. 754-763.

53. Sauter, Thomas/Heurung, Rainer/Oblau, Markus: Anwendungs- und Zweifelsfragen zum Gesetzentwurf zur Fortentwicklung des Unternehmenssteuerrechts, in: BB 2001, S. 2448-2451.

54. Sauter, Thomas/Heurung, Rainer/Babel, Mathias: Stille Reserven und Verlustvorträge bei der Verschmelzung von Kapitalgesellschaften auf eine Personenhandelsgesellschaft, in: DB 2002, S. 1177-1184.

55. Sauter, Thomas/Heurung, Rainer/Oblau, Markus: Umsetzung des Gesetzentwurfs zur Fortentwicklung des Unternehmenssteuerrechts, in: StB 2002, S. 202-210.

56. Heurung, Rainer/Oblau, Markus/Röker, Julia: Neufassung der Tatbestandsvoraussetzungen der ertragsteuerlichen Organschaft durch das UntStFG und das StVBG, in: GmbHR 2002, S. 620-626.

57. Sauter, Thomas/Heurung, Rainer/Oblau, Markus: Fortsetzung der Unternehmenssteuerreform durch den Entwurf des 5. Gesetzes zur Änderung des Steuerbeamtenausbildungsgesetzes ?, in: BB 2002, S. 1674-1676.

58. Sauter, Thomas/Heurung, Rainer/Oblau, Markus: Probleme bei der Realteilung nach der Neuregelung durch die Unternehmenssteuerreform, in: FR 2002, S. 1101-1109.

59. Heurung, Rainer/Möbus, Sabine: Einkommensermittlung bei Organschaften: Gestaltungsmöglichkeiten bei Umwandlungen und grenzüberschreitenden Sachverhalten im Kontext der neueren Entwicklungen im Unternehmenssteuerrecht, in: BB 2003, S. 766-774.

60. Heurung, Rainer/Klübenspies, Marco: Ertragsteuerliche Organschaften im Lichte des BMF-Schreibens vom 26.8.2003, in: BB 2003, S. 2483-2495.

61. Hohenlohe, Franz Prinz zu/Heurung, Rainer: Neufassung der Gesellschafterfremdfinanzierung i.S. von § 8a KStG-E und Personengesellschaften, in: DB 2003, S. 2566-2570.

62. Hohenlohe, Franz Prinz zu/Heurung, Rainer: Neufassung des § 8a KStG: Holdingproblematik bei Zwischenschaltung von Personengesellschaften, in: Der Konzern 2004, S. 98-102.

63. Heurung, Rainer/Wehrheim, Michael/Adrian, Gerrit: Die Bruttomethode des § 15 Satz 1 Nr. 2 KStG in der Fassung des Korb II-Gesetzes, in: BB 2004, S. 465- 467.

64. Heurung, Rainer/Wehrheim, Michael/Adrian, Gerrit: Vorteilhaftigkeitsanalyse der ertragsteuerlichen Organschaft vor dem Hintergrund der Gesetzesänderungen zum 1.1.2004, in: StuB 2004, S. 200-203.

65. Hohenlohe, Franz Prinz zu/Heurung, Rainer/Rautenstrauch, Gabriele: Aktuelle Zweifelsfragen im BMF-Schreiben zur Gesellschafter-Fremdfinanzierung, in: BB 2004, S. 1931-1934.

66. Hohenlohe, Franz Prinz zu/Heurung, Rainer/Rautenstrauch, Gabriele: Gewerbesteuerliche Aspekte bei der Finanzierung nachgeschalteter Personengesellschaften i. S. v. § 8a Abs. 5 KStG, in: BB 2004, S. 2220-2224.

67. Hohenlohe, Franz Prinz zu/Heurung, Rainer/Rautenstrauch, Gabriele: Safe haven-Verbrauch bei Gesellschafter-Fremdfinanzierung von nachgeschalteten Personengesellschaften (§ 8a Abs. 5 KStG), in: GmbHR 2004, S. 1361-1365.

68. Hohenlohe, Franz Prinz zu/Heurung, Rainer/Oblau, Markus: Überblick zum Gesetzentwurf der Bundesregierung zum Richtlinien-Umsetzungsgesetz, in: RIW 2004, S. 836-842.

69. Hohenlohe, Franz Prinz zu/Heurung, Rainer/Rautenstrauch: Gesellschafts- oder anteilseignerbezogene Betrachtung von einer Holdingkapitalgesellschaft nachgeordneten Gesellschaften i. S. des § 8a Abs. 4 S. 2 KStG, in: BB 2005, S. 801-805.

70. Sauter, Thomas/Heurung, Rainer/Klübenspies, Marco: Das Entwurfschreiben des Bundesfinanzministeriums zu ertragsteuerlichen Organschaften unter der Ägide des StVergAbG, in: BB 2005, S. 1304-1310.

71. Hohenlohe, Franz Prinz zu/Heurung, Rainer/Oblau, Markus: Änderungen des Unternehmenssteuerrechts durch das Richtlinien-Umsetzungsgesetz, in: RIW 2005, S. 433-436.

72. Dörfler, Oliver/Heurung, Rainer/Adrian, Gerrit: Korrespondenzprinzip bei vGA, in: DStR 2007, S. 514-520.

73. Heurung, Rainer/Seidel, Philipp: Bruttomethode bei Organschaft nach dem JStG 2009, BB 2009, S. 472-476.

74. Heurung, Rainer/Seidel, Philipp: Anrechnung ausländischer Steuern auf Gewerbesteuer und Solidaritätszuschlag ?, in: IWB 2009, Fach 3, Gruppe 5, S. 75-84.

75. Heurung, Rainer/Seidel, Philipp: Organschaftbesteuerung der öffentlichen Hand, in: BB 2009, S. 1786-1790.

76. Heurung, Rainer/Seidel, Philipp: Ausgleichspostenmethode bei Organverlusten und mittelbarer Organschaft, in: Der Konzern 2009, S. 400-408.

77. Heurung, Rainer/Seidel, Philipp: Steuerplanung bei Finanzunternehmen mit ausländischen GmbH-Anteilen, in: GmbHR 2009, S. 1084-1092.

78. Heurung, Rainer/Engel, Benjamin/Seidel, Philipp: DBA-Schachtelprivileg in Körperschaft- und Gewerbesteuer, in: DB 2010, S. 1551-1556.

79. Heurung, Rainer/Engel, Benjamin: Grenzüberschreitende Berücksichtigung von Betriebsstättenverlusten in der EU, in: GmbHR 2010, S. 1065-1073.

80. Heurung, Rainer/Engel, Benjamin: Fortführung und rückwirkende Begründung von Organschaftsverhältnissen in Umwandlungsfällen, in: BB 2011, S. 151-155.

81. Heurung, Rainer/Engel, Benjamin/Schröder, Sebastian: BB- Rechtsprechungsreport ertragsteuerliche Organschaft, in: BB 2011, S. 599-606.

82. Heurung, Rainer/Engel, Benjamin/Thiedemann, Bastian: Ertragsteuerliche Organschaft im Lichte des Europarechts, in: FR 2011, S. 212-219.

83. Heurung, Rainer/Engel, Benjamin/Schröder, Sebastian: Auf- und Abspaltung von Körperschaften – Analyse des Entwurfs eines BMF-Schreibens zur Anwendung des UmwStG 2006, in: GmbHR 2011, S. 617-629.

84. Heurung, Rainer/Engel, Benjamin/Thiedemann, Bastian: Die Entstrickungsbesteuerung im Lichte des Europarechts, in: EWS 2011, S. 228-234.

85. Heurung, Rainer/Engel, Benjamin/Thiedemann, Bastian: Die Niederländische Entstrickungsbesteuerung vor dem EuGH – Die Schlussanträge in der Rs. Grid Indus und ihre Auswirkungen auf die deutsche Entstrickungsbesteuerung, in: EWS 2011, S. 518-524.

86. Heurung, Rainer/Engel, Benjamin/Thiedemann, Bastian: EWS Kommentar zum Urteil des Europäischen Gerichtshofs in der Rs. „Grid Indus BV" (29.11.2011, C-371/10), in: EWS 2012, S. 46-48.

87. Heurung, Rainer/Engel, Benjamin/Schröder, Sebastian: Ausgewählte Zweifels- und Praxisfragen zur Spaltung nach dem UmwSt-Erlass 2011, in: GmbHR 2012, S. 273-280.

88. Heurung, Rainer/Engel, Benjamin/Thiedemann, Bastian: Umwandlungen und Organschaft – Anmerkungen zum Umwandlungssteuererlass vom 11.11.2011, in: Der Konzern 2012, S. 16-27.

89. Heurung, Rainer/Engel, Benjamin/Schröder, Sebastian: BB- Rechtsprechungsreport ertragsteuerliche Organschaft 2011, in: BB 2012, S. 1123-1130.

90. Heurung, Rainer/Schöne, Torsten/Petersen, Sabrina: Erforderliche Änderungen im Recht des faktischen Konzerns im Zuge der Reform der steuerlichen Organschaft, in: DStR 2012, S. 1680-1685.

91. Heurung, Rainer/Engel, Benjamin/Müller-Thomczik, Sandra: Der "wichtige Grund" zur Beendigung des Gewinnabführungsvertrags, in: GmbHR 2012, S. 1227-1234.

92. Heurung, Rainer/Hilbert, Lukas/Engel, Benjamin: Lohnsteuerrechtlicher Zufluss bei Gewährung vinkulierter GmbH-Anteile, in GmbHR 2013, S. 184-189.

93. Heurung, Rainer/Müller-Thomczik, Sandra: Der organschaftliche Ausgleichsposten im Umwandlungsfall, in StB 2013, S. 111-116.

94. Heurung, Rainer/Engel, Benjamin/Schröder, Sebastian: BB- Rechtsprechungsreport ertragsteuerliche Organschaft 2012, in: BB 2013, S. 663-669.

95. Heurung, Rainer/ Engel, Benjamin/Bresgen, Ariane: Berücksichtigung „finaler Verluste“ aus anderen EU-/EWR-Mitgliedstaaten. Zugleich Anmerkungen zum EuGH-Urteil vom 21.2.2013 – Rs. C 123/11 – A Oy, in GmbHR 2013, S. 638- 645.

96. Heurung, Rainer/ Bresgen, Ariane/ Fröhr, Katja: BB-Rechtsprechungsreport ertragsteuerliche Organschaft 2013, in: BB 2014, S. 1687-1693.

97. Heurung, Rainer / Bresgen, Ariane / Sauer, Christian: Germany's Statutory Treatment of Special Payments in Transnational Cases, in: Intertax 2014, S. 644-652.

98. Heurung, Rainer/ Fröhr, Katja/ Thimm, Anna: Die Anwendung des § 8c KStG in Umwandlungsfällen nach dem Entwurf des aktuellen BMF-Schreibens, in: StB 2014, S. 308-313.

99. Heurung Rainer/ Bresgen, Ariane: Übertragung und Überführung von Wirtschaftsgütern bei grenzüberschreitenden Mitunternehmerschaften, in: GmbHR 2014, S. 187 – 196.

100. Heurung, Rainer/ Fröhr, Katja/ Bresgen, Ariane: Erbschaftsteuerliche Gleichstellung bei der Gewährung von Freibeträgen nach § 16 ErbStG, in: ISR 2015, S. 20-25.

101. Heurung, Rainer/ Bresgen, Ariane/ Fröhr, Katja: BB-Rechtsprechungsreport ertragsteuerliche Organschaft 2014, in: BB 2015, S. 1431-1434.

102. Heurung, Rainer/ Fröhr, Katja/ Schmidt, Sebastian: BB- Rechtsprechungsreport ertragsteuerliche Organschaft 2015, in BB 2016, S. 727-734.

103. Heurung, Rainer/ Schmidt, Sebastian/ Kollmann, Sinja: Mögliche Auswirkungen des EuGH-Urteils Groupe Steria auf die deutsche Organschaft unter besonderer Berücksichtigung der EAV-Problematik, in: GmbHR 2016, S. 449-455.

104. Heurung, Rainer/ Fröhr, Katja/ Ferdinand, Franziska: Europäische Harmonisierungsbestrebungen im internationalen Erb- und Erbschaftsteuerrecht, in: ISR 2016, S. 201-207.

105. Heurung, Rainer/ Kollmann, Sinja/ Schmidt, Sebastian: Umwandlung einer Kapitalgesellschaft in eine Personengesellschaft durch Formwechsel – Darstellung verschiedener Gestaltungsvarianten, in: StuB 2016, S. 527-533.

106. Heurung, Rainer/Fröhr, Katja/Buhrandt, Andreas: Unionswidrigkeit von § 2 Abs. 3 ErbStG hinsichtlich des zwanzigjährigen Berücksichtigungszeitraums bei Schenkungen unter Gebietsfremden, in: ZErb 2016, S. 283 – 285.

107. Heurung, Rainer/Schmidt, Sebastian/Berhorst, Fabian: Der GmbH- Gesellschafter im Lichte der deutschen Entstrickungsbesteuerung. – § 50i EStG und das BMF-Schreiben vom 21.12.2015 im Fokus –, in: GmbHR 2016, S. 1009-1015.

108. Heurung, Rainer/Schmidt, Sebastian/Kollmann, Sinja: Kritische Aspekte zur geplanten Erbschaftsteuerreform bei begünstigten Betriebsvermögensübergängen, in: StB 2016, S. 253-261.

109. Heurung, Rainer/Kollmann, Sinja/Schmidt, Sebastian: Berücksichtigung einer in den USA gezahlten Quellensteuer auf Versicherungsleistungen bei der Erbschaftsteuer – Rechtsprechungskompakt zu BFH v. 15.6.2016, in: ISR 2016, S. 421 – 424.

110. Heurung, Rainer/Buhrandt, Andreas/Gilson, Gert: Verhältnismäßigkeit der Bewertungsverfahren in der Erbschaftsteuerreform, in: ZErb 2016, S. 396-399.

111. Heurung, Rainer/Kollmann, Sinja/Hofacker, Kristina: Konzernfinanzierung in der steuerlichen Betrachtung, in: IStR 2017, S. 20 – 24.

112. Heurung, Rainer/Schmidt, Sebastian/Kraft, Marvin: BB-Rechtsprechungsreport zur ertragsteuerlichen Organschaft, in: BB 2017, S. 470-476.

113. Heurung, Rainer/Buhrandt, Andreas/Löckener, Ralph: Kritische Auseinandersetzung mit der neuen Rechtslage des § 16 Abs. 2 ErbStG, in: ZErb 2018, S. 89-94.

114. Heurung, Rainer/Löckener, Ralph/Paczkowski, Katharina: Zeitpunkt der Verrechnungspreisbestimmung: Implementierung in eine konzerninterne Verrechnungspreisrichtlinie anhand steuerrechtlicher Unternehmenscharakteristika, in: IStR 2018, S. 371-377.

115. Heurung, Rainer/Ferdinand, Franziska/Buhrandt, Andreas: BFH- Rechtsprechung zur sachenrechtlichen Pro-Kopf-Betrachtung im Hinblick auf RETT-Blocker-Personengesellschaften, in: DStR 2018, S. 1592-1597.

116. Heurung, Rainer/Ferdinand, Franziska/Gilson, Gert: Die Behandlung mehrgemeindlicher Betriebsstätten im Rahmen des Gewerbesteuergesetzes, in: BB 2019, S. 411-417.

117. Heurung, Rainer/Schmidt, Sebastian/Roth, Tim Niklas: Ist die Verzinsung nach § 238 AO vor dem Hintergrund des anhaltenden Niedrigzinsniveaus angemessen?, in: StuB 2019, S. 238-242.

118. Heurung, Rainer/Buhrandt, Andreas/Koschinski, Fabian Jari Pascal: Geänderte Verwaltungsauffassung zur Grunderwerbsteuer bei Share Deals – Überlegungen zur mehrmaligen Besteuerung nach § 1 Abs. 6 GrEStG, in: DStR 2019, S. 1281-1285.

119. Heurung, Rainer/Ferdinand, Franziska/ Kremer, Kai: Reform der Wegzugbesteuerung – Die aktuelle Regelung des § 6 AstG im Vergleich zur geplanten Neufassung nach dem Referentenentwurf zum ATADUmSG, in: IStR 2020, S. 90-95.

120. Heurung, Rainer/ Schmidt, Sebastian/ Kollmann, Sinja, in: Rödder/ Wassermeyer/Ditz (Hrsg.): Internationale Einkünfteabgrenzung - Freundesgabe für Hubertus Baumhoff, Köln 2020: Finale Verluste bei gebietsfremden Betriebsstätten, S. 147-158.

121. Heurung, Rainer/ Schmidt, Sebastian/Kollmann, Sinja: Aussetzung des Progressionsvorbehalts bei Bezug von Kurzarbeitergeld im Kontext der COVID-19-Pandemie, in: DStR 2020, S. 2753-2760.